新一代通信技术
新兴领域“十四五”
高等教育教材



# 数字信号处理

## （第2版）

主　编　武　畅
副主编　林静然
参　编　钱　璐　潘　晔
杨　鍊　朱学勇

Digital Signal Processing

中国教育出版传媒集团
高等教育出版社·北京

内容简介

本书为新一代通信技术新兴领域"十四五"高等教育系列教材之一，本系列教材编写团队已入选教育部"战略性新兴领域'十四五'高等教育教材体系建设团队"。本书围绕频域和时频对偶性两条主线讲述，分为十章，分别是绪论、连续信号的离散化与重构、离散信号与系统的时域分析、离散时间 Fourier 变换 DTFT、离散 Fourier 变换、$z$ 变换、离散时间系统的变换域分析、数字滤波器、数字滤波器的结构及实现、数字信号处理的应用。

本书为新形态教材，提供关键知识点的动态演示或视频讲解、例题讲解、源代码等，读者可在线观看或下载使用。

本书可作为高等学校电子信息类专业数字信号处理课程的教材，也可供相关工程技术人员参考。

图书在版编目（CIP）数据

数字信号处理 / 武畅主编 ；林静然副主编 ；钱璐等参编. -- 2 版. -- 北京 ：高等教育出版社，2025.4. -- ISBN 978-7-04-063741-0

Ⅰ. TN911.72

中国国家版本馆 CIP 数据核字第 202576E0F0 号

Shuzi Xinhao Chuli

| | | | | | | | |
|---|---|---|---|---|---|---|---|
| 策划编辑 | 杨　晨 | 责任编辑 | 杨　晨 | 封面设计 | 李树龙 | 版式设计 | 杨　树 |
| 责任绘图 | 于　博 | 责任校对 | 陈　杨 | 责任印制 | 刁　毅 | | |

| | | | |
|---|---|---|---|
| 出版发行 | 高等教育出版社 | 网　　址 | http://www.hep.edu.cn |
| 社　　址 | 北京市西城区德外大街 4 号 | | http://www.hep.com.cn |
| 邮政编码 | 100120 | 网上订购 | http://www.hepmall.com.cn |
| 印　　刷 | 涿州市京南印刷厂 | | http://www.hepmall.com |
| 开　　本 | 787 mm×1092 mm　1/16 | | http://www.hepmall.cn |
| 印　　张 | 22.5 | 版　　次 | 2017 年 2 月第 1 版 |
| 字　　数 | 530 千字 | | 2025 年 4 月第 2 版 |
| 购书热线 | 010-58581118 | 印　　次 | 2025 年 4 月第 1 次印刷 |
| 咨询电话 | 400-810-0598 | 定　　价 | 56.00 元 |

本书如有缺页、倒页、脱页等质量问题，请到所购图书销售部门联系调换



物 料 号　63741-00

# 新形态教材网使用说明

## 数字信号处理
（第2版）

主　编
武　畅

副主编
林静然

参　编
钱　璐　潘　晔
杨　鍊　朱学勇

1　计算机访问https://abooks.hep.com.cn/63741或手机微信扫描下方二维码进入新形态教材网。

2　注册并登录后，计算机端进入“个人中心”，点击“绑定防伪码”，输入图书封底防伪码（20位密码，刮开涂层可见），完成课程绑定；或手机端点击“扫码”按钮，使用“扫码绑图书”功能，完成课程绑定。

3　在“个人中心”→“我的学习”或“我的图书”中选择本书，开始学习。

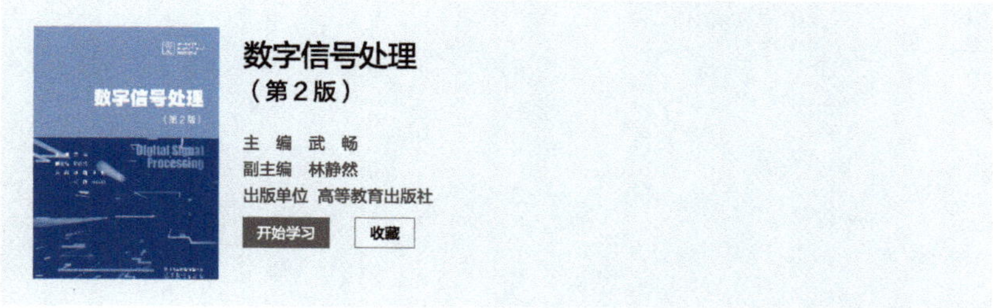


受硬件限制，部分内容可能无法在手机端显示，请按照提示通过计算机访问学习。

如有使用问题，请直接在页面点击答疑图标进行咨询。

https://abooks.hep.com.cn/63741

# 序

新一代信息通信技术以前所未有的速度蓬勃发展，深刻改变着社会的每一个角落，成为推动经济社会发展和国家竞争力提升的关键力量。本教材体系的构建，旨在落实立德树人根本任务，充分发挥教材在人才培养中的关键作用，牵引带动通信技术领域核心课程、重点实践项目、高水平教学团队的建设，着力提升该领域人才自主培养质量，为信息化数字化驱动引领中国式现代化提供强大的支撑。

本系列教材汇聚了国内通信领域知名的 8 所高校、科研机构及 2 家一流企业的最新教育改革成果以及前沿科学研究和产业技术。在中国科学院院士、国家级教学名师、国家级一流课程负责人、国家杰出青年科学基金获得者，以及来自光通信、5G 等一线工程师和专家的带领下，团队精心打造了“知识体系全面完备、产学研用深度融合、数字技术广泛赋能”的新一代信息技术（新一代通信技术）领域教材。本系列教材编写团队已入选教育部“战略性新兴领域‘十四五’高等教育教材体系建设团队”。

总体而言，本系列教材有以下三个鲜明的特点：

## 一、从基础理论到技术应用的完备体系

系列教材聚焦新一代通信技术中亟须升级的学科专业基础、通信理论和通信技术，以及亟须弥补空白的通信应用，构建了“基础-理论-技术-应用”的系统化知识框架，实现了从基础理论到技术应用的全面覆盖。学科专业基础部分涵盖电磁场与波、电子电路、信号系统等；通信理论部分涵盖通信原理、信息论与编码等；通信技术部分涵盖移动通信、通信网络、通信电子线路等；通信应用部分涵盖卫星通信、光纤通信、物联网、区块链、虚拟现实、网络安全等。

## 二、产学研用的深度融合

系列教材紧跟技术发展趋势，依托各建设单位在信息与通信工程等学科的优势，将国际前沿的科研成果与我国自主可控技术有机融入教材内容，确保了教材的前沿性。同时，联合华为技术有限公司、中信科移动等我国通信领域的一流企业，通过引入真实产业案例与典型解决方案，让学生紧贴行业实践，了解技术应用的最新动态。并通过项目式教学、课程设计、实验实训等多种形式，让学生在动手操作中加深对知识的理解与应用，实现理论与实践的深度融合。

## 三、数字化资源的广泛赋能

系列教材依托教育部虚拟教研室平台，构建了结构严谨、逻辑清晰、内容丰富的新一代信息技术领域知识图谱架构，并配套了丰富的数字化资源，包括在线课程、教学视频、工程实践案例、虚拟仿真实验等，同时广泛采用数字化教学手段，实现了对复杂知识体系的直观展示与深入剖析。部分教材利用 AI 知识图谱驱动教学资源的优化迭代，创新性地引入生成式

AI辅助教学新模式，充分展现了数字化资源在教育教学中的强大赋能作用。

我们希望本系列教材的推出，能全面引领和促进我国新一代信息通信技术领域核心课程与高水平教学团队的建设，为信息通信技术领域人才培养工作注入全新活力，并为推动我国信息通信技术的创新发展和产业升级提供坚实支撑与重要贡献。

电子科技大学副校长 孔令讲

2024年6月

# 前　言

本书为新一代通信技术新兴领域“十四五”高等教育教材，本教材编写团队已入选教育部“战略性新兴领域‘十四五’高等教育教材体系建设团队”。

“数字化”或“数码化”，对我们所有的人都并不陌生，每个人、每时每刻都在和它们打交道。看看身边的手机、数码相机、电视机、卫星定位和导航设备、形形色色的电脑和终端等，再想想虽然不一定时时在我们的手边，但我们却时时刻刻在享受其服务的，诸如天气预报，医院的B超、CT(X射线断层扫描)、MRI(核磁共振)，银行和保险，无处不在的各种安保设施，石油天然气的勘探、提炼、输送，便捷的网购和快递物流，保卫着祖国和人民的安全与世界和平的人民军队的种种新式装备……不胜枚举。

如果说上述挂一漏万的举例，都和本书要讨论的问题紧密联系在一起，你不会感到奇怪吧？确实如此，因为所有的“数字化”技术和设备，其核心的技术就是本课程要集中讨论的“数字信号处理”。

总的说来，“数字信号处理”还是一门年轻的学科，它是随着大规模集成电路和计算机的兴起，才蓬勃地发展起来。随着应用的广泛和深入，其发展速度及其对各种学科以及对整个社会的影响，都到了惊人的程度。

大学的所有学科(不仅是自然科学，也包括人文、社会、管理等学科)都不能无视“数字信号处理”的基本理论和方法，因为它已经成为这些学科进行研究工作的基础理论、基本方法与应用工具，尤其是国内外的电子信息类学科和专业，几乎没有例外地将其列为最重要的必修课程之一。

传统上，这是一门深奥的、以大量数学理论和方法为基础的、几乎是纯理论的课程。

但是，我们面临着三个大的矛盾。

第一，伴随着市场对相关人才的大量、迫切的需求，数量庞大的学生和科技人员急切地希望学习和掌握这些理论和技术，尽快地投入相关的技术研究和产品开发。他们的基础很不一样，尤其是数学基础和专业技术基础水平相差甚大。

第二，这是一门专业基础课程，掌握其基本理论和方法，需要良好的数学物理基础和其他的专业基础(例如“高等数学”“线性代数”“复变函数”“随机过程”“信号与系统”等)；大量新技术和新方法的快速发展，又对本课程不断提出新的要求。传统的基础理论和知识必不可少，新的知识大量增加，使得有限的精力和学时不堪重负。

第三，这是一门基础理论课程，但涉及大量工程应用，又要求其尽可能接近工程，以便适应市场的需求尽快投入使用。所以，本课程既不能完全按照传统，专门讲授纯粹的理论，也不能一味地追逐“最新的技术”，变成浮躁的“职业培训”。

经过对数十年教学实践经验和教训的总结，我们试图在这本教材里尽可能地平衡这些矛盾。

为此,本书遵循了以下的基本理念。

1. 充分理解的东西,才能更好地掌握。使学生更好地掌握基本的概念和分析方法,尽可能避开烦琐的数学推导。扎实的基本概念和分析方法,是他们将来自己学习新技术的基础。新的东西永远是需要自学的,终身学习也是新时代的要求。

2. 清晰的主线,贯穿全书。本书围绕两条主线进行。一是频谱主线,将本书内容分为信号分析和信号处理两部分;二是对偶性主线,信号分析和处理既可以在时域进行,也可以在频域进行。

3. 基础理论的讨论往往基于理想化的条件和环境,例如理想化的采样、没有噪声的环境、无限字长的传输、存储和计算等。我们在进行这样的讨论时,往往会随即讨论工程的实际情况所带来的影响,以及尽可能地克服这些影响的方法及其所付出的代价。

4. 我们所讨论的理论和分析方法,都应该是可以实现和应用的。因此,全书强调了目前在工程界广泛使用的 MATLAB 工具软件的学习和应用。贯穿全书的例题、习题和课程设计里,都使用了 MATLAB。另外,本书中也引入了“数字信号处理”与人工智能结合的讨论,并给出了相关案例。希望通过这样的设计,达到两个目的,一是讨论理论和分析方法时,可以更形象和直观,且顾及实际的应用;二是得心应手地使用软件工具,这是对工程师的基本要求之一。

本书为新形态教材,提供关键知识点的动态演示或视频讲解、例题讲解、源代码等,读者可在线观看或下载使用。

本书由电子科技大学武畅主编,林静然副主编,钱璐、潘晔、杨鍊和朱学勇参与编写和修订。其中第一章由朱学勇编修,第二章、第三章由林静然和武畅编修,第四章由钱璐和武畅编修,第五章由杨鍊和林静然编修,第六章由钱璐和武畅编修,第七章由钱璐和杨鍊编修,第八章由潘晔和杨鍊编修,第九章由潘晔编修,第十章由林静然和武畅编修。

本书由北京航空航天大学的王俊教授审阅,王教授认真地审阅了全部文稿,并逐章提出了中肯的意见,使我们受益匪浅,对书稿做了最后的修改。在此,向王教授表示衷心的感谢!

本书的编写工作得到了电子科技大学和高等教育出版社的大力支持。电子科技大学为本书的出版提供了帮助。高等教育出版社的编辑们为本书付出了艰辛的劳动,我们对他们的敬业精神和出色的工作表示由衷的敬意和感谢。

应该强调指出,这只是一本本科层次的专业基础课程的教材,对所有以上讨论的理念的贯彻都只是初步的和浅层次的;而且,这些理念也仅仅是我们的一己之见,正确与否,有待使用本书的老师、同学和有关的工程师的教学和学习实践来检验。我们殷切地期盼着大家的意见和建设性的建议。

编者邮箱:changwu@ uestc. edu. cn。

编　者

2024 年 6 月于电子科技大学

# 目　录

# 第一章 绪 论

## 1.1 数字信号处理的发展历程

要讨论数字信号处理的起源和发展渊源,是有相当难度的,因为,广义的信号处理源远流长,数字信号处理就是在广义的信号处理的基础上发展起来的。

按照目前的流行说法,往往以第二次世界大战中,特别是第二次世界大战之后数字计算机的发明和发展,作为数字信号处理的起点。这种看法不无道理,因为数字信号处理是在以计算机为代表的数字处理平台上进行的,既随着微电子技术和计算机技术的发展而发展,又从应用的角度出发,推动着后者的发展与进步。

但是,从历史角度说,数字信号处理的启蒙和发展,可以追溯到早得多的时期。由于本书是一本数字信号处理的教材,而不是科学技术发展史,不可能细微地钩沉,只能对从业者熟悉和感兴趣的人和事,作简单的介绍。

谈到信号处理,就不可能不谈 Fourier(傅里叶)和 Fourier 变换(Fourier transform)。

Joseph Fourier(1768—1830,图 1.1-1(a))是法国数学家和物理学家,在他对数学和物理学的众多贡献中,对信号处理学科影响最大的,当然是他所提出的关于 Fourier 级数和 Fourier 变换的概念和方法。

Joseph Fourier(1768—1830)
法国数学家和物理学家傅里叶

(a)

Johann Carl Friedrich Gauss (1777—1855)
德国数学家和科学家高斯

(b)

图 1.1-1

正是 Fourier 提出了"一个变量的任何函数,无论是连续的还是离散的,都可以展开为多个该变量的正弦级数"。这种思想,迄今为止仍然是信号处理(包括数字信号处理)最基本和最重要的理论基础之一。

在 Gauss(高斯,1777—1855,图 1.1-1(b))对数学和众多学科的巨大贡献中,我们只介绍其对减少 Fourier 变换中冗余计算的创造性思想。

早在 19 世纪初,高斯就提出了有关 Fourier 变换的快速算法及其递归应用,但并没有得到广泛的认同,他本人也没有对计算时间进行分析,因为那时还没有计算机,也谈不上实际应用。除了高斯之外,在整个 19 世纪和 20 世纪初,还有众多的学者不断地对该思想进行研究和讨论。

直到 1965 年,J. W. Cooley(库利)和 John W. Turkey(图基)发表了他们的著名论文 *An algorithm for the machine calculation of complex Fourier series*,重新提及该算法,并描述了如何在计算机上方便地执行。有了这项工作以及大量其他学者的创造性劳动,才使得 FFT 从纯理论的书斋研究,走进了工程,并得到波澜壮阔的发展与应用。Cooley 和 Turkey 的工作,在数字信号处理发展史上具有里程碑意义。

提到信号分析和处理,无论怎样强调 δ 函数的意义都不算过。因此,有必要简单地介绍 δ 函数的提出、发展、成熟及其重要意义。

我们无意在这里宽泛地介绍 δ 函数为 Dirac(狄拉克,图 1.1-2(a))赢得诺贝尔奖及其对量子理论方面的贡献,只简单介绍与信号分析和处理密切相关的 δ 函数。

狄拉克在陈述量子力学中某些量的关系时,引入了“函数”$\delta(x)$

$$\begin{cases}\delta(x)=0, x\neq 0\\ \int_{-\infty}^{\infty}\delta(x)\,dx=1\end{cases}\tag{1.1-1}$$

按 20 世纪前所形成的数学概念,是无法理解这样奇怪的函数的。然而用它来描述物理学上一切点量,如点质量、点电荷、偶极子、瞬时打击力、瞬时源等,不仅方便、物理含义清楚,而且,将其当作普通函数参加运算,如进行微分和 Fourier 变换、微分方程求解等,所得到的数学结论和物理结论吻合良好。这就迫使人们要为这类“怪函数”确立严格的数学基础。

Paul Adrien Maurice Dirac(1902—1984)
英国理论物理学家狄拉克
(a)

Laurent Schwartz(1915—2002)
法国数学家施瓦尔茨
(b)

图 1.1-2

随着泛函分析的发展,1945 年,L. Schwartz(L. 施瓦尔茨,图 1.1-2(b))用泛函分析观点为广义函数建立了一整套严格的理论。接着 I. M. Gelfand(I. M. 盖尔范德)对广义函数论又做了重要扩充。从此,广义函数被广泛地应用于数学、物理、力学以及分析数学的其他各个分支,例如微分方程、随机过程、流形理论等。

DSP 近期发展的历史,可以追溯到 1936 年 PCM(pulse-code modulation,脉冲编码调制)技术的发明和 Dudley(达德利)发明声音编码器(voice coder)。1942 年,当因数学难度而闻名的 Wiener(维纳)预测理论用于天气预报时,人们就感到必须将连续时间函数改进为离散时间函数。从理论上,Levinson(莱文森)虽然给出了由连续时间域向离散时间域转换的可能性,但由于计算机技术尚不完善,Levinson 的算法未能得到实际的应用。

1948 年,C. E. Shannon(香农,图 1.1-3)的一篇论文《通信的数学理论》(*The mathematical theory of communication*)第一次提出数字化信息的基本单位——比特(bit),并由此提出了一系列近代信息论的基本思想。

图 1.1-3 Claude Elwood Shannon (1916—2001),美国信息论专家香农

20 世纪 70 年代,VLSI 芯片两大成功的范例,使得数字信号处理引起了社会的广泛关注:一个是声音的线性预测编码(LPC,linear predictive coding),1978 年美国德州仪器公司(TI,Texas Instruments)将该算法作为滤波器开发出 LSI 芯片;第二是贝尔实验室(Bell Lab)开发的、用于长途电话的回声消除器(echo canceller)。其核心是一种应用 LMS 算法的自适应滤波器,今天,这种自适应滤波算法还广泛地应用在通信线路均衡器、电视图像重影(ghost)消除器以及抑制有源噪声等方面。

以上简单地回顾了大约两个世纪以来,信号分析和处理的理论和方法的发展。接下来,我们来回顾 20 世纪中叶以来,计算机和微电子理论和技术的发展:如何将数字信号处理从书斋带入工程,并如火如荼地应用于方方面面,引发了信息革命和应用电子技术的火山般喷发。

尽管存在没完没了的争论,是谁首先发明了数字电子计算机。但是,毋庸置疑,数字计算机酝酿和发明于第二次世界大战期间,蓬勃发展和广泛应用于第二次世界大战之后。

几乎和数字计算机同时发现和发展的半导体现象和理论,以及由此而发端的半导体器件和系统,特别是集成电路、大规模集成电路和微处理器,使原本体积、重量和功耗大,故障率高、计算速度慢、极其昂贵而又使用困难,身居大学和研究院的深宅大院,只能应用于军事尖端科技和气象预报等狭窄领域的计算机,实现了完美的华丽转身,进入了寻常百姓家,极其广泛地应用于方方面面。

我们也无意在这里讨论半导体技术、器件以及电路的发展,只是集中于其对数字信号处理的发展和应用所产生的巨大影响。

20 世纪 70 年代出现的集成电路,很快就发展到微处理器。

微处理器从一诞生起,就沿着三个方向发展——通用 CPU(central processing unit)、微控制器(MCU,micro controller unit,在过去的很长时间内称为“单片机”)和数字信号处理器(DSP,digital signal processor),它们各有自己的结构特色和应用领域。

DSP 处理器是专门为数字信号处理算法的实现而设计的,其主要目的是追求高的处理速度。为此,其结构的特色包括:没有采用通用 CPU 所使用的冯·诺依曼(John von Neumann)体系结构,而是采用了哈佛(Harvard)体系结构,将程序存储器和数据存储器及其总线分开,以便达到更快的存取速度;使用硬件乘法器,实现更快的乘-加运算;采用流水技术(pipeline),提高指令的执行速度;越来越多地采用硬件和软件的并行运算及阵列运算;设置了"位倒序"(bit-reverse)指令,专门用于加速 FFT 的计算;使用"FIR"一类的指令,方便数字滤波器的设计和实现;设置"Viterbi"解码器的硬件和指令,用于移动通信的解码等。

几十来年的发展,使 DSP 处理器和 DSP 核达到了很高的水平,其技术工艺从微米发展到纳米,其时钟频率由数十兆赫兹发展到 1 GHz 以上,定点和浮点运算的速度达到每秒数百亿次的水平。同时,体积越来越小,功耗越来越小,价格越来越低,既能满足高端、高性能的实时处理的要求,也能在很大的范围里实现各种功能的便携式智能化消费类电子产品的需求。

各类微处理器虽然各有特点,但技术上相互借鉴,功能上相互补充。当前市场热销的各种移动多媒体终端产品,如智能手机、平板电脑、MID(mobile internet devices)等,几乎没有例外地采用了由 ARM 核或 ARM+DSP 核所组成的 SoC(system on chip)应用处理器(application processor),就是突出的例子。

在数字信号处理的软硬件平台发展的同时,算法的研究和发展从来没有停止。例如,移动通信所采用的技术进展极快。短短的时间内,就完成了从模拟技术向数字技术的更新换代。仅从传输码率来看,十多年的时间,就从 2G 的十余 kbit/s,发展到 3G 的 384 kbit/s~2 Mbit/s,再到 4G(LTE)的 100 Mbit/s 以上。这样迅速的进展,若离开从基带到信道的数字信号处理算法的研究以及实现技术的进步,则完全无从谈起。

移动通信所提供的服务,从比较单纯的话音和短信通信,到图像和视频的采集记录与传输、导航和定位、电子邮件、网站浏览和检索、收音与录音、蓝牙、购物与电子支付,各种服务功能不断丰富,不胜枚举。

要实现以上的服务,除开终端以外,还需要支撑整个系统和基础设施,这就要求更为复杂的算法、更为先进的实现平台以及相应的技术。

以上种种,都对作为主要支撑技术的数字信号处理带来了巨大的压力和发展动力。无论是算法的开发与改善,还是算法实现平台的软硬件技术,都由此而获得长足的进步。

除了以上移动通信的例子,在科学技术、工程和日常生活的几乎所有领域,都可以看到数字信号处理的应用。

总而言之,尽管有相当长的发展渊源,取得了辉煌的成就,但数字信号处理还是一门新兴的学科,正在蓬勃发展和积极进取,有着无限光明的未来。

## 1.2 信号分析与处理的基本理念和数学方法

信号处理其实包含信号分析和信号处理两方面的内涵。

信号分析是用各种方法获取有关信号的尽可能多的信息,为信号处理做好准备。信号处理则利用各种方法改造信号,使之尽可能符合使用者的要求。

信号分析和处理的方法分为两个层面,一个层面涉及各个应用领域的基本概念和处理方法，另一个层面则是公有的基本概念和方法。

本书是本科层次的专业基础课教材，只能涉及各个应用领域所共有的基本概念和分析处理方法。如果对基本概念有很好的理解，又能掌握主要的基本方法及其实现，将来从事实际工作时，只要认真学习和研究本领域特有的概念和要求，充分利用已经掌握的方法，就能得心应手地开展工作。

本节初步讨论信号分析和处理的基本理念和所要使用的数学方法。

### 1.2.1 连续时间信号、离散时间信号与数字信号

微视频：数字信号处理简介

在时间轴上连续，幅度也连续的信号，称为连续时间信号（简称连续信号）；时间轴上离散，但幅度仍然连续的信号，称为离散时间信号（简称离散信号），这两者都是模拟信号。只有时间轴上离散，幅度也量化的信号，才能称为数字信号。

其实，自然界的信号，基本上都是模拟信号。之所以要研究数字信号处理，是因为我们希望用计算机或嵌入了微处理器的数字系统来对信号加以分析和处理，而这样的系统只能分析和处理数字信号。

将模拟信号转换为数字信号时，无论是时间的离散，还是幅度的量化，都会引入误差，这是我们要利用计算机和数字系统来处理必须付出的代价。因此，如何尽可能地减小因为转换而引入的误差和失真，就成了数字信号处理必须认真研究的课题，也是本课程要讨论的课题之一。

### 1.2.2 信号的时域表征

要分析和处理信号，首先要对其作表征。所谓表征，就是要将信号用数学的方式来加以表达。

一个连续信号，用一个函数 $x(t)$ 来表示，即信号的幅度随着时间的变化而变化。函数 $x(t)$ 就是该信号的数学抽象，也就是其表征。对该信号的处理，也就转换为对函数 $x(t)$ 的处理。

一个离散信号，用一个序列 $x[n]$ 来表示。序列中的一个元素，即时间点 $n$ 上所对应的信号的幅度。

要将一个连续信号转换为离散信号，最常用的方法就是“采样”，即在特定的时间点上，采集信号的幅度。把在不同的时间点上所采集的信号幅度值，按采样的时间顺序排列起来，就得到一个序列，也就是一个数组。该数组中的元素所对应的序号，就是采样的时间顺序。

将 δ 函数（称为“单位冲激函数”）等间隔地排列起来，就能形成一个“δ 串”，表示为 $\delta_T(t)$，其中的下标 $T$，就是各个 $\delta(t)$ 之间的时间间隔。

用这样的“δ 串”$\delta_T(t)$ 乘以连续时间函数 $x(t)$，就得到一个采样序列，从而完成了连续信号 $x(t)$ 到离散信号 $x[n]$ 的转换。

这样的抽象是很有意义的。概而言之，“任何信号，都可以表示成为 $\delta(t)$ 函数的移位加权和”。这是一个极为重要的结论，我们后面讨论系统的表征以及信号通过系统时，还要详细地研究。

广义函数 $\delta(t)$ 是一种极限，是不可能得到的。实际的工程中，只能用尽可能窄的脉冲去逼近。既然是"逼近"，就必然会引入误差，应该加以注意。

### 1.2.3 信号的变换域表征

当我们用不同的角度去观察一个事物时，往往可以得到更多的信息，所谓"兼听则明"，信号的表征也一样。

到目前为止，最基本也是最重要的变换域，就是 Fourier 变换域。

对于同一个信号，在 Fourier 变换域（频域）里观察，可以得到和时域观察时很不一样的信息。

来看下面的例子。

图 1.2-1 中的左边，是一幅图像在时域的分布，右边是同一幅图像在频域里的分布。图的上半部分是没有处理之前的情况。从频域可以看出，图像的主要能量集中在左下角，即低频部分，高频部分则少有分布。这是从时域观察不能得到的信息。图的下半部分是处理以后的情况。可以看出，所做的处理，就是在频域将高频部分除去。

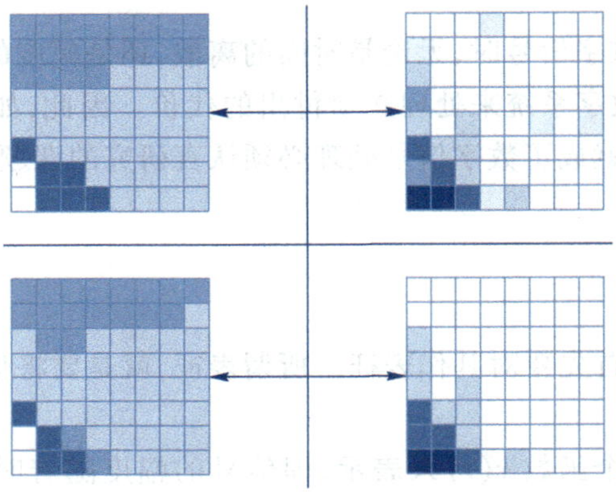

图 1.2-1　图像的时-频域表达及压缩示意

将处理后的信号反变换回时域。比较左边时域的上下两幅分布图可以看出，有所改变，但改变不大。也就是说，我们以引入不大的失真为代价，换来的是高频部分的压缩，使整幅图像的信息量大大减少，无论是对传输还是存储，都带来了极大的好处。这就是图像压缩的基本原理。

看完这个例子，再来讨论信号的频域表征。

上面已经说过，时域表征使用 $\delta(t)$ 函数，即"任何信号，都可以表示成为 $\delta(t)$ 函数的移位加权和"；频域表征则使用正弦函数，即"任何信号，都可以表示成为不同频率和不同幅度的正弦函数之和"。

$$\begin{cases} X_a(\mathrm{j}\Omega) = \int_{-\infty}^{\infty} x_a(t)\mathrm{e}^{-\mathrm{j}\Omega t}\mathrm{d}t \\ x_a(t) = \dfrac{1}{2\pi}\int_{-\infty}^{\infty} X_a(\mathrm{j}\Omega)\mathrm{e}^{\mathrm{j}\Omega t}\mathrm{d}\Omega \end{cases} \tag{1.2-1}$$

上式称为连续信号的 Fourier 变换对(CTFT,continuous time fourier transform)。

$$\begin{cases} X(\mathrm{e}^{\mathrm{j}\omega})=\sum\limits_{n=-\infty}^{\infty}x[n]\mathrm{e}^{-\mathrm{j}\omega n} \\ x[n]=\dfrac{1}{2\pi}\displaystyle\int_{-\pi}^{\pi}X(\mathrm{e}^{\mathrm{j}\omega})\mathrm{e}^{\mathrm{j}\omega n}\mathrm{d}\omega \end{cases} \tag{1.2-2}$$

上式称为离散信号的 Fourier 变换对(DTFT,discrete time fourier transform)。

对于信号的变换域表征,后面还有很多的讨论,这是本课程的一个重要内容。

### 1.2.4　线性时不变系统的表征以及信号通过系统

如果不做特别说明,本书中的系统均指线性时不变(LTI,linear and time invariant)系统。所谓信号通过系统,即系统对信号的数学表达做各种运算。

对于一个连续信号 $x(t)$,所作的运算不外乎加、减、乘、除、微分、积分及延时。所以,系统的时域表征是一个微分方程。

对于一个离散信号 $x[n]$,所作的运算只有加、减、乘、除和位移,系统的表征是一个差分方程。

图 1.2-2　单位冲激函数 $\delta(t)$ 通过系统,产生单位冲激响应 $h(t)$

将一个单位冲激函数 $\delta(t)$(称为激励)输入系统所对应的输出信号 $y(t)$(称为响应),即系统对单位冲激函数 $\delta(t)$ 的响应,称为“系统的单位冲激响应”,记为 $h(t)$,如图 1.2-2 所示。

类似地,对于离散时间系统,将一个单位冲激函数 $\delta[n]$ 输入系统所对应的输出信号 $y[n]$,即该离散时间系统对单位冲激函数 $\delta[n]$ 的响应,称为单位冲激响应,记为 $h[n]$。

系统的单位冲激响应 $h(t)$ 或 $h[n]$ 是系统的一个极为重要的指标性参数。可以这样说,知道了系统的单位冲激响应,就知道了系统的一切。

在时域内,在连续时间状态下,信号通过系统时所进行的运算,是系统的激励信号 $x(t)$ 和系统的单位冲激响应 $h(t)$ 的卷积运算

$$y(t)=\int_{-\infty}^{\infty}x(\tau)h(t-\tau)\mathrm{d}\tau \tag{1.2-3}$$

离散状态下,则是激励信号 $x[n]$ 和系统的单位冲激响应 $h[n]$ 的卷积和运算

$$y[n]=\sum_{k=-\infty}^{\infty}x[k]h[n-k] \tag{1.2-4}$$

系统的表征称为“系统函数”或“转移(传输)函数”。在频域里,系统函数就是单位冲激响应 $h(t)$ 或 $h[n]$ 的 Fourier 变换。信号通过系统的输出,是将信号的频域表征和系统函数相乘。也就是说,将时域内比较复杂的卷积(或卷积和)运算,改变成为频域内比较容易的代数运算。这是变换域处理的又一大好处。

在连续时间状态下

$$Y_{\mathrm{a}}(\mathrm{j}\Omega)=X_{\mathrm{a}}(\mathrm{j}\Omega)H_{\mathrm{a}}(\mathrm{j}\Omega) \tag{1.2-5}$$

在离散时间状态下

$$Y(\mathrm{e}^{\mathrm{j}\omega})=H(\mathrm{e}^{\mathrm{j}\omega})X(\mathrm{e}^{\mathrm{j}\omega}) \tag{1.2-6}$$

上面两式的区别在于，时域离散后，其频谱函数就会周期化，复指数函数 $e^{j\omega}$ 表示的正是该函数的周期特性。

Fourier 分析所得到的频谱，即信号的强度按频率的分布，为我们提供了观察和了解信号的重要途径，从而成为本课程的一条主线，有着极为重要的意义。我们可以基于频谱来了解和分析信号，并按照频谱的分布来处理和改造信号，这就是滤波的主要思想和方法，也将构成本书后半部分的主要内容。

以上所提及的，仅仅是最基本的概念，后面的章节里，还要作仔细讨论。

## 1.3 为什么要采用数字信号处理

前面已经提及，数字信号处理技术，特别是其广泛的工程应用，是随着计算机技术和微电子技术的发展而蓬勃发展起来的。数字计算机和各种微处理器只能处理数字信号，从而使数字信号处理的理论和方法，顺理成章地得到很好的发展。

和模拟信号处理相比，数字信号处理有许多明显的优越性。但是，模拟信号处理也有其不可替代性。这就是本节要讨论的主要内容。

### 1.3.1 可程控性

当模拟系统的功能和性能发生改变时，必须重新进行系统设计，至少需要改变系统中的某些器件或参数，然后再重新装配和调试，非常费时和费力。对于以微处理器为核心的数字系统而言，则可以只设计和实现一个硬件平台，用不同的软件来执行各种各样的数字信号处理任务。改变系统的功能与性能时，只需要改变相应的软件或软件中的参数，而不需要改变硬件平台本身。所以，以可编程 DSP 处理器为核心的数字信号处理系统，具有极大的灵活性，是传统的模拟系统无法比拟的。

例如，数字滤波器可以通过重新编程来完成低通、高通、带通和带阻等不同的滤波任务，不需要改变硬件；而模拟滤波器则必须改变其设计并重新调试，才能达到目的。对于系统参数随输入信号的改变而改变的自适应滤波器，则非采用 DSP 系统不可。

近年来得到迅速发展和应用的软件无线电技术，是在一个以高性能 A/D 转换器和 DSP 处理器为核心的硬件平台上，用不同的软件，来实现不同工作模式的电台的通信；对于模拟电台而言，只有相同制式的电台之间才能进行通信。

近年来得到迅速发展和应用的虚拟仪器技术，也是在以高性能 DSP 处理器为核心的硬件平台上，用不同的软件来实现不同仪器的功能，甚至组织不同的测试系统。

以 DSP 处理器为核心的数字系统的灵活性是模拟系统很难达到的，有的甚至是模拟系统不可能实现的。

### 1.3.2 稳定性好

模拟电路中的电阻、电容、电感和运算放大器等器件的特性，会随着环境的改变而改变，也会随着时间的改变而老化和改变。也就是说，当时间和环境的温度、湿度、振动等条件改变时，模拟系统的性能就会发生改变，而且可能是大的改变。与此相比，数字系统的稳定性要好得多,受时间和环境的影响要小得多。

### 1.3.3 可重复性好

数字系统本身就具有很好的可重复性。两台字长相同的计算机,任何时候计算同一个数学模型,得到的结果一定是一样的。但将同样的信号送入两个配置相同的模拟系统,输出的结果是不会一样的;将同样的信号在不同的时间或不同的环境条件下,送入同一个模拟系统,输出的结果也不会是一样的。其原因在于,由于生产工艺所造成的模拟系统中元器件的性能与其标称性能的误差,同样的元器件之间存在性能的离散性以及元器件性能随时间和环境条件的改变而发生的改变,还有元器件随时间的老化。因此,数字系统的稳定性和可重复性与模拟系统相比,具有明显的优势。

### 1.3.4 抗干扰性能好

信号在处理和传输过程中受到噪声的干扰是不可避免的。例如,信号通过信道所产生的失真,环境对声音和图像信号的干扰,信号的多次复制所加入的噪声等。要在被干扰的模拟信号中完全去除噪声非常困难,甚至是不可能的。虽然以 **0** 和 **1** 所表征的数字信号也会受到噪声的干扰,但只要能够正确地识别 **0** 和 **1**,并将其再生,就可以完全消除噪声的影响。因此数字信号抗干扰的性能大大优于模拟信号,迅速发展的各种数字识别和纠错编解码技术,能够在极为复杂的噪声环境中,甚至在信号完全被噪声所淹没的情况下,正确地识别和恢复原来的信号。

### 1.3.5 实现自适应算法

从信号与系统的角度讲,自适应就是使系统的特性随输入信号的改变而改变,从而在某种准则下,得到最优的输出。例如,IP 电话中的回声会严重影响服务质量,必须加以消除。但回声的幅度和延时量随时都在改变,只有使用自适应系统才能将其消除。就模拟系统而言,只有改变系统的设计和元器件的参数,才能改变系统的特性,因而很难实现实时自适应。以 DSP 处理器为核心的数字系统,已经成为实现各种自适应算法的首选。对于特定的自适应算法,它能根据确定的准则,实时地改变系统的参数,从而实现实时自适应;对于不同的自适应算法,只需要更换适当的软件即可。

### 1.3.6 数据压缩

随着人们对信号质量的要求越来越高,例如要实现高码率的通信、高保真度音响系统(Hi-Fi)和高清晰度电视(HDTV),信号传输的带宽、存储的需求和代价也越来越高。模拟信号的信息量也可以进行压缩,例如限制信号的带宽,但付出的代价是随着带宽的变窄,信号的质量会受到比较大的影响。

与模拟信号相比较,对数字信号的压缩要有效得多。随着数字信号处理中压缩算法的不断改进,已经可以在对原信号质量影响很小的前提下,取得很高的压缩比。这对数据的传输和存储,无疑是很有利的。

### 1.3.7 大规模集成

随着微电子科学与技术的发展,集成电路已经不再是数字电路的专利,大量的模拟集成电路和模拟/数字混合集成电路也已出现。但从可选择的种类、集成度、功能与性能、性能价格比等诸方面而言,还是不能与超大规模数字集成电路相比。专门设计与制作,用于数字信号处理的 DSP 处理器和 DSP 核,就是基于超大规模数字集成电路技术和计算机技术而发展起来的、适合于作数字信号处理的高速高位微处理器。它们体积小、功能强、性能好、功耗小、使用灵活方便、性能价格比高,从而得到迅速的发展和广泛的应用。

### 1.3.8 模拟信号处理的不可替代性

尽管上面讨论了数字信号处理的诸多优越性,但从根本上说,模拟信号处理仍然不可缺少,不可能被数字信号处理完全替代。其理由如下。

**1. 自然界的信号绝大多数是模拟信号**

自然界的信号,如声音、图像、温度、压力、速度、加速度等,绝大多数是随时间连续变化的,也就是模拟信号。要用以微处理器为核心的数字系统来加以处理,必须首先用模拟系统和模拟数字混合系统加以处理,例如用模拟滤波器将其改变成带限信号,用模拟放大器改变其幅度,然后采样/保持,通过 A/D 转换器变换成为数字信号后,才能用数字信号处理系统加以处理;处理之后,还要通过 D/A 转换器变换成为模拟信号,并通过适当的模拟信号处理,才能加以使用。

**2. 模拟信号处理系统从根本上说是实时的**

很多的信号,要求其处理系统必须是实时的,例如通信、雷达、声呐、遥控遥测等。数字信号处理本质上是通过计算来实现的,也就是所谓“算出来”的。尽管以 DSP 处理器为代表的数字信号处理系统的处理速度在很快地提高,但总会在很多情况下不能达到实时的要求。模拟信号处理系统则不然,除系统引入的某些延时外,它们从根本上说是实时的。随着技术的进步,包括算法的改进和器件速度的提高,数字信号处理系统的处理速度在不断地提高,能够进行实时处理的范围在不断地加大,但对实时处理的要求也在不断地提高。因此,从实时处理的角度讲,用数字信号处理系统完全取代模拟信号处理系统,至少在目前还是不可能的。

**3. 射频(RF)信号的处理要由模拟系统来完成**

电磁波是一种重要的资源,是信号传输的主要载体,从长波、中短波、超短波、微波、毫米波直到光波,人们都在广泛地加以利用。射频信号的发送和接收,都是依靠模拟系统来完成的。因此,在发展数字信号处理技术的同时,射频技术也在积极快速地发展。大专院校、科研机构和产业界既缺乏数字信号处理方面的人才,也缺乏射频技术人才,目前,可能后者更甚。

## 1.4 数字信号处理系统的基本框架

既然自然界的绝大多数信号是模拟信号,我们又希望用以计算机和微处理器为核心的数字系统加以处理，就必然面临将模拟信号转换为数字信号，以及在用数字系统处理后，将输出信号转换为模拟信号的问题。

图 1.4-1 就是用数字系统处理模拟信号的框图。

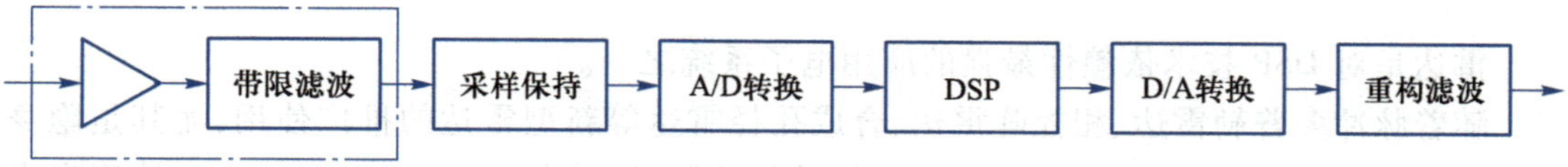


图 1.4-1 用数字系统处理模拟信号的框图

将模拟信号采样、幅度量化，变成数字信号，做 DSP 处理，然后再做数字/模拟变换，恢复成为模拟信号，从理论上说，这个过程并不复杂。但如果涉及工程实现，还有诸多的问题需要解决。

输入的模拟信号需要经过“信号调理”阶段的准备(即图 1.4-1 中的点画线框部分)，包括先经过一个低噪声放大器放大，再经过一个带限滤波器，保证采样时满足 Nyquist(奈奎斯特)条件，以保证时域离散时频域的周期化不至于产生频谱的交叠，从而带来大的失真。

理想化的采样，使用 δ 函数串，但真正的 δ 函数是不存在的，只能用尽可能窄的脉冲去逼近，由此而引入误差。

用 A/D 转换器来量化信号的幅度，是一个非线性的过程，会引入随机的量化误差，也称为“量化噪声”。误差的大小和转换器的字长密切相关。对这个随机过程所做的分析表明，量化误差的大小和转换器的字长 $b$(bit)有如下的关系

$$S/N \approx 6.02b\ \mathrm{dB} \tag{1.4-1}$$

可以理解为，A/D 转换器的字长越长，量化的级别就越细，引入的量化误差也就越小。转换器的字长每增加 1 bit，量化后的信号噪声比($S/N$)大约提高 6 dB。当然也有一个限度，当 A/D 转换器的字长增加到所引入的量化噪声小于信号本身的噪声时，再降低量化噪声就没有意义了。

经过 DSP 处理后的数字信号，由 D/A 转换器转换回模拟信号，但该模拟信号还是台阶形的，需要用一个“重构滤波器”来平滑。

## 1.5 数字信号处理的广泛应用

随着数字信号处理方法和 DSP 处理器或含 DSP 核的应用处理器的迅速发展与普及，DSP 的应用日益广泛而深入。要全面地介绍其应用，实在是很困难的事情，因为不胜枚举。我们因此只能在若干主要的方面，作极为简要的介绍。

### 1.5.1 通信

除开前面大致介绍过的发展极为迅速的移动通信外，科学技术和工程的各领域对通信手段的依赖，以及其中 DSP 技术的支撑，使得通信领域成为 DSP 技术的第一大应用领域。

网络通信、卫星通信、光通信、空间飞行和深空通信、水下通信等，无一不以 DSP 技术为重要支撑。

近年来迅速发展的云计算、传感器网络和物流业等，所依赖的高密度、大容量通信，也对所使用的 DSP 技术提出了更高的要求。

### 1.5.2 雷达（声呐）

雷达是对 DSP 技术依赖性最强的应用电子系统之一。

随着脉冲多普勒雷达、相控阵雷达、合成孔径雷达等新型雷达的推广使用，尤其是隐身和反隐身技术的迅速发展，对大批量目标信号的检测、跟踪与标定、对微弱信号的检测和噪声中信号的提取等要求极高的 DSP 技术的需求日益迫切。

除了信号和信息载体的不同，声呐技术与雷达技术及其对 DSP 技术的要求，非常类似。

### 1.5.3 智能化武器和信息化战争

一般认为，智能化武器指的是具有人工智能的武器，通常由信息采集与处理系统、知识库系统、辅助决策系统和任务执行系统等组成，能够自行完成侦察、搜索、瞄准、攻击目标以及收集、整理、分析、综合情报等军事任务。当前研制成功并投入使用的智能武器有精确制导武器、无人驾驶飞机、坦克、火炮、鱼雷和作战机器人等，种类越来越繁多，能力越来越强大，地位越来越重要。有的已经装备部队，投入实战。

信息化战争是指以信息为基础，用信息化和智能化武器装备进行的战争。信息能力已成为衡量作战能力高低的首要标志。信息能力表现在信息获取、处理、传输、利用和对抗等方面，通过信息优势的争夺和控制来体现，已成为争夺制空权、制海权、制陆地控制权的前提。

以上简要介绍所提及的信息化和智能化，都是以数字化为基础的，因此，必然大规模地采用最先进的数字信号处理方法和系统。实际上，很多民用的设施和技术，都是从军用的 DSP 技术发展和转换而来的。

### 1.5.4 资源勘探、能源利用和绿色生活

生产的发展和生活的改善，使人们对各种资源越发渴求。以矿产资源的勘探为例，以地震法来探矿，已经成为普遍采用的方法。使用炸弹产生“人工地震”，采集从不同地层返回的地震波，用数字信号处理的方法，来判断各地层里矿产的存在、储量、分布等，已经成为利用 DSP 技术来进行资源勘探的经典方法。需要大范围地使用传感器网络来采集信号，利用高性能的数字信号处理系统来对所采集的信号进行实时的或脱机的处理，从而急需大批数字信号处理算法研究人才。

现代人的工作和生活，已经和各种能源的使用须臾不能离了。保证能源的安全供应、节能减排，为数字信号处理提供了广阔的用武之地。

火电、水电、核电系统的安全发电、输电和供电，各种系统的保护，故障的检测和修复，都有赖于数字信号处理的方法和设备。正在发展中的太阳能发电、风能发电、潮汐发电，长距离输油输气管道等，都是大面积长距离无人值守的分布式系统，对系统工作的自动巡测、故障性质和位置的判断、报警，相应的信号采集与处理系统以及通信系统，都提出了很高的要求。

人类的活动对地球环境所带来的严重破坏,引起人们越来越密切的关注,节能减排的"绿色"生活已经提上议事日程。小到家庭用户分时计费的电表与气表,大到新能源的汽车和飞机,DSP 技术都处于举足轻重的地位。目前,一部汽车会使用数十个 DSP 和 MCU 处理器,其应用涉及 GPS 导航、安全气囊、防撞雷达、减震系统、废气监测和相应的燃烧调整系统等,电子产品的成本已经占到整车成本的 30%~50%。随着新能源车的成熟和大批量使用,这个比例还会大幅度提高。

### 1.5.5 医疗和生物医学工程

现代医学的发展,从疾病起因的研究、患者的检查诊断,到新药的开发、研制以及实验室实验和临床试验,没有一项能够离开数字信号处理。

大到医院使用的大型诊断设备 B 超、CT(X 射线断层扫描)、MRI(核磁共振)、Holter(动态心电图)等,小到家庭使用的便携式血压计、血糖仪、助听器等,都没有例外地采用甚至依赖 DSP 技术。

生物特征提取技术,例如指纹、虹膜、人脸识别、DNA 比对等,已经成为人所共知的,广泛用于识别、安全、侦破等的技术手段。

日益发展的人工智能算法及其实现,仍然是非常活跃的研究领域。

### 1.5.6 日益丰富多彩的消费类电子产品

或许,微电子技术、计算机技术和 DSP 技术的进步和普及,在消费类电子产品领域体现得最为淋漓尽致。我们常说,每个人身上都带有几块 DSP 处理器或含 DSP 核的 SoC 应用处理器。

如今,全球每年生产和销售的智能手机数量已达数十亿部,手机已经深刻融入人们的生活,成为不可或缺的重要组成部分。此外,智能终端和可穿戴设备,如平板电脑、智能音箱、智能手表和智能眼镜等,亦在很大程度上影响着整个消费电子市场。这些产品的广泛应用离不开数字信号处理(DSP)技术的持续发展和支持。

现代家电的智能化进程也在不断加速,基于 DSP 技术研发的智能冰箱、空调、洗衣机和扫地机器人等设备,不仅能够高效完成基础功能,还能够通过智能传感器和算法实现温控优化、能耗管理及语音交互等高级功能。这些技术进步不仅丰富了人们的生活,提高了便利性,更使人们能够直接享受到科技发展带来的红利。

人们的想象力是没有止境的,DSP 技术的发展和应用,包括算法和实现平台的发展,也就没有止境,对高速度、高性能、小体积、低功耗、低成本的追求也就没有止境。

## 1.6 数字信号处理算法的实现

以上介绍虽然挂一漏万,但已经可以充分说明,DSP 技术应用的普及和深入程度。不出半个世纪,已经形成了一个庞大的产业和从研究、开发、制造、销售到技术支持和维护的从业者群体。

数字信号处理,早已从最初的书斋里的概念和纯数学推导,迅速地向工程靠拢。

算法的研究当然还在继续，而且大大地加强，比以往任何时候都发展得广泛和深入。因为，越来越宽泛的应用领域、越来越高的性能要求以及使用环境对算法的性能、复杂度，实现平台的空间、功耗、成本等，都提出了越来越苛刻的要求。但是，和以往不同的是，新算法的提出和既有算法的改善，从一开始起，就必须充分考虑实现的环境和要求，也就是工程化的要求。

本教材所讲授的“数字信号处理”课程，是一门学习和研究数字信号处理基本概念和基本方法的理论性课程。然而，随着课程本身的发展和市场的需求，全球各大学的同类课程，都在发生着重大的变革。

首先，是对这门课程重要性的认识大大地强化，多数学校的电子信息类和计算机类的科系，相继将其列为必修课程。

其次，强化基本概念和基本方法的学习。任何新的算法或算法的改善，都来源于最基本的概念和方法，只有基础牢靠了，才能举一反三，适应和发展新的东西。打着“适应市场”的旗号，追逐时髦的急功近利的做法是很不可取的。

然后，是贴近工程和算法的实现。在学习算法的时候，介绍理想条件下的结论时，要讨论实际的工程条件所带来的影响。例如，实际的窄脉冲串采样和理想的冲激串采样的差别和影响、A/D 转换器所引入的量化噪声、处理器的有限字长对处理结果带来的影响等。

对于所学习和讨论的数字信号处理算法的实现，目前遵循两条途径进行。

一是使用 MATLAB 等仿真软件，对算法和处理系统的实现作仿真。这是一种有效的、直观的、低成本的方法。尤其是 MATLAB 里的 Signal Processing Toolbox 工具包里，已经集成了大量的、行之有效的信号处理子程序，可以很方便地调用。因此，国内外几乎所有的大学，都强调数字信号处理算法的仿真。我们在长期的教学实践中，坚持这种做法，取得了明显的成效。本书中包含了大量的 MATLAB 的例题和习题，就是为了达到这样的目的。

另外一条实现途径是，建立专门的 DSP 实验室，装备基本的 DSP 实验平台和开发环境、计算机和相应的测试仪器，指导学生将所学习的或自我开发的算法，在实际的平台上实现。这是更接近工程的做法，当然也需要更多的时间、精力和资源。一般来说，这不是“数字信号处理”课程所能涵盖的。目前，许多“数字信号处理”的教材里，都增加了一章，来对 DSP 处理器做简要介绍。这样做，虽然不无裨益，但毕竟效果有限。我们的做法是，另外开设一门以实验室工作为主的“DSP 技术”课程，指导学生集中地学习 DSP 处理器的硬件结构、软件结构和开发环境，并在实际的实验平台上实现“数字信号处理”课程里所学习的算法，以及学生自行开发的算法。这样做的效果也是很明显的。产业界对这样培养出来的，既能掌握数字信号处理的理论和算法，又能熟练地进行系统开发和算法实现的毕业生，表示了极大的欢迎。

## 1.7 本书内容安排

本书按照两条主线组织内容。

首先是频谱主线。频谱描述了信号由何种频率分量构成以及各个分量的强度，是信号在频域的表征。按照频谱主线，本书的内容分为信号分析和信号处理两部分。信号分析是用各种方法，获取有关信号的尽可能多的信息（频谱就是其中最重要的信息之一），为信号处理做好准备。信号处理则利用各种方法改造信号，调整各个频率分量的强度，使之尽可能符合使用者的要求。

其次是对偶性主线。信号分析和处理的任务，既可以在时域进行，也可以在频域进行。Fourier 变换实现了信号在时频域的转换，在时域和频域之间架起了一座桥梁。同时，Fourier 变换的对称性导致时频域分析和处理间存在某种对偶特性。它表明在时频域中某一个域的特性都可以在另一个域中找到对应的版本，从而可以将信号在时域和频域的分析与处理联系起来，不再孤立地对待。按照对偶性主线组织时频域的相关内容，大大简化了学习和理解的难度，同时也丰富了分析和解决问题的方法和手段。

另外，本书对有限字长效应的讨论，也不同于传统教材安排专门章节进行集中讲解的方式。我们将有限字长效应的内容分散到了各个章节，使其和数字信号处理的学习过程更紧密地结合起来。例如，在介绍通过采样过程获得数字信号时，我们就引入了有效字长效应的概念，介绍重要的 6 dB 定理。在介绍 FFT 算法时，我们就引入了有限字长效应引入的计算溢出误差，以便学生更深入地理解 FFT 算法实际实现过程中的分级缩放结构。在介绍滤波器的结构和实现时，进一步讨论系数量化、计算舍入误差和溢出误差及其对滤波器性能的影响，从而使学生清楚面对一个实际应用时，滤波器设计和实现过程中真正应该注意些什么。

本书还安排了专门的一章（第十章），介绍数字信号处理的应用并进行相关的课程设计。本章以多个实际应用为例（如 FIR/IIR 滤波器的实现、双音多频信号的产生与检测、自适应回声抵消、数字音频均衡器、基于局部频谱细化的实时频谱分析、自适应啸叫抑制以及智能人眼定位等），介绍这些应用中的数字信号处理理论和原理，讨论其实现方式，最后通过开放式的课程设计，使学生真正掌握数字信号处理的理论，并对它的应用有清楚的认识和切实的体会，使数字信号处理从纯理论的书斋学习，走进具体的工程实践。

本书中包含了大量的 MATLAB 例题和习题，以便学生验证书中的例题和进一步利用 MATLAB 去完成书中的习题和课程设计。

具体而言，本书的章节安排如下。

第二章讨论连续信号的时域离散化与重构，对采样过程及其给信号时域和频域带来的影响和改变，还有如何无失真地恢复信号进行了重点讨论。通过本章的讨论，在模拟（连续）信号处理与数字（离散）信号处理之间架起一座桥梁，最终将连续域和离散域的信号处理问题有机整合起来。

第三章讨论离散信号与系统的时域分析，其中最核心的思想是将复杂信号分解成简单信号（单位冲激信号）的组合，从而只关心系统对简单信号的响应，在输出端将这些响应信号对应地组合起来，就能得到系统对任意信号的响应。

第四章讨论离散时间 Fourier 变换。频谱是信号在频域的表征，它描述了信号中各个频率分量的强度。频域分析的基本方法与时域相同，但这里需要将信号分解成简单信号（正弦信号）的组合。频域分析的重要结论是，信号通过系统后，其各个频率分量的强度发生了改变，而该变量由系统频率响应在该点的值决定。

第五章讨论离散 Fourier 变换，主要涉及频谱的离散化及重构问题。本章引入了重要变换——离散 Fourier 变换 DFT，它的两端都是既离散又周期，从而可以在时频域同时实现数字化处理。为了降低 DFT 的运算量,本章还介绍了快速 Fourier 变换 FFT。很多研究人员将 FFT 的诞生看作是现代数字信号处理的起源之一。

第六章介绍 $z$ 变换。为了解决 Fourier 变换存在收敛性问题,研究人员将频域上的变换扩展到了复平面,从而得到了更为通用的 $z$ 变换。本章对 $z$ 变换的定义和性质进行了介绍。

第七章介绍离散时间系统的变换域分析。在引入了 $z$ 变换后,对于冲激响应不满足绝对可和条件的系统,也能使用类似 Fourier 变换的方法进行分析和处理。与时域分析和频域分析相比,变换域分析更加通用,也更加全面。

第八章介绍数字滤波器的设计方法。由于系统的作用是改变信号中各个频率分量的强度,因此,可以通过设计具有各种频率响应特性的滤波器,来完成对应的信号处理任务。按照不同的结构,数字滤波器可以分为无限冲激响应 IIR 滤波器和有限冲激响应 FIR 滤波器。对于 IIR 滤波器设计,本章重点介绍了冲激响应不变法和双线性变换法;对于 FIR 滤波器设计,本章重点介绍了窗函数法和频域采样法。

第九章介绍数字滤波器的结构。滤波器设计的最终目的,是使用它来完成在实际应用中的各种信号处理任务。为此,本章将讨论滤波器的结构及实现方法,即如何选择合适的滤波器结构,并在有限精度条件下对前一章设计好的滤波器进行实现,使其能够应用于实际工作中。

第十章为课程设计,以现实生活中的各个工程实例为背景,介绍数字信号处理在不同领域中的应用,包括有限字长效应对数字滤波器(或系统)的影响、信号的时频域分析、信号的检测、自适应信号处理,语音/图像信号的处理等,并结合新技术和行业发展,介绍一些实际工程中的应用和案例。本章既介绍解决实际问题所用到的数字信号处理的基本理论和方法,又讨论这些理论和方法的具体实现问题,通过介绍这些方法在实现过程中所需要考虑的各种因素和注意事项,使这些抽象的理论和方法变得切实可行。

# 第二章　连续信号的离散化与重构

## 2.1 引　　言

本章主要讨论连续信号的离散化和重构过程，包括如何通过采样实现信号的离散化，如何利用离散的样本值无失真地恢复出之前的连续信号，重点关注在这些过程中信号的特性将怎样变化。

事实上，数字信号处理是对连续信号处理问题的延伸和扩展，它们研究的内容和使用的理论及方法基本相同。相对于连续信号处理，数字信号处理主要的不同在于其研究的对象是在时间和取值上都离散的数字信号。

因此，学习数字信号处理的一个关键问题，就是了解和掌握信号由连续变为离散后，其自身时频域特性所发生的变化，以及这些变化对信号处理过程产生的影响。将这些变化和连续信号处理的基础知识结合起来，就可以得到关于数字信号处理的一系列理论、算法和实现方法。

另一方面，自然界绝大多数的信号都是模拟（连续）的，人们也更习惯于接收连续信号。因此，在数字信号处理结束后，将处理的离散结果恢复成连续的形态也是非常重要和必不可少的一步。

基于以上考虑，本章将对连续信号的离散化和重构过程进行详细讨论。

简便起见，本章首先忽略幅值离散化问题，集中讨论时域离散化对信号时频特性的影响，以及如何利用离散样本值恢复出连续信号；然后讨论幅值离散化对信号的影响，引入有限字长效应和量化误差的概念；最后，介绍连续信号的离散化处理流程。

具体的内容安排如下。

2.2 节介绍连续信号时域离散化的实现过程和对应的数学模型，重点分析离散化过程对信号时频域特性的影响。

2.3 节介绍如何由离散信号恢复出连续信号，包括该恢复过程在时频域的具体实现方式，以及实现无失真恢复的条件——Nyquist 定理。

2.4 节讨论信号幅值的离散化过程及其对信号产生的影响。这里将引入数字信号处理中的一个重要概念——字长，并在此基础上讨论有限字长效应和量化误差。理解这些概念是数字信号处理从理论迈向实用的重要一步。

2.5 节讨论连续信号的离散化处理总体流程，包括整个信号处理过程中各个模块的作用以及其在实际应用中的具体实现方式和依赖的器件等。

2.6 节是本章的小结。

通过对本章内容的讨论和学习，希望在模拟(连续)信号处理与数字(离散)信号处理之间架起一座桥梁，让读者理解它们之间的区别与联系，既能看到二者在表现形式上的差异，又能发现它们内在的和本质的联系，并且能够了解这些差异产生的根源，最终将连续域和离散域的信号处理问题有机整合起来。

在本书后面章节的学习过程中，希望读者能够沿用这样的思路，依靠第二章介绍的信号和系统基础知识，从信号离散化的角度去理解连续和离散信号处理过程中的相关性质和定理是如何发生联系和进行转换的——这将大大提高学习的效率。

## 2.2 连续信号的时域离散化

### 2.2.1 采样过程与离散信号的表示

前面已经提到，对连续信号进行采样可以获得离散信号。

物理上，采样过程可以描述如下：如图 2.2-1 所示，将连续信号 $x_a(t)$ 通过一个开关，该开关每隔时间间隔 $T_s$ 瞬时闭合，采集信号在该时刻的幅度，从而得到由离散样本点构成的离散信号，这里的 $T_s$ 又被称为采样间隔。

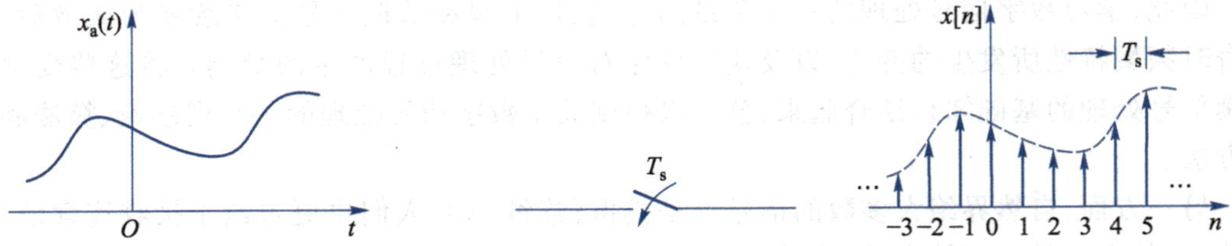


图 2.2-1 连续信号的采样过程

如果在信号处理过程中，关心的是离散信号的各个样本值，或者说采样的结果，则离散信号可以表示为 $x[n]$，即把在不同的时间点上所采集的信号幅度值，按采集的时间顺序排列起来后得到的一个离散序列。注意，这里省略了该离散序列各个样本之间的绝对时间间隔 $T_s$，而仅以样本的序号 $n=\cdots,-3,-2,-1,0,1,2,3,\cdots$ 来表示各个样本的位置或时间信息，以 $n$ 作为时间变量，对应的离散信号就可以表示为 $x[n]$。

从上述过程可以看出，离散信号 $x[n]$ 的各个样本值就是连续信号 $x_a(t)$ 在 $nT_s$ 时刻的幅度值，即

$$x[n]=x_a(t)\big|_{t=nT_s}=x_a(nT_s) \tag{2.2-1}$$

除了离散序列外，离散信号还可以看作是一种特殊的连续信号，此时更关注的是采样过程本身。

在实际电路中，通过电容充电过程来获得和存储电压值，即当开关闭合后，电路中接通的电流对电容进行充电，完成对信号幅度(电压)的采样。

理想情况下，开关只在瞬间闭合，因此某次采样的充电电流应该建模为冲激函数 $\delta(t)$。由于采样开关每隔时间间隔 $T_s$ 都要闭合，即用冲激函数表示的充电电流每隔时间间隔 $T_s$ 都会周期性出现，那么，整个采样过程的充电电流可以用一个间隔为 $T_s$ 的单位冲激串 $\delta_{T_s}(t)$

来表示

$$\delta_{T_s}(t)=\sum_{n=-\infty}^{\infty}\delta(t-nT_s) \tag{2.2-2}$$

因此，在数学上，采样可以建模为连续信号 $x_a(t)$ 和单位冲激串 $\delta_{T_s}(t)$ 相乘的过程，如图 2.2-2 所示。

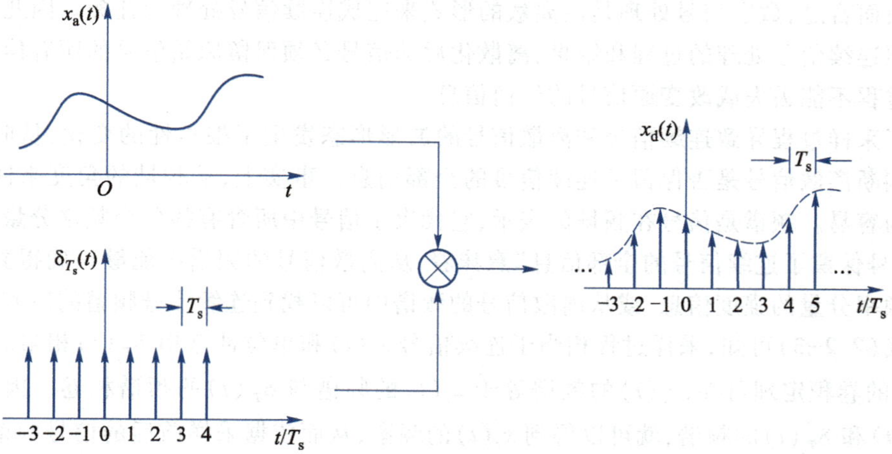


图 2.2-2 采样过程的数学模型

从这个角度，离散信号又可以看作是一种特殊的连续信号 $x_d(t)$，即

$$x_d(t)=x_a(t)\delta_{T_s}(t)=x_a(t)\sum_{n=-\infty}^{\infty}\delta(t-nT_s)$$

$$=\sum_{n=-\infty}^{\infty}x_a(nT_s)\delta(t-nT_s) \tag{2.2-3}$$

无论以哪种形式表示，在信号离散化的过程中，最重要的一个参数就是采样间隔，本书中表示为 $T_s$。

采样过程中，另一个和 $T_s$ 密切相关的参数是采样频率 $f_s=1/T_s$，其单位为“sps(sample/second，样本每秒)”，描述了单位时间内采样获得的样本个数。

显然，如图 2.2-3 所示，采样频率 $f_s$ 越高，或采样间隔 $T_s$ 越小，相同时间内获得的样本数越多，离散信号的波形能体现原信号更多的细节，但采样过程的实现成本会增加，相应的信号处理过程的存储成本和计算成本也会增大。反之，采样频率 $f_s$ 越低，或采样间隔 $T_s$ 越大，相同时间内获得的样本数越少，采样过程的实现、样本值的存储和计算过程都会变得更加容易，但这时的问题在于，过少的样本点能否包含数字信号处理过程所需的必要信息。

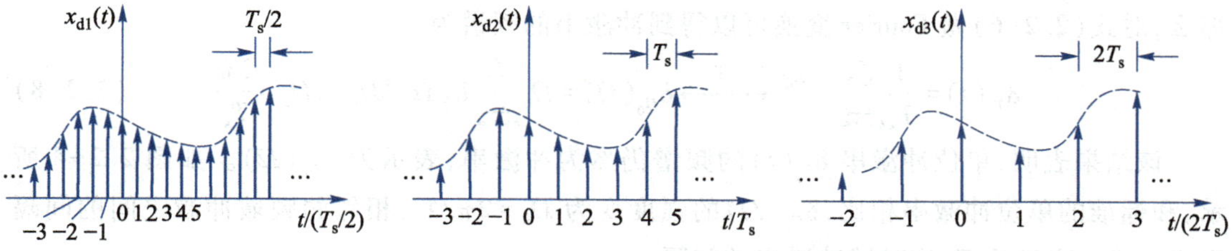


图 2.2-3 不同采样间隔情况下的离散信号

因此，如何合理地选择采样频率（或采样间隔）是采样过程中的一个关键问题。

### 2.2.2 采样频率的选取与 Nyquist 定理

#### 1. 信号的离散化与周期化

自然界绝大多数信号都是连续的，所谓数字信号处理就是以“数字”的形式对信号进行处理。换而言之，数字信号处理是以离散的形式来完成连续信号处理的任务。因此，为了准确地模拟连续信号处理的过程和结果，离散化后的信号必须保留原始信号的所有信息，或者说采样过程不能丢失或改变原信号的任何信息。

由于采样过程导致连续信号和离散信号的波形形态发生了根本性的变化，从时域上往往难以判断离散信号是否保留了连续信号的全部信息。事实上，从频域的角度来回答这一问题更为容易。频谱是信号在频域的表示，它代表了信号中所含有的各个频率分量的强度。“离散信号保留了连续信号的全部信息”意味着，从离散信号的频谱中能够正确得到连续信号各个频率分量的强度信息，或从离散信号的频谱中可以找到连续信号频谱的所有信息。

由式(2.2-3)可知，采样过程相当于连续信号 $x_a(t)$ 和单位冲激串 $\delta_{T_s}(t)$ 相乘。由 Fourier 变换的卷积定理可知，$x_d(t)$ 的频谱等于 $x_a(t)$ 的频谱与 $\delta_{T_s}(t)$ 的频谱相卷。因此，只要获得 $x_a(t)$ 和 $\delta_{T_s}(t)$ 的频谱，就可以得到 $x_d(t)$ 的频谱，从而依据采样前后的信号频谱判断离散后的信号是否保留了原始连续信号的所有信息。

实际应用中处理的连续信号一般都是绝对可积的，满足 Fourier 变换收敛的条件，因此 $x_a(t)$ 的频谱 $X_a(\mathrm{j}\Omega)$ 容易得到。但是，单位冲激串 $\delta_{T_s}(t)$ 不是绝对可积的，它的频谱计算过程较为复杂。这里对其频谱进行简单的推导和说明，暂不进行严格地证明。

显然，单位冲激串 $\delta_{T_s}(t)$ 可以看作是一个周期为 $T_s$ 的周期信号，因此，它可以表示为 Fourier 级数的形式，即

$$\delta_{T_s}(t)=\sum_{k=-\infty}^{\infty}F_k\mathrm{e}^{\mathrm{j}k\Omega_0 t},\Omega_0=\frac{2\pi}{T_s} \tag{2.2-4}$$

其 Fourier 级数 $F_k$ 为

$$F_k=\frac{1}{T_s}\int_{-T_s/2}^{T_s/2}\delta_{T_s}(t)\mathrm{e}^{-\mathrm{j}k\Omega_0 t}\mathrm{d}t=\frac{1}{T_s} \tag{2.2-5}$$

因此，$\delta_{T_s}(t)$ 还可以写成如下形式

$$\delta_{T_s}(t)=\frac{1}{T_s}\sum_{k=-\infty}^{\infty}\mathrm{e}^{\mathrm{j}k\Omega_0 t} \tag{2.2-6}$$

复指数信号和冲激信号互为 Fourier 变换对，即

$$\mathrm{e}^{\mathrm{j}\Omega_0 t}\xleftrightarrow{\mathrm{FT}}2\pi\delta(\Omega-\Omega_0) \tag{2.2-7}$$

那么，对式(2.2-6)做 Fourier 变换可以得到冲激串的频谱为

$$\delta_{T_s}(t)=\frac{1}{T_s}\sum_{k=-\infty}^{\infty}\mathrm{e}^{\mathrm{j}k\Omega_0 t}\xleftrightarrow{\mathrm{FT}}\delta_{\Omega_0}(\Omega)=\Omega_0\sum_{k=-\infty}^{\infty}\delta(\Omega-k\Omega_0),\Omega_0=\frac{2\pi}{T_s} \tag{2.2-8}$$

该结果表明，单位冲激串 $\delta_{T_s}(t)$ 的频谱仍然为冲激串，表示为 $\delta_{\Omega_0}(\Omega)$。如图 2.2-4 所示，和标准的单位冲激串相比，$\delta_{\Omega_0}(\Omega)$ 的强度变为 $\Omega_0=2\pi/T_s$，相邻的频域冲激之间的间隔也变为 $\Omega_0$，这里的 $T_s$ 为时域冲激串的间隔。

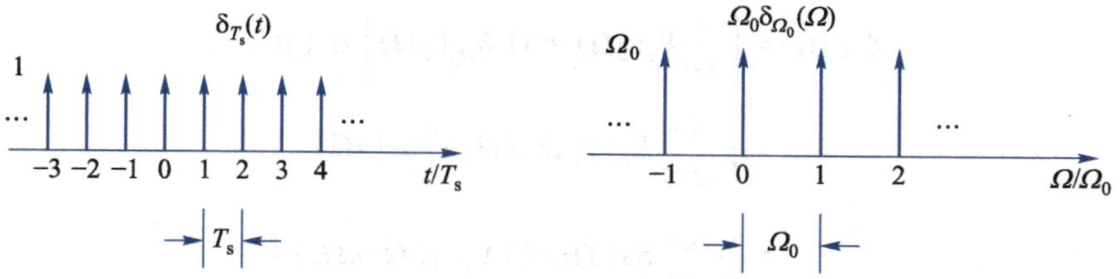


图 2.2-4　冲激串 Fourier 变换对

在此基础上，运用卷积定理，离散信号 $x_d(t)$ 的频谱 $X_d(j\Omega)$ 为 $X_a(j\Omega)$ 和 $\Omega_0\delta_{\Omega_0}(\Omega)$ 的卷积，表示为

$$X_d(j\Omega)=\frac{1}{2\pi}X_a(j\Omega)*\Omega_0\delta_{\Omega_0}(\Omega)=\frac{1}{2\pi}X_a(j\Omega)*\frac{2\pi}{T_s}\sum_{k=-\infty}^{\infty}\delta(\Omega-k\Omega_0)$$
$$=\frac{1}{T_s}\sum_{k=-\infty}^{\infty}X_a[j(\Omega-k\Omega_0)] \tag{2.2-9}$$

式(2.2-9)是一个非常重要的结果，它表明将连续信号 $x_a(t)$ 的频谱 $X_a(j\Omega)$ 按 $\Omega_0=2\pi/T_s$ 的整数倍进行移位，然后把所有移位后的频谱叠加起来，幅度上再乘以 $1/T_s$，就得到采样后离散信号的频谱。这实际上就是将 $X_a(j\Omega)$ 按 $\Omega_0$ 进行周期化的过程（该过程又被称为周期延拓），因此，离散信号的频谱是周期的，且周期为采样角频率 $\Omega_0$。

显然，这一结论和"周期信号的频谱是离散的"是对偶的。事实上，周期化和离散化是时频域的一组对偶操作。在某一个域对信号按采样间隔 $\tau$ 进行离散化，则在另一个域信号就进行周期化，周期为 $2\pi/\tau$；反之，在某一个域对信号按周期 $\tau$ 进行周期化，则在另一个域信号按采样间隔 $2\pi/\tau$ 进行离散化。注意到，离散化的采样间隔和周期化的周期，二者的乘积恒定为 $2\pi$。

需要说明的是，在实际应用中，往往难以实现基于单位冲激串的理想采样，采样信号通常呈现出窄脉冲的形式，如图 2.2-5 所示。这相当于在用单位冲激串对信号进行理想采样后，再将结果通过一个系统，该系统的单位冲激响应为宽度 $\tau$ 的窄脉冲 $g_\tau(t)$。很多时候，这种采样又被形象地称为"平顶"采样。

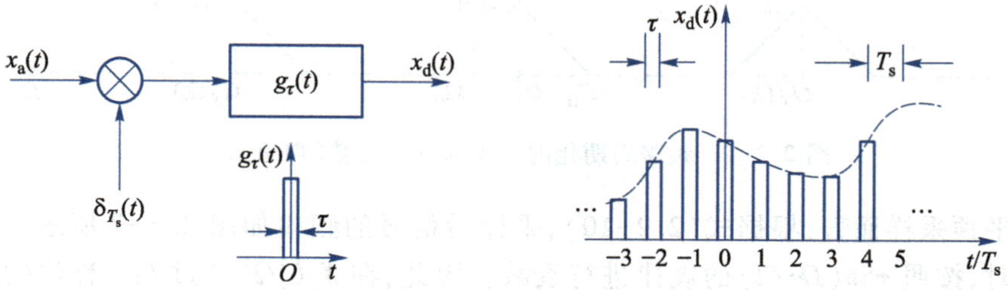


图 2.2-5　平顶采样

此时，采样后信号的频谱 $X_d(j\Omega)$ 不再是原来连续信号频谱 $X_a(j\Omega)$ 的简单周期化。

窄脉冲信号 $g_\tau(t)$ 的频谱为 Sa(·)函数 $G_\tau(j\Omega)=\tau\mathrm{Sa}(\Omega\tau/2)$。因此，利用 Fourier 变换的卷积特性，那么，采样后信号的频谱为

$$X_d(j\Omega)=\left[\frac{1}{2\pi}X_a(j\Omega) * \Omega_0\delta_{\Omega_0}(j\Omega)\right]G_\tau(j\Omega)$$
$$=\frac{1}{T_s}\sum_{k=-\infty}^{\infty}X_a[j(\Omega-k\Omega_0)]G_\tau(j\Omega)$$
$$=\frac{\tau}{T_s}\sum_{k=-\infty}^{\infty}\mathrm{Sa}(\Omega\tau/2)X_a[j(\Omega-k\Omega_0)] \tag{2.2-10}$$

对比式(2.2-10)和式(2.2-9)发现，平顶采样导致信号频谱在周期化的同时，其幅度还要发生衰减，衰减的程度由窄脉冲信号 $g_\tau(t)$ 的频谱决定。

**2. Nyquist 采样定理**

现在，回到如何确定采样频率 $f_s$ 的问题。为了方便下面的讨论，定义采样角频率 $\Omega_s=2\pi f_s=2\pi/T_s=\Omega_0$，单位为 rad/s(弧度每秒)。

假设被采样信号 $x_a(t)$ 是带限信号，其所包含的最高频率成分为 $\Omega_H$，即在 $x_a(t)$ 中只包含 $[-\Omega_H,+\Omega_H]$ 之间的频率分量，而当 $|\Omega|>\Omega_H$ 时有 $X_a(j\Omega)=0$。那么，在对同一个信号 $x_a(t)$ 进行离散化的过程中，按照采样频率的不同，可能出现如下两种情况。

第一种情况，当 $\Omega_s=\Omega_0\geqslant 2\Omega_H$ 时，频谱周期化的过程如图 2.2-6 所示。由于 $\Omega_s\geqslant 2\Omega_H$，$X_a(j\Omega)$ 经过 $k\Omega_s$ 移位和叠加后没有发生频谱交叠，采样过程没有引起信息损失。此时，从 $X_d(j\Omega)$ 中可以获得 $X_a(j\Omega)$ 的全部数据，或者说由 $X_d(j\Omega)$ 可知信号 $x_a(t)$ 中所有频率分量的强度(需要注意比例因子 $1/T_s$)，因此，总可以找到某种方法由离散信号无失真地恢复出 $x_a(t)$。从这个意义上说，此时采样后的离散信号和原始的连续信号是等价的。

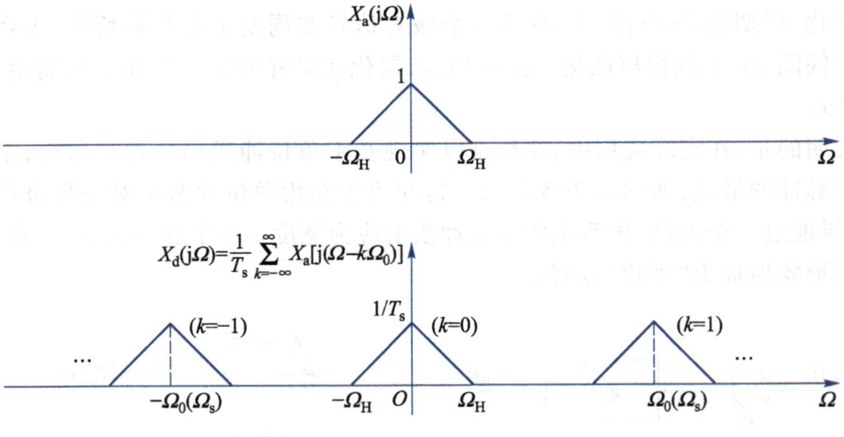


图 2.2-6　频谱周期化的过程未发生交叠(理想采样)

对于平顶采样而言，根据式(2.2-10)，采样后信号的频谱如图 2.2-7 所示。频谱在周期化的同时，按照 $\tau\mathrm{Sa}(\Omega\tau/2)$ 的规律进行衰减。因此，在 $X_a(j\Omega)$ 经过 $k\Omega_s$ 移位的过程中幅度还会衰减，在图中体现为幅度上的弧度变化。此时，尽管没有发生频谱交叠，但原始连续信号各个频率分量的强度仍然发生了改变。在实际应用中需要特别注意这一点。

第二种情况，当 $\Omega_s=\Omega_0<2\Omega_H$ 时，频谱周期化的过程如图 2.2-8 所示。由于 $\Omega_s<2\Omega_H$，那么在 $X_a(j\Omega)$ 按 $k\Omega_s$ 移位的过程中，各个移位版本之间就会相互重叠。这样，在最后叠加的过程中就会发生频谱交叠(spectrum aliasing)现象。显然，频谱交叠破坏了原始连续信号

$x_a(t)$的频谱信息，改变了$x_a(t)$中某些（也有可能是全部）频率成分的强度，因此，从$X_d(j\Omega)$中难以直接获得$X_a(j\Omega)$的信息，也就无法利用对离散信号的处理来模拟对原始连续信号$x_a(t)$的处理，也无法由离散信号无失真地重构出连续信号$x_a(t)$——显然，这是人们不希望看到的结果。

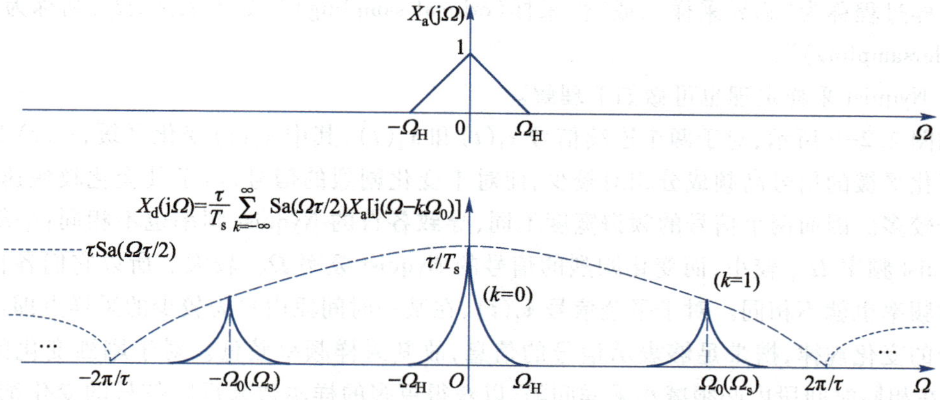


图 2.2-7 频谱周期化的过程未发生交叠（平顶采样）

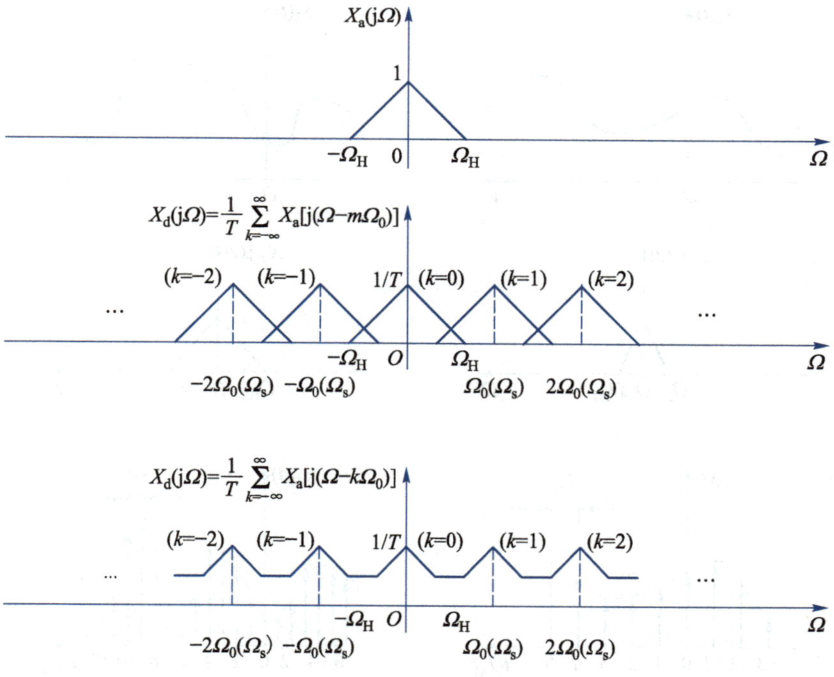


图 2.2-8 频谱周期化的过程发生了交叠

通过对比上述两种情况，不难发现，对于最高频率为$\Omega_H$的带限信号$x_a(t)$，若采样角频率$\Omega_s$满足

$$\Omega_s \geq 2\Omega_H \tag{2.2-11}$$

则采样之后的离散信号完整地保留了原始信号中的全部信息，原来的连续信号可以从采样样本中完全重建出来。

上述定理称为 Nyquist 采样定理，适用于所有带限信号；式(2.2-11)描述的不等式通常被称为 Nyquist 条件；连续信号 $x_a(t)$ 中的最高频率分量 $\Omega_H$ 通常被称为 Nyquist 频率，相应的 $2\Omega_H$ 通常被称为 Nyquist 采样率。

特别地，如果 $\Omega_s>2\Omega_H$，对应的采样过程称为"过采样(oversampling)"；如果 $\Omega_s=2\Omega_H$，对应的采样过程称为"临界采样"，或"恰采样(critical sampling)"；如果 $\Omega_s<2\Omega_H$，则称为"欠采样(undersampling)"。

对 Nyquist 采样定理也可做如下理解。

如图 2.2-9 所示，对于两个连续信号 $x_1(t)$ 和 $x_2(t)$，其中 $x_1(t)$ 变化平缓，$x_2(t)$ 变化剧烈。变化平缓的信号高频成分相对较少，而对于变化剧烈的信号，由于其变化较快速，故高频成分较多。因而两个信号的频谱宽度不同，导致各自的 Nyquist 频率也不相同：平缓信号的 Nyquist 频率 $\Omega_{H1}$ 较小，而变化剧烈的信号的 Nyquist 频率 $\Omega_{H2}$ 较大。所以它们各自要求的采样频率也就不相同。对于平缓信号 $x_1(t)$，在某一时间段内只需较少的采样点即可反映出信号的变化规律，携带足够表示信号的信息，故其采样频率较低。对于剧烈变化的信号 $x_2(t)$，在相同时间段内必须减小采样间隔，以获得更多的样本数来反映信号的变化细节，因此其采样频率较高。

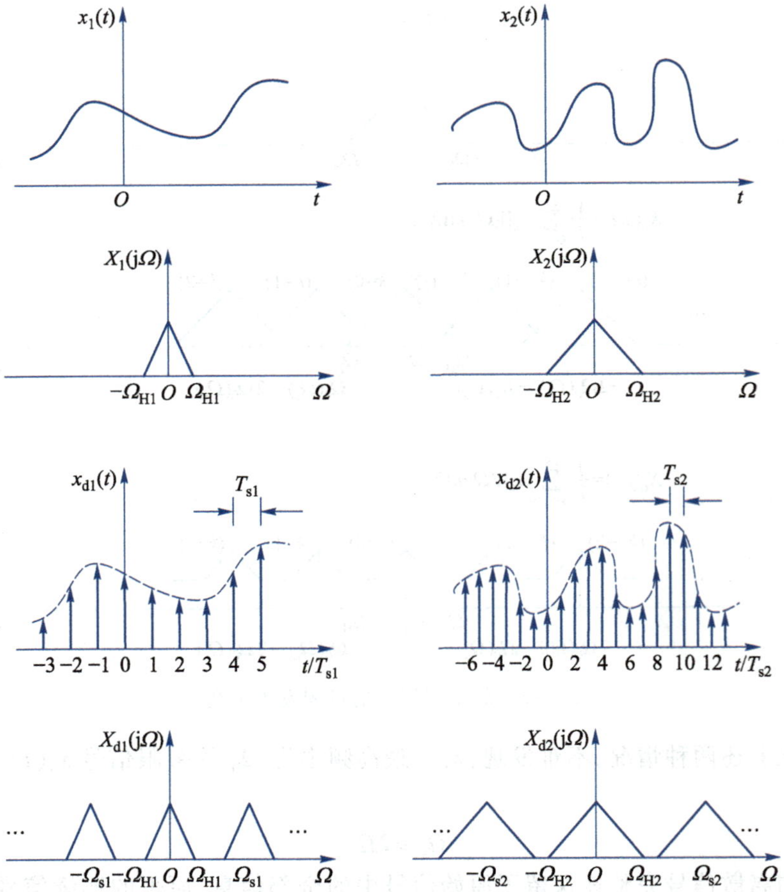


图 2.2-9 两个连续信号采样频率对比

为了更直观地说明 Nyquist 采样定理的重要性，下面来看一个不满足 Nyquist 条件的采样例子。

**例 2.2-1**

已知有三个连续余弦信号，其频率分别为 3 Hz、7 Hz 和 13 Hz，即

$$x_1(t)=\cos(6\pi t),x_2(t)=\cos(14\pi t),x_3(t)=\cos(26\pi t) \tag{2.2-12}$$

以相同的采样频率 $f_s=10$ Hz 对上述三个信号进行采样，得到对应的离散信号 $x_1[n]$、$x_2[n]$ 和 $x_3[n]$，试在 MATLAB 平台上对上述采样过程进行仿真，并对结果进行分析。

**解：**

按照前面对采样过程的描述，有

$$x[n]=x(t)\big|_{t=nT_s}=x(nT_s) \tag{2.2-13}$$

可得采样后的离散信号。根据这一关系，在 MATLAB 平台上，以 10 Hz 的采样频率对上述三个信号进行采样的主要代码段如下所示

```
fs=10;Ts=1/fs;                  % 设定采样频率和采样间隔；
f1=3;f2=7;f3=13;                % 设定三个信号的频率；
n=0:9;                          % 产生长度为 10 的采样序列；
x1=cos(2*pi*f1*n*Ts);
x2=cos(2*pi*f2*n*Ts);
x3=cos(2*pi*f3*n*Ts);           % 得到采样序列；
```

仿真结果如图 2.2-10 所示。从图中的波形上看，采样后 $x_1[n]$、$x_2[n]$ 和 $x_3[n]$ 的结果完全相等，三组离散序列在图中重合，这会带来一个严重的问题。在实际应用中，当人们通过一个采样系统或电路获得一组离散序列后，无法判断它到底是由哪个连续信号采样而来的——因为上述例子已经清楚地表明，将不同信号通过同一个采样系统后，可能得到完全相同的离散序列。如果这个问题不解决，后续的数字信号处理过程将毫无意义。

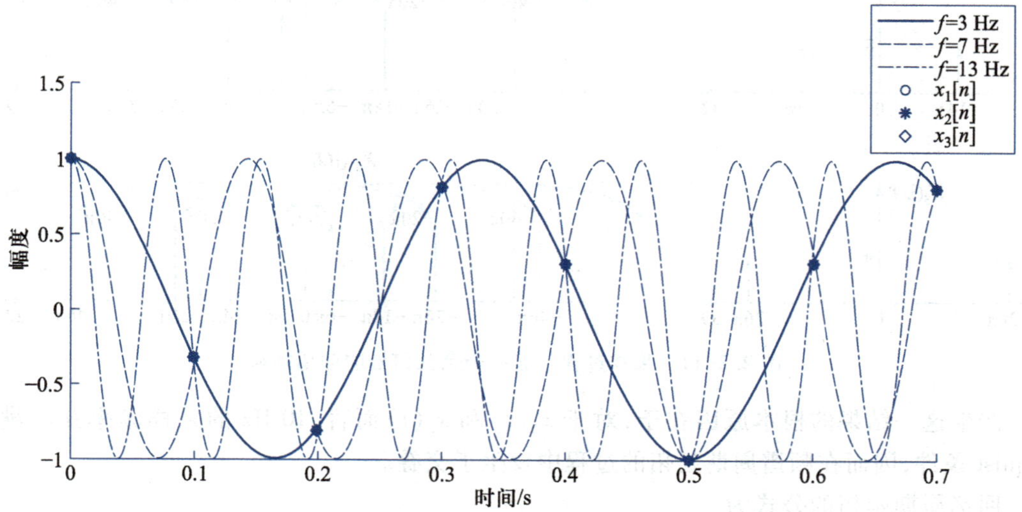


图 2.2-10　对三个不同信号用相同采样频率进行采样的结果对比

为了解决这一问题，首先需要分析产生该现象的原因。

从图 2.2-10 的波形上看，在各个采样时刻，三个余弦信号的曲线正好相交于一点，从而使采样后得到的离散序列完全相同。

也可以从采样过程来验证图 2.2-10 中的现象，根据式(2.2-13)并结合三角函数的周期性和对称性，可以证明采样后的三个离散信号是相等的，它们分别为

$$
\begin{aligned}
x_1[n] &= x_1(t)\big|_{t=nT_s} = x_1(0.1n) = \cos(0.6\pi n) \\
x_2[n] &= x_2(t)\big|_{t=nT_s} = x_2(0.1n) = \cos(1.4\pi n) \\
&= \cos(1.4\pi n - 2\pi n) = \cos(-0.6\pi n) = \cos(0.6\pi n) \\
x_3[n] &= x_3(t)\big|_{t=nT_s} = x_3(0.1n) = \cos(2.6\pi n) \\
&= \cos(2.6\pi n - 2\pi n) = \cos(0.6\pi n)
\end{aligned}
\tag{2.2-14}
$$

最后，还可以利用卷积定理来解释这一现象。利用 Fourier 变换对

$$\cos(\Omega_0 t) \xleftrightarrow{\text{FT}} \pi[\delta(\Omega+\Omega_0)+\delta(\Omega-\Omega_0)] \tag{2.2-15}$$

可知余弦信号的频谱为两个冲激，冲激所在的位置即为信号的频率，如图 2.2-11 所示。那么，以 $f_s = 10$ Hz 的采样频率对这三个信号进行采样，在频域等效为将这三个信号的频谱按 $\Omega_s = 2\pi f_s = 20\pi$ 进行周期化。周期化的过程产生了一个有趣的结果，尽管三个余弦信号的频谱各不相同，但周期化后得到的周期频谱却是一样的，因此对应的时域离散信号也是相同的。

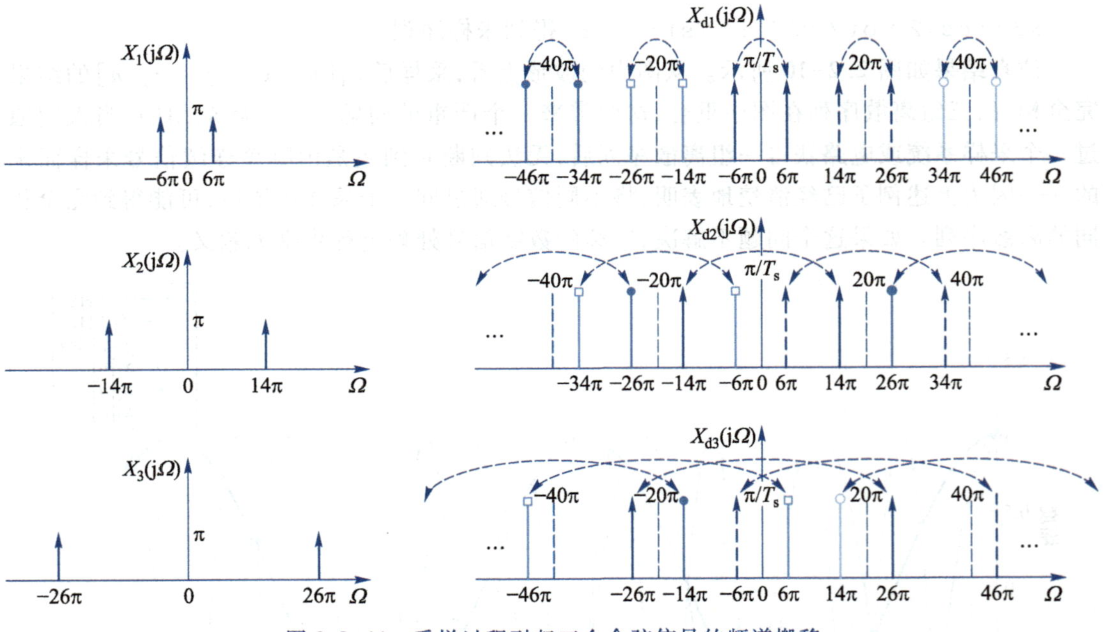


图 2.2-11 采样过程引起三个余弦信号的频谱搬移

产生这一结果的根本原因在于，对于 $x_2(t)$ 和 $x_3(t)$ 而言，10 Hz 的采样频率并不满足 Nyquist 条件，因而在频谱周期延拓的过程中发生了交叠。

回忆周期延拓的公式为

$$X_d(j\Omega) = \frac{1}{T_s}\sum_{k=-\infty}^{\infty} X_a[j(\Omega - k\Omega_0)]$$

对照图 2.2-11,尽管在 $X_{\mathrm{a2}}(\mathrm{j}\Omega)$ 和 $X_{\mathrm{a3}}(\mathrm{j}\Omega)$ 中都没有谱线 $\delta(\Omega-6\pi)$,或者说不包含角频率为 $6\pi$ 的频率成分,但频谱交叠过程却能“变出”该频率分量。具体而言,$X_{\mathrm{a2}}(\mathrm{j}\Omega)$ 的谱线 $\delta(\Omega+14\pi)$ 在进行 $k=1$ 的频谱搬移后,位置从 $-14\pi$ 变到了 $+6\pi$,即 $\delta(\Omega+14\pi)\rightarrow\delta(\Omega-6\pi)$;同理,$X_{\mathrm{a3}}(\mathrm{j}\Omega)$ 的谱线 $\delta(\Omega-26\pi)$ 在进行 $k=-1$ 的频谱搬移后,位置从 $26\pi$ 变到了 $6\pi$,即 $\delta(\Omega-26\pi)\rightarrow\delta(\Omega-6\pi)$,从而都产生了 $6\pi$ 的频率分量。

注意到,在 $X_{\mathrm{d1}}(\mathrm{j}\Omega)$、$X_{\mathrm{d2}}(\mathrm{j}\Omega)$ 和 $X_{\mathrm{d3}}(\mathrm{j}\Omega)$ 中,各条“谱线”可能对应原始频谱不同的延拓周期,例如,谱线 $\delta(\Omega-6\pi)$ 在 $X_{\mathrm{d1}}(\mathrm{j}\Omega)$ 中对应 $k=0$ 的周期,而在 $X_{\mathrm{d2}}(\mathrm{j}\Omega)$ 中对应 $k=1$ 的周期,在 $X_{\mathrm{ds}}(\mathrm{j}\Omega)$ 中对应 $k=-1$ 的周期。但这并不影响最终的结果,因为最终的时域信号是所有频谱分量共同作用的结果。

通过上面的分析可知,问题的根源在于频谱交叠,或者说采样频率的选取不满足 Nyquist 条件。换言之,只要连续信号中包含超过 $f_s/2$ 的频率分量,采样后信号各个频率分量的强度就有可能发生变化,从而破坏了原始连续信号和采样后离散信号之间的等价关系,使得后续的数字信号处理过程失去了意义。

因此,在实际应用中都必须确保进入采样模块的信号中不含有超过 $f_s/2$ 的频率分量,这往往是通过将信号通过一个截止频率为 $f_s/2$ 的低通滤波器来实现的。该滤波器被称为抗混叠(anti-aliasing)滤波器。整个过程如图 2.2-12 所示。

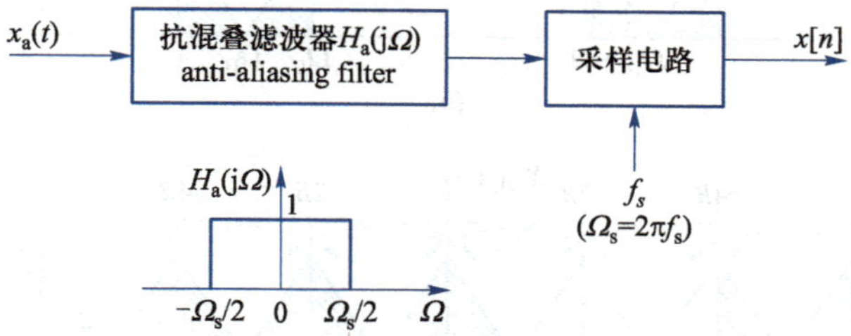


图 2.2-12 抗混叠滤波器

### 3. 带通采样定理

带通采样是一种用来对带通信号进行采样的信号处理方法。通过合理选择采样频率,可以有效地采样带通信号,从而减少数据量和降低系统复杂度。与低通信号不同,带通信号的频率成分主要分布在某个特定的带宽范围内,而不是从零开始。这类信号在现代通信系统中应用广泛,尤其是在无线通信、广播、电视传输以及移动通信中。

目前,带通采样常用的技术之一是欠采样。欠采样的基本思想是在满足特定条件的情况下,扩展奈奎斯特采样定理,以保证采样后的信号频谱不发生混叠。通过这种方法,可以使用低于信号带宽两倍的采样频率,实现理论上的无失真采样,从而显著降低对采样频率和设备的要求。

设带通信号 $x_a(t)$ 的能量仅分布于一个有限的频率区间 $[\Omega_L,\Omega_H]$。如图 2.2-13(a)所示,从频谱的角度,带通信号即为满足条件

$$X_a(\mathrm{j}\Omega)=0,\ |\Omega|<\Omega_L \text{ 或 } |\Omega|>\Omega_H \tag{2.2-16}$$

的信号,其中 $B=\Omega_H-\Omega_L$ 称为该信号的带宽。

对于带通信号的采样问题,当然可以根据 Nyquist 采样定理,选取频率 $\Omega_s=2\Omega_H$ 进行采

样,得到离散信号的频谱 $X_{d1}(j\Omega)$ 如图 2.2-13(b)所示。由于采样频率 $\Omega_s$ 满足 Nyquist 条件,因此频谱周期化的过程没有产生交叠,并且从 $X_{d1}(j\Omega)$ 中可以获得原始连续信号 $x_a(t)$ 的所有信息——这是一次有效的采样。

但是,对于带通信号而言,按照其最高频率成分的两倍来选取采样频率并不合理。如图 2.2-13(b)所示,由于带通信号的频谱 $X_a(j\Omega)$ 在区间 $[-\Omega_L,\Omega_L]$ 内取值为零,按 $2\Omega_H$ 进行采样和频谱周期化后,得到的频谱 $X_{d1}(j\Omega)$ 中存在大量的空隙。这显然是一种极大的浪费,因为过高的采样频率将导致采样电路的复杂度和成本,以及采样数据的存储、传输和运算成本都大幅提高。

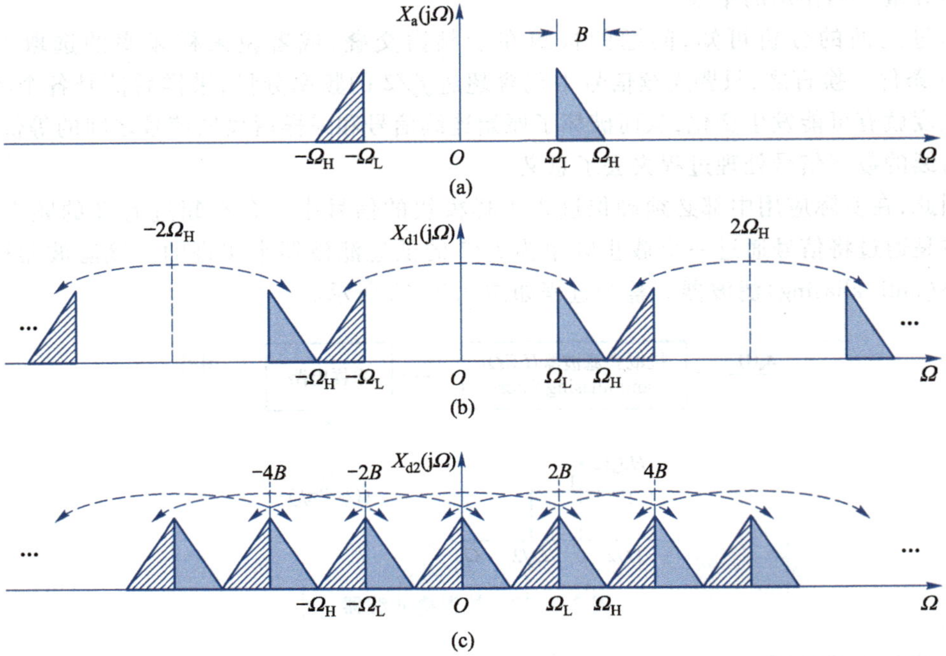


图 2.2-13 带通信号的采样

基于这一考虑,可以适当将带通信号的采样频率降低。尽管这时会发生频谱交叠,但只要采样频率选取合适,使得交叠的区域刚好位于带通信号的带外,则交叠过程不会对信号的有效频率成分产生影响。此时,带通信号在以低于 Nyquist 采样率的频率进行采样后,其频谱仍然没有发生交叠。这就是带通信号采样定理的基本思想。

关于带通采样定理有多种不同的表述方式,其中应用较广的一种是

$$\Omega_s = 2\pi f_s = \frac{2(\Omega_H+\Omega_L)}{2m+1} \tag{2.2-17}$$

其中,$m$ 是满足条件 $\Omega_s \geqslant 2B$ 的最大正整数。

与带通采样定理相对应,Nyquist 采样定理又被称为低通采样定理。

图 2.2-14 所示为在式(2.2-17)的计算规则下,当带通信号的带宽 $B=\Omega_H-\Omega_L$ 固定时,带通采样频率随信号中心频点 $(\Omega_H+\Omega_L)/2$ 变化的关系。观察该图,可以得到如下结论。

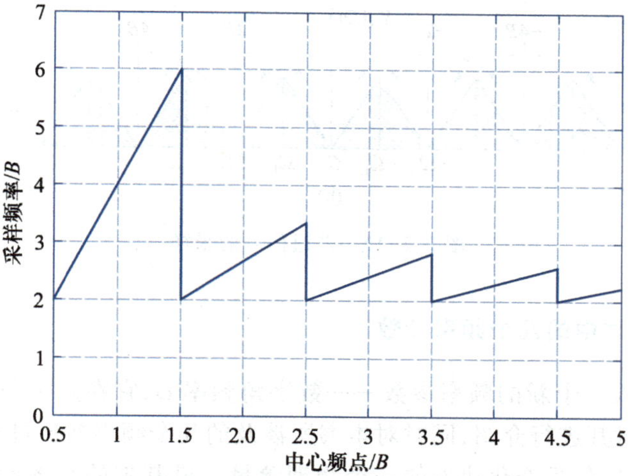


图 2.2-14 带通采样频率与信号中心频点的关系

首先，带通信号的采样频率与信号带宽 $B$ 和中心频点所处的位置密切相关。随着中心频点的变化，采样频率在 $2B$ 与 $6B$ 之间变化，并且，当中心频率较高时，带通采样可以大大降低采样频率。

其次，如果 $\Omega_H=B$，或 $(\Omega_H+\Omega_L)/2=B/2$，则意味着 $\Omega_L=0$，此时带通采样定理就变为了低通采样定理。因此，低通采样定理可以看作是带通采样定理的一个特例。

第三，如果带通信号的最高频率 $\Omega_H$ 恰好是信号带宽 $B$ 的整数倍，即 $\Omega_H=KB$，或 $(\Omega_H+\Omega_L)/2=(2K-1)B/2$ 其中 $K$ 为正整数，则此时带通信号的采样频率为带宽的两倍，即

$$\Omega_s=2B \tag{2.2-18}$$

如图 2.2-13(c)所示，此时 $K=3$，按照 $2B$ 的频率进行采样，周期化后的频谱恰好没有发生交叠。

需要注意的是，$K$ 值的奇偶性对带通信号的采样过程是有影响的。由于采样后离散信号的频谱是周期的，因此人们通常只关心其在 $[-\Omega_s/2,\Omega_s/2]$ 这一个周期内的表现。该周期又被称为主值周期(principle period)。在图 2.2-13(c)中，$K=3$ 为奇数，采样后的频谱在主值周期内频率分量的高低排列顺序与原始连续信号 $x_a(t)$ 是一致的，即 $x_a(t)$ 中的高频分量 $\Omega_H$ 在离散信号的频谱主值周期中仍然排在较高的频率位置。

图 2.2-15 显示了另一种不同的情况。图中 $K=2$ 为偶数，采样后的频谱在主值周期内频率分量的高低排列顺序与原始连续信号 $x_a(t)$ 是相反的。$x_a(t)$ 中的高频分量 $\Omega_H$ 在离散信号的频谱主值周期中变成了负频率，且处于较低的频率位置。这一现象被称为频谱倒置，在实际处理中需要特别注意。

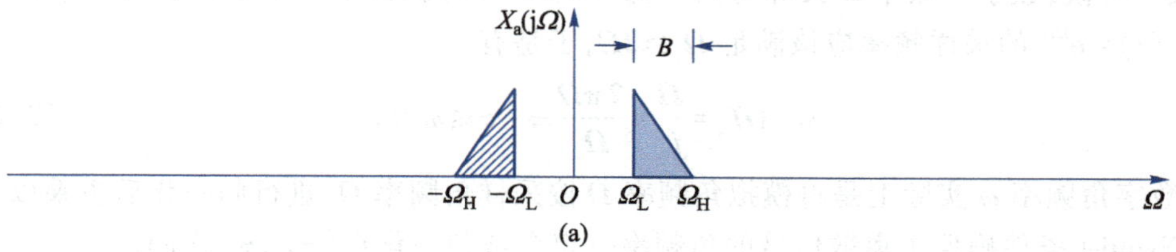


(a)

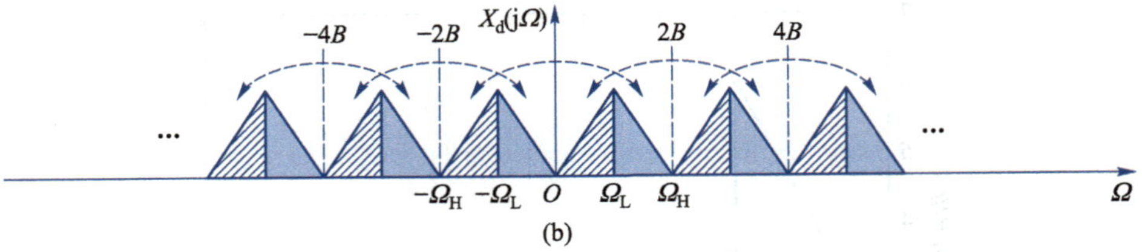


图 2.2-15 带通信号的采样

### 2.2.3 数字信号处理中的几个频率参数

采样过程将引入一个新的频率参数——数字角频率 $\omega$,它在数字信号处理中扮演着重要的角色。本节将对其进行介绍,同时对本书所涉及的几个频率参数进行总结与归纳。

所谓频率,是描述信号变化快慢的一个物理参量。最基本的频率参数 $f$,单位为 Hz,物理含义为"周期/秒(cycle/second)",描述了在单位时间内信号重复的周期数。

在 $f$ 的基础上产生了角频率 $\Omega=2\pi f$,其物理含义为"弧度/秒(radian/second)",描述了在单位时间内信号弧度的变化量。

采样过程引入了采样频率 $f_s$,单位仍然为 Hz,物理含义为"样本/秒(sample/second)",描述了在单位时间内采样获得的信号样本数。与采样频率 $f_s$ 相对的是采样周期或采样间隔 $T_s=1/f_s$,其单位为 s,物理含义为"秒/样本(second/sample)",描述了两个样本之间的间隔时间。

如果以采样频率 $f_s$ 对一个频率为 $f$ 的复指数信号进行采样,可得

$$x[n]=x_a(t)\big|_{t=nT_s}=e^{j2\pi ft}\big|_{t=nT_s}=e^{j\Omega t}\big|_{t=nT_s}=e^{j\Omega T_s n}=e^{j\omega n},\omega\triangleq\Omega T_s \tag{2.2-19}$$

对比 $x[n]=e^{j\omega n}$ 和 $x_a(t)=e^{j\Omega t}$ 不难发现,$\omega$ 在 $x[n]$ 中的作用和角频率 $\Omega$ 在 $x_a(t)$ 的作用是一样的,因此 $\omega$ 也可以看作是某种角频率参量。为了区别,本书将 $\omega$ 称为数字角频率,而将 $\Omega$ 称为模拟角频率。

由式(2.2-19)不难发现,数字角频率和模拟角频率的关系是

$$\omega=\Omega T_s,\Omega=\frac{\omega}{T_s} \tag{2.2-20}$$

因此,数字角频率 $\omega$ 的物理含义是"(弧度/秒)×(秒/样本)= 弧度/样本",描述了信号弧度随离散样本的变化情况。显然,和 $\Omega$ 相比,数字角频率 $\omega$ 更适合用来描述离散信号的特征。

在引入了数字角频率 $\omega$ 后,信号的采样间隔信息就隐藏在 $\omega$ 中,从而只关心信号随离散样本的变化情况。这也是为什么离散信号可以忽略绝对时间参数,直接表示为序列 $x[n]$ 的原因。

很多时候,数字角频率 $\omega$ 又称为归一化(normalized)的数字角频率。根据 Nyquist 定理,信号 $x_a(t)=e^{j\Omega t}$ 的采样频率应该满足 $\Omega_s\geqslant 2\Omega$,于是有

$$\omega=\Omega T_s=\frac{\Omega}{f_s}=\frac{2\pi\Omega}{\Omega_s}\Rightarrow-\pi\leqslant\omega\leqslant\pi \tag{2.2-21}$$

因此,数字角频率 $\omega$ 实际上是将模拟角频率 $\Omega$ 按采样角频率 $\Omega_s$ 进行归一化后再乘以 $2\pi$ 的结果,Nyquist 条件确保了离散信号的角频率一定会被归一化在 $[-\pi,\pi]$ 之间。

对于不满足采样定理的情况，如果 $\Omega_s<2\Omega$，根据式(2.2-21)有 $|\omega|>\pi$，这时一定可以对 $\omega$ 按 $2\pi$ 进行取模运算，找到某个整数 $k$ 和对应的 $\omega_0$，后者满足 $|\omega_0|<\pi$，使得

$$\omega=2k\pi+\omega_0 \tag{2.2-22}$$

注意到离散序列的时间变量 $n$ 为整数，那么，采样后的离散信号等效为

$$x[n]=e^{j\omega n}=e^{j(\omega_0+2\pi k)n}=e^{j(\omega_0 n+2\pi kn)}=e^{j\omega_0 n},-\pi\leqslant\omega_0\leqslant\pi \tag{2.2-23}$$

上式说明，即使采样过程不满足 Nyquist 条件，最终离散信号的数字角频率也可以通过取模运算将其等效到[$-\pi,\pi$]之间。因此，对于离散信号，只需要关心其在[$-\pi,\pi$]之内的频率分量即可。这也从另一个角度解释了为什么例 2.2-1 中对不同频率的余弦信号采样会得到相同的离散序列，因为采样后的数字角频率经过取模运算后，映射成[$-\pi,\pi$]之间的同一个频点，在例 2.2-1 中这个频点为 $0.6\pi$。

由于任何连续信号都可以分解成不同频率的指数信号 $e^{j\Omega t}$ 的加权和，因此上述结论具有普适性。

细心的读者已经发现，这里对 $\omega$ 按 $2\pi$ 进行的取模运算，实际上就是频谱周期化中的频谱搬移过程。取模运算是对 $\omega$ 按 $2\pi$ 的整倍数进行改变，由式(2.2-21)可知，数字角频率的 $2\pi$ 恰好对应模拟角频率的 $\Omega_s$，因此，如式(2.2-9)所示，对 $\omega$ 按 $2\pi$ 进行的取模运算，就相当于对 $\Omega$ 按照 $\Omega_s$ 的整倍数进行搬移。容易想到，频谱周期化使得最终得到的离散信号频谱也是周期的，且周期为 $\Omega_s$，那么，与之相对，在数字角频率域，离散信号的频谱周期应该为 $2\pi$，而[$-\pi,\pi$]就对应着主值周期[$-\Omega_s/2,\Omega_s/2$]。关于这一点还将在第四章详细讨论。

在表 2.2-1 中，对提到的几个频率参量进行了小结。

**表 2.2-1 数字信号处理相关频率参量小结**

| 频率参量 | 符号 | 单位 | 物理含义 | 说明 | 信号 |
|---|---|---|---|---|---|
| 频率 | $f$ | Hz | 周期/秒 | 单位时间内信号重复的周期数 | $x_a(t)=e^{j2\pi ft}$ |
| 模拟角频率 | $\Omega=2\pi f$ | rad/s | 弧度/秒 | 单位时间内信号弧度的变化量 | $x_a(t)=e^{j\Omega t}$ |
| 采样频率 | $f_s$ | Hz | 样本/秒 | 单位时间内采样获得的样本数 | |
| 采样间隔 | $T_s$ | s | 秒/样本 | 一个样本值所持续的时间 | |
| 数字角频率 | $\omega=\Omega T_s$ | rad/sample | 弧度/样本 | 信号弧度随离散样本的变化情况 | $x[n]=e^{j\omega n}$ |

## 2.3 连续信号的重构

比起离散信号来，模拟信号才是绝大多数信号的自然形态，因此，还必须考虑如何利用采样后的离散样本无失真地恢复(又叫作重构)出原始连续信号 $x_a(t)$。

由前面的讨论可知，只要在频谱周期化的过程中不发生频谱交叠，就可以从离散信号的频谱中获得原始连续信号频谱的全部信息，因此，利用 $x[n]$ 或 $x_d(t)$ 恢复出 $x_a(t)$ 是完全可能的。

下面来看具体的重构方法。从本质上说，连续信号的重构是对其采样的逆过程。如图 2.3-1 所示，在时域恢复连续信号 $x_a(t)$，就需要"填充"离散样本之间的空隙，并且在某

个 $t_0$ 时刻填充的值应该和 $x_a(t_0)$ 相等。该过程被形象地称为内插。

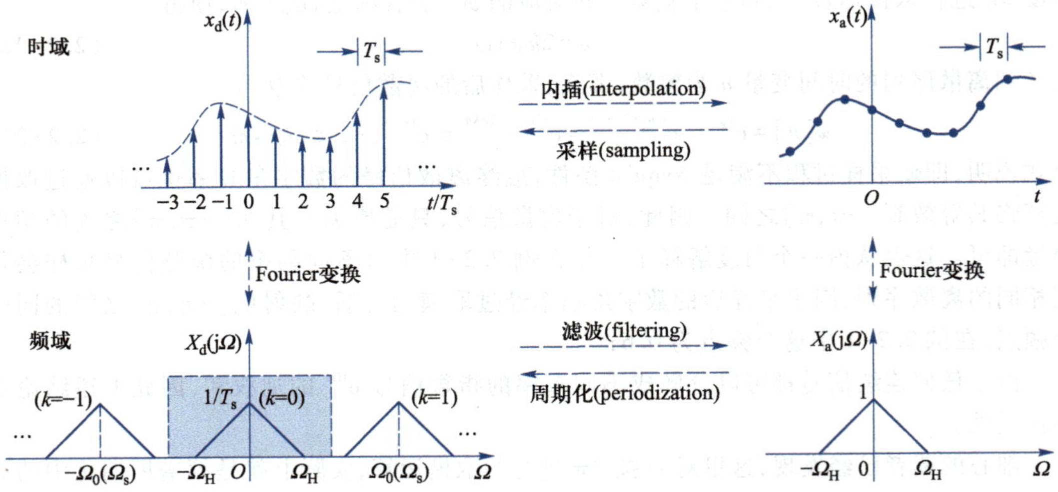


图 2.3-1 信号在连续域和离散域的转换

遗憾的是,想要用简单的方法在时域实现精确的内插并不是一件容易的事。可以想象,要想准确地重构出 $t_0$ 时刻的函数值 $x_a(t_0)$,需要将多个相邻的离散样本值进行复杂的组合,相邻的样本权重大,隔得较远的样本权重小。但如何设计组合运算的规则和各个离散样本点的权重却是一个需要仔细考虑的问题。

利用时频域之间密切的联系,当某个问题在时域求解有困难时,可以换个角度,考虑在频域来解决。

频谱是信号在频域的表示,与信号在时域的波形起着同样的作用。因此,恢复出连续信号 $x_a(t)$ 也可以通过重构其频谱 $X_a(j\Omega)$ 来实现。如图 2.3-1 所示,离散信号的频谱 $X_d(j\Omega)$ 就是对 $X_a(j\Omega)$ 按采样频率 $\Omega_s$ 进行周期化的结果。如果采样过程满足 Nyquist 定理,没有引起频谱交叠,则可以通过简单的滤波操作,将 $X_d(j\Omega)$ 中 $[-\Omega_s/2,\Omega_s/2]$ 部分的频谱取出来,幅度上再乘以 $T_s$ 即可。

按照上面的描述,可以设计如下的信号采样及重构系统,如图 2.3-2 所示。图中的 $H_r(j\Omega)$ 称为重构系统(或重构滤波器),它是一个低通滤波器,截止频率为 $\Omega_s/2$,通带内的幅度响应为 $T_s$。

微视频:连续时间信号的采样

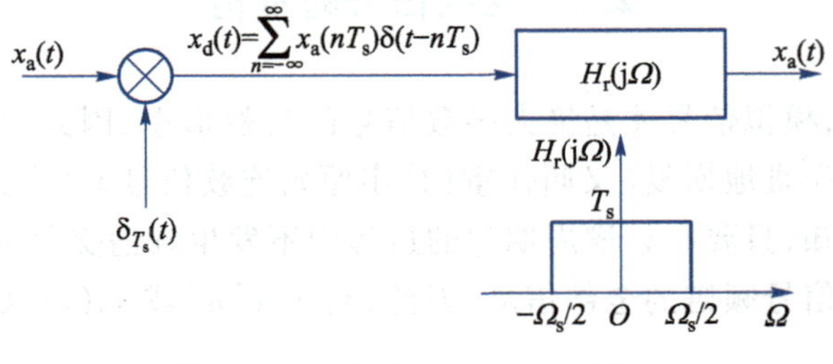


图 2.3-2 信号的采样及重构系统

由此,时域上看起来很复杂的信号完成重构,可以在频域通过简单的低通滤波来解决。

在频域将 $X_d(j\Omega)$ 和 $H_r(j\Omega)$ 相乘可以得到 $X_a(j\Omega)$，那么，利用 Fourier 变换的卷积特性，在时域将 $x_d(t)$ 和重构滤波器的单位冲激响应 $h_r(t)$ 相卷，就可以得到 $x_a(t)$。由 Fourier 变换的逆变换，可知 $h_r(t)$ 为

$$h_r(t)=\frac{1}{2\pi}\int_{-\infty}^{\infty}H_r(j\Omega)\mathrm{e}^{j\Omega t}\mathrm{d}\Omega=\frac{T_s}{2\pi}\int_{-\Omega_s/2}^{\Omega_s/2}\mathrm{e}^{j\Omega t}\mathrm{d}\Omega$$
$$=\frac{\sin(\Omega_s t/2)}{\Omega_s t/2}=\mathrm{Sa}(\Omega_s t/2) \tag{2.3-1}$$

即低通滤波器的单位冲激响应是一个 Sa（·）函数，如图 2.3-3 所示。

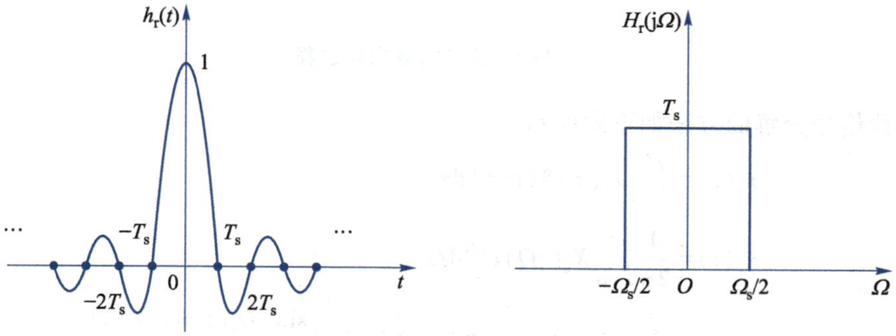

图 2.3-3 重构滤波器的时频域表示

图中的 $h_r(t)$ 又叫作内插函数，它满足如下几个特点：(1) $h_r(0)=1$；(2) $h_r(kT_s)=0, k=\pm1,\pm2,\cdots$。也就是说，除了在 $t=0$ 处值为 1 外，在其他 $t=kT_s$ 处，$h_r(t)$ 的值都为零，即每隔 $T_s$ 有一个过零点，而这个 $T_s$ 恰好为采样间隔。

根据卷积特性，有

$$x_a(t)=x_d(t)*h_r(t)=\sum_{n=-\infty}^{\infty}x_a(nT_s)h_r(t-nT_s)$$
$$=\sum_{n=-\infty}^{\infty}x[n]h_r(t-nT_s) \tag{2.3-2}$$

因此，式(2.3-2)表明，$x_a(t)$ 可以表示为时域内插函数 $h_r(t)$ 的移位加权和。具体而言，时域内插过程就是将 $h_r(t)$ 按 $T_s$ 的间隔进行移位，得到 $h_r(t-nT_s), n=0,\pm1,\pm2,\cdots$，并将移位后的结果和对应时刻的信号样本值 $x[n]$ 相乘，最后将这所有的乘积项 $x[n]h_r(t-nT_s)$ 累加起来，即可得到采样前的原始连续信号 $x_a(t)$。

整个信号时域内插的过程如图 2.3-4 所示。

基于内插函数 $h_r(t)$ 的特点，在 $t=nT_s$ 处，$n=0,\pm1,\pm2,\cdots$，重构连续信号的值只由对应位置的内插函数 $h_r(t-nT_s)$ 决定。由于 $h_r(t-nT_s)\big|_{t=nT_s}=1$，重构信号在该时刻的值与采样值大小相同，即为 $x[n]=x_a(t)\big|_{t=nT_s}$，而相邻两个样本点之间的重构值，则是通过多条内插函数的移位曲线叠加而成。

同时，式(2.3-2)还表明，一个连续信号 $x_a(t)$ 可以以内插函数 $h_r(t)$ 作为基本单元进行分解，即在信号分析过程中，$h_r(t)$ 具有和 $\delta(t)$、$\mathrm{e}^{j\Omega t}$ 相似的作用。

微视频：连续时间信号的重构

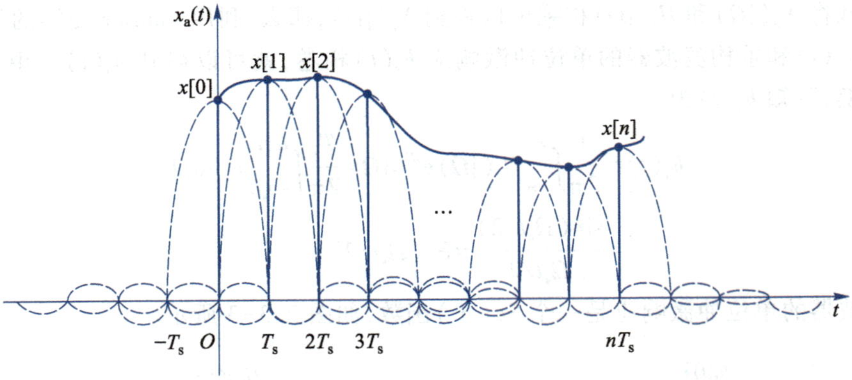


图 2.3-4 信号时域内插过程

这三种信号分解的方法如下式所示

$$x_a(t)=\int_{-\infty}^{\infty}x_a(\tau)\delta(t-\tau)\,d\tau$$

$$x_a(t)=\frac{1}{2\pi}\int_{-\infty}^{\infty}X_a(j\Omega)e^{j\Omega t}d\Omega \tag{2.3-3}$$

$$x_a(t)=\sum_{n=-\infty}^{\infty}x[n]h_r(t-nT_s)=\sum_{n=-\infty}^{\infty}x[n]\frac{\sin[\Omega_s(t-nT_s)/2]}{\Omega_s(t-nT_s)/2}$$

首先,$x_a(t)$可以表示为$\delta(t)$的移位加权和,这一分解方法是“卷积”运算的基础,它建立了信号与系统相关问题时域分析的基本框架。除了$\delta(t)$外,$x_a(t)$还可以表示为不同频率分量$e^{j\Omega t}$的组合,而该频率分量的强度就是$X_a(j\Omega)$,后者又被称为信号的频谱,是信号在频域的表征。这里的内插过程表明,还可以将$x_a(t)$表示为内插函数$h_r(t)$的移位加权和。该分解过程与信号的时域离散化密切相关。例如,$h_r(t)$的移位量为采样间隔$T_s$的整数倍,而加权的权系数则为当前时刻的离散样本值。该分解过程十分灵活,$h_r(t)$的移位量可以为满足采样定理的任意采样间隔。

比较这三种信号的分解方法发现,基于$\delta(t)$的信号分解方法受到的限制最少,是一种通用的信号表示方法。基于$e^{j\Omega t}$的信号分解方法的前提是信号的频谱$X_a(j\Omega)$必须收敛,即对$x_a(t)$有一些限制条件,如绝对可积等。基于内插函数$h_r(t)$的信号分解方法则对采样间隔$T_s$有限制,即采样过程不能发生频谱混叠。

另一方面,这三种信号分解方法又是密切相关的。例如,$e^{j\Omega t}$在频域上表现为一个冲激信号。因此,$x_a(t)$在时域上基于$e^{j\Omega t}$的分解过程等效于其频谱$X_a(j\Omega)$在频域上基于$\delta(\Omega)$的分解过程,即

$$X_a(j\Omega)=\int_{-\infty}^{\infty}X_a(j\theta)\delta(\Omega-\theta)\,d\theta \tag{2.3-4}$$

对式(2.3-4)的两边进行 Fourier 变换的逆变换,就可以得到基于$e^{j\Omega t}$的信号分解方法。

又如,当采样间隔$T_s\to 0$时,基于$h_r(t)$的信号分解方法就变成了基于$\delta(t)$的信号分解方法。换言之,$T_s\to 0$时,$h_r(t)/T_s\to\delta(t)$,即

$$\lim_{T_s\to 0}\frac{\sin(\Omega_s t/2)}{\pi t}=\delta(t) \tag{2.3-5}$$

对于带通信号,重构的过程类似,区别在于图 2.3-2 中的重构滤波器不再是低通滤波器,而是带通滤波器,通带中心位于带通信号的中心 $(\Omega_H+\Omega_L)/2$,带宽为 $B=(\Omega_H-\Omega_L)$,如图 2.3-5 所示,为了区别,用 $H_{Br}(j\Omega)$ 表示带通。

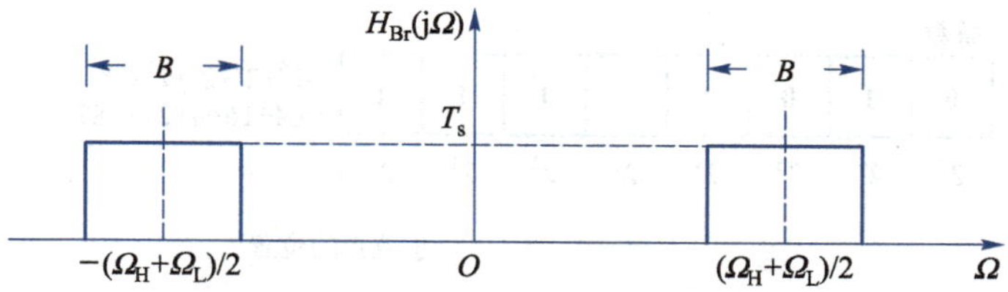


图 2.3-5 带通信号的重构滤波器

从频谱上看,带通信号的重构滤波器相当于将一个截止角频率为 $B/2$ 的低通滤波器 $H_r(j\Omega)$ 分别搬移到 $(\Omega_H+\Omega_L)/2$ 和 $-(\Omega_H+\Omega_L)/2$ 处。利用 Fourier 的频移特性,可以很容易得到带通信号的时域内插函数为

$$H_{Br}(j\Omega)=H_r(j\Omega)*\{\delta[\Omega-(\Omega_L+\Omega_H)/2]+\delta[\Omega+(\Omega_L+\Omega_H)/2]\}$$

$$h_r(t)=\frac{B}{\Omega_s}\mathrm{Sa}(Bt/2)$$

$$h_{Br}(t)=2h_r(t)\cos[(\Omega_L+\Omega_H)t/2] \tag{2.3-6}$$

## 2.4 连续信号的幅值离散化及量化误差

前面讨论的采样过程,是在时间上对信号进行离散化,从而得到一系列的离散样本值。为了便于分析和简化问题,在前面的讨论中,往往假设这些样本值具有“无限”的精度。但是,在任何实际的数字系统中,数据和信息都只能以一个有限长的二进制串来表示,因此,它能够表示的数据的精度也是有限的。这种用有限长的二进制串来表示数据所带来的精度损失,以及这种精度损失在后续数字信号处理过程中所引起的误差和对处理性能的影响,就被称为有限字长效应(finite wordlength effect)。

对有限字长效应的分析和处理是数字信号处理从理论走向工程的重要一步,本章将对采样过程中的幅值离散化过程以及该过程中的有限字长效应进行分析。

### 2.4.1 数据格式

一般情况下,在数字系统中,数据有两种存储和表示格式:定点(fixed-point)格式和浮点(float-point)格式。这两种格式可以实现不同的数据表示精度,当然对应的处理复杂程度和所需的代价(存储空间、功耗等)也是不同的。本节将对这两种数据格式及它们的优缺点做一个简单的介绍。

#### 1. 定点数据表示方法

数据在计算机中是以二进制的形式表示的,因此,定点数有时又被称为定点二进制数。这里的“点”是指小数点,所谓定点二进制数就是二进制小数点在数码中的位置是固定不变的。需要说明的是,在实际的定点数字处理系统中,通常数据要么表示成纯小数(即小数点在符号位之后)的形式,要么表示成纯整数(小数点在最低位之后)的形式。前者主要用于算法计算,后者则主要用于控制操作、地址计算,以及其他非信号处理的操作。整数和纯小数的定点表示方法如图 2.4-1 所示。

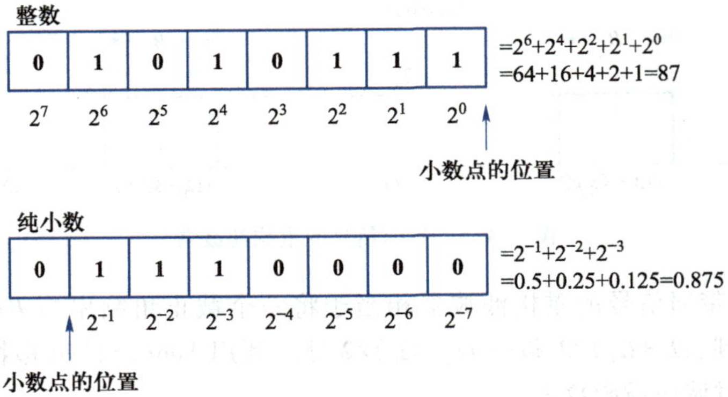


图 2.4-1 整数和纯小数的定点表示方法

纯小数定点数可以表示(-1,+1)之间的数据,数据之间的最小间隔由字长决定。

整型定点数之间的间隔则恒定为 1。而整型定点数格式可以表示的数的大小,同样取决于所用的字长,字长越大,所能表示的数的范围也就越大。例如,对于字长为 16 位的定点格式,其表示的数的最大范围为[-32768,+32767]。

注意,无论是纯小数还是纯整数格式的定点数,在运算过程中,如果两个数的和或乘积超过字长所能表示的范围,就会产生数据溢出,带来计算误差。

目前,除了少数定点处理器采用 20 位、24 位字长的格式外,绝大多数定点处理器都采用 16 位或 32 位字长的数据格式。由于定点处理器功耗小、价格低廉,实际应用的处理器绝大多数是定点的。

**2. 浮点数据表示方法**

浮点数据表示方法由尾数(mantissa)、基数(base)和指数(exponent)三部分组成,常用的浮点二进制数据的基数为 2。图 2.4-2 所示为 IEEE-754 标准定义的 32 位浮点二进制数的表示方法。图中的 1 bit 是符号位,记为 $s$;接下来的 8 bit 表示指数,注意指数含有 127 的偏移量,因此实际的指数是 $e-127$;最后的 23 bit 表示尾数的绝对值,考虑到符号位也应归于尾数的范围,所以尾数一共有 24 位。按照以上表示方法,图 2.4-2 中的浮点数对应的十进制数为 $(-1)^s\times2^{e-127}\times1.f$。

图 2.4-2 IEEE-754 标准定义的 32 位浮点二进制数表示方法

例如,对于十进制数-29.625 而言,它的二进制表示为**-11101.101**B;如果使用科学记数法,则可以表示为**-1.1101101**B×$2^4$,其中,指数部分为 4,加上 127 的偏移量为 127+4=131,对应的二进制表示为**10000011**B。所以,此数的浮点表示为 **1 10000011**

**11011010000000000000000**B,转换成十六进制数表示为 C1ED0000H,字母 H 表示十六进制。

又如,十进制数 144.0 的二进制表示为 **10010000**B;科学记数法记为 **1.001**B×$2^7$,其中,指数部分为 7,加上 127 的偏移量为 127+7=134=**10000110**B。因此,该数的浮点表示为 **0 10000110 00100000000000000000000**B,转换成十六进制表示为 43100000H。

### 3. 块浮点数表示方法

块浮点数(BFP,block float point)表示法是在浮点表示法的基础上发展起来的,其基本思想是将一组数据归一化成具有相同指数的浮点数。在这个数据块中的每一个值,都可以由两部分表示,即尾数和共同的指数。其中,共同的指数作为一个单独的数据字储存,如图 2.4-3 所示。

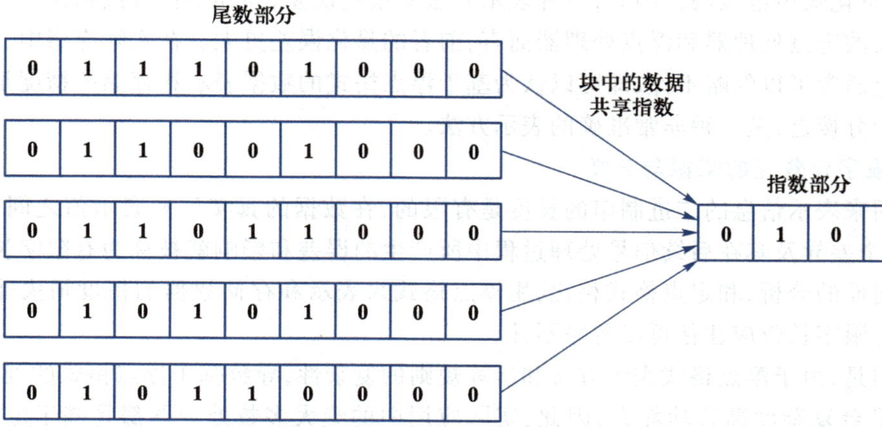


图 2.4-3 块浮点数的表示方法

和传统的定点或浮点数表示方法相比,块浮点数表示方法兼有二者的优点。它大大节约了硬件资源,适合数值近似的情况。特别是在使用定点处理器完成浮点运算时,能有效提高运算效能。

### 4. 两种表示方法的比较

从精度、动态范围和量化误差等几方面对定点和浮点两种数据表示方法以及对应的处理器进行比较。

(1) 精度

精度可以看作是数据表示的分辨率,它通常是由数据的最小位(LSB,least significant bit)对应的数值来衡量的。换句话说,一个定点数的字长决定了它可以表示的精度,而对于浮点数而言,其尾数部分的字长决定了它可以表示的精度。因此,浮点表示法的精度可以认为是两个具有相同指数的浮点数之间的最小差值。

和定点处理器相比,浮点处理器的一个优点就是,其硬件可以自动地对浮点数的尾数部分进行缩放,以达到其尾数表示的满量程。如果一个浮点数的尾数过大,超过了尾数部分字长的表示范围,浮点处理器就会通过右移尾数将其缩小,并相应地修改指数。与之相反,如果一个浮点数的尾数过小,没有充分利用尾数部分的字长,那么,浮点处理器就会通过左移尾数将其放大,并相应地修改指数。

(2) 动态范围

一种数据表示方法的动态范围是指它能表示的最大数据和最小数据之间的比值。显然，浮点表示法的动态范围是由其指数部分决定的。因此，对于相同字长的定点处理器和浮点处理器而言，后者具有更大的动态范围，可以有效地避免溢出。需要注意的是，浮点处理器的成本较定点处理器高，结构更为复杂，功耗也更大。

(3) 量化误差

浮点表示法和定点表示法的区别还体现在量化误差上。所谓量化误差，是指一个数的真实值和其量化值之间的差值。量化误差和 LSB 的数值密切相关。当量化等级增加时，原始模拟数据和其对应的量化值之间的差变小。换句话说，当量化的字长增加时，量化误差变小，对应的量化噪声也减弱。因此，一种表示方法的量化误差，和其字长直接相关。显然，对于相同字长的定点处理器和浮点处理器而言，前者的量化误差更大。在实际应用中，浮点数的量化误差通常可以忽略不计，即可以认为基于浮点格式的数据表示和存储的精度足够高，和真实值十分接近，是一种非常准确的表示方法。

**5. 有限字长效应的来源与分类**

只要用来表示信息的二进制串的长度是有限的，在数据的真实值和表示值之间就会存在差异，这个差异及其在后续信号处理过程中所产生的误差和影响就被称为有限字长效应。

根据前面的分析，和定点格式相比，用浮点格式来表示和存储数据的精度损失非常小，其引起的有限字长效应往往可以忽略不计。

遗憾的是，由于浮点格式表示方法和运算规则的复杂性，导致基于浮点格式的处理器和硬件数字平台复杂度高且功耗大，因此，实际应用中的绝大多数处理器都是基于定点格式的，在本书后面的讨论中，也都假设使用定点格式来表示和存储数据，而将基于浮点格式的数据存储和处理结果作为比较的基准或参考。

在基于定点格式的数据表示和处理过程中，有限字长效应的影响十分明显，必须加以考虑。在数字信号处理的过程中，有限字长效应的来源可以简单分为如下三类：

(1) 模数转换过程引入的量化误差。在将模拟信号转换成数字信号的过程中，需要在时间域和幅度域对信号进行离散化。对信号样本的幅度值离散化就是用一个有限长的二进制串来表示信号样本值，这一过程将引入对样本幅度值的量化误差，使得实际处理的信号与真实的信号之间存在差距。

(2) 系统系数的表示误差。在数字信号处理过程中，系统往往用单位冲激响应 $h[n]$ 来表示。但是，在表示 $h[n]$ 各个系数值的时候，也只能用有限长的二进制串来表示，同样存在表示误差，该误差将对系统的性能产生影响。

(3) 算术运算所引起的误差。数字信号处理过程可以看作是加、减、乘、除等简单算术运算的组合。当字长有限时，这一过程同样会产生计算误差。以纯小数定点格式的数据为例，它能表示的范围为 $(-1,+1)$。但是，当两个纯小数定点数相加时，其结果很可能超过 $+1$，从而发生溢出。又如，两个字长为 $b$ 的纯小数定点数相乘，将产生一个字长为 $2b$ 的乘积。为了保证整个处理过程字长的一致性，通常需要用长度为 $b$ 的二进制串来表示该乘积，从而引入了计算误差。

在一个数字信号处理系统中，上述三种有限字长效应同时存在，且相互影响，使得对有限字长效应的分析十分复杂和困难。为了简化分析过程,往往近似认为这三种有限字长效应的影响是相互独立的,从而可以单独分析。本小节主要讨论信号幅度值的离散化,因此这里先对模数转换过程中引入的量化误差进行分析。关于系统系数表示误差和算术运算误差对数字信号处理的影响,将在后续章节中介绍。

### 2.4.2 连续信号的幅值离散化

事实上,实际应用中的采样过程分为两步——采样和量化,即先获得 $t=nT_s$ 时刻的信号幅度值 $x_a(nT_s)$,然后对该幅度值进行量化,用一个有限长的二进制串来(近似)表示对应时刻的幅度值。但是,量化过程是需要处理时间的,因此,如图 2.4-4 所示,在获得了幅度值 $x_a(nT_s)$后,需要将其保持住,以便进行后续的量化,这一过程称为采样保持,对应的实现电路称为采样保持电路,简称采保(S/H,sample and hold)电路。

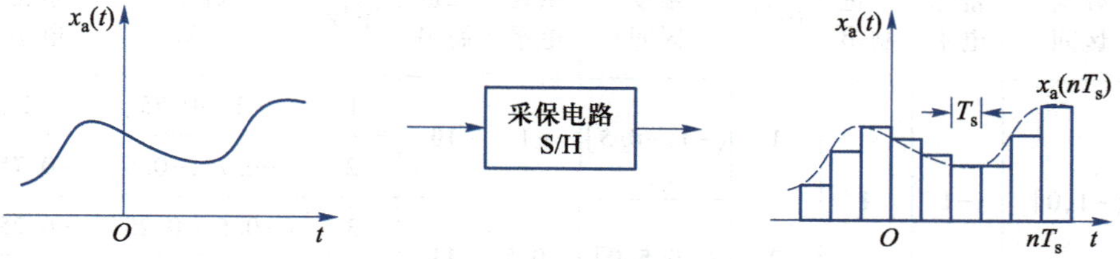


图 2.4-4 采样保持电路

在信号样本值 $x_a(nT_s)$保持期间,量化电路使用事先设定好的固定长度的二进制串和编码方式对信号样本值进行量化和编码。这里的二进制串的长度称为量化的字长。常见的编码方式有原码、反码和补码等。本书的内容侧重于信号处理部分,对编码方式不做过多讨论,感兴趣的读者可以查阅相关参考书籍。

最常见的量化方式是均匀量化。图 2.4-5 所示为采用不同字长对一个幅度在(-1,+1]间的三角波进行采样和均匀量化的过程。如果字长为 1,即采用 1 bit 对样本幅度值进行量化,它只能表示两种情况。因此,将(-1,+1]区间二等分,幅度值位于(-1,0]内的样本量化为 **1**,位于(0,+1]内的样本量化为 **0**。此时,对样本值的描述是非常粗略的,只能提供正负符号信息,而不能给出任何关于三角波波形的信息。

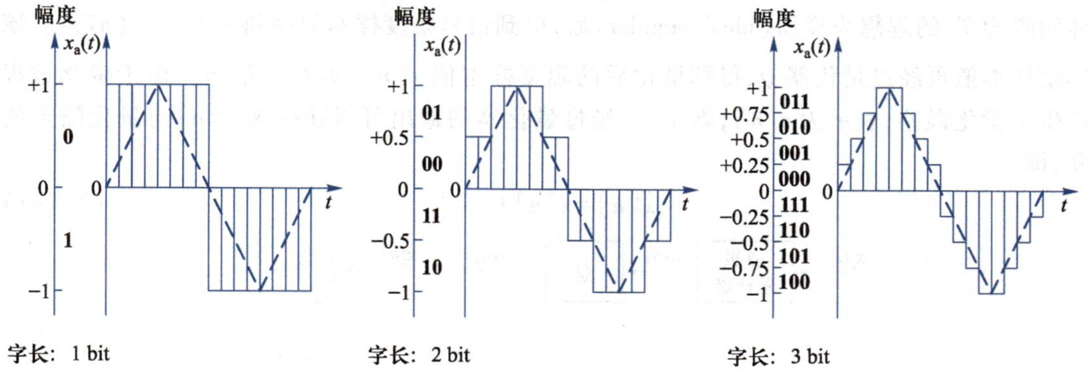


图 2.4-5 采用不同字长对三角波进行均匀量化

如果将字长增加到 2 bit,用 2 bit 来对样本幅度值进行量化,则能够表示四种幅度,将(-1,-0.5]区间内的样本量化为 **10**,(-0.5,0]区间内的样本量化为 **11**,(0,0.5]区间内的样本量化为 **00**,(0.5,+1]区间内的样本量化为 **10**。这样,和字长为 1 bit 的时候相比,除了能够表示样本的符号信息外,还能进一步对幅度值的大小进行区分,使得量化后的离散样本序列有了三角波的雏形。

继续将字长增加到 3 bit,可以描述 8 种情况。这样,量化过程对幅度值的区分进一步细化,得到的离散序列更加接近三角波。

三种不同字长下,三角波的样本值量化方案如表 2.4-1 所示。

**表 2.4-1　不同字长时的三角波量化方案**

<table>
<tr><th colspan="4">字长:1 bit</th><th colspan="4">字长:2 bit</th><th colspan="4">字长:3 bit</th></tr>
<tr><th>序号</th><th>幅度区间</th><th>量化电平</th><th>二进制串</th><th>序号</th><th>幅度区间</th><th>量化电平</th><th>二进制串</th><th>序号</th><th>幅度区间</th><th>量化电平</th><th>二进制串</th></tr>
<tr><td rowspan="4">1</td><td rowspan="4">(-1,0]</td><td rowspan="4">-1</td><td rowspan="4">1</td><td rowspan="2">1</td><td rowspan="2">(-1,-0.5]</td><td rowspan="2">-1</td><td rowspan="2">10</td><td>1</td><td>(-1,-0.75]</td><td>-1</td><td>100</td></tr>
<tr><td>2</td><td>(-0.75,-0.5]</td><td>-0.75</td><td>101</td></tr>
<tr><td rowspan="2">2</td><td rowspan="2">(-0.5,0]</td><td rowspan="2">-0.5</td><td rowspan="2">11</td><td>3</td><td>(-0.5,-0.25]</td><td>-0.25</td><td>110</td></tr>
<tr><td>4</td><td>(-0.25,0]</td><td>0</td><td>111</td></tr>
<tr><td rowspan="4">2</td><td rowspan="4">(0,+1]</td><td rowspan="4">+1</td><td rowspan="4">0</td><td rowspan="2">3</td><td rowspan="2">(0,0.5]</td><td rowspan="2">+0.5</td><td rowspan="2">00</td><td>5</td><td>(0,0.25]</td><td>0.25</td><td>000</td></tr>
<tr><td>6</td><td>(0.25,0.5]</td><td>0.5</td><td>001</td></tr>
<tr><td rowspan="2">4</td><td rowspan="2">(0.5,1]</td><td rowspan="2">+1</td><td rowspan="2">01</td><td>7</td><td>(0.5,0.75]</td><td>0.75</td><td>010</td></tr>
<tr><td>8</td><td>(0.75,1]</td><td>1</td><td>011</td></tr>
</table>

### 2.4.3　量化误差

由前面的分析可知,在量化过程中,只要用来表示信息的二进制串的长度是有限的,在数据的真实值和量化值之间就会产生误差,该误差被称为量化误差,又被称为量化噪声。

此时,可以对整个模数转换过程建模如下。如图 2.4-6 所示,模拟信号 $x_a(t)$ 在经过采样间隔为 $T_s$ 的理想采样器(ideal sampler)后,得到信号幅度样本值序列 $x[n]=x_a(nT_s)$。该幅度样本值再经过量化器 $Q$,得到量化后的幅度样本值 $\hat{x}[n]$,即数字信号。由于量化过程产生了量化误差,表示为 $e[n]$,则 $x[n]$ 经过量化器的输出可以建模为 $x[n]$ 与量化噪声的和,即

$$\hat{x}[n]=x[n]+e[n] \tag{2.4-1}$$

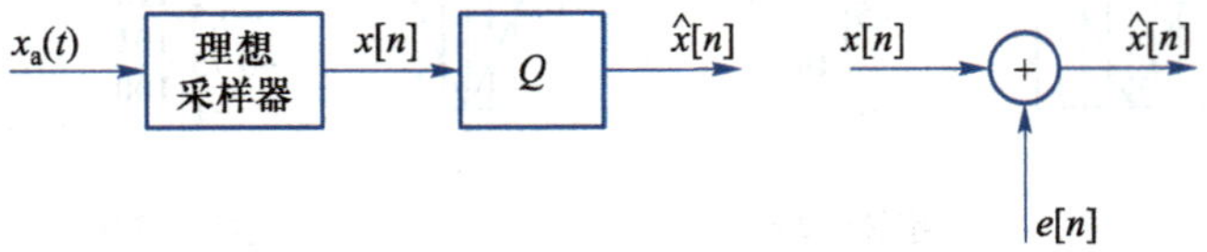


图 2.4-6　模数转换过程与量化误差

设量化器的字长为 $b+1$ 位(最高位为符号位),则幅度量化的步长为 $q=2^{-b}$。显然,这样定义 $q$ 表示输入信号的范围是 $-1\sim1$,如果输入信号的范围是 $-A\sim A$,那么,量化的步长应该为 $q=A2^{-b}$。在本节中,如果不做特殊说明,都指定 $q=2^{-b}$。

若 $x[n]$ 具有无限的精度,那么,$x[n]$ 可以表示为

$$x[n]=\sum_{i=0}^{\infty}\beta_i 2^{-i}(\beta_i=\mathbf{0},\mathbf{1}) \tag{2.4-2}$$

在量化过程中,用有限字长的二进制串来表示无限精度(等效为无限字长)的数据有两种处理方式,一是截尾(truncating),二是舍入(rounding)。

所谓截尾,是指将 $i>b$ 后的所有二进制位都舍去。记 $\hat{x}[n]=x_T[n]$ 为截尾处理后的量化值,即

$$x_T[n]=\sum_{i=0}^{b}\beta_i 2^{-i}(\beta_i=\mathbf{0},\mathbf{1}) \tag{2.4-3}$$

那么,用带下标 $T$ 的 $e_T[n]$ 来表示 $x_T[n]$ 对 $x[n]$ 的量化误差,有

$$e_T[n]=x_T[n]-x[n]=-\sum_{i=b+1}^{\infty}\beta_i 2^{-i}\quad(\beta_i=\mathbf{0},\mathbf{1}) \tag{2.4-4}$$

所谓舍入,是指对 $i>b$ 后的位作舍入处理。记 $\hat{x}[n]=x_R[n]$ 为舍入后的量化值,即

$$x_R[n]=\sum_{i=0}^{b}\beta_i 2^{-i}+\bar{\beta}_b 2^{-b}\quad(\beta_i,\bar{\beta}_b=\mathbf{0},\mathbf{1}) \tag{2.4-5}$$

其中,若 $\bar{\beta}_b=\mathbf{1}$,就在第 $b$ 位上加 $\mathbf{1}$,否则就加 $\mathbf{0}$。显然,舍入处理就等效于通常的四舍五入,用带下标 $R$ 的 $e_R[n]$ 来表示由此产生的舍入误差,有

$$e_R[n]=x_R[n]-x[n]=\bar{\beta}_b 2^{-b}-\sum_{i=b+1}^{\infty}\beta_i 2^{-i}(\beta_i,\bar{\beta}_b=\mathbf{0},\mathbf{1}) \tag{2.4-6}$$

上述的 $e_T[n]$ 和 $e_R[n]$,都是在一个固定的 $n$ 时刻的量化误差,当 $n=0,1,2,\cdots,\infty$ 时,$e_T[n]$ 和 $e_R[n]$ 就变成了随机向量或随机序列。

详细讨论 $e_T[n]$ 和 $e_R[n]$ 的统计特性较为复杂。但是,若信号 $x(t)$ 的动态范围可达量化器的满量程,并不断历经不同的量化水平,那么,$e_T[n]$ 和 $e_R[n]$ 可视为平稳并服从均匀分布的噪声序列,它们和 $x[n]$ 互不相关,并且,它们各自在不同时刻也是互不相关的。

将 $e_T[n]$ 和 $e_R[n]$ 都视为均匀分布的随机变量,如图 2.4-7 所示为它们的概率密度。其中,$p_T(e)$ 和 $p_R(e)$ 分别为 $e_T[n]$ 和 $e_R[n]$ 的概率密度函数。它们的均值和方差分别为 $\mu_T$、$\sigma_T^2$ 和 $\mu_R$、$\sigma_R^2$,其中

$$\mu_T=-\frac{q}{2},\sigma_T^2=\frac{q^2}{12};\mu_R=0,\sigma_R^2=\frac{q^2}{12} \tag{2.4-7}$$

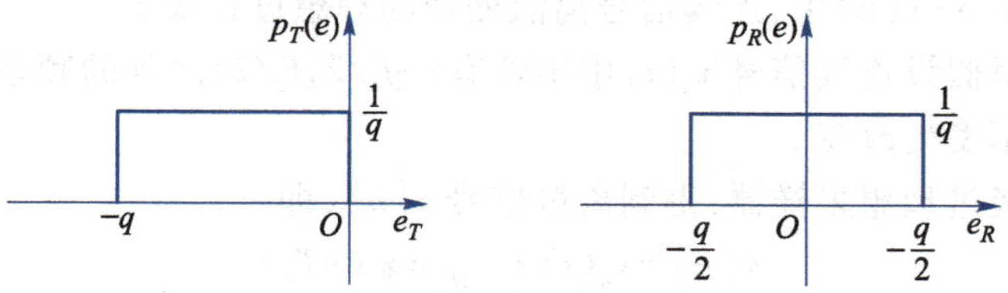


图 2.4-7 量化误差的概率密度

由上面的讨论可知，截尾处理操作简单，但产生的误差序列的均值不为零，这就在$x_T[n]$中引入了一个直流分量，从而引入频谱失真。与之相对，舍入处理操作较为复杂，但其量化误差不会含有直流分量。

式(2.4-7)的另一个重要信息是，无论是截尾还是舍入，所产生的量化误差的方差都是相同的，为$q^2/12$。

式(2.4-1)将量化后的信号看作是原始目标信号与量化噪声的和，即在$\hat{x}[n]$中同时包含目标信号$x[n]$和噪声$e[n]$。因此，可以用信噪比SNR来衡量量化信号的质量。如果用$P_x$和$P_e$来分别表示目标信号和噪声的功率，那么，对于量化范围为$-1\sim1$、字长为$b+1$的量化器，输入信号满量程情况下，量化后信号的信噪比可以表示为

$$\begin{aligned} SNR &= 10\lg\frac{P_x}{P_e}=10\lg\frac{P_x}{q^2/12}=-10\lg P_x-10\lg\frac{2^{-2b}}{12} \\ &= 10\lg P_x+10.8+6b(\mathrm{dB}) \end{aligned} \tag{2.4-8}$$

上式给出了一个重要结论，即在量化过程中，量化器的字长每增加一位，量化信号的信噪比增加 6 dB，或者说量化噪声减少 6 dB。

该结论的一个重要用途就是在实际应用中确定 ADC 的字长。

例如，假设输入信号$x_a(t)$是振幅为 1 的正弦波，则其功率$P_x=1/2$；如果要求量化后信号的信噪比不低于 90 dB，那么根据式(2.4-8)有

$$SNR=10\lg(1/2)+10.8+6b\geqslant 90\Rightarrow b\geqslant 13.7 \tag{2.4-9}$$

即 ADC 的字长应该为$(b+1)$位=15 位。

## 2.5 连续信号的离散处理

按照前面的讨论，连续信号离散处理的实际过程如图 2.5-1(a)所示。

在确定了采样频率$f_s$或采样间隔$T_s$后，连续信号$x_a(t)$首先经过一个抗混叠滤波器，将信号的频率分量限制在$[-f_s/2,f_s/2]$之内(对应的角频率范围为$[-\Omega_s/2,\Omega_s/2]$，其中$\Omega_s=2\pi f_s=2\pi/T_s$)，防止采样过程发生频谱混叠，同时滤除不必要的带外噪声。接着，滤波后的信号经过采样保持电路，并在 ADC 中按照给定的字长对保持的样本值进行量化和编码，从而得到数字信号。

然后，数字信号在数字平台中进行数字信号处理，其结果经过 DAC 和重构滤波器后恢复成连续信号$y_a(t)$输出。

很多时候，为了简化理论分析过程，往往忽略 ADC 的量化误差，从而将点画线框中的采样保持电路和 ADC 抽象为一个理想采样器，同时将 DAC 和重构滤波器抽象为一个理想内插器。因此，在图 2.5-1(b)中，连续信号离散处理的理想过程如下。

简便起见，这里假设连续信号$x_a(t)$中不含有$[-f_s/2,f_s/2]$之外的频率成分，即经过抗混叠滤波器后，信号不发生改变。

接着，该信号经过理想采样器，得到离散信号$x[n]$，即

$$x[n]=x_a(t)\big|_{t=nT_s}=x_a(nT_s) \tag{2.5-1}$$

这一过程将在时域和频域改变信号的特性。简单而言，信号在时域离散化，频域周期化。抗

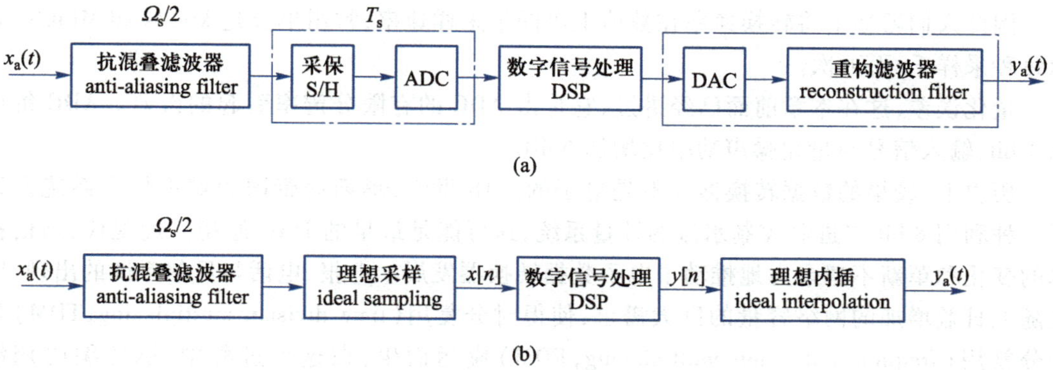


图 2.5-1 连续信号离散处理的实际与理想过程

混叠滤波器的存在使得采样过程满足 Nyquist 采样定理，即频谱周期化的过程不会发生混叠，离散化后的信号保留了原始信号的全部信息。在这种情况下，才有可能通过数字信号处理来模拟对原始信号的处理。

然后，离散信号在一个数字平台（如 MCU、DSP、FPGA 等等）上进行数字信号处理，得到输出 $y[n]$。如何在时频域完成这一数字信号处理过程，以及它与连续信号经过连续系统的处理过程之间的区别与联系，将在后续的章节中进行讨论。

最后，数字信号处理输出的结果 $y[n]$ 再经过一个理想内插器，将其恢复成连续信号 $y_a(t)$ 的形式。在 2.3 节提到，内插的过程相当于将 $y[n]$ 经过一个截止频率为 $f_s/2$，幅度为 $T_s$ 的理想低通滤波器。注意，除了幅度上的差异外，内插滤波器和前面的抗混叠滤波器是一样的。在时域上，该重构过程建模为离散信号与内插函数的卷积过程，具体计算过程如下

$$y_a(t)=\sum_{n=-\infty}^{\infty} y[n]h_r(t-nT_s) \tag{2.5-2}$$

其中，内插函数 $h_r(t)$ 由式(2.3-1)定义。

如果要考虑幅度量化引起的量化误差，则在 $x[n]$ 中加上相应的量化噪声即可。关于量化噪声对整个数字信号处理过程的影响，将在后续的章节中专门进行讨论。

关于图 2.5-1(a) 中的连续信号离散处理的实际过程，有两个部分需要进一步的说明。

一是 ADC 和 DAC。

实际工程中，实现这样功能的器件是模数转换器（ADC，analog-to-digital converter）与数模转换器（DAC，digital-to-analog converter）。ADC、DAC 器件的发展与广泛应用和微处理器、数字信号处理器等数字技术的发展密不可分。ADC 和 DAC 主要应用于数据采集、数字音视频系统以及通信系统中。

ADC、DAC 的主要技术指标有分辨率、转换速率以及量化误差等。

分辨率是指数字量变化一个最小量时模拟信号的变化量，定义为满刻度与 $2^n$ 的比值，即本章前面所讲的量化间隔，通常用数字信号的位数表示。例如，12 bit ADC、16 bit ADC 等。

转换速率是指完成一次从模拟到数字的转换所需时间的倒数，它与采样速率是两个不同的概念。为了保证转换的正常完成，采样速率应小于或等于转换速率。

因此人们习惯上将转换速率在数值上等同于采样速率，常用单位是 kbit/s 和 Mbit/s，表示每秒采样千/百万次。

量化误差，这在本章前面已经讲过，它是由 ADC 的有限分辨率引起的误差。ADC 每增加 1 bit，输入信号与量化噪声功率比增加 6 dB。

历史上，较早的数据转换器并不是电子的。18 世纪，奥斯曼帝国为城市供水系统设计了一种利用 8 bit 二进制控制水流的计量系统，这可能是最早的 DAC 原型。近现代，通信技术的变化和革新不遗余力地推动了电子数据转换器发展。电报、电话与贝尔系统的出现，以及随之日益增加的网络容量的巨大需求，使得时分复用(time division multiplexing，TDM)与频分复用(frequency division multiplexing，FDM)应运而生，在这个过程中，脉冲编码调制(PCM，pulse code modulation)开启了现代 ADC、DAC 发展的大门。

1921 年，Paul M. Rainey(雷尼)在其有关基于 5 bit PCM 的电报系统专利中描述了 ADC 量化、串行数据传输和 DAC 重构等几个重要的概念。20 世纪 20 年代中期，Harry Nyquist(奈奎斯特)在研究电报系统时，提出了经典的 Nyquist 采样定理，这个定理建立了采样、量化、信号重建的理论基础，加速了 ADC、DAC 技术的发展。

20 世纪 50 年代中期，数字计算机的出现强有力地推动了商业 ADC 的发展。20 世纪 60 年代起，电子电路设计由真空管向晶体管和集成电路发展。1963 年至 1965 年间，Bell 实验室开发出了一系列高速 ADC，如 8 bit 10 Msps、9 bit 5 Msps 和 10 bit 3 Msps ADC 等。此时，也出现了一大批制造 ADC、DAC 的商业公司，如 Analog Device、Adage、Texas Instruments 等。

20 世纪 80 年代开始，ADC、DAC 性能得到更大的关注，信噪比(SNR)、信纳比(SINAD)、有效位(ENOD)、无杂波动态范围(SFDR)、孔径抖动(aperture time jitter)等性能指标开始出现在 ADC 的数据手册上，而毛刺、无杂波动态范围等指标开始出现在 DAC 的数据手册上。

进入 20 世纪 90 年代以来，IC 技术的不断发展，高性能的数据转换器层出不穷。1995 年，ADI 公司发布了第一款 12 bit 41 Msps AD9042，其 20 MHz Nyquist 带宽下信号的 SFDR 首次超过-80 dB。1999 年，一款集微处理器与数据转换器、具有更高精度的 ADuC812 发布。2000 年到 2002 年间，ADC、DAC 的采样频率和动态范围都得到了巨大的提高，其中以 14 bit 的 80/150 Msps AD6645 与 12 bit 的 210 Msps AD9430 为代表。2003 年出现的 AD20678、AD12400 等器件中，又增加了内置的数字后处理功能。并且，ADuC 系列微转换器开始进一步向更高性能和 ARM 架构发展。

总之，在日益增长的高清音视频、高速无线通信系统的推动下，ADC 和 DAC 技术不断发展，分辨率、转换速率等性能不断提高。我们既要牢固地掌握信号采样、量化与重建的理论知识，还应该加强对 ADC 和 DAC 技术与器件性能发展的关注，理论联系实际，不断深化我们对知识的理解和在实际工程中的运用能力。

二是信号调理(signal conditioning)。

在对连续信号进行采样之前，实际上还要经过复杂的信号调理过程。图 2.5-1(a)中的抗混叠滤波器，可以看作是信号调理的一部分。

信号调理，简单地讲，可认为是利用内部的电路(如放大器、滤波器、电压/电流转换器等)改变输入信号特征，使之成为后续设备能更好工作的标准信号。无论是数据采集、监控系统、控制过程或者其他目的的数字系统，均会用到信号调理电路，它对系统具有举足轻重的影响，有时可以将系统性能提高 4 至 10 倍。

例如，ADC 芯片只能接收一定范围的模拟信号，而传感器将非电物理量变成电信号后，并不一定在该范围内。此时，传感器的输出信号还必须经过放大或者衰减、滤波、隔离、多路复用等信号调理电路，才能送入 ADC。

能实现隔离功能的信号调理设备通过使用变压器、光或电容性的耦合技术，无须物理连接即可将信号从它的源传输至测量设备。除了切断接地回路之外，隔离也阻隔了高电压浪涌以及较高的共模电压，既保护了操作人员，也保护了昂贵的设备。

通过多路复用技术，一个测量系统可以不间断地将多路信号传输至一个单一的数字化仪器，从而提供了一种节省成本的方式来扩大系统通道数量。多路复用对于任何高通道数的应用是十分必要的。

信号调理电路的内涵远不止上述放大、衰减、滤波、隔离、复用等功能，根据不同的应用，还可能包括激励、冷端补偿、保护等。

## 2.6 本章小结

本章旨在为连续（模拟）信号处理和离散（数字）信号处理架起一座桥梁——连续信号的离散化与重构。

在掌握了如何将连续信号变为离散信号，以及如何由离散信号恢复出原始的连续信号后，就可以用数字的方式来实现对模拟信号的处理，从而获得数字信号处理技术在程控性、稳定性、可重复性和抗干扰性方面的性能提升。

实现这一点的前提条件是，数字信号处理的过程能够准确地模拟出期望的、对原始信号处理的过程。这就意味着在连续信号离散化的过程中不能改变原始信号中各个频率成分的强度。Nyquist 采样定理回答了这一问题，当采样频率不低于信号最高频率成分的两倍时，采样过程不会发生频谱混叠，从而在离散信号的频谱中可以获得原始连续信号频谱的全部信息。这种采样又称为无失真采样。

在某些情况下，Nyquist 定理对采样频率的选取相当保守。例如，对于带通信号而言，完全有可能选择低于 Nyquist 采样率的采样频率来达到无失真采样的目的。带通采样定理揭示了如何确定带通信号的采样频率。

需要注意的是，采样过程将使信号的某些特性发生改变，所谓的无失真采样主要是指在离散信号的频谱中能够收集到连续信号所有的频谱信息，但并不意味着二者完全相同。这种信号特性的改变在时域上体现为信号波形的离散化，频域上则体现为信号频谱的周期化。这种信号特性的改变是数字信号处理不同于模拟信号处理的根本原因，但同时也是它们之间建立联系的纽带。

在完成数字信号处理后，为了得到模拟形式的输出信号，还需要将离散输出恢复成连续信号，该过程被称为内插或重构。频域上，内插是取出离散信号频谱的一个周期，等效为低通滤波；时域上，内插是将离散信号和低通滤波器的时域冲激响应（又叫作内插函数）相卷。它表明连续信号也可以表示为内插函数的移位加权和，移位量为采样周期的整数倍，权值就是信号在该时刻的样本值。

事实上，将模拟信号转化为数字信号需要在时间和幅度都对信号进行离散化。幅度离散化意味着只能用一个有限长的二进制串来表示信号的离散样本值。这必然会引入误差，该误差被称为量化误差，是有限字长效应的一种。关于量化噪声最重要的一个结论就是，量化的字长每增加一位，量化信号的信噪比增加 6 dB。关于有限字长效应的其他表现形式，对整个数字信号处理过程的影响，以及如何避免或降低这些影响，将在后面的章节中进行讨论。

基于本章讨论的内容，理解了连续信号离散化的过程及其对信号的影响后，在后续的章节中就可以将模拟信号处理的理论与采样过程相结合，发展出数字信号处理的理论，从而将模拟信号处理和数字信号处理有机结合起来进行学习。这也是本书倡导的学习思路和思考问题的方式。

## 习　题

**P2.1** 连续信号 $g_a(t)$ 的 Nyquist 频率为 $\Omega_m$，求以下由 $g_a(t)$ 衍生出的连续信号的 Nyquist 采样率：

(a) $y_1(t)=g_a(t)g_a(t)$　　(b) $y_2(t)=g_a(t/3)$

(c) $y_3(t)=g_a(3t)$　　(d) $y_4(t)=\int_{-\infty}^{\infty}g_a(t-\tau)g_a(\tau)\mathrm{d}\tau$

(e) $y_5(t)=\dfrac{\mathrm{d}g_a(t)}{\mathrm{d}t}$

**P2.2** 对一段 2.5 s 连续信号进行无混叠的均匀采样，产生一段包含 5001 个采样点的有限长序列。连续信号中存在的最高频率成分是什么？

**P2.3** 连续信号 $x_a(t)$ 是频率为 300 Hz、500 Hz、1.2 kHz、2.15 kHz 和 3.5 kHz 的正弦信号的线性组合。以 2.0 kHz 采样频率对信号 $x_a(t)$ 进行采样，采样所得的序列通过一个截止频率为 900 Hz 的理想低通滤波器，从而得到一个连续信号 $y_a(t)$。输出信号 $y_a(t)$ 中的频率分量是什么？

**P2.4** 连续信号 $x_a(t)$ 是频率为 $F_1$ Hz、$F_2$ Hz、$F_3$ Hz 和 $F_4$ Hz 的正弦信号的线性组合。以 10 kHz 采样频率对信号 $x_a(t)$ 进行采样，所得的序列通过一个截止频率为 4 kHz 的理想低通滤波器，得到一个由三个频率分别为 350 Hz、575 Hz 和 815 Hz 的正弦信号组成的连续信号 $y_a(t)$。$F_1$、$F_2$、$F_3$ 和 $F_4$ 的可能取值是什么？答案是否唯一？若不是，试给出另外一组可能的取值。

**P2.5** 连续信号 $x_a(t)=4\sin(20\pi t)-5\cos(24\pi t)+3\sin(120\pi t)+2\cos(176\pi t)$ 以 50 Hz 的频率采样得到序列 $x[n]$。求 $x[n]$ 的准确表达式。

**P2.6** 一个模拟立体声信号的左声道和右声道分别以 44.1 kHz 的频率采样，然后每个声道用一个 8 位的 A/D 转换器转换为数字流。求通过采样和数字化后的两个通道的组合位率（即每秒多少比特）。

**P2.7** 考虑图 2.5-1 所示的系统，其中输入的连续信号 $x_a(t)$ 具有如图 P2.7(a) 所示的带限谱 $X_a(j\Omega)$，并以 Nyquist 频率进行采样。离散处理器是一个有如图 P2.7(b) 所示的频率响应 $H(e^{j\omega})$ 的理想低通滤波器，并且其截止频率为 $\omega_c=\Omega_m T/3$，其中 $T$ 是采样周期。尽可能准确地画出输出连续信号 $y_a(t)$ 的频谱 $Y_a(j\Omega)$。

**P2.8** 有一个理想采样系统，其采样频率为 $\Omega_s=6\pi$，采样后的信号经过理想低通滤波器 $H_a(j\Omega)$ 还原，其中

$$H_a(j\Omega)=\begin{cases}\dfrac{1}{2}, & |\Omega|<3\pi\\ 0, & |\Omega|\geqslant 3\pi\end{cases}$$

现有两个输入信号，$x_{a1}(t)=\cos(2\pi t)$ 和 $x_{a2}(t)=\cos(5\pi t)$。问输出信号 $y_{a1}(t)$ 和 $y_{a2}(t)$ 有无失真，为什么？

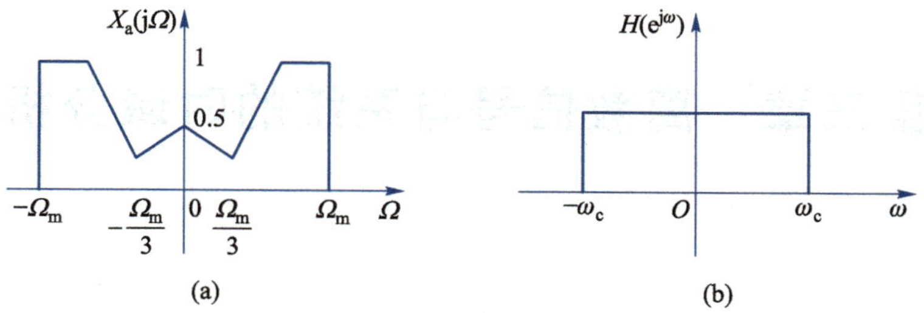


图 P2.7

**P2.9**　有一调幅信号 $x_a(t)=[1+\cos(2\pi\times100t)]\cos(2\pi\times600t)$，问对该信号采样的 Nyquist 采样率应为多少？

**P2.10**　人们可听到的声音频率在 20 Hz 到 22.05 Hz 之间，要从采样信号中理想恢复出原信号，最小采样频率是多少？

**P2.11**　语音信号以 8000 次/秒的速率进行采样，求其采样周期以及还原信号的最大频率。

**P2.12**　对连续信号 $x_a(t)=\cos(4000t)$ 的 5 个周期进行采样，采样频率为 4 倍 Nyquist 采样率，能获得多少个采样点？

**P2.13**　蜂窝电话在载波上发射语音信号。传输频率范围是 900 MHz 到 900.03 MHz。要保证这个传输信号能从数字采样值中恢复，最小采样频率为多少？

**P2.14**　说明对信号 $x_{a1}(t)=\cos(120\pi t)$ 和 $x_{a2}(t)=\cos(420\pi t)$ 以 150 Hz 进行采样，可得到相同采样值。

**P2.15**　已知信号 $x_a(t)=\cos(2\pi ft)$ 的频率小于 1 kHz，以 600 Hz 进行采样，得到频率为 150 Hz 的信号。同一信号以 550 Hz 的频率进行采样，得到频率为 200 Hz 的信号，求该信号的频率。

**P2.16**　雷达信号频率在 900 MHz 与 900.5 MHz 之间，以 2 MHz 的频率对其进行欠采样。若希望 200 kHz 的目标出现在基带，则该目标的实际频率为多少？

**P2.17**　考虑信号

$$x_a(t)=\left(\frac{\sin 50\pi t}{\pi t}\right)^2$$

其 Fourier 变换为 $X_a(j\Omega)$。现用采样频率 $\Omega_s=150\pi$ 对 $x_a(t)$ 进行采样，以得到信号 $x_d(t)$，其 Fourier 变换为 $X_d(j\Omega)$。为确保

$$X_d(j\Omega)=75X_a(j\Omega),\ |\Omega|\leqslant\Omega_0$$

求 $\Omega_0$ 的最大值。

**P2.18**　对 −3 V 到 3 V 之间的电压进行数字化，分别用下列比特数对采样值进行量化，求量化步长的大小。

(1) 4 bit　(2) 8 bit　(3) 16 bit

**P2.19**　模数转换器 ADC 用下列比特数能产生多少数字代码？

(1) 8 bit　(2) 10 bit　(3) 12 bit

**P2.20**　对 0 到 1 V 间的模拟信号进行量化，中间范围的量化误差不大于 0.1 V，需要采用多少量化比特可以满足要求？

# 第三章　离散信号与系统的时域分析

## 3.1 引　　言

本章讨论离散信号和系统在时域的表征和分析。

和连续信号与系统的时域分析一样，本章的主要目的仍然是建立一套统一的处理框架，用来分析和处理离散信号通过系统的一系列问题。解决该问题的关键是需要找到一个足够简单的基元信号，使得所有的离散信号都能表示成该信号的简单组合。这样，任意信号通过系统的问题就简化成了基元信号通过系统的问题。同时，系统的特性也可以由其对基元信号的响应来表征。

按照这一思路，本章的内容组织如下。

3.2 节讨论离散信号的时域表示与基本运算问题。和连续信号在时域表示为时间 $t$ 的函数不同，离散信号在时域表示为样本序号 $n$ 的序列，相应地，离散信号之间的运算也由连续函数的运算变为了序列之间的运算。

3.3 节讨论离散信号的性质与分类。当信号由连续变为离散后，其自身的性质有可能发生变化，如前面提到的周期性等。因此，本节讨论离散信号的性质并基于此对离散信号进行分类。

3.4 节介绍几种典型的离散信号并在此基础上讨论离散信号的分解问题。将一个复杂离散信号表示为简单信号的组合，是信号时域分析最重要的步骤之一。作为分解单元的基元信号，其首要特征就是必须足够简单，以便最大限度地简化时域分析的难度。基于这一考虑，本节将介绍常见的简单离散信号，以及离散信号在时域的分解。

3.5 节讨论离散系统及其分类。在引入了离散系统的概念后，本节将从线性性、时不变特性、因果性和稳定性等角度讨论离散系统的特性，并在此基础上对离散系统进行分类。

3.6 节讨论离散信号与系统的时域分析。结合离散信号的分解和系统的线性时不变特性，可以将求解任意信号通过系统的响应问题简化为求解基元信号通过系统的响应问题，从而引入离散信号的“卷积”这一重要运算。在此基础上，将离散信号与离散系统统一起来，用系统对基元信号的响应来在时域表征系统，并进行一系列关于系统特性的讨论与分析。

3.7 节是本章的小结。

通过对以上问题的阐述，希望读者最终能够了解和掌握时域分析的方法，即利用简单的基元信号来对任意信号进行表征，并围绕该基元信号通过系统的响应问题在时域进行信号和系统相关的分析和处理。

## 3.2 离散信号的时域表示与基本运算

### 3.2.1 离散信号的时域表示方法

连续信号经过采样后，就变成了离散信号。从形式上看，离散信号是由信号在不同采样时刻获得的样本值构成的一个离散序列，因此，从这个意义上讲，离散信号仍然可以表示为一个时间函数。

假设信号采样间隔为 $T_s$，那么离散信号只在 $nT_s$ 时刻才有定义，其中 $n$ 为整数，即 $n=0$，±1，±2，…，它可以看作是离散样本值的序号。另一方面，正如在第二章中讨论的，可以引入数字角频率 $\omega$ 来表示离散信号的变化快慢程度，而 $\omega$ 本身就包含了采样间隔的信息，即 $\omega=\Omega T_s$，其中 $\Omega$ 为描述原始连续信号的变化快慢程度的模拟角频率，因此，可以简单地将离散信号表示为序号 $n$ 的函数，如 $x[n]$，$h[n]$，$y[n]$等。

一般而言，$x[n]$既可以表示一个离散序列，也可以表示该序列在第 $n$ 个采样时刻的样本值。因此，为了加以区别，很多时候也采用带花括号的符号$\{x[n]\}$来特指一个离散序列。为了简便起见，在本书后面的讨论中，在不引起混淆的情况下，仍然简单地用 $x[n]$来表示离散序列。

具体而言，对于一个离散序列 $x[n]$，有如下几种表示方法。

列举法。当已经清楚地知道 $x[n]$的各个样本值时，可以通过简单地罗列这些样本值来表示一个离散序列，如

$$x[n]=\{\cdots,-0.2,2.2,\underset{\uparrow}{1.1},0.2,-3.7,2.9,\cdots\} \tag{3.2-1}$$

其中，箭头“↑”指示了 $n=0$ 时刻对应的样本值，即对于式(3.2-1)所描述的离散序列，有 $x[0]=1.1$，$x[-1]=2.2$，$x[1]=0.2$，$x[2]=-3.7$ 等。

表达式法。列举法需要准确地知道离散序列在各个时刻的样本值，当序列较长时，这种表示方法是非常烦琐的，往往难以实现。一种更为简洁的表示方法是表达式法，即当知道离散信号的变化规律后，可以用一个数学表达式来描述这种规律，如

$$x[n]=\cos(0.25\pi n) \tag{3.2-2}$$

显然，式(3.2-2)描述的是一个离散余弦序列。

图示法。和前面两种方法相比，图示法是一种更为直观的离散信号表示方法。当离散信号受到的影响因素较多，其样本的变换规律较为复杂时，用列举法和表达式法往往难以直观地获知信号的变化规律，而图示法正好可以弥补这一缺陷。

图 3.2-1 所示即为用图示法表示的一个离散的正弦序列。图中用一系列类似“火柴棍”的图形来表示离散序列的各个样本值。“火柴棍”所在位置对应离散样本的采样时刻，其方向(向上或者向下)对应离散样本的符号(正或负)，其长度对应离散样本值的大小。

### 3.2.2 离散信号的基本运算和操作

离散信号的处理是通过对离散信号进行各种运算来实现的。本节对离散信号的基本运

算进行介绍。很多复杂的运算,都可以分解成这些基本运算的组合。

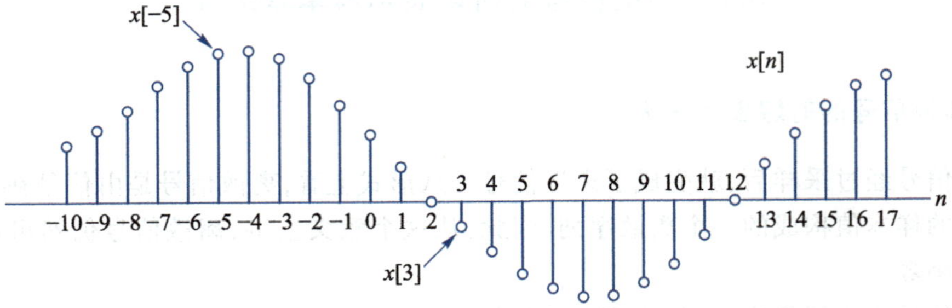


图 3.2-1 离散序列的图示法

**1. 加法**

如图 3.2-2 所示,两个离散信号 $x[n]$ 和 $y[n]$ 相加,其结果 $z[n]$ 仍然是一个离散信号,是 $x[n]$ 和 $y[n]$ 的各个样本值逐点对应相加的和,即 $z[n]=x[n]+y[n]$。完成图 3.2-2 功能的模块也被称为加法器(adder)。

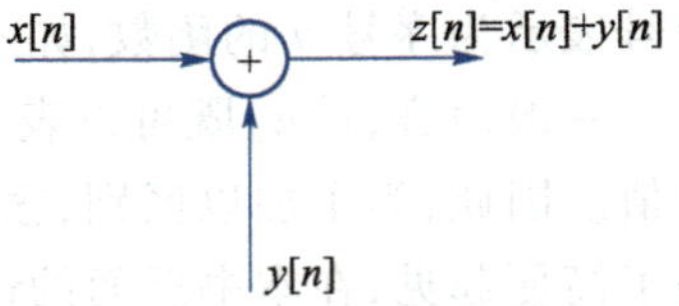


图 3.2-2 离散信号的加法运算

和加法运算对应的是减法运算,它将 $x[n]$ 和 $y[n]$ 的各个样本值逐点对应相减。完成该运算的功能模块被称为减法器(substractor)。事实上,加法器和减法器是等价的,因为两个信号 $x[n]$ 和 $y[n]$ 相减可以看作是 $x[n]$ 和 $-y[n]$ 相加。

**2. 乘法**

如图 3.2-3 所示,本书提到的乘法运算有两种。第一种乘法运算是将两个序列 $x[n]$ 和 $y[n]$ 的各个样本值逐点相乘,即 $z[n]=x[n]y[n]$。这对应着通信过程中常见的调制运算,因此,完成该运算的功能模块又被称为调制器(modulator)。

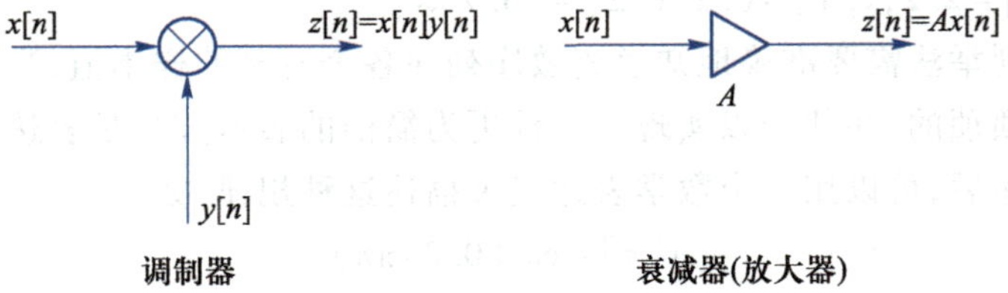


图 3.2-3 离散信号的乘法运算

另一种乘法运算完成信号放大或衰减的功能,它将序列 $x[n]$ 中的每一个样本值都与相同的系数 $A$ 相乘,即 $z[n]=Ax[n]$,相应地,完成该运算的功能模块叫作放大器($A>1$)或衰减器($A<1$)。

**3. 移位**

移位操作又被称为时移操作,它对离散信号 $x[n]$ 在时间上进行移位,以获得该信号的延迟或超前版本。对应的功能模块称为延迟模块或超前模块,分别用 $z^{-N}$ 和 $z^{N}$ 表示,如图 3.2-4 所示,这里 $N$ 为正整数。

通过延迟模块 $z^{-N}$ 后,输出信号为 $z[n]=x[n-N]$;通过超前模块 $z^{N}$ 后,输出信号为

$z[n]=x[n+N]$。特别地，当 $N=1$ 时，对应的功能模块分别称为单位延迟模块和单位超前模块。至于为什么用符号“$z^{\pm N}$”来表示序列的延迟或超前运算，将在第六章中结合 $z$ 变换的讨论来进行说明。

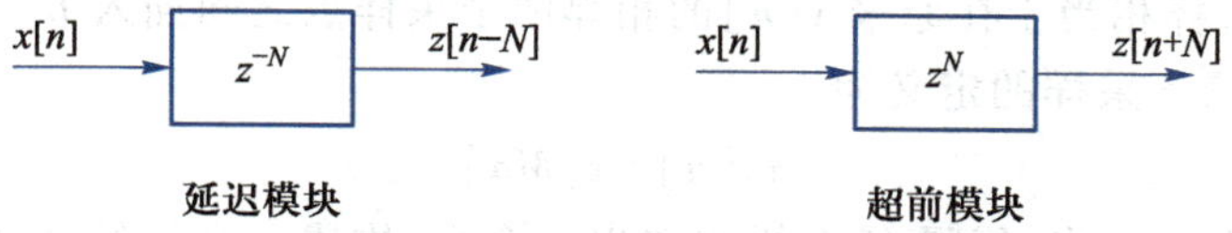


图 3.2-4 离散信号的移位操作

**4. 时域反转(time reversal)**

数学上时域反转表示为

$$z[n]=x[-n] \tag{3.2-3}$$

显然，上式描述的时域反转操作就是将离散信号 $x[n]$ 沿着 $n=0$ 进行反转(folding)，如图 3.2-5 所示。

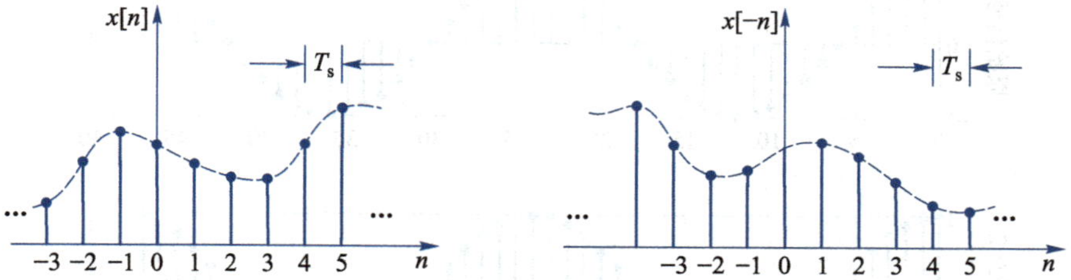


图 3.2-5 离散信号的时域反转

和时移操作不同，时域反转会改变信号各个频率分量的强度和相位。只有一些满足 $x[n]=x[-n]$ 的特殊信号(如 $\cos(\omega n)$ 等)，反转操作才不会改变信号的特性，关于这一点将在信号的对称性一节中进行详细讨论。

**5. 分流操作(pick-off)**

在实际应用中，往往需要将一路信号分成多路供多个系统使用。在理论分析中，将完成这一操作的模型抽象为分流节点(pick-off node)。最典型的分流节点将原信号一分为二，每一路都和原信号相同，如图 3.2-6 所示。

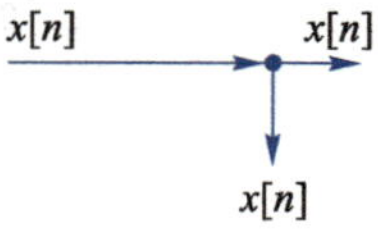


图 3.2-6 分流节点

**6. 变采样操作**

所谓变采样就是改变信号 $x[n]$ 的采样频率，具体又分为增大采样频率和降低采样频率两种。其中，增大采样频率的操作称为上采样(up sampling)；对应地，降低采样频率的操作称为下采样(down sampling)。

如图 3.2-7 所示，$L$ 倍的上采样用符号“$\uparrow L$”来表示，对应的输出表示为 $x_u[n]$，$M$ 倍的下采样用符号“$\downarrow M$”表示，对应的输出表示为 $x_d[n]$，这里 $L$ 和 $M$ 均为正整数。

图 3.2-7 离散信号的变采样操作

具体而言，$L$ 倍上采样的定义如下

$$x_u[n]=\begin{cases}x[n/L], & n=0,\pm L,\pm 2L,\cdots\\ 0, & \text{其他}\end{cases} \tag{3.2-4}$$

容易看出，$L$ 倍上采样相当于在原来 $x[n]$ 的相邻两个采样点之间插入 $L-1$ 个 0。

另一方面，$M$ 倍下采样的定义为

$$x_d[n]=x[Mn] \tag{3.2-5}$$

它相当于对 $x[n]$ 进行抽取，每隔 $M$ 个样本取出一个来，构成一个新的序列。

图 3.2-8 所示为对一个离散正弦信号的变采样操作，分别进行 2 倍的上采样和 2 倍的下采样。可以看出，上采样的目的是在相同时间段内获得更多信号样本，以便最终能够体现更多的原始模拟信号的细节（当然还需要一些额外的操作）。下采样的目的是减小相同时间段内的信号样本数，以节约存储和计算资源。在下采样的过程中，由于降低了采样频率，因此 Nyquist 采样定理有可能不再满足，这时需要特别考虑由此引起的频谱混叠。

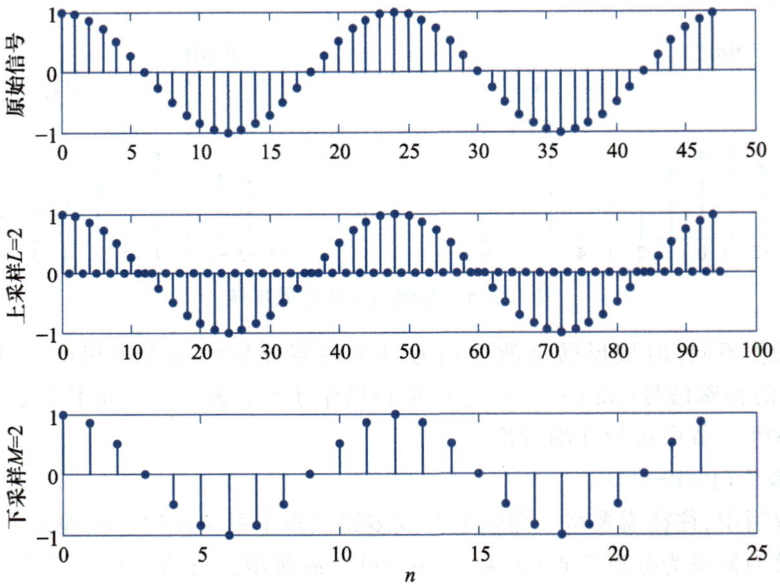


图 3.2-8 离散正弦信号的变采样操作

### 7. 基本操作的组合

上面提到的都是离散信号最基本的操作，但它们同时也是最重要的操作，因为任何对离散信号的复杂处理都可以分解为这些基本操作的组合。

相对于前面提到的基本操作，图 3.2-9 中对离散信号所做的处理较为复杂，涉及多种类型的基本运算，同时还带有反馈。事实上，可以将该图建模为一个离散系统，即输入信号 $x[n]$ 通过该系统后得到输出 $y[n]$。为了快速地获得该系统的输入输出关系，可以将该图分解成基本操作的组合。

首先，由图中可知，输出信号 $y[n]$ 由三部分组成。第一部分是将 $x[n]$ 经过一个简单的放大器，系数为 $p_0$，得到 $p_0x[n]$；第二部分是将 $x[n]$ 经过一个单位延迟模块后，再经过另一个系数为 $p_1$ 的放大器，最终得到 $p_1x[n-1]$；第三部分理解起来较为复杂，是将上一个时刻

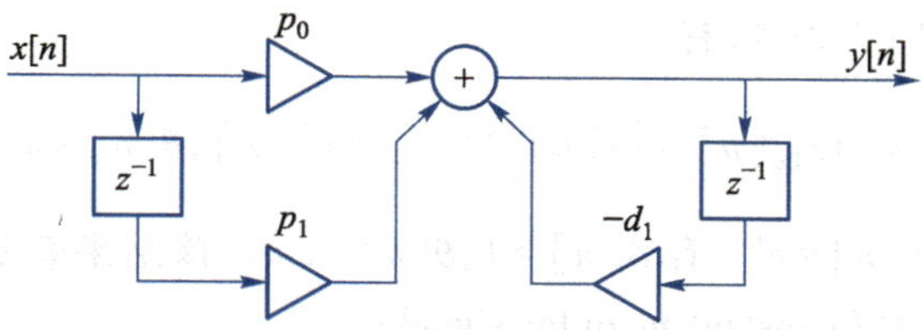


图 3.2-9 一个离散信号处理系统

的输出信号 $y[n]$ 经过一个单位延迟模块后，将 $y[n-1]$ 经过一个系数为 $-d_1$ 的放大器，再将其输出 $-d_1y[n-1]$ 累加到当前时刻的输出上，即当前时刻的输出包含上一个或上几个时刻的输出信息，这一过程通常被称为反馈。

按照这一分解过程，可以很容易得到该系统的输入、输出关系，为

$$y[n]=p_0x[n]+p_1x[n-1]-d_1y[n-1] \tag{3.2-6}$$

## 3.3 离散信号的性质与分类

在实际应用中，离散信号形式多样，种类繁多，对它们一一进行分析是不现实的，同时也是没有必要的。一种更为合理的方法是，从各个具体的离散信号中将其特性抽象出来，在此基础上对信号进行分类，从而使得对某一类信号可以使用相同的分析和处理方法，并得到相似的结论。这一思路和前面关于连续信号的分析基本一致，讨论的性质也大体相同，如对称性、周期性等。但是，当信号由连续变为离散后，某些性质会发生变化，在本节的学习中要特别注意这些不同之处。

### 3.3.1 离散信号的数据类型

本书中，离散信号的数据类型主要是指离散信号的各个样本的数据类型，如是整数还是小数，是实数还是复数等。按照离散信号数据类型的不同，可以对离散信号进行分类，如分为整数离散信号和小数离散信号，实数离散信号和复数离散信号等。这里主要讨论后者。

如果离散信号 $x[n]$ 的所有样本都是实数，则 $x[n]$ 是一个实数离散信号，简称离散实信号；反之，$x[n]$ 是一个复数离散信号，简称离散复信号。例如，余弦信号 $x[n]=\cos(\omega n)$ 是离散实信号，而指数信号 $x[n]=e^{j\omega n}$ 则是离散复信号。

可以将离散复信号 $x[n]$ 写成实部加虚部的形式

$$x[n]=x_{\mathrm{Re}}[n]+\mathrm{j}x_{\mathrm{Im}}[n] \tag{3.3-1}$$

其中，$x_{\mathrm{Re}}[n]$ 和 $x_{\mathrm{Im}}[n]$ 分别表示由 $x[n]$ 各个样本的实部和虚部构成的信号，例如

$$x[n]=e^{j\omega n}=\cos(\omega n)+j\sin(\omega n) \tag{3.3-2}$$

则

$$x_{\mathrm{Re}}[n]=\cos(\omega n),x_{\mathrm{Im}}[n]=\sin(\omega n) \tag{3.3-3}$$

另外，离散复信号 $x[n]$ 还可以写成模和相位的形式

$$x[n]=A[n]e^{j\theta[n]} \tag{3.3-4}$$

其中，$A[n]$ 为 $x[n]$ 各个样本的模构成的信号，$\theta[n]$ 为 $x[n]$ 各个样本的相位构成的信号，显

然,联合式(3.3-1)和式(3.3-4)有

$$A^2[n]=x_{\mathrm{Re}}^2[n]+x_{\mathrm{Im}}^2[n]=|x[n]|^2=x[n]x^*[n],\theta[n]=\arctan\frac{x_{\mathrm{Im}}[n]}{x_{\mathrm{Re}}[n]} \quad (3.3\text{-}5)$$

那么,对于复指数信号 $x[n]=\mathrm{e}^{\mathrm{j}\omega n}$ 有 $A[n]=1,\theta[n]=\omega n$。该结果表明 $x[n]$ 的模为常数,这样的信号又称为恒模信号(constant modular signal)。

### 3.3.2 离散信号的方向性

所谓信号的方向性是指信号的非零值在信号中所处的位置。基于此,信号可以分为左边信号、右边信号、有限长信号和双边信号。

如果对应离散信号 $x[n]$,有

$$x[n]=0,n\geqslant N_1 \quad (3.3\text{-}6)$$

或者说,$x[n]$ 的所有非零值都在 $n=N_1$ 的左边,则 $x[n]$ 被称为左边信号或左边序列,如图 3.3-1(a)所示。显然,反因果信号是一个左边信号,相当于在式(3.3-6)中 $N_1\leqslant 0$。

与之相对,如果

$$x[n]=0,n\leqslant N_2 \quad (3.3\text{-}7)$$

则 $x[n]$ 的所有非零值都在 $n=N_2$ 的右边,此时 $x[n]$ 被称为右边信号或右边序列,如图 3.3-1(b)所示。因果信号就是一个右边信号,对应于式(3.3-7)中 $N_2\geqslant 0$。

如果

$$x[n]=0,n\leqslant N_2\text{或 }n\geqslant N_1,N_1>N_2 \quad (3.3\text{-}8)$$

则信号 $x[n]$ 只在区间 $N_2<n<N_1$ 内有非零值,此时 $x[n]$ 被称为有限长信号,如图 3.3-1(c)所示。该信号的长度为 $N=N_1-N_2+1$。

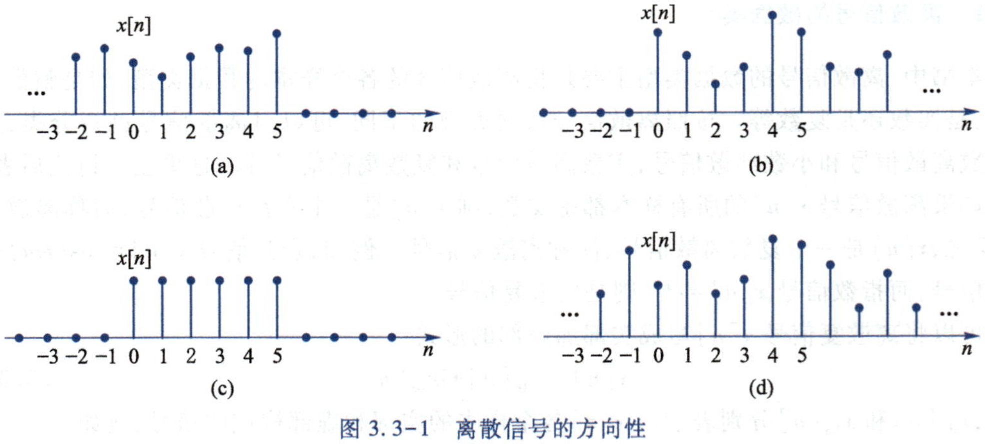


图 3.3-1 离散信号的方向性

特别地,如果在式(3.3-8)中,$N_1\to\infty$,$N_2\to-\infty$,非零值可以出现在 $x[n]$ 中任意位置,即不再对信号的长度进行限制,这样的信号被称为双边信号或无限长信号,如图 3.3-1(d)所示。前面提到的余弦信号 $\cos(\omega n)$ 和复指数信号 $\mathrm{e}^{\mathrm{j}\omega n}$ 都是双边信号。

### 3.3.3 离散信号的对称性

对于实信号 $x[n]$,其对称性主要有两种,分为偶对称性(even symmetry)和奇对称性

(odd symmetry,又叫反对称性 anti-symmetry),分别表示为

$$\begin{aligned}&\text{偶对称性}:x[n]=x[-n]\\&\text{奇对称性}:x[n]=-x[n]\end{aligned}\tag{3.3-9}$$

按照这一特性,实信号可以分为对称信号和非对称信号。不满足式(3.3-9)的信号就是非对称信号,现实生活中的大多数信号都是非对称的,如随机噪声。

按照对称性的不同,对称信号又可以进一步分为偶对称信号(满足 $x[n]=x[-n]$)和奇对称信号(满足 $x[n]=-x[-n]$)。现实生活中的对称信号也很多。例如,余弦信号 $x[n]=\cos(\omega n)=\cos(-\omega n)$ 就是常见的偶对称信号,而正弦信号 $x[n]=\sin(\omega n)=-\sin(-\omega n)$ 则是常见的奇对称信号。

对于更为一般的复信号,其对称性则描述为共轭对称性(conjugate symmetry)和共轭反对称性(conjugate anti-symmetry),其定义为

$$\begin{aligned}&\text{共轭对称性}:x^*[n]=x[-n]\\&\text{共轭反对称性}:x^*[n]=-x[-n]\end{aligned}\tag{3.3-10}$$

显然,式(3.3-9)定义的偶对称性和奇对称性是共轭对称性和共轭反对称性的一个特例,即当 $x[n]$ 是实信号时,式(3.3-10)就简化为式(3.3-9)。

对于不满足式(3.3-10)的非对称信号,仍然可以从中分解出共轭对称部分和共轭反对称部分。事实上,任何离散信号 $x[n]$ 都可以表示成一个共轭对称信号 $x_{cs}[n]$ 与一个共轭反对称信号 $x_{as}[n]$ 之和,即

$$\begin{aligned}&x[n]=x_{cs}[n]+x_{as}[n]\\&x_{cs}[n]=\frac{x[n]+x^*[-n]}{2},x_{as}[n]=\frac{x[n]-x^*[-n]}{2}\end{aligned}\tag{3.3-11}$$

容易看出,按照式(3.3-11)的定义,有

$$x_{cs}[n]=x_{cs}^*[-n],x_{as}[n]=-x_{as}^*[-n]\tag{3.3-12}$$

即 $x_{cs}[n]$ 与 $x_{as}[n]$ 分别为共轭对称信号和共轭反对称信号。

同时,如果 $x[n]$ 本身即为共轭对称信号,则式(3.3-11)中,$x_{cs}[n]=x[n]$,$x_{as}[n]=0$;如果 $x[n]$ 本身即为共轭反对称信号,则式(3.3-11)中,$x_{cs}[n]=0$,$x_{as}[n]=x[n]$。

对于实信号,式(3.3-11)和式(3.3-12)定义的分解关系同样存在,但更加简单,即任何一个实数离散信号都可以分解为一个偶对称信号和一个奇对称信号之和。

**例 3.3-1**

已知离散信号 $x[n]$ 为

$$x[n]=\{5,1+j3,\underset{\uparrow}{2-j},3,2+j5,j2,1+j\}\tag{3.3-13}$$

试求 $x[n]$ 的共轭对称部分 $x_{cs}[n]$ 和共轭反对称部分 $x_{as}[n]$。

**解:**

按照式(3.3-11)的定义即可求出 $x_{cs}[n]$ 和 $x_{as}[n]$。

首先需要求出 $x^*[-n]$,即对 $x[n]$ 进行反转并求共轭。容易得到

$$x[-n]=\{1+j,j2,2+j5,3,\underset{\uparrow}{2-j},1+j3,5\}$$

$$x^*[-n]=\{1-\mathrm{j},-\mathrm{j}2,2-\mathrm{j}5,3,\underset{\uparrow}{2+\mathrm{j}},1-\mathrm{j}3,5\} \tag{3.3-14}$$

在此基础上,根据 $x_{cs}[n]$ 和 $x_{as}[n]$ 的定义,有

$$\begin{aligned} x_{cs}[n]&=\frac{1}{2}(x[n]+x^*[-n]) \\ &=\left\{\frac{1-\mathrm{j}}{2},-\mathrm{j},\frac{7-\mathrm{j}5}{2},\frac{4+\mathrm{j}3}{2},\underset{\uparrow}{2},\frac{4-\mathrm{j}3}{2},\frac{7+\mathrm{j}5}{2},\mathrm{j},\frac{1+\mathrm{j}}{2}\right\} \\ x_{as}[n]&=\frac{1}{2}(x[n]-x^*[-n]) \\ &=\left\{\frac{-1+\mathrm{j}}{2},\mathrm{j},\frac{3+\mathrm{j}5}{2},\frac{-2+\mathrm{j}3}{2},\underset{\uparrow}{-\mathrm{j}},\frac{2+\mathrm{j}3}{2},\frac{-3+\mathrm{j}5}{2},\mathrm{j},\frac{1+\mathrm{j}}{2}\right\} \end{aligned} \tag{3.3-15}$$

需要说明的是,由于 $x_{cs}[n]$ 是共轭对称信号,因此有 $x_{cs}[n]=x_{cs}^*[-n]$,那么,对于 $n=0$,有 $x_{cs}[0]=x_{cs}^*[0]$,该结果表明 $x_{cs}[0]$ 为实数,如式(3.3-15)中的 $x_{cs}[0]=2$。同理,对于 $x_{as}[n]$ 有 $x_{as}[0]=-x_{as}^*[0]$,表明 $x_{cs}[0]$ 是纯虚数,如式(3.3-15)中的 $x_{as}[0]=-\mathrm{j}$。

### 3.3.4 离散信号的周期性

如果离散信号 $x[n]$ 满足

$$x[n]=x[n+mN],m=0,\pm1,\pm2,\cdots \tag{3.3-16}$$

则称 $x[n]$ 具有周期性,其中整数 $N$ 称为该信号的周期。

满足周期性的信号被称为周期(periodical)信号,反之,则为非周期(aperiodical)信号。在本书中,一般以上标"~"来强调某个信号是周期的,如 $\tilde{x}[n]$,$\tilde{y}[n]$ 等。图 3.3-2 所示为一个典型的离散周期信号,其周期为 $N=7$。

周期信号在信号分析和处理过程中扮演着十分重要的角色。

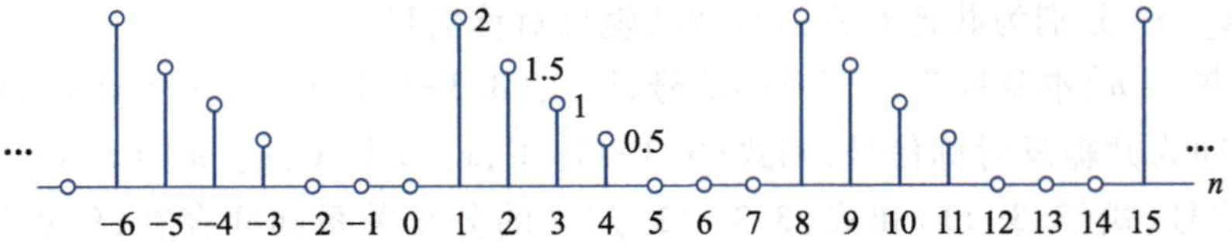


图 3.3-2 一个典型的离散周期信号

首先,周期信号不断自我重复,因此对周期信号的分析较为简单,只需要关注其中某一个周期即可。

其次,周期信号的频谱是离散的(Fourier 级数),适合于在频域进行数字处理。

更为重要的是,Fourier 变换的逆变换(如式(3.3-17)所示)表明,连续信号 $x(t)$ 可以分解成不同频率的指数信号 $\mathrm{e}^{\mathrm{j}\Omega t}$ 的组合,因此,对任意信号 $x(t)$ 的分析都可以转换成对 $\mathrm{e}^{\mathrm{j}\Omega t}$ 的分析,而指数信号 $\mathrm{e}^{\mathrm{j}\Omega t}$ 就是一个最基本的周期信号。

$$x(t)=\frac{1}{2\pi}\int_{-\infty}^{\infty}X(\mathrm{j}\Omega)\mathrm{e}^{\mathrm{j}\Omega t}\mathrm{d}\Omega \tag{3.3-17}$$

鉴于周期信号的重要性,能否准确判断一个信号是否是周期的就显得非常关键。特别

需要注意的是，一个连续信号离散化后，其周期性可能发生变化，因此，不能简单地根据连续信号周期性判断的经验来断言其离散化后是否仍然是周期的。

举一个简单的例子，任意频率的余弦信号 $x_a(t)=\cos(2\pi f_0 t)$ 都是周期的，但对其离散化后得到的离散信号则不一定是周期的。如选取采样频率 $f_s=4\pi f_0$，则得到的离散信号 $x[n]$ 为

$$x[n]=x_a(t)\Big|_{t=nT_s=\frac{n}{f_s}}=\cos\left(\frac{2\pi f_0 n}{f_s}\right)=\cos(n/2) \tag{3.3-18}$$

此时的 $x[n]$ 就不具有周期性，因为无法找到一个整数 $N$，使得 $x[n]=x[n+N]$。

另一方面，如选取采样频率 $f_s=4f_0$，则得到的离散信号 $x[n]$ 为

$$x[n]=x_a(t)\Big|_{t=nT_s}=\cos(\pi n/2) \tag{3.3-19}$$

显然，这时的 $x[n]$ 是一个周期信号，很容易得到其周期为 $N=4$。由此可见，在周期信号离散化的过程中，采样频率的选择对周期性有着明显的影响。

仍以上面的余弦信号 $x_a(t)=\cos(2\pi f_0 t)$ 为例来说明这个问题。简便起见，将按采样频率 $f_s$ 离散化后的信号表示为 $x[n]=\cos(\omega_0 n)$，其中 $\omega$ 为数字角频率，具体为

$$\omega_0=\Omega_0 T_s=\frac{2\pi f_0}{f_s} \tag{3.3-20}$$

如果要求 $x[n]$ 仍然是周期的，则存在一个整数 $N$，使得 $x[n]=x[n+N]$，即

$$\begin{aligned}x[n+N]&=\cos[\omega_0(n+N)]=\cos(\omega_0 n)\cos(\omega_0 N)-\sin(\omega_0 n)\sin(\omega_0 N)\\&=x[n]=\cos(\omega_0 n)\end{aligned} \tag{3.3-21}$$

要想式(3.3-21)对任意的 $n$ 都成立，则等价于

$$\begin{cases}\cos(\omega_0 N)=1\\ \sin(\omega_0 N)=0\end{cases} \tag{3.3-22}$$

因此

$$\omega_0 N=2k\pi,k=0,\pm1,\pm2,\cdots \tag{3.3-23}$$

或者

$$\frac{2\pi}{\omega_0}=\frac{N}{k} \tag{3.3-24}$$

式(3.3-23)和式(3.3-24)表明，当一个离散信号的数字角频率 $\omega$ 与 $2\pi$ 的比值可以表示为一个有理式时，该信号是周期的，并且其周期为使式(3.3-24)成立的最小正整数 $N$。

上面的结论是对单频信号而言的，但可以很容易推广到多频信号。假设信号中包含多个频率分量 $\omega_1,\omega_2,\cdots,\omega_m,\cdots,\omega_M$，如果对于所有的 $\omega_m$ 都满足式(3.3-24)，即

$$\frac{2\pi}{\omega_m}=\frac{N_m}{k_m},m=1,2,\cdots,M \tag{3.3-25}$$

则该信号是周期信号，且周期为 $N_1,N_2,\cdots,N_m,\cdots,N_M$ 的最小公倍数。

**例 3.3-2**

判断下列离散信号是否为周期信号，如果是，请给出该信号的周期。

(a) $x_1[n]=e^{-j0.4\pi n}$

(b) $x_2[n]=3\sin(1.3\pi n)-4\cos(0.5\pi n+0.45\pi)$

(c) $x_3[n]=\cos(5\pi/7-n/8)$

(d) $x_4[n]=\cos(\sqrt{3}\pi n)$

**解**:

(a) 信号 $x_1[n]$ 的数字角频率为 $\omega=0.4\pi=2\pi/5$,因此有 $2\pi/\omega=5$,能表示成有理式并且 $N=5$,即该信号是周期信号,周期为 5。

(b) 信号 $x_2[n]$ 中包含两个频率分量:$\omega_1=1.3\pi=13\pi/10$,$\omega_2=0.5\pi=\pi/2$。其中,$2\pi/\omega_1=20/13$,能表示为有理式且 $N_1=20$,同时,$2\pi/\omega_2=4$,也能表示为有理式且 $N_2=4$。因此,$x_2[n]$ 是周期信号,周期为 $N_1$ 和 $N_2$ 的最小公倍数 20。

(c) 信号 $x_3[n]$ 的数字角频率为 $\omega=1/8$,$2\pi/\omega=16\pi$,为无理数,所以该信号是非周期的。

(d) 信号 $x_4[n]$ 的数字角频率为 $\omega=\sqrt{3}\pi$,$2\pi/\omega=2/\sqrt{3}$,同样为无理数,因此该信号同样是非周期的。

### 3.3.5 离散信号的有界性、绝对可和性和平方可和性

如果离散信号 $x[n]$ 满足

$$|x[n]|\leqslant B_x<+\infty \tag{3.3-26}$$

则称 $x[n]$ 是一个有界(bounded)信号,即总可以找到一个有限大的正数 $B_x$,使得 $x[n]$ 每一个样本值的幅度都不超过 $B_x$。在大多数实际应用中,处理的信号都是有界信号,它是稳定性的重要保证。例如,复指数信号 $x[n]=\mathrm{e}^{-\mathrm{j}0.4\pi n}$ 就是一个有界信号,且 $B_x=1$。

如果 $x[n]$ 满足

$$\sum_{n=-\infty}^{\infty}|x[n]|<+\infty \tag{3.3-27}$$

则称 $x[n]$ 是一个绝对可和(absolutely summable)的信号,即 $x[n]$ 所有样本的模的累加值是有限的。

绝对可和是一个较为严格的条件。例如,有界信号 $x[n]=\mathrm{e}^{-\mathrm{j}0.4\pi n}$ 就不满足绝对可和性,由此可以想到,常见的三角信号,如余弦、正弦信号及它们的简单组合都不是绝对可和的。另外,常见的调和级数序列 $\{1/n\}$,$n=1,2,\cdots$,也不是绝对可和的。

当然,同样也有很多信号满足绝对可和的条件。例如对于信号

$$x[n]=\begin{cases}(1/2)^n, & n\geqslant 0\\ 0, & n<0\end{cases} \tag{3.3-28}$$

有

$$\sum_{n=-\infty}^{\infty}|x[n]|=\sum_{n=0}^{\infty}(1/2)^n=\frac{1}{1-1/2}=2<+\infty \tag{3.3-29}$$

因此,式(3.3-28)定义的 $x[n]$ 是一个绝对可和信号。

和绝对可和相比,平方可和(square summable)是一个相对宽松的条件。如果 $x[n]$ 满足

$$\sum_{n=-\infty}^{\infty}|x[n]|^2<+\infty \tag{3.3-30}$$

则称 $x[n]$ 是一个平方可和的信号，即 $x[n]$ 所有样本的模的平方累加值是有限的。

式(3.3-28)定义的调和信号不满足绝对可和的条件，但它是平方可和的，因为

$$\sum_{n=-\infty}^{\infty}|x[n]|^2=\sum_{n=1}^{\infty}\frac{1}{n^2}=\frac{\pi^2}{6}<+\infty \tag{3.3-31}$$

另一个类似的平方可和信号是

$$x[n]=\frac{\sin(\omega_0 n)}{\pi n} \tag{3.3-32}$$

它同样不满足绝对可和的条件，但是有

$$\sum_{n=-\infty}^{\infty}|x[n]|^2=\sum_{n=1}^{\infty}\frac{\sin^2(\omega_0 n)}{\pi^2 n^2}=\frac{\omega_0}{\pi}<+\infty \tag{3.3-33}$$

需要说明的是，直接证明式(3.3-33)较为困难，但在第四章中将介绍一种方法，通过利用离散信号的 Fourier 变换性质很容易地证明该结论。

计算一个信号是否平方可和，实际上是判断该信号是否具有有限的能量。对于一个非周期的离散信号 $x[n]$，其能量 $\varepsilon_x$ 和平均功率 $p_x$ 分别定义为

$$\begin{aligned}\varepsilon_x &\triangleq \sum_{n=-\infty}^{\infty}|x[n]|^2\\ p_x &\triangleq \lim_{K\to\infty}\frac{1}{2K+1}\sum_{n=-K}^{K}|x[n]|^2\end{aligned} \tag{3.3-34}$$

如果离散信号 $x[n]$ 具有无限大的能量 $\varepsilon_x$，但平均功率 $p_x$ 为有限值，则该信号称为功率信号(power signal)。

例如，信号

$$x[n]=\begin{cases}5(-1)^n, & n\geqslant 0\\ 0, & n<0\end{cases} \tag{3.3-35}$$

就是一个功率信号，其能量为无限大，但平均功率为

$$p_x=\lim_{K\to\infty}\frac{1}{2K+1}\left(25\sum_{n=0}^{K}1\right)=\lim_{K\to\infty}\frac{25(K+1)}{2K+1}=12.5 \tag{3.3-36}$$

如果离散信号 $x[n]$ 具有有限的能量 $\varepsilon_x$，同时平均功率 $p_x$ 为零，则该信号称为能量信号(energy signal)。容易想到，任何有限长的有界信号都是能量信号。

## 3.4 常用离散信号

和连续信号一样，离散信号时域分析的基本思路，仍然是将任意离散信号分解成某些简单信号的组合。这样，任意的、复杂的信号的分析，就可以转换成对这些简单信号的分析。基于这一思路，本节介绍一些基本的离散信号，它们都具有作为信号分解基本单元的潜质。

### 3.4.1 单位取样信号

单位取样信号 $\delta[n]$ 定义如下

$$\delta[n]=\begin{cases}1, & n=0\\0, & n\neq 0\end{cases} \tag{3.4-1}$$

即除了在 $n=0$ 处有非零值 1 外，在其他地方该信号都为零，如图 3.4-1 所示。

单位取样信号更为通用的形式是 $A\delta[n-n_0]$，它实际上是对 $\delta[n]$ 进行简单的移位加权操作，只在 $n=n_0$ 处有非零值 $A$，在其他地方值为零，如图 3.4-2 所示。

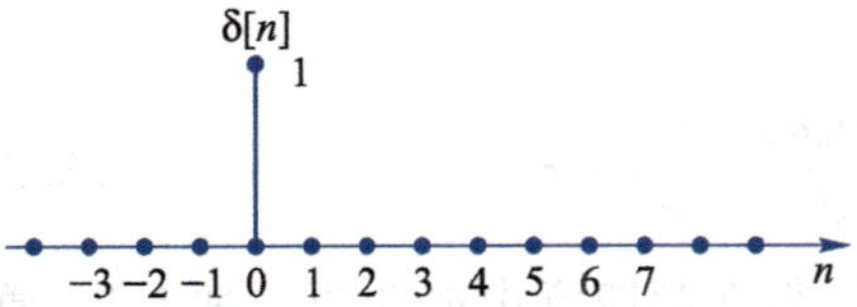


图 3.4-1 单位取样信号 $\delta[n]$

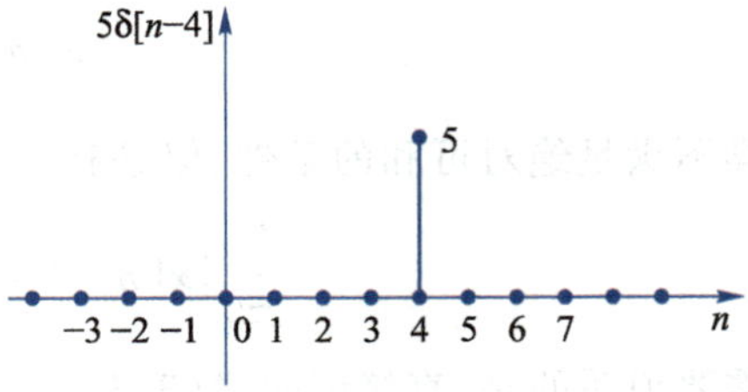


图 3.4-2 单位取样信号的移位和加权

微视频：常见离散时间信号及运算

需要特别注意的是，尽管在本书中单位取样信号 $\delta[n]$ 和单位冲激信号 $\delta(t)$ 使用了相同的函数符号“δ”，但二者是完全不同的信号，更不能将 $\delta[n]$ 看作是对 $\delta(t)$ 进行离散化的结果。原因很简单，单位冲激信号 $\delta(t)$ 在 $t=0$ 时，函数值趋近于无穷大，而单位取样信号 $\delta[n]$ 在 $n=0$ 时，函数值确定为 1。之所以二者都使用函数符号“δ”，在于二者在信号分解中扮演着相同的角色，任何连续信号 $x_a(t)$ 都可以表示成单位冲激信号 $\delta(t)$ 的移位加权和，任何离散信号 $x[n]$ 也可以表示成单位取样信号 $\delta[n]$ 的移位加权和。换言之，$\delta[n]$ 是一个重要且基本的离散信号。这一点将在本章的后续部分进行详细介绍。

### 3.4.2 单位阶跃信号

单位阶跃信号 $u[n]$ 定义如下

$$u[n]=\begin{cases}1, & n\geq 0\\0, & n<0\end{cases} \tag{3.4-2}$$

如图 3.4-3 所示，阶跃信号 $u[n]$ 是最基本的离散因果信号。同时，任何非因果的离散信号 $x[n]$ 与 $u[n]$ 相乘都会变成一个因果信号，如图 3.4-4 所示。

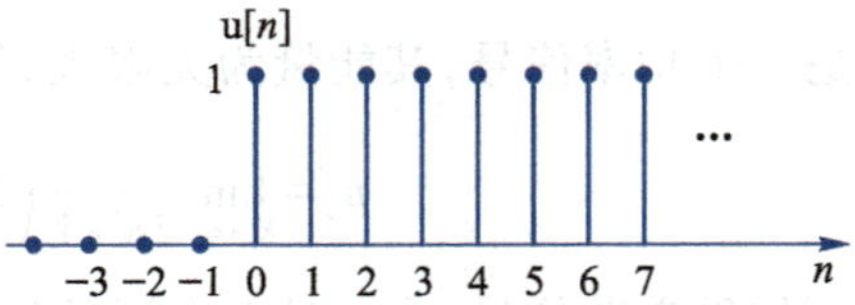


图 3.4-3 单位阶跃信号 $u[n]$

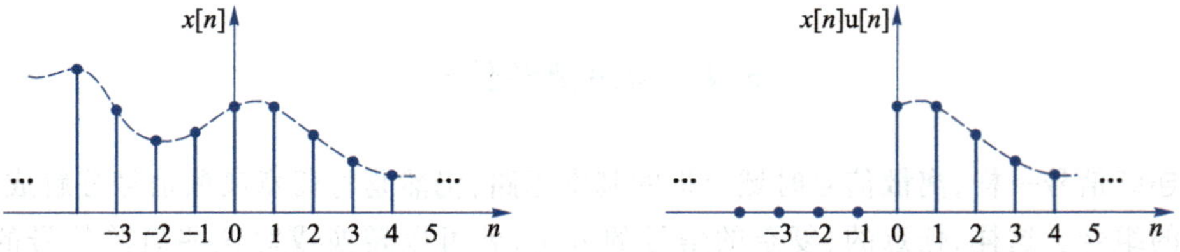


图 3.4-4 非因果离散信号与 $u[n]$ 相乘变为因果信号

### 3.4.3 正弦信号

离散正弦信号 $x[n]$ 表示为

$$x[n]=A\sin(\omega n+\theta) \tag{3.4-3}$$

其中,$A$ 为信号的幅度,$\omega$ 为信号的数字角频率,物理含义为"弧度/样本",描述为信号相位随样本变化的快慢程度,$\theta$ 为信号的初始相位,物理含义为"弧度"。注意,如果角频率 $\omega$ 满足式(3.3-24),则该正弦信号是周期的。

图 3.4-5 所示为一个典型的周期正弦信号 $x[n]=\sin(\pi n/8)$,周期为 $N=16$。

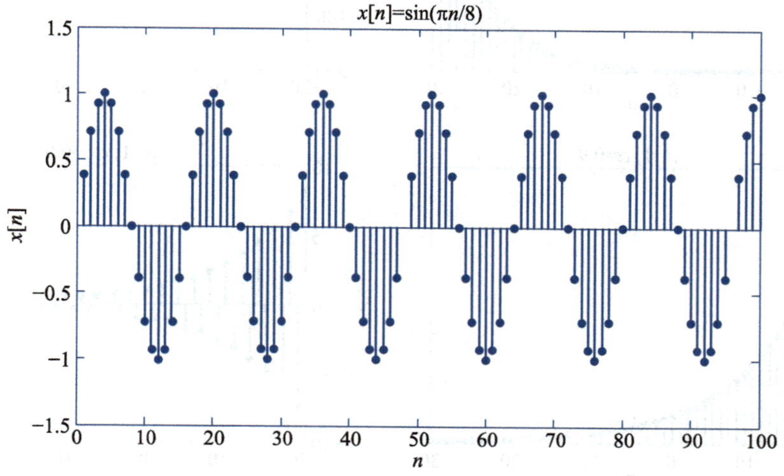


图 3.4-5 一个典型的周期正弦信号

和正弦信号密切相关的是复指数信号 $e^{j(\omega n+\theta)}$,它们之间的关系如下

$$A\cos(\omega n+\theta)=\frac{A}{2}\left[e^{j(\omega n+\theta)}+e^{-j(\omega n+\theta)}\right]$$

$$A\sin(\omega n+\theta)=\frac{A}{j2}\left[e^{j(\omega n+\theta)}-e^{-j(\omega n+\theta)}\right]$$

$$Ae^{j(\omega n+\theta)}=A\cos(\omega n+\theta)+jA\sin(\omega n+\theta) \tag{3.4-4}$$

上式又被称为 Euler(欧拉)公式。

在连续信号的分析中,一阶 $e^{j\Omega t}$ 等价于频域的单位冲激信号,可以作为信号分解的基元信号,在连续信号的分析和处理中扮演着重要的角色。在离散信号分析和处理中,$\sin(\omega n)$ 或 $e^{j(\omega n)}$ 同样可以作为信号分解的基本单元,具有和 $e^{j\Omega t}$ 同等重要的地位,它和前面提到的单位取样信号 $\delta[n]$一样,是最重要、最基本的离散信号之一。

### 3.4.4 指数信号

指数信号 $x[n]$的一般形式是

$$x[n]=A\alpha^n \tag{3.4-5}$$

如果式(3.4-5)中的 $A$ 和 $\alpha$ 均为实数,则 $x[n]$为一个实信号,其波形较为简单,主要取决于 $\alpha$ 的符号和大小。

如果 $|\alpha|>1$,$x[n]$为一个幅度递增的指数序列,如果 $|\alpha|<1$,$x[n]$为一个幅度递减的指数序列,而 $\alpha$ 的符号则决定了 $x[n]$的符号是否正负交替变化,如图 3.4-6 所示。

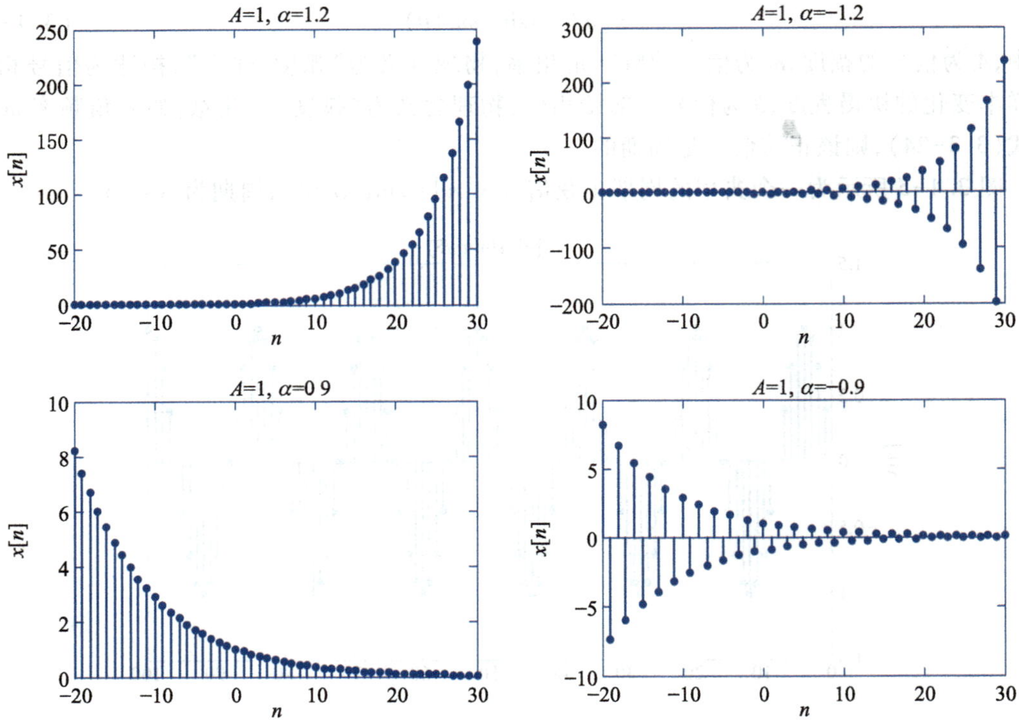


图 3.4-6　实指数信号

特别地，如果 $|\alpha|=1$，则 $x[n]$ 退化成一个幅度恒定（符号可能正负交替）的序列，这里不再赘述。

对于指数信号，更一般的形式是 $A$ 和 $\alpha$ 均为复数。不失一般性，可以将 $A$ 和 $\alpha$ 写成

$$A=|A|\mathrm{e}^{\mathrm{j}\theta},\alpha=\mathrm{e}^{(\sigma+\mathrm{j}\omega)} \tag{3.4-6}$$

其中 $\theta$、$\omega$ 和 $\sigma$ 均为实数，$\theta$ 为参数 $A$ 的相角，$\mathrm{e}^{\sigma}$ 为参数 $\alpha$ 的幅度，即 $|\alpha|=\mathrm{e}^{\sigma}$，$\omega$ 为参数 $\alpha$ 的相角。

那么，复指数信号可以写为

$$\begin{aligned}x[n]&=A\alpha^{n}=|A|\mathrm{e}^{\sigma n}\mathrm{e}^{\mathrm{j}(\omega n+\theta)}\\&=|A|\mathrm{e}^{\sigma n}\cos(\omega n+\theta)+\mathrm{j}|A|\mathrm{e}^{\sigma n}\sin(\omega n+\theta)\end{aligned} \tag{3.4-7}$$

即复指数信号 $x[n]$ 的实部和虚部均可以看作是一个正弦信号，它们之间的相位差为 $\pi/2$，同时，这些正弦信号的幅度按指数规律变化。当 $\sigma>0$ 时，正弦信号的幅度按指数规律递增；反之，当 $\sigma<0$ 时，正弦信号的幅度按指数规律递减。

如图 3.4-7 所示，上面两幅子图分别为 $x[n]=2\mathrm{e}^{(0.05+\mathrm{j}\pi/6)n}$ 的实部和虚部，即式（3.4-5）中 $A=2,\alpha=\mathrm{e}^{(\sigma+\mathrm{j}\omega)}=\mathrm{e}^{(0.05+\mathrm{j}\pi/6)}$。由于 $\sigma=0.05>0$，其实部和虚部的正弦序列的幅度按指数规律递增，且实部和虚部的相位相差 $\pi/2$。下面两幅子图则分别为 $x[n]=2\mathrm{e}^{(-0.05+\mathrm{j}\pi/6)n}$ 的实部和虚部，即式（3.4-5）中 $A=2,\alpha=\mathrm{e}^{(\sigma+\mathrm{j}\omega)}=\mathrm{e}^{(-0.05+\mathrm{j}\pi/6)}$。由于 $\sigma=-0.05<0$，其实部和虚部的正弦序列的幅度按指数规律递减，且实部和虚部的相位差同样为 $\pi/2$。

### 3.4.5　离散信号的时域分解

和连续信号的时域分析一样，离散信号时域分析的基本思路仍然是，将任意离散信号

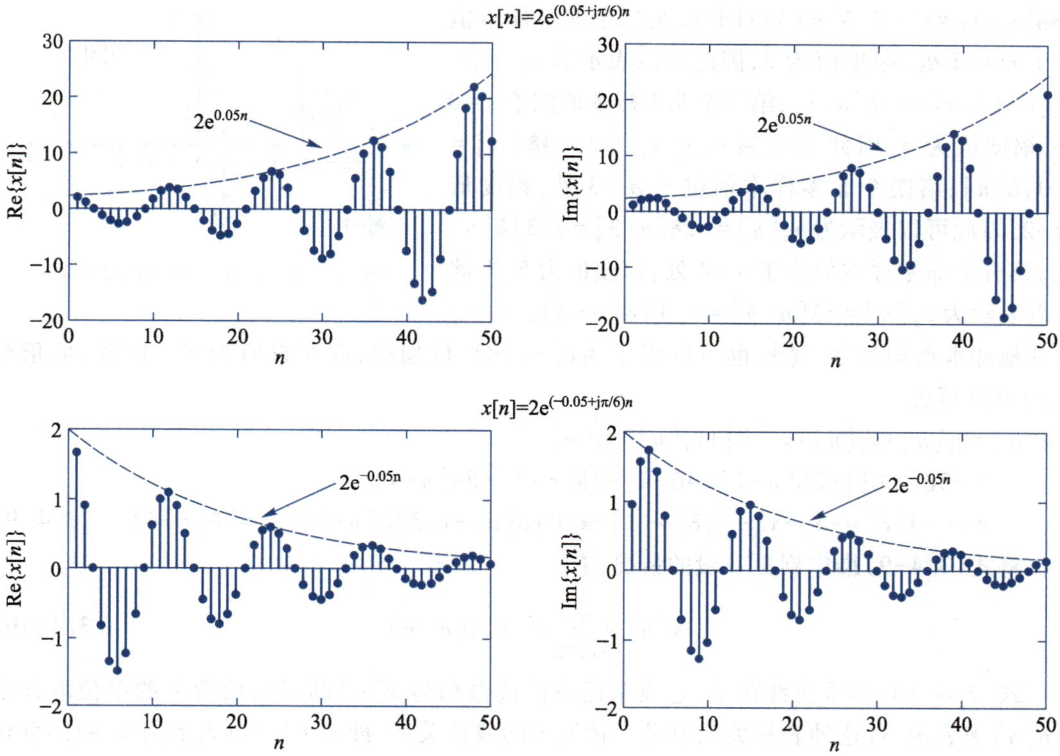


图 3.4-7 复指数信号

$x[n]$表示成某一个或几个简单信号的简单组合，从而将对各个复杂信号的分析转换成对这些简单信号的分析，大大简化问题的难度。

容易想到，很多信号都可以作为信号分解的基元信号，同时，信号分解的关系也可以有很多种。但是，要想切实降低信号分析问题的难度，上述分解过程必须满足两个条件。第一，作为信号分解的基本单元，必须足够简单；第二，信号分解关系也必须足够简单。基于这一考虑，本节介绍如何实现同时满足上述两个条件的离散信号时域分解。

任意连续信号 $x(t)$ 都可以表示为单位冲激信号 $\delta(t)$ 的移位加权和，即

$$x(t)=\int_{-\infty}^{\infty}x(\tau)\delta(t-\tau)\mathrm{d}\tau$$

事实上，对于离散信号的时域分解而言，单位取样信号 $\delta[n]$ 扮演着和单位冲激信号 $\delta(t)$ 相似的角色，即任意离散信号 $x[n]$ 都可以表示为 $\delta[n]$ 的移位加权和。

以式(3.4-8)定义的离散信号 $x[n]$ 为例进行说明基于 $\delta[n]$ 的离散信号分解过程。

$$x[n]=\{-3,0,2,\underset{\uparrow}{4},0,0,-2,5\} \tag{3.4-8}$$

画出 $x[n]$ 的时域波形如图 3.4-8 所示。在本例中，$x[n]$ 共有 5 个非零的样本值，因此，可以将 $x[n]$ 看作这 5 个非零样本值的叠加。

如图 3.4-8 所示，$x[n]$ 的每一个样本都可以表示成 $\delta[n]$ 的移位加权，权值就是 $x[n]$ 在该点的样本值。第一个非零样本值位于 $n=-3$ 处，幅度值为 $-3$，因此可以表示为 $x_1[n]=$

$-3\delta[n+3]=x[-3]\delta[n+3]$；同理，第二个非零样本值位于 $n=-1$ 处，幅度值为 2，因此可以表示为 $x_2[n]=2\delta[n+1]=x[-1]\delta[n+1]$；第三个非零样本值位于 $n=0$ 处，幅度值为 4，因此可以表示为 $x_3[n]=4\delta[n]=x[0]\delta[n]$；第四个非零样本值位于 $n=3$ 处，幅度值为-2，因此可以表示为 $x_4[n]=-2\delta[n-3]=x[3]\delta[n-3]$；第五个非零样本值位于 $n=4$ 处，幅度值为 5，因此可以表示为 $x_5[n]=5\delta[n-4]=x[4]\delta[n-4]$。$x[n]$ 的其他样本点均为零，显然也可以表示为 $\delta[n]$ 的移位加权，此时权值为零。因此，原信号 $x[n]$ 可以写成

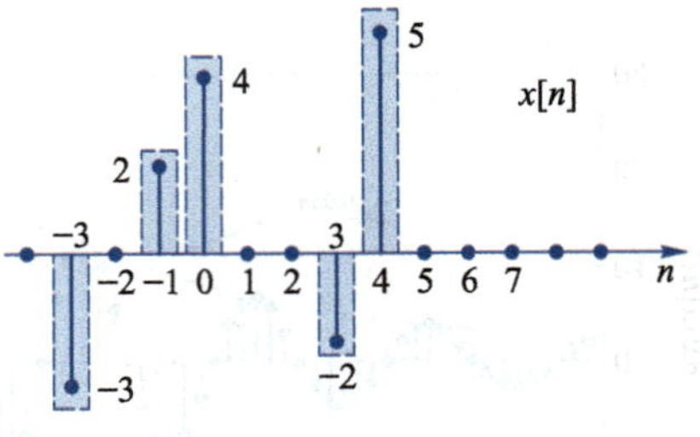

图 3.4-8 离散信号的时域分解

$$
\begin{aligned}
x[n] &= x_1[n]+x_2[n]+x_3[n]+x_4[n]+x_5[n] \\
&= -3\delta[n+3]+2\delta[n+1]+4\delta[n]-2\delta[n-3]+5\delta[n-4] \\
&= x[-3]\delta[n+3]+x[-1]\delta[n+1]+x[0]\delta[n]+x[3]\delta[n-3]+x[4]\delta[n-4]
\end{aligned} \tag{3.4-9}
$$

将式(3.4-9)推广到更一般的情况，有

$$
x[n]=\sum_{m=-\infty}^{\infty} x[m]\delta[n-m] \tag{3.4-10}
$$

式(3.4-10)的重要性在于，它表明任意的离散信号 $x[n]$ 都可以用简单的单位取样信号 $\delta[n]$ 来表示，且这种表示关系也是一种简单的线性关系，即 $x[n]$ 可以表示为 $\delta[n]$ 的移位加权和，当移位量为 $m$ 时，$\delta[n-m]$ 的权值即为 $x[n]$ 在 $n=m$ 处的样本值 $x[m]$。这样，任何对 $x[n]$ 的分析和处理，都可以转换成对简单信号 $\delta[n]$ 的分析和处理。

当然，式(3.4-10)表示的对离散信号的时域分析并不是唯一的。除了单位取样信号 $\delta[n]$ 外，离散信号分解的基元信号还可以是单位阶跃信号 $u[n]$、复指数信号 $e^{j\omega n}$ 等。不同的分解方式适用于不同的应用场景，对应不同的分析工具和处理方法。由于 $\delta[n]$ 在时域的表现形式极为简单，因此在时域分析中趋向于式(3.4-10)的信号分解。后面还将看到，由于 $e^{j\omega n}$ 在频域的表现形式更为简单，因此在频域分析中则趋向于以 $e^{j\omega n}$ 作为信号分解的基本单元。

## 3.5 离散系统及其性质和分类

和连续系统的功能相似，离散系统是产生、传输或者处理离散信号的客观实体。

如图 3.5-1 所示，可以用一个方框来表示离散系统，该系统的输入信号 $x[n]$ 称为系统的激励，输出信号 $y[n]$ 称为系统的响应。

在图 3.5-1 中，如果以符号“$L$”来表示离散系统，那么输入信号 $x[n]$ 经过系统获得响应信号 $y[n]$ 的过程可以描述为

$$
x[n]\xrightarrow{L}y[n] \text{ 或 } y[n]=L\{x[n]\} \tag{3.5-1}
$$

离散系统
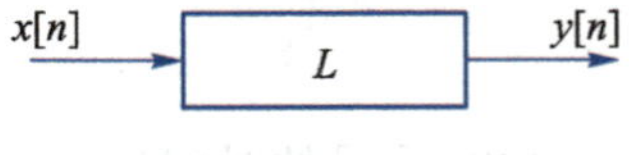

图 3.5-1 离散系统的激励与响应

所谓数字信号处理，研究的主要是式(3.5-1)所描述的输入信号与输出信号之间的关系，即信号经过系统后，哪些特性发生了改变，以及是如何改

变的,因此,研究信号处理的一个重要内容,就是研究系统"$L$"的特性,它从根本上决定了该系统如何影响和改变输入信号的特性。

根据系统自身的特性以及系统对信号的作用方式,可对系统进行如下分类。

### 3.5.1 线性系统和非线性系统

和连续系统关于线性性的定义相同,能够同时满足齐次性(scaling property)和叠加性(additive property)的离散系统就被称为离散线性系统(discrete linear system)。

对于一个离散线性系统,假设 $x_1[n]$ 和 $x_2[n]$ 是任意两个激励信号,且该系统对 $x_1[n]$ 的响应是 $y_1[n]$,对 $x_2[n]$ 的响应是 $y_2[n]$,即

$$\begin{gathered} x_1[n]\xrightarrow{L}y_1[n],x_2[n]\xrightarrow{L}y_2[n]\text{或} \\ y_1[n]=L\{x_1[n]\},y_2[n]=L\{x_2[n]\} \end{gathered} \tag{3.5-2}$$

那么,如果对于任意的常数 $a$ 和 $b$,都有

$$\begin{gathered} ax_1[n]+bx_2[n]\xrightarrow{L}ay_1[n]+by_2[n]\text{或} \\ ay_1[n]+by_2[n]=L\{ax_1[n]+bx_2[n]\} \end{gathered} \tag{3.5-3}$$

式(3.5-3)的证明过程如下

$$\begin{aligned} L\{ax_1[n]+bx_2[n]\} &= L\{ax_1[n]\}+L\{bx_2[n]\} \\ &= aL\{x_1[n]\}+bL\{x_2[n]\} \\ &= ay_1[n]+by_2[n] \end{aligned} \tag{3.5-4}$$

上式第一个等号利用了叠加性,第二个等号利用了齐次性,第三个等号利用了激励和响应的定义。

注意,线性性的成立需要满足两个"任意":任意的激励信号 $x_1[n]$ 和 $x_2[n]$,以及任意的常数 $a$ 和 $b$。

不满足上述条件的离散系统称为离散非线性系统(discrete nonlinear systems)。

判断一个系统是否线性较为容易。在获得了系统的输入输出关系后,直接验证其是否满足式(3.5-3)即可。例如,满足输入输出关系为

$$y[n]=2x[n] \tag{3.5-5}$$

的离散系统就是一个线性系统。当输入信号为 $x[n]=x_1[n]+x_2[n]$ 时,其输出为

$$\begin{aligned} y[n] &= 2x[n]=2(x_1[n]+x_2[n]) \\ &= 2x_1[n]+2x_2[n] \\ &= y_1[n]+y_2[n] \end{aligned} \tag{3.5-6}$$

另一方面,满足输入输出关系为

$$y[n]=2x[n]+3 \tag{3.5-7}$$

的系统就不是线性系统。当输入信号为 $x[n]=x_1[n]+x_2[n]$ 时,其输出为

$$\begin{aligned} y[n] &= 2x[n]+3=2(x_1[n]+x_2[n])+3 \\ &= 2x_1[n]+2x_2[n]+3 \\ &\neq y_1[n]+y_2[n] \end{aligned} \tag{3.5-8}$$

又如,系统的输入输出关系为

$$y[n]=x^2[n] \tag{3.5-9}$$

则该系统是一个非线性系统。当输入信号为 $x[n]=x_1[n]+x_2[n]$ 时，其输出为

$$\begin{aligned}y[n]&=x^2[n]=(x_1[n]+x_2[n])^2\\&=x_1^2[n]+x_2^2[n]+2x_1[n]x_2[n]\\&\neq y_1[n]+y_2[n]\end{aligned} \tag{3.5-10}$$

### 3.5.2 时不变系统与时变系统

参量不随时间变化的离散系统，称为离散时不变系统或离散移不变系统（discrete time/shift invariant systems）。

对于一个离散时不变系统，如果激励信号 $x[n]$ 的响应是 $y[n]$，那么对于任意的时延量 $n_0$，都有 $x[n-n_0]$ 的响应是 $y[n-n_0]$，即

$$\begin{aligned}&x[n-n_0]\xrightarrow{L}y[n-n_0]\text{或}\\&y[n-n_0]=L\{x[n-n_0]\}\end{aligned} \tag{3.5-11}$$

注意，时不变性的成立同样需要满足两个“任意”：任意的激励信号 $x[n]$ 和任意的时延量 $n_0$。

不满足上述条件的离散系统，称为离散时变系统（discrete time variant systems）。

一般而言，与直接通过输入输出关系式进行判断相比，判断一个系统是否时不变更为通用的方法是，首先由输入输出关系式分析出系统对信号所产生的影响，或者说信号经过系统后发生了何种改变，然后再判断输入信号移位后得到的新输入信号，与原输出信号移位的结果是否相同。如果相同，则该系统是时不变的，否则是时变的。

例如，如果系统的输入输出关系为

$$y[n]=2x[n]+3 \tag{3.5-12}$$

则该系统是时不变的。

这很好理解。按照式(3.5-12)的定义，该系统的作用是将输入信号每个样本的幅度乘上 2，然后再加上 3，即得到输出信号。那么，将输入信号按任意整数 $n_0$ 进行移位后，新的输入信号经过系统的输出，仍然是将新输入信号的每个样本的幅度乘上 2 再加上 3，这和将原输出信号直接按 $n_0$ 进行移位后的结果是相同的。

又如，在 3.2.2 节中定义的下采样系统就是一个时变系统，其输入输出关系为

$$y[n]=x[Mn] \tag{3.5-13}$$

其中，正整数 $M$ 为下采样的倍数。

以两倍下采样为例，即 $M=2$，信号经过系统后的输出，为原信号隔一个样本点进行抽取后的结果。

如图 3.5-2 所示，假设输入信号是长度为 5 的有限长信号 $x[n]=\{1,2,3,4,5\}, 0\leqslant n\leqslant 4$，则经过该下采样系统后得到的结果为 $y[n]=\{1,3,5\}, 0\leqslant n\leqslant 2$。

如果将输入信号右移一位，得到新的输入信号为 $x_1[n]=\{1,2,3,4,5\}, 1\leqslant n\leqslant 5$。那么，如果该系统是时不变的，则 $x_1[n]$ 经过系统后的输出应该与将 $y[n]$ 右移一位后的结果相同，即为 $y[n-1]=\{1,3,5\}, 1\leqslant n\leqslant 3$。

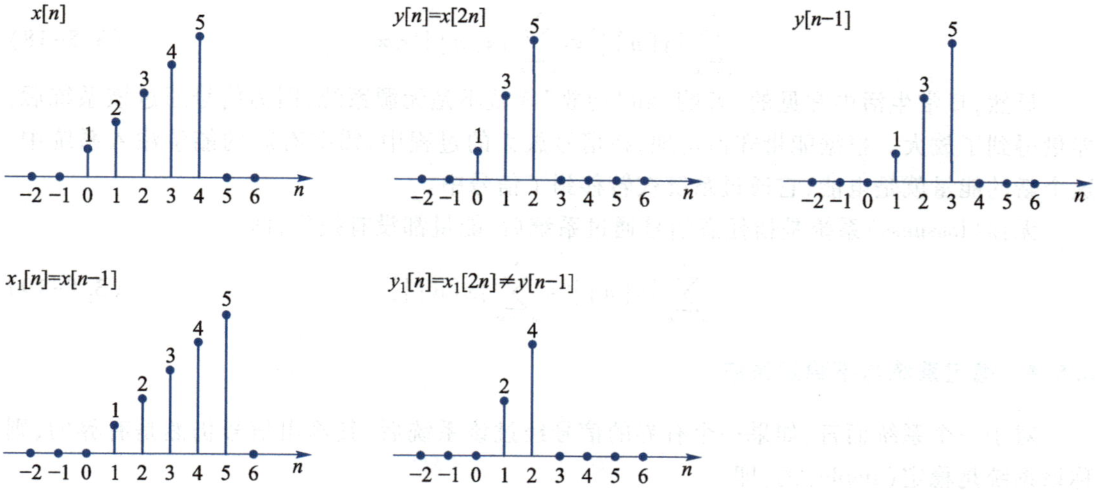


图 3.5-2 下采样系统为离散时变系统

事实上，按照下采样的定义，$x_1[n]$经过系统后的输出为 $y_1[n]=\{2,4,0\}$，$1\leqslant n\leqslant 3$，这显然与 $y[n-1]$不同，因此，下采样系统是一个时变系统。

同理可以证明，上采样系统也是一个时变系统。

如果一个离散系统既是线性的，又是时不变的，则称该系统为离散的线性时不变系统(discrete linear time invariant system)，简称离散 LTI 系统。

对于一个离散线性时不变系统，假设 $x_1[n]$和 $x_2[n]$是两个激励信号，系统对 $x_1[n]$的响应是 $y_1[n]$，对 $x_2[n]$的响应是 $y_2[n]$，那么，如果系统的输入信号变为 $x[n]=ax_1[n-n_1]+bx_2[n-n_2]$，则系统的输出为

$$y[n]=ay_1[n-n_1]+by_2[n-n_2] \tag{3.5-14}$$

一般而言，线性时不变系统的输入输出关系可以由一个线性常系数差分方程来表示，即

$$\sum_{k=0}^{N} d_k y[n-k]=\sum_{m=0}^{M} p_m x[n-m] \tag{3.5-15}$$

其中，$d_k$ 和 $p_m$ 为方程的常系数，$k=0,1,\cdots,N$，$m=0,1,\cdots,M$。整个系统的阶数为 $\max\{M,N\}$，即 $M$ 和 $N$ 中的较大者。

例如，前面提到的

$$y[n]=2x[n] \tag{3.5-16}$$

就是零阶的线性时不变系统，$d_0=1$，$p_0=2$。如果输入信号变为 $x[n]=2x_1[n-1]-x_2[n+3]$，对应的输出信号为

$$\begin{aligned} y[n]&=2x[n]=2(2x_1[n-1]-x_2[n+3])\\ &=2(2x_1[n-1])-2x_2[n+3]\\ &=2y_1[n-1]-y_2[n+3] \end{aligned} \tag{3.5-17}$$

### 3.5.3 无源系统与无损系统

无源(passive)系统是指，信号通过该系统后，输出信号的能量不超过输入信号的能量，即

$$\sum_{n=-\infty}^{\infty}|y[n]|^2 \leqslant \sum_{n=-\infty}^{\infty}|x[n]|^2<\infty \tag{3.5-18}$$

显然，日常生活中常见的“音响”和“功放”等就不是无源系统，因为信号通过该系统后，能量得到了放大。根据能量守恒定理，在信号放大的过程中，需要有新的能量注入系统中。这个新的能量就是电能，它通过系统被转移到了信号中。

无损(lossness)系统是指任意信号通过系统后，能量都没有损失，即

$$\sum_{n=-\infty}^{\infty}|y[n]|^2=\sum_{n=-\infty}^{\infty}|x[n]|^2 \tag{3.5-19}$$

### 3.5.4 稳定系统与不稳定系统

对于一个系统而言，如果一个有界的信号经过该系统后，其输出信号仍然是有界的，则称该系统是稳定(stable)的，即

$$x[n] \xrightarrow{L} y[n],\ |x[n]|<\infty,\ |y[n]|<\infty \tag{3.5-20}$$

否则，该系统就是不稳定(instable)的。

显然，无源系统和无损系统都是稳定的。

一般而言，实际应用中的系统都要求是稳定的。不稳定的系统往往难以控制，例如在使用早期的音响系统时发生的“啸叫”现象，就是发生了正反馈现象，从而使得系统不再稳定。

## 3.6 离散信号与系统的时域分析

离散信号通过系统的时域分析，仍然沿用了在连续域中使用的方法与思路，即避免具体地分析某一个信号通过系统的问题(这些问题种类繁多，数目巨大，难以一一分析)，而是将输入信号分解为简单信号的组合，转而去研究这些有限的简单信号通过系统的问题，从而建立一个通用的框架，将信号通过系统的问题归纳到这一框架内进行统一处理。

基于前面信号分解和线性时不变系统的分析，本节展开如下讨论。

### 3.6.1 离散域的卷积和运算

#### 1. 离散域的卷积和运算定义

由 3.4.5 节可知，离散信号 $x[n]$ 可以分解成 $\delta[n]$ 的离散加权和，即

$$x[n]=\sum_{m=-\infty}^{\infty}x[m]\delta[n-m]$$

那么，假设系统“$L$”为线性时不变的，则信号 $x[n]$ 经过该系统的响应为

$$y[n]=L\{x[n]\}=L\left\{\sum_{m=-\infty}^{\infty}x[m]\delta[n-m]\right\}=\sum_{m=-\infty}^{\infty}x[m]L\{\delta[n-m]\} \tag{3.6-1}$$

式(3.6-1)用到了系统的线性性。

假设系统对 $\delta[n]$ 的响应是 $h[n]$，称为该离散系统的单位冲激响应，即

$$h[n]=L\{\delta[n]\} \tag{3.6-2}$$

那么，利用系统“$L$”的时不变特性，有

$$h[n-m]=L\{\delta[n-m]\} \tag{3.6-3}$$

因此,式(3.6-1)可以进一步写为

$$y[n]=L\{x[n]\}=\sum_{m=-\infty}^{\infty}x[m]L\{\delta[n-m]\}=\sum_{m=-\infty}^{\infty}x[m]h[n-m] \tag{3.6-4}$$

式(3.6-4)表明,对于一个离散的线性时不变系统,如果已知该系统对单位取样信号 $\delta[n]$ 的响应为 $h[n]$,那么,任意信号通过该系统的响应都可以利用式(3.6-4)进行计算。

回忆关于连续信号的时域分析,如果已知该系统的单位冲激响应为 $h(t)$,那么任意信号 $x(t)$ 通过该系统的响应都可以通过将 $x(t)$ 和 $h(t)$ 进行卷积求出,即

$$y(t)=\int_{-\infty}^{\infty}x(\tau)h(t-\tau)\mathrm{d}\tau \tag{3.6-5}$$

比较式(3.6-4)和式(3.6-5)可以发现,二者非常相似,式(3.6-4)就是离散域的卷积运算,由于连续域的积分操作在离散域由求和运算来实现,因此,式(3.6-4)有时又被称为卷积和(convolution sum)运算,在本书中仍用符号“ * ”来表示,即

$$y[n]=x[n]*h[n]\triangleq\sum_{m=-\infty}^{\infty}x[m]h[n-m] \tag{3.6-6}$$

除了在形式上相近,卷积和运算在离散信号处理中的地位也和卷积运算在连续信号处理中的地位相似。它跳出了对某一个信号通过系统具体问题的求解,而是为所有信号通过离散线性时不变系统的问题建立了一套通用的框架,只要知道了该系统的单位冲激响应 $h[n]$,那么,任何信号通过该系统的响应都可以用该信号与 $h[n]$ 的卷积和运算求得。

**2. 卷积和运算的计算方法**

根据式(3.6-6)的定义,卷积和的运算可以分为 4 步:反折、移位、相乘和求和。

具体而言,如图 3.6-1 所示,在计算 $x[n]$ 和 $h[n]$ 的卷积时,首先,将自变量换为 $m$ 并将 $h[m]$ 以纵轴为轴进行反折,得到 $h[-m]$;

其次,将 $h[-m]$ 沿 $m$ 轴移动一个时间量 $n$,得到 $h[n-m]$;

第三,将 $x[m]$ 和 $h[n-m]$ 相乘,得到 $x[m]h[n-m]$;

最后,将 $x[m]h[n-m]$ 沿 $m$ 轴进行累加运算,就得到在 $n$ 时刻的卷积和结果 $y[n]=h[n]*x[n]$。

不断改变 $n$ 的值,就得到不同时刻的卷积和结果。

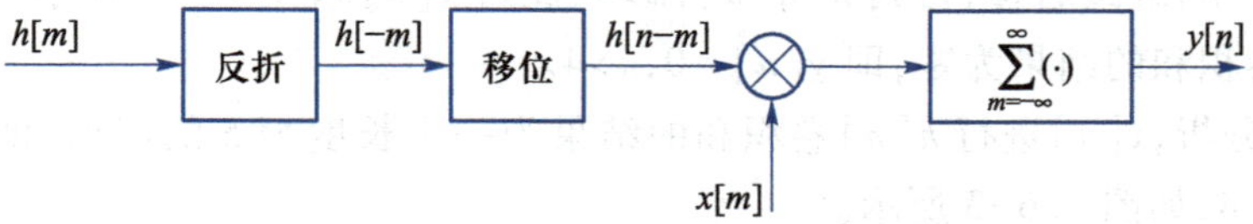


图 3.6-1　卷积和的计算过程

(1) 方法一:图示法

因此,第一种计算卷积和的方法,就是严格按照图 3.6-1 中的四步进行计算,简称为图示法。

**例 3.6-1**

已知离散信号 $x[n]$ 和 $h[n]$ 为

$$x[n]=h[n]=\delta[n]+\delta[n-1]+\delta[n-2] \tag{3.6-7}$$

试计算 $y[n]=x[n]*h[n]$。

**解：**

如图 3.6-2 所示，两个序列的卷积和过程如下。

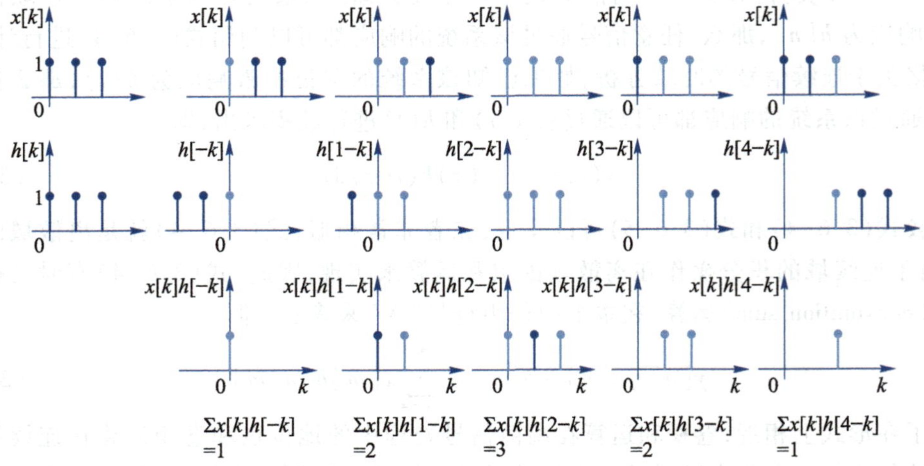


图 3.6-2 卷积和计算过程的图示

首先，将序列 $h[k]$ 进行反转，得到 $h[-k]$，然后，对 $h[-k]$ 进行移位。由图中可以看出，$x[k]$ 和 $h[-k]$ 仅有一个非零样本点在时域上重合，即如果将 $h[-k]$ 左移，则二者不再有重合的非零样本点，卷积和计算的结果为零，即 $y[n]=0,n<0$。换言之，只有将 $h[-k]$ 右移才能获得非零的卷积和结果。

将 $h[-k]$ 看作是把 $h[-k]$ 右移 0 位的结果，即 $h[0-k]$，将 $x[k]$ 和 $h[-k]$ 进行逐点相乘和累加，得到 $y[0]=1$；

将 $h[-k]$ 右移 1 位，得到 $h[1-k]$，此时 $x[k]$ 和 $h[1-k]$ 有两个非零样本点在时域上重合，将 $x[k]$ 和 $h[1-k]$ 进行逐点相乘和累加，得到 $y[1]=2$；

同理，继续将 $h[-k]$ 右移 2 位、3 位和 4 位，此时 $x[k]$ 和移位后的序列在时域上有重合部分，将两个序列进行逐点相乘和累加后，可以分别得到 $y[2]=3,y[3]=2,y[4]=1$；

如果将 $h[-k]$ 继续右移，得到 $h[n-k],n>4$，此时 $x[k]$ 和 $h[n-k]$ 不再有时域上重合的非零样本点，卷积和的结果为零，即 $y[n]=0,n>4$。

综合上述分析，$x[n]$ 进行 $h[n]$ 卷积和的结果为一个长度为 5 的序列，即 $y[n]=\{1,2,3,2,1\},0\leq n\leq 4$，如图 3.6-3 所示。

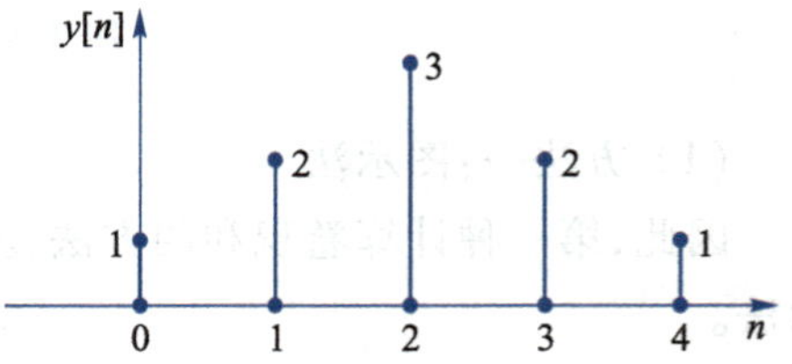


图 3.6-3 卷积和计算的结果

根据对上述卷积和运算过程的图例分析，可以推广出一个结论，即两个有限长的序列进行卷积和运算（不失一般性，分别假设这两个序列的长度为 $M$ 和 $N$），其结果仍为一个有限长的序列，且长度为 $L=N+M-1$。例如在例 3.6-1 中，$x[n]$ 和 $h[n]$ 的长度均为 3，即 $M=N=3$，则卷积和结果 $y[n]$ 的长度

为 $L=3+3-1=5$。

图示法的优点是清晰且直观，按照式(3.6-6)的定义，它清楚地展示了图 3.6-1 中卷积和运算的每一步，有助于人们了解和掌握卷积和运算的具体步骤。而图示法的缺点在于过于繁杂，卷积和运算中的每一步，如移位、相乘、累加等，都需要通过图示进行展示，当信号的长度较大或为无限长信号时，图示法使用起来十分困难。

(2) 方法二：列表法

除了基于图示的直接计算法外，卷积和运算的另一种方法是列表法，该方法比图示法更加高效。

下面先举例说明列表法的具体计算步骤。假设有两个序列

$$x[n]=\{3,\underset{\uparrow}{2},0,4\},h[n]=\{4,\underset{\uparrow}{1},2,1\} \tag{3.6-8}$$

利用列表法计算二者卷积和的步骤如下：

① 如表 3.6-1 所示，将 $x[n]$ 和 $h[n]$ 的样本值按顺序填入表中，这里只需要按顺序填入即可，不必在时域逐位对齐。

② 将 $h[n]$ 的各个样本值与 $x[n]$ 相乘，乘积也按顺序填入表中。例如，$h[n]$ 的第一个非零样本值为 4，其与 $x[n]$ 相乘得到的结果为 $\{12,8,0,16\}$，将这 4 个结果按顺序填入表中；$h[n]$ 的第二个非零样本值为 1，其与 $x[n]$ 相乘得到的结果为 $\{3,2,0,4\}$，也将这 4 个结果按顺序填入表中，不过由于 1 比 4 要延迟一个时间单位，因此，$\{3,2,0,4\}$ 在时间上也要比 $\{12,8,0,16\}$ 延迟一个单位；以此类推，直到将 $h[n]$ 的最后一个非零样本值 1 与 $x[n]$ 相乘得到的结果填入表中为止。

③ 将所有乘积结果逐列相加，得到 $\{12,11,8,23,6,8,1\}$，这就是卷积和的结果序列，唯一不确定的是该序列的起始时刻。

④ 找到 $x[n]$ 和 $h[n]$ 中 $n=0$ 时刻对应的样本，在本例中 $x[0]=2$，$h[0]=1$，即表 3.6-1 中的阴影部分。然后，找到 $x[0]h[0]$ 的结果，在本例中为 2，在表中也用阴影表示，该点对应的一列即为输出序列的 $n=0$ 时刻。因此，$x[n]$ 和 $h[n]$ 的卷积和为 $y[n]=\{12,11,8,23,6,8,1\}$，$-2\leqslant n\leqslant 4$。

**表 3.6-1 列表法计算卷积和**

| | | | | | | | |
|---|---|---|---|---|---|---|---|
| $x[n]$ | 3 | 2 | 0 | 4 | | | |
| $h[n]$ | | 4 | 1 | 2 | 1 | | |
| 中间结果 | 12 | 8 | 0 | 16 | | | |
| | | 3 | 2 | 0 | 4 | | |
| | | | 6 | 4 | 0 | 8 | |
| | | | | 3 | 2 | 0 | 1 |
| $y[n]$ | 12 | 11 | 8 | 23 | 6 | 8 | 1 |

列表法的原理非常简单，其依据是 $A\delta[n-m]*B\delta[n-k]=AB\delta[n-m-k]$，证明过程为

$$A\delta[n-m]*B\delta[n-k]=\sum_{l=-\infty}^{\infty}A\delta[l-m]B\delta[n-l-k]$$
$$=\sum_{t=-\infty}^{\infty}A\delta[t]B\delta[n-m-k-t]$$
$$=AB\delta[n-m-k] \tag{3.6-9}$$

在上述证明过程中，第一个等号利用了卷积和的定义，第二个等号利用了简单的变量替换 $t=l-m$，第三个等号则利用单位取样信号 $\delta[n]$ 的定义。

显然，和前面提到的图示法相比，列表法更加简单，不再需要进行反折和逐项移位等操作，其基本操作等价于两个多项式相乘，这大大提高了卷积和计算的效率。但是，列表法同样也存在不足，例如当信号的长度较大或为无限长信号时，列表法使用起来仍然十分困难。

(3) 方法三：推导法

如果参与卷积和运算的离散信号无限长，那么无论是图示法和列表法都不再适用，这时就需要根据卷积和的定义式进行计算和推导。

**例 3.6-2**

已知有两个离散信号 $x[n]$ 和 $h[n]$ 为

$$x[n]=(1/2)^n u[n],h[n]=u[n+2] \tag{3.6-10}$$

试计算 $y[n]=x[n]*h[n]$。

**解：**

按照卷积和计算的定义式有

$$y[n]=x[n]*h[n]=\sum_{m=-\infty}^{\infty}x[m]h[n-m]=\sum_{m=-\infty}^{\infty}(1/2)^m u[m]u[n+2-m]$$
$$=\begin{cases}\sum_{m=0}^{n+2}(1/2)^m, & n+2\geqslant 0\\ 0, & n+2<0\end{cases}$$
$$=2[1-(1/2)^{n+3}]u[n+2] \tag{3.6-11}$$

因此，对于那些规律性较强的离散信号（往往可以写出闭合的信号表达式），在很多时候它们的卷积和运算都可以通过简单的数学推导得到闭合的表达式。

(4) 方法四：计算机仿真法

如果参与卷积和运算的信号较长，不适用于图示法和列表法，同时信号自身也缺乏规律性（如常见的随机噪声等），推导法也难以发挥作用，这时就可以借助计算法仿真软件来完成卷积和计算。

在 MATLAB 中，完成卷积和运算的指令是“conv”，其用法如下

```
c=conv(a,b);
```

其中，a 和 b 是参与卷积和运算的两个离散信号，c 是卷积和的结果。如果信号 a 和 b 的长度分别为 $M$ 和 $N$，则 c 的长度为 $L=M+N-1$。

**例 3.6-3**

已知有两个离散信号 $x[n]$ 和 $h[n]$ 如下

$$x[n]=\{3,\underset{\uparrow}{2},0,4\},h[n]=\{4,\underset{\uparrow}{1},2,1\} \tag{3.6-12}$$

试基于 MATLAB 仿真软件计算 $y[n]=x[n]*h[n]$。

**解:**

完成上述卷积和运算的 MATLAB 主要代码段如下

```
x=[3,2,0,4];        % 输入第一个信号;
h=[4,1,2,1];        % 输入第二个信号;
y=conv(x,h);        % 完成两个信号的卷积和;
```

执行完上述语句后,输出 y 的结果为

```
y=[12    11    8    23    6    8    4];
```

与前面列表法的计算结果一致。

因此,使用计算机仿真软件可以简单快速地计算出两个信号的卷积和,但其缺点在于无法确定各个信号的起始时刻。

在本例中,信号 $x$ 的起始时刻为 $n=-1$,信号 $h$ 的起始时刻为 $n=-1$,但这些在输入语句中都无法体现,因此,最终卷积和结果 $y$ 的起始时刻也无法确定,最后需要人工来完成。

利用式(3.6-9)可知,$\delta[n+1]*\delta[n+1]=\delta[n+2]$,因此 $y$ 的起始时刻为 $n=-2$,如图 3.6-4 所示。

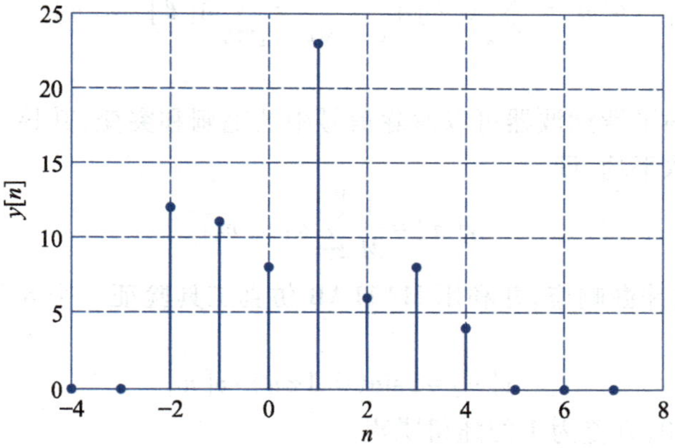


图 3.6-4　卷积和计算的结果

### 3.6.2　离散系统的单位冲激响应

由前面的分析可知,离散信号通过线性时不变系统的响应,可以通过将激励信号与系统的单位冲激响应进行卷积和而得。这一过程称为离散信号与系统的时域分析,它最大的好处在于避开了对某一个具体的信号通过系统问题的分析,而是为这一类问题建立了统一的处理框架。

因此,在时域分析的过程中,最重要的信号是系统的单位冲激响应 $h[n]$,它是单位取样信号 $\delta[n]$通过系统后的输出。事实上,单位冲激响应 $h[n]$表征了系统在时域的所有信息,在时域对系统进行了完整的描述。

上述时域分析方法实际上把离散信号和系统统一了起来。原因在于,线性时不变系统可以用一个信号——它的单位冲激响应 $h[n]$来表征;同时,也可以把一个信号 $x[n]$看作是某一个系统的单位冲激响应,即信号 $x[n]$也可以表示一个系统。基于此,在本书后面的讨论中,除非特别说明,不再严格区分离散信号和离散系统。

**例 3.6-4**

已知一个离散线性时不变系统的输入输出关系为

$$\begin{aligned}&(1)\ y[n]=x[n]-2x[n-1]+x[n-2];\\&(2)\ y[n]=\sum_{\ell=-\infty}^{n}x[\ell];\end{aligned}\tag{3.6-13}$$

试求出该系统的单位冲激响应 $h[n]$。

**解:**

(1) 按照单位冲激响应的定义,$h[n]$是单位取样信号 $\delta[n]$通过系统后的输出,即当输入信号 $x[n]=\delta[n]$时,输出即为

$$\begin{aligned}h[n]&=x[n]-2x[n-1]+x[n-2]\Big|_{x[n]=\delta[n]}\\&=\delta[n]-2\delta[n-1]+\delta[n-2]\end{aligned}\tag{3.6-14}$$

(2) 同理,对于第二个系统,其单位冲激响应为

$$h[n]=\sum_{\ell=-\infty}^{n}x[\ell]\Big|_{x[n]=\delta[n]}=\sum_{\ell=-\infty}^{n}\delta[\ell]=\mathrm{u}[n]\tag{3.6-15}$$

**例 3.6-5**

已知一个 $M$ 阶的平滑滤波器可以滤除信号中的毛刺和突变,其核心操作是对输入信号的相邻 $M$ 个样本值取平均,即

$$y[n]=\frac{1}{M}\sum_{m=0}^{M-1}x[n-m]\tag{3.6-16}$$

试确定该系统的单位冲激响应,并利用 MATLAB 仿真工具验证一个 8 阶平滑系统的平滑功能,假设输入信号为

$$x[n]=3\sin(0.1\pi n)+v[n]\tag{3.6-17}$$

其中,$v[n]$为均值为 0,方差为 1 的随机噪声。

**解:**

利用单位冲激响应的定义,可知一个 $M$ 阶平滑系统的 $h[n]$为

$$h[n]=\frac{1}{M}\sum_{m=0}^{M-1}\delta[n-m]\tag{3.6-18}$$

下面利用 MATLAB 仿真来验证 $M=8$ 阶平滑系统的功能,其核心代码段如下

```
M=8;                          % 平滑系统的阶数
N=100;                        % 仿真数据的长度
n=1:N;
s=3 * sin(pi * n/10);         % 原始信号
x=s+randn(1,N);               % 受噪声干扰的信号
h=ones(1,M)/M;                % 系统的单位冲激响应
```

```
y=conv(x,h,'same');        % 信号通过系统的响应,卷积和运算
plot(n,s,'b--',n,x,'g.',n,y,'r-');
legend('original signal','corrupted signal','smoothed signal');
xlabel('n');ylabel('signal');
```

整个系统的仿真结果如图 3.6-5 所示。图中虚线表示纯净的正弦信号 $s[n]=3\sin(0.1\pi n)$;点画线表示受噪声干扰的信号 $x[n]=3\sin(0.1\pi n)+v[n]$,由于噪声的作用,$x[n]$不再光滑,有了很多毛刺和突变;实线为 $x[n]$经过平滑系统的结果,即将 $x[n]$和 $h[n]$进行卷积和后的结果。显然,比较图中的各条曲线发现,该 8 阶平滑系统有效去除了信号 $x[n]$中的毛刺和突变,输出结果和原始信号 $s[n]$更为接近,很好地起到了"平滑"的作用。

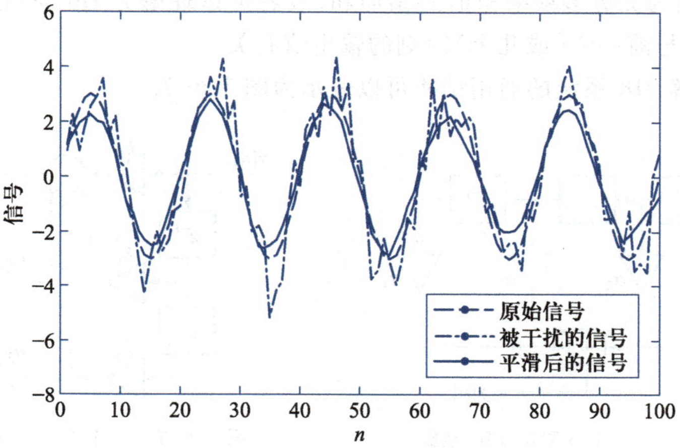


图 3.6-5 一个 8 阶平滑系统的 MATLAB 仿真

既然单位冲激响应 $h[n]$是离散系统的时域表征,那么,就可以通过对 $h[n]$的分析来获得对应系统的特性和其他相关信息,甚至可以通过 $h[n]$对一个离散线性时不变系统进行分类。

### 1. 有限冲激响应系统和无限冲激响应系统

按照单位冲激响应 $h[n]$是否为一个有限长序列,可以将对应的系统分为有限冲激响应(FIR,finite impulse response)系统和无限冲激响应(IIR,infinite impulse response)系统。

具体而言,如果 $h[n]$是一个有限长序列,即

$$h[n]=0,n\leqslant N_1,n\geqslant N_2,N_1<N_2 \tag{3.6-19}$$

那么,对应的系统就是一个 FIR 系统。这时,信号 $x[n]$经过该系统的输出为

$$y[n]=x[n]*h[n]=\sum_{m=N_1}^{N_2}h[m]x[n-m] \tag{3.6-20}$$

由式(3.6-20)不难看出,由于 $h[n]$长度有限,卷积和的计算较为简单,为有限项乘积的直接累加。

图 3.6-6 所示为一个 3 阶的 FIR 系统,这也是 FIR 系统的通用结构图。由该图可以很容易地得到该系统的输入输出关系为

$$y[n]=\alpha_1x[n]+\alpha_2x[n-1]+\alpha_3x[n-2]+\alpha_4x[n-3] \tag{3.6-21}$$

即该系统的单位冲激响应为一个长度为 4 的序列

$$h[n]=\alpha_1\delta[n]+\alpha_2\delta[n-1]+\alpha_3\delta[n-2]+\alpha_4\delta[n-3] \tag{3.6-22}$$

显然,前面提到的 $M$ 阶平滑系统就是一个典型的 FIR 系统。

与之相对,如果 $h[n]$ 是一个无限长的序列,则对应的系统为 IIR 系统。与式(3.6-20)不同,一个 IIR 系统的输入输出关系通常可以表示为

$$\begin{gathered} y[n]=x[n]*h[n]=\sum_{m=-\infty}^{\infty}h[m]x[n-m] \\ \text{或}\ \sum_{k=0}^{N}a_k y[n-k]=\sum_{k=0}^{M}b_k x[n-k] \end{gathered} \tag{3.6-23}$$

即 IIR 系统的输出为无穷多项乘积值的累加和,或者可以理解为 IIR 系统的输出除了与输入信号有关外,还与前一个(或几个)时刻的输出值有关。

根据这一理解,IIR 系统的通用结构可以表示为图 3.6-7。

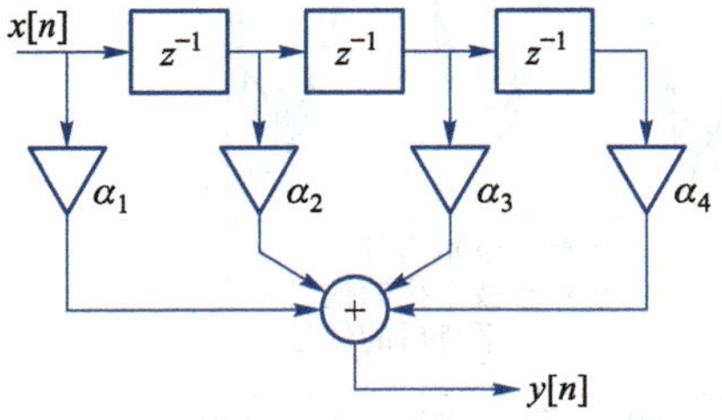


图 3.6-6 一个 3 阶的 FIR 系统

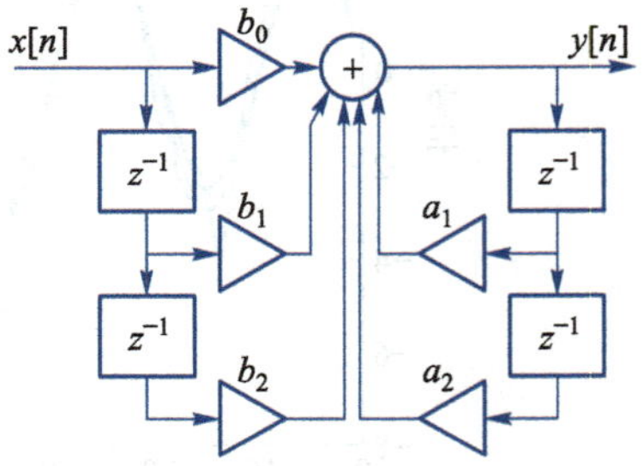


图 3.6-7 一个 2 阶的 IIR 系统

与图 3.6-6 相比,IIR 系统在结构上最为显著的特点是带有反馈,即当前时刻的输出值会影响后续的输出结果,例如图中系统的输入输出关系为

$$y[n]=b_0x[n]+b_1x[n-1]+b_2x[n-2]+a_1y[n-1]+a_2y[n-2] \tag{3.6-24}$$

即 $n$ 时刻的输出值 $y[n]$ 不仅取决于当前时刻和前两个时刻的输入值 $x[n]$、$x[n-1]$ 和 $x[n-2]$,还与前两个时刻的输出值 $y[n-1]$ 和 $y[n-2]$ 有关。

显然,和 FIR 系统相比,IIR 系统更为复杂,控制起来也更加困难,一旦某个时刻的输出值计算发生错误,那么后续所有的结果都不再可信。另一方面,IIR 系统的优点在于节省资源,要实现相同的性能,IIR 系统的阶数要小于 FIR 系统的阶数,需要的计算资源和存储资源都会相应地减少。

### 2. 因果系统和非因果系统

对于一个离散线性时不变系统,系统的因果性可以由其单位冲激响应 $h[n]$ 的因果性决定。如果 $h[n]$ 是一个因果信号,即

$$h[n]=0,n<0 \tag{3.6-25}$$

则对应的系统为因果系统,否则,为非因果系统。

### 3. 稳定系统和非稳定系统

系统的稳定性也会体现在其单位冲激响应 $h[n]$ 上。如果 $h[n]$ 是一个绝对可和的序列,即

$$\sum_{n=-\infty}^{\infty}|h[n]|<\infty \tag{3.6-26}$$

那么,$h[n]$对应的系统就是一个稳定的系统,即对于有界的输入 $x[n]$,系统产生有界的输出 $y[n]$。

上述结论的证明过程很简单。

假设系统的单位冲激响应 $h[n]$满足式(3.6-26),那么,对于任意的有界输入信号 $x[n]$,即$|x[n]|\leqslant B<\infty$,其输出信号 $y[n]$为 $x[n]$和 $h[n]$的卷积和,则 $y[n]$的幅度$|y[n]|$表示为

$$\begin{aligned}|y[n]|=|x[n]*h[n]|&=\left|\sum_{m=-\infty}^{\infty}x[m]h[n-m]\right|\\&\leqslant\sum_{m=-\infty}^{\infty}|x[m]h[n-m]|=\sum_{m=-\infty}^{\infty}|x[m]|\cdot|h[n-m]|\\&\leqslant B\cdot\sum_{m=-\infty}^{\infty}|h[n-m]|=B\cdot\sum_{m=-\infty}^{\infty}|h[m]|\\&<\infty\end{aligned} \tag{3.6-27}$$

即输出信号 $y[n]$也是有界的。

在上式中,第一个不等号使用了 Cauchy-Schwarz(柯西-施瓦茨)不等式,第二个不等号利用了输入信号 $x[n]$有界这一前提条件,第三个不等式利用了 $h[n]$绝对可和这一假设。

### 3.6.3 卷积和的性质

作为离散信号与系统时域分析领域的一个重要计算,卷积和有着很多重要的性质。将这些性质和信号通过系统这一问题结合起来,可以得出很多有意义的结论。

**1. 交换律(commutative property)**

卷积和运算满足交换律,表示为

$$x[n]*h[n]=h[n]*x[n] \tag{3.6-28}$$

证明过程如下。根据卷积和运算的定义,有

$$\begin{aligned}x[n]*h[n]&=\sum_{m=-\infty}^{\infty}x[m]h[n-m]\\&=\sum_{k=-\infty}^{\infty}x[n-k]h[k]=h[n]*x[n]\end{aligned} \tag{3.6-29}$$

在上式中,第二个等号处使用了简单的变量代换 $n-m=k$。

尽管交换律的证明过程十分简单,但它却非常重要。按照前面的分析,式(3.6-28)的左边表示信号 $x[n]$通过单位冲激响应为 $h[n]$的系统后得到的输出信号。那么,按照同样的理解,式(3.6-28)的右边则表示信号 $h[n]$通过单位冲激响应为 $x[n]$的系统后得到的输出信号。交换律表明这两种情况下的输出信号是相等的,如图 3.6-8 所示。进一步地,交

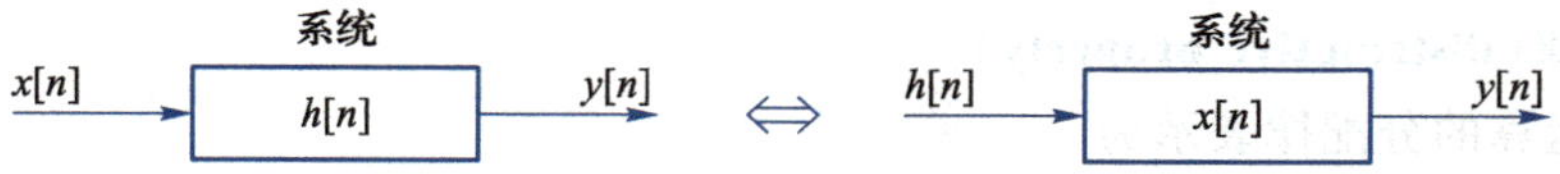


图 3.6-8 卷积和运算的交换律

换律再次诠释信号和系统的等价性，即在信号 $x[n]$ 和 $h[n]$ 中，无论将谁看作是系统，而将另一个看作是激励，得到的输出都是相同的。

**2. 结合律(associative property)**

卷积和运算的结合表示为

$$(x[n]*h[n])*f[n]=x[n]*(h[n]*f[n]) \tag{3.6-30}$$

证明过程如下。假设 $t[n]=x[n]*h[n]$，按照卷积和的定义

$$t[n]=x[n]*h[n]=\sum_{m=-\infty}^{\infty}x[m]h[n-m] \tag{3.6-31}$$

式(3.6-30)的左边为

$$\begin{aligned}(x[n]*h[n])*f[n]=t[n]*f[n]&=\sum_{k=-\infty}^{\infty}t[k]f[n-k]\\&=\sum_{k=-\infty}^{\infty}\left(\sum_{m=-\infty}^{\infty}x[m]h[k-m]\right)f[n-k]\\&=\sum_{m=-\infty}^{\infty}x[m]\sum_{k=-\infty}^{\infty}h[k-m]f[n-k]\\&=\sum_{m=-\infty}^{\infty}x[m]\sum_{l=-\infty}^{\infty}h[l]f[n-m-l]\end{aligned} \tag{3.6-32}$$

上式第三行对两个“∑”求和运算进行了顺序交换，因为 $x[m]$ 与 $k$ 无关，因此可以放在关于 $k$ 的求和运算之前，第四行使用了简单的变量替换 $l=k-m$。

另外，假设 $s[n]=h[n]*f[n]$，即

$$s[n]=h[n]*f[n]=\sum_{l=-\infty}^{\infty}h[l]f[n-l] \tag{3.6-33}$$

式(3.6-30)的右边为

$$\begin{aligned}x[n]*(h[n]*f[n])=x[n]*s[n]&=\sum_{m=-\infty}^{\infty}x[m]s[n-m]\\&=\sum_{m=-\infty}^{\infty}x[m]\left(\sum_{k=-\infty}^{\infty}h[l]f[n-m-l]\right)\end{aligned} \tag{3.6-34}$$

显然，式(3.6-30)的左右两边相等，结合律证明完毕。

式(3.6-30)的左边表示将 $x[n]$ 连续经过两个系统，即将 $x[n]$ 经过第一个系统的响应作为新的激励信号，再经过第二个系统。这里第一个系统的单位冲激响应为 $h[n]$，第二个系统的单位冲激响应为 $f[n]$。式(3.6-30)的右边表示 $x[n]$ 只经过一个系统，该系统的单位冲激响应为 $h[n]*f[n]$。结合率说明，这两种方式最后得到的响应是相同的，即两个系统的级联等效于一个单一系统，其单位冲激响应为这两个系统单位冲激响应的卷积和。

进一步将卷积和的结合律和交换律联合起来并进行推广，还可以得到另一个重要的结论：一个级联系统总的单位冲激响应与其中各子系统级联的顺序无关。如图 3.6-9 所示，图中的三个系统都是等价的。

**3. 分配律(distributive property)**

卷积和运算的分配律表示为

$$x[n]*(h_1[n]+h_2[n])=x[n]*h_1[n]+x[n]*h_2[n] \tag{3.6-35}$$

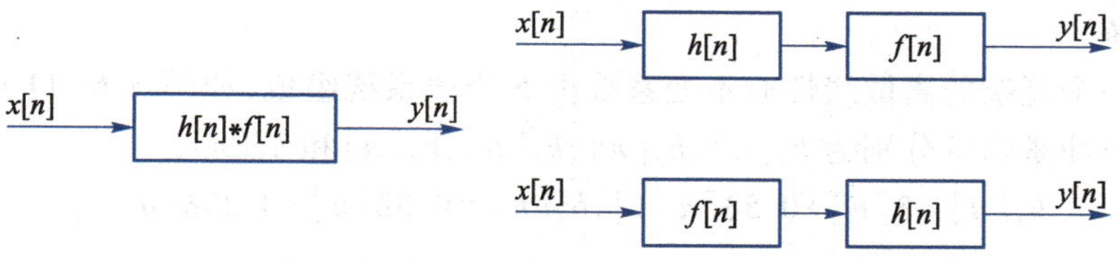


图 3.6-9 卷积和运算的结合律

分配率的证明很简单,读者自己利用卷积和的定义即可

$$x[n]*(h_1[n]+h_2[n])=\sum_{m=-\infty}^{\infty}x[m]*(h_1[n-m]+h_2[n-m])$$
$$=\sum_{m=-\infty}^{\infty}x[m]*h_1[n-m]+\sum_{m=-\infty}^{\infty}x[m]*h_2[n-m]$$
$$=x[n]*h_1[n]+x[n]*h_2[n] \tag{3.6-36}$$

式(3.6-35)的左边可以看作是将激励信号 $x[n]$ 连续经过一个系统,该系统的单位冲激响应是 $h_1[n]+h_2[n]$。该式的右边是将 $x[n]$ 分别经过两个系统,其单位冲激响应分别为 $h_1[n]$ 和 $h_2[n]$,然后再将两个系统的输出加起来。分配率说明,这两种方式最后得到的响应信号是相同的,即两个系统的并联等效于一个单一系统,其单位冲激响应为这两个系统单位冲激响应之和。

如果进一步考虑卷积和的交换律,可以发现图 3.6-10 所示的四个系统都是等价的。

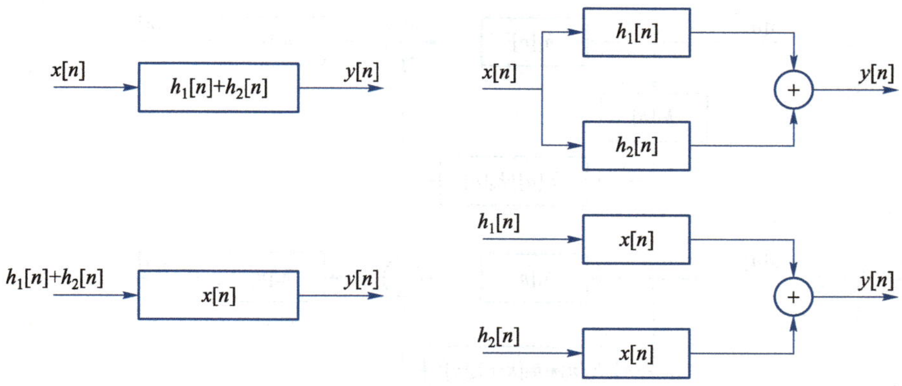


图 3.6-10 卷积和运算的分配律

因此,在时域分析过程中,灵活地运用卷积和的上述性质可以大大简化系统分析的复杂度和增加系统实现的灵活性。

例如,对于由多个系统构成的复杂网络,可以根据系统之间的组合方式(如级联和并联等),将各自的单位冲激响应组合起来,得到系统最终的单位冲激响应,获知系统的最终性能。即将对复杂网络的分析,转换成对各个单元以及单元间组合方式的分析。

另一方面,在实现一个复杂系统时,也可以将整个系统分解为若干个简单的子系统,再通过相应的组合方式连接起来,从而等效地实现目标复杂系统。由于各个子系统的实现和调试更加简单和便捷,这种方法也将使得整个复杂系统的实现更为灵活和容易,系统的维护也更加方便。

**例 3.6-6**

已知有一个复杂的离散线性时不变系统由 5 个子系统组成，如图 3.6-11 所示，这 5 个子系统的单位冲激响应分别为 $h_1[n]$，$h_2[n]$，$h_3[n]$，$h_4[n]$和 $h_5[n]$

$$h_1[n]=\delta[n]+0.5\delta[n-1],h_2[n]=0.5\delta[n]-0.25\delta[n-1],\quad(3.6\text{-}37)$$
$$h_3[n]=2\delta[n],h_4[n]=-2(0.5)^n\mathrm{u}[n],h_5[n]=\delta[n]-\delta[n-1]$$

试求出该系统的总体单位冲激响应 $h[n]$。

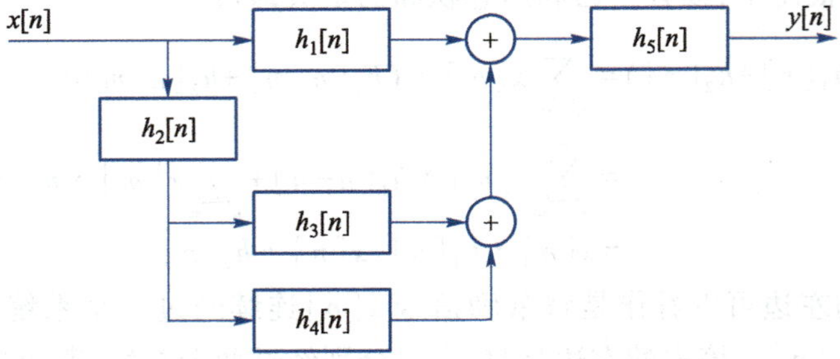


图 3.6-11 多个系统的组合

**解：**

利用卷积和运算的交换律、结合率和分配率对图 3.6-11 所示的系统进行简化，其过程如图 3.6-12 所示，其中的 4 个系统均为原系统的等效系统。

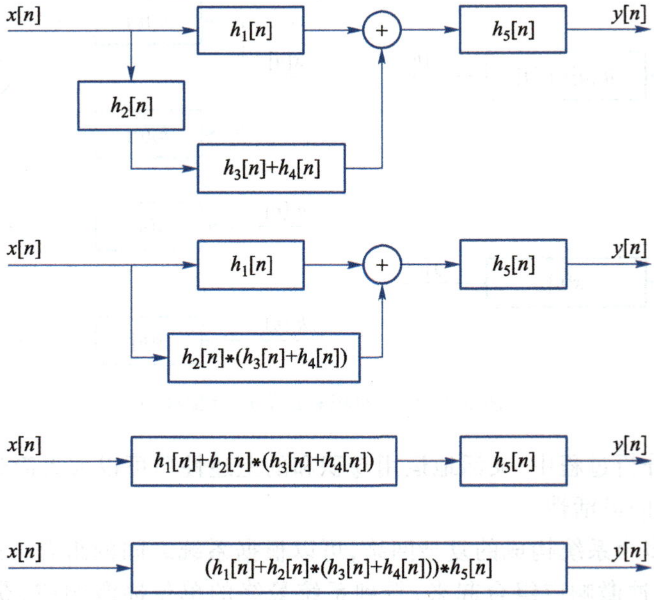


图 3.6-12 原系统的等效系统

因此，原系统的单位冲激响应为

$$h[n]=(h_1[n]+h_2[n]*(h_3[n]+h_4[n]))*h_5[n]\quad(3.6\text{-}38)$$

按照 $h_1[n]\sim h_5[n]$的定义和上述组合关系，即可计算最终的系统单位冲激响应，首先

$$h_2[n]*(h_3[n]+h_4[n])=(0.5\delta[n]-0.25\delta[n-1])*2(\delta[n]-(0.5)^n u[n])$$
$$=\delta[n]-0.5\delta[n-1]-(0.5)^n u[n]+0.5(0.5)^{n-1}u[n-1]$$
$$=-0.5\delta[n-1] \tag{3.6-39}$$

其次

$$h_1[n]+h_2[n]*(h_3[n]+h_4[n])=\delta[n]+0.5\delta[n-1]-0.5\delta[n-1]$$
$$=\delta[n] \tag{3.6-40}$$

由此可知，尽管图 3.6-11 中 $h_1[n]$、$h_2[n]$、$h_3[n]$和 $h_4[n]$这 4 个子系统进行了组合，构成了更大的系统，但它的实际作用十分简单，因为其最终的单位冲激响应为 $\delta[n]$。由于任何信号与 $\delta[n]$相卷的结果仍然为其自身，即信号通过该系统后不发生改变。

因此，图 3.6-11 中的系统最终等效为子系统 $h_5[n]$，即

$$h[n]=(h_1[n]+h_2[n]*(h_3[n]+h_4[n]))*h_5[n]$$
$$=h_5[n]$$
$$=\delta[n]-\delta[n-1] \tag{3.6-41}$$

由上面的例子可知，当一个系统由多个子系统组合而来时，尽管子系统的数目非常多，组合关系也较为复杂，但最终的系统却可能非常简单。因此，系统的功能并不取决于子系统的个数，而是取决于其最终的单位冲激响应。

同时，尽管将一个复杂的大型系统拆成多个简单子系统进行组合实现，可以大大降低实现的成本和调试的难度，但要避免本例中的情况，如多个子系统在进行复杂组合后，实际上等效于 $\delta[n]$，没有对信号进行任何处理和改变。

通过对上述卷积和的分析，发现其与连续域中的卷积运算无论在定义、性质或在信号通过系统过程中的作用都十分相似，因此，在不引起混淆的情况下，本书后面的讨论中将二者统一称为卷积。同时，考虑到 $\delta(t)$ 和 $\delta[n]$在连续域和离散域的信号和系统时域分析中起着相同的作用，也将二者统称为单位冲激信号。

## 3.7 本章小结

本章主要讨论了离散信号和系统在时域的表征和分析。

离散信号在时域主要表征为一个离散的样本序列，它可以通过对一个连续信号进行周期性的采样而获得。离散信号的很多时域特性与其对应的原始连续信号是相同的，但也有很多例外，因为采样过程很可能导致某些性质发生改变，如周期性等。

将离散信号分解成某些简单信号的组合，可以避免对各个具体的时域信号单独进行分析，从而将数量庞大、种类繁多的信号分析问题转换成对有限几个简单信号的分析。事实上，离散信号和系统时域分析的基本思路就是将离散信号分解成简单信号（本书使用的是单位取样/冲激信号，用 $\delta[n]$表示）的组合，然后只讨论 $\delta[n]$经过线性时不变系统的响应（称为系统的单位冲激响应，用 $h[n]$表示），这样，任意信号 $x[n]$经过系统的响应都可以通过 $x[n]$和 $h[n]$的卷积和运算来获得。

在这一思想下，离散信号和系统就统一起来了。任何离散信号 $x[n]$都可以看作是一个离散线性时不变系统，$x[n]$就是该系统的单位冲激响应。同时，任何系统也可以用一个信

号,即它的单位冲激响应 $h[n]$ 来表示。

因此,对一个离散系统而言,它的单位冲激响应 $h[n]$ 就变得尤为重要,它描述了该系统在时域的所有信息,是系统的时域表征。进一步地,可以通过对 $h[n]$ 的分析来获得系统的很多重要性质,如因果性、稳定性等,并基于此对系统进行分类。

卷积和运算是从时域上求解离散信号通过系统问题的基本运算。它可以看作是连续域卷积运算的离散版本。二者在定义、运算规则和性质上都十分相似,因此在不引起混淆的情况下往往用卷积来统一表征这两个运算。

具体而言,卷积运算描述的是离散信号通过系统后,其响应就是将 $h[n]$ 按照信号分解的规则组合起来的结果。卷积运算可以通过图示法、列表法、推导法和仿真法等方法进行计算。卷积运算的性质,如交换律、结合律和分配律等,则进一步体现了信号和系统的等价性。它同时表示,对于同一个信号通过系统的问题,在实际应用中有多种实现方法(如系统的级联、并联等),对同一个问题也可以有不同的理解(谁是信号、谁又是系统等)。通过对这些性质进行深入理解和灵活掌握,可以大大丰富离散信号和系统时域分析的方法和手段。

## 习　题

**P3.1** 试画出下列离散信号的波形:

(1) $f_1[n]=u[-n]-u[-n+1]$　　(2) $f_2[n]=u[-n-1]-u[-n]$

(3) $f_3[n]=\sum_{p=0}^{\infty}\delta[n-p]$　　(4) $f_4[n]=\{0.5,1.5,\underset{\uparrow}{2},-2,0,1\}$

(5) $f_5[n]=\sin(\pi n/2)-\sin[\pi(n-1)/2]$　　(6) $f_6[n]=1^n-(u[n+7]-u[n-7])$

**P3.2** 已知离散信号 $h[n]=3\delta[n]-2\delta[n-2]+\delta[n-4]+\delta[n-5]$。画出下列函数图形:

(1) $h[n]$　(2) $h[-n]$　(3) $h[1-n]$　(4) $h[7-n]$

**P3.3** 试判断下列信号是否是周期序列,若是周期序列,试写出周期。

(1) $f_1[n]=\cos(2\pi n/3)+\sin(3\pi n/5)$　　(2) $f_2[n]=\cos(8\pi n/7+2)$

(3) $f_3[n]=\sin(\pi n^2/8)$　　(4) $f_4[n]=\cos(n/4)\cdot\sin(\pi n/4)$

(5) $f_5[n]=2\cos(n\pi/4)+\sin(\pi n/8)-2\cos(n\pi/6)$ (6) $f_6[n]=e^{j(n/3+\pi)}$

**P3.4** 对于如下系统,$x[n]$ 和 $y[n]$ 分别表示其输入和输出信号,判断它是否为线性系统、时不变系统、稳定系统或因果系统,并说明理由。

(1) $y[n]=\cos(\omega_0 n)x[n]$　　(2) $y[n]=e^{x[n]}$

(3) $y[n]=a\log_2 x[n]$　　(4) $y[n]=3x[2n]+c$

(5) $y[n]=y[n-1]+x[n]$

**P3.5** 下列均为离散 LTI 系统的单位冲激响应,试判定它们是否为因果系统或稳定系统,并说明理由。

(1) $h[n]=(1/5)^n u[n]$　　(2) $h[n]=0.8^n u[n+2]$

(3) $h[n]=(1/2)^n u[-n]$　　(4) $h[n]=5^n u[3-n]$

(5) $h[n]=(-1/2)^n u[n]+1.01^n u[n-1]$　　(6) $h[n]=(-1/2)^n u[n]+1.01^n u[1-n]$

(7) $h[n]=n(1/3)^n u[n-1]$

**P3.6** 有两个离散线性时不变系统,其单位冲激响应为

$$h_1[n]=h_2[n]=\begin{cases}1, & 0\leqslant n<K\\ 0, & \text{其他}\end{cases}$$

将两个系统级联构成一个新系统，试求：

（1）新系统单位冲激响应的非零范围；

（2）不通过计算直接确定新系统单位冲激响应的最大值，最大值对应的时刻。

**P3.7**　已知某离散系统表示为

$$y[n]=\sum_{n-2}^{n+3}x[m]$$

试证明该系统是线性时不变系统。

**P3.8**　将函数 $x[n]=e^{-0.5n}(u[n]-u[n-3])$ 写成单位冲激信号之和。

**P3.9**　已知离散系统的输入 $x[n]=2\delta[n]+\delta[n-1]-2\delta[n-2]$ 和单位冲激响应 $h[n]=\delta[n]+2\delta[n-1]-\delta[n-2]$，求系统的输出 $y[n]$。

**P3.10**　已知离散系统的单位冲激响应为 $h[n]=(1+n)(u[n]-u[n-4])$，输入为 $x[n]=-n(u[n]-u[n-3])$，求系统的输出信号 $y[n]$。

**P3.11**　已知离散系统的单位冲激响应为 $h[n]=\delta[n-3]$，输入为 $x[n]=(n+1)u[n]$，求系统的输出信号 $y[n]$，并解释单位冲激响应为 $\delta[n-k]$ 的离散系统对输入信号有什么作用。

**P3.12**　已知输入信号 $x[n]$ 和离散系统的单位冲激响应 $h[n]$ 分别为

$$x[n]=\left(\frac{1}{2}\right)^{n-2}u[n-2],h[n]=u[n+2]$$

求系统的输出 $y[n]$ 并画出其图形。

**P3.13**　计算并画出卷积 $y[n]=x[n]*h[n]$，这里

$$x[n]=\left(\frac{1}{3}\right)^{-n}u[-n-1],h[n]=u[n-1]$$

**P3.14**　计算并画出 $y[n]=x[n]*h[n]$，这里

$$x[n]=\begin{cases}1, & 3\leqslant n\leqslant 8\\0, & 其他,\end{cases}\quad h[n]=\begin{cases}1, & 4\leqslant n\leqslant 15\\0, & 其他\end{cases}$$

**P3.15**　已知如图 P3.15 所示的离散信号，试求下列卷积和，并画出卷积和的图形。

（1）$x_1[n]*x_2[n]$　（2）$x_2[n]*x_3[n]$　（3）$(x_1[n]-x_2[n])*x_3[n]$

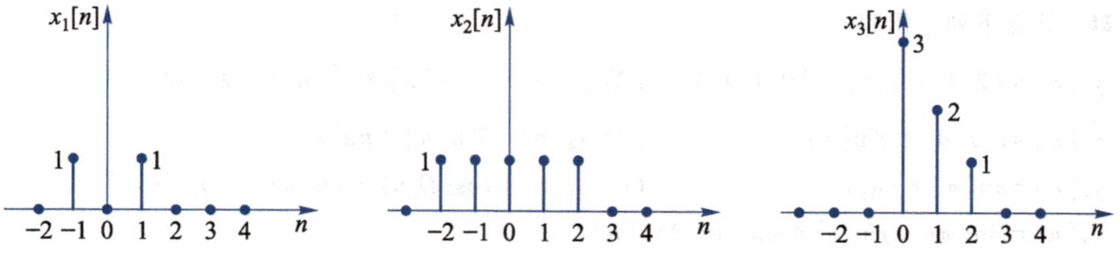


图 P3.15

**P3.16**　设

$$x[n]=\begin{cases}1, & 0\leqslant n\leqslant 9\\0, & 其他\end{cases}\quad h[n]=\begin{cases}1, & 0\leqslant n\leqslant N\\0, & 其他\end{cases}$$

其中 $N\leqslant 9$ 为一个整数。已知在 $y[n]=x[n]*h[n]$ 中，有 $y[4]=5$ 和 $y[14]=0$，试确定 $N$ 的值。

**P3.17**　序列 $x[n]=u[n]-u[n-6]$，$h[n]=u[n]-u[n-10]$，求 $y[n]=h[n]*x[n]$。

**P3.18**　已知如图 P3.18 所示的系统由几个子系统组成，它们的单位冲激响应分别为 $h_1[n]=u[n]$，$h_2[n]=\delta[n]$，$h_3[n]=0.8^n u[n]$。试证明图 P3.18(a) 和图 P3.18(b) 是相互等效的，并求出系统的单位冲激响应。

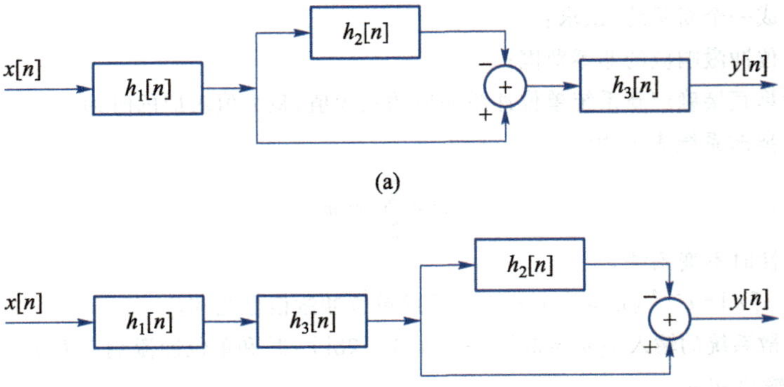


图 P3.18

**P3.19** 已知离散系统的输入信号 $x[n]$ 和单位冲激响应 $h[n]$ 分别为

$$x[n]=3^n\mathrm{u}[-n-1]+\left(\frac{1}{3}\right)^n\mathrm{u}[n],\quad h[n]=\left(\frac{1}{4}\right)^n\mathrm{u}[n+3]$$

(1) 不利用卷积的分配律求系统输出 $y[n]$；

(2) 利用卷积的分配律求系统输出 $y[n]$。

**P3.20** 已知某个离散系统的单位冲激响应如图 P3.20 所示，试确定当输入信号为 $x[n]=\mathrm{u}[n-4]$ 时系统的输出 $y[n]$，并画出图形。

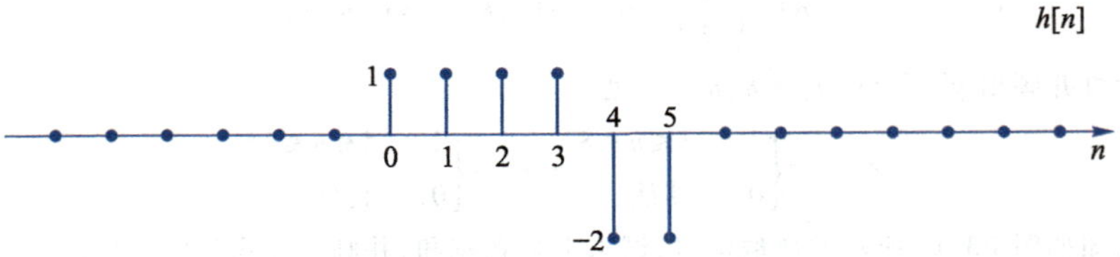


图 P3.20

**P3.21** 计算下列卷积和：

(1) $y_1[n]=\{\underset{\uparrow}{2},1,3,2,4\}*\{\underset{\uparrow}{0},1,4,2\}$　　(2) $y_2[n]=\mathrm{e}^{\lambda_1 n}\mathrm{u}[n]*\mathrm{e}^{\lambda_2 n}\mathrm{u}[n],\lambda_1\neq\lambda_2$

(3) $y_3[n]=v^n\mathrm{u}[n]*v^n\mathrm{u}[n]$　　(4) $y_4[n]=3^n\mathrm{u}[n]*n\mathrm{u}[n]$

(5) $y_5[n]=n\mathrm{u}[n]*n\mathrm{u}[n]$　　(6) $y_6[n]=\cos(\Omega_0 n)*\{\mathrm{u}[n+2]-\mathrm{u}[n-3]\}$

(7) $y_7[n]=\sin(\pi n/2)\mathrm{u}[n]*\sin(\pi n/2)\mathrm{u}[n]$

(8) $y_8[n]=\cos(\pi n/2)\mathrm{u}[n]*\cos(\pi n/2)\mathrm{u}[n]$

**P3.22** 试计算下列卷积和：

(1) $y_1[n]=A*0.5^n\mathrm{u}[n]$　　(2) $y_2[n]=3^n\mathrm{u}[n-1]*2^n\mathrm{u}[n+1]$

(3) $y_3[n]=2^n\mathrm{u}[-n-1]*\mathrm{u}[n+1]$　　(4) $y_4[n]=\mathrm{u}[n-1]*3^n\mathrm{u}[-n+1]$

**P3.23** 已知 $x[n]=\delta[n]+2\delta[n-1]-3\delta[n-3]$ 和 $h[n]=2\delta[n+1]+2\delta[n-1]$，计算并画出下列各卷积。

(1) $y_1[n]=x[n]*h[n]$　　(2) $y_2[n]=x[n+2]*h[n]$

(3) $y_3[n]=x[n]*h[n+2]$

**P3.24** 考虑信号

$$h[n]=\left(\frac{1}{2}\right)^{n-1}\{\mathrm{u}[n+3]-\mathrm{u}[n-10]\}$$

将 $A$ 和 $B$ 用 $n$ 表示，使下式成立。

$$h[n-k]=\begin{cases}\left(\dfrac{1}{2}\right)^{n-k-1}, & A\leqslant k\leqslant B\\ 0, & \text{其他}\end{cases}$$

**P3.25**　已知一个离散系统如图 P3.25 所示，

(1) 试确定系统的单位冲激响应；

(2) 试判断该系统是否为因果系统，在什么条件下是稳定的。

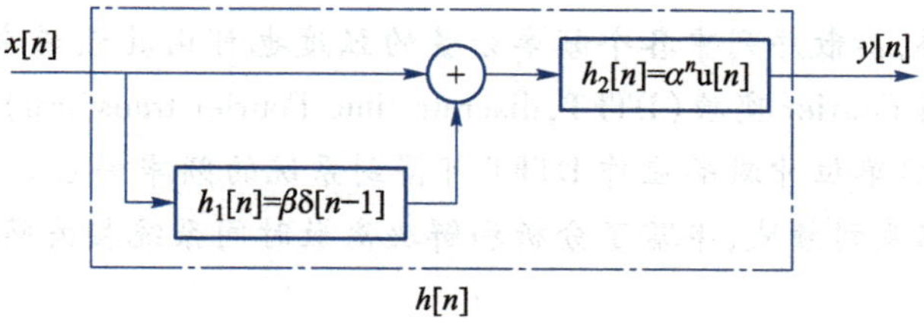


图 P3.25

# 第四章　离散时间 Fourier 变换 DTFT

和连续信号一样，离散序列中各个频率分量的强度也可由其频谱来描述。通过对离散时间序列作离散时间 Fourier 变换（DTFT，discrete time Fourier transform）可得到其频谱，同样地，对离散时间系统的单位冲激响应作 DTFT 可得到系统的频率响应。从而，得以将序列和系统的分析从时域拓展到频域，丰富了分析和解决离散时间系统相关问题的方法和手段。

## 4.1　离散时间 Fourier 变换

在连续时间域，信号 $x_a(t)$ 及其频谱 $X_a(j\Omega)$ 在时域和频域之间存在以下 Fourier 变换对

$$\begin{cases} X_a(j\Omega)=\int_{-\infty}^{\infty} x_a(t)\,e^{-j\Omega t}\,dt \\ x_a(t)=\dfrac{1}{2\pi}\int_{-\infty}^{\infty} X_a(j\Omega)\,e^{j\Omega t}\,d\Omega \end{cases} \tag{4.1-1}$$

其中，$x_a(t)$ 和 $X_a(j\Omega)$ 分别为信号在时域的波形和频谱，$t$ 为时间参数，$\Omega$ 为模拟角频率。$X_a(j\Omega)$ 描述了该信号在频域上的分布情况，即表征信号 $x_a(t)$ 中所含有的 $e^{j\Omega t}$ 分量的强度。

由前述章节可知，对连续时间信号 $x_a(t)$ 采样，可得到其在离散时间上取值的样本信号 $x_s(t)$，再进一步对时间归一化，即可由离散取值的连续时间信号 $x_s(t)$ 得到离散时间序列 $x[n]$，如图 4.1-1 所示。

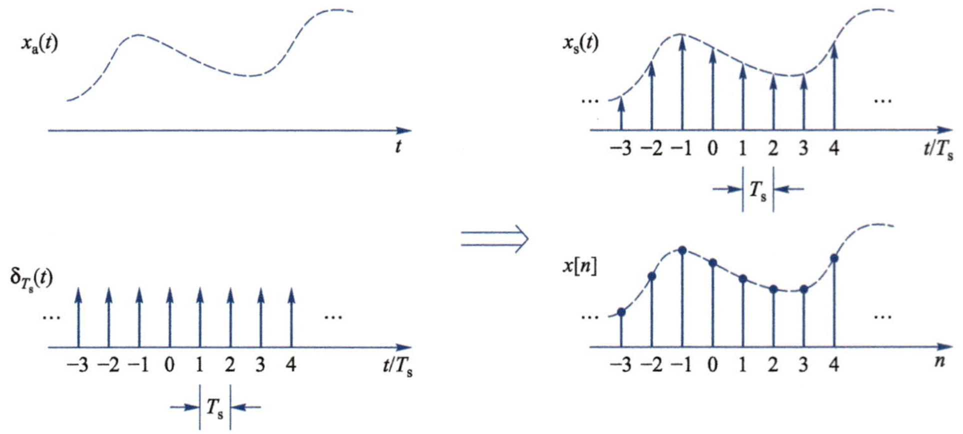


图 4.1-1　理想采样过程

上述采样过程可以理解为连续信号和理想冲激串的相乘操作

$$x_s(t)=x_a(t)\times\delta_{T_s}(t)=x_a(t)\times\sum_{n=-\infty}^{\infty}\delta(t-nT_s)=\sum_{n=-\infty}^{\infty}x_a(nT_s)\delta(t-nT_s) \tag{4.1-2}$$

式中，$T_s$ 为采样间隔，$\delta_{T_s}(t)$是时间间隔为 $T_s$ 的理想冲激串。

相应地，$x[n]=x_a(t)\big|_{t=nT_s}=x_a(nT_s)$，包含了和 $x_s(t)$相同的信息量。

对 $x_s(t)$作 Fourier 变换，可得

$$\begin{aligned}X_s(\mathrm{j}\Omega)&=\int_{-\infty}^{\infty}x_s(t)\mathrm{e}^{-\mathrm{j}\Omega t}\mathrm{d}t=\int_{-\infty}^{\infty}\sum_{n=-\infty}^{\infty}x_a(nT_s)\delta(t-nT_s)\mathrm{e}^{-\mathrm{j}\Omega t}\mathrm{d}t\\&=\sum_{n=-\infty}^{\infty}x_a(nT_s)\mathrm{e}^{-\mathrm{j}\Omega nT_s}\int_{-\infty}^{\infty}\delta(t-nT_s)\mathrm{d}t\\&=\sum_{n=-\infty}^{\infty}x_a(nT_s)\mathrm{e}^{-\mathrm{j}n\Omega T_s}\end{aligned} \tag{4.1-3}$$

$X_s(\mathrm{j}\Omega)$即是样本信号 $x_s(t)$的频谱，它描述了 $x_s(t)$在频域的特征。

定义数字角频率

$$\omega=\Omega T_s=\frac{\Omega}{f_s} \tag{4.1-4}$$

式中，$\Omega$ 为模拟角频率，$T_s$ 为采样间隔，其倒数 $f_s$ 为采样频率。

将式(4.1-4)代入式(4.1-3)可得

$$X_s(\mathrm{j}\Omega)\big|_{\Omega=\omega/T_s}=X_s\left(\mathrm{j}\frac{\omega}{T_s}\right)=\sum_{n=-\infty}^{\infty}x_a(nT_s)\mathrm{e}^{-\mathrm{j}n\omega}=\sum_{n=-\infty}^{\infty}x[n]\mathrm{e}^{-\mathrm{j}n\omega} \tag{4.1-5}$$

由推导过程可知，当将频谱 $X_s(\mathrm{j}\Omega)$ 的频率对采样频率 $f_s$ 做归一化后，即可得到 $X_s(\mathrm{j}\Omega)\big|_{\Omega=\omega/T_s}$。

定义

$$X(\mathrm{e}^{\mathrm{j}\omega})=\sum_{n=-\infty}^{\infty}x[n]\mathrm{e}^{-\mathrm{j}\omega n} \tag{4.1-6}$$

$X(\mathrm{e}^{\mathrm{j}\omega})$描述了 $x[n]$的频谱分布规律，称为序列 $x[n]$的频谱密度函数（简称频谱）。

不难发现，式(4.1-6)是一个关于 $\omega$ 的连续函数，随着 $\omega$ 的连续取值呈现连续的变化。

注意到

$$A\mathrm{e}^{\mathrm{j}(\omega_0+2\pi r)n}=A\mathrm{e}^{\mathrm{j}\omega_0 n}\mathrm{e}^{\mathrm{j}2\pi rn}=A\mathrm{e}^{\mathrm{j}\omega_0 n} \tag{4.1-7}$$

即，在离散时间域上，频率相差 $2\pi$ 整数倍的复指数序列 $\mathrm{e}^{\mathrm{j}\omega n}$ 相同，相应地

$$X(\mathrm{e}^{\mathrm{j}(\omega+2\pi)})=\sum_{n=-\infty}^{\infty}x[n]\mathrm{e}^{-\mathrm{j}(\omega+2\pi)n}=\sum_{n=-\infty}^{\infty}x[n]\mathrm{e}^{-\mathrm{j}\omega n}\mathrm{e}^{-\mathrm{j}2\pi n}=\sum_{n=-\infty}^{\infty}x[n]\mathrm{e}^{-\mathrm{j}\omega n}=X(\mathrm{e}^{\mathrm{j}\omega}) \tag{4.1-8}$$

可见，序列 $x[n]$的频谱密度函数 $X(\mathrm{e}^{\mathrm{j}\omega})$是以 $2\pi$ 为周期的连续函数。

式(4.1-6)给出了由 $x[n]$到 $X(\mathrm{e}^{\mathrm{j}\omega})$的变换，将 $X(\mathrm{e}^{\mathrm{j}\omega})=\sum_{n=-\infty}^{\infty}x[n]\mathrm{e}^{-\mathrm{j}\omega n}$ 两边同乘以 $\mathrm{e}^{\mathrm{j}\omega n}$，并在区间$[-\pi,\pi]$上积分

$$\int_{-\pi}^{\pi}X(\mathrm{e}^{\mathrm{j}\omega})\mathrm{e}^{\mathrm{j}\omega m}\mathrm{d}\omega=\int_{-\pi}^{\pi}\Big(\sum_{n=-\infty}^{\infty}x[n]\mathrm{e}^{-\mathrm{j}\omega n}\Big)\mathrm{e}^{\mathrm{j}\omega m}\mathrm{d}\omega=\sum_{n=-\infty}^{\infty}x[n]\int_{-\pi}^{\pi}\mathrm{e}^{-\mathrm{j}\omega n}\mathrm{e}^{\mathrm{j}\omega m}\mathrm{d}\omega \tag{4.1-9}$$

由复指数序列的正交性，可知

$$\int_{-\pi}^{\pi} e^{j\omega(m-n)}d\omega=\begin{cases}2\pi, & m=n\\0, & 其他\end{cases}$$

于是

$$\int_{-\pi}^{\pi} X(e^{j\omega})e^{j\omega m}d\omega=2\pi\sum_{n=-\infty}^{\infty}x[n]\delta[n-m]=x[m] \tag{4.1-10}$$

从而可得

$$x[n]=\frac{1}{2\pi}\int_{-\pi}^{\pi}X(e^{j\omega})e^{j\omega n}d\omega \tag{4.1-11}$$

我们把从 $x[n]$ 推导 $X(e^{j\omega})$ 的变换叫作离散时间 Fourier 变换（DTFT），其逆过程，即由 $X(e^{j\omega})$ 推导 $x[n]$ 的变换叫作逆离散时间 Fourier 变换（IDTFT），从而得到了离散时间非周期序列的离散时间 Fourier 变换对，重写如下

$$X(e^{j\omega})=\sum_{n=-\infty}^{\infty}x[n]e^{-j\omega n} \tag{4.1-12}$$

$$x[n]=\frac{1}{2\pi}\int_{-\pi}^{\pi}X(e^{j\omega})e^{j\omega n}d\omega \tag{4.1-13}$$

需要注意的是，由式（4.1-12）可知，DTFT 运算实际上是无穷多项的累加和，只有式（4.1-12）的结果以某种方式收敛时，才能说对应离散时间序列的频谱是存在的。

在连续时间信号的 Fourier 变换（CTFT）中，若连续信号 $x_a(t)$ 绝对可积（absolutely integrable），即

$$\int_{-\infty}^{\infty}|x_a(t)|dt<\infty \tag{4.1-14}$$

则其频谱 $|X_a(j\Omega)|<\infty$，或者说 $X_a(j\Omega)$ 存在。

参照以上结果，离散时间序列的 DTFT 可以得到类似的结论：如果序列 $x[n]$ 绝对可和（absolute summability），即

$$\sum_{n=-\infty}^{\infty}|x[n]|<\infty \tag{4.1-15}$$

此时

$$|X(e^{j\omega})|=\left|\sum_{n=-\infty}^{\infty}x[n]e^{-j\omega n}\right|\leqslant\sum_{n=-\infty}^{\infty}|x[n]e^{-j\omega n}|=\sum_{n=-\infty}^{\infty}|x[n]|<\infty$$

$X(e^{j\omega})$ 存在。

辅学例题：序列的 DTFT 计算

**例 4.1-1**

计算 $x_1[n]=\delta[n]$ 和 $x_2[n]=a^n u[n]$ 的 DTFT。

**解：**

（1）对于 $x_1[n]$，利用 DTFT 的变换公式，可得

$$X_1(e^{j\omega})=\sum_{n=-\infty}^{\infty}x_1[n]e^{-j\omega n}=\sum_{n=-\infty}^{\infty}\delta[n]e^{-j\omega n}=e^{-j0}=1$$

（2）对于 $x_2[n]$，同样利用 DTFT 的变换公式，可得

$$X_2(e^{j\omega})=\sum_{n=-\infty}^{\infty}x_2[n]e^{-j\omega n}=\sum_{n=-\infty}^{\infty}\alpha^n u[n]e^{-j\omega n}$$

$$= \sum_{n=0}^{\infty} \alpha^n \mathrm{e}^{-\mathrm{j}\omega n} = \sum_{n=0}^{\infty} (\alpha \mathrm{e}^{-\mathrm{j}\omega})^n$$

$$= \begin{cases} \dfrac{1}{1-\alpha \mathrm{e}^{-\mathrm{j}\omega}}, & |\alpha|<1 \\ \text{不收敛}, & |\alpha| \geqslant 1 \end{cases}$$

**例 4.1-2**

已知序列 $x[n]=R_7[n+3]$，其中 $R_7[n]=\begin{cases}1, & 0\leqslant n\leqslant 6\\ 0, & n<0 \text{ 或 } n\geqslant 7\end{cases}$，求 $X(\mathrm{e}^{\mathrm{j}\omega})$。

**解：**

$$X(\mathrm{e}^{\mathrm{j}\omega}) = \sum_{n=-\infty}^{+\infty} R_7[n+3]\mathrm{e}^{-\mathrm{j}\omega n} = \sum_{n=-3}^{3} \mathrm{e}^{-\mathrm{j}\omega n} = \frac{(1-\mathrm{e}^{-\mathrm{j}7\omega})\mathrm{e}^{\mathrm{j}3\omega}}{1-\mathrm{e}^{-\mathrm{j}\omega}} = \frac{\mathrm{e}^{-\mathrm{j}\frac{\omega}{2}}(\mathrm{e}^{\mathrm{j}\frac{7}{2}\omega}-\mathrm{e}^{-\mathrm{j}\frac{7}{2}\omega})}{\mathrm{e}^{-\mathrm{j}\frac{\omega}{2}}(\mathrm{e}^{\mathrm{j}\frac{\omega}{2}}-\mathrm{e}^{-\mathrm{j}\frac{\omega}{2}})} = \frac{\sin(3.5\omega)}{\sin(\omega/2)}$$

**例 4.1-3**

已知某离散时间序列的频谱为 $Y(\mathrm{e}^{\mathrm{j}\omega})=\begin{cases}1, & |\omega|\leqslant\omega_c\\ 0, & \omega_c<|\omega|<\pi\end{cases}$，试推导该序列的时域表达式。

**解：**

利用 DTFT 的反变换公式，可得

$$y[n] = \frac{1}{2\pi}\int_{-\pi}^{\pi} Y(\mathrm{e}^{\mathrm{j}\omega})\mathrm{e}^{\mathrm{j}\omega n}\mathrm{d}\omega = \frac{1}{2\pi}\int_{-\omega_c}^{\omega_c} \mathrm{e}^{\mathrm{j}\omega n}\mathrm{d}\omega$$

$$= \frac{1}{2\pi}\frac{\mathrm{e}^{\mathrm{j}\omega_c n}-\mathrm{e}^{-\mathrm{j}\omega_c n}}{\mathrm{j}\omega} = \frac{\sin \omega_c n}{\pi\omega}$$

辅学例题：
IDTFT 计算

表 4.1-1 列出了常见的 DTFT 变换对。

**表 4.1-1　常见的 DTFT 变换对**

| 时域离散信号 | 对应 DTFT |
|---|---|
| $\delta[n]$ | $1$ |
| $1$ | $2\pi\sum_{m=-\infty}^{\infty}\delta(\omega+2\pi m)$ |
| $\mathrm{e}^{\mathrm{j}\omega_0 n}$ | $2\pi\sum_{m=-\infty}^{\infty}\delta(\omega-\omega_0+2\pi m)$ |
| $u[n]$ | $\frac{1}{1-\mathrm{e}^{-\mathrm{j}\omega}}+\pi\sum_{m=-\infty}^{\infty}\delta(\omega+2\pi m)$ |
| $\alpha^n u[n], \lvert\alpha\rvert<1$ | $\frac{1}{1-\alpha\mathrm{e}^{-\mathrm{j}\omega}}$ |
| $\alpha^{\lvert n\rvert}, \lvert\alpha\rvert<1$ | $\frac{1-\alpha^2}{1-2\alpha\cos\omega+\alpha^2}$ |

## 4.2　离散 Fourier 级数与离散时间 Fourier 变换

与从连续时间周期信号的 Fourier 级数推导连续时间非周期信号的 Fourier 变换类似，

离散时间非周期序列的 Fourier 变换 DTFT 也可由离散时间非周期序列的 Fourier 级数推导得到。

### 4.2.1 周期序列的离散 Fourier 级数

周期为 $N$ 的序列具有以下形式

$$x[n+N]=x[n] \tag{4.2-1}$$

记作 $\tilde{x}[n]$。

假定该序列 $\tilde{x}[n]$ 可采用成谐波关系的周期复指数序列集 $\phi_k[n]$ 的线性组合来表示

$$\tilde{x}[n]=\sum_k \alpha_k\phi_k[n] \tag{4.2-2}$$

对复指数序列 $a[n]=A\mathrm{e}^{\mathrm{j}\omega_0 n}$ 而言，只有当其数字频率满足 $\omega_0=\dfrac{2\pi k}{N}$，$k$、$N$ 为正整数，即 $a[n]=A\mathrm{e}^{\mathrm{j}\frac{2\pi k}{N}n}$ 时，才满足条件 $a[n+N]=a[n]$，为周期序列。

因此，周期为 $N$ 的所有离散时间复指数序列的集合可用如下形式来表示

$$\phi_k[n]=\mathrm{e}^{\mathrm{j}\omega_k n}=\mathrm{e}^{\mathrm{j}\frac{2\pi k}{N}n},\quad k=0,\pm1,\pm2,\cdots \tag{4.2-3}$$

集合中所有序列呈谐波关系，其频率 $\omega_k$ 都是同一基波频率$\dfrac{2\pi}{N}$的倍数。

在 4.1 节中，我们已知在离散时间域上，频率相差 $2\pi$ 的复指数序列都是相同的，即

$$A\mathrm{e}^{\mathrm{j}(\omega_0+2\pi r)n}=A\mathrm{e}^{\mathrm{j}\omega_0 n}\mathrm{e}^{\mathrm{j}2\pi rn}=A\mathrm{e}^{\mathrm{j}\omega_0 n} \tag{4.2-4}$$

因此，对前述离散时间复指数序列集合 $\phi_k[n]$，有

$$\phi_{k+lN}[n]=\mathrm{e}^{\mathrm{j}\frac{2\pi}{N}(k+lN)n}=\mathrm{e}^{\mathrm{j}\frac{2\pi}{N}kn}\mathrm{e}^{\mathrm{j}2\pi ln}=\mathrm{e}^{\mathrm{j}\frac{2\pi}{N}kn}=\phi_k[n] \tag{4.2-5}$$

即看似无穷项周期序列的组合，事实上只有 $N$ 项是独立的。

此时

$$\tilde{x}[n]=\sum_k \alpha_k\phi_k[n]=\sum_k \alpha_k\mathrm{e}^{\mathrm{j}\frac{2\pi k}{N}n}=\sum_{k=\langle N\rangle}\alpha_k\mathrm{e}^{\mathrm{j}\frac{2\pi k}{N}n} \tag{4.2-6}$$

式(4.2-6)中，$k=\langle N\rangle$ 表示任取 $N$ 个连续的值。不失一般性，选择求和区间 $k=0,1,\cdots,N-1$，则

$$\tilde{x}[n]=\sum_{k=0}^{N-1}\alpha_k\mathrm{e}^{\mathrm{j}\frac{2\pi k}{N}n} \tag{4.2-7}$$

上式即为周期序列的离散 Fourier 级数(DFS)，而系数 $\alpha_k$ 则称为 Fourier 级数的系数。

式(4.2-6)中，$\phi_k[n]$ 是具有同一基波频率$\dfrac{2\pi}{N}$、呈谐波关系的周期序列组合，因此用 Fourier 级数形式表示周期序列 $\tilde{x}[n]$，其关键在于求解系数 $\alpha_k$。

观察式(4.2-7)，在等式两边同时乘以 $\mathrm{e}^{-\mathrm{j}\frac{2\pi r}{N}n}$，并在 $N$ 项上求和，得

$$\sum_{n=0}^{N-1}\tilde{x}[n]\mathrm{e}^{-\mathrm{j}\frac{2\pi r}{N}n}=\sum_{n=0}^{N-1}\sum_{k=0}^{N-1}\alpha_k\mathrm{e}^{\mathrm{j}\frac{2\pi k}{N}n}\mathrm{e}^{-\mathrm{j}\frac{2\pi r}{N}n} \tag{4.2-8}$$

交换上式右边的求和顺序，可得

$$\sum_{n=0}^{N-1}\tilde{x}[n]e^{-j\frac{2\pi r}{N}n}=\sum_{k=0}^{N-1}\alpha_k\sum_{n=0}^{N-1}e^{j\frac{2\pi(k-r)}{N}n} \tag{4.2-9}$$

由有限项几何级数和可知

$$\sum_{n=0}^{N-1}a^n=\begin{cases}N, & a=1\\ \dfrac{1-a^N}{1-a}, & a\neq 1\end{cases} \tag{4.2-10}$$

令 $a=e^{j\frac{2\pi k}{N}}$，则，当 $k=0,\pm N,\pm 2N,\cdots$ 时，$a=1$。由此推得

$$\sum_{n=0}^{N-1}e^{j\frac{2\pi k}{N}n}=\begin{cases}N, & k=0,\pm N,\pm 2N,\cdots\\ \dfrac{1-e^{j\left(\frac{2\pi k}{N}\right)N}}{1-e^{j\frac{2\pi k}{N}}}=0, & 其他\end{cases} \tag{4.2-11}$$

因此，当 $k$ 和 $r$ 都在相同区间变化时（如 $0,1,\cdots,N-1$），式(4.2-9)右边内层求和，仅当 $k=r$ 时，其值为 $N$；而当 $k\neq r$ 时，其值为 0。式(4.2-9)也因此可改写为

$$\sum_{n=0}^{N-1}\tilde{x}[n]e^{-j\frac{2\pi r}{N}n}=N\alpha_r$$

$$\alpha_r=\frac{1}{N}\sum_{n=0}^{N-1}\tilde{x}[n]e^{-j\frac{2\pi r}{N}n} \tag{4.2-12}$$

式(4.2-12)即是离散时间周期序列 $\tilde{x}[n]$ 的 Fourier 级数系数 $\alpha_r=\frac{1}{N}\sum_{n=0}^{N-1}\tilde{x}[n]e^{-j\frac{2\pi r}{N}n}$ 的闭合表达式。

依然用 $\alpha_k$ 表示 $\alpha_r$，我们得到如下所示的一对离散 Fourier 级数对

$$\tilde{x}[n]=\sum_{k=0}^{N-1}\alpha_k e^{j\frac{2\pi k}{N}n} \tag{4.2-13}$$

$$\alpha_k=\frac{1}{N}\sum_{n=0}^{N-1}\tilde{x}[n]e^{-j\frac{2\pi k}{N}n} \tag{4.2-14}$$

**例 4.2-1**

试分析序列 $x[n]=\sin(2\omega_0 n)$ 的周期性，并在满足周期性条件下给出其离散 Fourier 级数变换对。

**解：**

$$x[n]=\sin(2\omega_0 n)=\frac{1}{2j}\left(e^{j2\omega_0 n}-e^{-j2\omega_0 n}\right)$$

由复指数序列 $x[n]=Ae^{j\omega n}$ 为周期序列的条件可知，本题中当 $\omega_0=\frac{\pi k}{N}$ 时，序列 $x[n]$ 是周期序列，$N$ 为其基波周期。此时

$$x[n]=\frac{1}{2j}\left(e^{j2\frac{\pi k}{N}n}-e^{-j2\frac{\pi k}{N}n}\right)$$

由 $\alpha_k=\sum_{n=0}^{N-1}x[n]e^{-j\frac{2\pi k}{N}n}$ 可得 $\alpha_{N+k}=\frac{1}{2j}$，$\alpha_{N-k}=-\frac{1}{2j}$，其余为零。

令 $k=2, N=7$，可得其 Fourier 级数的系数如图 4.2-1 所示。

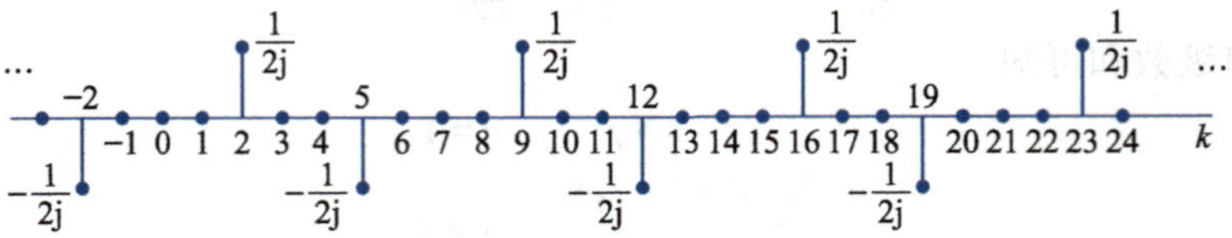


图 4.2-1 例 4.2-1 的序列

### 4.2.2 非周期序列的离散时间 Fourier 变换

已知当一个长度为 $N$ 的非周期序列 $x[n]$ 以 $N$ 为周期进行周期延拓时，可以得到一个周期为 $N$ 的周期序列 $\tilde{x}[n]$；同样地，对一个周期为 $N$ 的周期序列截取其主值区间，可得到一个 $N$ 点的有限长非周期序列 $x[n]$。

$$\tilde{x}[n]=\sum_{m=-\infty}^{\infty} x[n+mN] \tag{4.2-15a}$$

$$x[n]=\begin{cases}\tilde{x}[n], & 0 \leqslant n \leqslant N-1 \\ 0, & \text{其他}\end{cases} \tag{4.2-15b}$$

在上一段文字中，非周期有限长序列的长度和周期序列的周期都为 $N$。此时，截取周期序列的主值区间，其值和非周期序列相等。

**例 4.2-2**

试将图 4.2-2 中长度为 5 的有限长序列通过周期延拓分别变为周期为 4、5 和 23 的周期序列。

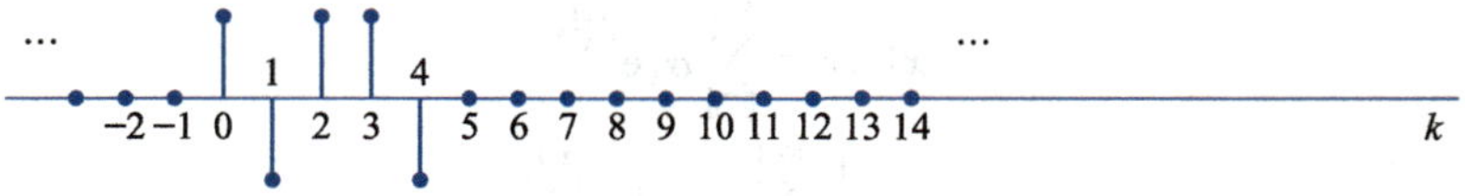


图 4.2-2 有限长序列 $x[n]$

**解：**

原序列长度为 5，大于周期长度 4，因此周期延拓的时候会出现混叠现象，如图 4.2-3（图中不同短划线类型代表拓展中的不同周期），而最终所得到周期为 4 的序列如图 4.2-4 所示。

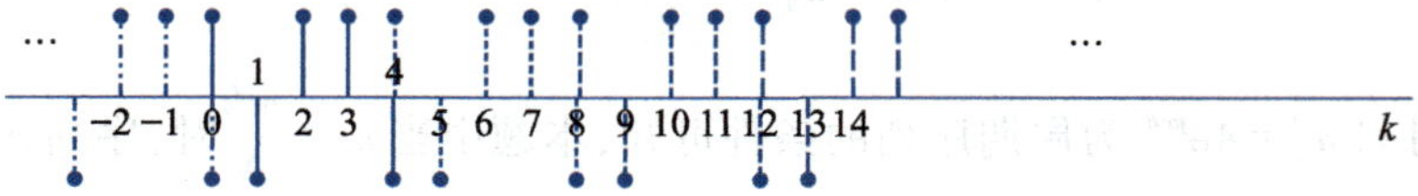


图 4.2-3 以 4 为周期，周期延拓示意图

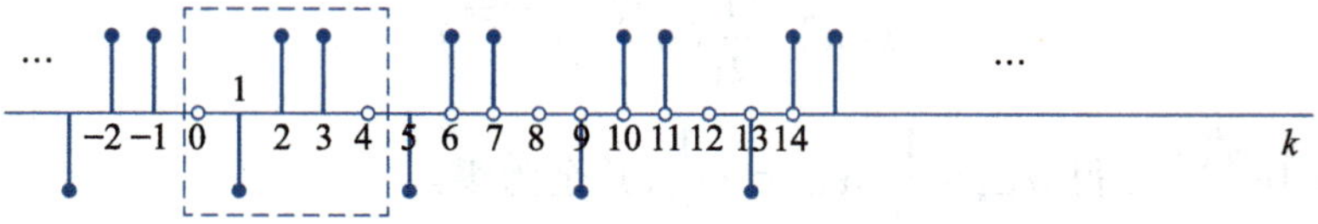


图 4.2-4 由 $x[n]$ 以 $N=4$ 为周期延拓的周期序列 $\tilde{x}_1[n]$

原序列长度为 5,以 5 为周期做周期延拓,形成周期序列如图 4.2-5。

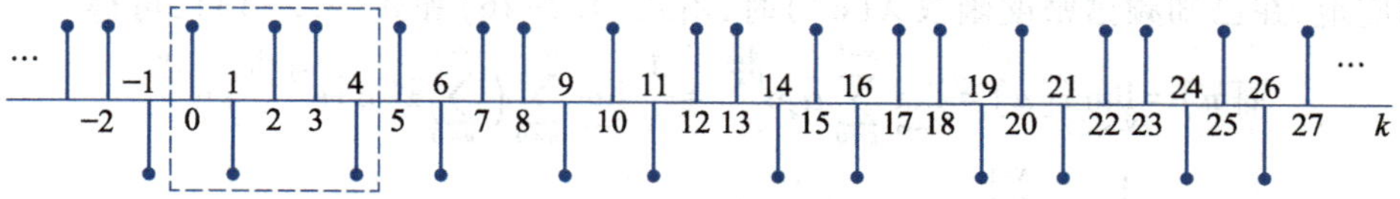

图 4.2-5 由 $x[n]$ 以 $N=5$ 为周期延拓的周期序列 $\tilde{x}_2[n]$

原序列长度为 5,欲通过周期延拓形成周期为 23 的周期序列,需将原序列进行补零后再做周期延拓,补零个数为 18,从而得到如图 4.2-6 所示的周期序列。

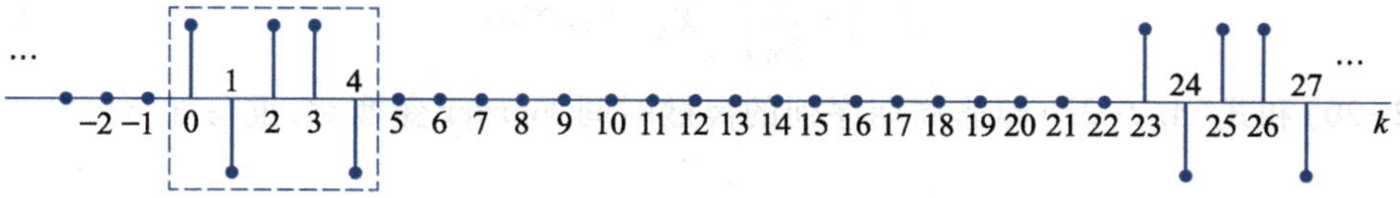

图 4.2-6 由 $x[n]$ 以 $N=23$ 为周期延拓的周期序列 $\tilde{x}_3[n]$

对比上例中 3 种不同长度的周期延拓,可见,当对一个长度为 $L$ 的有限长序列做以 $N$ 为周期的周期延拓,若 $N<L$,则所得到的周期序列的主值区间和原序列不等;若 $N\geqslant L$,则周期延拓后所得序列的主值区间和原序列相等。显然,补零的点数越多,该周期序列的周期 $N$ 越长,其序列也就越接近于原非周期序列,当 $N\to\infty$ 时,$\tilde{x}[n]$ 等于 $x[n]$。即

$$x[n]=\lim_{N\to\infty}\tilde{x}[n] \tag{4.2-16}$$

由式(4.2-14)

$$\alpha_k=\frac{1}{N}\sum_{n=0}^{N-1}\tilde{x}[n]\mathrm{e}^{-\mathrm{j}\frac{2\pi k}{N}n}$$

可知,$N\to\infty$ 时,各谐波分量的复振幅 $\alpha_k$ 趋于无限小。上式两端同乘以 $N$,可得

$$\lim_{N\to\infty}N\alpha_k=\lim_{N\to\infty}\sum_{n=0}^{N-1}\tilde{x}[n]\mathrm{e}^{-\mathrm{j}\frac{2\pi k}{N}n} \tag{4.2-17}$$

同时,$N\to\infty$ 时,$x[n]=\lim\limits_{N\to\infty}\tilde{x}[n]$,$\dfrac{2\pi}{N}\to\mathrm{d}\omega$,$\dfrac{2\pi}{N}k\to\omega$

$$\lim_{N\to\infty}\sum_{n=0}^{N-1}\tilde{x}[n]\mathrm{e}^{-\mathrm{j}\frac{2\pi k}{N}n}=\sum_{n=0}^{N-1}x[n]\mathrm{e}^{-\mathrm{j}\omega n} \tag{4.2-18}$$

同样地,令序列 $x[n]$ 长度 $L\to\infty$,可得

$$\lim_{N\to\infty}\sum_{n=0}^{N-1}\tilde{x}[n]\mathrm{e}^{-\mathrm{j}\frac{2\pi k}{N}n}=\sum_{n=-\infty}^{\infty}x[n]\mathrm{e}^{-\mathrm{j}\omega n} \tag{4.2-19}$$

序列 $x[n]$ 绝对可和时,即 $\sum\limits_{n=-\infty}^{\infty}\left|x[n]\mathrm{e}^{-\mathrm{j}\omega n}\right|=\sum\limits_{n=-\infty}^{\infty}\left|x[n]\right|<\infty$

由前述分析可知,离散时间非周期序列可以看作是当周期 $N\to\infty$ 的极限情况下的离散时间周期序列,因此周期 $N\to\infty$ 时,即可由离散 Fourier 级数推导得到离散时间 Fourier 变换的定义式。

定义

$$X(\mathrm{e}^{\mathrm{j}\omega})=\sum_{n=-\infty}^{\infty}x[n]\mathrm{e}^{-\mathrm{j}\omega n} \tag{4.2-20}$$

$X(\mathrm{e}^{\mathrm{j}\omega})$ 称为离散时间非周期序列 $x[n]$ 的离散时间 Fourier 变换,即非周期序列 $x[n]$ 的频谱

密度。

相应地，在已知频谱密度函数 $X(e^{j\omega})$ 时，由式(4.2-16)和式(4.2-13)，可得

$$x[n]=\lim_{N\to\infty}\tilde{x}[n]=\lim_{N\to\infty}\sum_{k=0}^{N-1}\alpha_k e^{j\frac{2\pi k}{N}n}=\frac{1}{N}\lim_{N\to\infty}\sum_{k=0}^{N-1}\left(\sum_{n=0}^{N-1}\tilde{x}[n]e^{-j\frac{2\pi k}{N}n}\right)e^{j\frac{2\pi k}{N}n}$$
$$=\frac{1}{N}\lim_{N\to\infty}\sum_{k=0}^{N-1}X(e^{j\omega})e^{j\frac{2\pi k}{N}n} \tag{4.2-21}$$

同上，当 $N\to\infty$ 时，$\frac{2\pi}{N}\to d\omega$，$\frac{2\pi}{N}k\to\omega$，可得 DTFT 逆变换

$$x[n]=\frac{1}{2\pi}\int_{-\pi}^{\pi}X(e^{j\omega})e^{j\omega n}d\omega \tag{4.2-22}$$

式(4.2-20)和式(4.2-22)即非周期序列的离散时间 Fourier 变换对，重写如下

$$\begin{cases}X(e^{j\omega})=\sum\limits_{n=-\infty}^{\infty}x[n]e^{-j\omega n}\\ x[n]=\dfrac{1}{2\pi}\displaystyle\int_{-\pi}^{\pi}X(e^{j\omega})e^{j\omega n}d\omega\end{cases} \tag{4.2-23}$$

## 4.3　离散时间 Fourier 变换的性质和定理

如前所述，离散时间非周期序列 $x[n]$ 与其频谱密度函数 $X(e^{j\omega})$ 形成了一对离散时间 Fourier 变换对

$$X(e^{j\omega})=\sum_{n=-\infty}^{\infty}x[n]e^{-j\omega n}$$
$$x[n]=\frac{1}{2\pi}\int_{-\pi}^{\pi}X(e^{j\omega})e^{j\omega n}d\omega$$

通过分析以上变换对，可得出如下离散时间 Fourier 变换性质。

### 4.3.1　线性性

假设存在任意两个序列 $x_1[n]$ 和 $x_2[n]$，且

$$x_1[n]\xleftrightarrow{\text{DTFT}}X_1(e^{j\omega}),\quad x_2[n]\xleftrightarrow{\text{DTFT}}X_2(e^{j\omega})$$

则，对于任意常数 $a$ 和 $b$，有

$$a\cdot x_1[n]+b\cdot x_2[n]\xleftrightarrow{\text{DTFT}}a\cdot X_1(e^{j\omega})+b\cdot X_2(e^{j\omega}) \tag{4.3-1}$$

### 4.3.2　移位特性

移位操作可分为时移(time-shifting)和频移(frequency-shifting)两种。

假设存在任意序列 $x[n]$，有 $x[n]\xleftrightarrow{\text{DTFT}}X(e^{j\omega})$，对于任意整数 $n_0$ 和任意实数 $\omega_0$，有

$$\begin{gathered}x[n-n_0]\xleftrightarrow{\text{DTFT}}e^{-j\omega n_0}X(e^{j\omega})\\ e^{j\omega_0 n}x[n]\xleftrightarrow{\text{DTFT}}X[e^{j(\omega-\omega_0)}]\end{gathered} \tag{4.3-2}$$

证明如下。

时移特性：

$$\sum_{n=-\infty}^{\infty} x[n-n_0]\mathrm{e}^{-\mathrm{j}\omega n}=\sum_{m=-\infty}^{\infty} x[m]\mathrm{e}^{-\mathrm{j}\omega(m+n_0)}=\sum_{m=-\infty}^{\infty} x[m]\mathrm{e}^{-\mathrm{j}\omega m}\mathrm{e}^{-\mathrm{j}\omega n_0}=\mathrm{e}^{-\mathrm{j}\omega n_0}X(\mathrm{e}^{\mathrm{j}\omega})$$

频移特性：

$$\begin{aligned}\frac{1}{2\pi}\int_{-\pi}^{\pi} X[\mathrm{e}^{\mathrm{j}(\omega-\omega_0)}]\mathrm{e}^{\mathrm{j}\omega n}\mathrm{d}\omega \xrightarrow{\omega'=\omega-\omega_0} &\frac{1}{2\pi}\int_{-\pi}^{\pi} X(\mathrm{e}^{\mathrm{j}\omega'})\mathrm{e}^{\mathrm{j}(\omega'+\omega_0)n}\mathrm{d}\omega' \\ &=\mathrm{e}^{\mathrm{j}\omega_0 n}\frac{1}{2\pi}\int_{-\pi}^{\pi} X(\mathrm{e}^{\mathrm{j}\omega'})\mathrm{e}^{\mathrm{j}\omega' n}\mathrm{d}\omega' \\ &=\mathrm{e}^{\mathrm{j}\omega_0 n}x[n]\end{aligned}$$

### 4.3.3 时间翻转特性

假设存在任意序列 $x[n]$，有 $x[n]\xleftrightarrow{\text{DTFT}}X(\mathrm{e}^{\mathrm{j}\omega})$，将 $x[n]$ 在时域进行翻转，则有

$$x[-n]\xleftrightarrow{\text{DTFT}}X(\mathrm{e}^{-\mathrm{j}\omega}) \tag{4.3-3}$$

### 4.3.4 频域微分特性

若 $x[n]\xleftrightarrow{\text{DTFT}}X(\mathrm{e}^{\mathrm{j}\omega})$，则

$$nx[n]\xleftrightarrow{\text{DTFT}}\mathrm{j}\frac{\mathrm{d}X(\mathrm{e}^{\mathrm{j}\omega})}{\mathrm{d}\omega} \tag{4.3-4}$$

利用 DTFT 的定义，可以证明其微分特性。

$$\frac{\mathrm{d}G(\mathrm{e}^{\mathrm{j}\omega})}{\mathrm{d}\omega}=\frac{\mathrm{d}\sum\limits_{n=-\infty}^{\infty} g[n]\mathrm{e}^{-\mathrm{j}\omega n}}{\mathrm{d}\omega}=\sum_{n=-\infty}^{\infty} g[n]\frac{\mathrm{d}\mathrm{e}^{-\mathrm{j}\omega n}}{\mathrm{d}\omega}=\sum_{n=-\infty}^{\infty}\{-\mathrm{j}ng[n]\}\mathrm{e}^{-\mathrm{j}\omega n}$$

$$\Leftrightarrow -\mathrm{j}ng[n]\xleftrightarrow{\text{DTFT}}\frac{\mathrm{d}G(\mathrm{e}^{\mathrm{j}\omega})}{\mathrm{d}\omega}$$

对式(4.3-4)进行扩展可以很容易得到二阶、三阶和更高阶的微分特性。

### 4.3.5 卷积特性

设 $x_1[n]$ 和 $x_2[n]$ 为任意序列（假设其 DTFT 均收敛）

$$x_1[n]\xleftrightarrow{\text{DTFT}}X_1(\mathrm{e}^{\mathrm{j}\omega}),\qquad x_2[n]\xleftrightarrow{\text{DTFT}}X_2(\mathrm{e}^{\mathrm{j}\omega})$$

则有

$$x_1[n]*x_2[n]\xleftrightarrow{\text{DTFT}}X_1(\mathrm{e}^{\mathrm{j}\omega})X_2(\mathrm{e}^{\mathrm{j}\omega}) \tag{4.3-5}$$

$$x_1[n]x_2[n]\xleftrightarrow{\text{DTFT}}\frac{1}{2\pi}\int_{-\pi}^{\pi} X_1(\mathrm{e}^{\mathrm{j}\theta})X_2[\mathrm{e}^{\mathrm{j}(\omega-\theta)}]\mathrm{d}\theta \tag{4.3-6}$$

式(4.3-5)称为 DTFT 的时域卷积特性，式(4.3-6)称为 DTFT 的频域卷积特性。两个序列在时域相卷，那么在频域它们的频谱就对应相乘；反之，在时域两个序列对应相乘，则在

频域它们的频谱进行相卷。注意到,两个序列在时域对应相乘实际上是调制(modulation)操作,因此,频域的卷积特性又称为调制特性。

下面分别对时域卷积特性和频域卷积特性进行证明。

首先是时域卷积特性,利用卷积的定义,有

$$x_1[n]*x_2[n]=\sum_{m=-\infty}^{\infty}x_1[m]x_2[n-m]$$

对上式进行 DTFT,并进行简单的变量代换后,可以得到

$$\begin{aligned}\sum_{n=-\infty}^{\infty}(x_1[n]*x_2[n])\mathrm{e}^{-\mathrm{j}\omega n}&=\sum_{n=-\infty}^{\infty}\left(\sum_{m=-\infty}^{\infty}x_1[m]x_2[n-m]\right)\mathrm{e}^{-\mathrm{j}\omega n}\\&=\sum_{m=-\infty}^{\infty}x_1[m]\sum_{n=-\infty}^{\infty}x_2[n-m]\mathrm{e}^{-\mathrm{j}\omega(n-m+m)}\\&=\sum_{m=-\infty}^{\infty}x_1[m]\mathrm{e}^{-\mathrm{j}\omega m}\sum_{n=-\infty}^{\infty}x_2[n-m]\mathrm{e}^{-\mathrm{j}\omega(n-m)}\\&=X_1(\mathrm{e}^{\mathrm{j}\omega})X_2(\mathrm{e}^{\mathrm{j}\omega})\end{aligned}$$

在证明频域卷积特性时,首先利用 $x_1[n]$ 的 DTFT 反变换公式,得到

$$x_1[n]x_2[n]=x_2[n]\cdot\frac{1}{2\pi}\int_{-\pi}^{\pi}X_1(\mathrm{e}^{\mathrm{j}\omega})\mathrm{e}^{\mathrm{j}\omega n}\mathrm{d}\omega$$

在此基础上,对上式进行 DTFT,可得

$$\begin{aligned}\sum_{n=-\infty}^{\infty}(x_1[n]x_2[n])\mathrm{e}^{-\mathrm{j}\omega n}&=\frac{1}{2\pi}\sum_{n=-\infty}^{\infty}\left(\int_{-\pi}^{\pi}X_1(\mathrm{e}^{\mathrm{j}\theta})\mathrm{e}^{\mathrm{j}\theta n}\mathrm{d}\theta\right)x_2[n]\mathrm{e}^{-\mathrm{j}\omega n}\\&=\frac{1}{2\pi}\int_{-\pi}^{\pi}X_1(\mathrm{e}^{\mathrm{j}\theta})\sum_{n=-\infty}^{\infty}x_2[n]\mathrm{e}^{-\mathrm{j}(\omega-\theta)n}\mathrm{d}\theta\\&=\frac{1}{2\pi}\int_{-\pi}^{\pi}X_1(\mathrm{e}^{\mathrm{j}\theta})X_2[\mathrm{e}^{\mathrm{j}(\omega-\theta)}]\mathrm{d}\theta\end{aligned}$$

需要注意的是,由于离散信号的频谱是关于 $\omega$ 的周期信号,因此,$G(\mathrm{e}^{\mathrm{j}\omega})$ 和 $H(\mathrm{e}^{\mathrm{j}\omega})$ 的卷积只在一个周期 $-\pi\leqslant\omega\leqslant\pi$ 内进行。

"时域相卷,频域相乘;时域相乘,频域相卷"这一特性大大丰富了信号分析和处理的方法和手段。利用卷积特性,相对复杂的时域卷积可以通过频域上的频谱相乘来简化,降低了运算量。同时,频域相卷的运算,也能更清晰地展示调制过程对信号所施加的影响,即频谱搬移。

### 4.3.6 对称性

一般地,对于一个离散的复数序列 $x[n]$ 而言,如果满足 $x[n]=x^*[-n]$,则 $x[n]$ 是共轭对称(CS,conjugate symmetry)的;反之,如果满足 $x[n]=-x^*[-n]$,则 $x[n]$ 是共轭反对称(CA,conjugate asymmetry)的。

任意 $x[n]$ 可对称分解获得其共轭对称部分 $x_{\mathrm{cs}}[n]$ 和共轭反对称部分 $x_{\mathrm{ca}}[n]$

$$x_{\mathrm{cs}}[n]=\frac{1}{2}(x[n]+x^*[-n]),\quad x_{\mathrm{ca}}[n]=\frac{1}{2}(x[n]-x^*[-n]),\quad x[n]=x_{\mathrm{cs}}[n]+x_{\mathrm{ca}}[n]$$

采用同样的方式,可得 $X(e^{j\omega})$ 的共轭对称部分 $X_{cs}(e^{j\omega})$ 和共轭反对称部分 $X_{ca}(e^{j\omega})$,再用 $x_{Re}[n]$ 和 $x_{Im}[n]$ 分别表示 $x[n]$ 的实部和虚部,$X_{Re}(e^{j\omega})$ 和 $X_{Im}(e^{j\omega})$ 分别表示 $X(e^{j\omega})$ 的实部和虚部,可推导出如表 4.3-1 所示 DTFT 的对称性。

**表 4.3-1 DTFT 的对称性**

| 时域离散信号 | 对应频谱 |
|---|---|
| $x[n]$ | $X(e^{j\omega})$ |
| $x[-n]$ | $X(e^{-j\omega})$ |
| $x^*[n]$ | $X^*(e^{-j\omega})$ |
| $x^*[-n]$ | $X^*(e^{j\omega})$ |
| $x_{cs}[n]=(x[n]+x^*[-n])/2$ | $X_{Re}(e^{j\omega})=[X(e^{j\omega})+X^*(e^{j\omega})]/2$ |
| $x_{ca}[n]=(x[n]-x^*[-n])/2$ | $jX_{Im}(e^{j\omega})=j[X(e^{j\omega})-X^*(e^{j\omega})]/2$ |
| $x_{Re}[n]=(x[n]+x^*[n])/2$ | $X_{cs}(e^{j\omega})=[X(e^{j\omega})+X^*(e^{-j\omega})]/2$ |
| $jx_{Im}[n]=(x[n]-x^*[n])/2$ | $X_{ca}(e^{j\omega})=[X(e^{j\omega})-X^*(e^{-j\omega})]/2$ |

如果 $x[n]$ 是实序列,即 $x_{Im}[n]=0$,则其共轭对称部分和共轭反对称部分可简化为偶对称部分和奇对称部分,记为 $x_e[n]$ 和 $x_o[n]$。在此基础上,得到表 4.3-2。

**表 4.3-2 实序列的 DTFT 对称性**

| 时域离散信号 | 对应频谱 |
|---|---|
| $x[n]$ | $X(e^{j\omega})$ |
| $x^*[n]=x[n]$ | $X^*(e^{-j\omega})=X(e^{j\omega}), \lvert X(e^{-j\omega})\rvert=\lvert X(e^{j\omega})\rvert$ |
| $x^*[-n]=x[-n]$ | $X^*(e^{j\omega})$ |
| $x_e[n]=(x[n]+x[-n])/2$ | $X_{Re}(e^{j\omega})=[X(e^{j\omega})+X^*(e^{j\omega})]/2$ |
| $x_o[n]=(x[n]-x[-n])/2$ | $jX_{Im}(e^{j\omega})=j[X(e^{j\omega})-X^*(e^{j\omega})]/2$ |
| $x_{Re}[n]=(x[n]+x[n])/2=x[n]$ | $X_{cs}(e^{j\omega})=[X(e^{j\omega})+X^*(e^{-j\omega})]/2=X(e^{j\omega})$ |
| $jx_{Im}[n]=(x[n]-x^*[n])/2=0$ | $X_{ca}(e^{j\omega})=[X(e^{j\omega})-X^*(e^{-j\omega})]/2=0$ |

### 4.3.7 Parseval(帕塞瓦尔)定理

设 $x_1[n]$ 和 $x_2[n]$ 为任意序列(假设其 DTFT 均收敛)

$$x_1[n]\overset{\text{DTFT}}{\longleftrightarrow}X_1(e^{j\omega}),\qquad x_2[n]\overset{\text{DTFT}}{\longleftrightarrow}X_2(e^{j\omega})$$

则

$$\sum_{n=-\infty}^{\infty}x_1[n]x_2^*[n]=\frac{1}{2\pi}\int_{-\pi}^{\pi}X_1(e^{j\omega})X_2^*(e^{j\omega})\,d\omega \tag{4.3-7}$$

证明如下

$$\sum_{n=-\infty}^{\infty}x_1[n]x_2^*[n]=\sum_{n=-\infty}^{\infty}\left(\frac{1}{2\pi}\int_{-\pi}^{\pi}X_1(e^{j\omega})e^{j\omega n}d\omega\right)x_2^*[n]$$

$$=\frac{1}{2\pi}\int_{-\pi}^{\pi}X_1(e^{j\omega})\left\{\sum_{n=-\infty}^{\infty}x_2^*[n]e^{j\omega n}\right\}d\omega$$

$$=\frac{1}{2\pi}\int_{-\pi}^{\pi}X_1(e^{j\omega})\left\{\sum_{n=-\infty}^{\infty}x_2[n]e^{-j\omega n}\right\}^*d\omega$$

$$=\frac{1}{2\pi}\int_{-\pi}^{\pi}X_1(e^{j\omega})X_2^*(e^{j\omega})d\omega$$

Parseval 定理描述了信号在时频域操作的一种对称的运算关系：在时域将一个序列取共轭后，和另一个序列对应相乘并将乘积累加起来的结果，与在频域将一个序列的频谱取共轭后，和另一个序列的频谱对应相乘，并在一个 $2\pi$ 周期内积分的结果是相同的。

特别地，当 $x_1[n]=x_2[n]=x[n]$，即两个序列相同时，Parseval 定理变为

$$\sum_{n=-\infty}^{\infty}|x[n]|^2=\frac{1}{2\pi}\int_{-\pi}^{\pi}|X(e^{j\omega})|^2d\omega \tag{4.3-8}$$

式(4.3-8)左边实际计算的是序列 $x[n]$ 的能量，因此，Parseval 定理又被称作能量定理。

式(4.3-8)表明，序列 $x[n]$ 的能量既可以在时域通过序列能量的定义式来完成，也可以在频域通过对 $|X(e^{j\omega})|^2$ 积分来完成。事实上，与 $|x[n]|^2$ 描述了序列 $x[n]$ 的能量在时域的分布情况相类似，$|X(e^{j\omega})|^2$ 描述了序列能量在频域的分布情况，具有能量密度的量纲，亦称为能量密度谱(energy density spectrum)。

上述非周期序列离散时间 Fourier 变换主要性质都列入了表 4.3-3，方便查阅。

**表 4.3-3 非周期序列离散时间 Fourier 变换主要性质**

| 序号 | 序列 | Fourier 变换 |
|---|---|---|
| 1 | $x[n]$ | $X(e^{j\omega})$ |
| 2 | $h[n]$ | $H(e^{j\omega})$ |
| 3 | $ax[n]+bh[n]$ | $aX(e^{j\omega})+bH(e^{j\omega})$ |
| 4 | $x[n-m]$ | $e^{-j\omega m}X(e^{j\omega})$ |
| 5 | $a^nx[n]$ | $X\left(\frac{1}{a}e^{j\omega}\right)$ |
| 6 | $e^{j\omega_0 n}x[n]$ | $X(e^{j(\omega-\omega_0)})$ |
| 7 | $x[n]*h[n]$ | $X(e^{j\omega})H(e^{j\omega})$ |
| 8 | $x[n]h[n]$ | $\frac{1}{2\pi}\int_{-\pi}^{\pi}X(e^{j\omega})H(e^{j(\omega-\theta)})d\theta$ |
| 9 | $x^*[n]$ | $X^*(e^{-j\omega})$ |
| 10 | $x[-n]$ | $X(e^{-j\omega})$ |
| 11 | $x^*[-n]$ | $X^*(e^{j\omega})$ |
| 12 | $x_{Re}[n]$ | $X_{cs}(e^{j\omega})=\frac{X(e^{j\omega})+X^*(e^{-j\omega})}{2}$ |
| 13 | $jx_{Im}[n]$ | $X_{ca}(e^{j\omega})=\frac{X(e^{j\omega})-X^*(e^{-j\omega})}{2}$ |

续表

| 序号 | 序列 | Fourier 变换 |
|---|---|---|
| 14 | $x_e[n]=\dfrac{x[n]+x^*[-n]}{2}$ | $\mathrm{Re}[X(e^{j\omega})]$ |
| 15 | $x_o[n]=\dfrac{x[n]-x^*[-n]}{2}$ | $j\mathrm{Im}[X(e^{j\omega})]$ |
| 16 | $x[n]$为实序列 | $\begin{cases}X(e^{j\omega})=X^*(e^{-j\omega})\\X_{Re}(e^{j\omega})=X_{Re}(e^{-j\omega})\\X_{Im}(e^{j\omega})=-X_{Im}(e^{-j\omega})\\\lvert[X(e^{j\omega})]\rvert=\lvert[X(e^{-j\omega})]\rvert\\\arg[X(e^{j\omega})]=-\arg[X(e^{-j\omega})]\end{cases}$ |
| 17 | $x_e[n]=\dfrac{x[n]+x[-n]}{2}$　($x[n]$实序列) | $X_{Re}(e^{j\omega})$ |
| 18 | $x_o[n]=\dfrac{x[n]-x[-n]}{2}$　($x[n]$实序列) | $jX_{Im}(e^{j\omega})$ |
| 19 | $\sum\limits_{n=-\infty}^{\infty}x[n]h^*[n]=\dfrac{1}{2\pi}\int_{-\pi}^{\pi}X(e^{j\omega})H^*(e^{j\omega})d\omega$(Parseval 公式) | |
| 20 | $\sum\limits_{n=-\infty}^{\infty}\lvert x[n]\rvert^2=\dfrac{1}{2\pi}\int_{-\pi}^{\pi}\lvert X(e^{j\omega})\rvert^2d\omega$(Parseval 公式) | |

序列的离散时间 Fourier 变换直接表明了离散时间序列及其频谱间的关系,表 4.3-3 中性质 12~18 的对称特性常常用于简化序列的频谱运算。

辅学例题：
利用 DTFT 性质
计算序列频谱

## 4.4　离散时间序列的频域表示形式

如前所述,通过离散时间 Fourier 变换,离散时间非周期序列 $x[n]$ 可得到表征其频谱分布规律的其频谱密度函数 $X(e^{j\omega})$。相应地,类似连续时间信号的频域分析,借助离散序列分析由时域转移至频域,通过分析其频谱构成,获得序列的频域特征。

DTFT 变换对如下

$$\begin{cases}X(e^{j\omega})=\sum\limits_{n=0}^{N-1}x[n]e^{-j\omega n}\\x[n]=\dfrac{1}{2\pi}\int_{-\pi}^{\pi}X(e^{j\omega})e^{j\omega n}d\omega\end{cases}\tag{4.4-1}$$

式(4.4-1)给出了非周期有限长序列的离散时间序列及其离散时间 Fourier 变换之间的数学关系。由于离散时间序列是由连续时间信号经过采样而来,从采样过程看,在时域上离散时间序列携带了被采样的连续时间信号的特征;从频域来看,其频谱也保留了被采样的连续时间信号的频谱特征。

通常，$X(e^{j\omega})$是复函数，可以写成实部和虚部的形式，式中 $X_{Re}(e^{j\omega})$和 $X_{Im}(e^{j\omega})$分别代表 $x[n]$频谱的实部和虚部。

$$X(e^{j\omega})=X_{Re}(e^{j\omega})+jX_{Im}(e^{j\omega}) \tag{4.4-2}$$

更常见的做法是把序列的频谱改写成极坐标形式

$$X(e^{j\omega})=|X(e^{j\omega})|e^{j\angle X(e^{j\omega})} \tag{4.4-3}$$

其中$|X(e^{j\omega})|$为序列 $x[n]$的幅度谱，表征组成序列的不同频率成分的强度；$\angle X(e^{j\omega})$为序列 $x[n]$的相位谱，表征不同频率成分对应的相位值，本书中，序列的相位谱$\angle X(e^{j\omega})$也记作 $\theta(\omega)$，即

$$X(e^{j\omega})=|X(e^{j\omega})|e^{j\theta(\omega)} \tag{4.4-4}$$

辅学例题：采样仿真软件绘制序列的幅度谱和相位谱

绘制序列的幅度谱和相位谱，可以更方便地观察序列的频域特征。

由式(4.4-2)和式(4.4-3)，可得

$$\begin{aligned} X_{Re}(e^{j\omega})&=|X(e^{j\omega})|\cos[\angle X(e^{j\omega})] \\ X_{Im}(e^{j\omega})&=|X(e^{j\omega})|\sin[\angle X(e^{j\omega})] \end{aligned} \tag{4.4-5}$$

定义 $arg[X(e^{j\omega})]$为$\angle X(e^{j\omega})$的主值，$-\pi<arg[X(e^{j\omega})]\leqslant\pi$，则

$$arg[X(e^{j\omega})]=\arctan[X_{Im}(e^{j\omega})/X_{Re}(e^{j\omega})] \tag{4.4-6}$$

事实上，尽管$|X(e^{j\omega})|$为序列 $x[n]$的幅度谱，但在绘制幅度谱曲线的时候也常常采用将幅度谱的平方取对数来替代幅度谱的绝对数值。即用“分贝(decibel)”形式来表征

$$|X(e^{j\omega})|^2=X(e^{j\omega})X^*(e^{j\omega}) \tag{4.4-7}$$

$$X(\omega)=20\lg|X(e^{j\omega})| \quad (\mathrm{dB}) \tag{4.4-8}$$

**例 4.4-1**

试求序列 $x[n]=R_6[n]$的频谱 $X(e^{j\omega})$，以及幅度谱和相位谱。

**解：**

序列

$$R_6[n]=\begin{cases}1, & 0\leqslant n\leqslant 5\\ 0, & n>0,n\geqslant 6\end{cases}$$

序列频谱为

$$X(e^{j\omega})=\sum_{n=-\infty}^{+\infty}R_6[n]e^{-j\omega n}=\sum_{n=0}^{5}e^{-j\omega n}=\frac{1-e^{-j6\omega}}{1-e^{-j\omega}}=e^{-j\frac{5}{2}\omega}\frac{\sin(3\omega)}{\sin(\omega/2)}$$

幅度谱为

$$|X(e^{j\omega})|=\left|e^{-j\frac{5}{2}\omega}\frac{\sin(3\omega)}{\sin(\omega/2)}\right|=\left|\frac{\sin(3\omega)}{\sin(\omega/2)}\right|$$

相位谱为

$$\angle X(e^{j\omega})=-\frac{5}{2}\omega+\angle\frac{\sin(3\omega)}{\sin(\omega/2)}$$

幅度谱和相位谱如图 4.4-1 所示。

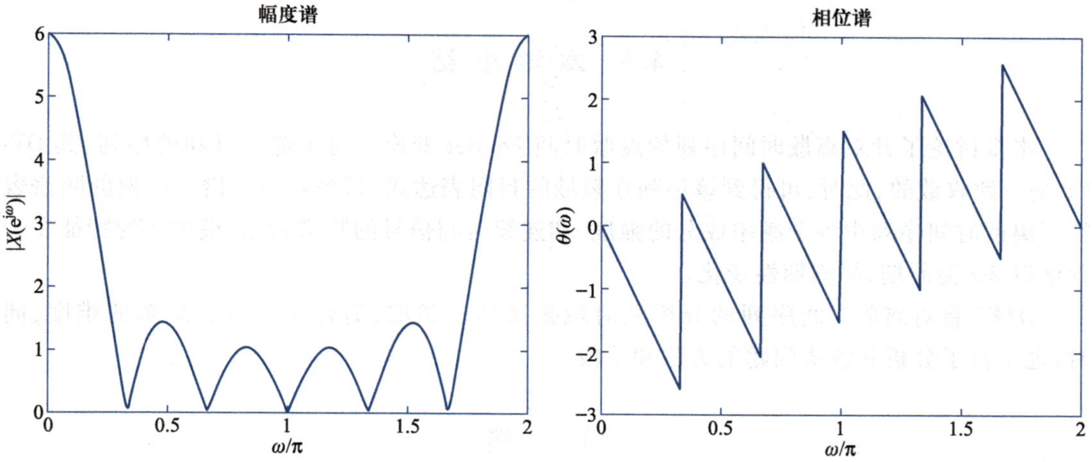


图 4.4-1 例 4.4-1 的幅度谱和相位谱

**例 4.4-2**

试给出序列 $x[n]=a^n u[n]$，$|a|<1$ 的幅度谱和相位谱。

**解：**

序列频谱为

$$X(e^{j\omega})=\sum_{n=-\infty}^{+\infty}x[n]e^{-j\omega n}=\sum_{n=-\infty}^{+\infty}a^n u[n]e^{-j\omega n}=\sum_{n=0}^{+\infty}(ae^{-j\omega})^n=\frac{1}{1-ae^{-j\omega}}$$

幅度谱为

$$|X(e^{j\omega})|=\left|\frac{1}{1-ae^{-j\omega}}\right|$$

相位谱为

$$\angle X(e^{j\omega})=\angle\frac{1}{1-ae^{-j\omega}}$$

幅度谱和相位谱如图 4.4-2 所示。

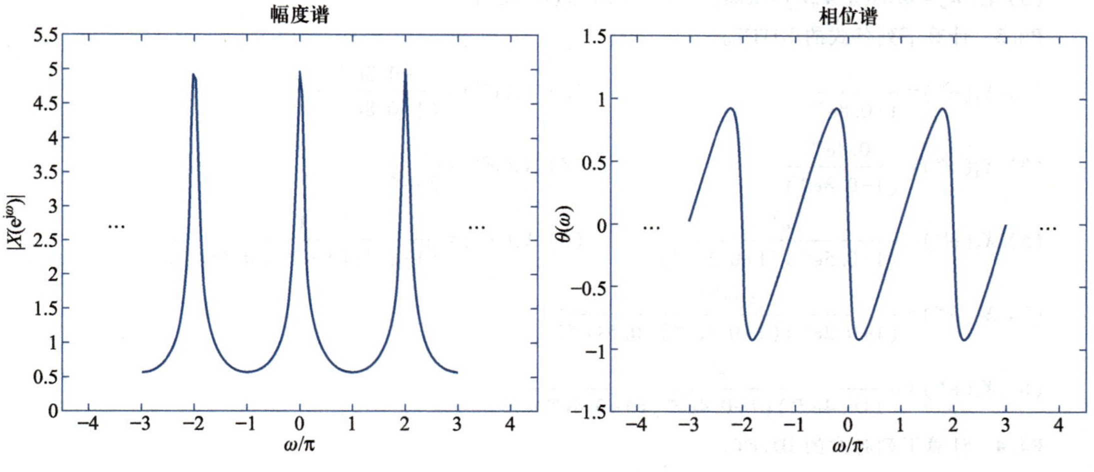


图 4.4-2 例 4.4-2 的幅度谱和相位谱

## 4.5 本章小结

本章讨论了针对离散时间序列的离散时间 Fourier 变换。对于绝对可和的序列，其 DTFT 是一致收敛的，此时，可得到该序列在频域的封闭表达式，即序列的频谱。序列的频谱表征了离散时间序列中各个频率成分的强度，和连续时间信号的频谱相比，最主要的特征在于频谱以 $2\pi$ 为周期，呈周期性变化。

DTFT 将对离散时间序列的分析从时域拓展到了频域，简化了学习和理解的难度，同时，也丰富了分析和解决问题的方法和手段。

## 习　题

**P4.1** 计算以下序列的 DTFT。

(1) $x_1[n]=\mathrm{u}[n]-\mathrm{u}[n-3]$

(2) $x_2[n]=(0.3)^n(\mathrm{u}[n]-\mathrm{u}[n-3])$

(3) $x_3[n]=(0.3)^n,-3\leqslant n\leqslant 3$

(4) $x_4[n]=(0.3)^n\mathrm{u}[n]$

(5) $x_5[n]=(0.3)^{-n}\mathrm{u}[-n]$

(6) $x_6[n]=(0.3)^n\mathrm{u}[n+3]$

(7) $x_7[n]=(0.3)^{n+3}\mathrm{u}[n]$

(8) $x_8[n]=(0.3)^{-n+3}\mathrm{u}[-n+3]$

(9) $x_9[n]=(0.3)^{n-3}\mathrm{u}[-n+3]$

(10) $x_{10}[n]=n^2(0.3)^n\mathrm{u}[n]$

**P4.2** 计算以下序列的 DTFT。

(1) $x_1[n]=\dfrac{1}{2}[1-\cos(2\pi n/M)],0\leqslant n\leqslant M$

(2) $x_2[n]=3(0.3)^n\cos\left(0.3\pi n+\dfrac{\pi}{3}\right)\mathrm{u}[n]$

(3) $x_3[n]=\cos\left(\dfrac{\pi n}{2M}\right),-M\leqslant n\leqslant M$

(4) $X_4(\mathrm{e}^{\mathrm{j}\omega})=\dfrac{\sin(0.5\pi n)}{\pi n}-\dfrac{\sin(0.3\pi n)}{\pi n}$

(5) $x_5[n]=4\cos(0.4\pi n)+6\cos(0.8\pi n)+10\cos(0.9\pi n)$

**P4.3** 计算下列各式的 IDTFT。

(1) $X_1(\mathrm{e}^{\mathrm{j}\omega})=\dfrac{1}{1-0.8\mathrm{e}^{-\mathrm{j}\omega}}$

(2) $X_2(\mathrm{e}^{\mathrm{j}\omega})=\dfrac{-0.8\mathrm{e}^{-\mathrm{j}\omega}}{(1-0.8\mathrm{e}^{-\mathrm{j}\omega})^2}$

(3) $X_3(\mathrm{e}^{\mathrm{j}\omega})=\dfrac{0.8\mathrm{e}^{\mathrm{j}\omega}}{(1-0.8\mathrm{e}^{\mathrm{j}\omega})}$

(4) $X_4(\mathrm{e}^{\mathrm{j}\omega})=\dfrac{\mathrm{e}^{\mathrm{j}\omega}}{2-\mathrm{e}^{\mathrm{j}\omega}}$

(5) $X_5(\mathrm{e}^{\mathrm{j}\omega})=\dfrac{\mathrm{e}^{\mathrm{j}\omega}}{(1-0.5\mathrm{e}^{\mathrm{j}\omega})(1+0.5\mathrm{e}^{-\mathrm{j}\omega})}$

(6) $X_6(\mathrm{e}^{\mathrm{j}\omega})=\dfrac{1}{(1-\mathrm{e}^{-\mathrm{j}\omega})(1+\mathrm{e}^{\mathrm{j}\omega})(0.1+\mathrm{e}^{\mathrm{j}\omega})}$

(7) $X_7(\mathrm{e}^{\mathrm{j}\omega})=\dfrac{1-\mathrm{e}^{-\mathrm{j}2\omega}}{(1+0.2\mathrm{e}^{\mathrm{j}\omega})(1-0.4\mathrm{e}^{-\mathrm{j}\omega})(0.5+\mathrm{e}^{\mathrm{j}\omega})}$

(8) $X_8(\mathrm{e}^{\mathrm{j}\omega})=\dfrac{\mathrm{e}^{\mathrm{j}\omega}}{(1+0.4\mathrm{e}^{-\mathrm{j}\omega})(1-0.4\mathrm{e}^{-\mathrm{j}\omega})(1+0.4\mathrm{e}^{\mathrm{j}\omega})}$

**P4.4** 计算下列各式的 IDTFT。

(1) $X_1(\mathrm{e}^{\mathrm{j}\omega})=\cos^2(4\omega)$

(2) $X_2(e^{j\omega})=1+2\cos(\omega)+4\cos^2(2\omega)$

(3) $X_3(e^{j\omega})=1+4\cos(\omega)+3\cos(5\omega)\cos(\omega)$

(4) $X_4(e^{j\omega})=j(3+4\cos(\omega)+2\cos^2(\omega))\sin(\omega)$

(5) $X_5(e^{j\omega})=je^{-j(\omega/2)}(4+2\cos(\omega)+4\cos^2(\omega))\sin(\omega/2)$

**P4.5**　利用 DTFT 的定义式，计算如下积分。

(1) $I_1=\int_{-\pi}^{\pi}e^{j\omega n}d\omega$　　(2) $I_2=\int_{-\pi}^{\pi}e^{j\omega(n+3)}d\omega$

**P4.6**　已知一个实离散序列 $h[n]$ 的 DTFT 为 $H(e^{j\omega})$，如图 P4.6 所示。

(1) 试计算 $h[n]$；

(2) 在 $h[n]$ 的基础上构造如下 3 个序列：$h_1[n]$，$h_2[n]$ 和 $h_3[n]$，试画出它们的 DFTT 并对结果进行解释。

$$h_1[n]=(-j)^n h[n],\quad h_2[n]=j^n h[n],\quad h_3[n]=[(1+j)/\sqrt{2}]^n h[n]$$

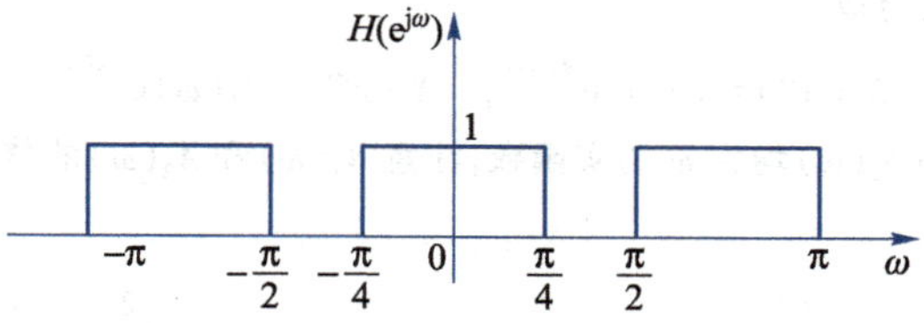


图 P4.6

**P4.7**　利用 Parseval 定理求解下列各式的值。

(1) $\int_0^{\pi}\frac{4}{5+4\cos\omega}d\omega$　　(2) $\int_0^{\pi}\frac{4}{(5-4\cos\omega)^2}d\omega$

**P4.8**　已知一个离散序列为 $x[n]=\{-2,4,-1,5,3,-3,0,3,4\}$，$-5\leqslant n\leqslant 3$，试计算以下各项的值。

(1) $X(e^{j0})$　　(2) $X(e^{j\pi})$　　(3) $\int_{-\pi}^{\pi}X(e^{j\omega})d\omega$

(4) $\int_{-\pi}^{\pi}|X(e^{j\omega})|^2 d\omega$　　(5) $\int_{-\pi}^{\pi}\left|\frac{dX(e^{j\omega})}{d\omega}\right|^2 d\omega$

**P4.9**　已知两个序列 $h_1[n]$ 和 $h_2[n]$ 的频率响应分别 $H_1(e^{j\omega})$ 和 $H_2(e^{j\omega})$，如图 P4.9 所示。

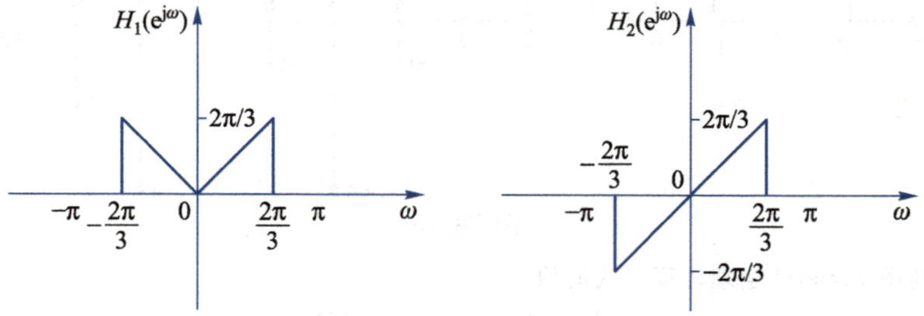


图 P4.9

(1) 试由图 P4.9 直接判断 $h_1[n]$ 和 $h_2[n]$ 的奇偶性；

(2) 通过计算 $H_1(e^{j\omega})$ 和 $H_2(e^{j\omega})$ 的 IDTFT，得到 $h_1[n]$ 和 $h_2[n]$，并验证前面的判断。

**P4.10**　已知一个离散序列 $x[n]$，$x[n]\xleftrightarrow{\text{DTFT}}X(e^{j\omega})$，$X(e^{j\omega})$ 如图 P4.10 所示。

(1) 试计算序列 $x[n]$；

(2) 画出序列 $x[n]e^{-j\pi n/3}$ 的 DTFT；

（3）试计算序列 $x[-n]$ 的 DTFT。

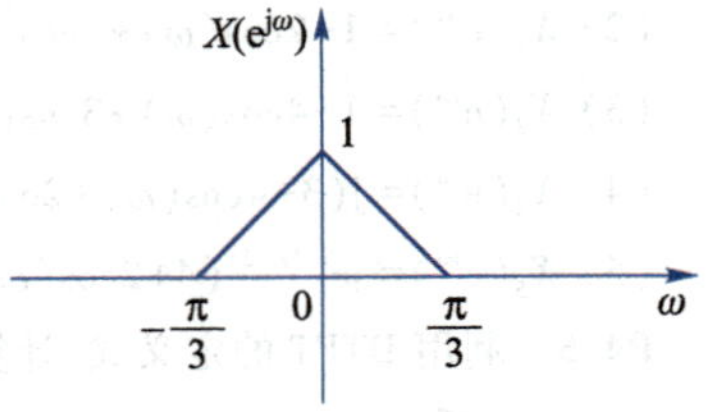

图 P4.10

**P4.11**　已知一个离散序列 $x[n]$，$x[n]\xleftrightarrow{\text{DTFT}}X(e^{j\omega})$，$X(e^{j\omega})=\dfrac{1-a^2}{(1-ae^{-j\omega})(1-ae^{j\omega})}$。

（1）试求出 $x[n]$；

（2）计算 $\int_{-\pi}^{\pi}X(e^{j\omega})\cos(\omega)\,d\omega$。

**P4.12**　已知一个离散序列 $x[n]$，则序列 $x[n]$ 的自相关（autocorrelation）定义为

$$R_{xx}[n]=\sum_{m=-\infty}^{\infty}x^*[m]x[n+m]$$

试证明 $R_{xx}[n]$ 的 DTFT 为 $|X(e^{j\omega})|^2$。

**P4.13**　已知两个离散序列 $x_1[n]$ 和 $x_2[n]$ 如图 P4.13 所示，其 DTFT 分别为 $X_1(e^{j\omega})$ 和 $X_2(e^{j\omega})$。一般而言，$X_1(e^{j\omega})$ 和 $X_2(e^{j\omega})$ 可以写成

$$X_1(e^{j\omega})=A_1(\omega)e^{j\theta_1(\omega)},\quad X_2(e^{j\omega})=A_2(\omega)e^{j\theta_2(\omega)}$$

其中 $A_1(\omega)$、$A_2(\omega)$、$\theta_1(\omega)$ 和 $\theta_2(\omega)$ 均为 $\omega$ 的实函数，注意 $A_1(\omega)$ 和 $A_2(\omega)$ 的值可正可负。

试计算 $\theta_1(\omega)$ 和 $\theta_2(\omega)$。

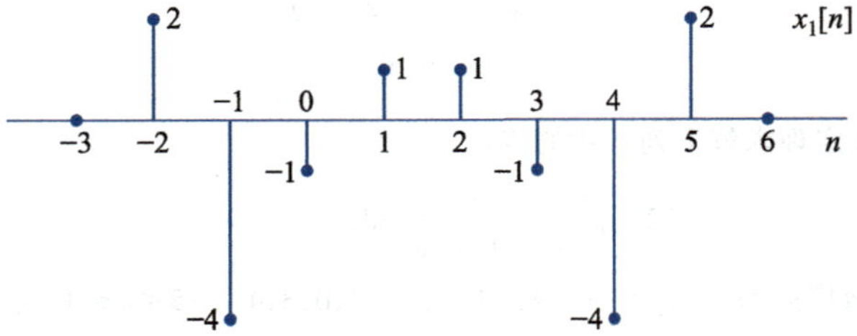


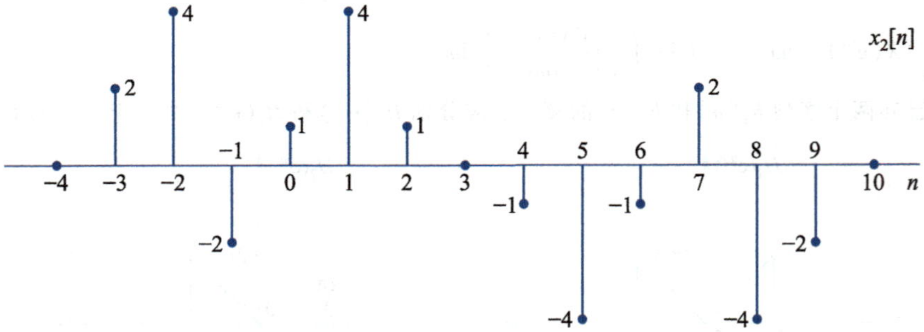


图 P4.13

**P4.14**　试利用 Parseval 定理计算下式的值

$$\sum_{n=-\infty}^{\infty}\frac{\sin(\pi n/4)\sin(\pi n/6)}{10\pi^2n^2}$$

**P4.15**　已知两个离散时间序列 $x[n]$、$y[n]$，$x[n]\xleftrightarrow{\text{DTFT}}X(e^{j\omega})$，$y[n]\xleftrightarrow{\text{DTFT}}Y(e^{j\omega})$，且 $Y(e^{j\omega})=X(e^{j3\omega})$，试用 $x[n]$ 来表示 $y[n]$。

**P4.16**　已知 $X(e^{j\omega})=\dfrac{1}{(1-\alpha e^{-j\omega})^m}$，$|\alpha|<1$。试证明其 IDTFT 为

$$x[n]=\frac{(n+m-1)!}{n!\,(m-1)!}\alpha^n u[n]$$

# 第五章　离散 Fourier 变换

## 5.1　引　　言

本章讨论离散信号频谱的离散化及其快速计算问题。

数字信号处理就是以数字化的形式对信号进行分析和处理，而数字化的一个基本要求和前提就是离散化。

前面的章节已对信号在时域的离散化问题进行了讨论。另一方面，频域分析也是处理信号和系统问题的一个重要方法和手段，从某种程度上说，其重要性甚至超过了时域分析。因此，频域的分析和处理也必须数字化，或者说离散化。

上一章的讨论告诉我们，通过 DTFT 获得的离散信号的频谱是连续的，无法在一个数字平台上进行处理，因此，必须先将其变成离散的。

可以从两个角度来实现离散信号频谱的离散化。

首先，周期信号的频谱本来就是离散的。因此，如果一个离散信号是周期的，那它的频谱就是离散的，可以直接以数字的形式进行处理。针对这种情况，本章重点讨论的是离散周期信号在时频域的表征与转换，以及频谱分析的问题，对应的工具不再是 DTFT，而是离散 Fourier 级数（DFS，discrete fourier series）。

其次，对于更为普遍的，具有连续频谱的非周期离散信号，则可以借鉴时域离散化方法，在频域对其采样，以获得离散的频谱。这样，在时域的离散信号与频域的离散频谱之间可以构成一个新的 Fourier 变换对。由于变换对两边的信号都是离散且有限长的，该变换对又被称为离散 Fourier 变换（DFT，discrete fourier transform）。

引入了 DFT 之后，信号在时域和频域都可以用离散的形式进行表征和相互转换，都可以用数字的形式对信号进行处理。但是，DFT 巨大的运算量限制了其在处理实际工程问题中的应用，特别是那些对实时性要求较高的场合。直到 1965 年，J. W. Cooley 和 John W. Tukey 提出了计算 DFT 的快速算法 FFT（fast fourier transform），使得 DFT 的实时实现成为可能，从而真正广泛应用于解决实际问题。FFT 在数字信号处理发展史上具有里程碑式的意义，很多学者甚至将其看作是现代数字信号处理的起源之一。

因此，按照 DFT 的引入和 DFT 的实现（或快速计算），本章的内容分为两个部分。前半部分重点围绕频谱的离散化和 DFT 的概念，阐述如下几个问题。

（1）DFT 的定义及其与 DFS 的关系。尽管 DFT 获得离散频谱的出发点和 DFS 不同，但频域的离散化势必导致时域的周期化，因此，DFT 和 DFS 一样，变换的两端实际上都既是离散的，又是周期的。深入理解 DFT 和 DFS 的关系，有助于更好地理解频谱的离散化问题，更好地掌握 DFT 及其性质。

(2) DFT 与 DTFT 的关系。理解它们的关系实际上需要搞清楚两个问题。首先,如何从 DTFT 得到 DFT? 对 DTFT 得到的连续频谱进行采样,就得到了 DFT 的离散频谱。但既然是采样,就存在一个采样频率选取的问题。即在频域采样的过程中,是否也存在一个类似于 Nyquist 定理的准则,控制着频域采样的间隔? 其次,如何从 DFT 得到 DTFT? 这一过程称为频率内插,即如何从离散的频谱恢复出采样前的连续频谱?

(3) DFT 的性质及其应用。由于频域离散化和周期化的对偶性,DFT 两端的信号实际上都既离散又周期,这将给 DFT 的性质带来一些变化。最基本的变化就是,DFT 的几乎所有操作都变成"圆周的(周期的)"了,如圆周移位、圆周翻转、圆周卷积等。因此,在利用 DFT 处理实际问题(如离散信号通过系统)时,必须考虑这些性质的变化,从而做出相应的调整。

本章的后半部分重点讨论 DFT 的快速计算问题。在简要介绍一些早期的 DFT 快速计算方法后,本章将重点讨论 FFT 算法,包括其原理、应用及其实现过程中的问题。

(4) FFT 算法的基本思想,即利用旋转因子的周期性和对称性,将原有的序列分成两个(或多个)较短的序列,这些序列的 DFT 可以很简单地组合起来得到原始序列的 DFT。FFT 算法的关键操作是位倒序(bit-reversion)运算和蝶形结运算。

(5) FFT 算法的应用,包括快速计算 IDFT、快速计算实数序列的 DFT 以及快速计算两个序列的线性卷积(即解决离散信号通过系统的问题)等。

(6) FFT 算法实现过程中,最关键的一个问题是有限字长效应对算法性能的影响。由于 FFT 算法是分级实现的,各级的核心模块是蝶形结的乘加运算,所以,在一个数字平台上实现时,有限字长效应的存在往往使得蝶形结运算会发生溢出,从而影响算法的性能。本章将分析有限字长效应对 FFT 算法的影响,并介绍一些减小其影响的方法。

通过对以上问题的阐述,希望为读者建立数字信号处理中基于 DFT 的时频域分析完整框架。这是一个高度对称的框架,DFT 两端的信号都是离散且周期的,使得在数字平台上对信号进行时频域分析成为可能。而 FFT 快速算法更为 DFT 的实时实现扫清了障碍,使得 DFT 真正从理论走向实际,灵活地用于处理各种工程问题。

## 5.2 离散 Fourier 级数

实现数字化频域处理的前提条件是获得离散的频谱。显然,如果信号的频谱本来就是离散的,则可以避免频谱离散化的问题。由时频域的对偶性可知,离散的频谱必然要求信号在时域是周期的。本节首先讨论这种简单的情况,即离散周期信号的频谱问题。

### 5.2.1 离散周期信号的频谱

由信号与系统的基本知识可知,对于一个连续的周期信号 $\tilde{x}_a(t)=\tilde{x}_a(t+nT_p)$,其中 $n$ 为整数,$T_p$ 为该信号的基本周期,其频谱是离散的,这些离散的频谱值称为 Fourier 级数。重写 Fourier 级数的变换对公式

$$\begin{cases} \tilde{x}_a(t)=\sum_{k=-\infty}^{\infty} F_k e^{jk\Omega_0 t} \\ F_k=\frac{1}{T_p}\int_0^{T_p}\tilde{x}_a(t)e^{-jk\Omega_0 t}dt \end{cases} \tag{5.2-1}$$

其中,基波频率 $\Omega_0=2\pi/T_p$,而 $F_k,k=0,\pm1,\pm2,\cdots$,就是周期信号 $\tilde{x}_a(t)$ 的离散频谱值,即 Fourier 级数的系数。$F_k$ 表示在 $\tilde{x}_a(t)$ 中所含有的 $e^{jk\Omega_0 t}$ 分量(即 $\tilde{x}_a(t)$ 的 $k$ 次谐波)的强度,由 $\tilde{x}_a(t)e^{-jk\Omega_0 t}$ 在一个时域周期内积分而得。

由于式(5.2-1)具有通用性,以上结论对离散信号同样适用,即离散周期信号的频谱也是离散的,从而可以用数字的方式进行处理。

对连续周期信号 $\tilde{x}_a(t)$ 进行采样,可以得到一个离散信号 $\tilde{x}[n]=\tilde{x}_a(nT)$,如果采样频率选择合适(例如满足 $T_p=NT_s$,其中 $T_p$ 和 $T_s$ 分别为 $\tilde{x}_a(t)$ 的周期和采样间隔,$N$ 为整数),那么这个离散信号 $\tilde{x}[n]$ 将仍然是周期的,且周期为 $N$,表示为 $\tilde{x}[n]=\tilde{x}[n+mN]$,$m$ 为整数。本书中上标"~"特指周期信号。

沿用第四章中的方法,可以获得离散周期信号的频谱。事实上,离散周期信号 $\tilde{x}[n]$ 和 $\tilde{x}_d(t)$ 是信息等价的,后者定义为连续周期信号 $\tilde{x}_a(t)$ 和理想冲激串的乘积,即

$$\tilde{x}_d(t)=\tilde{x}_a(t)\times\delta_{T_s}(t)=\sum_{n=-\infty}^{\infty}\tilde{x}_a(nT_s)\delta(t-nT_s)=\sum_{n=-\infty}^{\infty}\tilde{x}[n]\delta(t-nT_s) \tag{5.2-2}$$

将式(5.2-2)代入式(5.2-1),可得离散周期信号的频谱为

$$\begin{aligned} F'_k&=\frac{1}{T_p}\int_0^{T_p}\tilde{x}[n]e^{-jk\Omega_0 t}dt=\frac{1}{T_p}\int_0^{T_p}\sum_{n=0}^{N-1}\tilde{x}_a(nT_s)\delta(t-nT_s)e^{-jk\Omega_0 t}dt \\ &=\frac{1}{T_p}\sum_{n=0}^{N-1}\tilde{x}_a(nT_s)e^{-jk\Omega_0 nT_s}\int_0^{T_p}\delta(t-nT_s)dt=\frac{1}{T_p}\sum_{n=0}^{N-1}\tilde{x}_a(nT_s)e^{-jk\frac{2\pi}{T_p}nT_s} \\ &=\frac{1}{T_p}\sum_{n=0}^{N-1}\tilde{x}[n]e^{-j\frac{2\pi kn}{N}} \end{aligned} \tag{5.2-3}$$

在进行离散化之后,往往不再关心时间周期参数 $T_p$ 的绝对数值,而是关注一个周期内离散样本的个数 $N$。因此,不失一般性,可以假设 $T_p=1$,得到离散周期信号的离散频谱,表示为 $\tilde{X}[k]$,即

$$\tilde{X}[k]=\sum_{n=0}^{N-1}\tilde{x}[n]e^{-j\frac{2\pi kn}{N}} \tag{5.2-4}$$

频谱 $\tilde{X}[k]$ 描述了 $\tilde{x}[n]$ 在频域的分布情况,它是 $\tilde{x}[n]$ 在基函数 $e^{j2\pi kn/N}$ 上的投影,表示 $\tilde{x}[n]$ 中所含 $e^{j2\pi kn/N}$ 频率分量的强度。离散的频谱 $\tilde{X}[k]$ 则表明 $\tilde{x}[n]$ 在频域的分布是离散的,即 $\tilde{x}[n]$ 中仅包含 $N$ 个离散的频率分量($\omega_k=2\pi k/N,k=0,1,2,\cdots,N-1$)且对应强度为 $\tilde{X}[k]$,其他频率成分的强度均为零。

与连续周期信号离散频谱被称为 Fourier 级数一样,$\tilde{X}[k]$ 称为离散周期信号 $\tilde{x}[n]$ 的 Fourier 级数,简称离散 Fourier 级数(DFS,discrete fourier series)。

由式(5.2-4)容易证明,$\tilde{X}[k]$除了是离散的之外,它还是周期的,且周期也为 $N$,即 $\tilde{X}[k]=\tilde{X}[k+mN]$,这里的 $m$ 同样为整数。由于序号 $k$ 对应的实际数字角频率为 $\omega_k=2\pi k/N$,那么 $\tilde{X}[k]$的一个周期 $N$ 刚好对应数字角频率的一个周期 $2\pi$。

$\tilde{X}[k]$的周期性很容易解释,因为周期性和离散性是时频域的一组对偶特性。对于离散周期信号 $\tilde{x}[n]$,其时域的周期性导致频域的离散性,同时其时域的离散性也导致频域的周期性,所以 $\tilde{X}[k]$既是离散的,又是周期的;反之亦然。

### 5.2.2 离散 Fourier 级数 DFS

#### 1. DFS 变换对的定义及计算

离散周期信号 $\tilde{x}[n]$和其频谱 $\tilde{X}[k]$是一对 Fourier 变换对,称为 DFS 变换,其定义如式(5.2-5)所示

$$\begin{cases}\tilde{X}[k]=\sum\limits_{n=0}^{N-1}\tilde{x}[n]e^{-j\frac{2\pi kn}{N}}, & k=0,\pm1,\pm2,\cdots\\ \tilde{x}[n]=\dfrac{1}{N}\sum\limits_{k=0}^{N-1}\tilde{X}[k]e^{j\frac{2\pi kn}{N}}, & n=0,\pm1,\pm2,\cdots\end{cases}\tag{5.2-5}$$

下面对 DFS 反变换(又叫作 IDFS,inverse DFS)进行证明,以验证 DFS 变换对的完整性。将 $\tilde{X}[k]$代入 DFS 反变换中,可得一个离散序列 $\tilde{x}'[n]$,即

$$\begin{aligned}\tilde{x}'[n]&=\frac{1}{N}\sum_{k=0}^{N-1}\tilde{X}[k]e^{j\frac{2\pi kn}{N}}=\frac{1}{N}\sum_{k=0}^{N-1}\sum_{m=0}^{N-1}\tilde{x}[m]e^{-j\frac{2\pi km}{N}}e^{j\frac{2\pi kn}{N}}\\&=\frac{1}{N}\sum_{m=0}^{N-1}\tilde{x}[m]\sum_{k=0}^{N-1}e^{-j\frac{2\pi k(m-n)}{N}}=\frac{1}{N}\sum_{m=0}^{N-1}\tilde{x}[m]\frac{1-e^{-j2\pi(m-n)}}{1-e^{-j2\pi(m-n)/N}}\end{aligned}\tag{5.2-6}$$

注意到,上式中 $m$、$n$ 和 $k$ 均为整数,且 $m$ 和 $k$ 的取值范围为 $0,1,2,\cdots,N-1$。因此,可以进一步做如下简化,得到

$$\frac{1-e^{-j2\pi(m-n)}}{1-e^{-j2\pi(m-n)/N}}=N\delta[m-(n+rN)]=\begin{cases}N, & m-n=rN,r=0,\pm1,\pm2,\cdots\\0, & 其他\end{cases}\tag{5.2-7}$$

将式(5.2-7)代入式(5.2-6),得到

$$\tilde{x}'[n]=\sum_{m=0}^{N-1}\tilde{x}[m]\delta[m-(n+rN)]=\tilde{x}[n+rN]=\tilde{x}[n]\tag{5.2-8}$$

以上证明过程表明,通过 DFS 正变换,可以从 $\tilde{x}[n]$得到 $\tilde{X}[k]$,完成离散周期信号从时域到频域的变换;与之相对,通过 DFS 反变换,可以从 $\tilde{X}[k]$得到 $\tilde{x}[n]$,完成信号从频域到时域的变换。并且,由离散性和周期性的时频域对偶性可知,DFS 变换对的两边都既是离散的,又是周期的,且周期均为 $N$,如图 5.2-1 所示。

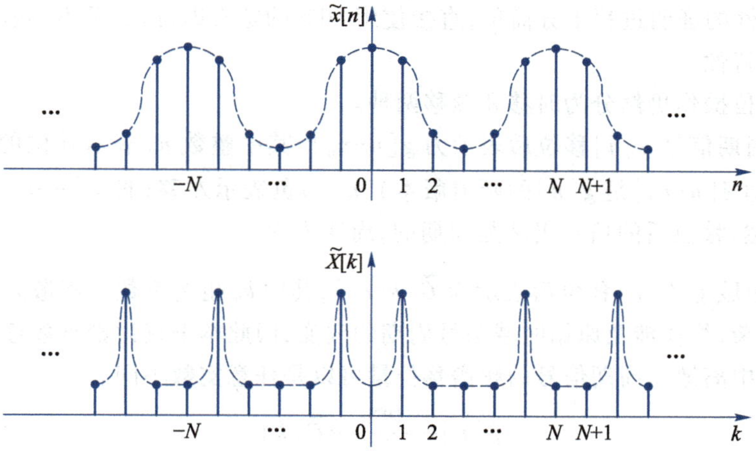


图 5.2-1 DFS 变换对的两边均为离散周期序列

### 2. DFS 的性质

DFS 变换的核心仍然是 Fourier 变换，因此，Fourier 变换的常见性质，如线性性、移位特性、卷积特性等，对于 DFS 都适用。但是，由于 DFS 变换对的两边都既是周期的，又是离散的，在这些性质的具体体现上存在细微的差异。

例 5.2-1

（1）对称性

DFS 变换的两边呈现出高度的对称性，$\tilde{x}[n]$ 和 $\tilde{X}[k]$ 都是离散的周期序列，且周期都为 $N$。

对于时域序列 $\tilde{x}[n]$，其相邻两点之间的时间间隔为采样间隔 $T_s$，时域一个周期对应的时间为 $T_p=NT_s$。

对于频域序列 $\tilde{X}[k]$，其相邻两点之间的数字角频率间隔为 $2\pi/N$。这个间隔就是周期信号的基波，$\tilde{X}[k]$ 对应 $k$ 次谐波。频域一个周期对应的频段为 $2\pi$。如果折算成模拟角频率，相邻两点之间的间隔为 $2\pi f_s/N=2\pi/NT_s=2\pi/T_p$，其中 $f_s=1/T_s$ 为采样间隔，一个周期对应的频段为 $2\pi f_s$。

（2）线性性

对于任意两个离散周期信号 $\tilde{g}[n]$ 和 $\tilde{h}[n]$，其 DFS 分别为 $\tilde{G}[k]$ 和 $\tilde{H}[k]$。简便起见，这里假设 $\tilde{g}[n]$ 和 $\tilde{h}[n]$ 的周期都为 $N$，若它们的周期不同，则以两个序列周期的最小公倍数为新的周期即可。所谓 DFS 的线性性是指，基于任意的常数 $a$ 和 $b$，可以生成新的周期信号 $a\cdot\tilde{g}[n]+b\cdot\tilde{h}[n]$，有

$$\tilde{g}[n]\xleftrightarrow{\text{DFS}}\tilde{G}[k]$$

$$\tilde{h}[n]\xleftrightarrow{\text{DFS}}\tilde{H}[k]$$

$$a\cdot\tilde{g}[n]+b\cdot\tilde{h}[n]\xleftrightarrow{\text{DFS}}a\cdot\tilde{G}[k]+b\cdot\tilde{H}[k] \tag{5.2-9}$$

DFS 线性性的证明过程十分简单，直接使用 DFS 的定义即可，这里不再赘述。

(3) 移位特性

这里的移位操作仍然分为时移和频移两种。

时域上，周期信号 $\tilde{g}[n]$ 移位后表示为 $\tilde{g}[n-n_0]$，其中整数 $n_0$ 表示移位的样本数，$n_0$ 为正表示右移（即 $\tilde{g}[n-n_0]$ 是 $\tilde{g}[n]$ 的延迟版本），$n_0$ 为负表示左移（即 $\tilde{g}[n-n_0]$ 是 $\tilde{g}[n]$ 的超前版本）。显然，移位后的信号仍然是周期的，周期为 $N$。

类似地，频域上 $\tilde{G}[k]$ 移位后表示为 $\tilde{G}[k-k_0]$，其中 $k_0$ 也为整数。离散频谱进行非整数的移位较为复杂，往往涉及原始时域信号周期的改变，因此本书仅讨论整数移位的情况。注意这与第四章中离散非周期信号的频谱移位量可以是任意实数不同。

$$\tilde{g}[n] \xleftrightarrow{\text{DFS}} \tilde{G}[k]$$

$$\tilde{g}[n-n_0] \xleftrightarrow{\text{DFS}} \mathrm{e}^{-\mathrm{j}\frac{2\pi k n_0}{N}} \tilde{G}[k]$$

$$\mathrm{e}^{\mathrm{j}\frac{2\pi k_0 n}{N}} \tilde{g}[n] \xleftrightarrow{\text{DFS}} \tilde{G}[k-k_0] \tag{5.2-10}$$

DFS 的时移和频移特性如式(5.2-10)所示，其证明过程非常简单，直接利用 DFS 的定义式即可。由该式可知，离散周期信号在某一个域的移位操作，在另一个域中对应为乘上一个指数序列，它们是时频域的一组对偶操作。并且，指数序列的相位变化率由移位量确定，具体为 $2\pi m/N$，这里的 $m$ 为移位量，即 $-n_0$ 或 $k_0$。

(4) 卷积特性

对于周期均为 $N$ 的离散信号 $\tilde{g}[n]$ 和 $\tilde{h}[n]$，其 DFS 分别为 $\tilde{G}[k]$ 和 $\tilde{H}[k]$，其 DFS 卷积特性仍然可分为时域卷积和频域卷积，描述如下

$$\tilde{g}[n] \xleftrightarrow{\text{DFS}} \tilde{G}[k]$$

$$\tilde{h}[n] \xleftrightarrow{\text{DFS}} \tilde{H}[k]$$

$$\tilde{g}[n] * \tilde{h}[n] \xleftrightarrow{\text{DFS}} \tilde{G}[k]\tilde{H}[k]$$

$$\tilde{g}[n]\tilde{h}[n] \xleftrightarrow{\text{DFS}} \frac{1}{N}\tilde{G}[k] * \tilde{H}[k] \tag{5.2-11}$$

对于离散周期序列，卷积和乘法是时频域的一组对偶操作。两个周期序列在时域相卷，对应于它们的 DFS 在频域相乘；反之，如果在时域相乘，则其 DFS 在频域相卷。

需要注意的是，这里所说的卷积，无论在时域还是在频域，都是两个离散周期序列的卷积，这与第三章中所描述的两个离散非周期序列的线性卷积不同。

为了叙述方便，重写两个非周期序列 $g[n]$ 和 $h[n]$ 的线性卷积公式如下

$$g[n] * h[n] = \sum_{m=-\infty}^{\infty} g[m]h[n-m] \tag{5.2-12}$$

不难发现，对于任意两个非零的离散周期序列 $\tilde{g}[n]$ 和 $\tilde{h}[n]$，如果按照线性卷积的规则进行计算，则结果一定是不收敛的。因此，为了计算 $\tilde{g}[n]$ 和 $\tilde{h}[n]$ 的卷积，定义了如下的计算规则，称为周期卷积

$$\tilde{g}[n]*\tilde{h}[n]=\sum_{m=0}^{N-1}\tilde{g}[m]\tilde{h}[n-m] \tag{5.2-13}$$

对比周期卷积和线性卷积的定义式发现，和线性卷积一样，周期卷积的操作也包括翻转、移位、相乘、累加等 4 个主要步骤。二者的主要区别在于，线性卷积的相乘和累加操作是在整个时间域上进行的，而周期卷积只在一个周期内进行，这和第四章中两个连续周期信号的卷积是一样的。

显然，由周期卷积的定义式可知，两个周期序列的卷积仍然是一个周期序列，且周期与原序列相同。

考虑两个周期均为 5 的周期序列 $\tilde{g}[n]$ 和 $\tilde{h}[n]$，在 $0\leqslant n\leqslant 4$ 的周期内，$\tilde{g}[n]$ 的值为 {1，1，1，0，0}，$\tilde{h}[n]$ 的值为 {1，1，0，0，0}，其周期卷积过程如图 5.2-2 所示。图中将 $\tilde{h}[n]$ 进行翻转和移位后，只与 $\tilde{g}[n]$ 一个周期内（即 $0\leqslant n\leqslant 4$）的值进行相乘和累加，$\tilde{g}[n]$ 的其他值（图中的灰色部分）并不参与该过程。由于 $\tilde{h}[n]$ 周期为 5，其翻转序列的周期也为 5，所以相乘和累加的结果也是一个周期序列，且周期为 5。图中 $\tilde{y}[n]$ 为周期卷积的结果，在 $0\leqslant n\leqslant 4$ 的周期内的值为 {1，2，2，1，0}。

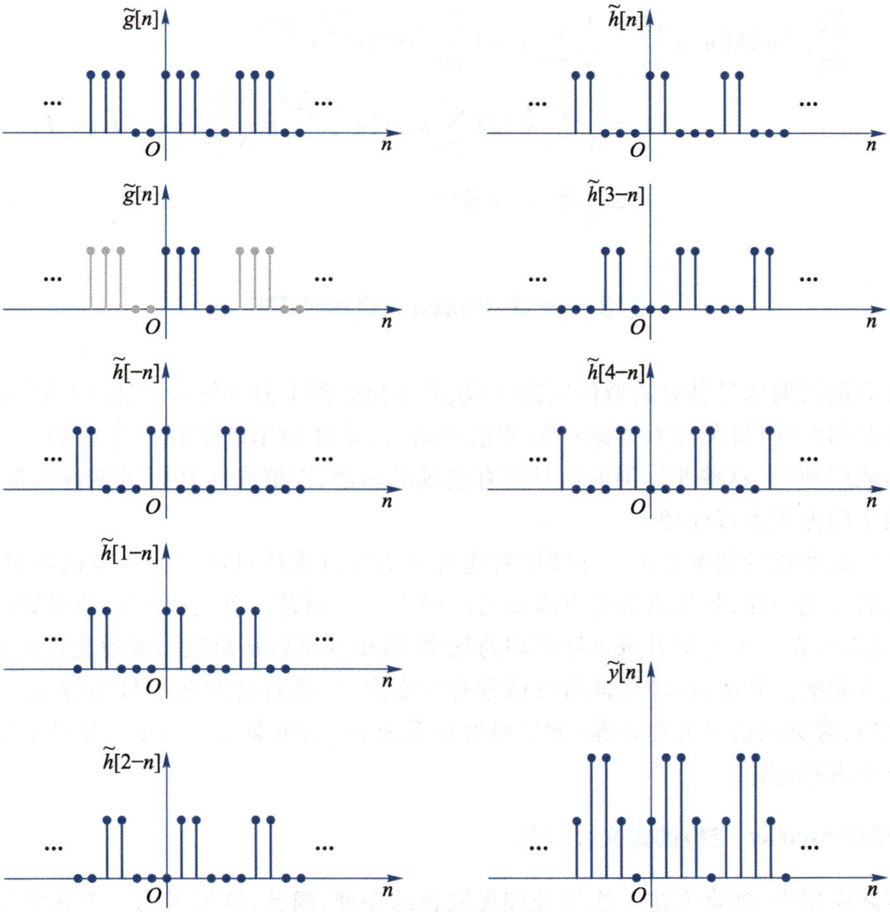


图 5.2-2 两个离散周期信号的周期卷积

下面利用周期卷积的定义对 DFS 的卷积特性进行证明。

时域卷积特性的证明过程如下：对 $\tilde{g}[n]$ 和 $\tilde{h}[n]$ 的周期卷积结果进行 DFS 变换，并进行简单的变量代换后，可以得到

$$\begin{aligned}\sum_{n=0}^{N-1}(\tilde{g}[n]*\tilde{h}[n])e^{-j\frac{2\pi kn}{N}}&=\sum_{n=0}^{N-1}\sum_{m=0}^{N-1}\tilde{g}[m]\tilde{h}[n-m]e^{-j\frac{2\pi kn}{N}}\\&=\sum_{n=0}^{N-1}\sum_{m=0}^{N-1}\tilde{g}[m]\tilde{h}[n-m]e^{-j\frac{2\pi k(n-m)}{N}}e^{-j\frac{2\pi km}{N}}\\&=\sum_{m=0}^{N-1}\tilde{g}[m]e^{-j\frac{2\pi km}{N}}\sum_{n=0}^{N-1}\tilde{h}[n-m]e^{-j\frac{2\pi k(n-m)}{N}}\\&=\tilde{G}[k]\tilde{H}[k]\end{aligned}\tag{5.2-14}$$

频域卷积特性的证明需要同时用到 DFS 正反变换公式。利用 $\tilde{g}[n]$ 的 DFS 反变换公式，有

$$\tilde{g}[n]\tilde{h}[n]=\frac{1}{N}\tilde{h}[n]\sum_{l=0}^{N-1}\tilde{G}[l]e^{j\frac{2\pi ln}{N}}\tag{5.2-15}$$

在此基础上，对上式进行 DFS 变换，可得

$$\begin{aligned}\sum_{n=0}^{N-1}\tilde{g}[n]\tilde{h}[n]e^{-j\frac{2\pi kn}{N}}&=\frac{1}{N}\sum_{n=0}^{N-1}\tilde{h}[n]\sum_{l=0}^{N-1}\tilde{G}[l]e^{j\frac{2\pi ln}{N}}e^{-j\frac{2\pi kn}{N}}\\&=\frac{1}{N}\sum_{l=0}^{N-1}\tilde{G}[l]\sum_{n=0}^{N-1}\tilde{h}[n]e^{-j\frac{2\pi(k-l)n}{N}}=\frac{1}{N}\sum_{l=0}^{N-1}\tilde{G}[l]\tilde{H}[k-l]\\&=\frac{1}{N}\tilde{G}[k]*\tilde{H}[k]\end{aligned}\tag{5.2-16}$$

## 5.3 离散 Fourier 变换 DFT

尽管离散周期信号具有离散的频谱，频域数字化处理十分方便，但实际应用中的大多数信号都是非周期的（即便是对连续的周期信号而言，采样频率的选择不合适仍然会得到非周期的离散序列）。这些非周期的信号具有连续的频谱，需要先对其频谱进行离散化，之后才能以数字的方式进行处理。

采样是离散化的基本方法。在频域对连续频谱进行采样可以得到离散的频谱。那么，和时域的离散化一样，频域离散化也需要关注如下几个问题。首先是如何选择频域的采样频率，即是否存在一个类似时域采样定理的规则，以确保可以从离散的频谱无失真地恢复出原始的连续频谱。其次，频域采样后对信号有什么影响，是否会改变信号的特性。第三，频谱离散化后，常见的信号处理过程（如信号通过系统等）是否会发生改变。这些问题将在下面的章节中进行讨论。

### 5.3.1 离散 Fourier 变换的定义及计算

在实际应用中，通常无法一次性处理无限长的序列，因此，这里考虑一个长度为 $N$ 的离散序列 $x[n]$，$0\leqslant n\leqslant N-1$。通过 DTFT 可以得到其连续频谱 $X(e^{j\omega})$ 如下

$$X(e^{j\omega})=\sum_{n=0}^{N-1}x[n]e^{-j\omega n} \tag{5.3-1}$$

下面对 $X(e^{j\omega})$ 进行采样，以获得离散的频谱。由于 $X(e^{j\omega})$ 是关于 $\omega$ 的周期函数，周期为 $2\pi$，因此只考虑 $[0,2\pi)$ 的周期即可。关于频域采样频率的选取，这里先给出一个正确的采样频率，后面再对此进行详细的讨论。频域采样后，信号在时域和频域都将以离散序列的形式存在。基于一个基本的对称考虑，即时频域离散序列的长度相同，这里以 $2\pi/N$ 的采样间隔对 $X(e^{j\omega})$ 进行采样，得到 $N$ 点的离散频谱，表示为 $X[k]$

$$X[k]=X(e^{j\omega_k})\Big|_{\omega_k=\frac{2\pi k}{N}}=\sum_{n=0}^{N-1}x[n]e^{-j\frac{2\pi kn}{N}},\quad k=0,1,\cdots,N-1 \tag{5.3-2}$$

现在，在时域和频域都得到了离散的序列 $x[n]$ 和 $X[k]$，且长度均为 $N$。事实上，它们也构成了一对 Fourier 变换对，因为变换对的两边都是离散的，因此又称为离散 Fourier 变换，简称 DFT(discrete Fourier transform)，定义如下

$$\begin{cases}X[k]=\sum\limits_{n=0}^{N-1}x[n]e^{-j\frac{2\pi kn}{N}}\\ x[n]=\dfrac{1}{N}\sum\limits_{k=0}^{N-1}X[k]e^{j\frac{2\pi kn}{N}},\quad k,n=0,1,\cdots,N-1\end{cases} \tag{5.3-3}$$

由于变换对两边的长度都为 $N$，式(5.3-3)又称为 $N$ 点的 DFT。后面将会看到，对于同一个序列，$N$ 的取值不同，DFT 变换的结果也可能不同。

DFT 反变换(IDFT, inverse DFT)的证明非常简单，将式(5.3-2)代入即可

$$\begin{aligned}x'[n]&=\frac{1}{N}\sum_{k=0}^{N-1}X[k]e^{j\frac{2\pi kn}{N}}=\frac{1}{N}\sum_{k=0}^{N-1}\sum_{m=0}^{N-1}x[m]e^{-j\frac{2\pi km}{N}}e^{j\frac{2\pi kn}{N}}\\&=\frac{1}{N}\sum_{m=0}^{N-1}x[m]\sum_{k=0}^{N-1}e^{-j\frac{2\pi k(m-n)}{N}}=\frac{1}{N}\sum_{m=0}^{N-1}x[m]\frac{1-e^{-j2\pi(m-n)}}{1-e^{-j2\pi(m-n)/N}}\\&=\frac{1}{N}\sum_{m=0}^{N-1}x[m]N\delta[m-n]=x[n]\end{aligned} \tag{5.3-4}$$

**例 5.3-1**

计算离散信号 $x[n]=\cos(2r\pi n/N)R_N[n]$ 的 $N$ 点 DFT，其中，$R_N[n]$ 为门函数，$N$、$r$ 均为整数，这里假设 $r<N/2$。

**解：**

利用 DFT 定义式，并结合 Eular 公式，可得

$$\begin{aligned}X[k]&=\sum_{n=0}^{N-1}\cos\left(\frac{2\pi rn}{N}\right)e^{-j\frac{2\pi kn}{N}}=\sum_{n=0}^{N-1}\frac{1}{2}\left(e^{j\frac{2\pi rn}{N}}+e^{-j\frac{2\pi rn}{N}}\right)e^{-j\frac{2\pi kn}{N}}\\&=\frac{1}{2}\sum_{n=0}^{N-1}e^{-j\frac{2\pi(k-r)n}{N}}+\frac{1}{2}\sum_{n=0}^{N-1}e^{-j\frac{2\pi[k-(N-r)]n}{N}}\\&=\frac{1}{2}\frac{1-e^{-j2\pi(k-r)}}{1-e^{-j2\pi(k-r)/N}}+\frac{1}{2}\frac{1-e^{-j2\pi[k-(N-r)]}}{1-e^{-j2\pi[k-(N-r)]/N}}\\&=\begin{cases}N/2, & k=r,k=N-r\\0, & \text{其他}\end{cases}\end{aligned} \tag{5.3-5}$$

图 5.3-1 为本例的 DFT 变换对。信号在时域和频域都是离散的，且长度都为 $N$。其中，$X[k]$ 只有在 $k=r$ 和 $N-r$ 两点有非零值 $N/2$，其他点的值均为 0。这两个非零点对应的数字角频率分别为 $\omega_1=2\pi r/N$ 和 $\omega_2=2\pi(N-r)/N$。同样，基于离散信号频域的周期性，$\omega_2$ 实际上对应的频率为 $-2\pi r/N$，即余弦信号的频谱是对称的两根谱线，这和前面的分析一致。

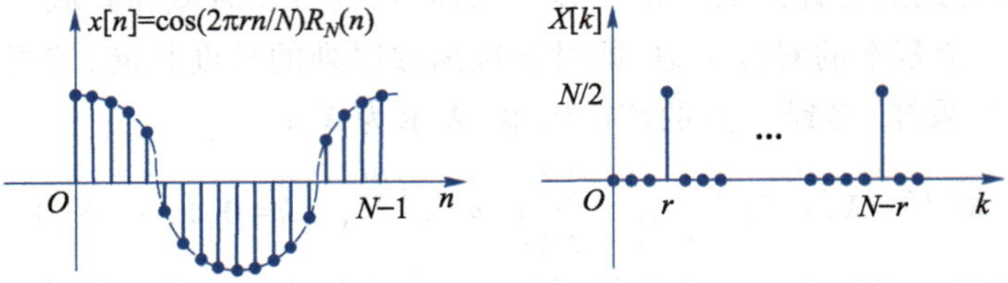


图 5.3-1　DFT 变换对

和例 5.2-1 中一样，除了直接利用 DFT 正变换的定义式外，还可以通过 DFT 反变换和 Eular 公式来求解，即

$$\begin{aligned} x[n] &= \frac{1}{N}\sum_{k=0}^{N-1} X[k]\mathrm{e}^{\mathrm{j}\frac{2\pi kn}{N}} \\ &= \frac{1}{2}\mathrm{e}^{\mathrm{j}\frac{2\pi rn}{N}} + \frac{1}{2}\mathrm{e}^{\mathrm{j}\frac{2\pi(N-r)n}{N}} \end{aligned} \tag{5.3-6}$$

由于变换基函数 $\mathrm{e}^{\mathrm{j}2\pi kn/N}, k=0,1,\cdots,N-1$ 是相互正交的，因此对比式(5.3-6)中的对应项直接可得

$$X[k]=\begin{cases} N/2, & k=r,N-r \\ 0, & k=0,1,\cdots,r-1,r+1,\cdots,N-r-1,N-r+1,\cdots,N-1 \end{cases} \tag{5.3-7}$$

因此，本例无论采用哪种方法都可以得到相同的结果。在解决实际问题时，可以根据具体情况灵活选择方法。一般而言，如果时域序列是正弦信号的简单组合，利用对比 IDFT 对应项的方法往往更为简单和直接。

### 5.3.2　DFT 和 DFS 的关系

尽管出发点不同，DFT 和 DFS 都获得了离散的频谱，二者的核心都是 Fourier 变换，并且对比式(5.3-3)和式(5.2-5)可以发现，二者的运算规则也完全相同，因此，DFT 和 DFS 之间存在十分密切的联系。这里对它们的关系做一个总结。

DFS 和 DFT 最直接的区别在于变换的对象不同。DFS 的变换对象为离散周期信号，其频谱本来就是离散的。而 DFT 的变换对象为有限长的离散非周期信号，通过对其连续频谱采样得到离散频谱。另外，在 DFS 定义式中，时域序号 $n$ 和频域序号 $k$ 的定义域是整个整数域，而在 DFT 定义式中，$n$ 和 $k$ 的定义域是 $0,1,\cdots,N-1$。

二者的相同之处在于，DFS 和 DFT 都基于 Fourier 变换这一运算规则。特别地，如果 DFS 变换信号的周期与 DFT 变换信号的长度相同，则二者的运算过程是完全相同的。基于这一点，可以认为：(1) DFS 变换对的一个周期就是 DFT，即 DFS 在 $n,k=0,1,\cdots,N-1$ 这一个周期内就等效于一个 DFT 变换对；(2) 也可以认为 DFT 计算的是另一个序列的 DFS。将 $x[n]$ 按照周期 $N$ 进行周期延拓可以得到一个周期序列 $\tilde{x}[n]$，那么计算 $x[n]$ 的 DFT 实际上

就是计算 $\tilde{x}[n]$ 的 DFS。具体而言，$X[k]$就是 $\tilde{X}[k]$的一个周期，或者说将 $X[k]$按照周期 $N$ 进行周期延拓就可以得到 $\tilde{X}[k]$。

下面的例子可以更好地说明 DFT 和 DFS 的关系。

例 5.3-2

### 5.3.3 DFT 和 DTFT 的关系

DFT 和 DTFT 的关系十分简单。由式(5.3-2)的定义可知，对 DTFT 得到的连续频谱按 $2\pi/N$ 的采样间隔进行采样的结果就是 $N$ 点 DFT。不难发现，频率采样间隔越小，获得的连续频谱的细节越多，但对应的 DFT 运算量也越大。因此，如何确定频域采样频率就变得十分重要。本节将对这一问题进行讨论。

**1. 如何确定频域采样频率**

选择频域采样间隔(或频域采样频率)的关键，是确保能够由 DFT 离散频谱 $X[k]$无失真地恢复出 DTFT 连续频谱 $X(e^{j\omega})$。如果抛开数字角频率 $\omega$ 的物理背景，$X(e^{j\omega})$实际上就是一个关于 $\omega$ 的连续函数，对 $X(e^{j\omega})$的采样和对时域的连续信号采样本质上是一样的。那么会很自然地想到，在频域采样时是否也存在一个"Nyquist 定理"，以确定如何选择频域采样间隔呢?

下面按照图 5.3-2 所示的思路对该问题进行分析。问题的核心是如何确定频域采样间隔(即如何确定 DFT 的长度 $N$)，使得可以通过 $X[k]$无失真地恢复出连续频谱 $X(e^{j\omega})$。由于直接在频域分析该问题较为困难，这里将它们转换到时域分析。由前面关于 DTFT 和 DFT 定义的证明可知，对原始时域序列 $x[n]$进行 DTFT 变换可以唯一地确定 $X(e^{j\omega})$，它们之间是一一对应的。同理，对 $X[k]$进行 $N$ 点的 DFT 反变换也可以唯一地确定一个 $N$ 点的时域序列，这里表示为 $x'[n]$，它和 $X[k]$也是一一对应的。因此，由 $X[k]$无失真地恢复出 $X(e^{j\omega})$等效于通过 $x'[n]$无失真地恢复出 $x[n]$。

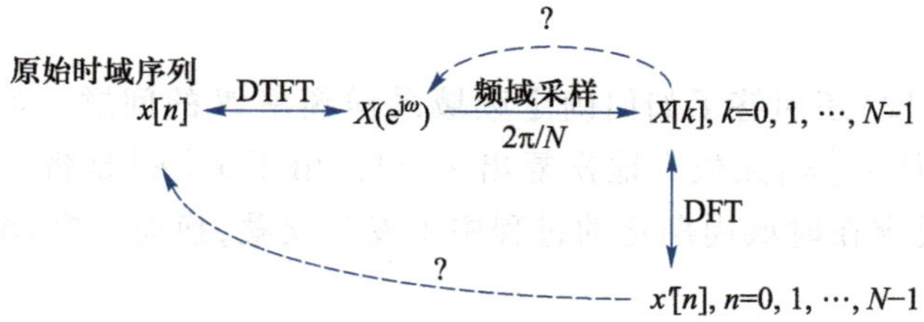


图 5.3-2 频域采样间隔问题的分析思路

按照以上思路，对于任意时域序列 $x[n]$，其 DTFT 频谱 $X(e^{j\omega})$为

$$X(e^{j\omega})=\sum_{n=-\infty}^{\infty}x[n]e^{-j\omega n} \tag{5.3-8}$$

注意，由于需要研究一般情况，这里没有对 $x[n]$的长度进行限制。对 $X(e^{j\omega})$按照 $2\pi/N$ 的采样间隔进行采样，得到 $X[k]$

$$X[k]=X(e^{j\omega_k})\Big|_{\omega_k=\frac{2\pi k}{N}}=\sum_{n=-\infty}^{\infty}x[n]e^{-j\frac{2\pi kn}{N}},\quad k=0,1,\cdots,N-1 \tag{5.3-9}$$

然后，对 $X[k]$ 进行 $N$ 点的 DFT 反变换得到 $x'[n],n=0,1,\cdots,N-1$

$$\begin{aligned}x'[n]&=\frac{1}{N}\sum_{k=0}^{N-1}X[k]\mathrm{e}^{\mathrm{j}\frac{2\pi kn}{N}}=\frac{1}{N}\sum_{k=0}^{N-1}\left(\sum_{m\to-\infty}^{\infty}x[m]\mathrm{e}^{-\mathrm{j}\frac{2\pi km}{N}}\right)\mathrm{e}^{\mathrm{j}\frac{2\pi kn}{N}}\\&=\frac{1}{N}\sum_{m=-\infty}^{\infty}x[m]\sum_{k=0}^{N-1}\mathrm{e}^{-\mathrm{j}\frac{2\pi k(m-n)}{N}}\\&=\frac{1}{N}\sum_{m=-\infty}^{\infty}x[m]\frac{1-\mathrm{e}^{-\mathrm{j}2\pi(m-n)}}{1-\mathrm{e}^{-\mathrm{j}2\pi(m-n)/N}},\quad n=0,1,\cdots,N-1\end{aligned}\tag{5.3-10}$$

式(5.3-10)中的分式 $(1-\mathrm{e}^{-\mathrm{j}2\pi(m-n)})/(1-\mathrm{e}^{-\mathrm{j}2\pi(m-n)/N})$ 已经出现过多次，它只有在分母为零时，即当 $(m-n)/N=r$ 时，才有非零的极限结果 $N$，其中 $r$ 为整数。注意，这里序号 $m$ 和 $n$ 的取值范围是不一样的，$m$ 的取值范围为整个整数域，而 $n$ 的范围为 $0,1,\cdots,N-1$。因此，$r$ 可以遍历所有的整数，即

$$\frac{1-\mathrm{e}^{-\mathrm{j}2\pi(m-n)}}{1-\mathrm{e}^{-\mathrm{j}2\pi(m-n)/N}}=N\sum_{r=-\infty}^{\infty}\delta[m-n-rN]\tag{5.3-11}$$

将式(5.3-11)代入式(5.3-10)，有

$$\begin{aligned}x'[n]&=\frac{1}{N}\sum_{m=-\infty}^{\infty}x[m]\frac{1-\mathrm{e}^{-\mathrm{j}2\pi(m-n)}}{1-\mathrm{e}^{-\mathrm{j}2\pi(m-n)/N}}=\frac{1}{N}\sum_{m=-\infty}^{\infty}x[m]\sum_{r=-\infty}^{\infty}N\delta[m-n-rN]\\&=\sum_{r=-\infty}^{\infty}x[n+rN]\end{aligned}\tag{5.3-12}$$

从式(5.3-12)可以得到两个重要的结果。

首先，式(5.3-12)揭示了频域离散化对时域信号所施加的影响，该式表明，如果在频域按照 $2\pi/N$ 的采样间隔对频谱进行离散化，则在时域等效于对信号进行周期化。进一步，如果忽略比例因子 $2\pi$，将 $N$ 看作是频域的采样频率（它代表在频域一个周期内的采样点数），那么时域周期化的周期就是频域采样频率 $N$。这再一次验证了离散化和周期化是时频域的一组对偶操作，在一个域的离散化对应着另一个域的周期化，且周期化的周期即为采样频率。

其次，式(5.3-12)还回答了如何确定频域采样频率 $N$ 的问题。前面已经提到，$N$ 的选择必须确保能够从 $x'[n]$ 无失真地恢复出 $x[n]$。由于 $x'[n]$ 是将 $x[n]$ 按照 $N$ 进行周期化的结果，这就要求在时域周期化的过程中不发生交叠，换而言之，$N$ 必须大于 $x[n]$ 的长度。

这里以对一个长度为 $M$ 的门函数序列 $x[n]$ 进行 $N$ 点的 DFT 为例，说明不同频域采样频率对应的时域周期化结果，如图 5.3-3 所示，图(a)为 $x[n]$ 的时域图；图(b)为 $N>M$ 时，频域采样对应的时域周期化结果，显然，周期移位后的各个序列之间互不重叠，因此叠加后没有发生时域的混叠；图(c)为 $N=M$ 时的周期化结果，周期移位后的各个序列刚好“拼接”起来，也不会发生混叠，最终得到一个常数信号。在图 5.3-3(b)和(c)中，由于周期化的过程完整地保留了 $x[n]$ 的信息，因此可以从周期化后的序列中无失真地恢复出 $x[n]$，等效于能够通过 $N$ 点 DFT 的结果 $X[k]$ 无失真地恢复出 DTFT 频谱 $X(\mathrm{e}^{\mathrm{j}\omega})$。与之相对，在图 5.3-3(d)中，由于 $N<M$，周期化的过程中发生了混叠，破坏了 $x[n]$ 的信息，因此无法恢复出 $x[n]$。

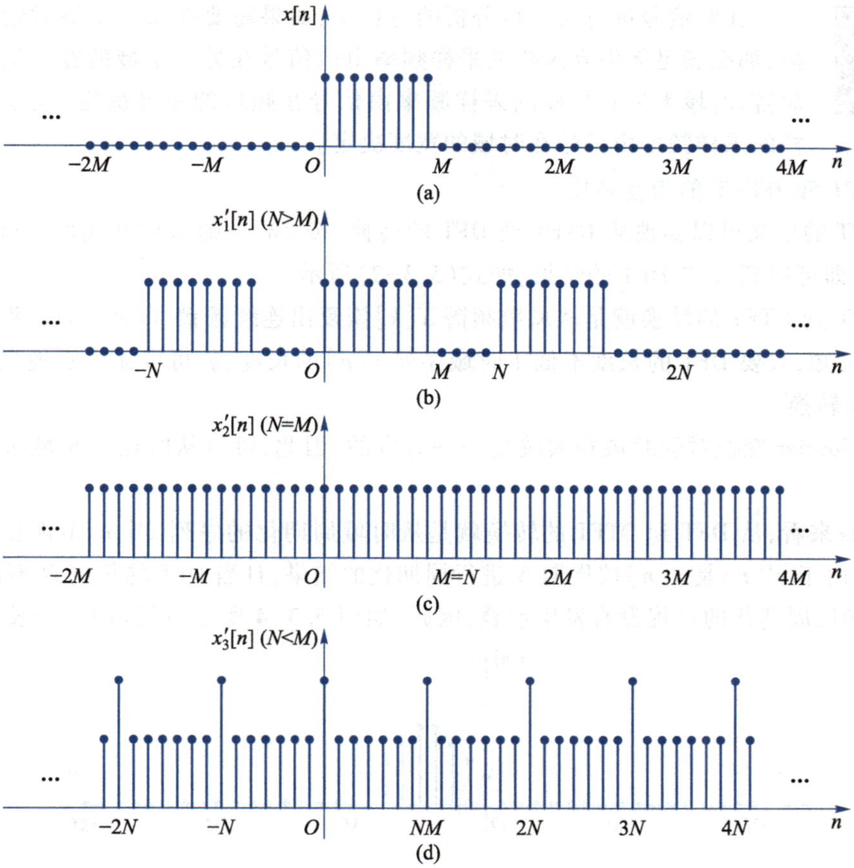


图 5.3-3 不同频域采样频率对应的时域周期化结果

由以上分析不难得出如下结论：一个长度为 $M$ 的时域序列 $x[n]$，它的 DTFT 连续频谱为 $X(e^{j\omega})$，对 $x[n]$ 进行 $N$ 点的 DFT，可以得到 $N$ 点的离散频谱 $X[k]$，那么，能够通过离散频谱 $X[k]$ 无失真地恢复出 $X(e^{j\omega})$，或从时域序列周期化的结果中无失真地恢复出 $x[n]$ 的条件是

$$N \geqslant M \tag{5.3-13}$$

事实上，式(5.3-13)决定了在频域离散化的过程中如何选择采样频率，从而实现无失真采样，它和 Nyquist 采样定理在时域离散化中的作用相同，因此称为频域采样定理。

为了便于对比，再次简述时域采样定理如下。

对于一个时域连续信号 $x_a(t)$，其最高频率成分为 $f_m$，以采样频率 $f_s = 1/T_s$ 对 $x_a(t)$ 进行采样，得到离散序列 $x[n]=x_a(nT_s)$，那么，在采样过程中频谱不发生混叠，能够从 $x[n]$ 中无失真地恢复出 $x_a(t)$ 的条件是

$$f_s \geqslant 2f_m \tag{5.3-14}$$

由于信号的频率成分可能分布在正负半轴，因此，对于最高频率为 $f_m$ 的连续信号 $x_a(t)$ 而言，式(5.3-14)右边的 $2f_m$ 实际上是 $x_a(t)$ 在频域的最大宽度。基于这一结论不难发现，时域采样定理和频域采样定理实际上是等价的，是同一种约束关系在时频域的不同表现。因此，时频域的采样定理可以统一描述如下。

例 5.3-3

在对信号进行时频域分析的过程中，如果需要在某一个域对信号进行采样，那么满足无失真采样的采样频率由该信号在另一个域的宽度决定。具体而言，时域无失真采样的采样频率由信号在频域的宽度决定；频域无失真采样的采样频率由信号在时域的宽度决定。

## 2. DFT 和 DTFT 的相互转换

由 DFT 的定义可以实现从 DTFT 到 DFT 的转换，按 $2\pi/N$ 的采样间隔对 DTFT 的结果进行采样，即可得到 $N$ 点 DFT 的结果，如式(5.3-2)所示。

从 DFT 到 DTFT 的转换就是从离散频谱 $X[k]$ 恢复出连续频谱 $X(e^{j\omega})$ 的过程。由频域采样定理可知，只要 DFT 的长度不低于时域序列 $x[n]$ 的长度，就可以无失真地完成从 DFT 到 DTFT 的转换。

由于 Fourier 变换对的时域和频域是一一对应的，因此，可以从时域或频域来分析以上转换过程。

从时域来看，从 DFT 到 DTFT 的转换就是从时域周期化的序列 $x'[n]$ 中恢复出原始序列 $x[n]$。由于 $x'[n]$ 是 $x[n]$ 按周期 $N$ 进行周期化的结果，且当 DFT 的长度 $N$ 不低于 $x[n]$ 的长度 $M$ 时，周期化的过程没有发生混叠，因此，如图 5.3-4 所示，可以用一个长度为 $N$ 的

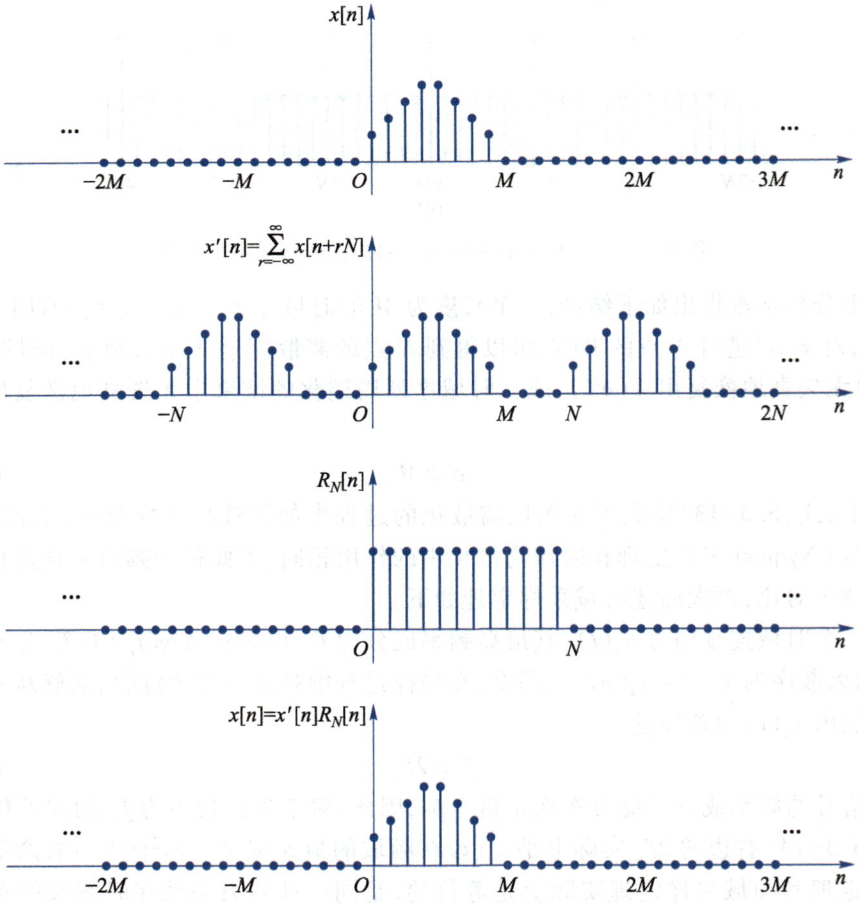


图 5.3-4 从 DFT 到 DTFT 转换的时域过程

门函数 $R_N[n]$ 和 $x'[n]$ 相乘，恢复出 $x[n]$ 来，即

$$x[n]=x'[n]R_N[n] \tag{5.3-15}$$

从频域来看，从 DFT 到 DTFT 的转换过程要复杂一些。利用 DTFT 的定义式，并结合 DFT 反变换，可得

$$\begin{aligned}X(e^{j\omega})&=\sum_{n=-\infty}^{\infty}x[n]e^{-j\omega n}=\sum_{n=0}^{N-1}x[n]e^{-j\omega n}=\sum_{n=0}^{N-1}\left(\frac{1}{N}\sum_{k=0}^{N-1}X[k]e^{j\frac{2\pi kn}{N}}\right)e^{-j\omega n}\\&=\sum_{k=0}^{N-1}X[k]\frac{1}{N}\sum_{n=0}^{N-1}e^{-j\left(\omega-\frac{2\pi k}{N}\right)n}=\sum_{k=0}^{N-1}X[k]\frac{1-e^{-jN\omega}}{N[1-e^{-j(\omega-2\pi k/N)}]}\\&=\sum_{k=0}^{N-1}X[k]\Phi\left(\omega-\frac{2\pi k}{N}\right)\end{aligned} \tag{5.3-16}$$

在上式中，第一行最后一个等式用到了 DFT 反变换的定义式，另外，函数 $\Phi(\omega)$ 定义为

$$\Phi(\omega)=\frac{1-e^{-jN\omega}}{N(1-e^{-j\omega})}=\frac{1}{N}\frac{\sin(N\omega/2)}{\sin(\omega/2)}e^{-j\frac{N-1}{2}\omega} \tag{5.3-17}$$

由式(5.3-16)可知，从 DFT 到 DTFT 的转换过程实际上就是函数 $\Phi(\omega)$ 的移位加权和。具体而言，就是将 $\Phi(\omega)$ 按 $2\pi k/N$ 的间隔进行移位，$k=0,1,\cdots,N-1$，并将移位后的结果和对应的 $X[k]$ 相乘，最后将这 $N$ 个乘积项 $X[k]\Phi(\omega-2\pi k/N)$ 累加起来，即可得到 DTFT 频谱 $X(e^{j\omega})$。

这里的 $\Phi(\omega)$ 又被称为频域内插函数（interpolation），其幅度部分如图 5.3-5 所示。该函数满足如下两个特点：(1) $\Phi(0)=1$；(2) $\Phi(2\pi k/N)=0,k=\pm1,\pm2,\cdots$。也就是说，除了在 $\omega=0$ 处值为 1 外，在其他 $\omega=2\pi k/N$ 处，$\Phi(\omega)$ 的值都为零，即每隔 $2\pi/N$ 有一个过零点，而这个 $2\pi/N$ 恰好为频域采样间隔，同时也是式(5.3-16)中的移位间隔。

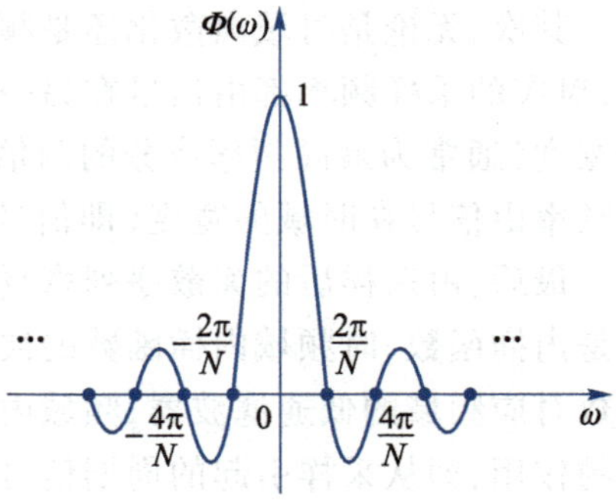

图 5.3-5 频域内插函数

基于以上特点，在频域内插的过程中，在 $\omega=2\pi k/N,k=0,1,\cdots,N-1$，这 $N$ 个频域采样点处，重建连续频谱的值与采样值大小相同，即 $X(e^{j\omega_k})\big|_{\omega_k=2\pi k/N}=X[k]$。而相邻两个样本点之间的重建值，则是通过多条内插函数的移位曲线叠加而成的。整个内插过程如图 5.3-6 所示。

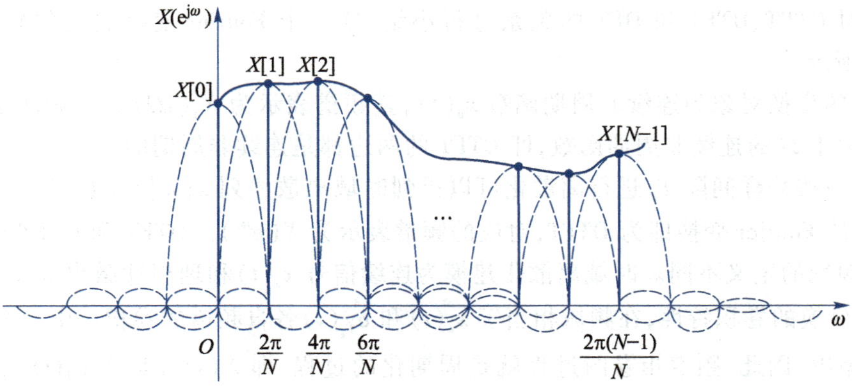

图 5.3-6 频域内插过程

例 5.3-4

进一步发现，以上频域内插过程和第二章中的时域内插过程十分相似。时域内插过程是指由时域离散样本值 $x[n]$ 恢复出原始连续信号 $x_a(t)$ 的过程。同样可以从时域和频域两个角度来分析该过程。从时域来看，该过程是离散样本值和时域内插函数相卷。从频域来看，该过程是采样后的周期频谱与理想低通滤波器相乘。显然，它们之间也是相互对偶的，即时域相卷对应频域相乘。

除了内插的处理流程外，频域内插过程与时域内插过程中所涉及的很多函数也具有相似性，可以结合起来理解和学习。在时频域内插转换过程中起关键作用的是内插函数，其中，时域内插过程的内插函数在时域表现为一个 Sa( · )函数，对应于频域的理想低通滤波器；频域内插函数 $\Phi(\omega)$ 在波形上与 Sa( · )函数十分相似，对应于时域的门函数。注意，如果仅从波形上看，时域门函数和频域低通滤波器也是十分相似的。

**3. 时域离散化和频域离散化小结**

由上面的分析可知，时域离散化和频域离散化是紧密联系的，这里对它们进行一个比较和总结。

首先，无论在哪个域，离散化都建模为连续函数和理想冲激串的乘积，一个域的离散化对应另一个域的周期化。具体而言，时域离散化建模为时域连续函数和时域冲激串的乘积，在频域对应频谱的周期化；频域离散化建模为连续频谱和频域冲激串的乘积，在时域对应时域序列的周期化。

其次，无论是时域离散化还是频域离散化，无失真采样都意味着周期化的过程不发生交叠，对应的采样频率都由信号在另一个域的宽度决定。时域无失真采样频率由信号在频域的宽度（通常为最高频率成分的两倍）决定，这就是所谓的 Nyquist 采样定理；频域无失真采样频率由信号在时域的宽度（即信号的长度）决定。

最后，由采样后的离散序列恢复出原始连续信号的过程称为内插。内插过程的核心函数是内插函数，时频域内插函数的波形十分相似，在另一个域的波形也十分相似。时域内插函数对应频域的低通滤波器，频域内插函数对应时域的门函数。它们在内插过程中起着相似的作用，即从采样引起的周期信号中取出一个周期来，从而恢复出（前提是周期化的过程没有发生交叠）原始的连续信号。

### 5.3.4　CTFT、DTFT 和 DFT 的关系小结

本节对 CTFT、DTFT 和 DFT 的关系进行小结，这三个 Fourier 变换之间的转换关系如图 5.3-7 所示。

CTFT 的变换对象为连续非周期函数 $x_a(t)$，其频谱表示为 $X_a(\mathrm{j}\Omega)$。一般而言，$X_a(\mathrm{j}\Omega)$ 也是一个关于 $\Omega$ 的连续非周期函数，即 CTFT 的两边都是连续非周期的。

对 $x_a(t)$ 按采样间隔 $T_s$ 进行离散化可以得到时域离散序列 $x[n]=x_a(nT_s)$。用于离散序列 $x[n]$ 的 Fourier 变换即为 DTFT，对应的频谱表示为 $X(\mathrm{e}^{\mathrm{j}\omega})$。DTFT 和 CTFT 密切相关，但它们对频域的定义不同。时域离散化建模为连续信号 $x_a(t)$ 和理想冲激串 $\delta_{T_s}(t)$ 相乘，根据 Fourier 变换的卷积特性，在频域相当于 $x_a(t)$ 和 $\delta_{T_s}(t)$ 各自频谱的卷积。由于 $\delta_{T_s}(t)$ 的频谱仍为冲激串，因此，频谱相卷的过程就是周期化的过程，即 $X(\mathrm{e}^{\mathrm{j}\omega})$ 是 $X_a(\mathrm{j}\Omega)$ 周期化的结果，其周期为 $2\pi$。在 DTFT 变换的两端，时域 $x[n]$ 是离散非周期的，频域 $X(\mathrm{e}^{\mathrm{j}\omega})$ 是连续周

期的。

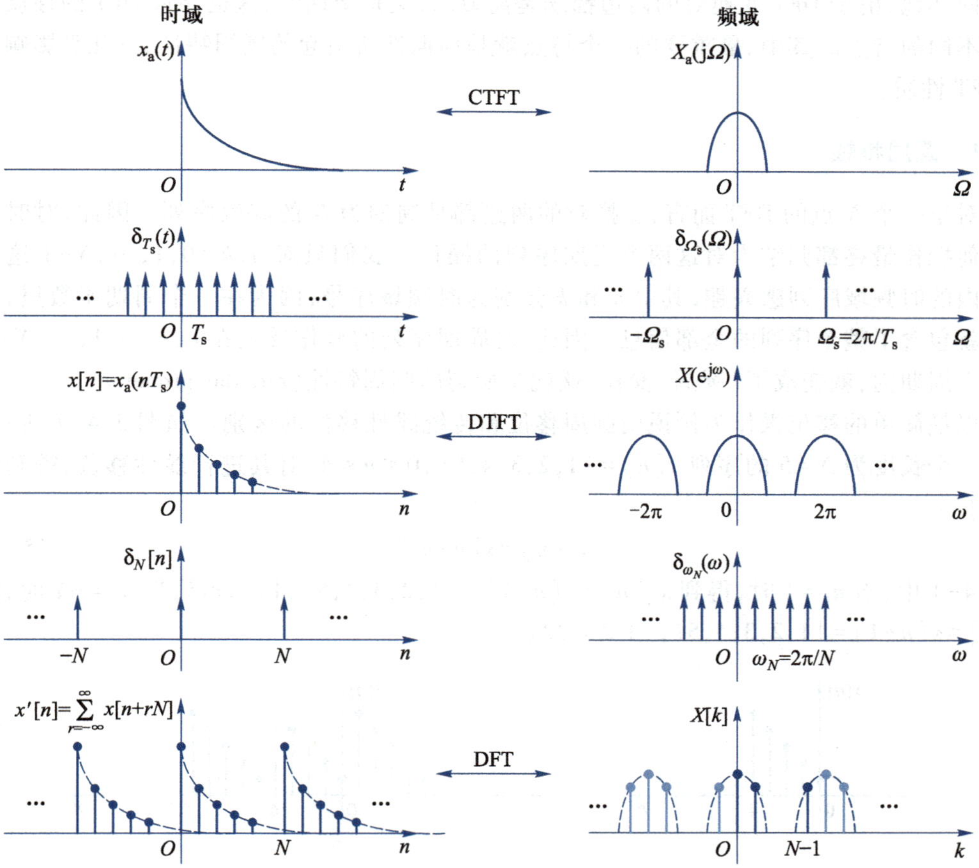


图 5.3-7 CTFT、DTFT 和 DFT 的关系

在频域对 $X(e^{j\omega})$ 进行离散化,可以得到离散频谱序列 $X[k]$。$X[k]$ 和 $x[n]$ 也构成一对 Fourier 变换对,称为 DFT。显然,首先 DFT 变换对的两边都是离散的;其次,由于 $X(e^{j\omega})$ 是周期的,按 $2\pi/N$ 的间隔进行离散化可以保证得到的频域离散序列也是周期的;同时,频域离散化的过程可以建模为连续频谱 $X(e^{j\omega})$ 和频域理想冲激串相乘,在时域对应于 $x[n]$ 和另一个冲激串相卷,等价于对 $x[n]$ 进行周期化,最终得到时域周期序列。因此,DFT 变换对的两边都既是离散的,又是周期的。这也从而验证了前面所提到的 DFT 实际上等效于另一个周期序列的 DFS。由于 DFT 的两端都是周期的,实际应用中通常只分析一个周期即可。

## 5.4 DFT 的性质

微视频:DFT 的性质

由 DFT 与 CTFT 和 DTFT 的关系可知,CTFT 与 DTFT 的大多数性质对 DFT 都适用,但需要注意的是,DFT 在某些性质的表现上会有所不同。

回忆前面在讨论 DTFT 的性质时,由于时域的离散化导致频域周期化,这使得 DTFT 的部分性质的具体表现不同于 CTFT,如在 DTFT 的卷积特性中,两个时域离散序列在时域相乘，对应其频谱的“周期”相卷，而非传统的线性卷积。

同样地，由于 DFT 变换对的两边都既是离散的，又是周期的，这也导致 DFT 的性质会体现出不同的特点。其中，最重要的一个特点就是周期性所引起的圆周特性，它几乎影响所有的 DFT 性质。

### 5.4.1 圆周特性

对于一个 $N$ 点的 DFT 而言，变换对的两边都是周期为 $N$ 的离散序列。因此，对时频域的任何操作最终都归结为对这两个周期序列的操作。我们只对 $n,k=0,1,\cdots,N-1$ 这一个周期内的时频域序列感兴趣，其中 $n$ 和 $k$ 分别为时频域序号，因为在一个周期函数里，一个周期就包含了整个序列的全部信息。因此，对周期序列的操作反映在 $n,k=0,1,\cdots,N-1$ 的这一个周期内，就变成了“圆周”操作，这就是所谓的圆周特性(circular property)。

以最简单的移位操作为例说明圆周移位和传统线性移位的区别。如图 5.4-1 所示，假设有一个长度为 $N=5$ 的序列 $x[n]=\{1,2,3,4,5\},0\leqslant n\leqslant 4$，对其进行线性移位，得到序列 $x_{\mathrm{L}}[n]$

$$x_{\mathrm{L}}[n]=x[n-n_0] \tag{5.4-1}$$

图 5.4-1 中，当 $n_0=1$ 时，得到 $x_{\mathrm{L}}[n]=x[n-1]=\{1,2,3,4,5\},1\leqslant n\leqslant 5$；当 $n_0=-1$ 时，得到 $x_{\mathrm{L}}[n]=x[n+1]=\{1,2,3,4,5\},-1\leqslant n\leqslant 3$。

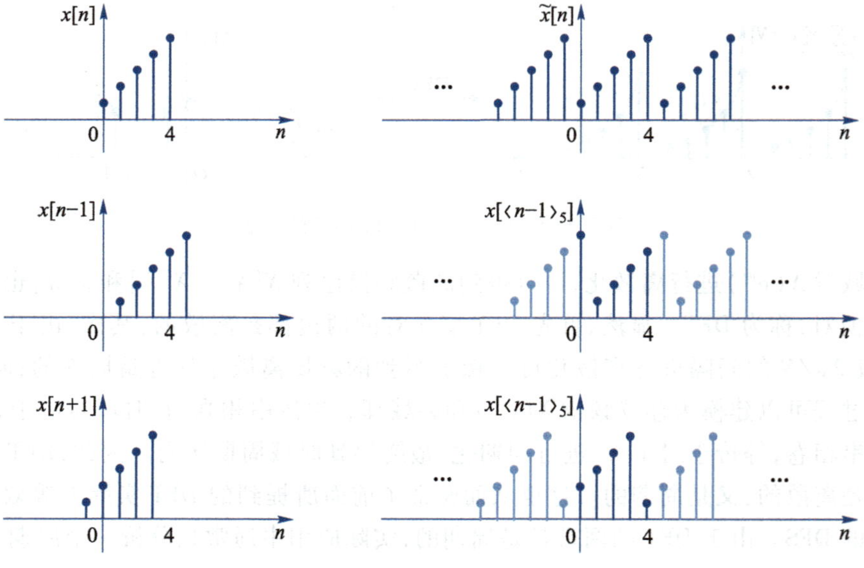


图 5.4-1 圆周移位和线性移位

另一方面，对 $x[n]$ 按照周长为 $N$ 进行圆周移位后，得到序列 $x_{\mathrm{C}}[n]$

$$x_{\mathrm{C}}[n]=x[\langle n-n_0\rangle_N],\quad n=0,1,\cdots,N-1 \tag{5.4-2}$$

其中，符号 $\langle n-n_0\rangle_N$ 表示将 $(n-n_0)$ 对 $N$ 取模，即如果 $(n-n_0)$ 超出了 $0\sim N-1$ 这一范围，则通过对 $N$ 取模将其折算到该范围内，如 $\langle 6\rangle_5=1,\langle -1\rangle_5=4$ 等。这相当于将 $x[n]$ 放在一个周长为 $N$ 的圆周上进行移位，因而被称为圆周移位。图 5.4-1 中，$x[\langle n-1\rangle_5]=\{5,1,2,3,4\}$，

$0\leqslant n\leqslant 4, x[\langle n+1\rangle_5]=\{2,3,4,5,1\}, 0\leqslant n\leqslant 4$。

之所以定义这样一种圆周移位，完全是因为 DFT 的周期性。对于 $N$ 点的 DFT 而言，时域序列实际上是将 $x[n]$ 按周期 $N$ 进行周期延拓后的序列，即图中的 $\tilde{x}[n]$。那么，时域序列的移位本质上是对周期序列 $\tilde{x}[n]$ 的移位，该移位操作就是式(5.4-1)所定义的线性移位。但由于 DFT 只关心在 $n=0\sim(N-1)$ 这一个周期内的时域序列值，因此，移位后 DFT 所对应的时域序列实际上是将 $\tilde{x}[n]$ 移位后，再取一个周期后的序列。最终得到的结果就是式(5.4-2)定义的圆周移位。因此，圆周移位也可以看作是将原始序列周期化后，对周期序列进行线性移位，然后再取一个周期。

对于 DFT 频域序列的移位，同样遵循以上圆周移位的规律。

### 5.4.2 DFT 的对称性

总的来说，DFT 的对称性和 4.4.2 节所讨论的 DTFT 的对称性是一致的，需要注意的是圆周特性所带来的差别。

DFT 的对称性与圆周特性密切相关，因此需要定义带圆周特性的对称性。以长度为 $N$ 的复数序列 $x[n]$ 为例，其圆周对称特性主要分为两类：圆周共轭对称(CCS, circular conjugate symmetry)和圆周共轭反对称(CCA, circular conjugate anti symmetry)。如果满足 $x[n]=x^*[\langle -n\rangle_N]$，则 $x[n]$ 是圆周共轭对称的，反之，如果满足 $x[n]=-x^*[\langle -n\rangle_N]$，则 $x[n]$ 是圆周共轭反对称的。

在以上定义中，$x^*[\langle -n\rangle_N]$ 表示将序列进行圆周翻转后，再取共轭。与 $x[-n]$ 对应的传统线性翻转操作不同，$x[\langle -n\rangle_N]$ 对应的圆周翻转过程是在圆周上进行的，或者说等价于先将 $x[n]$ 周期化，然后将周期序列线性翻转，最后再取一个周期。

如果 $x[n]$ 既不是圆周共轭对称的，也不是圆周共轭反对称的，那么，可以通过如下的方法来获得其圆周共轭对称部分 $x_{ccs}[n]$ 和圆周共轭反对称部分 $x_{cca}[n]$

$$x[n]=x_{ccs}[n]+x_{cca}[n]$$

$$x_{ccs}[n]=\frac{1}{2}(x[n]+x^*[\langle -n\rangle_N]),\quad x_{cca}[n]=\frac{1}{2}(x[n]-x^*[\langle -n\rangle_N]) \tag{5.4-3}$$

容易证明，式(5.4-3)中的 $x_{ccs}[n]$ 一定是圆周共轭对称信号，而 $x_{cca}[n]$ 一定是圆周共轭反对称信号。

序列的圆周对称特性会反映在 DFT 的对称性中。表 5.4-1 对 DFT 的对称性进行了总结，其中，$x_{Re}[n]$ 和 $x_{Im}[n]$ 分别表示 $x[n]$ 的实部和虚部，$X_{Re}[k]$ 和 $X_{Im}[k]$ 分别表示 $X[k]$ 的实部和虚部，$X_{ccs}[k]$ 和 $X_{cca}[k]$ 分别表示 $X[k]$ 的圆周共轭对称部分和圆周共轭反对称部分，其计算方式与式(5.4-3)类似。

**表 5.4-1 DFT 的对称性**

| 时域离散信号 | 离散频谱 |
|---|---|
| $x[n]$ | $X[k]$ |
| $x[\langle -n\rangle_N]$ | $X[\langle -k\rangle_N]$ |
| $x^*[n]$ | $X^*[\langle -k\rangle_N]$ |

续表

| 时域离散信号 | 离散频谱 |
|---|---|
| $x^*[\langle -n\rangle_N]$ | $X^*[k]$ |
| $x_{ccs}[n]=(x[n]+x^*[\langle -n\rangle_N])/2$ | $X_{Re}[k]=(X[k]+X^*[k])/2$ |
| $x_{cca}[n]=(x[n]-x^*[\langle -n\rangle_N])/2$ | $jX_{Im}[k]=j(X[k]-X^*[k])/2$ |
| $x_{Re}[n]=(x[n]+x^*[n])/2$ | $X_{ccs}[k]=(X[k]+X^*[\langle -k\rangle_N])/2$ |
| $jx_{Im}[n]=(x[n]-x^*[n])/2$ | $X_{cca}[k]=(X[k]-X^*[\langle -k\rangle_N])/2$ |

如果序列 x[$n$]为一个实数序列,表 5.4-1 可以简化为表 5.4-2 所示形式。

**表 5.4-2 实数序列的 DFT 对称性**

| 时域离散实信号 | 离散频谱 |
|---|---|
| $x[n]$ | $X[k]$ |
| $x^*[n]=x[n]$ | $X^*[\langle -k\rangle_N]=X[k]$ |
| $x^*[\langle -n\rangle_N]=x[\langle -n\rangle_N]$ | $X^*[k]=X[\langle -k\rangle_N]$ |
| $x_{ccs}[n]=(x[n]+x[\langle -n\rangle_N])/2$ | $X_{Re}[k]=(X[k]+X^*[k])/2$ |
| $x_{cca}[n]=(x[n]-x[\langle -n\rangle_N])/2$ | $jX_{Im}[k]=j(X[k]-X^*[k])/2$ |
| $x_{Re}[n]=(x[n]+x[n])/2=x[n]$ | $X_{ccs}[k]=(X[k]+X^*[\langle -k\rangle_N])/2=X[k]$ |
| $jx_{Im}[n]=(x[n]-x[n])/2=0$ | $X_{cca}[k]=(X[k]-X^*[\langle -k\rangle_N])/2=0$ |

以上性质可以用定义证明,具体证明过程略。

由表 5.4-2 可知,实数序列的 DFT 是圆周共轭对称的,即如果 $x[n]$为一个实数序列,则其 DFT 满足

$$X[k]=X^*[\langle -k\rangle_N] \tag{5.4-4}$$

该结果表明,在计算实数序列的 DFT 时,不需要计算所有的 $X[k]$,$k=0,1,\cdots,N-1$。事实上,只需要用定义式计算大约一半的值即可,如只计算 $X[0],X[1],\cdots,X[N/2]$,剩下的 $X[N/2+1],X[N/2+2],\cdots,X[N-1]$可以通过式(5.4-4)计算而得(这里假设 $N$ 为偶数)。因此,该方案可以大约降低一半的运算量。

### 5.4.3 DFT 的其他性质

DFT 的性质参见表 5.4-3。

**表 5.4-3 DFT 性质**

| 性质 | $g[n]$  $h[n]$ | $G[k]$  $H[k]$ |
|---|---|---|
| 线性性 | $a\times g[n]+b\times h[n]$ | $a\times G[k]+b\times H[k]$ |
| 圆周时移性 | $g[\langle n-n_0\rangle_N]$ | $e^{-j\frac{2\pi kn_0}{N}}G[k]$ |

续表

| 性质 | $g[n]\quad h[n]$ | $G[k]\quad H[k]$ |
|---|---|---|
| 圆周频移性 | $e^{j\frac{2\pi k_0 n}{N}}g[n]$ | $G[\langle k-k_0\rangle_N]$ |
| 圆周卷积特性 | $g[n]\odot_N h[n]=\sum_{m=0}^{N-1}g[m]h[\langle n-m\rangle_N]$ | $G[k]H[k]$ |
| 调制性 | $g[n]h[n]$ | $\frac{1}{N}G[k]\odot_N H[k]$ |
| Parseval 定理 | $\sum_{n=0}^{N-1}g[n]h^*[n]$ | $\frac{1}{N}\sum_{k=0}^{N-1}G[k]H^*[k]$ |

## 5.5 基于 DFT 的离散信号和系统频域分析

基于前一章的阐述,离散信号 $x[n]$ 通过系统 $h[n]$ 的问题既可以在时域分析,也可以放在频域讨论。

从时域的角度,$x[n]$ 通过系统 $h[n]$ 后,输出信号 $y[n]$ 为 $x[n]$ 和 $h[n]$ 的线性卷积,即

$$y[n]=x[n]*h[n]=\sum_{m=-\infty}^{\infty}x[m]h[n-m]$$

从频域的角度,输出信号 $y[n]$ 的频谱 $Y(e^{j\omega})$ 等于 $x[n]$ 的频谱 $X(e^{j\omega})$ 和 $h[n]$ 的频谱 $H(e^{j\omega})$ 的乘积,其中 $H(e^{j\omega})$ 又叫作系统的频率响应,即

$$Y(e^{j\omega})=X(e^{j\omega})H(e^{j\omega})$$

通过频域分析,可以把时域复杂的卷积运算转化成简单的乘积运算,同时可以更清楚地看出系统的性质和作用,即改变输入信号的频谱,改变量为系统的频率响应。

在引入了 DFT 之后,可以获得信号的离散频谱,从而使得信号通过系统的时频域分析都能以数字的方式实现。

基于 DFT 的离散信号通过系统的频域分析如图 5.5-1 所示,它可以看作是对基于 DTFT 的频域分析的离散化。由于需要对频谱进行离散化,这里假设 $x[n]$ 和 $h[n]$ 都是有限长的,其长度分别为 $N$ 和 $M$。频域分析过程如下:① 分别对 $x[n]$ 和 $h[n]$ 进行 $L$ 点的 DFT,得到离散的频谱序列 $X[k]$ 和 $H[k]$,$k=0,1,\cdots,L-1$;② 将二者相乘,得到输出信号的离散频谱序列 $Y[k]$;③ 在此基础上,对 $Y[k]$ 进行 $L$ 点的 DFT 反变换,可得到时域输出信号 $y[n]$,$n=0,1,\cdots,L-1$。即

$$\begin{aligned}&① \ X[k]=\sum_{n=0}^{L-1}x[n]e^{-j\frac{2\pi kn}{N}},\quad H[k]=\sum_{n=0}^{L-1}h[n]e^{-j\frac{2\pi kn}{N}}\\&② \ Y[k]=X[k]H[k]\\&③ \ y[n]=\frac{1}{L}\sum_{k=0}^{L-1}Y[k]e^{-j\frac{2\pi kn}{N}}\end{aligned}\tag{5.5-1}$$

在基于 DFT 的频域分析过程中,最重要的参数是 DFT 的长度 $L$。要想实现正确的频域分析,$L$ 必须满足

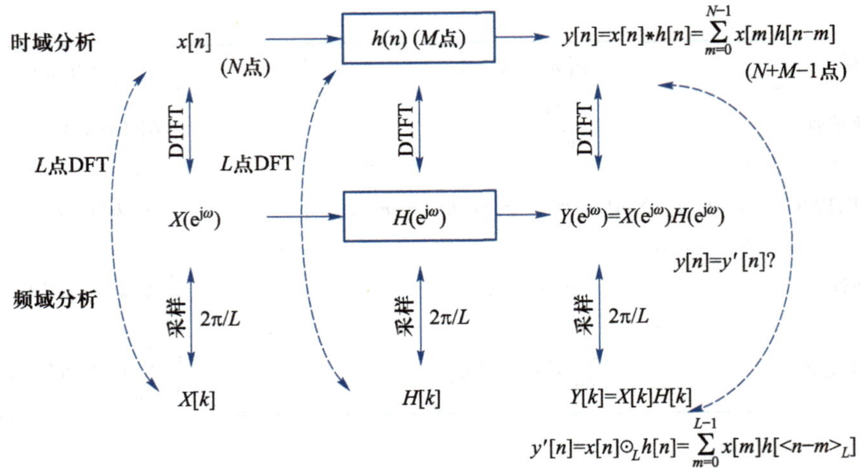


图 5.5-1 基于 DFT 的离散信号和系统频域分析

$$L \geqslant N+M-1 \tag{5.5-2}$$

可以从两个角度来理解式(5.5-2)。首先,根据定义,DFT 就是对 DTFT 的离散化,即 $X[k]$、$H[k]$ 和 $Y[k]$ 分别是对 $X(\mathrm{e}^{\mathrm{j}\omega})$、$H(\mathrm{e}^{\mathrm{j}\omega})$ 和 $Y(\mathrm{e}^{\mathrm{j}\omega})$ 按 $2\pi/L$ 的采样间隔进行采样的结果。要实现正确的频域分析,必须保证满足无失真采样的条件,即 $L$ 必须大于或等于 $x[n]$、$h[n]$ 和 $y[n]$ 的长度。已知 $x[n]$ 的长度为 $N$,$h[n]$ 的长度为 $M$,而 $y[n]$ 是 $x[n]$ 和 $h[n]$ 的线性卷积,长度为 $N+M-1$。因此,由频域无失真采样的条件可知

$$L \geqslant \max\{N, M, N+M-1\} = N+M-1$$

其次,所谓实现正确的频域分析,等价于对式(5.5-1)中 $Y[k]$ 进行 $L$ 点的 DFT 反变换后,能够得到时域输出信号 $y[n]$,即 $x[n]$ 和 $h[n]$ 的线性卷积。由 DFT 的卷积特性可知,$Y[k]$ 对应的时域信号为 $x[n]$ 和 $h[n]$ 的圆周卷积,且周长为 $L$,这里表示为 $y'[n]$,即

$$y'[n] = x[n] \odot_L h[n] = \sum_{m=0}^{L-1} x[m] h[\langle n-m \rangle_L] \tag{5.5-3}$$

因此,该问题转换为 $x[n]$ 和 $h[n]$ 的线性卷积和圆周卷积等价的问题。由前面的分析可知,这需要满足

$$L \geqslant N+M-1$$

综上所述,当 DFT 的长度满足以上条件时,可以按照式(5.5-1)的步骤完成基于 DFT 的离散信号通过系统的频域分析,从而把时域复杂的卷积运算转换成频域简单的相乘运算。但是,式(5.5-1)所示的频域分析过程却并不简单,除了需要完成两个 $L$ 点的离散频谱序列的相乘外,还涉及 2 次 $L$ 点的 DFT 运算(分别计算 $X[k]$ 和 $H[k]$)和 1 次 $L$ 点的 IDFT 运算(计算 $y[n]$)。由 DFT 正反变换的定义可知,其计算过程十分复杂,且运算量随着 DFT 长度的增加而急剧增加,这为频域分析方法的实现带来了负担。因此,频域分析的方法要投入使用,必然要求高效地完成信号在时频域之间的转换,即快速完成 DFT 运算的方法,这就是本章后半部分讨论的重点。

## 5.6 快速离散 Fourier 变换算法 FFT

### 5.6.1 DFT 的运算量分析

为了叙述简洁,引入旋转因子符号 $W_N$ 来表示 DFT 的计算

$$W_N=\mathrm{e}^{-\mathrm{j}\frac{2\pi}{N}}=\cos(2\pi/N)-\mathrm{j}\sin(2\pi/N) \tag{5.6-1}$$

于是,DFT 的定义式可以写为

$$\begin{cases}X[k]=\sum_{n=0}^{N-1}x[n]\mathrm{e}^{-\mathrm{j}\frac{2\pi kn}{N}}=\sum_{n=0}^{N-1}x[n]W_N^{kn}, & k=0,1,\cdots,N-1\\ x[n]=\dfrac{1}{N}\sum_{n=0}^{N-1}X[k]\mathrm{e}^{\mathrm{j}\frac{2\pi kn}{N}}=\dfrac{1}{N}\sum_{n=0}^{N-1}X[k]W_N^{-kn}, & n=0,1,\cdots,N-1\end{cases} \tag{5.6-2}$$

显然,从运算量的角度,DFT 和 IDFT 的运算量几乎一样。两者之间的主要差别有两点:第一,在 IDFT 中存在一个附加的缩放因子 $1/N$;第二,DFT 和 IDFT 旋转因子中指数的符号有所不同。因此,这里以 DFT 为例进行运算量分析。

把 DFT 展开为如下 $N$ 个等式($k=0,1,\cdots,N-1$),以便统计 DFT 的运算量。

$$\begin{gathered}X[0]=x[0]W_N^0+x[1]W_N^0+\cdots+x[N-1]W_N^0\\ X[1]=x[0]W_N^0+x[1]W_N^1+\cdots+x[N-1]W_N^{N-1}\\ \vdots\\ X[N-1]=x[0]W_N^0+x[1]W_N^{N-1}+\cdots+x[N-1]W_N^{(N-1)\times(N-1)}\end{gathered} \tag{5.6-3}$$

观察式(5.6-3)发现,计算一个 $N$ 点 DFT 需要进行 $N^2$ 次复数乘法和 $N\times(N-1)$ 次复数加法,等效于 $4N^2$ 次实数乘法和 $2N\times(N-1)$ 次实数加法。因此,可以简单地描述为一个 $O(N^2)$ 量级的运算复杂度。

该运算复杂度表明,随着序列长度 $N$ 的增加,DFT 的运算量呈平方递增。因此,当序列长度较大时,DFT 的运算量是很惊人的。表 5.6-1 所示为不同长度的序列进行 DFT 运算所需要的运算量,当序列点数超过 10000 后,运算量达到了 10 的 8 次方。在这种情况下,DFT 几乎不具备实用性。直到 20 世纪 60 年代 Cooley 和 Tukey 提出了快速 Fourier 变换(FFT, fast Fourier transform)后,DFT 才得到了大规模的应用。

表 5.6-1 不同长度的 DFT 运算量

| 序列长度 $N$ | 256 | 512 | 1024 | 2048 | 4096 | 8192 | 16384 |
|---|---|---|---|---|---|---|---|
| 乘法次数 | $6.55\times10^4$ | $2.62\times10^5$ | $1.05\times10^6$ | $4.19\times10^6$ | $1.68\times10^7$ | $6.71\times10^7$ | $2.68\times10^8$ |
| 加法次数 | $6.53\times10^4$ | $2.62\times10^5$ | $1.05\times10^6$ | $4.19\times10^6$ | $1.68\times10^7$ | $6.71\times10^7$ | $2.68\times10^8$ |

FFT 不是一个新的变换,它只是一种快速计算 DFT 的方法。

基于前面的分析,DFT 运算量的主要问题在于,运算量随着 DFT 长度呈平方增加,增长速度过快。以乘法次数为例,当 DFT 长度增加为原来的 2 倍时,运算量将增加为原来的 4 倍。但是,该现象反过来考虑,则表明当 DFT 长度降低时,运算量会呈平方下降。据此容易

找到降低 DFT 运算量的方法。仍以乘法次数为例，一个 $N$ 点的 DFT 需要的复数乘法次数为 $N^2$ 次，如果能将其拆成两个 $N/2$ 点的 DFT 的简单组合，则分别计算这两个 $N/2$ 点的 DFT 各需要 $N^2/4$ 次乘法，合计 $2N^2/4=N^2/2$ 次，仅为原来的一半。

所以，FFT 的基本思想就是"分而治之(divide and conquer)"。它将原有的 $N$ 点序列分成两个(或多个)较短的序列，利用旋转因子 $W_N$ 的周期性和对称性，再将这些较短序列的 DFT 简单地组合起来，得到原序列的 DFT，从而有效降低 DFT 的运算量。

### 5.6.2 旋转因子的性质

在整个 FFT 算法中，旋转因子 $W_N$ 的周期性和对称性起到了至关重要的作用。因此，要理解 FFT 算法，首先必须了解旋转因子的这些特殊性质。

所谓旋转因子，实际上就是单位幅度、不同相位角度的复变数。例如，一个 8 点 DFT 采用的旋转因子为 $W_N^0$ 到 $W_N^7$，如图 5.6-1 所示。$W_N^0=1$ 是第一个旋转因子，其他旋转因子则是在 $W_N^0$ 的基础上，在单位圆上以逆时针方向递增。同时，对于任意的整数 $k$ 来说，由于 $(W_N^k)^N=1$，所以，旋转因子 $W_N^k$ 是 1 的 $N$ 次幂根。

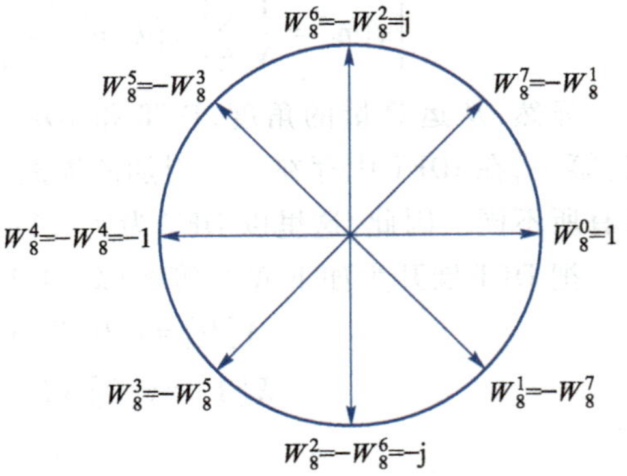

图 5.6-1　一个 8 点 DFT 的旋转因子

观察图 5.6-1，可以得到关于旋转因子的很多性质，现总结如下。

(1) 旋转因子 $W_N^k$ 是一个周期为 $N$ 的周期函数，即

$$W_N^k=W_N^{k+mN},\quad k=0,1,2,\cdots,N-1 \tag{5.6-4}$$

其中，$m$ 为整数。如在图 5.6-1 中，$W_8^0=W_8^8=W_8^{16}=\cdots$，$W_8^1=W_8^9=W_8^{17}=\cdots$，等等。在式(5.6-4)的基础上推广，可得旋转因子周期性的一般表达式为

$$W_N^{(n+mN)(k+lN)}=W_N^{nk}, m,l=0,\pm1,\pm2,\cdots \tag{5.6-5}$$

结合上述周期性，就可以利用乘法的结合律，将 DFT 计算式中多个具有相同旋转因子的累加项组合起来，从而有效降低乘法次数，即

$$ax+bx+cx=(a+b+c)x \tag{5.6-6}$$

(2) 所有旋转因子的模相同，唯一的差别就在相位上。特别地，在两个位于相反位置的旋转因子间，存在一个 180°的相位偏移，即

$$W_N^k=-W_N^{k+(N/2)},\quad k=0,1,2,\cdots,N-1 \tag{5.6-7}$$

例如，在一个 8 点 DFT 中，$W_8^0=-W_8^4$，$W_8^1=-W_8^5$，$\cdots$，$W_8^7=-W_8^3$，等等。式(5.6-7)也被称为旋转因子的对称性。

### 5.6.3 FFT 算法分类

所谓 FFT 实际上是快速计算 DFT 的一系列算法的统称。为了便于叙述，这里先介绍 FFT 算法的基本分类方法。

(1) 从抽取因子(又称为基，radix)的角度，FFT 算法可分为基 2-FFT、基 4-FFT、混合基

FFT 等；

（2）从抽取域的角度，FFT 算法可分为时域抽取（DIT，decimation-in-time）FFT 和频域抽取（DIF，decimation-in-frequency）FFT；

（3）从被处理数据的角度，FFT 算法可分为实数 FFT 和复数 FFT。

当然，FFT 的分类方法还有很多，以上列举的只是最常用的分类方法，也是在实际应用中最常见到的分类方法。

在本章中，主要介绍最常用到的基 2-FFT 算法。

所谓基 2，就是将一个 $N$ 点 DFT 分成 2 个 $N/2$ 点的 DFT。但是，如何对序列进行拆分却可以有不同的方法。最容易想到的将序列一分为二的方法有两种：按序号奇偶进行抽取，或者按前后进行分段。事实上，这两种方法紧密联系，对一个域的序列进行奇偶抽取等效于在另一个域中对序列进行前后分段。这里以抽取操作为例进行讨论。在时域或频域进行抽取将对应两种不同的基 2-FFT 算法，即时域抽取基 2-FFT 和频域抽取基 2-FFT，下面分别进行介绍。

### 5.6.4 时域抽取基 2-FFT 算法（DIT Radix-2 FFT）

时域抽取基 2-FFT 算法的基本思想，就是将一个 $N$ 点长的序列 $x[n]$（假设 $N$ 为 2 的幂）在时域按序号奇偶进行抽取，得到两个 $N/2$ 点长的子序列，通过计算这两个子序列的 DFT 并进行简单的组合，最终得到 $N$ 点序列 $x[n]$ 的 DFT。

具体而言，时域抽取就是基于 $x[n]$ 构成两个新的序列：$x_0[n]=x[2n]$，$x_1[n]=x[2n+1]$，$0\leqslant n\leqslant N/2-1$。假设 $X[k]$ 是 $x[n]$ 的 $N$ 点 DFT，$X_0[k]$ 和 $X_1[k]$ 分别为 $x_0[n]$ 和 $x_1[n]$ 的 $N/2$ 点 DFT，根据 DFT 定义有

$$
\begin{aligned}
X[k] &= \sum_{n=0}^{N-1} x[n]\mathrm{e}^{-\mathrm{j}\frac{2\pi kn}{N}} = \sum_{n=0}^{N-1} x[n]W_N^{kn}, \quad k=0,1,\cdots,N-1\\
X_0[k] &= \sum_{n=0}^{N/2-1} x_0[n]\mathrm{e}^{-\mathrm{j}\frac{2\pi kn}{N/2}} = \sum_{n=0}^{N/2-1} x_0[n]W_{N/2}^{kn}, \quad k=0,1,\cdots,\frac{N}{2}-1\\
X_1[k] &= \sum_{n=0}^{N/2-1} x_1[n]\mathrm{e}^{-\mathrm{j}\frac{2\pi kn}{N/2}} = \sum_{n=0}^{N/2-1} x_1[n]W_{N/2}^{kn}, \quad k=0,1,\cdots,\frac{N}{2}-1
\end{aligned}
\tag{5.6-8}
$$

利用 $x_0[n]$、$x_1[n]$ 与 $x[n]$ 的关系，并利用 $W_N^{2km}=\mathrm{e}^{-\mathrm{j}2\pi(2km)/N}=\mathrm{e}^{-\mathrm{j}2\pi km/(N/2)}=W_{N/2}^{km}$ 这一性质，可以将 $X[k]$ 写成如下形式

$$
\begin{aligned}
X[k] &= \sum_{n=0}^{N-1} x[n]W_N^{kn} = \sum_{m=0}^{N/2-1} x[2m]W_N^{2km} + \sum_{m=0}^{N/2-1} x[2m+1]W_N^{(2m+1)k}\\
&= \sum_{m=0}^{N/2-1} x_0[m]W_{N/2}^{km} + W_N^k\sum_{m=0}^{N/2-1} x_1[m]W_{N/2}^{km}
\end{aligned}
\tag{5.6-9}
$$

式（5.6-9）已经具有了将一个 $N$ 点的 DFT 拆分成两个 $N/2$ 点 DFT 的基本框架。但 $X[k]$ 中 $k$ 的取值范围为 $0\sim N-1$，而 $X_0[k]$ 和 $X_1[k]$ 中 $k$ 的取值范围仅为 $0\sim N/2-1$，因此需要分别进行讨论。

① 当 $k=0,1,\cdots,N/2-1$ 时，利用式（5.6-9）可得

$$
X[k] = \sum_{m=0}^{N/2-1} x_0[m]W_{N/2}^{km} + W_N^k\sum_{m=0}^{N/2-1} x_1[m]W_{N/2}^{km}
$$

$$=X_0[k]+W_N^kX_1[k] \tag{5.6-10}$$

② 当 $k=N/2,N/2+1,\cdots,N-1$ 时，可以将 $k$ 写成 $k=k_0+N/2,k_0=0,1,\cdots,N/2-1$，那么，式(5.6-9)变为

$$X[k]=X\left[k_0+\frac{N}{2}\right]=\sum_{m=0}^{N/2-1}x_0[m]W_{N/2}^{(k_0+N/2)m}+W_N^{(k_0+N/2)}\sum_{m=0}^{N/2-1}x_1[m]W_{N/2}^{(k_0+N/2)m}$$

$$=\sum_{m=0}^{N/2-1}x_0[m]W_{N/2}^{k_0m}-W_N^{k_0}\sum_{m=0}^{N/2-1}x_1[m]W_{N/2}^{k_0m}$$

$$=X_0[k_0]-W_N^{k_0}X_1[k_0] \tag{5.6-11}$$

结合式(5.6-10)和式(5.6-11)，可以得到基于时域抽取的，将一个 $N$ 点的 DFT 拆分成两个 $N/2$ 点 DFT 的方法，即

$$\begin{cases}X[k]=X_0[k]+W_N^kX_1[k]\\ X\left[k+\dfrac{N}{2}\right]=X_0[k]-W_N^kX_1[k]\end{cases},\quad k=0,1,\cdots,\frac{N}{2}-1 \tag{5.6-12}$$

经过这样的拆分和组合，可以有效降低 DFT 的运算量。

计算 $X_0[k]$ 和 $X_1[k]$ 共需要 $2\times(N/2)^2=N^2/2$ 次乘法运算和 $2\times(N/2)[(N/2)-1]=N[(N/2)-1]$ 次加法运算。另外，将两个 $N/2$ 点的 DFT 合成为 $N$ 点的 DFT 还需要 $N/2$ 次乘法运算和 $2\times(N/2)=N$ 次加法运算。因此，最后总共需要 $(N^2+N)/2$ 次乘法运算和 $N^2/2$ 次加法运算。如果 $N$ 的值较大，相比 $N$ 点的 DFT，运算量几乎减少了一半。

图 5.6-2 以一个 8 点的 DFT 为例，说明了实现式(5.6-12)的流程。图中一个 8 点的 DFT 被拆分成两个 4 点的 DFT。

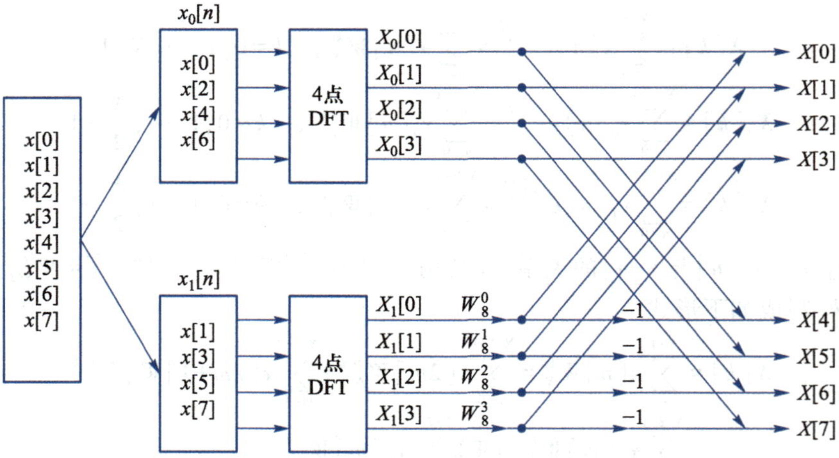


图 5.6-2 时域抽取，8 点 DFT 拆分为两个 4 点 DFT

首先，通过对 8 点序列 $x[n]=\{x[0],x[1],x[2],x[3],x[4],x[5],x[6],x[7]\}$ 按基 2 进行时域抽取，得到两个 4 点序列 $x_0[n]=\{x_0[0],x_0[1],x_0[2],x_0[3]\}=\{x[0],x[2],x[4],x[6]\}$ 和 $x_1[n]=\{x_1[0],x_1[1],x_1[2],x_1[3]\}=\{x[1],x[3],x[5],x[7]\}$。

其次，分别计算 $x_0[n]$ 和 $x_1[n]$ 的 DFT，这是两个 4 点的 DFT，可以得到 $X_0[k]=\{X_0[0],X_0[1],X_0[2],X_0[3]\}$ 和 $X_1[k]=\{X_1[0],X_1[1],X_1[2],X_1[3]\}$。

再次，将 $X_1[k]$ 和旋转因子序列对应相乘，得到 $X_1[k]W_8^k, k=0,1,2,3$。

然后，将 $X_0[k]$ 和 $X_1[k]W_8^k$ 按式(5.6-12)进行组合，得到 $x[n]$ 的 8 点 DFT，即 $X[k]=\{X[0],X[1],X[2],X[3],X[4],X[5],X[6],X[7]\}$。

式(5.6-12)表明，时域抽取的组合方式也可以看作是将频谱 $X[k]$ 按前后分段(分为 $\{X[0],X[1],X[2],X[3]\}$ 和 $\{X[4],X[5],X[6],X[7]\}$)，分别进行计算。

图 5.6-2 中总共需要的运算量为 36 次乘法和 32 次加法，相比直接计算 8 点 DFT 所需要的 64 次乘法和 56 次加法运算，这几乎减少了一半的运算量。

注意到，最后的输出结果是利用了 4 个如图 5.6-3 所示的"蝶形结(butterfly unit)"单元计算出来的。蝶形结是 FFT 算法的基本单元，它包含 1 次复数乘法、1 次复数加法和 1 次复数减法。由于减法可以看作是加法的特殊情况，也可以认为一个蝶形结包含 1 次复数乘法和 2 次复数加法。

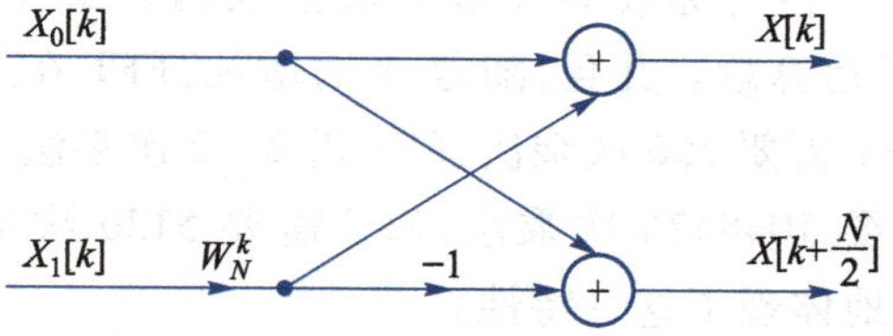


图 5.6-3　时域抽取的蝶形结单元

微视频：
基 2-FFT 算法

继续沿用这一思想，图 5.6-2 中的两个 4 点 DFT 还可以拆分成 4 个 2 点 DFT，从而进一步降低运算量。事实上，2 点 DFT 已经是最基本的 DFT 计算单元。它就是如图 5.6-3 所示的一个蝶形结，并且其中作为乘法系数的旋转因子 $W_N^k=W_2^0=1$，所以，2 点 DFT 只需要进行一次复数加法和一次复数减法即可。

因此，8 点的时域抽取基 2-FFT 算法最终流程如图 5.6-4 所示。整个流程的运算量仅为 8 次复数乘法和 24 次复数加法。相比需要 64 次复数乘法和 56 次复数加法的 8 点 DFT，这种方法极大地降低了运算量。另外，由于在图 5.6-4 中 $W_8^0=1$，在进行 8 点 FFT 时，实际上只需要 5 次复数乘法。

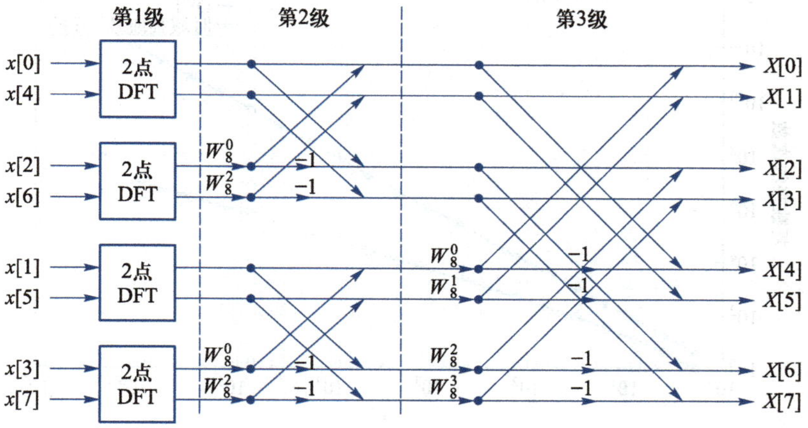


图 5.6-4　时域抽取，8 点 DFT 的最终流程

更一般地,如果序列的长度为 2 的幂,即 $N=2^M$,那么,利用上述方法,最终 $N$ 点 DFT 都可以转换成 2 点的 DFT 来完成。这就是时域抽取基 2-FFT 算法。通过观察图 5.6-4,可以得到该算法的一些基本特点如下。

(1) 分级实现

时域抽取基 2-FFT 算法是通过分级(stage)处理来完成一个 $N=2^M$ 点 DFT 的,其中级数为 $M=\log_2 N$。

(2) 运算量分析

每一级的蝶形结个数均为 $N/2$,但在不同级中这些蝶形结之间的组合方式是不同的。

由于一个蝶形结包含 1 次复数乘法和 2 次复数加法,因此,整个算法的运算量为 $(N/2)\log_2 N$ 次复数乘法和 $N\log_2 N$ 次复数加法。注意,由于一些和旋转因子为±1 的乘法可以忽略,上述的运算量实际上是一个上限值。

表 5.6-2 所示为不同 $N$ 值时标准 DFT 和时域抽取基 2-FFT 运算量的对比。显然,和 DFT 相比,FFT 大大降低了运算量。并且,随着 $N$ 的增加,FFT 在运算量方面的优势越发明显。例如,当 $N=16$ 时,DFT 需要 256 次乘法,FFT 需要 32 次乘法,运算量为 DFT 的 12.5%;而当 $N=1024$ 时,DFT 需要 1048576 次乘法,FFT 需要 5120 次乘法,运算量仅为 DFT 的 0.49%。图 5.6-5 也清楚地体现了这一特性。

表 5.6-2 DFT 与时域抽取基 2-FFT 运算量对比

| 序列长度 $N$ | DFT | | 时域抽取基-2FFT | |
|---|---|---|---|---|
| | 复数乘法 $N^2$ | 复数加法次数 $N^2-N$ | 复数乘法次数 $(N/2)\log_2 N$ | 复数加法次数 $N\log_2 N$ |
| 16 | 256 | 240 | 32 | 64 |
| 64 | 4096 | 4032 | 192 | 384 |
| 256 | 65536 | 65280 | 1024 | 2048 |
| 1024 | 1048576 | 1047552 | 5120 | 10240 |

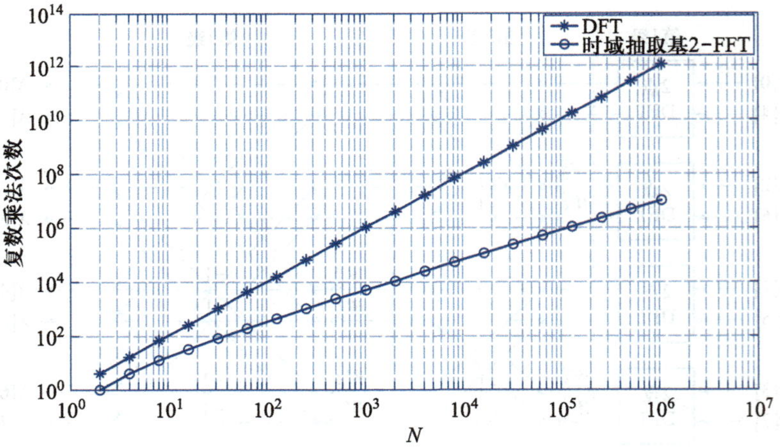


图 5.6-5 DFT 与时域抽取基 2-FFT 运算量对比

(3) 同址(in-place)计算

观察图 5.6-4 发现,在 FFT 算法的多级实现过程中,每一级的输入都是上一级的输出,且仅仅是上一级的输出,或者说每一级的输出只和下一级有关,与之后的各级都无关。因此,在每一级计算完毕后,可以将该级输出的结果直接存储在输入的位置,从而节约存储空间。实际上,执行一个 $N$ 点的 FFT 算法,只需要一个大小为 $N$ 的复数数组来存储 $N$ 点的输入和输出值,包括输入序列 $x[n]$、每一级的中间结果以及最终输出 $X[k]$ 等都可以存储到同一缓存区中。该技术被称为同址计算。

(4) 位倒序(bit-reverse)计算

如图 5.6-4 所示,为了得到正常顺序的输出序列,时域抽取基 2-FFT 的输入序列的顺序必须事先进行调整。为了调整输入序列的顺序,将数据点的序号以 $M$ 位的二进制形式来表示,可以发现,调整前后对应数据点的序号是位倒序的。

这很好理解。以图 5.6-4 为例,在进行第一级抽取时,是按照各样本序号的奇偶进行分类的,序号为偶的样本位于上半区,序号为奇的样本位于下半区。这可以通过检查序号二进制数的最低位来实现,序号最低位为 **0** 的样本位于上半区,序号最低位为 **1** 的样本位于下半区。接下来,在进行第二级抽取时,需要在上下半区分别按照各样本新的序号的奇偶进行分类。这可以通过检查各样本原始序号的二进制次低位来实现。具体而言,序号最低位为 **0**,次低位也为 **0** 的样本位于上半区的前半部分,序号最低位为 **0**,次低位为 **1** 的样本位于上半区的后半部分;序号最低位为 **1**,次低位为 **0** 的样本位于下半区的前半部分,序号最低位为 **1**,次低位也为 **1** 的样本位于下半区的后半部分。以此类推,按照各样本序号二进制位从低到高的顺序进行重新排列,即可构成时域抽取基 2-FFT 实际需要的输入序列。因此,该顺序又被称为位倒序(bit-reverse)。

例如,在一个 $N=8$ 点的序列中,数据点 $x[1]$ 的序号为十进制数 1,它表示成 3 位的二进制数为 **001**B。然后,将该二进制数位倒序变成 **100**B,相当于十进制数 4,即输入数据点 $x[1]$ 应该调整到第 4 号位置上,即下半区的最前面。同理,数据点 $x[6]$ 的序号为 6,它表示成 3 位二进制数为 **110**B。然后,将该二进制数位倒序变成 **011**B,等于十进制数 3,即输入数据点 $x[6]$ 应该调整到第 3 号位置上,即上半区的最后面。

表 5.6-3 给出了 $N=8$ 时,采用 3 位二进制数作为序列序号的位倒序过程。其中,最左边一列为输入数据的原始顺序,最右边一列是经过位倒序后的顺序,即图 5.6-4 中 FFT 算法的实际输入顺序。

**表 5.6-3 位倒序过程,$N=8$**

| 顺序 | 顺序的二进制 | 倒序的二进制 | 倒序 |
|---|---|---|---|
| 0 | **000** | **000** | 0 |
| 1 | **001** | **100** | 4 |
| 2 | **010** | **010** | 2 |
| 3 | **011** | **110** | 6 |
| 4 | **100** | **001** | 1 |

续表

| 顺序 | 顺序的二进制 | 倒序的二进制 | 倒序 |
|---|---|---|---|
| 5 | **101** | **101** | 5 |
| 6 | **110** | **011** | 3 |
| 7 | **111** | **111** | 7 |

### 5.6.5 频域抽取基 2-FFT 算法(DIF Radix-2 FFT)

和时域抽取的方法类似,频域抽取基 2-FFT 算法在频域将序列 $X[k]$ 按序号的奇偶进行抽取,得到两个 $N/2$ 点频域序列 $X[2k]$ 和 $X[2k+1]$。这两个 $N/2$ 点的频域序列也可以分别构成两个 $N/2$ 点的 DFT,从而实现了将一个 $N$ 点的 DFT 拆分成两个 $N/2$ 点的 DFT 的目的。

回忆在时域抽取 FFT 算法中,在时域对序列进行奇偶抽取等价于在频域对序列进行前后分段。可以大胆预测,在频域进行奇偶抽取等价于时域前后分段。按照这一思路,把时域序列 $x[n]$ 分解成两段:$\{x[0],x[1],\cdots,x[N/2-1]\}$ 和 $\{x[N/2],x[N/2+1],\cdots,x[N-1]\}$。那么,$X[k]$ 可以表示为

$$\begin{aligned}X[k]&=\sum_{n=0}^{N/2-1}x[n]W_N^{nk}+\sum_{n=N/2}^{N-1}x[n]W_N^{nk}=\sum_{n=0}^{N/2-1}x[n]W_N^{nk}+\sum_{n=0}^{N/2-1}x\left[n+\frac{N}{2}\right]W_N^{(n+N/2)k}\\&=\sum_{n=0}^{N/2-1}\left(x[n]+(-1)^k x\left[n+\frac{N}{2}\right]\right)W_N^{nk}\end{aligned}\tag{5.6-13}$$

在此基础上对 $k$ 按奇偶进行讨论,即按 $k=2m$ 或 $k=2m+1,m=0,1,\cdots,N/2-1$ 进行讨论,从而实现频域抽取

$$\begin{aligned}X_0[m]=X[2m]&=\sum_{n=0}^{N/2-1}\left(x[n]+x\left[n+\frac{N}{2}\right]\right)W_{N/2}^{mn}=\sum_{n=0}^{N/2-1}x_0[n]W_{N/2}^{mn}\\X_1[m]=X[2m+1]&=\sum_{n=0}^{N/2-1}\left(x[n]-x\left[n+\frac{N}{2}\right]\right)W_N^{n}W_{N/2}^{mn}=\sum_{n=0}^{N/2-1}x_1[n]W_{N/2}^{mn}\end{aligned}\tag{5.6-14}$$

其中

$$\begin{aligned}&x_0[n]=x[n]+x[n+N/2]\\&x_1[n]=(x[n]-x[n+N/2])W_N^n,\quad n=0,1,\cdots,N/2-1\end{aligned}\tag{5.6-15}$$

式(5.6-14)表明,将 $N$ 点长的时域序列 $x[n]$ 进行前后分段后,可以利用式(5.6-15)构成两个新的 $N/2$ 点序列 $x_0[n]$ 和 $x_1[n]$。那么,对 $x_0[n]$ 和 $x_1[n]$ 分别进行 $N/2$ 点的 DFT,得到对应的频域序列 $X_0[k]$ 和 $X_1[k]$,$k=0,1,\cdots,N/2-1$,它们就是对 $x[n]$ 的 $N$ 点 DFT 结果 $X[k]$,$k=0,1,\cdots,N-1$,在频域进行奇偶抽取所得的结果。这就是频域抽取基 2-FFT 的基本思想。

与时域抽取 FFT 类似,$x[n]$ 的 $N$ 点 DFT 同样被拆分成了两个 $N/2$ 点的 DFT,如图 5.6-6 所示。

同样,图 5.6-6 的实现过程中利用了 4 个蝶形结,它是频域抽取基 2-FFT 算法的基本单元。注意到,如图 5.6-7 所示的频域抽取蝶形结单元和图 5.6-3 中的时域抽取蝶形结单元略有不同,但它同样包含 1 次复数乘法和 2 次复数加法。

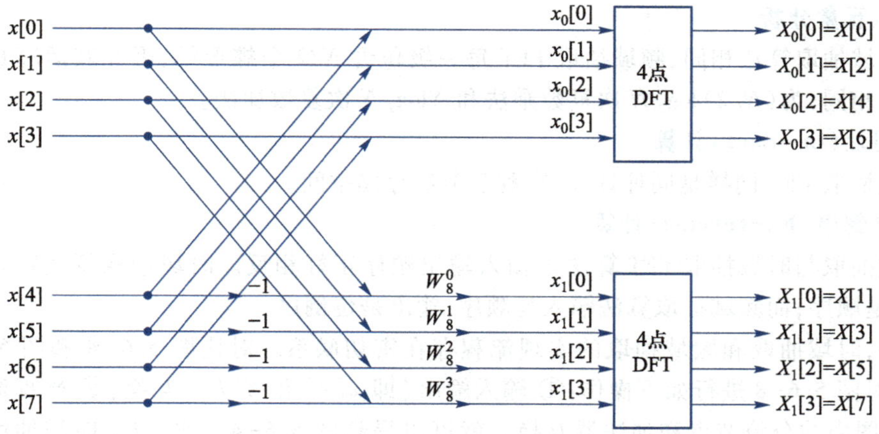


图 5.6-6　频域抽取,8 点 DFT 等效于两个 4 点 DFT

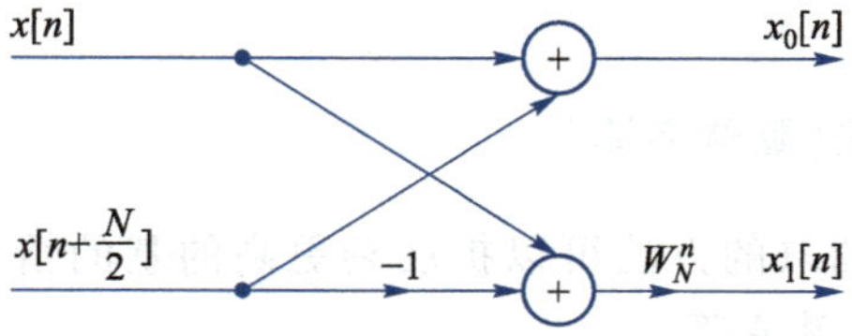


图 5.6-7　频域抽取的蝶形结单元

利用类似的方法,对图 5.6-6 中两个 4 点 DFT 继续进行频域抽取,可以将其拆分成 4 个 2 点的 DFT,如图 5.6-8 所示,它是 8 点频域抽取基 2-FFT 算法的最终流程。

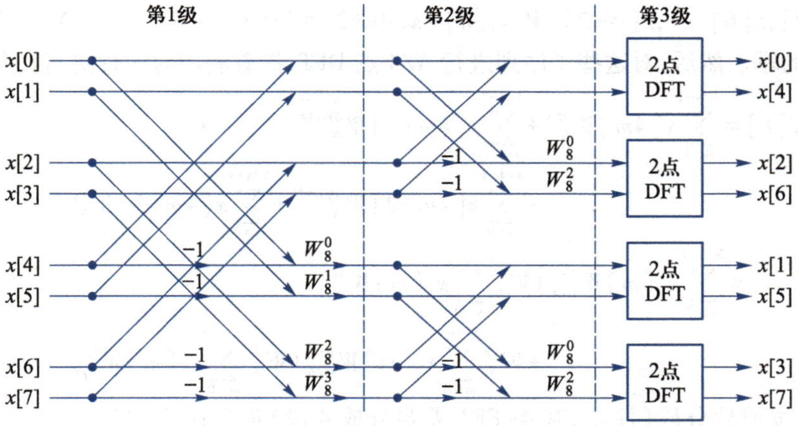


图 5.6-8　频域抽取,8 点 FFT 的最终流程

微视频：
FFT 的工程
应用

观察图 5.6-8,同样可以得到频域抽取基 2-FFT 算法的基本特点,这些特点和时域抽取的算法十分类似,简述如下。

**1. 分级实现**

频域抽取基 2-FFT 算法同样是通过分级(stage)处理来完成一个 $N=2^M$ 点 DFT 的,级数为 $M=\log_2 N$。

**2. 运算量分析**

与时域抽取算法相同,频域抽取 FFT 每一级包含 $N/2$ 个蝶形结,因此其运算量与时域抽取算法相同,为$(N/2)\log_2 N$次复数乘法和$N\log_2 N$次复数加法。

**3. 同址(in-place)计算**

频域抽取 FFT 同样是同址计算,有利于节约存储空间。

**4. 位倒序(bit-reverse)计算**

频域抽取与时域抽取 FFT 算法的输入输出顺序正好相反。时域抽取算法输入是位倒序,输出是顺序;而频域抽取算法输入是顺序,输出是位倒序。

另外,时域抽取和频域抽取的实现流程存在密切联系。对比图 5.6-4 和图 5.6-8 发现,如果对图 5.6-8 进行如下操作:① 输入输出(即 $x[n]$ 和 $X[k]$)互换;② 数据流箭头取反;③ 将图中的分流节点和加法器互换。就可以得到图 5.6-4。或者说,时域抽取和频域抽取基 2-FFT 算法的流程图互为转置(transpose,即上述①②③操作),关于转置将在第九章进行详细介绍。

### *5.6.6 其他基的 FFT 算法[延伸阅读]

按照基 2 对序列进行抽取的方法可以扩展到更高的基的情况。理论上 FFT 算法的基可以取任意正整数,如基 3、基 4 等。

基 4-FFT 算法就是一种常用的高基 FFT 算法。其中,最小的分解单元是一个 4 点 DFT 蝶形结单元,该蝶形结单元有 4 个输入和 4 个输出。这里以时域抽取的方法为例进行说明。时域抽取基 4-FFT 首先把长度为 $N$ 的时域序列 $x[n]$ 分解成 4 个 $N/4$ 点的子序列:$x_0[n]=x[4n]=\{x[0],x[4],\cdots,x[N-4]\}$,$x_1[n]=x[4n+1]=\{x[1],x[5],\cdots,x[N-3]\}$,$x_2[n]=x[4n+2]=\{x[2],x[6],\cdots,x[N-2]\}$ 和 $x_3[n]=x[4n+3]=\{x[3],x[7],\cdots,x[N-1]\}$,其中,序列长度 $N$ 为 4 的幂。然后,对这些子序列进行 $N/4$ 点 DFT,接着利用对称性进行简化,即

$$
\begin{aligned}
X[k]&=\sum_{m=0}^{N/4-1}x[4m]W_N^{4km}+\sum_{m=0}^{N/4-1}x[4m+1]W_N^{4km+k}\\
&\qquad+\sum_{m=0}^{N/4-1}x[4m+2]W_N^{4km+2k}+\sum_{m=0}^{N/4-1}x[4m+3]W_N^{4km+3k}\\
&=\sum_{m=0}^{N/4-1}x_0[m]W_{N/4}^{km}+W_N^k\sum_{m=0}^{N/4-1}x_1[m]W_{N/4}^{km}\\
&\qquad+W_N^{2k}\sum_{m=0}^{N/4-1}x_2[m]W_{N/4}^{km}+W_N^{3k}\sum_{m=0}^{N/4-1}x_3[m]W_{N/4}^{km}
\end{aligned}
\tag{5.6-16}
$$

同样,对 $k$ 按前后分段(注意,基 4-FFT 需要分成 4 段)进行讨论,有

$$
\begin{cases}
X[k]=X_0[k]+W_N^kX_1[k]+W_N^{2k}X_2[k]+W_N^{3k}X_3[k]\\
X\left[k+\dfrac{N}{4}\right]=X_0[k]-\mathrm{j}W_N^kX_1[k]-W_N^{2k}X_2[k]+\mathrm{j}W_N^{3k}X_3[k]\\
X\left[k+\dfrac{2N}{4}\right]=X_0[k]-W_N^kX_1[k]+W_N^{2k}X_2[k]-W_N^{3k}X_3[k]\\
X\left[k+\dfrac{3N}{4}\right]=X_0[k]+\mathrm{j}W_N^kX_1[k]-W_N^{2k}X_2[k]-\mathrm{j}W_N^{3k}X_3[k]
\end{cases}
\tag{5.6-17}
$$

其中,$k=0,1,\cdots,N/4-1$。

由式(5.6-17)可以得到时域抽取基 4-FFT 算法的蝶形结单元,如图 5.6-9 所示。

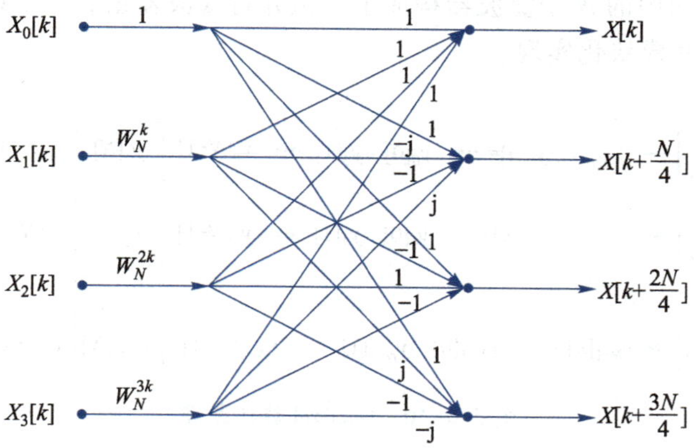


图 5.6-9 频域抽取基 4-FFT 算法的蝶形结

一般来说,实现一个基 4-FFT 算法需要 $M=\log_4 N$ 级运算。由于基 4-FFT 比基 2-FFT 需要的级数和蝶形结运算更少,FFT 的计算效率得到了进一步的提高。例如,要计算一个 16 点的 FFT,基 2-FFT 需要 $\log_2 16=4$ 级,而基 4-FFT 只需 $\log_4 16=2$ 级。

同样,时域抽取基 4-FFT 算法的输入序列也不是顺序的,需要进行类似基 2-FFT 中的位倒序调整。在基 4-FFT 中,使用四进制,即使用 4 个基本数字(0,1,2,3)来表示数据点的序号。例如,由于序号$(12)_{10}=(30)_4$,进行位倒序后,$(03)_4=(03)_{10}$,所以,将 $x[12]$和 $x[3]$ 进行交换。时域抽取基 4-FFT 的输出是顺序的。

频域抽取算法的输出输入顺序正好相反,其分析过程与时域抽取算法类似,这里不再赘述。

### *5.6.7 其他快速 Fourier 变换算法[延伸阅读]

除了 FFT 算法外,还有很多应用广泛的快速 Fourier 变换算法。这里介绍其中比较有代表性的一种,即 Goertzel(格兹尔)算法。

对 DFT 的定义式稍做变形,有

$$X[k]=\sum_{n=0}^{N-1}x[n]W_N^{kn}=\sum_{m=0}^{N-1}x[m]W_N^{-k(-m)}=\sum_{m=0}^{N-1}x[m]W_N^{-k(N-m)} \tag{5.6-18}$$

式(5.6-18)的右边可以看作是两个序列 $x[n]$ 和 $h_k[n]=W_N^{-kn}\mathrm{u}[n]$ 的卷积。如果定义 $y_k[n]=x[n]*h_k[n]$,那么

$$X[k]=y_k[n]\Big|_{n=N}=\sum_{m=0}^{N-1}x[m]W_N^{-k(n-m)}\Big|_{n=N},\quad k=0,1,\cdots,N-1 \tag{5.6-19}$$

即 $X[k]$可以看作是将 $x[n]$和 $h_k[n]$进行卷积,在第 $N$ 个节拍输出的结果。如果将 $h_k[n]$ 看作是一个系统的单位冲激响应,那么,$X[k]$就是 $x[n]$经过该系统后的第 $N$ 个输出点。改变 $k$ 值,可以计算不同的频域采样点 $X[k],k=0,1,\cdots,N-1$。

所以,$N$ 点 DFT 可以通过如图 5.6-10 所示的方式实现:将时域序列 $x[n]$输入到 $N$ 个

系统中，这些系统的冲激响应分别为 $h_0[n]=W_N^{-0n}\mathrm{u}[n]$，$h_1[n]=W_N^{-1n}\mathrm{u}[n]$，…，$h_k[n]=W_N^{-kn}\mathrm{u}[n]$，…，$h_{N-1}[n]=W_N^{-(N-1)n}\mathrm{u}[n]$，将所有输出序列的第 $N$ 个输出点收集起来，就得到 $x[n]$ 的 $N$ 点 DFT。图中的 $N$ 个滤波器构成了一组并行滤波器组，因此，Goertzel 算法特别适合 DFT 的并行实现和模块化实现。

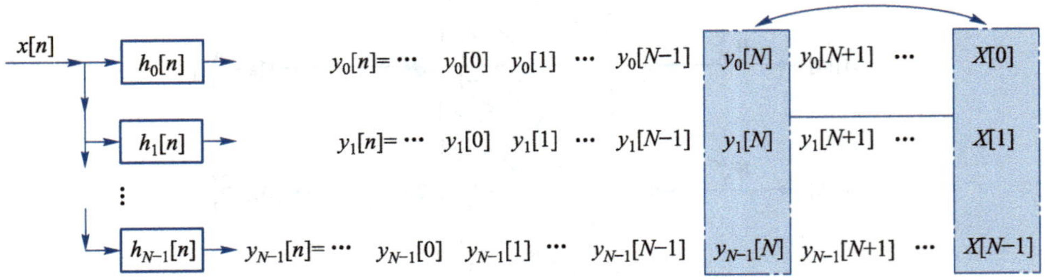


图 5.6-10　Goertzel 算法原理

对滤波器的冲激响应 $h_k[n]=W_N^{-kn}\mathrm{u}[n]$ 进行 $z$ 变换（关于 $z$ 变换将会在第六章详细讨论，这里用到的部分 $z$ 变换知识可以参考第六章中对应的内容），可以得到滤波器的系统函数 $H_k(z)$

$$H_k(z)=\sum_{n=-\infty}^{\infty}h_k[n]z^{-n}=\sum_{n=0}^{\infty}W_N^{-kn}z^{-n}=\frac{1}{1-W_N^{-k}z^{-1}},\quad |z|>1 \tag{5.6-20}$$

据此可以画出滤波器的系统框图，如图 5.6-11(a) 所示。利用 $z$ 变换的基础知识，由式(5.6-20)可得系统输入输出差分方程为

$$y_k[n]=x[n]+W_N^{-k}y_k[n-1],\quad k=0,1,\cdots,N-1 \tag{5.6-21}$$

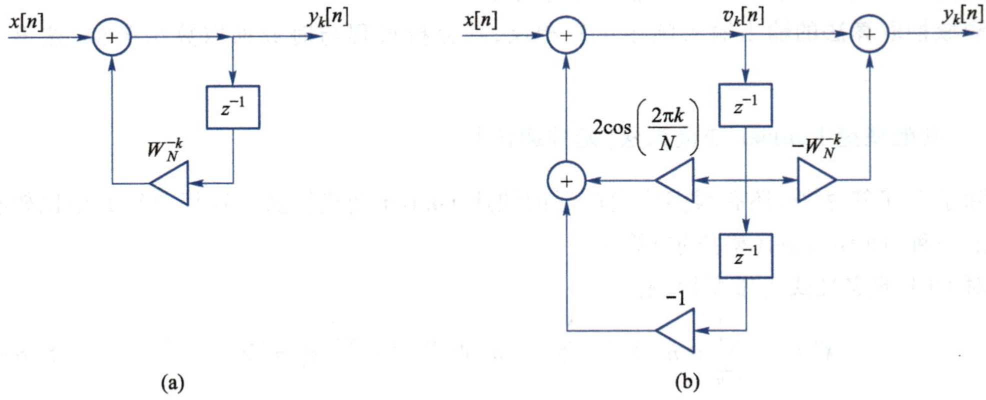


图 5.6-11　Goertzel 算法的系统框图

式(5.6-21)的运算量与标准 DFT 运算量相同。由于复数乘法运算对运算量消耗较大，在实际应用中，常对式(5.6-20)做如下变形

$$\begin{aligned}H_k(z)&=\frac{1}{1-W_N^{-k}z^{-1}}=\frac{1-W_N^{k}z^{-1}}{(1-W_N^{-k}z^{-1})(1-W_N^{k}z^{-1})}\\&=\frac{1-W_N^{k}z^{-1}}{1-2\cos(2\pi k/N)z^{-1}+z^{-2}},\quad |z|>1\end{aligned} \tag{5.6-22}$$

其对应的系统框图如图 5.6-11(b)所示。由此可得系统输入输出差分方程为

$$y_k[n]=x[n]-W_N^{-k}x[n-1]+2\cos(2\pi k/N)y_k[n-1]-y_k[n-2],\quad k=0,1,\cdots,N-1 \tag{5.6-23}$$

上式仍然涉及大量复数乘法。但是,由于 $X[k]=y_k[N]$,因此计算 DFT 只需要计算出 $y_k[N]$ 即可,而并不需要其他的 $y_k[n]$。基于这一思想,可以先只计算图 5.6-11(b)中的左边部分,即计算出中间节点的值 $v_k[n]$,然后在第 $N$ 步才计算右边部分,得到 $y_k[N]$。计算过程为

$$\text{当}\quad n=0,1,\cdots,N$$
$$v_k[n]=x[n]+2\cos(2\pi k/N)v_k[n-1]-v_k[n-2] \tag{5.6-24}$$
$$\text{则}\ y_k[N]=v_k[N]-W_N^{-k}v_k[N-1]$$

这样一来,如果输入为实数序列,计算出 $y_k[N]$ 只需要 $N$ 次实数乘法和 1 次复数乘法,其效率高于标准 DFT。

最后强调一下,Goertzel 算法在运算量方面的优势不如 FFT 算法明显,但它的结构特别适合并行实现和模块化实现。另外,注意到 FFT 算法需要所有的 $x[n]$ 都就绪后才能开始运算。而 Goertzel 算法并不要求这一点,第 0 个节拍只需要 $x[0]$,第 1 个节拍只需要 $x[0]$ 和 $x[1]$,以此类推。从理论上讲,Goertzel 算法只需要($N+1$)个节拍就能完成一个 $N$ 点的 DFT,这在某些特定的应用场合,例如电话号码的解码中得到广泛的应用。

### 5.6.8 DFT 和 FFT 的比较

本节对 DFT 和 FFT 做一个简单的比较。

**1. DFT 的优势和 FFT 的不足**

根据式(5.3-3),DFT 可以计算给定 $k$ 值下的任一频率分量 $X[k]$,而不用计算出整个频率谱。因此,DFT 可以缩小到所感兴趣的频率范围。这一特性在 FFT 中是不方便的。一般而言,在 FFT 中,所有的 $N$ 个频率点 $X[k]$,$k=0,1,\cdots,N-1$,必须都计算出来。

DFT 的另一个优势在于,它可以适用于任何长度的信号,这样就能最佳匹配给定信号的周期。这一特性在基 $K$-FFT 中同样是没有的,在基 $K$-FFT 中,要求序列的长度必须为 $N=K^M$。比如,一个基 2-FFT 的序列长度必须是 2 的幂。否则,就要进行填零等操作,才能满足该长度要求。由于频域离散化导致时域周期化,因此无论是填零还是其他改变长度的操作都很容易改变原始信号的特性,从而引入频谱计算误差。

**2. DFT 的不足和 FFT 的优势**

DFT 的不足在于其运算量太大,即需要进行 $O(N^2)$ 次复数乘法和加法,而一次复数乘法等于要进行 4 次实数乘法和 2 次实数加法,一次复数加法需要进行 2 次实数加法。因此,一个 $N$ 点 DFT 的实数乘法和加法的总次数分别为 $4N^2$ 和 $N(4N^2)$。比如,一个 512 点的 DFT 需要大概一百万次实数乘法和加法。这对于一般的 DSP 处理器来说,是一个非常大的要求。因此,需要像 FFT 这样的快速算法来实现 DFT。

另外,对于定点格式的数据,由于在乘-加操作后进行了内部舍入操作,使得在计算 DFT 时,运算量越大,引入的量化误差就越大。与之相对,FFT 算法所需的计算量就很小,因而可以减小量化误差。

DFT 和 FFT 有一个共同的缺点,那就是它们在处理平稳信号时非常有用,但是在处理非平稳或瞬时信号时性能较差。对于瞬时信号,一种更佳的变换就是小波变换,其采用的是联合时频分析方法。感兴趣的读者可以参考相关的书籍。

## 5.7 FFT 算法的应用

当以 FFT 算法为代表的快速 Fourier 变换算法发展并成熟起来后,DFT 才从理论真正走向实用。因此,FFT 在数字信号处理发展史上占有非常重要的地位,很多学者甚至将 FFT 看作是现代信号处理起源的标志。本节对 FFT 的常见应用做一个简单的介绍。

### 5.7.1 快速计算 IDFT

由 DFT 的定义可知,DFT 和 IDFT 的计算非常类似,唯一的不同就是旋转因子是共轭的,并且有一个 $1/N$ 的比例因子。因此,IDFT 可以很容易地由 FFT 实现,而不再需要研究专门的快速 Fourier 逆变换算法。

具体而言,可以对 IDFT 的定义式做如下处理

$$x[n]=\frac{1}{N}\sum_{k=0}^{N-1}X[k]W_N^{nk}=\frac{1}{N}\left(\sum_{k=0}^{N-1}X^*[k]W_N^{-nk}\right)^* \tag{5.7-1}$$

式(5.7-1)表明,一个 $N$ 点 IDFT 可以由以下 3 步来实现:① 对 $X[k]$ 取共轭得到 $X^*[k]$,$k=0,1,\cdots,N-1$;② 对序列 $X^*[k]$ 进行 $N$ 点 DFT;③ 对 DFT 的结果取共轭后再除以 $N$。当然,如果时域信号是实信号,最后一步的复共轭变换就不需要了。

上述 $N$ 点 IDFT 的实现过程如图 5.7-1 所示。对于常见的基 2-FFT 算法而言,由于 $N=2^M$,那么,如果整个 IDFT 计算过程是基于定点数格式的,乘以 $1/N$ 相当于将数据右移 $M$ 位,从而不再需要额外的乘法运算。

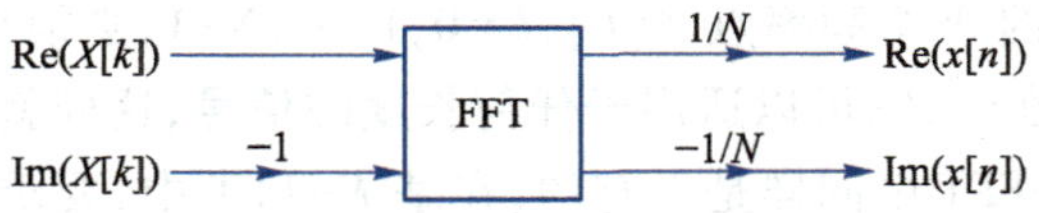


图 5.7-1 $N$ 点 IDFT 的实现过程框图

在实际应用中,以上右移 $M$ 位的操作通常不是一次性完成的,而是将其分解成 $M$ 次右移 1 位的操作来完成。由于 FFT 计算刚好有 $M$ 级,因此在每一级的输出端完成一次右移 1 位的操作即可,如下式所示

$$\frac{1}{N}=\frac{1}{2^M}=\underbrace{\frac{1}{2}\times\frac{1}{2}\times\cdots\times\frac{1}{2}}_{M级} \tag{5.7-2}$$

这样做的原因是为了最大限度地保留定点数的有效精度。对于一个 $P$ 位精度的定点数而言,如果一次性右移 $M$ 位,则将直接损失 $M$ 位的数据精度,即移位后的结果精度仅为 $(P-M)$ 位,如果 DFT 点数较长,这将极大地影响最终的计算结果。但是,如果将右移 $M$ 位分配到 $M$ 级来完成,则数据精度几乎没有损失。这是因为,FFT 每一级都是蝶形结运算,由乘法和加法构成,由于加法往往会导致有效数据位的增加且最多增加 1 位(基 2-FFT),那

么,如果在每级右移 1 位的话,刚好可以和增加的 1 位抵消,从而最大限度地保留数据的有效精度,即每一级输入输出的精度几乎都是 $P$ 位。

### 5.7.2 计算实数序列的 DFT

DFT 定义式中的旋转因子 $W_N^{kn}$是复数,其相关运算都是复数运算,因此,无论是标准 DFT 的运算模块和处理核,还是 FFT 的运算模块和处理核,通常都是按照复数输入序列来设计的,以保证其通用性。这样一来,当输入序列是实数时,由于其虚部为零,通用模块和处理核中的很多计算单元就会浪费,白白消耗了功率和运算量。基于这一问题,本节讨论如何利用复数 FFT 来高效地实现实数序列的 DFT。

利用复数 FFT 高效地实现实数 DFT 的方法主要有两种:利用一个 $N$ 点复数 FFT 实现两个 $N$ 点实数序列的 DFT,利用一个 $N$ 点复数 FFT 实现一个 $2N$ 点实数序列的 DFT,下面分别进行介绍。

**1. 利用一个 $N$ 点复数 FFT 实现两个 $N$ 点实数 DFT**

假设有两个 $N$ 点的实数序列 $x_1[n]$和 $x_2[n]$,$n=0,1,\cdots,N-1$,其 DFT 分别为 $X_1[k]$和 $X_2[k]$,$k=0,1,\cdots,N-1$。想要得到 $X_1[k]$和 $X_2[k]$,最简单的方法是分别以 $x_1[n]$和 $x_2[n]$作为 $N$ 点 FFT 算法的输入计算两次即可,即需要调用两次 FFT。所谓“利用一个 $N$ 点复数 FFT 实现两个 $N$ 点实数 DFT”,就是只需要调用一次 $N$ 点复数 FFT,在此基础上经过简单的处理就能得到 $X_1[k]$和 $X_2[k]$。

具体方法为:利用 $x_1[n]$和 $x_2[n]$构成一个 $N$ 点的复数序列 $w[n]$,即

$$w[n]=x_1[n]+\mathrm{j}x_2[n],\quad n=0,1,\cdots,N-1 \tag{5.7-3}$$

然后,以 $w[n]$为输入,进行一次 $N$ 点的复数 FFT,得到其频域序列 $W[k]$,$k=0,1,\cdots,N-1$。同时,基于式(5.7-3)容易得到

$$x_1[n]=\frac{1}{2}(w[n]+w^*[n]),x_2[n]=\frac{1}{\mathrm{j}2}(w[n]-w^*[n]),\quad n=0,1,\cdots,N-1 \tag{5.7-4}$$

根据 DFT 的线性性,如果知道 $w^*[n]$的 DFT,则可以很容易地计算出 $X_1[k]$和 $X_2[k]$。利用表 5.4-1 中的 DFT 对称性,有

$$w[n]\xleftrightarrow{\text{DFT}}W[k],\quad w^*[n]\xleftrightarrow{\text{DFT}}W^*[\langle -K\rangle_N],\quad k=0,1,\cdots,N-1 \tag{5.7-5}$$

因此,$X_1[k]$和 $X_2[k]$可以通过如下方式计算

$$\begin{aligned}X_1[k]&=\text{DFT}\{w_{\text{Re}}[n]\}=\frac{1}{2}(W[k]+W^*[\langle -K\rangle_N])=W_{\text{ccs}}[k]\\X_2[k]&=\text{DFT}\{w_{\text{Im}}[n]\}=\frac{1}{\mathrm{j}2}(W[k]-W^*[\langle -K\rangle_N])=\frac{1}{\mathrm{j}}W_{\text{cca}}[k]\end{aligned} \tag{5.7-6}$$

上述结论同时再次验证了“对 DFT 而言,取实部和取圆周共轭对称是时频域的一组对偶操作,取虚部和取圆周共轭反对称也是时频域的一组对偶操作”这一结论。

就运算量而言,如果直接进行两次 $N$ 点 FFT,则需要 $N\log_2 N$ 次复数乘法和 $2N\log_2 N$ 次复数加法。而利用以上方法,则只需要$(N/2)\log_2 N+2N$ 次复数乘法和 $N\log_2 N+2N$ 次复数加法,几乎可以节约一半的运算量。

**2. 利用一个 $N$ 点复数 FFT 实现一个 $2N$ 点的实数 DFT**

另一种高效的实现方法是，利用一个 $N$ 点的复数 FFT 实现一个 $2N$ 点的实数序列的 DFT。

假设 $x[n]$ 为 $2N$ 点的实数序列，$n=0,1,\cdots,2N-1$，其 DFT 为 $X[k]$，$k=0,1,\cdots,2N-1$。那么，由时域抽取基 2-FFT 的基本思想可知，将 $2N$ 点的 DFT 分成两个 $N$ 点的 DFT 可以有效降低运算量。即在时域对 $x[n]$ 进行基 2 抽取，得到两个 $N$ 点序列 $x_1[n]$ 和 $x_2[n]$，$n=0,1,\cdots,N-1$

$$x_1[n]=x[2n],x_2[n]=x[2n+1],\quad n=0,1,\cdots,N-1 \tag{5.7-7}$$

因此，如果已知 $x_1[n]$ 和 $x_2[n]$ 的 DFT 为 $X_1[k]$ 和 $X_2[k]$，$k=0,1,\cdots,N-1$，则 $X[k]$ 可以由 $X_1[k]$ 和 $X_2[k]$ 进行简单组合而得

$$\begin{cases}X[k]=X_1[k]+W_{2N}^{k}X_2[k]\\X[k+N]=X_1[k]-W_{2N}^{k}X_2[k]\end{cases},\quad k=0,1,\cdots,N-1 \tag{5.7-8}$$

于是，现在的问题变成了如何高效地获得 $X_1[k]$ 和 $X_2[k]$，即如何高效地计算两个 $N$ 点实数序列 $x_1[n]$ 和 $x_2[n]$ 的 DFT。这可以采用前述方法，利用一个 $N$ 点的复数 FFT 来完成，如式(5.7-3)～式(5.7-6)所示。

因此，计算一个 $2N$ 点实数序列的 DFT 需要的运算量为 $(N/2)\log_2 N+3N$ 次复数乘法和 $N\log_2 N+4N$ 次复数加法。如果直接使用 $2N$ 点的 FFT，其运算量为 $N\log_2(2N)$ 次复数乘法和 $2N\log_2(2N)$ 次复数加法。可以想象，当长度 $N$ 很大时，本方法节省的运算量是相当可观的。

### 5.7.3 计算两个序列的卷积

由 5.5 节的讨论可知，可以在频域对离散信号 $x[n]$ 通过系统 $h[n]$ 的问题进行分析，即 $x[n]$ 和 $h[n]$ 的卷积可以在频域来完成。不失一般性，假设 $x[n]$ 的长度为 $N$，$h[n]$ 的长度为 $M$，那么，输出序列 $y[n]$ 的长度为 $L=N+M-1$。频域分析的过程分为 3 步：

① 分别对 $x[n]$ 和 $h[n]$ 进行 $L$ 点的 DFT，得到离散频谱 $X[k]$ 和 $H[k]$，$k=0,1,\cdots,L-1$；

② 将二者相乘，得到输出信号的离散频谱 $Y[k]=X[k]H[k]$，$k=0,1,\cdots,L-1$；

③ 在此基础上，对 $Y[k]$ 进行 $L$ 点的 DFT 反变换，得到时域输出 $y[n]$，$n=0,1,\cdots,L-1$。

尽管频域分析能提供很多的有用信息，但如果直接计算 DFT，其在运算量上是不占优势的。以乘法次数为例进行分析如下。直接计算 $x[n]$ 和 $h[n]$ 的卷积需要的乘法次数为 $NM$。如果进行频域分析，则需要 3 次 $L$ 点的 DFT 和一次 $L$ 点的乘法，合计 $3L^2+L$ 次乘法。由于 $L=N+M-1$，所以频域分析的运算量大于直接卷积的运算量。

但是，如果利用 FFT 来完成 DFT 运算的话，就能够大大提高频域分析的效率。以基 2-FFT 为例，完成频域分析所需乘法次数仅为 $L[1+(3/2)\log_2 L]$。为了便于和直接卷积的方法对比，定义两种方法运算量的比值为

$$R\triangleq\frac{NM}{L[1+(3/2)\log_2 L]} \tag{5.7-9}$$

那么，如果 $R>1$ 则频域分析的方法效率较高，反之直接卷积方法的效率较高。

首先来看 $x[n]$ 和 $h[n]$ 长度差别不大的情况。为了简化分析，假设 $N=M$，$L=2N-1\approx 2N$，则式(5.7-9)近似为

$$R=\frac{N^2}{2N[1+(3/2)\log_2 2N]}=\frac{N}{5+3\log_2 N} \tag{5.7-10}$$

表 5.7-1 所示为 $N=M$ 时，不同 $N$ 下的两种方法的运算量比较。可以看出，当 $N$ 超过 32 以后，$N$ 越长，则使用 FFT 进行频域分析的方法在运算量方面优势越明显。当 $N$ 为 4096 时，频域分析的效率几乎是直接卷积的 100 倍。

**表 5.7-1 在 $N=M$，$L=2N$ 时两种方法运算量的比较**

| $N$ | 8 | 32 | 64 | 128 | 256 | 512 | 1024 | 2048 | 4096 |
|---|---|---|---|---|---|---|---|---|---|
| $R$ | 0.57 | 1.60 | 2.78 | 4.92 | 8.82 | 16.00 | 29.26 | 53.89 | 99.90 |

但是，在实际应用中更为普遍的情况是 $x[n]$ 的长度远大于 $h[n]$ 的长度。如一台设备只要处于开机状态，信号 $x[n]$ 就源源不断地输入，而其系统响应的长度往往是固定的（这里假设 $h[n]$ 为有限长度）。在这种情况下，可以认为 $N\gg M$，$L=N+M-1\approx N$，于是，式(5.7-9)近似为

$$R=\frac{NM}{N[1+(3/2)\log_2 N]}=\frac{M}{1+(3/2)\log_2 N} \tag{5.7-11}$$

由于 $N\gg M$，$R$ 的值往往远小于 1，表明在这种情况下频域分析的效率很低。另一方面，基于频域分析的重要性，在实际应用中又需要大量用到，因此，可以借鉴式(5.7-10)的结果，将 $x[n]$ 进行分段，每一段的长度与 $h[n]$ 大致相当，这样每一段信号经过系统的过程就可以利用频域分析的方法高效地完成，最后再将各段的结果组合起来即可。

实际应用中，对 $x[n]$ 进行分段的方法有多种，其中重叠相加法(overlap and add method)和重叠保留法(overlap and save method)是最常用的两种。

### 1. 重叠相加法

假设 $x[n]$ 是一个长的因果序列，将 $x[n]$ 分解成很多段，每一段的长度为 $N$，其值与 $h[n]$ 的长度 $M$ 大体相当。用 $x_i[n]$ 表示 $x[n]$ 的第 $i$ 段，即

$$x_i[n]=\begin{cases}x[n], & iN\leqslant n\leqslant (i+1)N-1\\ 0, & \text{其余 } n\end{cases},\quad i=0,1,2,\cdots \tag{5.7-12}$$

则输入序列可以表示成

$$x[n]=\sum_{i=0}^{\infty}x_i[n] \tag{5.7-13}$$

这样，$x[n]$ 与 $h[n]$ 的卷积等于各 $x_i[n]$ 与 $h[n]$ 的卷积之和，即

$$y[n]=x[n]*h[n]=\sum_{i=0}^{\infty}x_i[n]*h[n]=\sum_{i=0}^{\infty}y_i[n] \tag{5.7-14}$$

在式(5.7-14)中，每一段的卷积运算 $y_i[n]=x_i[n]*h[n]$ 都可以用 FFT 算法来计算。由于 $y_i[n]$ 为 $L=N+M-1$ 点，所以先对 $x_i[n]$ 与 $h[n]$ 补零到 $L$ 点。为了便于 FFT 计算，一般取 $L$ 为 2 的幂。例如，如果 $N=M$ 且为 2 的幂，就可以直接取 $L=N+M=2N$。

由于 $x_i[n]$ 的原始长度为 $N$ 点，而 $y_i[n]$ 的长度为 $L$ 点，故相邻两段输出序列必然有部分点重叠，这里不妨设 $L=N+M$，即前一段的后 $M$ 点和后一段的前 $M$ 点重叠。按照式(5.7-14)，这些重叠的部分需要直接相加，再和不重叠的部分共同组成输出 $y[n]$。这就是重叠相加法

得名的由来,如图 5.7-2 所示。

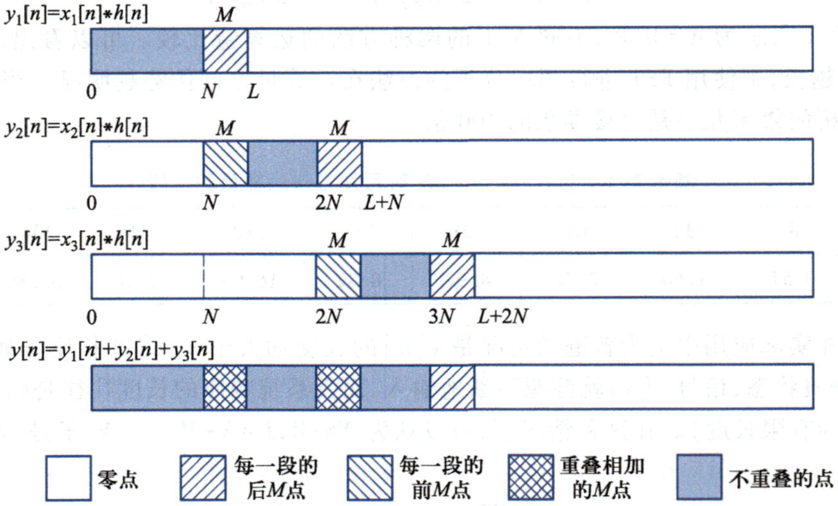


图 5.7-2 重叠相加法图示

## 2. 重叠保留法

重叠保留法和重叠相加法略有不同。它们的相同之处在于,都将 $x[n]$ 分段,每段长度为 $N$。不同之处在于,重叠相加法为了进行长度为 $L=N+M$ 的卷积,需要对 $x_i[n]$ 与 $h[n]$ 都做补零处理,而重叠保留法只对 $h[n]$ 补零,对 $x_i[n]$ 不补零,而是在每一段的后面直接补上后一段的前 $M$ 个点,组成长度为 $L$ 的序列,如图 5.7-3 所示。

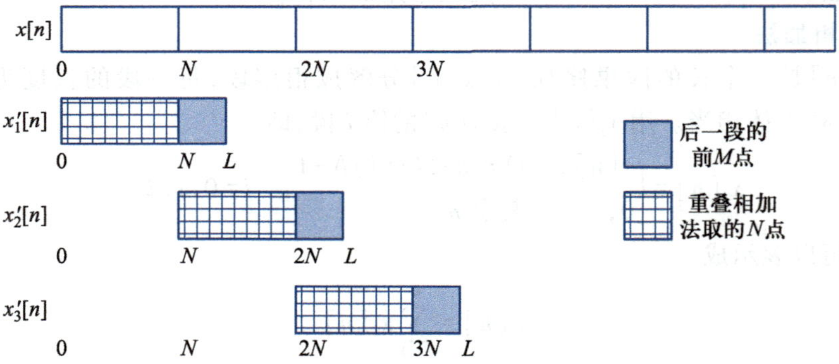


图 5.7-3 重叠保留法分段图示

在此基础上得到的 $x_i'[n]$,和原始输入序列 $x[n]$ 的关系为

$$x_i'[n]=\begin{cases}x[n+iN], & 0\leqslant n\leqslant L-1\\0, & \text{其余 } n\end{cases},\quad i=0,1,2,\cdots \tag{5.7-15}$$

这样一来,由于 $x_i'[n]$ 的实际长度为 $L$,那么,它在 $h[n]$ 进行周长为 $L$ 的圆周卷积时,卷积的结果就不再和线性卷积的结果相等。分析这两个序列圆周卷积的过程不难发现,输出序列的前 $M$ 点的结果是错误的,而这之后的点与线性卷积的对应点相等。因此,在构成最终的输出序列 $y[n]$ 时,需要将每段 $x_i'[n]$ 和 $h[n]$ 的圆周卷积的输出 $y_i'[n]$ 的前 $M$ 个点舍

去,再把相邻各输出段留下的序列衔接起来,如图 5.7-4 所示,即

$$y[n]=\sum_{i=0}^{\infty} y_i[n-iN] \tag{5.7-16}$$

其中

$$y_i[n]=\begin{cases} y_i'[n], & (M+1)\leqslant n\leqslant(L-1) \\ 0, & \text{其余 } n \end{cases} \tag{5.7-17}$$

由于图 5.7-4 所示也可以理解为,每一组相继的输入段均由 $N$ 个新点和前一段保留下来的 $M$ 个点组成,因此这种方法叫重叠保留法。

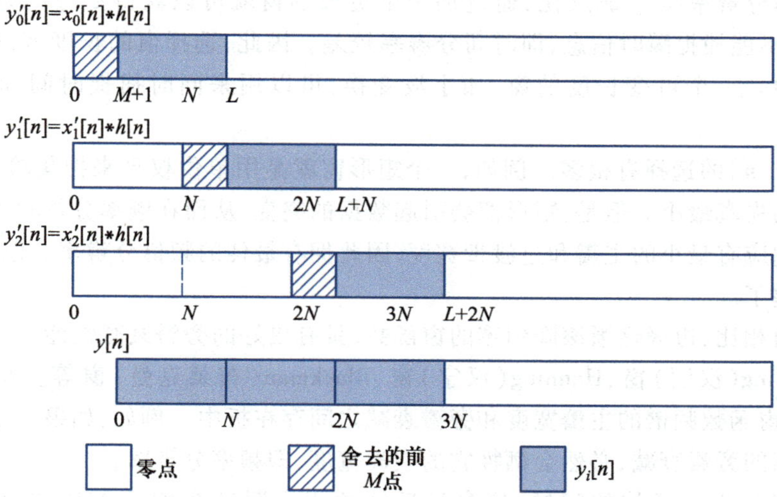


图 5.7-4　重叠保留法图示

## 5.8　FFT 实现过程中的注意事项

本节讨论跟 FFT 算法的实现和应用相关的一些实际问题。

### 5.8.1　频率分辨率和加窗

#### 1. 频率分辨率

实现 FFT 的第一步就是确定输入序列的长度,即 FFT 的长度或参与 FFT 运算的数据窗长度。在确定数据窗长度时,频率分辨率是一个很重要的考虑因素。在 DFT 或 FFT 运算中,频率分辨率定义为分辨两个相邻频率分量的能力,等效为数据窗的有效带宽。由定义可知,对于长度为 $N$ 的数据窗,频率分辨率为 $\Delta\omega=2\pi/N$。由数字角频率与其他频率之间的关系,还可以得到模拟角频率间隔 $\Delta\Omega$、自然频率间隔 $\Delta f$ 分别为

$$\Delta\omega=\frac{2\pi}{N},\quad \Delta\Omega=\frac{\Delta\omega}{T_s}=\frac{2\pi f_s}{N}=\frac{\Omega_s}{N},\quad \Delta f=\frac{\Delta\Omega}{2\pi}=\frac{f_s}{N} \tag{5.8-1}$$

其中,$f_s=1/T_s$ 为采样频率,$T_s$ 为采样间隔,$\Omega_s=2\pi f_s$ 为模拟采样角频率。

尽管式(5.8-1)中对频率分辨率中“频率”的定义不同,但最终得到的频率分辨率都和

数据窗的长度 $N$ 成反比。因此，$N$ 越大频率分辨率越高，从而能体现更多的频谱细节，但同时也会增大运算量。所以，实际应用中需要根据具体的需求和指标来合理地选择频率分辨率或数据窗的长度。

**2. 加窗**

加窗就是把一个长度为 $N$ 的窗函数 $w[n]$，加到一个信号序列 $x[n]$ 上的过程。加窗后的输出为 $x[n]w[n]$，$n=0,1,\cdots,N-1$。在计算一个 $N$ 点的 FFT 时，如果序列的实际长度大于 FFT 的长度 $N$，则序列中只有前 $N$ 个采样点参与计算。这相当于将序列进行截断，或者说对序列进行加矩形窗。

由于频率分辨率和 $N$ 成反比，通过加一个更长的窗就可以获得更好的频谱信息。但是，较长的窗不能捕捉瞬时信息，即时间分辨率较差。因此，选择窗的长度 $N$，包含了时域-频域上的折中。一个可变长度的窗，如小波变换，可以用来同时捕捉时间和频率信息的细节。

窗函数 $w[n]$ 的选择有很多。例如，一个矩形窗就是用单位权重来搜集输入点，它给原始信号引入的失真最小。但是，矩形窗会引起数据的突变，从而在频率分析时引入误差。矩形窗的频率响应有最小的主瓣和过渡带宽度，因此拥有最佳的频谱分辨率。但是，代价就是旁瓣衰减变差了。

和矩形窗相比，边缘逐渐滚降到零的窗函数，具有更好的旁瓣衰减性能。一些常用到的窗包括 Hamming（汉明）窗、Hanning（汉宁）窗、Blackman（布莱克曼）窗等。在使用窗函数时，注意到在窗函数频谱的主瓣宽度和旁瓣衰减之间存在折中。例如，如果一个窗函数想要获得一个更高的旁瓣衰减，必然会牺牲它的主瓣宽度，即频率分辨率。

关于更多有关窗函数的问题，请参见后续关于有限冲激响应 FIR（finite impulse response）滤波器的讨论。

### 5.8.2 运算量问题

FFT 算法用于减少 DFT 的运算量。在实际应用中，采用某些方法还可以进一步提高 FFT 运算时的速度。但需要注意的是，一些方法在某一方面提高了 FFT 实现的效率，却可能在另一些方面降低 FFT 的效率或影响 FFT 实现的效果。因此，具体应用时需要综合考虑这些方法的优缺点。

（1）对信号序列进行填零或者截断，从而根据所选的基匹配 FFT 要求的长度，提高 DFT 的实现效率。但是，对序列进行填零或者截断有可能改变原有序列的特性，最终影响 FFT 计算的精度。

（2）使用更高的基，例如，和基 2-FFT 算法相比，基 4-FFT 可以减少 50%复数乘法的次数。但是，必须考虑到基 4-FFT 的实现更为困难的问题。

（3）把旋转因子存储到一个查找表中，从而不需要在程序中计算它们。但是，这样做显然会增加内存的占用量。

（4）考虑到许多旋转因子实际上是等于±1 的，那么，就只有在需要的时候才进行旋转因子相乘运算，从而进一步减少乘法次数。但是，因为要处理上述±1 的特殊情况，对那些不需要的乘法就需要采用跳过的处理方式，这会导致程序的长度增加和执行的时间变长。因此,乘-加运算在总次数上的减少可能不会产生一个更快的处理程序。

(5) 利用输入信号为实数信号的特性。例如,可以用一个 $N$ 点复数序列的 FFT 完成两个 $N$ 点实数序列的 FFT 计算,或者用一个 $N$ 点复数序列的 FFT 计算一个 $2N$ 点实数序列的 FFT。这些高效的方法可以极大地减少运算量。

### 5.8.3 有限字长效应

总的来说,和直接进行 DFT 运算相比,FFT 算法大大减少了算术运算的次数,因此,其受有限字长效应的影响更小,产生的量化误差也更小。但是,仍然需要特别注意 FFT 的溢出和舍入误差问题。当在基于定点格式的平台上实现 FFT 时,这一点变得特别重要。

#### 1. 舍入误差

输入数据与旋转因子的相乘会带来舍入误差。一个蝶形结对应一次复数乘法,或四次实数乘法,因此,一次蝶形结运算将形成 4 个舍入噪声源。很多文献已经论述过,该噪声可以看作是一个非自相关、零均值、方差为 $2^{-2b}/12$ 的白噪声,其中 $b$ 为字长。因此,一个蝶形结产生的噪声方差总共为

$$\sigma_B^2=4\times\frac{2^{-2b}}{12}=\frac{2^{-2b}}{3} \tag{5.8-2}$$

为了得到 FFT 某一输出点的舍入噪声,需要求出为得到该输出点的输出值所经过的蝶形结的个数。如图 5.6-4 所示,为了得到任一最终输出结果的数值,在第 1 级需要 $N/2$ 个蝶形结,第 2 级需要 $N/4$ 个蝶形结,一直到最后,一个输出节点上只有一个单独的蝶形结。因此,对于一个 $N$ 点 FFT,为了计算出任一最终输出结果,都需要 $N-1$ 个蝶形结,因此每一个输出节点的总舍入误差方差为

$$\sigma_T^2=(N-1)\sigma_B^2=\frac{(N-1)2^{-2b}}{3} \tag{5.8-3}$$

式(5.8-3)表明,每一个输出节点的总的舍入误差和 FFT 长度 $N$ 是成比例的。注意到,由于当旋转因子为±1 时,并不需要进行乘法运算,因此这也是一个上限值。

#### 2. 溢出

在 FFT 计算中,溢出是另一个因有限字长效应而产生误差的问题。FFT 的基本运算单元为蝶形结,它包含一次复数乘法和两次复数加法。在进行定点数相加的运算时,很容易发生溢出,从而影响最终的计算结果。

对于溢出问题,常用的处理方法有:转换为饱和模式、使用累加器的保护位等。在 FFT 计算中,一个更有效的避免溢出的方法就是对信号进行缩放。

以纯小数格式的定点数为例。由于旋转因子的模恒定为 1,不需要进行缩放,因此只需要对输入信号进行缩放即可。由 FFT 的流程图可知,每一级的输出都是由两个数相加(或相减)而来,因此每一级最多可能进位(或溢出)1 位。一个 $N=2^M$ 点的 FFT 有 $M$ 级,因此最多可能溢出 $M$ 位。那么,对于所有的 $x[n]$ 来说,如果事先进行缩放,使得输入端的 $|x[n]|<1/N=2^{-M}$,就可以保证在输出端对于所有的 $k$ 都有 $|X[k]|<1$。

这里进行 $1/N$ 的缩放,实际等效于将 $x[n]$ 右移 $M$ 位。例如,实现一个 512 点 FFT,就需要将输入信号右移 9 位。但是,正如 5.7.1 节中分析的那样,如果直接一次性右移 9 位,会

极大地损失信号的有效精度,降低运算的准确度。一个更为实用的方法就是,在每级把信号按 1/2 的比例缩放,等效于在每级把当前级的输入信号右移 1 位。

除此之外,一种更为灵活的方法是对每一级的输入进行自适应的缩放。具体做法是,在每一级的计算完毕后,对输出结果的有效位进行检测,看当前级的计算是否发生了进位,然后,根据进位的实际情况,对输入到下一级的结果进行相应的缩放。如果当前级的计算没有产生进位,那么其结果就可以直接输入到下一级,不必进行缩放;否则,将输出右移 1 位。显然,由于不是所有的加法都会产生进位,自适应缩放的方法能获得比每级固定缩放更高的精度,其代价就是增加了实现的复杂度,因为需要对每级输出的有效位进行监测。目前,很多硬件厂商已经设计了专门的指令来对数据的冗余符号位进行监测,如 TI 系列 DSP 中的 NORM 指令等,大大降低了自适应缩放实现的难度。

## 5.9　本章小结

本章主要讨论离散信号频谱的离散化问题,以便在频域实现数字信号处理。本章的主要问题有两个。一是如何实现频域离散化,以及频域离散化后对信号所产生的影响,离散信号和离散频谱之间的变换关系等。二是如何高效地实现离散信号和离散频谱之间的转换。

图 5.9-1 对信号在时频域的离散化问题及相应的变换关系进行了一个简单的总结,可以用来回答第一个问题。

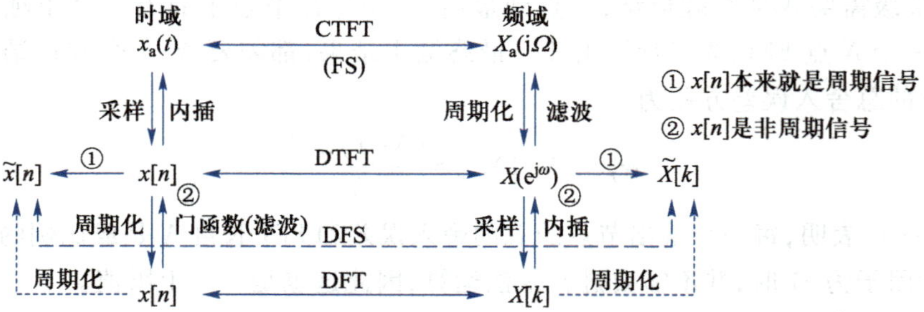


图 5.9-1　信号在时频域的离散化及相应的变换关系

对于一个模拟信号 $x_a(t)$,其频谱为 $X_a(j\Omega)$。一般而言,$x_a(t)$ 和 $X_a(j\Omega)$ 都是连续信号,它们之间可以通过连续 Fourier 变换 CTFT 进行相互转换。注意,有一种情况是例外的。如果 $x_a(t)$ 是周期函数,那么其频谱则是离散的,它们之间通过 Fourier 级数 FS 进行相互转换。

离散化是通过采样来完成的,在数学上可以建模为连续信号和理想冲激串相乘。在时域对 $x_a(t)$ 进行采样可得序列 $x[n]=x_a(t)\mid_{t=nT_s}$,其中 $T_s$ 为采样间隔,$f_s=1/T_s$ 为采样频率。离散序列 $x[n]$ 的频谱表示为 $X(e^{j\omega})$,其中 $\omega$ 为数字角频率,它与模拟角频率 $\Omega$ 的关系为 $\omega=\Omega T_s$。$x[n]$ 和 $X(e^{j\omega})$ 之间通过离散 Fourier 变换 DTFT 进行相互转换,DTFT 就是 CTFT 处理离散信号的特例,且 DTFT 定义在数字角频率 $\omega$ 上。$X(e^{j\omega})$ 是 $\omega$ 的周期函数,它是将 $x_a(t)$ 的频谱以采样频率为周期进行周期化的结果。因此,为了在频谱周期化的过程中不发生交叠,采样频率不能低于信号最高频率的 2 倍,这也被称作 Nyquist 采样定理。如果满足采样定理,则可以通过 $x[n]$ 无失真地恢复出 $x_a(t)$,或在频域由 $X(e^{j\omega})$ 无失真地恢复出

$X_a(j\Omega)$。恢复过程在时域为 $x[n]$ 和内插函数的卷积，在频域为 $X(e^{j\omega})$ 和低通滤波器相乘，其中内插函数和低通滤波器是一对 Fourier 变换对。

一般而言，$X(e^{j\omega})$ 是 $\omega$ 的连续函数。有一种情况例外。如果 $x[n]$ 是周期为 $N$ 的离散序列（即图 5.9-1 中的情况①），通常表示为 $\tilde{x}[n]$，则其频谱是离散的，表示为 $\tilde{X}[k]$，其中序号 $k$ 对应的频率为 $\omega_k=2\pi k/N$。$\tilde{x}[n]$ 和 $\tilde{X}[k]$ 之间通过离散 Fourier 级数 DFS 进行相互转换。DFS 就是 FS 处理离散信号的特例。注意，由"时域离散化，频域周期化；时域周期化，频域离散化"的基本结论，DFS 的两边 $\tilde{x}[n]$ 和 $\tilde{X}[k]$ 都既是周期的，又是离散的，且周期均为 $N$。

另一方面，如果 $x[n]$ 是非周期信号（即图中的情况②），则 $X(e^{j\omega})$ 是连续的。这时，为了获得离散频谱就需要在频域对 $X(e^{j\omega})$ 进行离散化。频域离散化的过程和时域离散化紧密联系，二者有很多共同点和相似之处。

频域离散化同样通过频域采样完成，在数学上可以建模为连续频谱和频域理想冲激串相乘。在频域对 $X(e^{j\omega})$ 进行离散化可得序列 $X[k]=X(e^{j\omega_k})\big|_{\omega_k=2\pi k/M}$，其中 $2\pi/M$ 为频域采样间隔，这里将 $M$ 称为频域采样频率。频域采样对应时域的周期化，即将 $x[n]$ 按采样频率 $M$ 进行周期化，最终得到一个周期离散序列 $\tilde{x}[n]$。同样，为了在时域周期化的过程中不发生交叠，频域采样频率 $M$ 不能低于时域信号的宽度 $N$，即 $M\geqslant N$，一般取 $M=N$。结合时域 Nyquist 采样定理，信号在时频域无失真采样的条件可以描述为，采样频率不低于信号在另一个域的宽度。如果满足采样定理，则可以通过 $X[k]$ 无失真地恢复出 $X(e^{j\omega})$，或在时域由 $\tilde{x}[n]$ 无失真地恢复出 $x[n]$。恢复过程在频域为 $X[k]$ 和频域内插函数的卷积，在时域为 $\tilde{x}[n]$ 和门函数相乘，其中时域门函数和频域内插函数也是一对 Fourier 变换对。

离散信号 $x[n]$ 和离散频域 $X[k]$ 之间由离散 Fourier 变换 DFT 进行转换。尽管 $x[n]$ 的定义域为 $n,k=0,1,\cdots,N-1$，但由于一个域的离散化对应另一个域的周期化，所以 DFT 的两边实际上都既是周期的，又是离散的，且周期为 $N$。这样，DFT 就和 DFS 联系起来了。将 DFS 的两端取出一个周期，就是 DFT。同时，DFT 也可以看作是计算另一个周期序列的 DFS，这也给 DFT 带来了一些特殊的性质，如圆周特性等。

在引入了 DFT 之后，就可以以数字的方式进行时频域联合分析了。这必然需要信号频繁地在时域和频域之间转换，因此，能够高效快速地完成 DFT 是进行时频域分析的必要条件。为此，本章后半部分介绍了一种快速 Fourier 变换 FFT 算法。FFT 算法的基本思想是，它将原有的 $N$ 点序列分成两个（或多个）较短的序列，利用旋转因子 $W_N$ 的周期性和对称性，这些较短序列的 DFT 可以简单地组合起来，得到原序列的 DFT，从而有效降低 DFT 的运算量。

FFT 算法有很多种，本章重点介绍了时域抽取基 2-FFT 和频域抽取基 2-FFT。基 2-FFT 的一般特点为：基于蝶形结的分级实现，运算量为 $(N/2)\log_2 N$，同址计算，位倒序重新排序等。

除此之外，本章还介绍了 FFT 的一些常见应用，以及 FFT 在具体实现过程中所需要考虑的一些因素。

## 习　题

**P5.1** 计算如下周期序列的离散 Fourier 级数 DFS。

(1) $\tilde{x}[n]=\cos(\pi n/4)$　　(2) $\tilde{x}[n]=2\cos(\pi n/3)+5\sin(\pi n/4)$

**P5.2** 已知两个周期序列 $\tilde{x}[n]$ 和 $\tilde{y}[n]$，周期均为 5，试计算它们的周期卷积。

$$\tilde{x}[n]=\begin{cases}2, & n=0,2\\ -1, & n=1\\ -2, & n=3\\ -3, & n=4\end{cases},\qquad \tilde{h}[n]=\begin{cases}2, & n=0\\ -3, & n=1,4\\ 1, & n=2\\ -2, & n=3\end{cases}$$

**P5.3** 计算如下序列的 DFT。

(1) $x[n]=\{1,1,0,-1\},0\leqslant n\leqslant 3$

(2) $x[n]=\{1,2,3,4\},0\leqslant n\leqslant 3$

(3) $x[n]=\{4,3,2,1\},0\leqslant n\leqslant 3$

(4) $x[n]=\{1,2,3,4,1,2,3,4\},0\leqslant n\leqslant 7$

(5) $x[n]=\{1,2,3,4,4,3,2,1\},0\leqslant n\leqslant 7$

(6) $x[n]=\{1,0,2,0,3,0,4,0\},0\leqslant n\leqslant 7$

**P5.4** 计算如下序列的 DFT，其中序列长度 $N$ 为偶数。

(1) $x[n]=\delta[n]$　　(2) $x[n]=\delta[n-n_0],0\leqslant n_0\leqslant N-1$

(3) $x[n]=\begin{cases}1, & n\text{ 为偶数}\\ 0, & n\text{ 为奇数}\end{cases}$　　(4) $x[n]=\begin{cases}1, & 0\leqslant n\leqslant N/2-1\\ 0, & N/2\leqslant n\leqslant N-1\end{cases}$

**P5.5** 已知一个 $N$ 点的复数序列 $x[n]=e^{j\omega_0 n},0\leqslant n\leqslant N-1$。

(1) 试计算 $x[n]$ 的 DTFT $X(e^{j\omega})$；

(2) 试计算 $x[n]$ 的 $N$ 点 DFT $X[k],0\leqslant k\leqslant N-1$；

(3) 如果 $\omega_0=2\pi k_0/N$，其中 $k_0$ 为整数，试计算 $x[n]$ 的 $N$ 点 DFT $X[k],0\leqslant k\leqslant N-1$。

**P5.6** 已知一个 $N$ 点长的序列 $x[n],0\leqslant n\leqslant N-1$，其中 $N$ 为偶数，$x[n]$ 对应的 $N$ 点 DFT 为 $X[k],0\leqslant k\leqslant N-1$。基于 $x[n]$ 可构成如下 3 个 $N$ 点长的序列：$u[n]=x[n]-x[n-N/2]$，$v[n]=x[n]+x[n-N/2]$ 和 $y[n]=(-1)^n x[n]$，它们对应的 $N$ 点 DFT 分别为 $U[k]$、$V[k]$ 和 $Y[k]$。试用 $X[k]$ 来表示 $U[k]$、$V[k]$ 和 $Y[k]$。

**P5.7** 已知一个 $N$ 点长的实数序列 $x[n],0\leqslant n\leqslant N-1$，对应的 $N$ 点 DFT 为 $X[k],0\leqslant k\leqslant N-1$。

(1) 试证明 $X[0]$ 为实数；

(2) 试证明，如果 $N$ 为偶数，则 $X[N/2]$ 为实数；

(3) 试证明，如果 $N$ 为偶数并且 $x[n]=-x[n+N/2]$，那么对于所有的偶数 $k,0\leqslant k\leqslant N-1$，有 $X[k]=0$；

(4) 试证明，如果 $N$ 为 4 的倍数并且 $x[n]=-x[n+N/4]$，那么对于所有的 $k=4l,0\leqslant l\leqslant N/4-1$，有 $X[k]=0$。

**P5.8** 已知一个有限长的序列 $x[n]$ 如图 P5.8 所示，其 DTFT 为 $X(e^{j\omega})$。

(1) 如果对 $X(e^{j\omega})$ 按 $\omega_k=2\pi k/4,k=0,1,2,3$ 进行采样，可得频域序列 $X_1[k]$

$$X_1[k]=X(e^{j\omega_k})\Big|_{\omega_k=2\pi k/4},\quad k=0,1,2,3$$

试计算并画出 $X_1[k]$ 的 4 点 IDFT，表示为 $x_1[n],n=0,1,2,3$；

(2) 如果对 $X(e^{j\omega})$ 按 $\omega_k=2\pi k/8,k=0,1,\cdots,7$ 进行采样，可得频域序列 $X_2[k]$ 为

$$X_2[k]=X(e^{j\omega_k})\big|_{\omega_k=2\pi k/8},\quad k=0,1,\cdots,7$$

试计算并画出 $X_2[k]$ 的 8 点 IDFT，表示为 $x_2[n]$，$n=0,1,\cdots,7$。

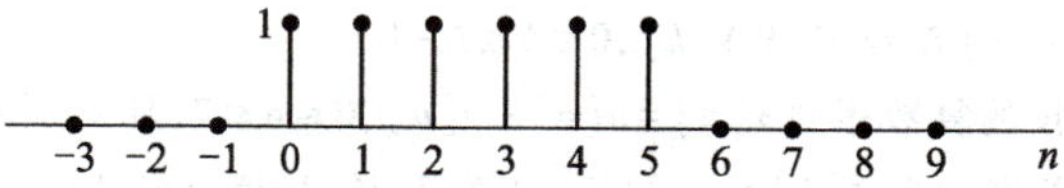

图 P5.8

**P5.9** 已知一个 6 点长的序列 $x[n]$，其 6 点 DFT 表示为 $X[k]$。

(1) 假设 $X[k]=\{10,-3-j2,2-j3,-2,2+j3,-3+j2\}$，$0\leqslant k\leqslant 5$，试计算 $x[3]$；

(2) 假设 $X[k]=\{3,-1,j2,5,-j2,-1\}$，$0\leqslant k\leqslant 5$，试计算 $x[n]$。

**P5.10** 已知两个长度为 8 的离散序列 $g[n]$ 和 $h[n]$，$0\leqslant n\leqslant 7$，它们的 8 点 DFT 分别为 $G[k]$ 和 $H[k]$，$0\leqslant k\leqslant 7$。

(1) 如果 $G[k]=\{1+j2,-2+j3,-1-j2,0,-3+j,8+j5,2+j5,1\}$ 并且 $h[n]=g[\langle n-3\rangle_8]$，试确定 $H[k]$；

(2) 如果 $g[n]=\{-2,3,0,5,7,2,6,5\}$ 并且 $H[k]=G[\langle k-4\rangle_8]$，试确定 $h[n]$。

**P5.11** 已知一个 $N$ 点长的序列 $x[n]$，其 $N$ 点 DFT 为 $X[k]$，$0\leqslant k\leqslant N-1$。对 $x[n]$ 填 $(M-1)N$ 个零点，可得另一 $MN$ 点长的序列 $y[n]$，其 $MN$ 点的 DFT 为 $Y[k]$，$0\leqslant k\leqslant MN-1$。试证明

$$X[k]=Y[Mk],\quad 0\leqslant k\leqslant N-1$$

**P5.12** 已知一个 $N$ 点长的序列 $x[n]$，其 $N$ 点 DFT 为 $X[k]$，$0\leqslant k\leqslant N-1$。基于 $x[n]$ 可以构成两个 $MN$ 点的序列 $x_1[n]$ 和 $x_2[n]$

$$x_1[n]=\begin{cases}x[n], & 0\leqslant n\leqslant N-1\\ 0, & N\leqslant n\leqslant MN-1\end{cases},\quad x_2[n]=x[\langle n\rangle_N],0\leqslant n\leqslant MN-1$$

假设 $x_1[n]$ 和 $x_2[n]$ 的 $MN$ 点 DFT 分别表示为 $X_1[k]$ 和 $X_2[k]$，试用 $X_1[k]$ 表示 $X_2[k]$。

**P5.13** 已知一个 8 点长的序列 $x[n]=\{3,-1,2,4,-3,-2,0,1\}$，$0\leqslant n\leqslant 7$，其 8 点的 DFT 表示为 $X[k]$，$0\leqslant k\leqslant 7$。试计算下列各项表达式。

(1) $X[0]$　(2) $X[4]$　(3) $\sum\limits_{k=0}^{7}X[k]$　(4) $\sum\limits_{k=0}^{7}e^{-j(\pi k/4)}X[k]$　(5) $\sum\limits_{k=0}^{7}|X[k]|^2$

**P5.14** 已知一个 14 点长的序列 $x[n]$，$0\leqslant n\leqslant 13$，其 14 点的 DFT 表示为 $X[k]=\{12,-1+j3,3+j4,1-j5,-2+j2,6+j3,-2-j3,10\}$，$0\leqslant k\leqslant 13$。试计算下列各项表达式。

(1) $x[0]$　(2) $x[7]$　(3) $\sum\limits_{n=0}^{13}x[n]$　(4) $\sum\limits_{n=0}^{13}e^{-j(4\pi n/7)}x[n]$　(5) $\sum\limits_{k=0}^{13}|x[n]|^2$

**P5.15** 已知一个 11 点长的实数序列 $x[n]$，$0\leqslant n\leqslant 10$，其 11 点的 DFT 表示为 $X[k]$，$0\leqslant k\leqslant 10$。假设部分的 $X[k]$ 值已知，$X[0]=8$，$X[2]=-3.2-j2.4$，$X[3]=-5-j4$，$X[5]=6+j9$，$X[7]=-4+j3$，$X[10]=-3+j5$。试确定其他的 $X[k]$ 值。

**P5.16** 已知一个 498 点长的实数序列 $x[n]$，$0\leqslant n\leqslant 497$，其 11 点的 DFT 表示为 $X[k]$，$0\leqslant k\leqslant 497$。假设部分的 $X[k]$ 值已知，$X[0]=2$，$X[11]=7+j3$，$X[k_1]=-2-j5$，$X[112]=3-j7$，$X[k_2]=-2+j9$，$X[249]=2$，$X[309]=-2-j9$，$X[k_3]=3+j7$，$X[412]=-2+j5$，$X[k_4]=7-j3$，其他的 $X[k]$ 均为 0。

(1) 确定 $k_1$、$k_2$、$k_3$ 和 $k_4$ 的值；

(2) 确定序列 $x[n]$ 的直流分量；

(3) 确定序列 $x[n]$；

(4) 确定序列 $x[n]$ 的能量。

**P5.17** 已知两个 4 点长的序列 $g[n]$ 和 $h[n]$，其中 $g[n]=\cos(\pi n/2)$，$g[n]=2^n$，$0\leqslant n\leqslant 3$。

(1) 计算 $g[n]$ 和 $h[n]$ 的 4 点 DFT，分别表示为 $G[k]$ 和 $H[k]$，$0\leqslant k\leqslant 3$；

(2) 利用圆周卷积的定义计算 $y[n]=g[n]\odot_4 h[n]\ n=0,1,\cdots,3$；

(3) 通过计算 $Y[k]=G[k]H[k],0\leqslant k\leqslant 3$ 的 4 点 IDFT 来确定 $y[n]$，并与(2)中的结果进行比较。

**P5.18** 已知一个 $N$ 点长的序列 $x[n],0\leqslant n\leqslant N-1$，其 $N$ 点 DFT 为 $X[k],0\leqslant k\leqslant N-1$。试计算 $N$ 点长序列 $y[n]=\cos(2\pi ln/N)x[n]$ 的 $N$ 点 DFT $Y[k],0\leqslant k\leqslant N-1$。

**P5.19** 已知一个 8 点长的复数序列 $x[n]=u[n]+\mathrm{j}v[n],0\leqslant n\leqslant 7$，其中 $u[n]$ 和 $v[n]$ 分别为 $x[n]$ 的实部和虚部。$x[n]$ 的 8 点 DFT 表示为 $X[k]=\{-3+\mathrm{j}2,1+\mathrm{j}5,7-\mathrm{j}4,2-\mathrm{j}6,4+\mathrm{j},1+\mathrm{j}3,4+\mathrm{j}2,\mathrm{j}2\},0\leqslant k\leqslant 7$，试确定 $u[n]$ 和 $v[n]$ 的 8 点 DFT，表示为 $U[k]$ 和 $V[k],0\leqslant k\leqslant 7$。

**P5.20** 已知两个有限长的序列 $x_1[n]$ 和 $x_2[n]$，如图 P5.20 所示。

(1) 将 $x_1[n]$ 和 $x_2[n]$ 进行线性卷积，得到序列 $x_3[n]=x_1[n]*x_2[n]$，试确定 $x_3[2]$；

(2) 将 $x_1[n]$ 和 $x_2[n]$ 进行周长为 8 的圆周卷积，得到序列 $x_4[n]=x_1[n]\odot_8 x_2[n]$，试确定 $x_4[2]$；

(3) 将 $x_1[n]$ 和 $x_2[n]$ 进行周长为 9 的圆周卷积，得到序列 $x_5[n]=x_1[n]\odot_9 x_2[n]$，试确定 $x_5[2]$；

(4) 将 $x_1[n]$ 和 $x_2[n]$ 进行周长为 10 的圆周卷积，得到序列 $x_6[n]=x_1[n]\odot_{10} x_2[n]$，试确定 $x_6[2]$。

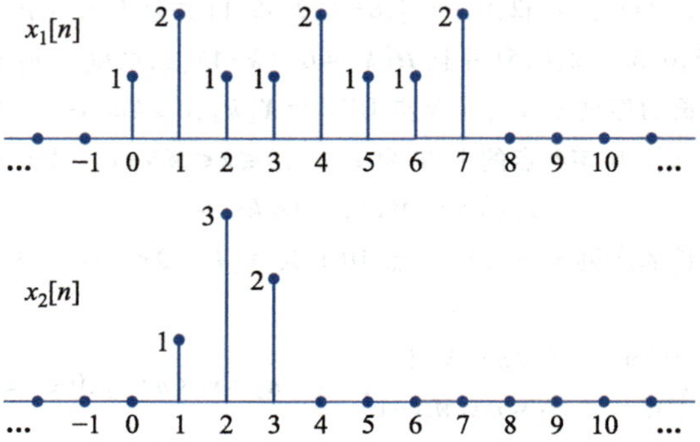


图 P5.20

**P5.21** 已知一个 6 点长的序列 $x[n]$ 如图 P5.21 所示，其中 $x[4]=b$ 未知。$x[n]$ 的 DTFT 表示为 $X(\mathrm{e}^{\mathrm{j}\omega})$，如果在频域 $\pi/2$ 的采样间隔对 $X(\mathrm{e}^{\mathrm{j}\omega})$ 进行采样，可得频域序列 $X_1[k]$

$$X_1[k]=X(\mathrm{e}^{\mathrm{j}\omega_k})\Big|_{\omega_k=\frac{\pi k}{2}},\quad k=0,1,2,3$$

在此基础上，对 $X_1[k]$ 进行 4 点 IDFT 可得时域序列 $x_1[n]$，如图 P5.21 所示。试确定 $b$ 的值。

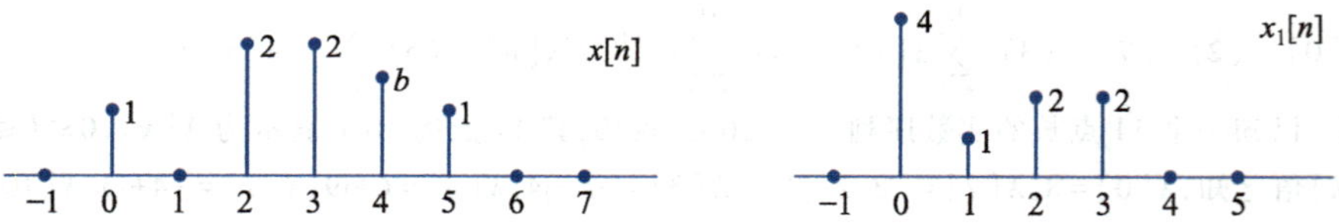


图 P5.21

**P5.22** 已知一个 5 点长的序列 $x[n]$ 如图 P5.22 所示，其中 $x[3]=c$ 未知。对 $x[n]$ 进行 5 点 DFT 可得 $X[k],0\leqslant k\leqslant 4$。假设另一个频域序列 $X_1[k]$ 满足

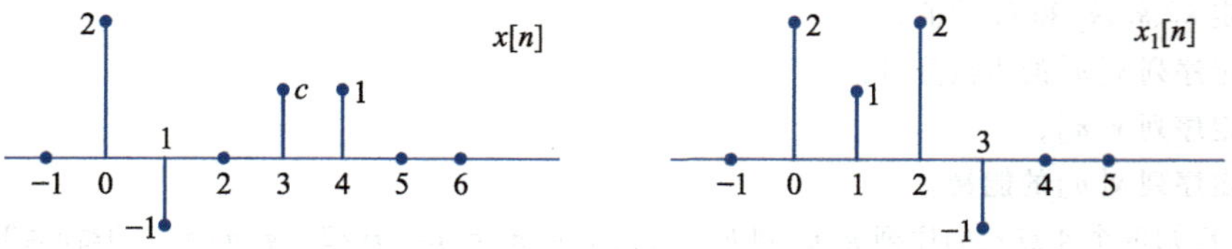


图 P5.22

$$X_1[k]=X[k]e^{-j6\pi k/5},\quad k=0,1,2,3,4$$

在此基础上，对 $X_1[k]$ 进行 5 点 IDFT 可得时域序列 $x_1[n]$，如图 P5.22 所示。试确定 $c$ 的值。

**P5.23**　已知两个周期为 7 的周期序列 $\tilde{x}_1[n]$ 和 $\tilde{x}_2[n]$ 如图 P5.23 所示，$\tilde{X}_1[k]$ 和 $\tilde{X}_2[k]$ 分别表示它们的 DFS。假设有另一个周期为 7 的周期序列 $\tilde{y}[n]$，其 DFS 为 $\tilde{Y}[k]$，满足

$$\tilde{Y}[k]=\tilde{X}_1[k]\tilde{X}_2[k]$$

试确定 $\tilde{y}[n]$。

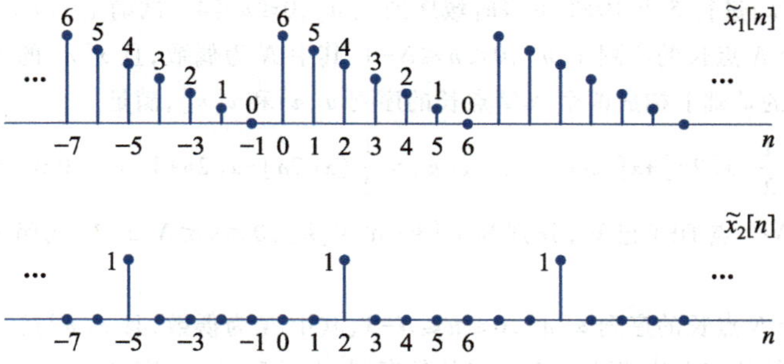


图 P5.23

**P5.24**　已知一个有限长实数序列 $x[n]$ 如图 P5.24 所示，假设其 6 点 DFT 为 $X[k]$，$0\leqslant k\leqslant 5$。

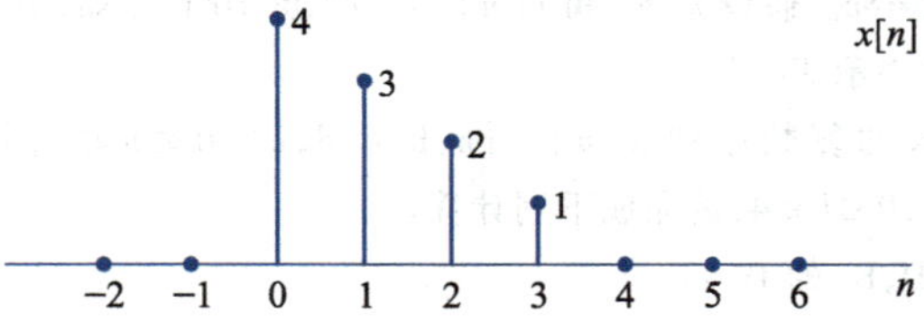


图 P5.24

(1) 试确定有限长序列 $y[n]$，其 6 点 DFT 为 $Y[k]$，且 $Y[k]$ 满足

$$Y[k]=W_6^{4k}X[k],\quad 0\leqslant k\leqslant 5$$

(2) 试确定有限长序列 $w[n]$，其 6 点 DFT 为 $W[k]$，且 $W[k]$ 满足

$$W[k]=\mathrm{Re}\{X[k]\},\quad 0\leqslant k\leqslant 5$$

(3) 试确定有限长序列 $v[n]$，其 6 点 DFT 为 $V[k]$，且 $V[k]$ 满足

$$V[k]=\mathrm{Im}\{X[k]\},\quad 0\leqslant k\leqslant 5$$

**P5.25**　已知一个 8 点长的序列 $x[n]$，图 P5.25 所示的 $X[k]$ 为 $x[n]$ 的 8 点 DFT，$0\leqslant k\leqslant 7$。在 $x[n]$ 的基础上可构成另一个 16 点长的序列 $y[n]$，满足

$$y[n]=\begin{cases}x[n/2], & n\text{ 为偶数}\\ 0, & n\text{ 为奇数}\end{cases}$$

试确定并画出 $y[n]$ 的 16 点 DFT $Y[k]$，$0\leqslant k\leqslant 15$。

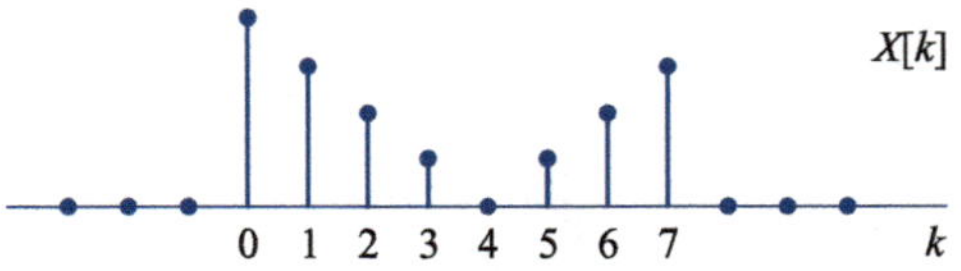


图 P5.25

**P5.26**　已知一个 $N$ 点长的序列 $x[n]$，$0\leqslant n\leqslant N-1$，其 $N$ 点 DFT 为 $X[k]$，$0\leqslant k\leqslant N-1$。在 $x[n]$ 的基础上可构成另外两个 $2N$ 点长的序列 $x_1[n]$ 和 $x_2[n]$，满足

$$x_1[n]=\begin{cases}x[n], & 0\leqslant n\leqslant N-1\\ 0, & N\leqslant n\leqslant 2N-1\end{cases},\quad x_2[n]=\begin{cases}x[n], & 0\leqslant n\leqslant N-1\\ -x[n-N], & N\leqslant n\leqslant 2N-1\end{cases}$$

如果 $x_1[n]$ 和 $x_2[n]$ 的 $2N$ 点 DFT 分别为 $X_1[k]$ 和 $X_2[k]$，$0\leqslant k\leqslant 2N-1$。试用 $X[k]$ 来表示 $X_1[k]$ 和 $X_2[k]$。

**P5.27**　已知离散序列 $x[n]$

$$x[n]=a\delta[n]+b\delta[n-2]+c\delta[n-3]$$

其中 $a$、$b$、$c$ 均为实数。对 $x[n]$ 进行 5 点 DFT 得到 $X[k]$，$0\leqslant k\leqslant 4$；在此基础上得到另一个频域序列 $Y[k]=X^2[k]$，$0\leqslant k\leqslant 4$；对 $Y[k]$ 进行 5 点 IDFT 可得时域序列 $y[n]$，$0\leqslant n\leqslant 4$。试确定 $y[n]$ 的值。

**P5.28**　已知一个 $N$ 点长的序列 $x[n]$，$0\leqslant n\leqslant N-1$，其中 $N$ 为偶数，且 $x[n]$ 的 $N$ 点 DFT 表示 $X[k]$，$0\leqslant k\leqslant N-1$。在 $x[n]$ 的基础上构成两个 $N/2$ 点长的序列 $u[n]$ 和 $v[n]$，满足

$$u[n]=\frac{1}{2}(x[2n]+x[2n+1]),\quad v[n]=\frac{1}{2}(x[2n]-x[2n+1]),\quad 0\leqslant n\leqslant \frac{N}{2}-1$$

假设 $u[n]$ 和 $v[n]$ 的 $N/2$ 点 DFT 已知，分别为 $U[k]$ 和 $V[k]$，$0\leqslant k\leqslant N/2-1$，试用 $U[k]$ 和 $V[k]$ 来表示 $X[k]$。

**P5.29**　已知一个 $N$ 点长的序列 $x[n]$，$0\leqslant n\leqslant N-1$，其中 $N$ 为偶数，且 $x[n]$ 的 $N$ 点 DFT 表示 $X[k]$，$0\leqslant k\leqslant N-1$。在 $x[n]$ 的基础上构成两个 $N/2$ 点长的序列 $u[n]$ 和 $v[n]$，满足

$$u[n]=\frac{1}{2}(ax[2n]+bx[2n+1]),\quad v[n]=\frac{1}{2}(cx[2n]-\mathrm{d}x[2n+1]),\quad 0\leqslant n\leqslant \frac{N}{2}-1$$

其中 $a$、$b$、$c$ 和 $d$ 为实数且 $ad\neq bc$。假设 $u[n]$ 和 $v[n]$ 的 $N/2$ 点 DFT 已知，分别为 $U[k]$ 和 $V[k]$，$0\leqslant k\leqslant N/2-1$，试用 $U[k]$ 和 $V[k]$ 来表示 $X[k]$。

**P5.30**　已知一个 5 点长的复数序列 $x[n]=\{\mathrm{a,b,c,d,e}\}$，$0\leqslant n\leqslant 4$，其 5 点 DFT 表示为 $X[k]=\mathrm{DFT}\{x[n]\}=\{\mathrm{A,B,C,D,E}\}$，$0\leqslant k\leqslant 4$，请完成下列计算。

(1) 计算序列{A,B,C,D,E}的 DFT；

(2) 计算序列{a+d,b+e,c+a,d+b,e+c}的 DFT；

(3) 计算序列{a,b,c,d,e,a,b,c,d,e}的 DFT；

(4) 计算序列{A,0,B,0,C,0,D,0,E,0}的 DFT；

(5) 计算序列{a,e,d,c,b}的 DFT；

(6) 计算序列{a,-b,c,-d,e}的 DFT；

(7) 计算序列{$\mathrm{A}^*$,$\mathrm{B}^*$,$\mathrm{C}^*$,$\mathrm{D}^*$,$\mathrm{E}^*$}的 DFT；

(8) 计算 DFT{DFT{DFT{$x[n]$}}}。

# 第六章 $z$ 变 换

通过离散时间 Fourier 变换(DTFT),可以获得信号的频谱,从而分析信号各频率分量的强度和不同频率成分对应的相位值,更全面地了解信号特性。但由于离散时间 Fourier 变换存在(收敛)的条件是序列必须绝对可和,因此,对于不存在有界的离散时间 Fourier 变换的离散时间序列,如单位阶跃序列 u[n]、复指数序列 $e^{j\omega n}$、正弦序列 $\sin \omega n$ 等,无法直接通过 DTFT 得到其频谱。此时,可以参照连续时间信号的拉普拉斯(Laplace)变换,通过引入衰减序列,将上述序列与之相乘,解决 DTFT 不收敛的问题,进而分析其在极限条件下的频谱特性,这样的处理方式就是 $z$ 变换。

## 6.1 $z$ 变换的定义

如前所述,引入 $z$ 变换是为了方便分析某些不满足绝对可和条件的离散信号的频谱,因此,可由 DTFT 的收敛特性入手,推导序列的 $z$ 变换定义式。

### 6.1.1 $z$ 变换的定义

将离散时间序列 $x[n]$ 的 DTFT 定义式重写如下

$$X(e^{j\omega})=\sum_{n=-\infty}^{\infty} x[n]e^{-j\omega n} \tag{6.1-1}$$

当 $x[n]$ 不满足绝对可和的条件,即 $\sum\limits_{n=-\infty}^{\infty} |x[n]|\to\infty$ 时,上式不收敛,$x[n]$ 不存在有界的 DTFT。

为得到 $x[n]$ 的有界 DTFT,考虑将 $x[n]$ 与一个简单的衰减序列 $\{r^{-n}\}$ 相乘,组成新的离散信号 $y[n]=r^{-n}x[n]$。若在 $r$ 的某些取值范围 $(\gamma_1,\gamma_2)$ 内,$y[n]$ 绝对可和,满足

$$\sum_{n=-\infty}^{\infty} |y[n]|<\infty, \quad r\in(\gamma_1,\gamma_2) \tag{6.1-2}$$

则可以对 $y[n]$ 做 DTFT,得到

$$Y(e^{j\omega})=\sum_{n=-\infty}^{\infty} y[n]e^{-j\omega n}=\sum_{n=-\infty}^{\infty} r^{-n}x[n]e^{-j\omega n}=\sum_{n=-\infty}^{\infty} x[n](re^{j\omega})^{-n}, \quad r\in(\gamma_1,\gamma_2) \tag{6.1-3}$$

对比式(6.1-1)和式(6.1-3)不难发现,$Y(e^{j\omega})=X(re^{j\omega})$,$y[n]$ 的频谱可作为对 $x[n]$ 频谱的近似。

由此,定义复数变量 $z=re^{j\omega}$,则可以在式(6.1-3)的基础上得到一个新的变换

$$X(z) \triangleq X(re^{j\omega}) = \sum_{n=-\infty}^{\infty} x[n](re^{j\omega})^{-n}, \quad r \in (\gamma_1, \gamma_2)$$
$$= \sum_{n=-\infty}^{\infty} x[n]z^{-n}, \quad |z| \in (\gamma_1, \gamma_2) \tag{6.1-4}$$

这个变换就是 $z$ 变换(ZT,z transform)

$$x[n] \stackrel{ZT}{\longleftrightarrow} X(z), \quad |z| \in (\gamma_1, \gamma_2) \tag{6.1-5}$$

由于 $z=re^{j\omega}$,当 $r$ 固定,$\omega$ 变化时,$z$ 在复平面的轨迹为半径 $r$ 的圆,随着 $r$ 从 0 变到 $\infty$,$z$ 的取值可以覆盖整个复平面。当 $r=1$ 时,有 $X(z)=X(e^{j\omega})$,可见,DTFT 是 ZT 的一个特例。如图 6.1-1 所示,单位圆上的 ZT 就是 DTFT,或者说 DTFT 是 ZT 当 $r\to 1$ 时的极限。

### 6.1.2 z 变换的收敛域

按照之前的设定,$r$ 在$(\gamma_1,\gamma_2)$范围内取值,$y[n]$绝对可和,从而 $X(z)$ 收敛,$(\gamma_1,\gamma_2)$也因此称为 $z$ 变换的收敛域(ROC,region of convergence)。根据复数变量 $z$ 的定义,$|z|=r$,所以,对于任意离散序列 $x[n]$,其对应 $X(z)$ 的收敛域通常也表示成$|z|$的取值范围。

$$X(z) = \sum_{n=-\infty}^{\infty} x[n]z^{-n}, \quad |z| \in (\gamma_1, \gamma_2) \tag{6.1-6}$$

可见,$z$ 变换的收敛域是 $z$ 平面上介于半径分别为 $\gamma_1$ 和 $\gamma_2$ 的两个圆之间的一个环状区域,如图 6.1-2 中阴影部分所示。而由 $z=re^{j\omega}$ 可知,如果收敛域包含单位圆,即$|z|=1$,$r=1$ 时 $X(z)$ 依然收敛,则说明 $\sum_{n=-\infty}^{\infty}|x[n]|<\infty$,也即 $x[n]$ 绝对可和,从而可知其 DTFT 收敛。因此,如果某序列的 $z$ 变换收敛域包含单位圆,则该序列的 DTFT 收敛,反之则其 DTFT 不收敛。

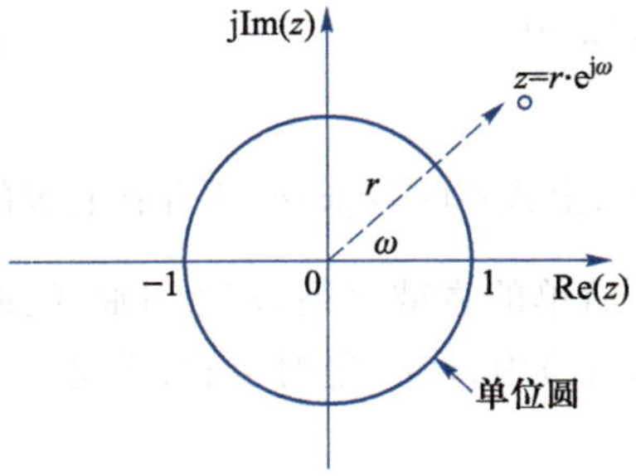


图 6.1-1 $z$ 平面上的点 $z=re^{j\omega}$

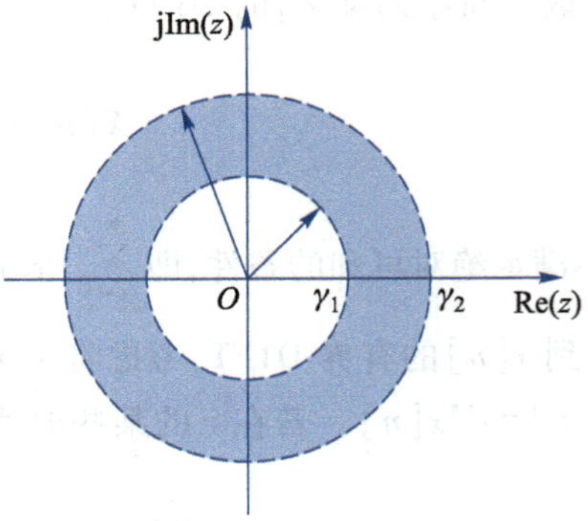


图 6.1-2 $z$ 变换的收敛域

微视频:有理分式 $z$ 变换

**例 6.1-1**

计算右边序列 $x[n]=a^n u[n]$的 $z$ 变换。

**解:**

按照 $z$ 变换的定义式有

$$X(z) = \sum_{n=-\infty}^{\infty} x[n]z^{-n} = \sum_{n=0}^{\infty} a^n z^{-n}$$

$z$ 变换的计算转化为等比序列求和，其收敛的条件是 $|az^{-1}|<1$，或者 $|z|>|a|$。

对于满足该条件的 $z$，有

$$X(z)=\frac{1}{1-az^{-1}}, \quad |z|>|a|$$

注意到，当 $z=a$ 时，$X(z)\to\infty$，$a$ 为 $X(z)$ 的极点。$X(z)$ 的收敛域位于复平面上半径为 $|a|$ 的圆外部的区域，如图 6.1-3 阴影部分所示。在该收敛域之外（即 $|z|\leqslant|a|$）的区域，$X(z)$ 不收敛，或不存在有界的 $X(z)$。

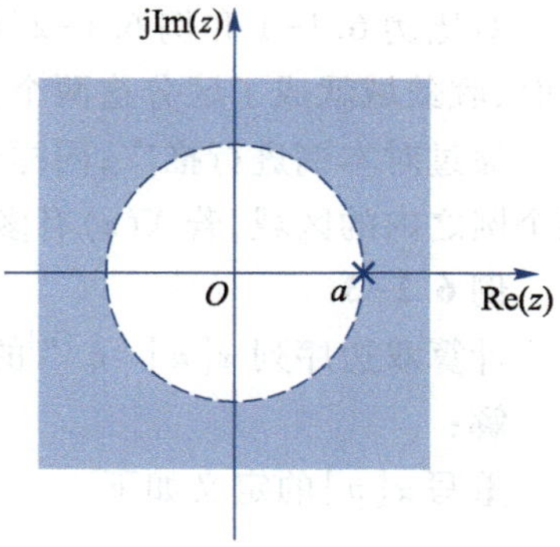

图 6.1-3 例 6.1-1 右边序列 $z$ 变换的收敛域

对本例进行推广，可得到一个重要的结论：右边序列的 $z$ 变换 $X(z)$ 收敛域为复平面上某个圆之外的区域，若 $X(z)$ 有多个极点，则圆半径为 $X(z)$ 最大极点的模。

进一步地，当 $|a|<1$ 时，$x[n]$ 的 $z$ 变换收敛域 $|z|>|a|$ 包含单位圆，这意味着它的 DTFT 是收敛的，可以得到其频谱信息，此时有

$$\begin{cases}X(z)=\dfrac{1}{1-az^{-1}}, & |z|>|a| \\ X(e^{j\omega})=X(z)\Big|_{z=e^{j\omega}}=\displaystyle\sum_{n=0}^{\infty}a^{n}e^{-j\omega n}=\dfrac{1}{1-ae^{-j\omega}} & \end{cases}$$

**例 6.1-2**

计算左边序列 $x[n]=-a^{n}u[-n-1]$ 的 $z$ 变换。

**解：**

同样，利用 $z$ 变换的定义式

$$X(z)=\sum_{n=-\infty}^{\infty}x[n]z^{-n}=\sum_{n=-\infty}^{-1}-a^{n}z^{-n}=-\sum_{n=1}^{\infty}a^{-n}z^{n}$$

这仍然是一个等比序列求和的问题，根据公比的模小于 1 的收敛条件，当 $|a^{-1}z|<1$，或者 $|z|<|a|$ 时，有

$$X(z)=\frac{-a^{-1}z}{1-a^{-1}z}=\frac{1}{1-az^{-1}}, \quad |z|<|a|$$

和例 6.1-1 相似，$a$ 为 $X(z)$ 的极点，但 $X(z)$ 的收敛域位于复平面上半径为 $|a|$ 的圆内部的区域，如图 6.1-4 所示。在该收敛域之外（即 $|z|\geqslant|a|$）的区域，$X(z)$ 不收敛，或不存在有界的 $X(z)$。

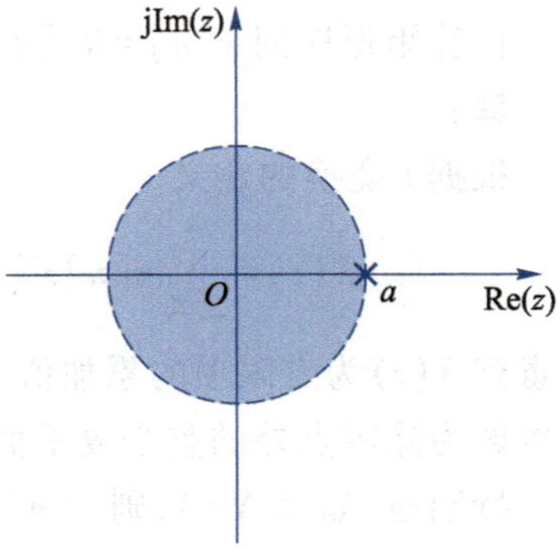

图 6.1-4 例 6.1-2 左边序列 $z$ 变换的收敛域

当 $|a|>1$ 时，该信号 $z$ 变换的收敛域 $|z|<|a|$ 包含单位圆，此时其 DTFT 也是收敛的，表示为

$$\begin{cases}X(z)=\dfrac{1}{1-az^{-1}}, & |z|<|a| \\ X(e^{j\omega})=X(z)\Big|_{z=e^{j\omega}}=\displaystyle\sum_{n=-\infty}^{-1}-a^{n}e^{-j\omega n}=\dfrac{1}{1-ae^{-j\omega}} & \end{cases}$$

对比例 6.1-1 和例 6.1-2 可见,两个完全不同的序列,有可能具有相同的 z 变换形式。这时,收敛域就成了区分这两个 z 变换的重要特征和依据。

通过对本例进行推广,同样可以得到结论:左边序列的 z 变换 $X(z)$ 收敛域为复平面上某个圆之内的区域,若 $X(z)$ 有多个极点,则圆半径为 $X(z)$ 最小极点的模。

**例 6.1-3**

计算双边序列 $x[n]=a^{|n|}$ 的 z 变换。

**解:**

重写 $x[n]$ 的定义如下

$$x[n]=a^{|n|}=\begin{cases}a^{n}, & n\geqslant 0\\ a^{-n}, & n<0\end{cases}$$

利用 z 变换的定义式,有

$$\begin{aligned}X(z)&=\sum_{n=-\infty}^{\infty}x[n]z^{-n}=\sum_{n=-\infty}^{-1}a^{-n}z^{-n}+\sum_{n=0}^{\infty}a^{n}z^{-n}\\&=\sum_{n=1}^{\infty}a^{n}z^{n}+\sum_{n=0}^{\infty}a^{n}z^{-n}=X_1(z)+X_2(z)\end{aligned}$$

由前面的分析可知,当 $|az|<1$ 时,或 $|z|<|a^{-1}|$ 时,有

$$X_1(z)=\sum_{n=1}^{\infty}a^{n}z^{n}=\frac{az}{1-az}=-\frac{1}{1-a^{-1}z^{-1}},\quad |z|<|a^{-1}|$$

同理,当 $|az^{-1}|<1$ 时,或 $|z|>|a|$ 时,有

$$X_2(z)=\sum_{n=0}^{\infty}a^{n}z^{-n}=\frac{1}{1-az^{-1}},\quad |z|>|a||a|<|z|<|a^{-1}|$$

要想 $X(z)$ 收敛,$X_1(z)$ 和 $X_2(z)$ 必须满足同时收敛,即 $|z|<|a^{-1}|$ 和 $|z|>|a|$ 存在交集,$|a|<|z|<|a^{-1}|$。显然,当 $|a|<1$ 时,$|a|<|z|<|a|^{-1}$ 才成立,此时

$$X(z)=-\frac{1}{1-a^{-1}z^{-1}}+\frac{1}{1-az^{-1}}=\frac{(a-a^{-1})z^{-1}}{1-(a+a^{-1})z^{-1}+z^{-2}},\quad |a|<|z|<|a|^{-1}$$

令 $a$ 为实数,图 6.1-5 所示阴影部分为例 6.1-3 双边序列的收敛域。

易于推导:双边序列 z 变换如果存在收敛域,其域是复平面上的一个圆环。

**例 6.1-4**

计算矩形序列 $x[n]=R_N[n]$ 的 z 变换。

**解:**

根据 z 变换的定义

$$X(z)=\sum_{n=-\infty}^{\infty}x[n]z^{-n}=\sum_{n=0}^{N-1}z^{-n}=\frac{1-z^{-N}}{1-z^{-1}}=1+z^{-1}+z^{-2}+\cdots+z^{-(N-1)},\quad |z|>0$$

注意到 $X(z)$ 为有限项的累加值,只需 $|z|>0$ 即可确保累加值有界,所以该矩形序列的 z 变换收敛域为除零点外的整个复平面,如图 6.1-6 所示。

特别地,如果 $N=1$,则 $x[n]=\delta[n]$,对应的 z 变换为

$$X(z)=\sum_{n=-\infty}^{\infty}x[n]z^{-n}=1,\quad 0\leqslant |z|\leqslant\infty$$

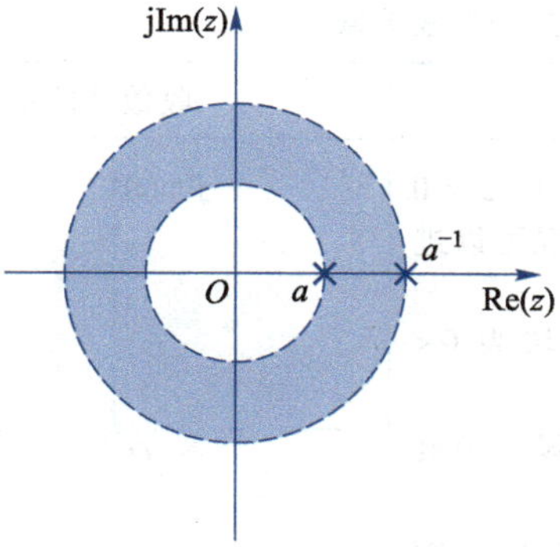


图 6.1-5　例 6.1-3 双边序列 $z$ 变换的收敛域

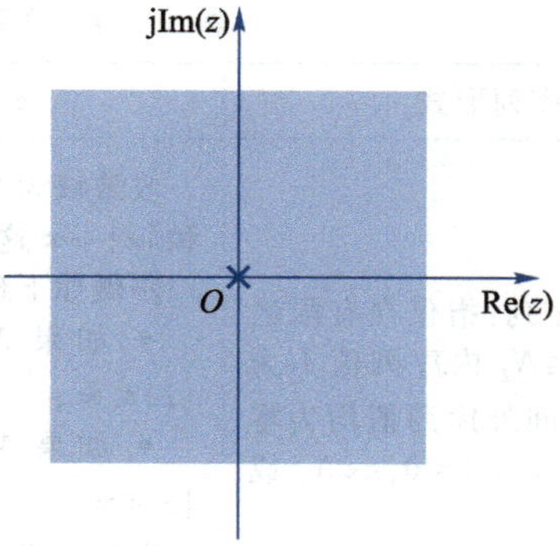


图 6.1-6　例 6.1-4 矩形序列 $z$ 变换的收敛域

这一现象可以推广到更一般的情况：对于一个有限长的有界序列，其 $z$ 变换的收敛域为整个复平面。注意这里提到整个复平面时一般指 $0<|z|<\infty$，收敛域中是否如例 6.1-4 一样包含 $|z|=0$ 和 $|z|\to\infty$ 这两种特殊情况，则需具体问题具体分析。

通过以上四例，不难看出，在求解 $z$ 变换的收敛域时，若 $X(z)$ 可写成形如 $X(z)=\dfrac{A(z)}{B(z)}$ 的有理函数（其中 $A(z)$ 和 $B(z)$ 都是 $z$ 的多项式），则定义令 $X(z)$ 取值为 0 的点为 $X(z)$ 的零点，令 $X(z)$ 取值趋近 $\infty$ 的点为 $X(z)$ 的极点。（显然，$X(z)$ 取值趋近 $\infty$ 时，必定不收敛，因此其收敛域一定不包括极点。）

进一步，将上式改写为

$$X(z)=\frac{A(z)}{B(z)}=\frac{N(z)}{\prod_{k=1}^{M}(z-b_k)} \tag{6.1-7}$$

显然，分母多项式 $B(z)$ 的根 $b_k$ 必定是 $X(z)$ 的极点，此外，极点也有可能出现在 $z=0$ 或者 $z\to\infty$ 处。

有了零极点的定义，有理分式 $z$ 变换的收敛域还可以通过极点来加以确定。在 $z$ 平面上，$X(z)$ 的收敛域就是 $0\sim\infty$ 之间，被以各极点的模为半径的圆分隔出来的环状区域，不同类型的离散时间序列对应不同的圆环域。

辅学例题：计算序列的 $z$ 变换 1

若右边序列的有理分式 $z$ 变换极点为 $\{b_k\}$，则其收敛域为

$$|z|>\max_{k=1\sim N}|b_k| \tag{6.1-8}$$

与之相对，对于左边序列，其收敛域为

$$|z|<\min_{k=1\sim N}|b_k| \tag{6.1-9}$$

辅学例题：计算序列的 $z$ 变换 2

对比例 6.1-1～例 6.1-4 中四种不同类型离散序列的 $z$ 变换，可以将它们收敛域的情况总结如表 6.1-1。

表 6.1-2 给出了一些基本序列的 $z$ 变换对。熟练掌握这些变换对不仅有利于求解序列的 $z$ 变换，更可在已知 $z$ 变换表达式 $X(z)$，求解序列 $x[n]$ 时，有效降低解算难度。

**表 6.1-1　几种常见序列 z 变换的收敛域**

| 序列形式 | | z 变换收敛域 | 收敛域图示 |
| --- | --- | --- | --- |
| 有限长序列：指仅在有限区域 $N_1 \leqslant n \leqslant N_2$ 内序列值不为零，在此区间外序列值均为零的序列，即 $x[n]=0, n<N_1$ 或 $n>N_2$ | | 收敛域为 $0<\|z\|<\infty$；关于 $\|z\|=0$ 和 $\|z\|\to\infty$ 这两种特殊情况可以进一步做如下理解：<br>• 如果 $N_1 \geqslant 0$，收敛域为 $0<\|z\|\leqslant\infty$；<br>• 如果 $N_2 \leqslant 0$，收敛域为 $0\leqslant\|z\|<\infty$。<br>即当 $n>0$ 时序列才有非零值，则仅在 $\|z\|=0$ 不收敛；当 $n<0$ 时序列才有非零值，则仅在 $\|z\|\to\infty$ 不收敛 | 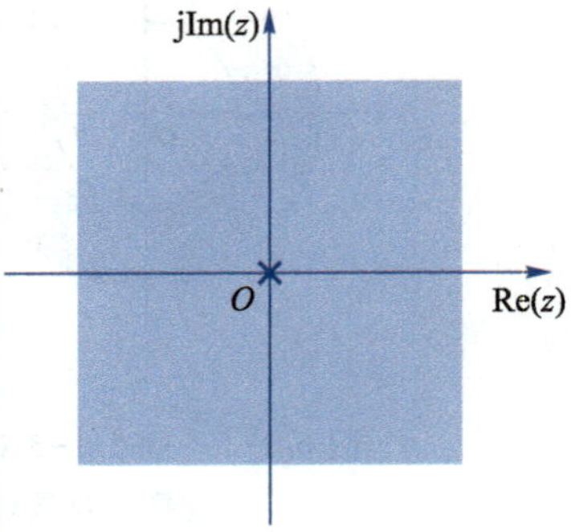 |
| 无限长序列　右边序列 | 指只在 $n\geqslant N_1$ 时，$x[n]$ 才有非零值，而在 $n<N_1$ 时，$x[n]$ 均为零的序列 | 如果 $R_{x-}$ 是 $X(z)$ 极点的最大模值，则收敛域的最小半径为 $R_{x-}$，右边序列 z 变换的收敛域为 $R_{x-}<\|z\|<\infty$；<br>因果序列是一种很重要的右边序列，即 $x[n]$ 只在 $n\geqslant 0$ 时才有非零值，$n<0$ 时 $x[n]$ 均为 0，因此其 z 变换的收敛域为 $R_{x-}<\|z\|\leqslant\infty$ 或 $\|z\|>R_{x-}$ | 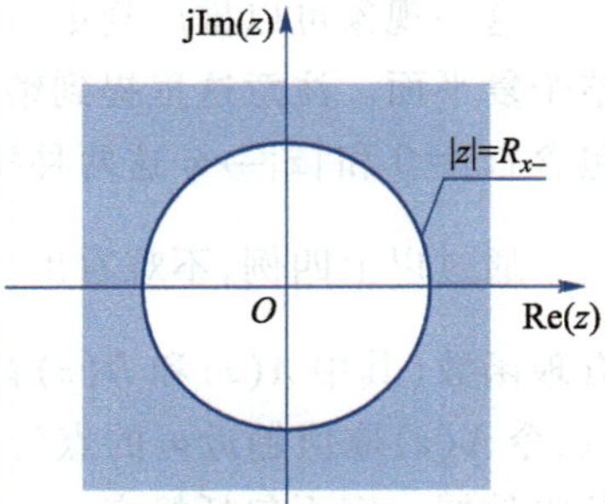 |
| 无限长序列　左边序列 | 指只在 $n\leqslant N_2$ 时，$x[n]$ 才有非零值，而在 $n>N_2$ 时，$x[n]$ 均为零的序列 | 如果 $R_{x+}$ 是 $X(z)$ 极点的最小模值，则收敛域的最大半径为 $R_{x+}$，左边序列 z 变换的收敛域为 $0<\|z\|<R_{x+}$<br>反因果序列是一种很重要的左边序列，即 $x[n]$ 只在 $n<0$ 时才有非零值，而在 $n\geqslant 0$ 时 $x[n]$ 均为 0，因此其 z 变换收敛域为 $0\leqslant\|z\|<R_{x+}$ 或 $\|z\|<R_{x+}$ | 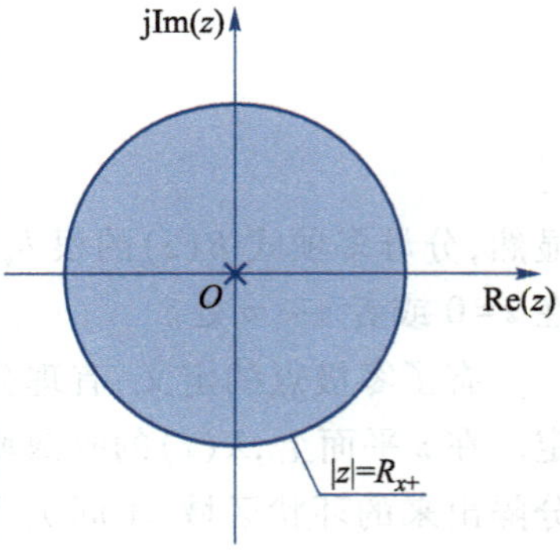 |
| 无限长序列　双边序列 | 指 $n$ 在 $(-\infty,+\infty)$ 区间内均有非零值的序列，可将其看作一个左边序列和一个右边序列之和 | 在满足 $R_{x-}<R_{x+}$ 的条件下，该信号的左边部分和右边部分对应 z 变换的两个收敛域存在交叠部分，即双边序列的收敛域为 $R_{x-}<\|z\|<R_{x+}$ | 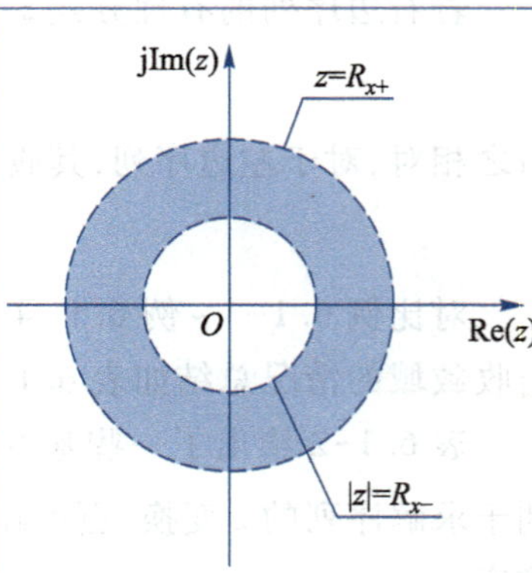 |

表 6.1-2 基本序列的 z 变换对

| 序列 | z 变换 | 收敛域 |
| --- | --- | --- |
| $\delta[n]$ | 1 | z 平面上处处收敛 |
| $u[n]$ | $\frac{1}{1-z^{-1}}$ | $\|z\|>1$ |
| $-u[-n-1]$ | $\frac{1}{1-z^{-1}}$ | $\|z\|<1$ |
| $\delta[n-m]$ | $z^{-m}$ | 若 $m>0$，$0<\|z\|\leqslant\infty$<br>若 $m<0$，$0\leqslant\|z\|<\infty$ |
| $a^n u[n]$ | $\frac{1}{1-az^{-1}}$ | $\|z\|>\|a\|$ |
| $-a^n u[-n-1]$ | $\frac{1}{1-az^{-1}}$ | $\|z\|<\|a\|$ |
| $na^n u[n]$ | $\frac{az^{-1}}{(1-az^{-1})^2}$ | $\|z\|>\|a\|$ |
| $-na^n u[-n-1]$ | $\frac{az^{-1}}{(1-az^{-1})^2}$ | $\|z\|<\|a\|$ |
| $e^{-j\omega_0 n}u[n]$ | $\frac{1}{1-e^{-j\omega_0}z^{-1}}$ | $\|z\|>1$ |
| $(\cos\omega_0 n)u[n]$ | $\frac{1-(\cos\omega_0)z^{-1}}{1-(2\cos\omega_0)z^{-1}+z^{-2}}$ | $\|z\|>1$ |
| $(\sin\omega_0 n)u[n]$ | $\frac{(\sin\omega_0)z^{-1}}{1-(2\cos\omega_0)z^{-1}+z^{-2}}$ | $\|z\|>1$ |
| $(r^n\cos\omega_0 n)u[n]$ | $\frac{1-(r\cos\omega_0)z^{-1}}{1-(2r\cos\omega_0)z^{-1}+r^2z^{-2}}$ | $\|z\|>r$ |
| $(r^n\sin\omega_0 n)u[n]$ | $\frac{(r\sin\omega_0)z^{-1}}{1-(2r\cos\omega_0)z^{-1}+r^2z^{-2}}$ | $\|z\|>r$ |
| $\begin{cases}a^n, & 0\leqslant n\leqslant N-1,\\ 0, & \text{其他}\end{cases}$ | $\frac{1-a^Nz^{-N}}{1-az^{-1}}$ | $\|z\|>0$ |

## 6.2 逆 z 变换

z 变换的逆变换，在数学上，可以从 DTFT 的逆变换导出基于围线积分（contour integral）形式的逆 z 变换式，通过留数定理来求解；而在工程上，则更多地采用部分分式展开法和长除法。

### 6.2.1 留数法

由于 $x[n]$ 的 $z$ 变换可以看作是 $r^{-n}x[n]$ 的 DTFT，即

$$X(z)=X(re^{j\omega})=\sum_{n=-\infty}^{\infty}x[n](re^{j\omega})^{-n}=\sum_{n=-\infty}^{\infty}x[n]r^{-n}e^{-j\omega n}$$

因此，根据逆 DTFT 的定义，得到

$$x[n]r^{-n}=\frac{1}{2\pi}\int_{-\pi}^{\pi}X(re^{j\omega})e^{j\omega n}d\omega \quad \Rightarrow \quad x[n]=\frac{1}{2\pi}\int_{-\pi}^{\pi}X(re^{j\omega})r^{n}e^{j\omega n}d\omega \tag{6.2-1}$$

令 $z=re^{j\omega}$，可得

$$x[n]=\frac{1}{2\pi j}\oint_{C}X(z)z^{n-1}dz \tag{6.2-2}$$

即为逆 $z$ 变换的围线积分定义式，其中 $C$ 为处于 $X(z)$ 收敛域内的一条沿逆时针方向围绕原点的闭合单围线。

根据复变函数理论，若被积函数 $X(z)z^{n-1}$ 是有理分式，则一般可采用留数定理来求解围线积分。关于留数定理的详细推导，请查阅相关文献，这里直接使用其结论。

根据留数定理，假设函数 $f(z)=X(z)z^{n-1}$ 在围线 $C$ 上连续，在 $C$ 以内有 $M$ 个极点 $z_m$，$C$ 以外有 $N$ 个极点 $z_n$，$M$、$N$ 为有限值，则

$$\oint_{C}f(z)dz=2\pi j\sum_{m=1}^{M}\mathrm{Res}[f(z)]_{z=z_m}=-2\pi j\sum_{n=1}^{N}\mathrm{Res}[f(z)]_{z=z_n} \tag{6.2-3}$$

其中符号 $\mathrm{Res}[f(z)]_{z=z_m}$ 表示函数 $f(z)=X(z)z^{n-1}$ 在点 $z=z_m$（围线 $C$ 以内的极点）处的留数；$\mathrm{Res}[f(z)]_{z=z_n}$ 表示函数 $f(z)$ 在点 $z=z_n$（围线 $C$ 以外的极点）处的留数。

由式(6.2-3)可知，函数 $f(z)=X(z)z^{n-1}$ 沿围线 $C$ 逆时针方向的积分，可以用其位于围线 $C$ 内部各极点处的留数之和或围线 $C$ 外部各极点留数之和来计算。因此可得留数法求解逆 $z$ 变换的公式为

$$x[n]=\frac{1}{2\pi j}\oint_{C}X(z)z^{n-1}dz=\sum_{m}\mathrm{Res}[X(z)z^{n-1}]_{z=z_m} \tag{6.2-4}$$

$$x[n]=\frac{1}{2\pi j}\oint_{C}X(z)z^{n-1}dz=-\sum_{n}\mathrm{Res}[X(z)z^{n-1}]_{z=z_n} \tag{6.2-5}$$

求解函数 $X(z)z^{n-1}$ 在任一极点 $z_m$ 处的留数需按极点阶次代入以下公式：

(1) 若 $z_m$ 是 $X(z)z^{n-1}$ 的一阶极点，有

$$\mathrm{Res}[X(z)z^{n-1}]_{z=z_m}=[(z-z_m)X(z)z^{n-1}]_{z=z_m} \tag{6.2-6}$$

(2) 若 $z_m$ 是 $X(z)z^{n-1}$ 的高阶（如 $l$ 阶）极点，有

$$\mathrm{Res}[X(z)z^{n-1}]_{z=z_m}=\frac{1}{(l-1)!}\frac{d^{l-1}}{dz^{l-1}}[(z-z_m)^{l}X(z)z^{n-1}]_{z=z_m} \tag{6.2-7}$$

**例 6.2-1**

已知某序列的 $z$ 变换为 $X(z)=(1-az^{-1})^{-1}$，$|z|>|a|$，求它的逆 $z$ 变换。

**解：**

根据式(6.2-4)有

$$x[n]=\frac{1}{2\pi j}\oint_C(1-az^{-1})^{-1}z^{n-1}dz=\frac{1}{2\pi j}\oint_C\frac{1}{z-a}z^n dz$$

由于收敛域为 $|z|>|a|$，可知该序列为因果序列。并且当 $n\geqslant 0$ 时，$z=0$ 处不是极点，被积函数仅有一阶极点 $a$，在收敛域内取围线 $C$ 包含极点 $a$，可得

$$\begin{aligned}x[n]&=\mathrm{Res}\left[\frac{1}{z-a}z^n\right]_{z=a}=\left[(z-a)\frac{1}{z-a}z^n\right]_{z=a}\\&=a^n\mathrm{u}[n]\end{aligned}$$

**例 6.2-2**

已知某信号 $x[n]$ 的 $z$ 变换为

$$X(z)=\frac{z^2}{(z-1)(z-0.5)},\quad 0.5<|z|<1$$

求 $X(z)$ 的逆 $z$ 变换。

**解：**

同样，根据式(6.2-4)有

$$x[n]=\frac{1}{2\pi j}\oint_C\frac{z^2}{(z-1)(z-0.5)}z^{n-1}dz=\frac{1}{2\pi j}\oint_C\frac{z^{n+1}}{(z-1)(z-0.5)}dz$$

利用留数法，得到

$$x[n]=\sum_m\mathrm{Res}\left[\frac{z^{n+1}}{(z-1)(z-0.5)}\right]_{z=z_m}$$

由于该 $z$ 变换的收敛域 $|0.5|<|z|<1$ 为圆环域，可知其逆 $z$ 变换为双边序列。在收敛域中取一根封闭围线 $C$，如图 6.2-1 所示。此时围线内有一个极点 $z=0.5$，其留数为

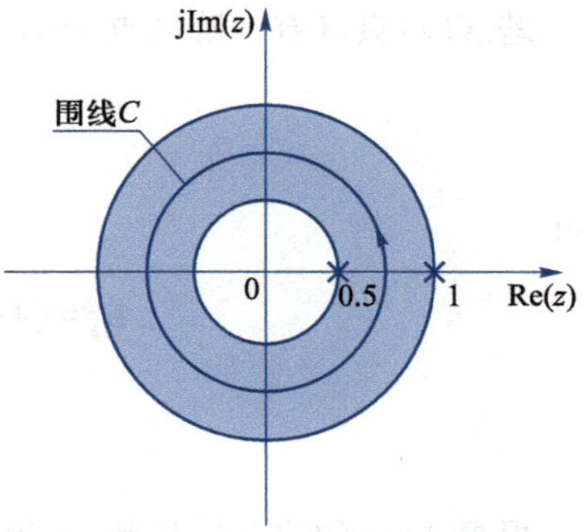


图 6.2-1 例 6.2-2 中 $X(z)$ 的收敛域及闭合围线

$$\mathrm{Res}\left[\frac{z^{n+1}}{(z-1)(z-0.5)}\right]_{z=0.5}=\frac{z^{n+1}}{(z-1)}\bigg|_{z=0.5}=-2(0.5)^{n+1}$$

当 $n<-1$ 时，围线内有极点 0.5 与 0，且随着 $n$ 的取值不同，0 点处极点的阶数也不同。

例如，当 $n=-2$ 时，0 点处有一阶极点，其留数为

$$\mathrm{Res}\left[\frac{1}{z(z-1)(z-0.5)}\right]_{z=0}=\frac{1}{(z-1)(z-0.5)}\bigg|_{z=0}=2$$

$$\Rightarrow\quad x[-2]=2-2\times0.5^{-1}=-2$$

当 $n=-3$ 时，0 点处有二阶极点，其留数为

$$\mathrm{Res}\left[\frac{d}{dz}\left[\frac{1}{(z-1)(z-0.5)}\right]\right]_{z=0}=\frac{2z-1.5}{(z^2-1.5z+0.5)^2}\bigg|_{z=0}=6$$

$$\Rightarrow\quad x[-3]=6-2\times0.5^{-2}=-2$$

如此继续求下去，可以得到当 $n\leqslant-1$ 时，$x[n]=-2$，那么，最终 $X(z)$ 的逆 $z$ 变换为

$$x[n]=-2\mathrm{u}[-n-1]-0.5^n\mathrm{u}[n]$$

事实上，除了留数法外，对于很多典型序列的 $z$ 变换，可使用一些更为简便的方法来求

解其逆 $z$ 变换。

### 6.2.2 部分分式展开法

若序列 $x[n]$ 的 $z$ 变换 $X(z)$ 可以写成关于 $z$ 的有理分式，表示为

$$X(z)=\frac{A(z)}{B(z)}=\frac{\sum_{i=0}^{M}a_iz^{-i}}{1+\sum_{i=1}^{N}b_iz^{-i}} \tag{6.2-8}$$

简单起见，假设 $A(z)$ 和 $B(z)$ 均为 $z$ 的实系数多项式，且无公因式。

当分子多项式阶数大于或等于分母多项式阶数，即 $M\geqslant N$ 时，采用多项式除法可将 $X(z)$ 部分展开成有理多项式和有理真分式之和，如式(6.2-9)。

$$X(z)=\sum_{n=0}^{M-N}C_nz^{-n}+\sum_{k=1}^{N-r}\frac{D_k}{1-z_kz^{-1}}+\sum_{r=1}^{R}\sum_{l=1}^{r}\frac{E_{r,l}}{(1-z_mz^{-1})^l} \tag{6.2-9}$$

其中，$C_n$ 为有理多项式系数；$z_k$ 为 $X(z)$ 的一阶极点$(k=1,2,\cdots,N-r)$，$z_m$ 为 $X(z)$ 的一个 $r$ 阶极点；$D_k$ 为各一阶极点分式的系数，$E_{r,l}$ 为 $r$ 阶极点分式的系数。

分别求每一个部分分式的逆 $z$ 变换并求和，可得到所求的逆变换 $x[n]$。

**1. 一阶极点**

若 $X(z)$ 只具有一阶极点 $z=z_k$，$k=1,2,\cdots,N$。$X(z)$ 的部分分式展开式为

$$X(z)=\sum_{k=1}^{N}\frac{D_k}{1-z_kz^{-1}} \tag{6.2-10}$$

其中

$$D_k=(1-z_kz^{-1})X(z)\big|_{z=z_k}=\mathrm{Res}\left[\frac{X(z)}{z}\right] \tag{6.2-11}$$

令

$$X_k(z)=\frac{D_k}{1-z_kz^{-1}} \tag{6.2-12}$$

根据 $X(z)$ 的收敛域形状，可得每一个 $X_k(z)$ 的收敛域，从而求得 $x_k[n]$。最终 $X(z)$ 的逆变换 $x[n]$ 为

$$x[n]=\sum_{k=1}^{N}x_k[n] \tag{6.2-13}$$

**2. 高阶极点**

设 $X(z)$ 在 $z=z_m$ 处有一个 $r$ 阶极点，而其余 $N-r$ 个极点均为单极点，则其部分分式展开的结果为

$$X(z)=\sum_{k=1}^{N-r}\frac{D_k}{1-z_kz^{-1}}+\sum_{l=1}^{r}\frac{E_l}{(1-z_mz^{-1})^l} \tag{6.2-14}$$

其中，$r$ 阶极点对应的留数 $E_l$ 的计算方法为

$$E_l=\frac{1}{(r-l)!}\left\{\frac{\mathrm{d}^{r-l}}{\mathrm{d}z^{r-l}}\left[(z-z_m)^r\frac{X(z)}{z^l}\right]\right\}\Bigg|_{z=z_m},\quad 1\leqslant l\leqslant r \tag{6.2-15}$$

求得式(6.2-9)各项系数后，将各项逆 $z$ 变换序列相加，即可得 $x[n]$。

**例 6.2-3**

已知 $x[n]$ 的 $z$ 变换为 $X(z)=\dfrac{z(z-0.2)}{z^2-0.4z-0.45}$，试用部分分式展开法求它的逆 $z$ 变换。

**解：**

$$X(z)=\frac{z(z-0.2)}{z^2-0.4z-0.45}=\frac{z^2-0.2z}{(z-0.9)(z+0.5)}$$

参照式(6.2-11)，将等式两端同除以 $z$

$$\frac{X(z)}{z}=\frac{z^2-0.2z}{(z-0.9)(z+0.5)z}=\frac{D_1}{z-0.9}+\frac{D_2}{z+0.5}+\frac{D_3}{z}$$

利用式(6.2-11)，求得三个留数 $D_1$，$D_2$ 和 $D_3$

$$D_1=(z-0.9)\frac{X(z)}{z}\bigg|_{z=0.9}=\frac{z^2-0.2z}{(z+0.5)z}\bigg|_{z=0.9}=0.5$$

$$D_2=(z+0.5)\frac{X(z)}{z}\bigg|_{z=-0.5}=\frac{z^2-0.2z}{(z-0.9)z}\bigg|_{z=-0.5}=0.5$$

$$D_3=z\frac{X(z)}{z}\bigg|_{z=0}=\frac{z^2-0.2z}{(z-0.9)(z+0.5)}\bigg|_{z=0}=0$$

从而

$$X(z)=\frac{0.5}{1-0.9z^{-1}}+\frac{0.5}{1+0.5z^{-1}}$$

题目未告知 $X(z)$ 的收敛域，无法得到其逆 $z$ 变换式。考虑到 $X(z)$ 有两个极点 $z=0.9$ 和 $z=-0.5$，以 0.5 和 0.9 为半径画圆，如图 6.2-2 所示。$X(z)$ 的收敛域可能是 $z$ 平面上，由以极点模为半径的圆所分割的 3 个不同的圆环之一，以下分别予以讨论。

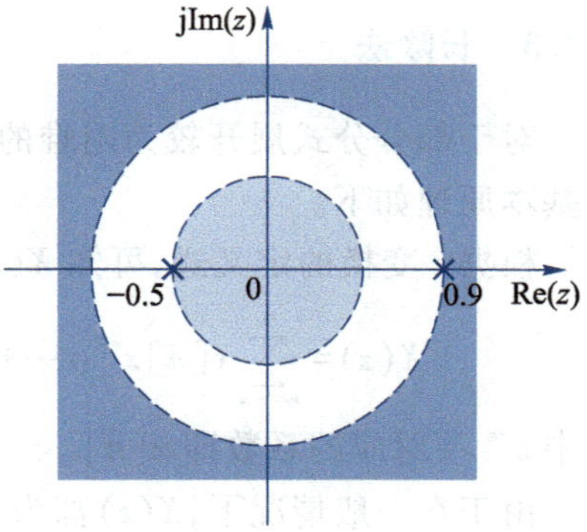


图 6.2-2 例 6.2-3 中 $X(z)$ 的收敛域

(1) 收敛域为 $|z|>0.9$

$$X(z)=\frac{0.5}{1-0.9z^{-1}}+\frac{0.5}{1+0.5z^{-1}},\quad |z|>0.9$$

对比表 6.1-2，所求逆变换为

$$x[n]=0.5[0.9^n+(-0.5)^n]\mathrm{u}[n]$$

$x[n]$ 为右边序列。

(2) $0.5<|z|<0.9$

$$X(z)=\frac{0.5}{1-0.9z^{-1}}+\frac{0.5}{1+0.5z^{-1}},\quad 0.5<|z|<0.9$$

则部分分式 $X_1(z)=0.5/(1-0.9z^{-1})$ 对应的收敛域为 $|z|<0.9$，对应的逆变换为

$$x_1[n]=-0.5\times0.9^n\mathrm{u}[-n-1]$$

部分分式 $X_2(z)=0.5/(1+0.5z^{-1})$ 对应的收敛域为 $|z|>0.5$，对应的逆变换为

$$x_2[n]=0.5\times(-0.5)^n\mathrm{u}[n]$$

因此，最终 $X(z)$ 的逆 $z$ 变换为

$$x[n]=x_1[n]+x_2[n]=0.5\times(-0.9^n\mathrm{u}[-n-1]+(-0.5)^n\mathrm{u}[n])$$

$x[n]$是双边序列。

(3) 收敛域为$|z|<0.5$

$$X(z)=\frac{0.5}{1-0.9z^{-1}}+\frac{0.5}{1+0.5z^{-1}},\quad |z|<0.5$$

其逆 $z$ 变换为

$$x[n]=-0.5\times(0.9^n\mathrm{u}[-n-1]+(-0.5)^n\mathrm{u}[-n-1])$$

$x[n]$为一个左边序列。

辅学例题：逆 $z$ 变换

逆 $z$ 变换的部分分式展开法的优点包括：

(1) 用部分分式展开法可得到闭合解；

(2) 部分分式展开法的系数很容易被映射为并行滤波器结构的系数；

(3) 部分分式展开法可利用变换对表来辅助设计。

另一方面，部分分式展开法的缺点包括：

(1) 为了确定 $X(z)$的极点，需要对关于 $z$ 的分母多项式进行因式分解，这有时会是一项很困难的任务；

(2) 当分母多项式包含高阶极点时，此方法中需要求高阶导数，这会显著增加计算复杂度。

### 6.2.3 长除法

对于部分分式展开较为困难的情况，可以使用长除法来进行逆 $z$ 变换的计算。长除法的基本原理如下。

根据 $z$ 变换的定义式，可知 $X(z)$为 $z^{-1}$ 的幂级数，即

$$X(z)=\sum_{n=-\infty}^{\infty}x[n]z^{-n}=\cdots+x[-2]z^{2}+x[-1]z+x[0]+x[1]z^{-1}+x[2]z^{-2}+\cdots \quad (6.2\text{-}16)$$

其中 $z^{-n}$ 项对应的系数即 $x[n]$。

由于在一般情况下，$X(z)$都为 $z$ 的有理分式，可以直接用分子多项式除以分母多项式，得到 $X(z)$的幂级数展开式，从而找到对应的 $x[n]$。

需要注意的是，在用长除法进行逆 $z$ 变换时，收敛域对逆 $z$ 变换的结果有着决定性的影响，它决定着 $X(z)$幂级数展开的方向。

具体而言，当 $X(z)$的收敛域为$|z|>R_{x-}$时，则 $x[n]$为右边序列，$X(z)$的分子和分母多项式应按 $z$ 的降幂(或 $z^{-1}$ 的升幂)排列；与之相对，若 $X(z)$的收敛域为$|z|<R_{x+}$，则 $x[n]$为左边序列，$X(z)$的分子和分母多项式应按 $z$ 的升幂(或 $z^{-1}$ 的降幂)排列。

**例 6.2-4**

已知序列的 $z$ 变换及其收敛域如下，试用长除法求其逆 $z$ 变换。

$$X(z)=\frac{z^2}{(z-1)(z-0.5)},\quad |z|>1$$

**解：**

由收敛域可知，这是一个右边序列，将 $X(z)$写成 $z$ 的降幂形式

$$X(z)=\frac{z^2}{z^2-1.5z+0.5}$$

将分子、分母多项式做长除

$$
\begin{array}{r|l}
 & 1+1.5z^{-1}+1.75z^{-2}+\cdots \\
z^2-1.5z+0.5 & z^2 \\
 & \underline{z^2-1.5z+0.5} \\
 & \quad 1.5z-0.5 \\
 & \quad \underline{1.5z-2.25+0.75z^{-1}} \\
 & \qquad 1.75-0.75z^{-1} \\
 & \qquad \underline{1.75-2.625z^{-1}+0.875z^{-2}} \\
 & \qquad\qquad \vdots
\end{array}
$$

观察商的各项系数，得到

$$x[n]=\{\underset{\uparrow}{1},1.5,1.75,\cdots\}=\sum_{k=0}^{n}0.5^k=\frac{1-0.5^{n+1}}{1-0.5}=2\times(1-0.5^{n+1})\mathrm{u}[n]$$

$$=(2-0.5^n)\mathrm{u}[n]$$

**例 6.2-5**

已知序列的 $z$ 变换及其收敛域如下，试用长除法求其逆 $z$ 变换。

$$X(z)=\frac{z^2}{(z-1)(z-0.5)},\quad |z|<0.5$$

**解：**

由收敛域可知，这是一个左边序列，将 $X(z)$ 写成 $z$ 的升幂形式

$$X(z)=\frac{z^2}{0.5-1.5z+z^2}$$

同样，将分子、分母多项式做长除

$$
\begin{array}{r|l}
 & 2z^2+6z^3+14z^4+\cdots \\
0.5-1.5z+z^2 & z^2 \\
 & \underline{z^2-3z^3+2z^4} \\
 & \quad 3z^3-2z^4 \\
 & \quad \underline{3z^3-9z^4+6z^5} \\
 & \qquad 7z^4-6z^5 \\
 & \qquad \underline{7z^4-21z^5+14z^6} \\
 & \qquad\qquad \vdots
\end{array}
$$

观察商的各项系数，得到

$$x[n]=\{\cdots,14,6,2,0,\underset{\uparrow}{0}\}=\sum_{k=n}^{-2}2^{-(k+1)}=\sum_{k=2}^{-n}2^{k-1}=\sum_{k=0}^{-n-2}2^{k+1}$$

$$=2\sum_{k=0}^{-n-2}2^k=2\,\frac{1-2^{-n-1}}{1-2}=-2\times(1-2^{-n-1})\mathrm{u}[-n-1]$$

$$=-2\times(1-0.5^{n+1})\mathrm{u}[-n-1]=-(2-0.5^{n})\mathrm{u}[-n-1]$$

## 6.3 z 变换的性质

由于 $z$ 变换是由 DTFT 扩展而来的，因此 DTFT 的性质对 $z$ 变换大部分都适用，唯一需要注意的是 $z$ 变换收敛域的变化。

在下面的讨论中，假设离散时间序列 $g[n]$ 和 $h[n]$ 的 $z$ 变换分别为 $G(z)$ 和 $H(z)$，对应的收敛域为 $R_g$ 和 $R_h$，即

$$g[n]\overset{\text{ZT}}{\longleftrightarrow}G(z),\quad |z|\in R_g;\quad h[n]\overset{\text{ZT}}{\longleftrightarrow}H(z),\quad |z|\in R_h \tag{6.3-1}$$

### 6.3.1 线性性

和 DTFT 一样，$z$ 变换也是一个线性变换，满足线性性。即对于序列 $g[n]$ 和 $h[n]$ 的任意线性组合 $ag[n]+bh[n]$，其 $z$ 变换为 $aG(z)+bH(z)$，即将 $G(z)$ 和 $H(z)$ 按时域相同的规律进行线性组合即可，而收敛域则为它们各自 $z$ 变换收敛域的交集：$R_g\cap R_h$。

$$ag[n]+bh[n]\overset{\text{ZT}}{\longleftrightarrow}aG(z)+bH(z),\quad |z|\in R_g\cap R_h \tag{6.3-2}$$

证明：设 $x[n]=ag[n]+bh[n]$，则其 $z$ 变换为

$$X(z)=\sum_{n=-\infty}^{\infty}(ag[n]+bh[n])z^{-n}=\sum_{n=-\infty}^{\infty}ag[n]z^{-n}+\sum_{n=-\infty}^{\infty}bh[n]z^{-n}$$

$$=a\sum_{n=-\infty}^{\infty}g[n]z^{-n}+b\sum_{n=-\infty}^{\infty}h[n]z^{-n}=aG(z)+bH(z)$$

此时，$X(z)$ 收敛于 $g[n]$ 和 $h[n]$ 的 $z$ 变换都收敛的地方，即二者收敛域之交集：$R_g\cap R_h$。

### 6.3.2 时域翻折

将 $g[n]$ 在时域进行翻折后，序列 $g[-n]$ 的 $z$ 变换为 $G(1/z)$，如果 $G(z)$ 的收敛域 $R_g$ 为 $R_{g-}<|z|<R_{g+}$，则 $G(1/z)$ 的收敛域为 $1/R_{g+}<|z|<1/R_{g-}$，表示为 $R_g$ 的“倒数”$1/R_g$。即

$$g[-n]\overset{\text{ZT}}{\longleftrightarrow}G(1/z),\quad |z|\in 1/R_g \tag{6.3-3}$$

证明：设 $x[n]=g[-n]$，则其 $z$ 变换为

$$X(z)=\sum_{n=-\infty}^{\infty}g[-n]z^{-n}=\sum_{n=-\infty}^{\infty}g[n]z^{n}=\sum_{n=-\infty}^{\infty}g[n](1/z)^{-n}$$

$$=G(1/z)$$

由上式可知，将离散信号在时域翻折后，其 $z$ 变换中对应地对变量 $z$ 进行取倒数运算。$G(1/z)$ 的收敛域即为 $X(z)$ 收敛域。已知 $G(z)$ 的收敛域是 $R_g$，则 $G(1/z)$ 的收敛域为 $1/R_g$，所以 $X(z)$ 的收敛域为 $1/R_g$。

### 6.3.3 共轭性

将 $g[n]$ 取共轭后，序列 $g^*[n]$ 的 $z$ 变换为 $G^*(z^*)$，收敛域仍然为 $R_g$。即

$$g^*[n]\overset{\text{ZT}}{\longleftrightarrow}G^*(z^*),\quad |z|\in R_g \tag{6.3-4}$$

证明：设 $x[n]=g^*[n]$，则其 z 变换为

$$X(z)=\sum_{n=-\infty}^{\infty}g^*[n]z^{-n}=\left(\sum_{n=-\infty}^{\infty}g[n](z^*)^{-n}\right)^*=G^*(z^*)$$

其收敛域与 $G(z)$ 的收敛域相同，也为 $R_g$。

### 6.3.4　时移性

将 $g[n]$ 按 $n_0$ 进行时移后，序列 $g[n-n_0]$ 的 z 变换为 $z^{-n_0}G(z)$，收敛域为 $R_g$。即

$$g[n-n_0]\stackrel{\text{ZT}}{\longleftrightarrow}z^{-n_0}G(z),\quad |z|\in R_g \tag{6.3-5}$$

证明：设 $x[n]=g[n-n_0]$，其中 $n_0$ 为一个整数，则其 z 变换为

$$X(z)=\sum_{n=-\infty}^{\infty}g[n-n_0]z^{-n}=\sum_{m=-\infty}^{\infty}g[m]z^{-(m+n_0)}=z^{-n_0}\sum_{m=-\infty}^{\infty}g[m]z^{-m}$$
$$=z^{-n_0}G(z) \tag{6.3-6}$$

对于一般情况，时域并不影响 z 变换的收敛域。但如果 $R_g$ 中包含 $z=0$ 或 $z\to\infty$，则需要特别讨论。原因如下：若 $n_0>0$，则因子 $z^{-n_0}$ 在 $z=0$ 处增加 $n_0$ 个极点，因此函数 $z^{-n_0}G(z)$ 在 $z=0$ 处除了 $R_g$ 中本身的极点外，还会有一个或多个极点。同样，若 $n_0<0$，因子 $z^{-n_0}$ 在 $z\to\infty$ 处增加 $n_0$ 个极点，使得函数 $z^{-n_0}G(z)$ 在 $z\to\infty$ 处除了 $R_g$ 中本身的极点外，还会有一个或多个极点。这时，如果原信号 $g[n]$ 的收敛域中包含 $z=0$ 或 $z\to\infty$，就需要根据具体情况去掉相应的部分，具体参见表 6.1-1。

基于时移特性，一般用“$z^{-N}$”来表示延迟量为 $N$ 的延迟单元，如图 6.3-1 所示。

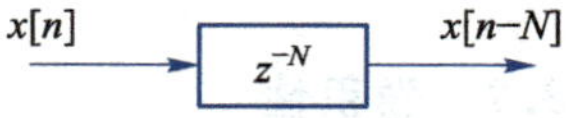

图 6.3-1　延迟单元

### 6.3.5　尺度变换

$g[n]$ 乘以序列 $\alpha^n$ 后所得序列 $\alpha^n g[n]$ 的 z 变换为 $G(z/\alpha)$，其收敛域为 $|\alpha|R_g$。即

$$\alpha^n g[n]\stackrel{\text{ZT}}{\longleftrightarrow}G(z/\alpha),\quad |z|\in|\alpha|R_g \tag{6.3-7}$$

证明：设 $x[n]=\alpha^n g[n]$，则其 z 变换为

$$X(z)=\sum_{n=-\infty}^{\infty}\alpha^n g[n]z^{-n}=\sum_{n=-\infty}^{\infty}g[n](\alpha^{-1}z)^{-n}=G(z/\alpha)$$

如果 $G(z)$ 的收敛域 $R_g$ 表示为 $R_{g-}<|z|<R_{g+}$，则，则 $X(z)$ 的收敛域为 $|\alpha|R_{g-}<|z|<|\alpha|R_{g+}$，记为 $|\alpha|R_g$。

上述性质表明，在时域将离散信号与序列 $\alpha^n$ 相乘后，其 z 变换以 $1/\alpha$ 进行缩放（或尺度变换），而收敛域则以 $|\alpha|$ 进行缩放。具体而言，如果 $\alpha$ 为实数，则 $X(z)$ 的零、极点在 z 平面按径向移动；如果 $\alpha$ 为复数，则 $X(z)$ 的零、极点在 z 平面除了按径向移动，还有角度旋转。

### 6.3.6　微分性

$g[n]$ 乘以 $n$ 后，序列 $ng[n]$ 的 z 变换为 $-z\mathrm{d}G(z)/\mathrm{d}z$，相当于对 $G(z)$ 进行微分，其收敛域为 $R_g$。即

$$ng[n]\xleftrightarrow{\text{ZT}}-z\frac{\mathrm{d}}{\mathrm{d}z}G(z),\quad |z|\in R_g \tag{6.3-8}$$

证明：由 $z$ 变换的定义可知

$$G(z)=\sum_{n=-\infty}^{\infty}g[n]z^{-n},\quad |z|\in R_g$$

对 $G(z)$ 进行微分

$$\frac{\mathrm{d}}{\mathrm{d}z}G(z)=-\sum_{n=-\infty}^{\infty}ng[n]z^{-n-1}\Rightarrow -z\frac{\mathrm{d}G(z)}{\mathrm{d}z}=\sum_{n=-\infty}^{\infty}ng[n]z^{-n}=\sum_{n=-\infty}^{\infty}(ng[n])z^{-n}$$

注意，如果 $R_g$ 中包含 $z=0$ 或 $z\to\infty$，则需要特别讨论，原因参见“时移性”中的相关讨论。

同理可得

$$n^2g[n]\xleftrightarrow{\text{ZT}}\left(-z\frac{\mathrm{d}}{\mathrm{d}z}\right)^2G(z)=z^2\frac{\mathrm{d}^2}{\mathrm{d}z^2}G(z)+z\frac{\mathrm{d}}{\mathrm{d}z}G(z),\quad |z|\in R_g$$

更一般地

$$n^mg[n]\xleftrightarrow{\text{ZT}}\left(-z\frac{\mathrm{d}}{\mathrm{d}z}\right)^mG(z),\quad |z|\in R_g$$

其中符号 $(-z\mathrm{d}/\mathrm{d}z)^m$ 表示

$$\left(-z\frac{\mathrm{d}}{\mathrm{d}z}\right)^m=-z\frac{\mathrm{d}}{\mathrm{d}z}\left\{-z\frac{\mathrm{d}}{\mathrm{d}z}\left[-z\frac{\mathrm{d}}{\mathrm{d}z}\cdots\left(-z\frac{\mathrm{d}}{\mathrm{d}z}G(z)\right)\cdots\right]\right\}$$

为 $m$ 阶导数。

### 6.3.7 卷积性

若 $g[n]$ 与 $h[n]$ 在时域相卷，则 $g[n]*h[n]$ 的 $z$ 变换为它们各自的 $z$ 变换 $G(z)$ 和 $H(z)$ 的乘积 $G(z)H(z)$，收敛域为 $R_g\cap R_h$。即

$$g[n]*h[n]\xleftrightarrow{\text{ZT}}G(z)H(z),\quad |z|\in R_g\cap R_h \tag{6.3-9}$$

证明：设 $x[n]=g[n]*h[n]$，由卷积的定义，可以得到

$$\begin{aligned}X(z)&=\sum_{m=-\infty}^{\infty}\left(\sum_{k=-\infty}^{\infty}g[k]h[m-k]\right)z^{-m}\\&=\sum_{k=-\infty}^{\infty}g[k]\left(\sum_{l=-\infty}^{\infty}h[l]z^{-k-l}\right)=\sum_{k=-\infty}^{\infty}g[k]\left(\sum_{l=-\infty}^{\infty}h[l]z^{-l}\right)z^{-k}\\&=\left(\sum_{k=-\infty}^{\infty}g[k]z^{-k}\right)\left(\sum_{n=-\infty}^{\infty}h[l]z^{-l}\right)=G(z)H(z)\end{aligned}$$

在上述证明过程中，第二个等号处交换了两个求和运算的顺序，同时使用了简单的变量代换 $l=m-k$。

通常 $X(z)$ 的收敛域为 $G(z)$ 和 $H(z)$ 的收敛域之交集，但在有的情况下，其收敛域要大于此交集，因为 $G(z)$ 与 $H(z)$ 相乘后有可能出现零极点对消的情况。

这个性质和 DTFT 以及 DFT 的时域卷积特性十分类似，它表明对于单位冲激响应为 $h[n]$ 的线性时不变系统，假设其输入信号为 $g[n]$，那么其输出信号 $y[n]$ 除了可以通过计算 $g[n]$ 和 $h[n]$ 的卷积外，还可以通过对 $G(z)H(z)$ 进行逆 $z$ 变换得到。显然，对于有限长序

列，后一种方法更为简单。

### 6.3.8 调制性

如果 $g[n]$ 与 $h[n]$ 在时域相乘，则 $g[n]h[n]$ 的 $z$ 变换为它们各自的 $z$ 变换 $G(z)$ 和 $H(z)$ 的卷积，收敛域为 $R_gR_h$，即收敛域 $R_g$ 和 $R_h$ 的边界对应相乘后形成的新收敛域。这一特性具体表示为

$$g[n]h[n]\xleftrightarrow{\text{ZT}}\frac{1}{2\pi\mathrm{j}}\oint_C G(a)H(z/a)a^{-1}\mathrm{d}a,\quad |z|\in R_gR_h \tag{6.3-10}$$

证明：设 $x[n]=g[n]h[n]$，其 $z$ 变换为

$$X(z)=\sum_{n=-\infty}^{\infty}g[n]h[n]z^{-n}$$

利用逆 $z$ 变换定义式表示 $g[n]$，可得

$$X(z)=\sum_{n=-\infty}^{\infty}\left(\frac{1}{2\pi\mathrm{j}}\oint_C G(a)a^{n-1}\mathrm{d}a\right)h[n]z^{-n}$$

交换积分与求和运算的顺序，可得

$$X(z)=\frac{1}{2\pi\mathrm{j}}\oint_C G(a)\left(\sum_{n=-\infty}^{\infty}h[n](z/a)^{-n}\right)a^{-1}\mathrm{d}a=\frac{1}{2\pi\mathrm{j}}\oint_C G(a)H(z/a)a^{-1}\mathrm{d}a$$

### 6.3.9 初值定理与终值定理

若 $n<0$ 时，有 $x[n]=0$，则 $x[0]=\lim\limits_{z\to\infty}X(z)$。

若 $n<0$ 时，有 $x[n]=0$，且 $X(z)$ 除单位圆内的极点外，仅存在位于 $z=1$ 处的一阶极点，则 $x[\infty]=\lim\limits_{z\to1}[(z-1)X(z)]$。

### 6.3.10 Parseval 定理

若 $g[n]$ 与 $h[n]$ 为两个复数序列，其乘积序列 $g[n]h^*[n]$ 的样本值之和可以用如下的围线积分来求解，即

$$\sum_{n=-\infty}^{\infty}g[n]h^*[n]=\frac{1}{2\pi\mathrm{j}}\oint_C G(a)H^*(1/a^*)a^{-1}\mathrm{d}a \tag{6.3-11}$$

其中 $C$ 为位于 $G(a)$ 和 $H(1/a^*)$ 的公共收敛域中逆时针方向旋转的封闭围线。

证明：由式(6.3-10)及 $z$ 变换的共轭性，可得序列 $g[n]h^*[n]$ 的 $z$ 变换为

$$\sum_{n=-\infty}^{\infty}g[n]h^*[n]z^{-n}=\frac{1}{2\pi\mathrm{j}}\oint_C G(a)H^*(z^*/a^*)a^{-1}\mathrm{d}a$$

令上式中 $z=1$，则有

$$\sum_{n=-\infty}^{\infty}g[n]h^*[n]=\frac{1}{2\pi\mathrm{j}}\oint_C G(a)H^*(1/a^*)a^{-1}\mathrm{d}a$$

特别地，令 $g[n]=h[n]$，即可得 $z$ 域中求能量的表达式

$$\varepsilon_g=\sum_{n=-\infty}^{\infty}|g[n]|^2=\frac{1}{2\pi\mathrm{j}}\oint_C G(z)G^*(1/z^*)z^{-1}\mathrm{d}z \tag{6.3-12}$$

因此，Parseval 定理又被称为能量定理。

表 6.3-1 对 $z$ 变换的上述性质进行了总结，能够帮助很好地理解并灵活地运用这些性质，再结合表 6.1-2，可以简化 $z$ 变换的计算。

**表 6.3-1 $z$ 变换的常见性质**

| 性质 | 序列 | $z$ 变换 | 收敛域 ROC |
| --- | --- | --- | --- |
| | $g[n]$<br>$h[n]$ | $G(z)$<br>$H(z)$ | $R_g$<br>$R_h$ |
| 线性性 | $ag[n]+bh[n]$ | $aG(z)+bH(z)$ | $R_g \cap R_h$ |
| 时域翻折 | $g[-n]$ | $G(1/z)$ | $1/R_g$ |
| 共轭性 | $g^*[n]$ | $G^*(z^*)$ | $R_g$ |
| 时移性 | $g[n-n_0]$ | $z^{-n_0}G(z)$ | $R_g$，<br>（若包含 $z=0$ 或 $z\to\infty$，需要特别讨论） |
| 尺度变换 | $\alpha^n g[n]$ | $G(z/\alpha)$ | $\vert\alpha\vert R_g$ |
| 微分性 | $ng[n]$ | $-z\dfrac{\mathrm{d}G(z)}{\mathrm{d}z}$ | $R_g$，<br>（若包含 $z=0$ 或 $z\to\infty$，需要特别讨论） |
| 卷积性 | $g[n]*h[n]$ | $G(z)H(z)$ | $R_g \cap R_h$ |
| 调制性 | $g[n]h[n]$ | $\dfrac{1}{2\pi \mathrm{j}}\oint_C G(a)H(z/a)a^{-1}\mathrm{d}a$ | $R_g R_h$ |
| Parseval 定理 | $\sum\limits_{n=-\infty}^{\infty} g[n]h^*[n]=\dfrac{1}{2\pi \mathrm{j}}\oint_C G(a)H^*(1/a^*)a^{-1}\mathrm{d}a$ | | |
| 说明 | 若 $R_g$ 表示区域 $R_{g-}<\vert z\vert<R_{g+}$，$R_h$ 表示区域 $R_{h-}<\vert z\vert<R_{h+}$，则 $1/R_g$ 表示区域 $1/R_{g+}<\vert z\vert<1/R_{g-}$，而 $R_gR_h$ 表示区域 $R_{g-}R_{h-}<\vert z\vert<R_{g+}R_{h+}$。 | | |

下面通过一些例子来阐述 $z$ 变换性质的具体应用。

辅学例题：逆 $z$ 变换与 $z$ 变换性质的应用

**例 6.3-1**

求右边序列 $x[n]=(n+1)\alpha^n \mathrm{u}[n]$ 的 $z$ 变换。

**解：**

首先重写 $x[n]$ 如下

$$x[n]=(n+1)\alpha^n\mathrm{u}[n]=n\alpha^n\mathrm{u}[n]+\alpha^n\mathrm{u}[n]$$

根据前面的例子，可知 $\alpha^n\mathrm{u}[n]$ 的 $z$ 变换为 $1/(1-\alpha z^{-1})$，$|z|>|\alpha|$，而对于序列 $n\alpha^n\mathrm{u}[n]$，则利用 $z$ 变换的微分特性，有

$$n\alpha^n\mathrm{u}[n]\xleftrightarrow{\mathrm{ZT}}-z\frac{\mathrm{d}}{\mathrm{d}z}\left(\frac{1}{1-\alpha z^{-1}}\right),\quad |z|>|\alpha|$$

$$=\frac{\alpha z^{-1}}{(1-\alpha z^{-1})^2}$$

再进一步利用 $z$ 变换的线性性，有

$$X(z)=\frac{1}{1-\alpha z^{-1}}+\frac{\alpha z^{-1}}{(1-\alpha z^{-1})^{2}}=\frac{1}{(1-\alpha z^{-1})^{2}},\quad |z|>|\alpha|$$

注意到，本例中用到了 $z$ 变换的微分性及线性性。

**例 6.3-2**

求实因果序列 $x[n]=r^{n}\sin(\omega_0 n)\mathrm{u}[n]$ 的 $z$ 变换。

**解：**

利用正弦信号与复指数信号间的关系（欧拉公式），将 $x[n]$ 写作两个因果的复指数序列之和

$$x[n]=\frac{1}{\mathrm{j}2}(r^{n}\mathrm{e}^{\mathrm{j}\omega_0 n}\mathrm{u}[n]-r^{n}\mathrm{e}^{-\mathrm{j}\omega_0 n}\mathrm{u}[n])=\frac{1}{\mathrm{j}2}(v[n]-v^{*}[n])$$

其中，$v[n]=\alpha^{n}\mathrm{u}[n]$，且 $\alpha=r\mathrm{e}^{\mathrm{j}\omega_0}$。

那么，对于 $v[n]$ 显然有

$$V(z)=\frac{1}{1-\alpha z^{-1}}=\frac{1}{1-r\mathrm{e}^{\mathrm{j}\omega_0}z^{-1}},\quad |z|>|\alpha|=r$$

利用 $z$ 变换的共轭性，可得 $v^{*}[n]$ 的 $z$ 变换为 $V^{*}(z^{*})$

$$V^{*}(z^{*})=\frac{1}{1-\alpha^{*}z^{-1}}=\frac{1}{1-r\mathrm{e}^{-\mathrm{j}\omega_0}z^{-1}},\quad |z|>|\alpha|=r$$

根据 $z$ 变换的线性性，可得

$$X(z)=\frac{1}{2\mathrm{j}}(V(z)-V^{*}(z^{*}))=\frac{1}{2\mathrm{j}}\left(\frac{1}{1-r\mathrm{e}^{\mathrm{j}\omega_0}z^{-1}}-\frac{1}{1-r\mathrm{e}^{-\mathrm{j}\omega_0}z^{-1}}\right)$$

$$=\frac{(r\sin\omega_0)z^{-1}}{1-(2r\cos\omega_0)z^{-1}+r^{2}z^{-2}},\quad |z|>r$$

本例中使用到了 $z$ 变换的共轭性和线性性。

**例 6.3-3**

利用 Parseval 定理计算序列 $x[n]=\alpha^{n}\mathrm{u}[n]$，$0<\alpha<1$ 的能量。

**解：**

利用式(6.3-12)，得到 $x[n]$ 的能量计算公式为

$$\varepsilon_x=\sum_{n=-\infty}^{\infty}|x[n]|^{2}=\frac{1}{2\pi\mathrm{j}}\oint_C X(z)X(1/z)z^{-1}\mathrm{d}z$$

上式右边的围线积分可用柯西留数定理进行求解

$$\frac{1}{2\pi\mathrm{j}}\oint_C X(z)X(1/z)z^{-1}\mathrm{d}z=[X(z)X(1/z)z^{-1}\text{ 在 }C\text{ 内的留数之和}]$$

对于信号 $x[n]$，其 $z$ 变换为

$$X(z)=\frac{1}{1-\alpha z^{-1}},\quad |z|>\alpha$$

由于 $\alpha<1$，则单位圆均位于 $X(z)$ 和 $X(z^{-1})$ 的收敛域之内，因此可以被选作为围线 $C$。函数

$$X(z)X(1/z)z^{-1}=\frac{z^{-1}}{(1-\alpha z^{-1})(1-\alpha z)}=\frac{1}{(z-\alpha)(1-\alpha z)}$$

在单位圆内有一个极点 $z=\alpha$，该点处的留数为

$$\left.\frac{1}{1-\alpha z}\right|_{z=\alpha}=\frac{1}{1-\alpha^2}$$

因此最终求的能量为

$$\varepsilon_x=\frac{1}{1-\alpha^2}$$

本例中用到了 $z$ 变换的 Parseval 定理。

**例 6.3-4**

已知一个一阶线性差分方程

$$a_0y[n]+a_1y[n-1]=b_0\delta[n]+b_1\delta[n-1],\quad |a_1|<|a_0|$$

求序列 $y[n]$ 的 $z$ 变换 $Y(z)$。

**解：**

对上述差分方程的两边取 $z$ 变换，利用常见变换对 $\delta[n]\overset{\text{ZT}}{\longleftrightarrow}1$，$z$ 变换的时移性及线性性，可得

$$a_0Y(z)+a_1z^{-1}Y(z)=b_0+b_1z^{-1}$$

则有

$$Y(z)=\frac{b_0+b_1z^{-1}}{a_0+a_1z^{-1}}$$

注意：$Y(z)$ 有一个极点位于 $z=-a_1/a_0$。因此，若 $y[n]$ 为右边序列，则 $Y(z)$ 的收敛域为通过点 $z=-a_1/a_0$ 的圆周之外部分；若 $y[n]$ 为左边序列，则 $Y(z)$ 的收敛域为通过点 $z=-a_1/a_0$ 的圆周之内部分。

本例中用到了 $z$ 变换的线性性和时移性。

## 6.4 z 变换与 Laplace 变换的关系

连续时间信号的 Laplace 变换是 CTFT 的扩展，将模拟角频率 $\Omega$ 轴上以 $e^{j\Omega t}$ 为基函数的 Fourier 变换扩展到了复平面，使其对于不满足绝对可积条件的连续信号仍然适用；离散时间序列的 $z$ 变换是 DTFT 的扩展，将数字角频率 $\omega$ 轴上以 $e^{j\omega n}$ 为基函数的 Fourier 变换扩展到了复平面上，使其对于不满足绝对可积的序列仍然实用。

设连续时间信号 $x_a(t)$，以采样间隔 $T_s$ 采样，得到离散时间序列 $x[n]$。同时，采样过程也可以建模为 $x_a(t)$ 与单位冲激串 $\delta(t-nT_s)$，$n\in(-\infty,\infty)$ 相乘的结果

$$x[n]=x_a(t)\big|_{t=nT_s}=x_a(nT_s),\quad x_s(t)=\sum_{n=-\infty}^{\infty}x_a(nT_s)\delta(t-nT_s)\tag{6.4-1}$$

因此，$x_s(t)$ 和 $x[n]$ 是信息等价的，对它们分别求 Laplace 变换和 $z$ 变换，得到 $X_s(s)$ 和 $X(z)$

$$X_s(s)=\int_{-\infty}^{\infty}x_s(t)\mathrm{e}^{-st}\mathrm{d}t=\int_{-\infty}^{\infty}\sum_{n=-\infty}^{\infty}x_a(nT_s)\delta(t-nT_s)\mathrm{e}^{-st}\mathrm{d}t$$

$$=\sum_{n=-\infty}^{\infty}x_a(nT_s)\int_{-\infty}^{\infty}\delta(t-nT_s)\mathrm{e}^{-st}\mathrm{d}t=\sum_{n=-\infty}^{\infty}x_a(nT_s)\mathrm{e}^{-snT_s} \tag{6.4-2}$$

$$=\sum_{n=-\infty}^{\infty}x[n]\mathrm{e}^{-snT_s}$$

$$X(z)=\sum_{n=-\infty}^{\infty}x[n]z^{-n}$$

对比 $X_s(s)$ 和 $X(z)$ 发现，当 $z=\mathrm{e}^{sT_s}$ 时二者是相等的，即

$$X(z)\Big|_{z=\mathrm{e}^{sT_s}}=X(\mathrm{e}^{sT_s})=X_s(s) \tag{6.4-3}$$

这实际上描述的是一种从复平面 $s=\sigma+\mathrm{j}\Omega$ 到复平面 $z=r\mathrm{e}^{\mathrm{j}\omega}$ 的映射关系

$$z=\mathrm{e}^{sT_s} \quad\Rightarrow\quad s=\frac{1}{T_s}\ln z \tag{6.4-4}$$

不难看出，s 平面是直角坐标系(rectangular form)平面 $s=\sigma+\mathrm{j}\Omega$，z 平面则为极坐标系(polar form)平面 $z=r\mathrm{e}^{\mathrm{j}\omega}$。s 平面到 z 平面的映射，就是直角坐标系到极坐标系的转换。代入式(6.4-4)，得到

$$r\mathrm{e}^{\mathrm{j}\omega}=\mathrm{e}^{(\sigma+\mathrm{j}\Omega)T_s}=\mathrm{e}^{\sigma T_s}\mathrm{e}^{\mathrm{j}\Omega T_s} \tag{6.4-5}$$

由 $r=\mathrm{e}^{\sigma T_s}$，$\omega=\Omega T_s$，即 z 的模 r 只与 s 的实部 $\sigma$ 对应，而 z 的相角 $\omega$ 只与 s 的虚部 $\Omega$ 对应，具体讨论其映射关系。

(1) z 的模 r 与 s 的实部 $\sigma$ 的关系，$r=\mathrm{e}^{\sigma T_s}$。

s 平面虚轴 $\sigma=0$ 映射为 z 平面单位圆周 $r=1$；

s 的左半平面 $\sigma<0$ 映射为 z 平面单位圆内 $r<1$；

s 的右半平面 $\sigma>0$ 映射为 z 平面单位圆外 $r>1$；

其映射关系参见图 6.4-1。

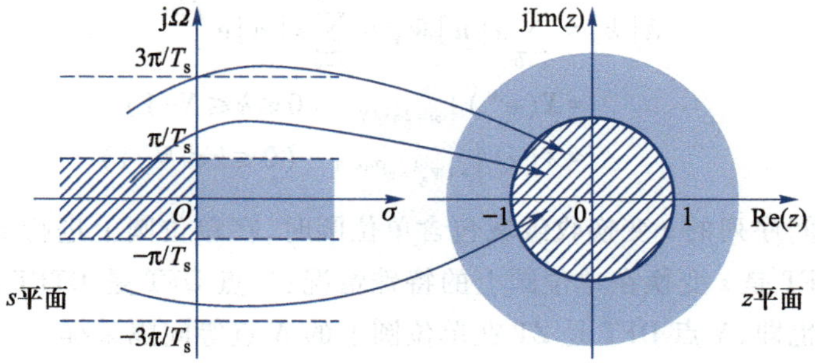


图 6.4-1 z 平面与 s 平面的映射关系(多值映射)

因此，z 平面上基于圆环形状的收敛域 $r_1<|z|<r_2$，到 s 平面上则是呈现出平行于 $\Omega$ 轴的带状 $(\ln r_1)/T_s<\sigma<(\ln r_2)/T_s$。

(2) $z$ 的相角 $\omega$ 与 $s$ 的虚部 $\Omega$ 的关系，$\omega=\Omega T_s$。

$s$ 平面的实轴 $\Omega=0$ 映射为 $z$ 平面的正实轴 $\omega=0$；

$s$ 平面平行于实轴的直线 $\Omega=\Omega_0$ 映射为 $z$ 平面始于原点、辐角为 $\omega=\Omega_0 T_s$ 的辐射线。

$s$ 平面上 $\Omega$ 轴上的值由 $-\pi/T_s$ 变到 $\pi/T_s$，$\omega$ 由 $-\pi$ 增长到 $\pi$，即 $\Omega$ 轴上从 $-\pi/T_s$ 到 $\pi/T_s$ 的一段映射为 $z$ 平面上的单位圆。事实上，$s$ 平面上 $\Omega$ 轴上任意段长度为 $2\pi/T_s$ 的连续线段都映射为 $z$ 平面上的单位圆。这本质上体现了时域离散化后，频域周期化的过程，也从另一个角度解释了为什么离散信号的频谱是周期的。

更一般地，$s$ 平面上 $2\pi/T_s$ 的一个水平带映射为 $z$ 平面上辐角旋转一周，覆盖了整个 $z$ 平面，其映射关系如图 6.4-1。

## 6.5 z 变换与 DTFT 和 DFT 的关系

设 $x[n]$，$0\leqslant n\leqslant N-1$ 是一个长度为 $N$ 的有限长序列，其 $z$ 变换、DTFT 和 DFT 的定义如下

$$\begin{aligned}
&\text{ZT:} && X(z)=\sum_{n=0}^{N-1}x[n]z^{-n}, \quad |z|\in(\gamma_1,\gamma_2)\\
&\text{DTFT:} && X(e^{j\omega})=\sum_{n=0}^{N-1}x[n]e^{-j\omega n}\\
&\text{DFT:} && X[k]=\sum_{n=0}^{N-1}x[n]e^{-j\frac{2\pi kn}{N}}
\end{aligned}\tag{6.5-1}$$

由上式可知，如果 $x[n]$ 的 $z$ 变换收敛域包含单位圆 $|z|=1$，而 $z$ 平面上的单位圆又可以表示为 $z=e^{j\omega}$，则

$$X(e^{j\omega})=X(z)\Big|_{z=e^{j\omega}}=\sum_{n=0}^{N-1}x[n]z^{-n}\Big|_{z=e^{j\omega}}=\sum_{n=0}^{N-1}x[n]e^{-j\omega n}\tag{6.5-2}$$

此时，$x[n]$ 的离散时间 Fourier 变换为

$$\begin{aligned}
X[k]&=\sum_{n=0}^{N-1}x[n]W_N^{kn}=\sum_{n=0}^{N-1}x[n]e^{-j\frac{2\pi}{N}kn}\\
&=X(e^{j\omega})\Big|_{\omega=2\pi k/N}\quad(0\leqslant k\leqslant N-1)\\
&=X(z)\Big|_{z=W_N^{-k}=e^{j2\pi k/N}}\quad(0\leqslant k\leqslant N-1)
\end{aligned}\tag{6.5-3}$$

因此，离散时间序列的 $z$ 变换收敛域包含单位圆时，在单位圆上进行 $z$ 变换的结果就是 DTFT，换言之，DTFT 是 $z$ 变换在单位圆上的特殊情况；$N$ 点 DFT 是 DTFT 在区间 $[0,2\pi]$ 的 $N$ 点等间隔采样，也即，$N$ 点 DFT 是 ZT 在单位圆上的 $N$ 点等间隔采样。

**例 6.5-1**

试给出矩形序列 $x[n]=R_8[n]$ 的 $z$ 变换、DTFT，以及 8 点、16 点和 32 点的 DFT。

**解：**

由各变化关系式可得

$$X(z)=\sum_{n=-\infty}^{+\infty}R_8[n]z^{-n}=\sum_{n=0}^{7}z^{-n}=1+z^{-1}+z^{-2}+z^{-3}+z^{-4}+z^{-5}+z^{-6}+z^{-7},\quad 0<|z|\leqslant\infty$$

$$X(e^{j\omega})=\sum_{n=-\infty}^{+\infty}R_8[n]e^{-j\omega n}=\sum_{n=0}^{7}e^{-j\omega n}$$

$$=1+e^{-j\omega}+e^{-j2\omega}+e^{-j3\omega}+e^{-j4\omega}+e^{-j5\omega}+e^{-j6\omega}+e^{-j7\omega}=X(z)\big|_{z=e^{j\omega}}$$

$$=\frac{1-e^{-j8\omega}}{1-e^{-j\omega}}=e^{-j\frac{7}{2}\omega}\frac{\sin(4\omega)}{\sin(\omega/2)}$$

图 6.5-1 给出了 $z$ 平面上零极点与 DTFT 的对应关系。

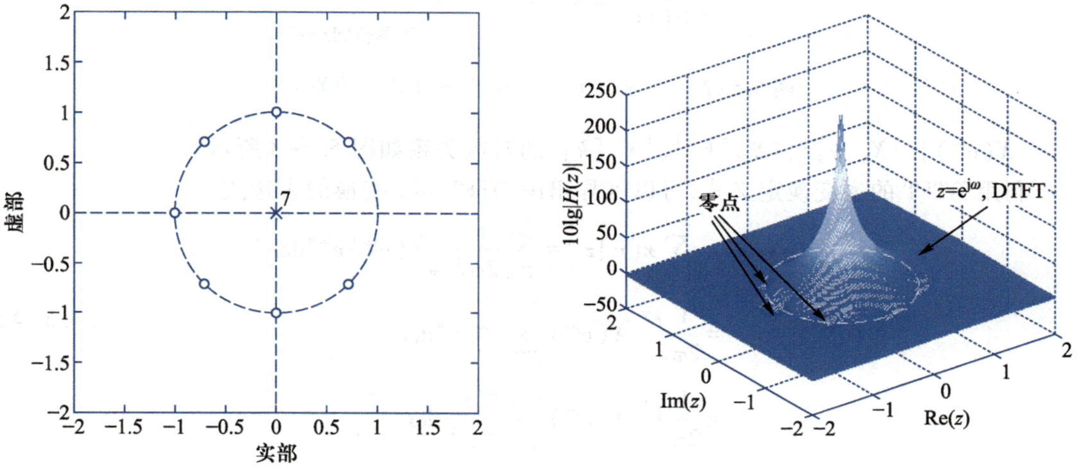


图 6.5-1 $z$ 变换与 DTFT 的关系

8 点 DFT

$$X_8[k]=\sum_{n=0}^{7}x[n]W_8^{kn}=\sum_{n=0}^{7}W_8^{kn}=\sum_{n=0}^{7}e^{-j\frac{2\pi}{8}kn}=\sum_{n=0}^{7}e^{-j\omega n}\Big|_{\omega=2\pi k/8=\pi k/4}=X(e^{j\omega})\big|_{\omega=\pi k/4}\quad(0\leqslant k\leqslant 7)$$

$$=e^{-j\frac{7}{8}\pi k}\frac{\sin(\pi k)}{\sin(\pi k/8)}=\begin{cases}8, & k=0\\ 0, & k=1,2,3,4,5,6,7\end{cases}$$

16 点 DFT

$$X_{16}[k]=\sum_{n=0}^{15}x[n]W_{16}^{kn}=\sum_{n=0}^{15}W_{16}^{kn}=\sum_{n=0}^{15}e^{-j\frac{2\pi}{16}kn}=X(e^{j\omega})\big|_{\omega=2\pi k/16=\pi k/8}\quad(0\leqslant k\leqslant 15)$$

$$=e^{-j\frac{7}{16}\pi k}\frac{\sin(\pi k/2)}{\sin(\pi k/16)}$$

图 6.5-2 给出了 $z$ 变换、DTFT 和 16 点 DFT 的对应关系。

32 点 DFT

$$X_{32}[k]=\sum_{n=0}^{31}x[n]W_{32}^{kn}=\sum_{n=0}^{31}W_{32}^{kn}=\sum_{n=0}^{31}e^{-j\frac{2\pi}{32}kn}=X(e^{j\omega})\big|_{\omega=2\pi k/32=\pi k/16}\quad(0\leqslant k\leqslant 31)$$

$$=e^{-j\frac{7}{32}\pi k}\frac{\sin(\pi k/4)}{\sin(\pi k/32)}$$

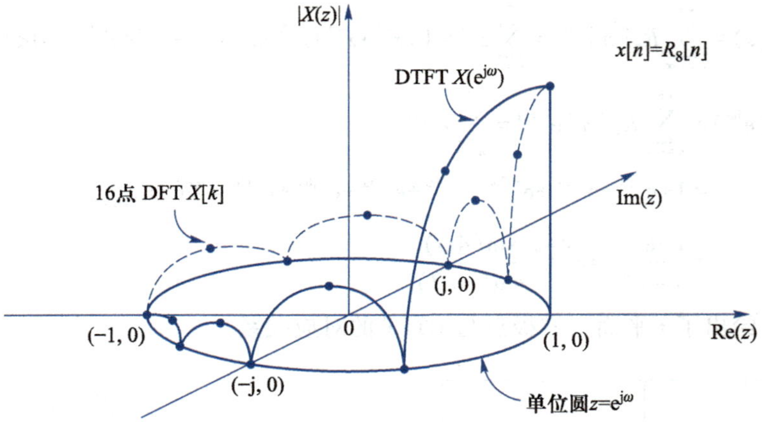


图 6.5-2 z 变换、DTFT 与 16 点 DFT 之间的关系

$|X(e^{j\omega})|$、$|X_8[k]|$、$|X_{16}[k]|$、$|X_{32}[k]|$的对应关系如图 6.5-3 所示。

利用 DTFT 的逆变换定义式，可以推导出由 DTFT 到 $z$ 变换的表达式

$$\begin{aligned}X(z)&=\sum_{n=0}^{N-1}x[n]z^{-n}=\sum_{n=0}^{N-1}\frac{1}{2\pi}\int_{-\pi}^{\pi}X(e^{j\omega})e^{j\omega n}d\omega z^{-n}\\&=\frac{1}{2\pi}\int_{-\pi}^{\pi}X(e^{j\omega})\sum_{n=0}^{N-1}e^{j\omega n}z^{-n}d\omega\\&=\frac{1}{2\pi}\int_{-\pi}^{\pi}X(e^{j\omega})\frac{1-e^{j\omega N}z^{-N}}{1-e^{j\omega}z^{-1}}d\omega\end{aligned}\tag{6.5-4}$$

上式第 2 个等号使用了 DTFT 逆变换的定义式，第 3 个等号交换了积分运算和求和运算的顺序，第 4 个等号则对长度为 $N$ 的等比序列$\{(e^{j\omega}z^{-1})^n\}$进行了求和。

如果进一步定义内插函数 $\Phi_N(\omega,z)$ 如下

$$\Phi_N(\omega,z)=\frac{1}{2\pi}\frac{1-e^{j\omega N}z^{-N}}{1-e^{j\omega}z^{-1}}\tag{6.5-5}$$

则式(6.5-4)可以简化为

$$X(z)=\int_{-\pi}^{\pi}X(e^{j\omega})\Phi_N(\omega,z)d\omega,\quad |z|\in(\gamma_1,\gamma_2)\tag{6.5-6}$$

因此，由 DTFT 到 $z$ 变换可以看作是 $X(e^{j\omega})$和内插函数在$[-\pi,\pi]$范围内的积分。具体而言，如果需要得到 $z$ 平面上收敛域内的某一点 $z=z_0$ 的 $z$ 变换值 $X(z_0)$，则需要将 $z=z_0$ 代入到式(6.5-5)中，计算出对于某一频率 $\omega$ 的内插函数值 $\Phi_N(\omega,z_0)$，同时与对应频点的频谱 $X(e^{j\omega})$相乘，并在$[-\pi,\pi]$频率区间内对该乘积结果进行积分，即可得到 $X(z_0)$。

利用 DFT 的逆变换定义式，可以得出由 DFT 到 $z$ 变换的表达式

$$\begin{aligned}X(z)&=\sum_{n=0}^{N-1}x[n]z^{-n}=\sum_{n=0}^{N-1}\frac{1}{N}\sum_{k=0}^{N-1}X[k]e^{j\frac{2\pi kn}{N}}z^{-n}=\sum_{n=0}^{N-1}\frac{1}{N}\sum_{k=0}^{N-1}X[k]W_N^{-kn}z^{-n}\\&=\frac{1}{N}\sum_{k=0}^{N-1}X[k]\sum_{n=0}^{N-1}W_N^{-kn}z^{-n}\\&=\sum_{k=0}^{N-1}X[k]\frac{1-z^{-N}}{N(1-W_N^{-k}z^{-1})}\end{aligned}\tag{6.5-7}$$

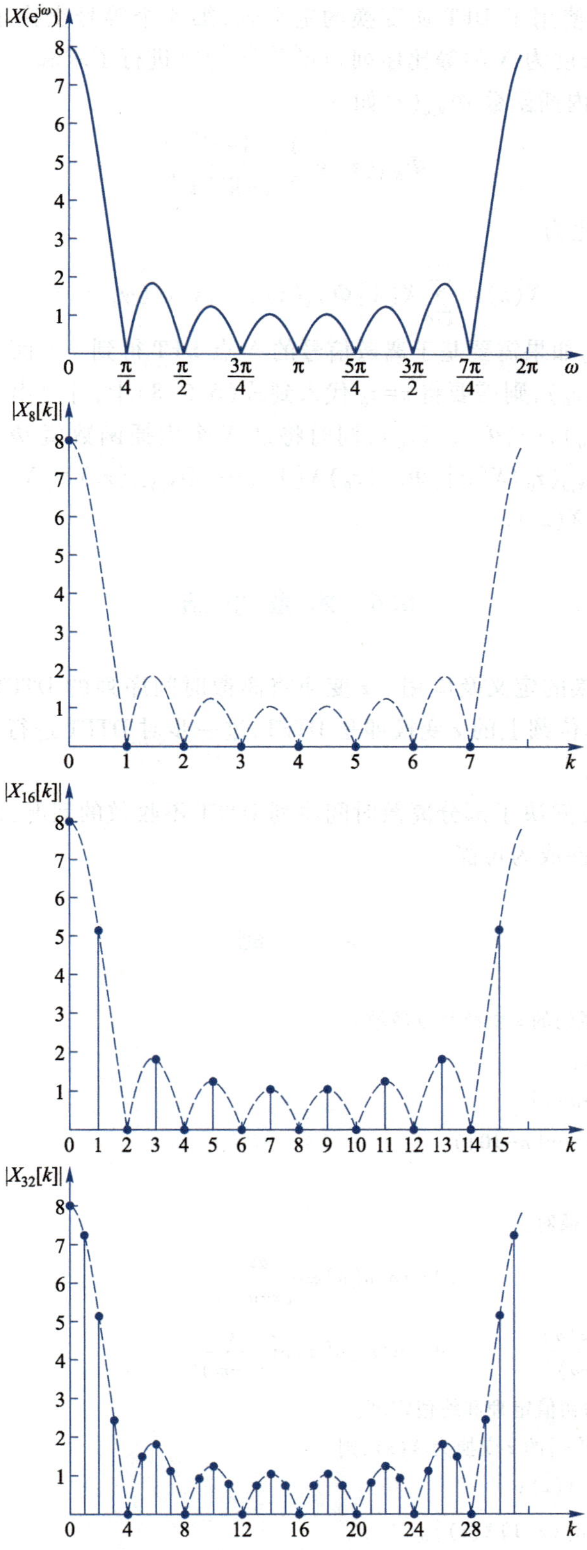


图 6.5-3 DTFT 与 8 点、16 点、32 点 DFT 的关系

上式第 2 个等号使用了 DFT 逆变换的定义式，第 4 个等号交换了两个求和运算的顺序，第 5 个等号则对长度为 $N$ 的等比序列 $\{(e^{j2\pi k/N}z^{-1})^n\}$ 进行了求和。

如果进一步定义内插函数 $\Phi_{N,k}(z)$ 如下

$$\Phi_{N,k}(z) \triangleq \frac{1}{N}\frac{1-z^{-N}}{1-W_N^{-k}z^{-1}} \tag{6.5-8}$$

则式(6.5-7)可以简化为

$$X(z)=\sum_{k=0}^{N-1}X[k]\Phi_{N,k}(z),\quad |z|\in(\gamma_1,\gamma_2) \tag{6.5-9}$$

该内插过程说明，如果需要基于离散信号的 $N$ 点 DFT 得到 $z$ 平面上收敛域内的某一点 $z=z_0$ 处的 $z$ 变换值 $X(z_0)$，则需要将 $z=z_0$ 代入到式(6.5-8)中，计算出 $N$ 个内插函数在该点的值 $\Phi_{N,0}(z_0),\Phi_{N,1}(z_0),\cdots,\Phi_{N,N-1}(z_0)$，同时将这 $N$ 个内插函数值 $\Phi_{N,k}(z_0)$ 与对应的 DFT 值 $X[k]$ 相乘，得到 $\Phi_{N,0}(z_0)X[0],\Phi_{N,1}(z_0)X[1],\cdots,\Phi_{N,N-1}(z_0)X[N-1]$，最后将这 $N$ 个乘积累加起来即可得到 $X(z_0)$。

## 6.6 本章小结

本章讨论了 $z$ 变换的定义及应用。$z$ 变换将离散时间序列的 DTFT 扩展到了基于极坐标系的 $z$ 平面上，在单位圆上的 $z$ 变换即是 DTFT，进一步对 DTFT 进行等间隔采样即可得到离散时间序列的 DFT。

$z$ 变换从新的角度解决了部分离散时间序列 DTFT 不收敛的问题，使得分析这些序列在极限条件下的频谱特性成为可能。

## 习 题

**P6.1** 求下列指数序列的 $z$ 变换及收敛域。

(1) $x_1[n]=3^{-n}u[-n]$

(2) $x_2[n]=-2^{-n}u[-n-1]$

(3) $x_3[n]=2^{-n}(u[n]-u[n-10])$

(4) $x_4[n]=3^n u[n]$

**P6.2** 证明下列 $z$ 变换对。

(1) $\delta[n-m]\Leftrightarrow z^{-m}$　　(2) $n\alpha^n u[n]\Leftrightarrow \dfrac{az}{(z-a)^2}$

(3) $n^2\alpha^n u[n]\Leftrightarrow \dfrac{az(z+a)}{(z-a)^3}$　　(4) $[n+m]u[n]\Leftrightarrow \dfrac{z^2}{(z-m)^2}$

**P6.3** 证明 $z$ 变换的初值定理和终值定理。

已知因果离散序列 $x[n]$ 的 $z$ 变换为 $X(z)$，则

初值定理：$x[0]=\lim\limits_{z\to\infty}X(z)$；

终值定理：$x[\infty]=\lim\limits_{z\to 1}[(z-1)X(z)]$。

注意，证明终值定理时要求 $X(z)$ 的极点必须在单位圆内（如果位于单位圆上则只能位于 $z=1$ 处且是一阶

极点）。

**P6.4**　用下列序列验证初值定理和终值定理。

（1）$x[n]=2^{n+1}\mathrm{u}[n]$　　（2）$x[n]=\left(\frac{1}{3}\right)^{|n|}$

**P6.5**　已知有理分式 $z$ 变换

$$X(z)=\frac{3(z+0.2)}{(z+0.5)(z-0.4)(z-1.2)}$$

画出零极点图。分析可能的收敛域，并讨论对应序列的因果性和稳定性。

**P6.6**　已知 $X(z)=\frac{(z+0.4)(z-0.91)(z^2+0.3z+0.4)}{(z^2-0.6z+0.6)(z^2+3z+5)}$，试由其可能的收敛域（ROC）分析每一个 ROC 所对应的逆 $z$ 变换的序列类型（左边，右边或双边序列）。

**P6.7**　设一个序列 $x[n]$ 的 $z$ 变换为 $X(z)$，$R_x$ 表示其 ROC。试用 $X(z)$ 表示 $x[n]$ 的实部和虚部的 $z$ 变换，并给出相应的 ROC。

**P6.8**　设 $X(z)$ 表示序列 $x[n]=(0.4)^n\mathrm{u}[n]$ 的 $z$ 变换。

（1）无须计算 $X(z)$，求 $X(z^2)$ 的逆 $z$ 变换；

（2）无须计算 $X(z)$，求 $(1+z^{-1})X(z^2)$ 的逆 $z$ 变换。

**P6.9**　给定 $z$ 变换

$$X(z)=\frac{-3z^{-1}}{2-5z^{-1}+2z^{-3}}$$

绘出其零极点图，并求出下列不同的收敛域对应序列。

（1）$|z|>2$　（2）$|z|<0.5$　（3）$0.5<|z|<2$

**P6.10**　求下面序列的 $z$ 变换。

（1）$x_1[n]=\delta[n-n_0]$

（2）$x_2[n]=(-1)^n n\mathrm{u}[n]$

（3）$x_2[n]=\mathrm{e}^{-(a+\mathrm{j}\omega_0)n}\mathrm{u}[n]$

（4）$x_4[n]=\mathrm{u}[n+1]*\mathrm{u}[n-2]$

**P6.11**　求下列 $z$ 变换的逆 $z$ 变换。

（1）$X_1(z)=\frac{1}{1+0.5z}$，$|z|>0.5$

（2）$X_2(z)=\frac{1-0.5z^{-1}}{1+\frac{3}{4}z^{-1}+\frac{1}{8}z^{-2}}$，$|z|>\frac{1}{2}$

（3）$X_3(z)=\frac{1-\frac{1}{2}z^{-1}}{1-\frac{1}{4}z^{-2}}$，$|z|>\frac{1}{2}$

（4）$X_4(z)=\frac{1-az^{-1}}{z^{-1}-a}$，$|z|>\left|\frac{1}{a}\right|$

**P6.12**　求下列有理分式 $z$ 变换的逆变换。

（1）$X_1(z)=\frac{z^2}{(z+1)(z-2)}$，$1<|z|<2$

（2）$X_2(z)=\frac{z^2+z}{(z-1)(z^2-z+1)}$，$|z|>1$

（3）$X_3(z)=\dfrac{z}{(z-1)(z^2-1)}$, $|z|>1$

**P6.13**　用长除法计算 $X(z)=\dfrac{z}{z+a}$, $|z|>|a|$的逆 z 变换 $x[n]$。

**P6.14**　给定有理分式 z 变换

$$H(z)=\frac{1}{1-2r(\cos\theta)z^{-1}+r^2z^{-2}},\quad |z|>r>0$$

证明其逆 z 变换为

$$h[n]=\frac{r^n\sin(n+1)\theta}{\sin\theta}\cdot \mathrm{u}[n]$$

**P6.15**　一个因果序列 $x[n]$的 z 变换给定为 $X(z)=\alpha z^{-1}/(1-\alpha z^{-1})^2$,求 $x[n]$。

**P6.16**　一个右边序列 $h[n]$的 z 变换给定为

$$H(z)=\frac{z-2}{(z+0.4)(z-0.2)}$$

利用部分分式展开法求解 $h[n]$的逆 z 变换。

**P6.17**　已知复序列 $x[n]$的 z 变换为 $X(z)$,且 $R_{x-}<|z|<R_{x+}$。证明下面的对称关系存在。

$$\mathrm{Re}(x[n])\overset{\text{ZT}}{\longleftrightarrow}\frac{1}{2}[X(z)+X^*(z^*)],\quad R_{x-}<|z|<R_{x+}$$

$$\mathrm{jIm}(x[n])\overset{\text{ZT}}{\longleftrightarrow}\frac{1}{2}[X(z)-X^*(z^*)],\quad R_{x-}<|z|<R_{x+}$$

**P6.18**　已知复序列 $x[n]$,$X(z)$为其 z 变换。证明等式 $X(z)=X^*(z^*)$成立。并总结出若 $z=z_0$ 是一个零(极)点,则 $z=z_0^*$ 也是一个零(极)点。

**P6.19**　利用 z 变换定义式,证明:若 $X(z)$是 $x[n]=x_{\mathrm{Re}}[n]+\mathrm{j}x_{\mathrm{Im}}[n]$的 z 变换,那么

（1）$x^*[n]\overset{\text{ZT}}{\longleftrightarrow}X^*(z^*)$

（2）$x[-n]\overset{\text{ZT}}{\longleftrightarrow}X(1/z)$

（3）$x_{\mathrm{Re}}[n]\overset{\text{ZT}}{\longleftrightarrow}\dfrac{1}{2}[X(z)+X^*(z^*)]$

**P6.20**　设 $X(z)$零极点图如图 P6.20 所示。

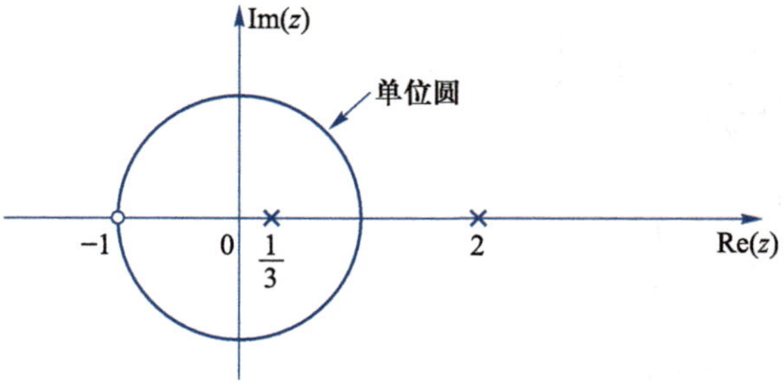


图 P6.20

（1）若已知其 Fourier 变换存在,确定 $X(z)$的收敛域,并确定此时的序列类型(右边、左边或双边序列等)。

（2）有多少种可能的双边序列都有如图 P6.20 所示的零极点图?

（3）请问图 P6.20 所示的零极点图是否有因果稳定序列与其对应?若有,请给出相应的收敛域。

**P6.21** 画出下面每个 $z$ 变换的零极点图,并标出其收敛域。

(1) $X_1(z)=\dfrac{1-\dfrac{1}{2}z^{-1}}{1+2z^{-1}}$

(2) $X_2(z)=\dfrac{1-\dfrac{1}{3}z^{-1}}{\left(1+\dfrac{1}{2}z^{-1}\right)\left(1-\dfrac{2}{3}z^{-1}\right)}$,$x_2[n]$为因果序列

(3) $X_3(z)=\dfrac{1+z^{-1}-2z^{-2}}{1-\dfrac{13}{6}z^{-1}+z^{-2}}$,$x_3[n]$绝对可加

**P6.22** 求下列每个序列的 $z$ 变换,包括收敛域,并画出零极点图。全部以闭式表示,$a$ 可以为复数。

(1) $x_a[n]=a^{|n|}, 0<|a|<1$

(2) $x_b[n]=\begin{cases}1, & 0\leqslant n\leqslant N-1\\ 0, & \text{其他}\end{cases}$

(3) $x_c[n]=\begin{cases}n, & 0\leqslant n\leqslant N\\ 2N-n, & N+1\leqslant n\leqslant 2N\\ 0, & \text{其他}\end{cases}$

(提示:注意 $x_b[n]$是一个矩形序列,而 $x_c[n]$是一个三角序列。首先用 $x_b[n]$表示 $x_c[n]$。)

**P6.23** 一因果序列 $g[n]$有 $z$ 变换为

$$G(z)=\sin(z^{-1})(1+3z^{-2}+2z^{-4})$$

求 $g[11]$。

**P6.24** 以下给出的是4个 $z$ 变换。确定哪些可能是因果序列的 $z$ 变换。注意:无须求出逆 $z$ 变换,凭观察给出答案,对每种情况请陈述理由。

(1) $\dfrac{(1-z^{-1})^2}{1-0.5z^{-1}}$　(2) $\dfrac{(z-1)^2}{z-0.5}$　(3) $\dfrac{(z-0.25)^5}{(z-0.5)^6}$　(4) $\dfrac{(z-0.25)^6}{(z-0.5)^5}$

**P6.25** 已知一对 $z$ 变换对为

$$h[n]=A_1\alpha_1^n\mathrm{u}[n]+A_2\alpha_2^n\mathrm{u}[n]\xleftrightarrow{\mathrm{ZT}}H(z)=\frac{1}{1-0.25z^{-2}}$$

求 $A_1, A_2, \alpha_1$ 和 $\alpha_2$ 的值。

# 第七章　离散时间系统的变换域分析

系统的单位冲激响应是系统的时域表征,而对系统的单位冲激响应 $h[n]$ 作 $z$ 变换或 DTFT,得到系统函数和系统频率响应特性之后,对系统性能的讨论和分析也就可以由时域转换到 $z$ 域或者频域。比如基于系统函数极点的位置可以分析系统的稳定性,基于零极点的位置可以粗略获得系统的幅频响应和相频响应,进一步根据系统频响特性对系统进行分类。例如根据频率选择特性分为高通、低通、带通、带阻和全通系统,根据相频响应的线性性分为线性相位系统和非线性相位系统等。

## 7.1　离散时间线性时不变系统的系统函数

### 7.1.1　离散时间线性时不变系统的时域表征及单位冲激响应

考虑如图 7.1-1 所示的离散时间线性时不变(LTI,linear time-invariant)系统,其输入为 $x[n]$ 时,输出为 $y[n]$,图中 $T\{\cdot\}$ 表示系统对输入序列所做的变化。

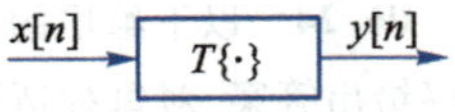


图 7.1-1　离散时间 LTI 系统

设系统在初始状态为零时,输入单位冲激序列 $\delta[n]$,其输出响应为 $h[n]=T\{\delta[n]\}$,$h[n]$ 即称为系统的单位冲激响应,又称为零状态响应。

考虑到任意序列均可写成单位冲激序列的延时加权和,即

$$x[n]=\sum_{k=-\infty}^{\infty}x[k]\delta[n-k] \tag{7.1-1}$$

则系统输出为

$$y[n]=T\{x[n]\}=T\Big\{\sum_{k=-\infty}^{\infty}x[k]\delta[n-k]\Big\} \tag{7.1-2}$$

根据系统的线性性,上式可改写为

$$y[n]=\sum_{k=-\infty}^{\infty}x[k]T\{\delta[n-k]\} \tag{7.1-3}$$

由系统的时不变性,可得 $h[n-k]=T\{\delta[n-k]\}$,从而

$$y[n]=\sum_{k=-\infty}^{\infty}x[k]h[n-k]=x[n]*h[n] \tag{7.1-4}$$

由式(7.1-4)可知,单位冲激响应 $h[n]$ 可以完全表征离散时间 LTI 系统的特征,系统输出可以由输入与系统单位冲激响应卷积和求得。

当采用单位冲激响应 $h[n]$ 来表征离散时间线性时不变系统时,可通过分析 $h[n]$ 的特

征来判定系统的因果性和稳定性，具体如下。

若一个离散时间线性时不变系统的单位冲激响应为 $h[n]$，则该系统是因果系统的充分必要条件是 $h[n]$ 为因果序列，即

$$h[n]=0,\quad n<0 \tag{7.1-5}$$

若一个离散时间线性时不变系统的单位冲激响应为 $h[n]$，则该系统是稳定系统的充分必要条件是 $h[n]$ 为绝对可和，即

$$\sum_{n=-\infty}^{\infty}|h[n]|<\infty \tag{7.1-6}$$

对离散时间线性时不变系统来说，其输出和输入的关系除了可以用单位冲激响应卷积和表示外，有一类离散时间 LTI 系统，其输出和输入的关系还可以用差分方程来表示

$$\sum_{k=0}^{N}a_k y[n-k]=\sum_{k=0}^{M}b_k x[n-k] \tag{7.1-7}$$

式(7.1-7)左端是对输出的延时加权和，右端是输入的延时加权和，系数 $\{a_0,a_1,a_2,\cdots,a_N\}$ 和 $\{b_0,b_1,b_2,\cdots,b_M\}$ 均为常数，系统阶数为 $\max\{M,N\}$。

**例 7.1-1**

已知离散时间线性时不变系统的常系数差分方程为

$$y[n]=ay[n-1]+bx[n]$$

在初始状态 $y[-1]=0$ 情况下，试求系统的单位冲激响应。

**解：**

设输入 $x[n]=\delta[n]$，则 $h[-1]=y[-1]=0$。容易发现

$$h[n]=y[n]=0,\quad n<0$$
$$h[0]=y[0]=ay[-1]+b\delta[0]=b$$

依次迭代求得

$$h[1]=ah[0]+b\delta[1]=ah[0]=ab$$
$$h[2]=ah[1]+b\delta[2]=ah[1]=a^2b$$
$$\vdots$$
$$h[n]=ah[n-1]+b\delta[n]=ah[n-1]=a^nb$$
$$\vdots$$

系统单位冲激响应为

$$h[n]=a^nbu[n]=\begin{cases}a^nb, & n\geqslant 0\\ 0, & n<0\end{cases}$$

由 $h[n]$ 是右边序列可知，该系统是因果的。

且，当 $|a|<1$ 时有 $\sum\limits_{n=0}^{\infty}|h[n]|<\infty$，所以该系统是稳定的。

### 7.1.2 离散时间线性时不变系统的系统函数

由 7.1.1 节可知，假设离散时间线性时不变系统单位冲激响应为 $h[n]$，系统输入为 $x[n]$，输出为 $y[n]$，系统输入输出关系可由以下卷积式表示

$$y[n]=x[n]*h[n] \tag{7.1-8}$$

令 $x[n]\xrightarrow{\text{ZT}}X(z)$，$y[n]\xrightarrow{\text{ZT}}Y(z)$，$h[n]\xrightarrow{\text{ZT}}H(z)$，对式(7.1-8)两端作 $z$ 变换，利用 $z$ 变换的卷积特性，可得

$$Y(z)=H(z)X(z) \tag{7.1-9}$$

从而

$$H(z)=\frac{Y(z)}{X(z)} \tag{7.1-10}$$

$H(z)$称为该 LTI 系统的系统函数。

显然

$$H(z)=\sum_{n=-\infty}^{\infty}h[n]z^{-n} \tag{7.1-11}$$

因此，7.1.1 节中，在时域依据单位冲激响应的 $h[n]$ 特征对系统进行的因果性和稳定性判定，也可以通过将 $h[n]$ 经 $z$ 变换得到 $H(z)$，分析系统函数 $H(z)$ 的特征，在 $z$ 域来进行。

当 $h[n]$ 为右边序列（即因果序列），此时系统具备因果性，对应 $H(z)$ 收敛域包括∞，$R_{g-}<|z|\leqslant\infty$；当 $h[n]$ 绝对可和，即 $\sum_{n=-\infty}^{\infty}|h[n]|<\infty$，此时系统具备稳定性，对应 $H(z)$ 必须在单位圆上收敛，也即收敛域包含单位圆 $|z|=1$。一个因果稳定系统必定需要同时满足上述两个条件。

**例 7.1-2**

若已知一个离散时间 LTI 系统的差分方程为 $\sum_{k=0}^{N}a_k y[n-k]=\sum_{k=0}^{M}b_k x[n-k]$，试给出其因果性和稳定性的判据。

**解：**

对差分方程作 $z$ 变换，并移项，可得系统的系统函数

$$H(z)=\frac{Y(z)}{X(z)}=\frac{\sum_{k=0}^{M}b_k z^{-k}}{\sum_{k=0}^{N}a_k z^{-k}} \tag{7.1-12}$$

这是一个 $z^{-1}$ 的 $N$ 阶常系数有理分式，其各阶系数刚好对应差分方程的系数，对上式做因式分解，可得

$$H(z)=\left(\frac{b_0}{a_0}\right)\frac{\prod_{k=1}^{M}(1-c_k z^{-1})}{\prod_{k=1}^{N}(1-d_k z^{-1})} \tag{7.1-13}$$

$z=c_k$，$k=1,\cdots,M$ 是系统零点；$z=d_k$，$k=1,\cdots,N$ 是系统极点。可见，LTI 系统的系统函数可以由其全部的零点和极点来确定，系统因果性和稳定性的判定也因此可按以下方式进行。

(1) 因果系统：收敛域为 $\max\{|d_k|\}<|z|\leqslant\infty$；

(2) 稳定系统：收敛域包含单位圆；

(3) 因果稳定系统：所有极点都在单位圆内，$\max\{|d_k|\}<1$，$\max\{|d_k|\}<|z|\leqslant\infty$。

辅学例题：系统稳定性判定

当 LTI 系统的系统函数收敛域包含单位圆的时候，意味着 $z$ 可以取到 $\mathrm{e}^{\mathrm{j}\omega}$，此时即对应系统的频率响应 $H(\mathrm{e}^{\mathrm{j}\omega})$。

**例 7.1-3**

一个因果的线性时不变离散时间系统由差分方程

$$2y[n]-5y[n-1]+2y[n-2]=-3x[n-1]$$

给出，求该系统的系统函数，画出其零极点图并分析其系统函数的收敛域。

**解：**

对差分方程两边求 $z$ 变换，可得

$$2Y(z)-5z^{-1}Y(z)+2z^{-2}Y(z)=-3z^{-1}X(z)$$

则系统的系统函数为

$$H(z)=\frac{Y(z)}{X(z)}=\frac{-3z^{-1}}{2-5z^{-1}+2z^{-2}}=\frac{-3z}{2z^2-5z+2}=\frac{-3z}{2(z-0.5)(z-2)}$$

因此，系统有一个零点 $c_1=0$，两个极点 $d_1=0.5$，$d_2=2$。其零极点图如图 7.1-2 所示。

由系统的因果性可知，其系统函数 $H(z)$ 收敛域为 $|z|>2$。

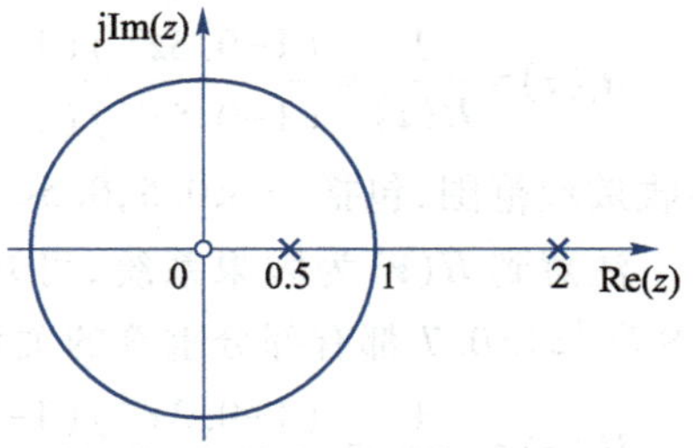

图 7.1-2　例 7.1-3 系统的零极点图

### 7.1.3　逆系统

已知一个系统函数为 $H(z)$ 的离散时间线性时不变系统，若存在一个输出函数为 $H_i(z)$ 的离散时间线性时不变系统，满足

$$H(z)\cdot H_i(z)=1 \tag{7.1-14}$$

即新系统可以完全补偿原系统对输入所产生的变化，则称上述两个系统互为逆系统。此时

$$H_i(z)=\frac{1}{H(z)} \tag{7.1-15}$$

若 $h[n]\xrightarrow{\mathrm{ZT}}H(z)$，$h_i[n]\xrightarrow{\mathrm{ZT}}H_i(z)$，由 $z$ 变换的卷积特性，可得

$$h[n]*h_i[n]=\delta[n] \tag{7.1-16}$$

将式(7.1-13)代入式(7.1-15)，可得

$$H_i(z)=\left(\frac{a_0}{b_0}\right)\frac{\prod\limits_{k=1}^{N}(1-d_kz^{-1})}{\prod\limits_{k=1}^{M}(1-c_kz^{-1})} \tag{7.1-17}$$

可见，逆系统 $H_i(z)$ 和原系统 $H(z)$ 刚好零极点互换。由 $z$ 变换的卷积性质，结合式(7.1-16)，可知，$H_i(z)$ 收敛域必须和 $H(z)$ 的收敛域存在重叠部分。

若收敛域包含单位圆，则系统频率响应存在，将 $z=\mathrm{e}^{\mathrm{j}\omega}$ 代入式(7.1-14)，可得

$$H_{\mathrm{i}}(\mathrm{e}^{\mathrm{j}\omega})=\frac{1}{H(\mathrm{e}^{\mathrm{j}\omega})} \tag{7.1-18}$$

即,逆系统的频响为原系统的倒数。

显然,不是所有的离散时间线性时不变系统都存在逆系统。比如理想低通滤波器,其系统频率响应为 $H_{\mathrm{lp}}(\mathrm{e}^{\mathrm{j}\omega})=\begin{cases}1, & |\omega|<\omega_{\mathrm{c}}\\ 0, & \omega_{\mathrm{c}}<|\omega|\leqslant\pi\end{cases}$,无法求得其倒数。事实上,也没有一个系统可以恢复出被理想低通滤波器所滤除的截止频率以上的频率分量,因而理想低通滤波器没有逆系统。

**例 7.1-4**

已知一个因果稳定的离散时间线性时不变系统的系统函数为

$$H(z)=\frac{(1-0.5z^{-1})(1-0.9z^{-1})}{(1-0.3z^{-1})(1-0.7z^{-1})}$$

求其逆系统 $H_{\mathrm{i}}(z)$。

**解:**

$H_{\mathrm{i}}(z)=\dfrac{1}{H(z)}=\dfrac{(1-0.3z^{-1})(1-0.7z^{-1})}{(1-0.5z^{-1})(1-0.9z^{-1})}$,可得极点 $d_1=0.5, d_2=0.9$。该系统有三个可能的收敛域范围,包括 $|z|<0.5$, $0.5<|z|<0.9$, $|z|>0.9$。

注意到 $H(z)$ 为因果系统,可知其收敛域(ROC)为 $|z|>0.7$。显然 $0.5<|z|<0.9$、$|z|>0.9$ 和 $|z|>0.7$ 都有部分重叠的关系,所以可得 $H(z)$ 的两个逆系统如下

$H_{\mathrm{i}}(z)=\dfrac{1}{H(z)}=\dfrac{(1-0.3z^{-1})(1-0.7z^{-1})}{(1-0.5z^{-1})(1-0.9z^{-1})}$,ROC 为 $0.5<|z|<0.9$,非因果,不稳定

$H_{\mathrm{i}}(z)=\dfrac{1}{H(z)}=\dfrac{(1-0.3z^{-1})(1-0.7z^{-1})}{(1-0.5z^{-1})(1-0.9z^{-1})}$,ROC 为 $|z|>0.9$,因果,稳定

由例 7.1-4 可见,一个系统可能会有多个逆系统和它相对应,不同的逆系统具有不同的因果稳定性。

## 7.2 离散时间线性时不变系统的频率响应

### 7.2.1 离散时间 LTI 系统的频率响应

假设一个 LTI 系统,其单位冲激响应为序列 $h[n]$,如图 7.2-1 所示。令输入 $x[n]=\mathrm{e}^{\mathrm{j}\omega_0 n}$,由 LTI 系统性质,系统输出为输入和系统单位冲激响应的卷积,因此

$$\begin{aligned}y[n]&=x[n]*h[n]=\sum_{m=-\infty}^{\infty}x[m]h[n-m]\\&=\sum_{m=-\infty}^{\infty}h[m]\mathrm{e}^{\mathrm{j}\omega_0(n-m)}=\mathrm{e}^{\mathrm{j}\omega_0 n}\left(\sum_{m=-\infty}^{\infty}h[m]\mathrm{e}^{-\mathrm{j}\omega_0 m}\right)\end{aligned} \tag{7.2-1}$$

式中,$\mathrm{e}^{\mathrm{j}\omega_0 n}$ 为输入序列,上式表明输出 $y[n]$ 为与输入相同的复指数序列 $\mathrm{e}^{\mathrm{j}\omega_0 n}$ 乘以一个常数

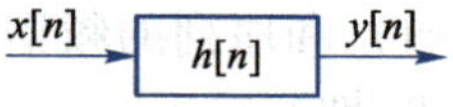


图 7.2-1 离散时间 LTI 系统示意图

$\sum_{m=-\infty}^{\infty} h[m]\mathrm{e}^{-\mathrm{j}\omega_0 m}$。

由 DTFT 定义可知，序列 $h[n]$ 的离散时间 Fourier 变换为

$$H(\mathrm{e}^{\mathrm{j}\omega})=\sum_{n=-\infty}^{\infty} h[n]\mathrm{e}^{-\mathrm{j}\omega n} \tag{7.2-2}$$

令 $\omega=\omega_0$，$H(\mathrm{e}^{\mathrm{j}\omega_0})=\sum_{n=-\infty}^{\infty} h[m]\mathrm{e}^{-\mathrm{j}\omega_0 n}$，从而式(7.2-1)可改写为

$$y[n]=H(\mathrm{e}^{\mathrm{j}\omega_0})\mathrm{e}^{\mathrm{j}\omega_0 n} \tag{7.2-3}$$

在信号与系统中，我们已经知道，一个信号，若系统对该信号的输出响应仅是一个常数(可能是复数)乘以输入信号，则称该输入信号为系统的特征函数(eigenfunction)，而常数幅度因子称为系统的特征值(eigenvalue)。由式(7.2-2)和式(7.2-3)可知，$H(\mathrm{e}^{\mathrm{j}\omega_0})$ 即是系统对频率为 $\omega_0$ 的响应，也是与特征函数 $\mathrm{e}^{\mathrm{j}\omega_0 n}$ 有关的特征值。

如果一个 LTI 系统的单位冲激响应为 $h[n]$，输入是一组 $k$ 个复指数序列的线性组合 $x[n]=\sum_k x_k[n]=\sum_k \alpha_k \mathrm{e}^{\mathrm{j}\omega_k n}$ 时，对于每一个输入 $x_k[n]$ 而言，其输出为

$$y_k[n]=\alpha_k \mathrm{e}^{\mathrm{j}\omega_k n} H(\mathrm{e}^{\mathrm{j}\omega_k}) \tag{7.2-4}$$

其中 $\alpha_k$ 为对应输入的每一个复指数序列 $\mathrm{e}^{\mathrm{j}\omega_k n}$ 的加权值，每一个系数 $H(\mathrm{e}^{\mathrm{j}\omega_k})$ 就是与输入 $\mathrm{e}^{\mathrm{j}\omega_k n}$(特征函数)有关的系统特征值。

结合叠加性质，利用复指数序列可以很方便地获得离散时间 LTI 系统响应，此时，系统输出 $y[n]$ 应该具有以下形式

$$y[n]=\sum_k y_k[n]=\sum_k \alpha_k \mathrm{e}^{\mathrm{j}\omega_k n} H(\mathrm{e}^{\mathrm{j}\omega_k}) \tag{7.2-5}$$

换言之，此时的系统输出 $y[n]$ 也是复指数序列的线性组合。其中

$$H(\mathrm{e}^{\mathrm{j}\omega_k})=\sum_{n=-\infty}^{\infty} h[n]\mathrm{e}^{-\mathrm{j}\omega n}\Big|_{\omega=\omega_k} \tag{7.2-6}$$

如前所述，系统特征值的集合 $H(\mathrm{e}^{\mathrm{j}\omega_k})$ 表征了单位冲激响应为 $h[n]$ 的离散时间系统对频率为 $\omega_k$ 的不同输入序列所引起的变化，代表系统对不同频率成分的响应情况，$H(\mathrm{e}^{\mathrm{j}\omega})$ 也因此称为离散时间 LTI 系统的频率响应，且有

$$H(\mathrm{e}^{\mathrm{j}\omega})=\sum_{n=-\infty}^{\infty} h[n]\mathrm{e}^{-\mathrm{j}\omega n} \tag{7.2-7}$$

即，系统的频率响应和系统的单位冲激响应是一对离散时间 Fourier 变换对。

定义了系统频率响应，对式 $y[n]=x[n]*h[n]$ 两端取离散时间 Fourier 变换，令

$$y[n]\xrightarrow{\text{DTFT}}Y(\mathrm{e}^{\mathrm{j}\omega}),\quad x[n]\xrightarrow{\text{DTFT}}X(\mathrm{e}^{\mathrm{j}\omega}),\quad h[n]\xleftrightarrow{\text{DTFT}}H(\mathrm{e}^{\mathrm{j}\omega})$$

由 DTFT 性质可得

$$Y(\mathrm{e}^{\mathrm{j}\omega})=X(\mathrm{e}^{\mathrm{j}\omega})\cdot H(\mathrm{e}^{\mathrm{j}\omega}) \tag{7.2-8}$$

由式(7.2-8)可见，输出序列的频谱是输入序列的频谱与系统频率响应的乘积。

### 7.2.2 幅频响应和相频响应

离散时间 LTI 系统单位冲激响应 $h[n]$ 的 Fourier 变换 $H(\mathrm{e}^{\mathrm{j}\omega})$ 即系统的频率响应(简称

频响),和序列的频谱类似,通常 $H(e^{j\omega})$ 也是 $\omega$ 的复函数,同样可以写成幅度和相位函数的形式,即

$$H(e^{j\omega})=H_{Re}(e^{j\omega})+jH_{Im}(e^{j\omega})=|H(e^{j\omega})|e^{j\angle H(e^{j\omega})} \tag{7.2-9}$$

$|H(e^{j\omega})|$ 和 $\angle H(e^{j\omega})$ 分别描述了 $H(e^{j\omega})$ 幅度和相位随频率 $\omega$ 的变化情况,也被称为系统的幅频响应和相频响应。

相应地,式(7.2-8)可改写为以下形式

$$\begin{cases}|Y(e^{j\omega})|=|H(e^{j\omega})|\cdot|X(e^{j\omega})|\\ \angle Y(e^{j\omega})=\angle H(e^{j\omega})+\angle X(e^{j\omega})\end{cases} \tag{7.2-10}$$

辅学例题:由单位冲激响应求解系统的幅频响应和相频响应

由式(7.2-10)可知,输出序列幅度谱相对于输入序列幅度谱的改变体现为系统幅频响应 $|H(e^{j\omega})|$,对相位谱的变化体现为系统的相频响应 $\angle H(e^{j\omega})$。

将任意 LTI 系统的连续相频响应 $\angle H(e^{j\omega})$ 记作 $arg[H(e^{j\omega})]$

$$arg[H(e^{j\omega})]=\angle H(e^{j\omega}),\quad 0\leqslant|\omega|\leqslant\pi \tag{7.2-11}$$

和序列相位谱相似,定义 $arg[H(e^{j\omega})]$ 为 $\angle H(e^{j\omega})$ 的主值,即 $\pi<arg[H(e^{j\omega})]\leqslant\pi$,则

$$arg[H(e^{j\omega})]=\arctan[H_{Im}(e^{j\omega})/H_{Re}(e^{j\omega})] \tag{7.2-12}$$

当系统输入是复指数序列 $x[n]=e^{j\omega_0 n}$ 时,其输出也可改写成

$$y[n]=H(e^{j\omega_0})e^{j\omega_0 n}=|H(e^{j\omega_0})|e^{j\angle H(e^{j\omega_0})}e^{j\omega_0 n} \tag{7.2-13}$$

在实际应用中,通常不用幅频响应的绝对数值来描述系统对信号幅度谱的变化,而是用“分贝(decibel)”来表征,即

$$G(\omega)=20\lg|H(e^{j\omega})|(dB) \tag{7.2-14}$$

其中,$G(\omega)$ 称为系统的增益(gain)函数。如果 $|H(e^{j\omega})|=1$,表示系统对输入信号的幅度保持不变,既不放大也不衰减,此时增益 $G(\omega)=0$ dB。如果 $|H(e^{j\omega})|>1$,代表系统对输入信号的幅度进行放大,则增益为正 $G(\omega)>0$ dB。与之相对,如果 $|H(e^{j\omega})|<1$,系统对输入信号的幅度进行衰减,则增益为负 $G(\omega)<0$ dB。

**例 7.2-1**

已知离散时间 LTI 系统频响特性如图 7.2-2 所示,试推导其幅频响应、相频响应和单位冲激响应。

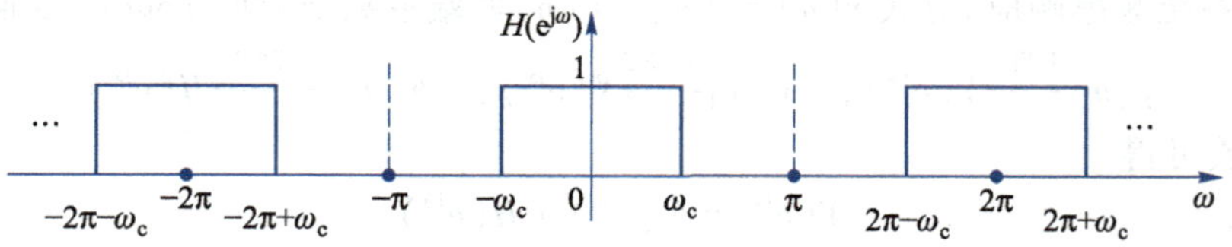


图 7.2-2 理想低通滤波器频响特性曲线

**解:**

考虑到对离散时间序列及离散时间系统来说,其最高频为 $\pi$,序列频谱和系统频响以

$2\pi$ 为周期,因此可得在区间 $0\leqslant|\omega|\leqslant\pi$ 内系统频响如下

$$H_{\mathrm{lp}}(\mathrm{e}^{\mathrm{j}\omega})=\begin{cases}1, & |\omega|<\omega_{\mathrm{c}}\\0, & \omega_{\mathrm{c}}<|\omega|\leqslant\pi\end{cases}$$

$$|H_{\mathrm{lp}}(\mathrm{e}^{\mathrm{j}\omega})|=\begin{cases}1, & |\omega|<\omega_{\mathrm{c}}\\0, & \omega_{\mathrm{c}}<|\omega|\leqslant\pi\end{cases}\tag{7.2-15}$$

$$\angle H_{\mathrm{lp}}(\mathrm{e}^{\mathrm{j}\omega})=0$$

代入式(7.2-10)可知,在区间 $0\leqslant|\omega|\leqslant\pi$ 内,该系统通过所有 $0\sim\omega_{\mathrm{c}}$ 频率范围内的信号,滤除频率高于 $\omega_{\mathrm{c}}$ 的信号,且输出信号无相位变化。这样的系统称为理想低通滤波器。同时,由于高于 $\omega_{\mathrm{c}}$ 的信号被滤除,$\omega_{\mathrm{c}}$ 也因此称为理想低通滤波器的截止频率。

对上式求 IDTFT 可得

$$h_{\mathrm{lp}}[n]=\frac{\sin\omega_{\mathrm{c}}n}{\pi n},\quad n\in(-\infty,+\infty)\tag{7.2-16}$$

式(7.2-16)给出了理想低通滤波器的单位冲激响应,由于其 $h_{\mathrm{lp}}[n]$ 的长度为无限长,因此理想低通滤波器属于无限长冲激响应系统。

**例 7.2-2**

已知离散时间 LTI 系统频响特性如图 7.2-3 所示,试推导其幅频响应、相频响应和单位冲激响应。

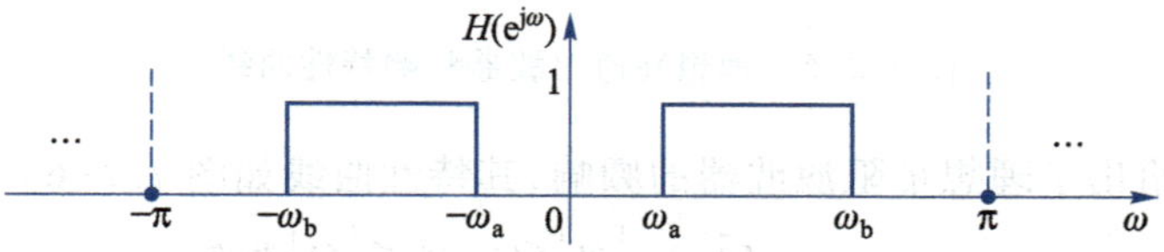


图 7.2-3 理想带通滤波器频响特性曲线

**解:**

考虑如图 7.2-4 所示的两个低通滤波器 $H_{\mathrm{lpa}}(\mathrm{e}^{\mathrm{j}\omega})$ 和 $H_{\mathrm{lpb}}(\mathrm{e}^{\mathrm{j}\omega})$,由图可见,图 7.2-3 所示系统频响可由两个低通滤波器频响相减得到,代入可得

$$H_{\mathrm{bp}}(\mathrm{e}^{\mathrm{j}\omega})=H_{\mathrm{lpb}}(\mathrm{e}^{\mathrm{j}\omega})-H_{\mathrm{lpa}}(\mathrm{e}^{\mathrm{j}\omega})=\begin{cases}1, & \omega_{\mathrm{a}}<|\omega|<\omega_{\mathrm{b}}\\0, & |\omega|<\omega_{\mathrm{a}},\omega_{\mathrm{b}}<|\omega|\leqslant\pi\end{cases}$$

$$|H_{\mathrm{bp}}(\mathrm{e}^{\mathrm{j}\omega})|=|H_{\mathrm{lpb}}(\mathrm{e}^{\mathrm{j}\omega})-H_{\mathrm{lpa}}(\mathrm{e}^{\mathrm{j}\omega})|=\begin{cases}1, & \omega_{\mathrm{a}}<|\omega|<\omega_{\mathrm{b}}\\0, & |\omega|<\omega_{\mathrm{a}},\omega_{\mathrm{b}}<|\omega|\leqslant\pi\end{cases}\tag{7.2-17}$$

$$\angle H_{\mathrm{bp}}(\mathrm{e}^{\mathrm{j}\omega})=0$$

相应地,其单位冲激响应为

$$h_{\mathrm{lp}}[n]=h_{\mathrm{lpb}}[n]-h_{\mathrm{lpa}}[n]=\frac{\sin\omega_{\mathrm{b}}n}{\pi n}-\frac{\sin\omega_{\mathrm{a}}n}{\pi n},\quad n\in(-\infty,+\infty)\tag{7.2-18}$$

由式(7.2-18)可知,在 $0\leqslant|\omega|\leqslant\pi$ 内,该系统通过 $\omega_{\mathrm{a}}\leqslant|\omega|\leqslant\omega_{\mathrm{b}}$ 频率范围内的信号,

滤除频率低于 $\omega_a$ 和高于 $\omega_b$ 的信号，且输出信号无相位变化。这样的系统称为带通滤波器。同样地，理想带通滤波器也是无限长冲激响应系统。

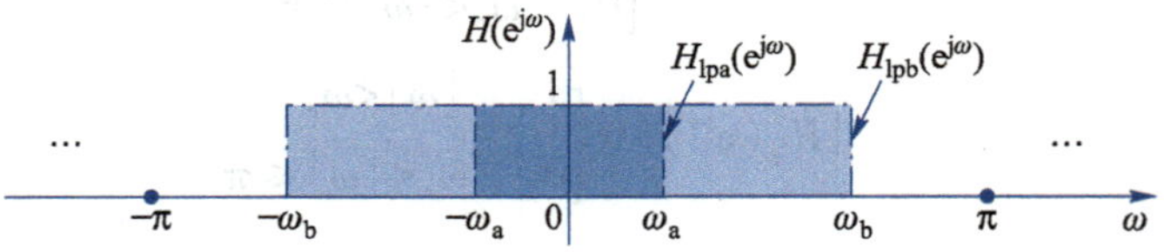


图 7.2-4 两个低通滤波器频响特性曲线

由例 7.2.1 和例 7.2.2 可见，相对于时域的单位冲激响应，采用系统的频响特性，可以更直观地定义并描述频率选择滤波器的特征。

采用同样的方式，我们可以定义理想高通滤波器和理想带阻滤波器，并得到其频响特征。

式(7.2-19)给出了理想高通滤波器的频响 $H_{hp}(e^{j\omega})$，其特性曲线如图 7.2-5。

$$H_{hp}(e^{j\omega})=\begin{cases}1, & \omega_c<|\omega| \\ 0, & 0<|\omega|\leqslant\omega_c\end{cases} \tag{7.2-19}$$

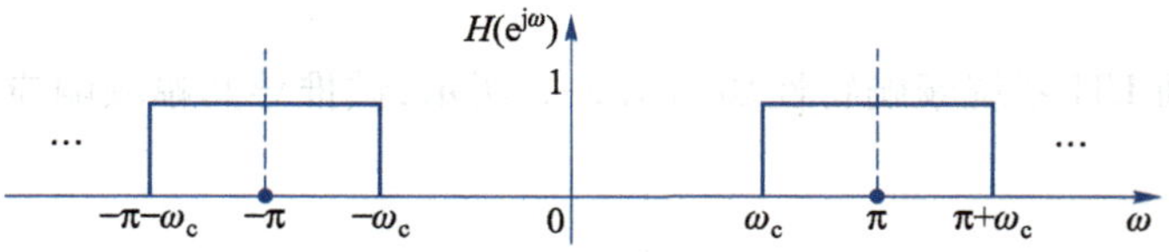


图 7.2-5 理想高通滤波器频响特性曲线

式(7.2-20)给出了理想带阻滤波器的频响，其特性曲线如图 7.2-6。

$$H_{bs}(e^{j\omega})=\begin{cases}1, & |\omega|<\omega_a,\omega_b<|\omega|\leqslant\pi \\ 0, & \omega_a<|\omega|<\omega_b\end{cases} \tag{7.2-20}$$

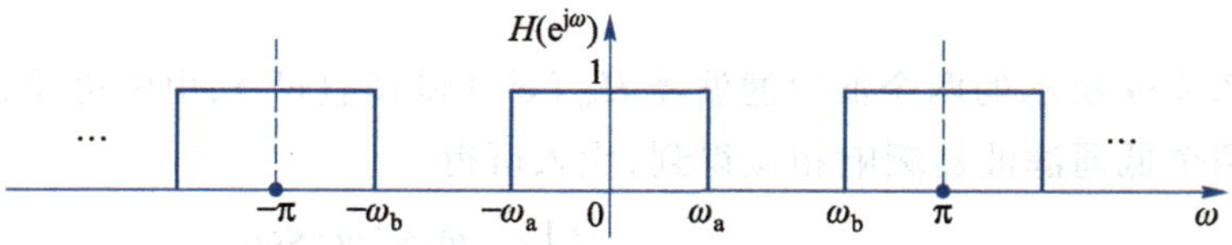


图 7.2-6 理想带阻滤波器频响特性曲线

从图 7.2-2～图 7.2-6 不难看出，采样的影响，使得离散时间系统频响 $H(e^{j\omega})$ 以 $2\pi$ 为周期重复，因此，对滤波器的频率选择特性的讨论，只在 $0\leqslant|\omega|\leqslant\pi$ 频率范围内予以进行。

**例 7.2-3**

已知离散时间系统的单位冲激响应为 $h[n]=\delta[n]-2\delta[n-1]+\delta[n-2]$，试求解其幅频响应和相频响应。

**解：**

对 $h[n]$ 做 DTFT，求得其频率响应为

$$H(e^{j\omega})=\sum_{n=-\infty}^{\infty}h[n]e^{-j\omega n}=1-2e^{-j\omega}+e^{-j2\omega}=(1-e^{-j\omega})^2$$
$$=4\sin^2(\omega/2)e^{j(\pi-\omega)}$$

系统的幅频响应和相频响应分别为

$$|H(e^{j\omega})|=4\sin^2(\omega/2),\quad \angle H(e^{j\omega})=\pi-\omega$$

特性曲线如图 7.2-7 所示。

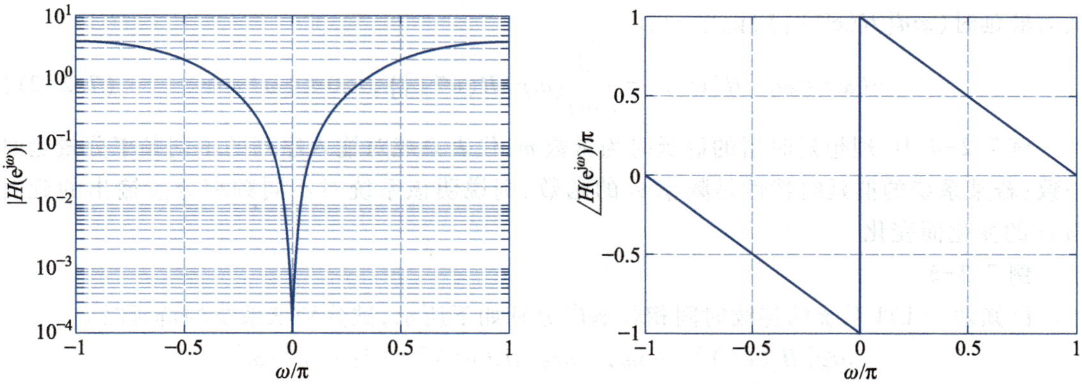


图 7.2-7　例 7.2-3 系统幅频响应和相频响应特性曲线

不同于理想频率选择滤波器只影响输入序列的幅频响应,例 7.2-3 所列系统的幅频响应和相频响应都是 $\omega$ 的函数,因此,当输入序列通过本系统时,其幅度谱和相位谱都有相应的变化。

### 7.2.3　群延时

在上节中,我们已知系统的相频特性主要对输入信号的相位产生影响。由于相位是频率在时间域上的积分,因此,信号在相位上的变化也反映了时间上的变化。

**例 7.2-4**

已知系统单位冲激响应 $h_d[n]=\delta[n-m]$,$n\in(-\infty,\infty)$,$m$ 为整数。分析系统特征,并推导其系统频率响应 $H(e^{j\omega})$。

**解:**

由单位冲激响应的定义可知,当输入为 $\delta[n]$ 时,系统的输出是 $\delta[n]$ 的 $m$ 阶延时,该系统被称为理想延时器。

对 $h_d[n]$ 做 DTFT,可得

$$H_d(e^{j\omega})=\sum_{n=-\infty}^{\infty}h_d[n]e^{-j\omega n}=\sum_{n=-\infty}^{\infty}\delta[n-m]e^{-j\omega n}=e^{-j\omega m}$$
$$|H_d(e^{j\omega})|=|e^{-j\omega m}|=1$$
$$\angle H_d(e^{j\omega})=-\omega m,\quad 0\leqslant|\omega|\leqslant\pi$$

例 7.2-4 中,理想延时器的幅频响应为 1,即系统没有频率选择特性,对输入序列的所有频率都是直接通过;其相频响应 $\angle H_d(e^{j\omega})=-\omega m$,$0\leqslant|\omega|\leqslant\pi$ 是 $\omega$ 的函数,对 $\angle H_d(e^{j\omega})$ 求

导并取反,得

$$-\frac{\mathrm{d}[\angle H_{\mathrm{d}}(\mathrm{e}^{\mathrm{j}\omega})]}{\mathrm{d}\omega}=m,\quad 0\leqslant|\omega|\leqslant\pi$$

刚好对应输出相对于输入的延时 $m$。

可见,对 LTI 系统的连续相频响应$\angle H(\mathrm{e}^{\mathrm{j}\omega})$求导,可分析不同频率成分输出关于输入的延时变化特性。该延时变化对应 $0\leqslant|\omega|\leqslant\pi$,覆盖了从零频到系统最高频的全部频率,定义为群延时($grd[H(\mathrm{e}^{\mathrm{j}\omega})]$),记作 $\tau(\omega)$

$$\tau(\omega)=grd[H(\mathrm{e}^{\mathrm{j}\omega})]=-\frac{\mathrm{d}}{\mathrm{d}\omega}\{arg[H(\mathrm{e}^{\mathrm{j}\omega})]\},\quad 0\leqslant|\omega|\leqslant\pi \tag{7.2-21}$$

例 7.2-4 中,理想延时器的群延时为常数 $m$,代表系统对输入序列的不同频率分量延时一致;若某系统的群延时特性是频率 $\omega$ 的函数,则说明该系统对不同频率分量输出的延时随 $\omega$ 的变化而变化。

**例 7.2-5**

已知两个 LTI 系统的连续时间相频响应分别如下所示,试分别求系统的群延时。

$$arg[H_1(\mathrm{e}^{\mathrm{j}\omega})]=-5\omega,\quad arg[H_2(\mathrm{e}^{\mathrm{j}\omega})]=-5\omega-2\omega^2-\omega^3$$

**解:**

$$\tau_1(\omega)=grd[H_1(\mathrm{e}^{\mathrm{j}\omega})]=-\frac{\mathrm{d}}{\mathrm{d}\omega}\{arg[H_1(\mathrm{e}^{\mathrm{j}\omega})]\}=5$$

$$\tau_2(\omega)=grd[H_2(\mathrm{e}^{\mathrm{j}\omega})]=-\frac{\mathrm{d}}{\mathrm{d}\omega}\{arg[H_2(\mathrm{e}^{\mathrm{j}\omega})]\}=5+2\omega+\omega^2$$

显然,$\tau_1(\omega)$为常数,其值和 $\omega$ 无关,代表系统时延不会随着输入信号的频率变化而发生改变,此时系统连续相位是频率 $\omega$ 的线性函数,称为线性相位。具有线性相位的系统即是线性相位系统。

$\tau_2(\omega)$是频率 $\omega$ 的函数,表征系统输出时延随着输入信号的频率变化而发生改变,正如题目中展示的一样,$arg[H_2(\mathrm{e}^{\mathrm{j}\omega})]=-5\omega-2\omega^2-\omega^3$ 相对于 $\omega$ 是非线性变化的,因此也称非线性相位,相频响应为非线性的系统也称非线性相位系统。

### 7.2.4 离散时间线性时不变系统的离散频率响应

在第五章中,我们已知序列的 $N$ 点 DFT 是 DTFT 在区间$[0,2\pi]$的 $N$ 点等间隔采样,即

$$\begin{aligned}X[k]&=\sum_{n=0}^{N-1}x[n]W_N^{kn}=\sum_{n=0}^{N-1}x[n]\mathrm{e}^{-\mathrm{j}\frac{2\pi}{N}kn}\\&=X(\mathrm{e}^{\mathrm{j}\omega})\big|_{\omega=2\pi k/N}\quad(0\leqslant k\leqslant N-1)\end{aligned} \tag{7.2-22}$$

当满足频域采样条件时,$X[k]$完整地保留了 $X(\mathrm{e}^{\mathrm{j}\omega})$的特征,由序列的离散谱 $X[k]$可以恢复出其连续谱 $X(\mathrm{e}^{\mathrm{j}\omega})$。同样地,对离散时间线性时不变系统的频率响应 $H(\mathrm{e}^{\mathrm{j}\omega})$采样,也可得到其离散频率响应

$$H[k]=H(\mathrm{e}^{\mathrm{j}\omega})\big|_{\omega=2\pi k/N}\quad(0\leqslant k\leqslant N-1) \tag{7.2-23}$$

事实上,由于离散时间系统只能处理离散的序列,因此我们对离散时间系统频率响应的

分析都是针对系统频响的抽样 $H[k]$,即通过分析系统的离散频率响应来进行的。

## 7.3 系统频响的几何确定法

### 7.3.1 从系统函数到系统频响

在 7.1 节中,我们给出了零极点形式表示的 $N$ 阶 LTI 系统的系统函数

$$H(z)=\left(\frac{b_0}{a_0}\right)\frac{\prod_{k=1}^{M}(1-c_k z^{-1})}{\prod_{k=1}^{N}(1-d_k z^{-1})}$$

对上式稍做变换,可得

$$H(z)=\left(\frac{b_0}{a_0}\right)\frac{\prod_{k=1}^{M}(z-c_k)}{\prod_{k=1}^{N}(z-d_k)}z^{N-M}$$

令 $z=\mathrm{e}^{\mathrm{j}\omega}$,可得系统频响为

$$H(\mathrm{e}^{\mathrm{j}\omega})=\left(\frac{b_0}{a_0}\right)\frac{\prod_{k=1}^{M}(\mathrm{e}^{\mathrm{j}\omega}-c_k)}{\prod_{k=1}^{N}(\mathrm{e}^{\mathrm{j}\omega}-d_k)}\mathrm{e}^{\mathrm{j}\omega(N-M)} \tag{7.3-1}$$

系统的幅频响应为

$$|H(\mathrm{e}^{\mathrm{j}\omega})|=\left|\frac{b_0}{a_0}\right|\frac{\prod_{k=1}^{M}|(\mathrm{e}^{\mathrm{j}\omega}-c_k)|}{\prod_{k=1}^{N}|(\mathrm{e}^{\mathrm{j}\omega}-d_k)|}|\mathrm{e}^{\mathrm{j}\omega(N-M)}| \tag{7.3-2}$$

相应地,相频响应为

$$\angle H(\mathrm{e}^{\mathrm{j}\omega})=\angle\frac{b_0}{a_0}+\sum_{k=1}^{M}\angle\mathrm{e}^{\mathrm{j}\omega}-c_k-\sum_{k=1}^{N}\angle\mathrm{e}^{\mathrm{j}\omega}-d_k+\omega(N-M) \tag{7.3-3}$$

对于一个实系数的系统函数,可证明存在以下关系

$$|H(\mathrm{e}^{\mathrm{j}\omega})|^2=H(\mathrm{e}^{\mathrm{j}\omega})H^*(\mathrm{e}^{\mathrm{j}\omega})=H(\mathrm{e}^{\mathrm{j}\omega})H(\mathrm{e}^{-\omega})=H(z)H(z^{-1})\Big|_{z=\mathrm{e}^{\mathrm{j}\omega}} \tag{7.3-4}$$

于是可得,以有理分式形式表示的实系数系统函数对应的幅度平方函数为

$$|H(\mathrm{e}^{\mathrm{j}\omega})|^2=H(\mathrm{e}^{\mathrm{j}\omega})H(\mathrm{e}^{-\mathrm{j}\omega})=\left|\frac{b_0}{a_0}\right|^2\frac{\prod_{k=1}^{M}(\mathrm{e}^{\mathrm{j}\omega}-c_k)(\mathrm{e}^{-\mathrm{j}\omega}-c_k^*)}{\prod_{k=1}^{N}(\mathrm{e}^{\mathrm{j}\omega}-d_k)(\mathrm{e}^{-\mathrm{j}\omega}-d_k^*)} \tag{7.3-5}$$

类似地,实系数系统函数的相频响应为

$$\angle H(\mathrm{e}^{\mathrm{j}\omega})=\arctan\left[\frac{H_{\mathrm{Im}}(z)}{H_{\mathrm{Re}}(z)}\right]_{z=\mathrm{e}^{\mathrm{j}\omega}}=\frac{1}{2\mathrm{j}}\ln\left[\frac{H(z)}{H(z^{-1})}\right]_{z=\mathrm{e}^{\mathrm{j}\omega}} \tag{7.3-6}$$

### 7.3.2 系统频响的几何确定

式(7.3-2)和式(7.3-3)给出了通过系统函数 $H(z)$ 获得幅频响应 $|H(e^{j\omega})|$ 和相频响应 $\angle H(e^{j\omega})$ 方法,但该方法涉及很多复杂的运算,具体实现起来并不容易。事实上,在很多情况下并不需要准确的幅频响应和相频响应,仅获得它们的大致信息已经足够。这时,就可以利用传输函数零极点的位置,采用几何方式对系统特性进行粗略分析。

如图 7.3-1 所示,$z$ 平面上,$z=e^{j\omega}$ 对应单位圆上的点,$c_k$、$d_k$ 分别对应系统的零点和极点。显然,$e^{j\omega}-c_k$ 可由一根由零点 $c_k$ 指向单位圆上 $e^{j\omega}$ 点的向量 $\vec{C}_k$ 来表示,称为零矢量,其极坐标形式为 $\vec{C}_k=\rho_k e^{j\alpha_k}$,式中 $\rho_k$ 为其幅度,$\alpha_k$ 为其相角;$e^{j\omega}-d_k$ 由一根由极点 $d_k$ 指向单位圆上 $e^{j\omega}$ 点的向量 $\vec{D}_k$ 来表示,称为极矢量,其极坐标形式为 $\vec{D}_k=l_k e^{j\beta_k}$,式中 $l_k$ 为其幅度,$\beta_k$ 为其相角。

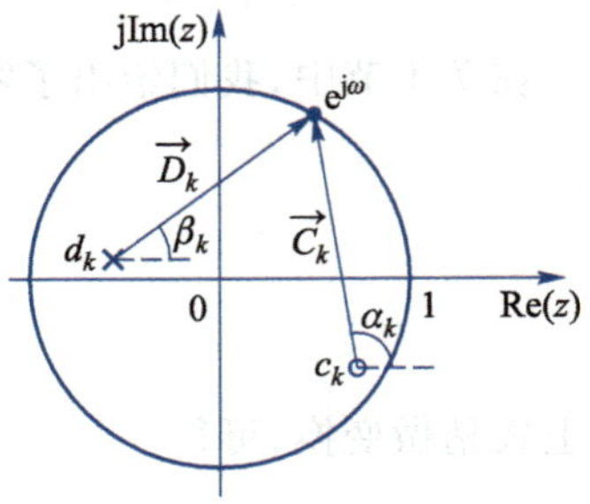


图 7.3-1 零矢量、极矢量示意图

令常数 $\dfrac{b_0}{a_0}=K$,则式(7.3-1)中系统频响可写成

$$H(e^{j\omega})=\left(\frac{b_0}{a_0}\right)\frac{\prod_{k=1}^{M}(e^{j\omega}-c_k)}{\prod_{k=1}^{N}(e^{j\omega}-d_k)}e^{j\omega(N-M)}=\left(\frac{b_0}{a_0}\right)\frac{\prod_{k=1}^{M}\vec{C}_k}{\prod_{k=1}^{N}\vec{D}_k}e^{j\omega(N-M)}=K\frac{\prod_{k=1}^{M}\rho_k e^{j\alpha_k}}{\prod_{k=1}^{N}l_k e^{j\beta_k}}e^{j\omega(N-M)}$$

相应地,系统的幅频响应

$$|H(e^{j\omega})|=\left|\left(\frac{b_0}{a_0}\right)\frac{\prod_{k=1}^{M}(e^{j\omega}-c_k)}{\prod_{k=1}^{N}(e^{j\omega}-d_k)}e^{j\omega(N-M)}\right|=\left|\left(\frac{b_0}{a_0}\right)\frac{\prod_{k=1}^{M}\vec{C}_k}{\prod_{k=1}^{N}\vec{D}_k}e^{j\omega(N-M)}\right|=\left|\frac{b_0}{a_0}\right|\frac{\prod_{k=1}^{M}\rho_k}{\prod_{k=1}^{N}l_k}\tag{7.3-7}$$

系统相频响应

$$\begin{aligned}\angle H(e^{j\omega})&=\angle\frac{b_0}{a_0}+\sum_{k=1}^{M}\angle(e^{j\omega}-c_k)-\sum_{k=1}^{N}\angle(e^{j\omega}-d_k)+\omega(N-M)\\&=\angle\frac{b_0}{a_0}+\sum_{k=1}^{M}\angle\vec{C}_k-\sum_{k=1}^{N}\angle\vec{D}_k+\omega(N-M)\\&=\angle\frac{b_0}{a_0}+\sum_{k=1}^{M}\alpha_k-\sum_{k=1}^{N}\beta_k+\omega(N-M)\end{aligned}\tag{7.3-8}$$

随着 $\omega$ 变化,由式(7.3-7)和式(7.3-8)可知,系统幅频响应 $|H(e^{j\omega})|$ 由各零、极点指向 $e^{j\omega}$ 点的向量幅度(即零矢量和极矢量幅度)来确定,系统相频响应 $\angle H(e^{j\omega})$ 由各零、极点指向 $e^{j\omega}$ 点的向量辐角(即零矢量和极矢量辐角)来确定,找出幅频响应和相频响应的极大值和

极小值，即可简单绘制出系统的幅频响应和相频响应特性曲线。

**例 7.3-1**

若有一离散时间 LTI 系统，其系统函数 $H_a(z)=1-re^{j\theta}z^{-1}$，当 $r$ 和 $\theta$ 按以下组合取值时，试绘制系统的幅频响应和相频响应特性曲线。

$$(1)\begin{cases}r=0.8, & \theta=0\\ r=0.8, & \theta=\dfrac{\pi}{2}\\ r=0.8, & \theta=\pi\end{cases}$$

$$(2)\begin{cases}r=1, & \theta=\pi\\ r=0.5, & \theta=\pi\\ r=0.8, & \theta=\pi\end{cases}$$

**解：**

$$H_a(e^{j\omega})=H_a(z)\Big|_{z=e^{j\omega}}=1-re^{j\theta}z^{-1}\Big|_{z=e^{j\omega}}=\frac{z-re^{j\theta}}{z}\Bigg|_{z=e^{j\omega}}=\frac{e^{j\omega}-re^{j\theta}}{e^{j\omega}}$$

如图 7.3-2 所示，由零矢量定义

$$\vec{C}=e^{j\omega}-re^{j\theta}=\rho e^{j\alpha}$$

可得

$$H_a(e^{j\omega})=\frac{e^{j\omega}-re^{j\theta}}{e^{j\omega}}=\frac{\rho e^{j\alpha}}{e^{j\omega}}$$

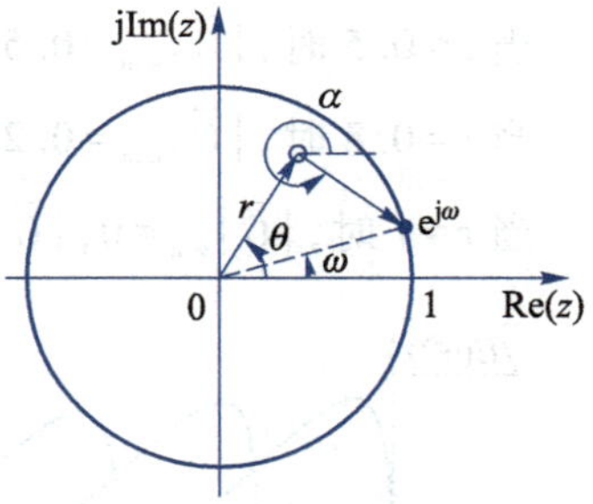


图 7.3-2　单位圆内零点与零矢量

于是，幅频响应为 $|H_a(e^{j\omega})|=\rho$，相频响应为 $\angle H_a(e^{j\omega})=\alpha-\omega$。

注意到，当 $\omega$ 从零开始变化，到 $\omega=\theta$ 时，零矢量的模 $\rho$ 取得最小值 $(1-r)$，当 $\omega=\theta+\pi$ 时，$\rho$ 取得最大值 $(1+r)$。

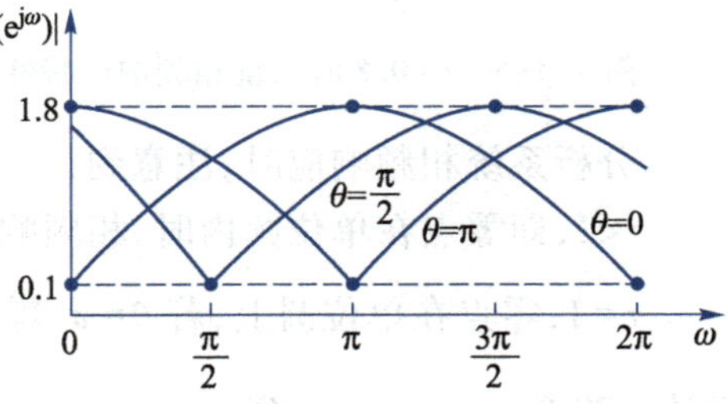


图 7.3-3　$r=0.8$ 时系统幅频响应特性曲线

(1) 当 $r=0.8$ 时，零点在单位圆内。$|\vec{C}|_{min}=0.2$，$|\vec{C}|_{max}=1.8$，且取得最大值和最小值的位置与 $\theta$ 有关，如图 7.3-3 所示。

对相频响应而言，当 $\theta=0$ 时，当 $\omega$ 从 0 开始变化到 $2\pi$，$z$ 平面上向量位置如图 7.3-4 所示。由图可知，$r=0.8$，$\theta=0$ 时，$H_a(e^{j\omega})$ 的相位是连续变化的，且有以下特征

$$\begin{cases}\omega=0: & \alpha-\omega=0\\ \omega\in(0\sim\pi): & \alpha-\omega>0\\ \omega=\pi: & \alpha-\omega=0\\ \omega\in(\pi\sim2\pi): & \alpha-\omega<0\\ \omega=2\pi: & \alpha-\omega=0\end{cases}$$

同理，可绘制 $\theta=\dfrac{\pi}{2}$ 和 $\theta=\pi$ 时的相频响应特性曲线，如图 7.3-5 所示。

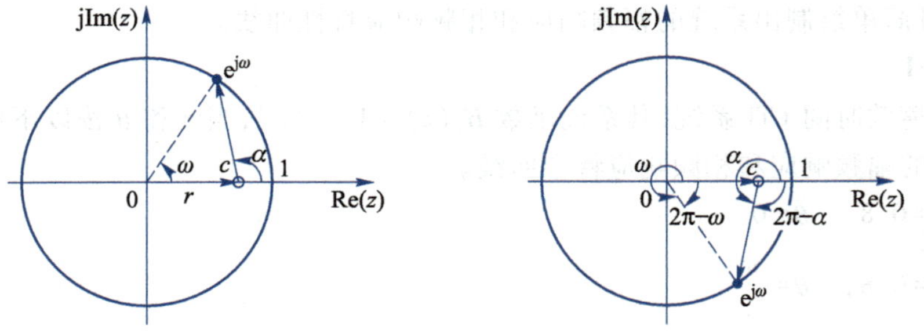


图 7.3-4　$\omega$ 的变化与相频响应关系示意图

(2) 由前述分析可知，当 $r$ 取不同值时，零矢量的模 $\rho=|\vec{C}|$ 将取得不同的最大值和最小值，题意中 $\theta=\pi$，此时，将 3 条幅频响应特性曲线叠画如下，如图 7.3-6 所示。

当 $r=0.5$ 时，$|\vec{C}|_{\min}=0.5$，$|\vec{C}|_{\max}=1.5$；

当 $r=0.8$ 时，$|\vec{C}|_{\min}=0.2$，$|\vec{C}|_{\max}=1.8$；

当 $r=1$ 时，$|\vec{C}|_{\min}=0$，$|\vec{C}|_{\max}=2$。

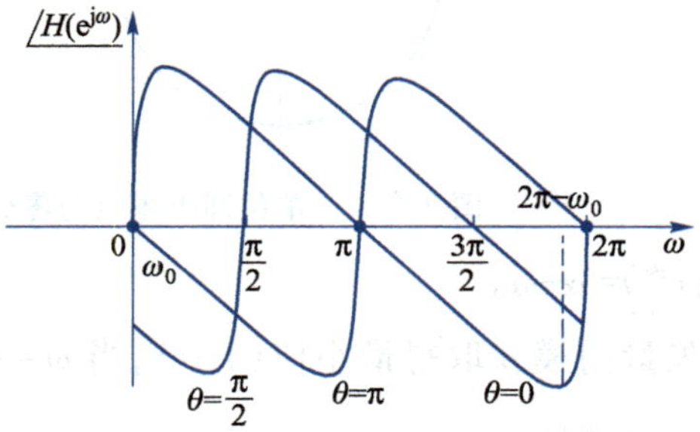


图 7.3-5　$r=0.8$ 时系统相频响应特性曲线

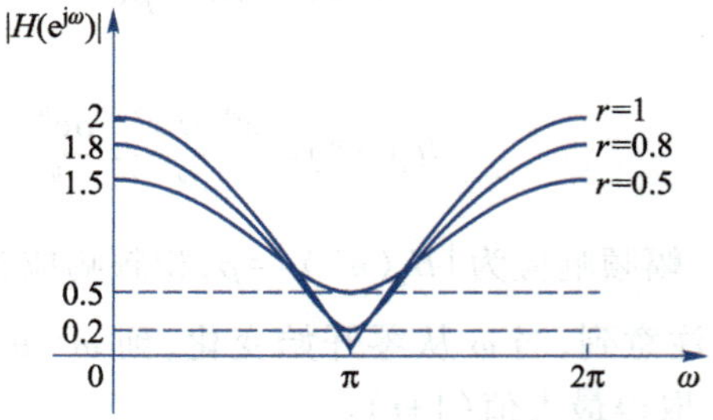


图 7.3-6　$\theta=\pi$ 时不同 $r$ 的幅频响应特性曲线

分析系统相频响应时，注意到：

$r<1$，即零点在单位圆内时，相频响应曲线与(1)中类似，为连续函数。

$r=1$，零点在单位圆上，若 $\theta=\pi$，零点位置如图 7.3-7 中圆圈处所示，$\vec{C}$ 为零矢量。分析可知，随着 $\omega=\pi-\varepsilon\to\pi$ 到 $\omega=\pi+\varepsilon\to\pi$，$\vec{C}$ 的相角由 $\alpha=\frac{\pi}{2}$ 跃变到 $\alpha=\frac{3\pi}{2}$，系统相频响应也因之由 $\angle H(\mathrm{e}^{\mathrm{j}\omega})=-\frac{\pi}{2}$ 跃变到 $\angle H(\mathrm{e}^{\mathrm{j}\omega})=\frac{\pi}{2}$，相频响应出现了不连续点，如图 7.3-8 所示。

同样地，$r>1$，即零点在单位圆外时，零矢量的相角也存在跃变，系统相频响应也存在不连续的间断点。

**例 7.3-2**

若有一离散时间 LTI 系统，其系统函数 $H_{\mathrm{b}}(z)=\frac{1}{1-r\mathrm{e}^{\mathrm{j}\theta}z^{-1}}$，令 $\theta=\pi$ 时，试绘制 $r=1$、$r=0.8$、$r=0.5$ 时系统的幅频响应曲线。

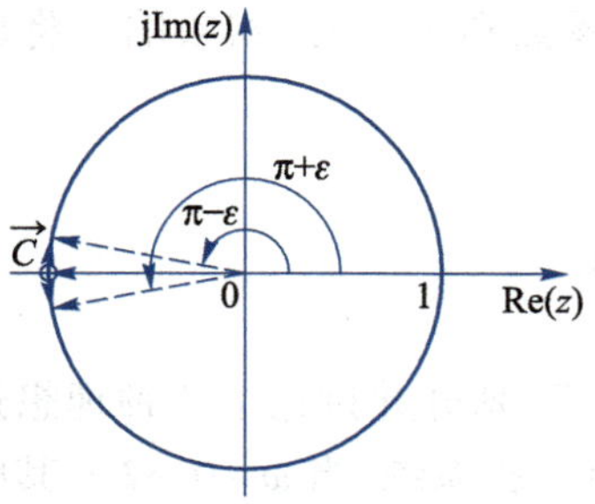


图 7.3-7 $r=1,\theta=\pi$ 时零矢量示意图

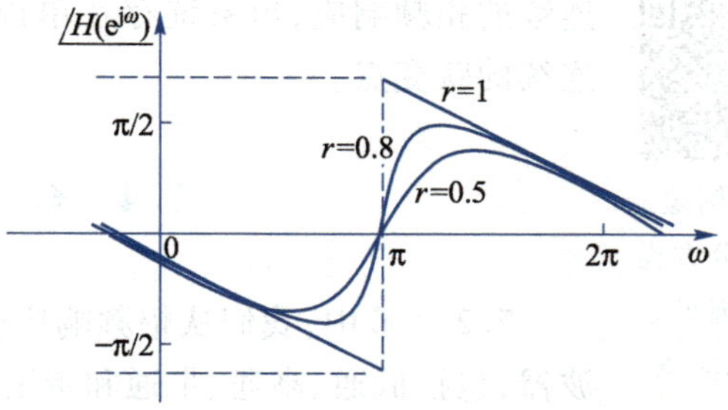


图 7.3-8 $\theta=\pi$ 时系统相频响应特性曲线

**解：**

对比例 7.3-1，本例中系统函数是上例的倒数

$$H_b(z)=\frac{1}{1-re^{j\theta}z^{-1}}=\frac{1}{H_a(z)}$$

$$H_b(e^{j\omega})=H_b(z)\Big|_{z=e^{j\omega}}=\frac{1}{1-re^{j\theta}z^{-1}}\Bigg|_{z=e^{j\omega}}=\frac{z}{z-re^{j\theta}}\Bigg|_{z=e^{j\omega}}=\frac{e^{j\omega}}{e^{j\omega}-re^{j\theta}}$$

由极矢量定义

$$\vec{D}=e^{j\omega}-re^{j\theta}=le^{j\beta}$$

可得
$$H_b(e^{j\omega})=\frac{e^{j\omega}}{e^{j\omega}-re^{j\theta}}=\frac{e^{j\omega}}{\vec{D}}=\frac{e^{j\omega}}{le^{j\beta}}$$

从而，幅频响应为 $|H(e^{j\omega})|=\left|\frac{e^{j\omega}}{le^{j\beta}}\right|=\frac{1}{l}$，相频响应为 $\angle H(e^{j\omega})=\omega-\beta$。

$\theta=\pi$，极点位于负实轴，可得系统幅频响应最大值为 $\frac{1}{1-r}$，最小值为 $\frac{1}{1+r}$，代入不同 $r$ 值，可绘制系统幅频响应特性曲线如图 7.3-9；相应地，采用例 7.3-1 中的分析方法可同样绘制系统的相频响应特性曲线如图 7.3-10。

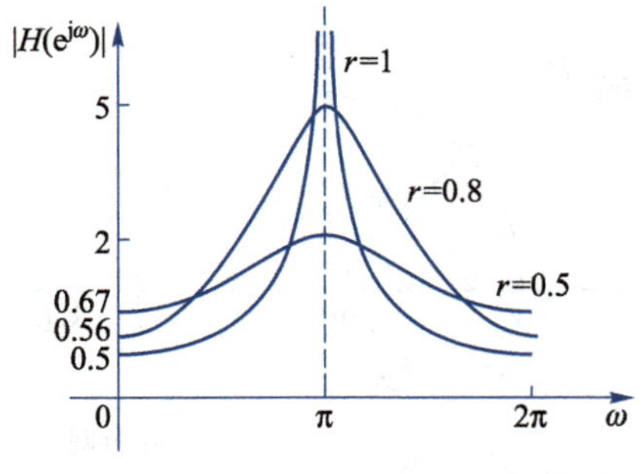


图 7.3-9 例 7.3-2 系统幅频响应特性曲线

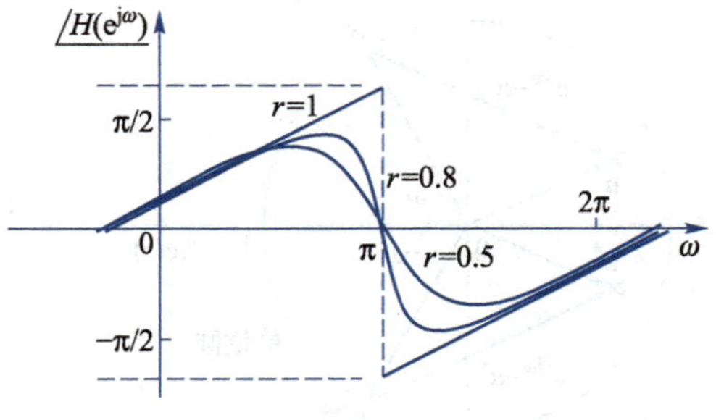


图 7.3-10 例 7.3-2 系统相频响应特性曲线

由例 7.3-1 和例 7.3-2 可见，系统的幅频响应和相频响应受零点和极点位置的影响。对幅频响应而言，零点越靠近单位圆，曲线谷值越低；极点越靠近单位圆，曲线峰值越大，当极点在单位圆上时，峰值趋于无穷大。对相频响应而言，零点和极点在单位圆内，系统具有

连续的相频响应；当系统存在单位圆上的零点和极点时，相频响应将出现不连续的跃变点。

辅学例题：由差分方程求解因果系统的幅频响应

## 7.4 全通系统

7.2.2 节中，我们从幅频响应的特征出发，划分并讨论了 4 种理想选频滤波器，包括低通、高通、带通和带阻。如果有一类系统，当 $\omega=0\to 2\pi$，其幅频响应处处为 1，即该系统可以通过所有的频率成分，具有上述特性的系统称为全通系统（all pass system）。

由全通系统 $H_{ap}(e^{j\omega})$ 定义可知，其幅频响应处处为 1，即

$$|H_{ap}(e^{j\omega})|=1 \tag{7.4-1}$$

一个因果稳定的一阶全通系统的系统函数为

$$H_{ap}(z)=\frac{z^{-1}-\alpha^*}{1-\alpha z^{-1}},\quad |\alpha|<1 \tag{7.4-2}$$

注意到该系统有一个零点 $c=(\alpha^*)^{-1}$，和一个极点 $d=\alpha$，零点和极点互为共轭倒数对，关于单位圆呈镜像对称。该系统的幅频响应为

$$|H_{ap}(e^{j\omega})|=\frac{|e^{-j\omega}-\alpha^*|}{|1-\alpha e^{-j\omega}|}=\frac{|e^{-j\omega}-\alpha^*|}{|e^{j\omega}-\alpha|}=1 \tag{7.4-3}$$

在 $z$ 平面上标注式(7.4-3)的分子、分母矢量，如图 7.4-1 所示。显然，由于 $e^{-j\omega}$ 和 $e^{j\omega}$ 互为共轭，$\alpha$ 和 $\alpha^*$ 互为共轭，无论 $\omega$ 取何值，式(7.4-3)中分子和分母两个矢量的长度都相同，分式值为 1，即该系统为全通系统。

显然，由两个一阶全通系统级联而成的系统也是全通系统，且当两个系统的零点互为共轭，极点也互为共轭时（如图 7.4-2），该系统是一个实系数的全通系统

$$H_{ap}(z)=\frac{z^{-1}-\alpha^*}{1-\alpha z^{-1}}\cdot\frac{z^{-1}-\alpha}{1-\alpha^* z^{-1}}=\frac{|\alpha|^2-2\text{Re}(\alpha)z^{-1}+z^{-2}}{1-2\text{Re}(\alpha)z^{-1}+|\alpha|^2 z^{-2}},\quad |\alpha|<1 \tag{7.4-4}$$

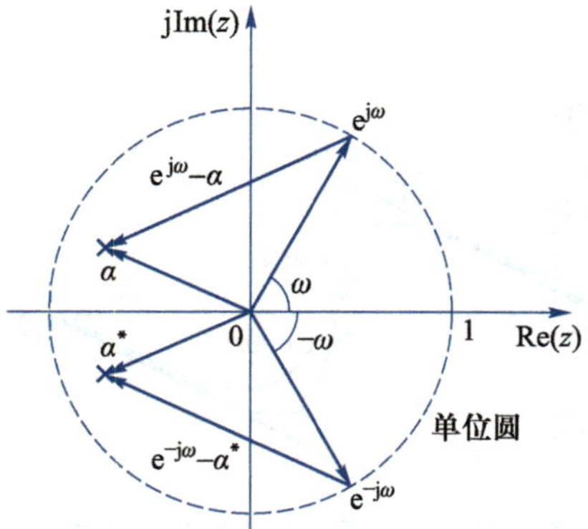


图 7.4-1 一阶全通系统幅频响应的几何解释

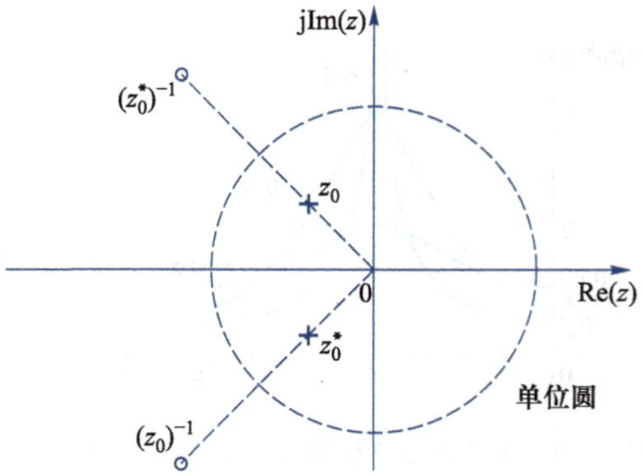


图 7.4-2 二阶实系数全通系统零极点镜像分布图

由此推广，由多个一阶全通系统级联可以构成高阶全通系统。一个 $N$ 阶实系数全通系统的系统函数可以表示为

$$H_{ap}(z)=\pm\frac{d_N+d_{N-1}z^{-1}+\cdots+d_1z^{-(N-1)}+z^{-N}}{1+d_1z^{-1}+\cdots+d_{N-1}z^{-(N-1)}+d_Nz^{-N}}=\pm\frac{z^{-N}D_N(z^{-1})}{D_N(z)} \tag{7.4-5}$$

其中

$$D_N(z)=1+d_1z^{-1}+\cdots+d_{N-1}z^{-(N-1)}+d_Nz^{-N} \tag{7.4-6}$$

为关于 $z^{-1}$ 的 $N$ 阶多项式，$d_1,d_2,\cdots,d_N$ 均为实数。

若该全通系统为实系数系统，则其系统函数和幅度平方响应的关系如下

$$|H_{ap}(e^{j\omega})|^2=H_{ap}(z)H_{ap}(z^{-1})\big|_{z=e^{j\omega}}=\frac{z^{-N}D_N(z^{-1})}{D_N(z)}\frac{z^{N}D_N(z)}{D_N(z^{-1})}\bigg|_{z=e^{j\omega}}=1 \tag{7.4-7}$$

可以证明，一个因果稳定的全通系统还有以下性质：

(1) 群延时总为正，即 $grd[H_{ap}(e^{j\omega})]\geqslant 0$；

(2) 在 $0\leqslant\omega\leqslant\pi$ 区间连续相位非正，即 $arg[H_{ap}(e^{j\omega})]\leqslant 0, 0\leqslant\omega<\pi$。

**例 7.4-1**

已知系统函数 $H(z)=\dfrac{z^{-1}-0.8}{1-0.8z^{-1}}$，试给出其幅频响应和相频响应。

**解：**

由题意可得

$$H(e^{j\omega})=\frac{e^{-j\omega}-0.8}{1-0.8e^{-j\omega}}$$

$$|H(e^{j\omega})|=\left|\frac{e^{-j\omega}-0.8}{1-0.8e^{-j\omega}}\right|,\ \angle H(e^{j\omega})=\angle\frac{e^{-j\omega}-0.8}{1-0.8e^{-j\omega}}$$

幅频响应和相频响应特性曲线如图 7.4-3 所示。

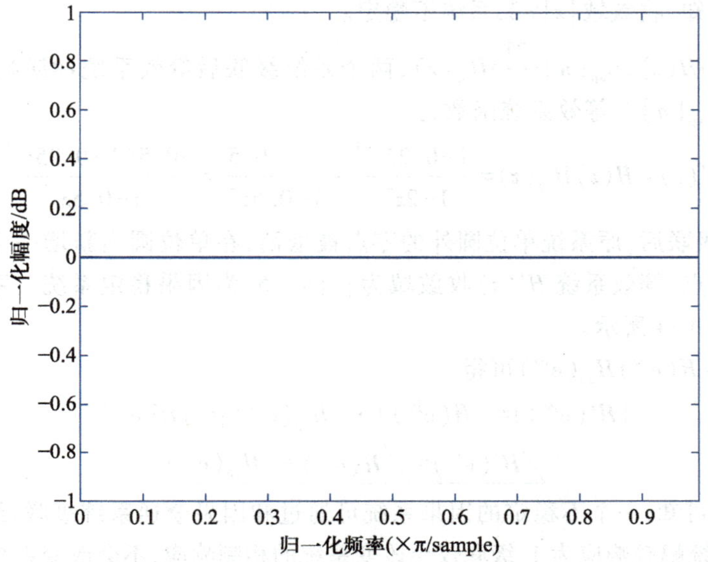

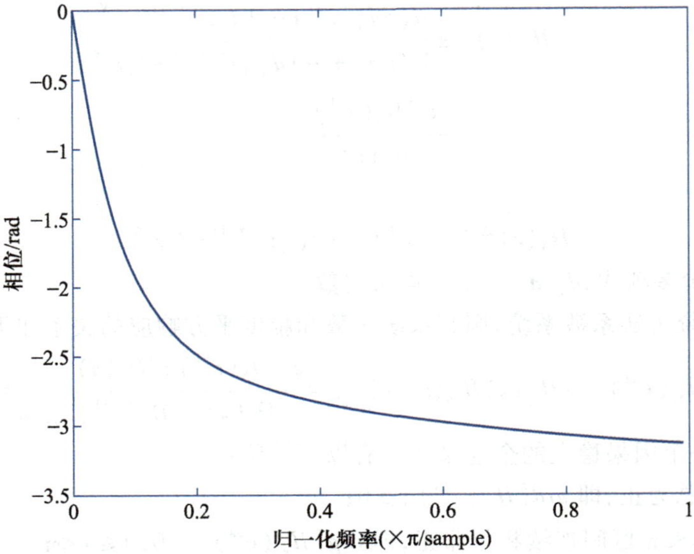


图 7.4-3 例 7.4-1 幅频响应和相频响应特性曲线

**例 7.4-2**

已知某因果系统函数 $H(z)=\dfrac{1-0.25z^{-1}}{1-2z^{-1}}$,试分析其稳定性。若将其与一个一阶全通系统 $H_{ap}(z)=\dfrac{z^{-1}-0.5}{1-0.5z^{-1}}$, $|z|>0.5$ 级联,试分析级联以后等效系统的因果性、稳定性和频响特性的变化。

**解:**

由 $H(z)=\dfrac{1-0.25z^{-1}}{1-2z^{-1}}$可知,极点 $d=2$。

由因果性可知,收敛域$|z|>2$,系统不稳定。

令 $h[n]\xleftrightarrow{\text{ZT}}H(z)$,$h_{ap}[n]\xleftrightarrow{\text{ZT}}H_{ap}(z)$,两个系统级联后等效系统冲激响应为 $h'[n]$,则 $h'[n]=h[n]*h_{ap}[n]$。等效系统函数为

$$H'(z)=H(z)H_{ap}(z)=\frac{1-0.25z^{-1}}{1-2z^{-1}}\cdot\frac{z^{-1}-0.5}{1-0.5z^{-1}}=\frac{-0.5(1-0.25z^{-1})}{1-0.5z^{-1}}$$

注意到,在系统级联后,原系统单位圆外的零点被抵消,在单位圆内新增一个和原极点呈共轭倒数关系的极点,等效系统 $H'(z)$ 收敛域为$|z|>0.5$,为因果稳定系统。系统级联前后零极点分布如图 7.4-4 所示。

由 $H'(\mathrm{e}^{\mathrm{j}\omega})=H(\mathrm{e}^{\mathrm{j}\omega})H_{ap}(\mathrm{e}^{\mathrm{j}\omega})$可得

$$|H'(\mathrm{e}^{\mathrm{j}\omega})|=|H(\mathrm{e}^{\mathrm{j}\omega})|\cdot|H_{ap}(\mathrm{e}^{\mathrm{j}\omega})|=|H(\mathrm{e}^{\mathrm{j}\omega})|$$

$$\angle H'(\mathrm{e}^{\mathrm{j}\omega})=\angle H(\mathrm{e}^{\mathrm{j}\omega})+\angle H_{ap}(\mathrm{e}^{\mathrm{j}\omega})$$

由例 7.4-2 可知,一个不稳定的因果系统可通过和因果全通系统级联,组成因果稳定系统。由于全通系统幅频响应为 1,级联仅会改变系统的相频响应,不会改变系统的幅频响应。

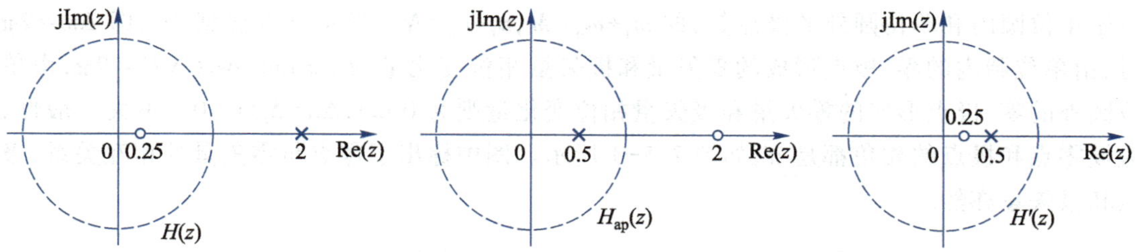


图 7.4-4 系统级联前后零极点分布

## 7.5 基于相频响应的系统分类

微视频：最大相位和最小相位系统

在前边的章节中，已知可以依据系统幅频响应的特征，比如频率选择特性来对离散时间系统进行分类，同样地，也可以从系统相频响应特性的角度来划分离散时间系统的种类。

### 7.5.1 零相位系统、最大相位系统和最小相位系统

前面介绍的理想选频滤波器只改变输入各频率分量的幅度，其相频为零，即不改变输入各频率分量的相位信息。这种没有相位失真的系统称为零相位系统。

零相位系统的频率响应具有如下特性

$$H(\mathrm{e}^{\mathrm{j}\omega})=|H(\mathrm{e}^{\mathrm{j}\omega})|\mathrm{e}^{\mathrm{j}0}=|H(\mathrm{e}^{\mathrm{j}\omega})| \tag{7.5-1}$$

即其频率响应为非负的实数。由 DTFT 的对称性可知，当一个序列的 DTFT 为实数时，该序列具有共轭对称性，则它一定是一个非因果序列，无法用实时的方法实现。因此，要实现零相位系统，只有采用非实时和非因果的方法。

事实上，一个因果系统的相频特性总是不为零的，当系统的系统函数可以用有理分式表示时，其频率响应可以表示为

$$H(\mathrm{e}^{\mathrm{j}\omega})=\left(\frac{b_0}{a_0}\right)\frac{\prod\limits_{k=1}^{M}(\mathrm{e}^{\mathrm{j}\omega}-c_k)}{\prod\limits_{k=1}^{N}(\mathrm{e}^{\mathrm{j}\omega}-d_k)}\mathrm{e}^{\mathrm{j}\omega(N-M)} \tag{7.5-2}$$

式(7.5-2)中，零矢量为 $\vec{C}_k=\mathrm{e}^{\mathrm{j}\omega}-c_k=\rho_k\mathrm{e}^{\mathrm{j}\alpha_k}$，极矢量为 $\vec{D}_k=\mathrm{e}^{\mathrm{j}\omega}-d_k=l_k\mathrm{e}^{\mathrm{j}\beta_k}$，相频响应为

$$\begin{aligned}\angle H(\mathrm{e}^{\mathrm{j}\omega})&=\angle\frac{b_0}{a_0}+\sum_{k=1}^{M}\angle(\mathrm{e}^{\mathrm{j}\omega}-c_k)-\sum_{k=1}^{N}\angle(\mathrm{e}^{\mathrm{j}\omega}-d_k)+\omega(N-M)\\&=\angle\frac{b_0}{a_0}+\sum_{k=1}^{M}\angle\vec{C}_k-\sum_{k=1}^{N}\angle\vec{D}_k+\omega(N-M)\\&=\angle\frac{b_0}{a_0}+\sum_{k=1}^{M}\alpha_k-\sum_{k=1}^{N}\beta_k+\omega(N-M)\end{aligned} \tag{7.5-3}$$

假设 $m_{\mathrm{i}}$ 和 $m_{\mathrm{o}}$ 分别表示系统函数位于单位圆内和单位圆外的零点数，用 $n_{\mathrm{i}}$ 和 $n_{\mathrm{o}}$ 分别表示

位于单位圆内和单位圆外的极点数，即 $m_i+m_o=M, n_i+n_o=N$。当 $\omega$ 从 0 变到 $2\pi$，即 $\Delta\omega=2\pi$ 时，由单位圆内的零、极点形成的零矢量和极矢量相位变化量为 $2\pi$ rad，$\Delta\alpha(\Delta\beta)=2\pi$；由单位圆外的零、极点形成的零矢量和极矢量相位变化量则为 0 rad，$\Delta\alpha(\Delta\beta)=0$。不失一般性，假设零点和极点的相角都是 $\pi$，如图 7.5-1 所示。图中标出了零点与零矢量的相互关系，极点和极矢量亦然。

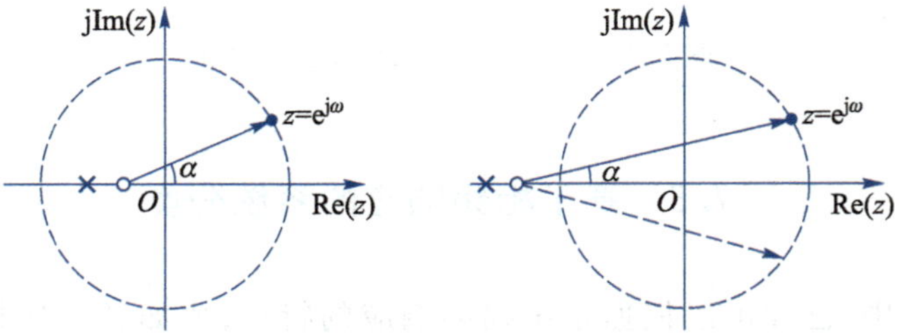


图 7.5-1 零点与零矢量的相互关系示意图

因果稳定系统由于其系统函数 $H(z)$ 的全部极点都在单位圆内，则有 $n_i=N, n_o=0$，以 $arg[H(e^{j\omega})]$ 表示系统相频响应 $\angle H(e^{j\omega})$。此时

$$\begin{aligned}\Delta\{arg[H(e^{j\omega})]\}\big|_{\Delta\omega=2\pi} &= \angle H(e^{j2\pi})-\angle H(e^{j0}) \\ &= \sum_{k=1}^{M}\Delta\alpha_k-\sum_{k=1}^{N}\Delta\beta_k+\Delta\omega(N-M)\big|_{\Delta\omega=2\pi} \\ &= 2\pi m_i-2\pi N+2\pi(N-M) \\ &= -2\pi m_o\leqslant 0\end{aligned} \tag{7.5-4}$$

注意到，$\omega=0\to 2\pi$ 时，相频响应增量为负，这样的系统被称为相位“延时”（或相位“滞后”）系统。

（1）所有零点均在单位圆内，即 $m_i=M, m_o=0$，则

$$\Delta\{arg[H(e^{j\omega})]\}\big|_{\Delta\omega=2\pi}=0 \tag{7.5-5}$$

即 $\Delta\omega=2\pi$ 时，系统相频响应增量为 0，此时系统相位变化最小。这种系统称为最小相位延时系统，即最小相位系统。

（2）所有零点均在单位圆外，即 $m_i=0, m_o=M$，则

$$\Delta\{arg[H(e^{j\omega})]\}\big|_{\Delta\omega=2\pi}=-2\pi M \tag{7.5-6}$$

系统相位在 $\Delta\omega=2\pi$ 时累计变化为 $-2\pi M$，此时系统相位变化最大，并且为负数。这种系统称为最大相位延时系统。

最小相位系统在通信中具有很重要的地位，其性质如下。

性质 1：任何一个因果稳定的（非最小相位）系统 $H(z)$ 都可以分解成全通系统 $H_{ap}(z)$ 和最小相位系统 $H_{min}(z)$ 的级联，即

$$H(z)=H_{min}(z)\cdot H_{ap}(z) \tag{7.5-7}$$

证明：不失一般性，假设某因果稳定的非最小相位系统 $H(z)$，它的某一对共轭零点位于单位圆外 $1/z_0$ 及 $1/z_0^*$ 处，$|z_0|<1$，其余零点均位于单位圆内。则可将 $H(z)$ 表示为

$$H(z)=H_1(z)\cdot(z^{-1}-z_0)\cdot(z^{-1}-z_0^*)$$

其中 $H_1(z)$ 表示零点均在单位圆内的系统部分，因而可以看作是一个最小相位子系统，另两个因子代表了一对单位圆外的共轭零点。上式可改写成以下形式

$$
\begin{aligned}
H(z) &= H_1(z)\cdot(z^{-1}-z_0)\cdot(z^{-1}-z_0^*)\cdot\frac{1-z_0^*z^{-1}}{1-z_0^*z^{-1}}\cdot\frac{1-z_0z^{-1}}{1-z_0z^{-1}}\\
&= H_1(z)\cdot(1-z_0^*z^{-1})\cdot(1-z_0z^{-1})\frac{z^{-1}-z_0}{1-z_0^*z^{-1}}\cdot\frac{z^{-1}-z_0^*}{1-z_0z^{-1}}\\
&= H_1(z)\cdot(1-z_0^*z^{-1})\cdot(1-z_0z^{-1})H_{ap}(z)
\end{aligned}
$$

由于 $|z_0|<1$，所以可知 $H_1(z)\cdot(1-z_0^*z^{-1})\cdot(1-z_0z^{-1})$ 仍为最小相位子系统，而

$$H_{ap}(z)=\frac{z^{-1}-z_0}{1-z_0^*z^{-1}}\cdot\frac{z^{-1}-z_0^*}{1-z_0z^{-1}}$$

为一个二阶的全通系统。

性质 2：在相同的幅度特性情况下，最小相位系统具有最小的相位延时，即它有负的相位变化，且相位变化的绝对值最小。

性质 3：在相同的幅度特性的情况下，一个因果稳定的最小相位系统 $H_{min}(z)$ 比因果稳定的非最小相位系统 $H(z)$ 具有更小的群延时，即对所有的 $\omega$，有

$$grd[H_{min}(e^{j\omega})]\leqslant grd[H(e^{j\omega})] \tag{7.5-8}$$

证明：根据性质 1，可知

$$\angle H(e^{j\omega})=\angle H_{min}(e^{j\omega})+\angle H_{ap}(e^{j\omega})$$

由于因果稳定全通系统 $grd[H_{ap}(e^{j\omega})]\geqslant 0$，可得

$$grd[H(e^{j\omega})]=grd[H_{min}(e^{j\omega})]+grd[H_{ap}(e^{j\omega})]\geqslant grd[H_{min}(e^{j\omega})]$$

性质 4：在一组具有相同的幅频特性的因果稳定系统中，最小相位系统具有最小的能量延时，即能量更集中在 $n=0$ 附近。即若 $h_{min}[n]$ 和 $h[n]$ 分别表示两个因果系统的长度为 $N$ 的单位冲激响应序列，这两个系统具有相同的幅频特性，则有

$$
\begin{aligned}
&\sum_{n=0}^{i}|h[n]|^2<\sum_{n=0}^{i}|h_{min}[n]|^2,\ i<N-1\\
&\sum_{n=0}^{N-1}|h[n]|^2=\sum_{n=0}^{N-1}|h_{min}[n]|^2
\end{aligned} \tag{7.5-9}
$$

性质 5：对于具有相同 DTFT 幅频特性的各序列，最小相位序列的 $h_{min}[0]$ 最大。

性质 6：在所有幅频特性相同的系统中，只有唯一一个最小相位系统。

**例 7.5-1**

已知在信号传输过程中，由于存在信道失真，输入信号发生了改变。已知传输系统是一个因果稳定的系统，试问，是否存在因果稳定的补偿系统，使得失真后的信号经过补偿系统后能恢复出原始信号或原始信号的幅度谱。

辅学例题：最小相位和全通分解

**解：**

显然，与原系统的逆系统级联，即补偿系统的系统函数为 $H_c(z)=\dfrac{1}{H_d(z)}$

时，等效系统的系统函数 $H_e(z)=H_d(z)H_c(z)=1$，原系统能得到完全补偿，输出序列等于输入序列。

从原系统的因果稳定性，不难判断其系统函数极点都在单位圆内，不失一般性，假设原系统为一阶系统，其系统函数为

$$H_d(z)=\frac{1-az^{-1}}{1-bz^{-1}},\quad |b|<1,\quad |z|>|b|$$

此时补偿系统为

$$H_c(z)=\frac{1}{H_d(z)}=\frac{1-bz^{-1}}{1-az^{-1}},\quad |z|>|a|$$

其因果稳定性取决于 $|a|$ 值的大小。

若 $|a|<1$，即原系统的系统函数 $H_d(z)$ 零极点均在单位圆内，系统为最小相位系统。补偿系统 $H_c(z)$ 为其逆系统，也是因果稳定的。系统级联后完全补偿，输出 $x_c[n]=x[n]$，如图 7.5-2 所示。

若 $|a|>1$，即 $H_d(z)$ 零点在单位圆外，系统为非最小相位系统。其逆系统极点位于单位圆外，无因果稳定逆系统。考虑将原系统分解为最小相位系统和全通系统的级联，如下式所示

$$H_d(z)=\frac{1-az^{-1}}{1-bz^{-1}}=\frac{1-az^{-1}}{1-bz^{-1}}\cdot\frac{z^{-1}-a}{1-az^{-1}}=H_{d\min}(z)\cdot H_{ap}(z),\quad |b|<1$$

此时可得 $H_{d\min}(z)$ 的因果稳定逆系统

$$H_{c\min}(z)=\frac{1}{H_{d\min}(z)}$$

将 $H_d(z)$ 与 $H_{c\min}(z)$ 级联后，如图 7.5-3 所示，等效系统的系统函数为

$$H_e(z)=H_d(z)H_{c\min}(z)=H_d(z)\cdot\frac{1}{H_{d\min}(z)}=H_{ap}(z)$$

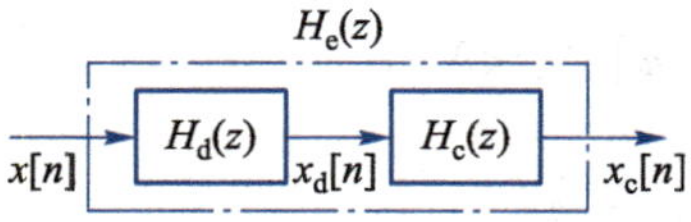


图 7.5-2　例 7.5-1 $|a|<1$ 时的补偿系统

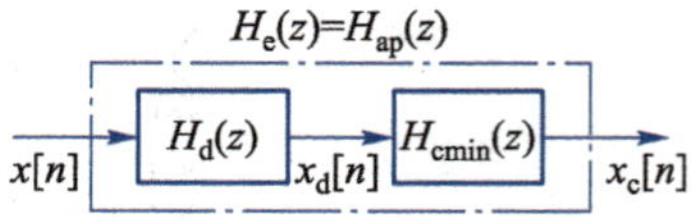


图 7.5-3　例 7.5-1 $|a|>1$ 时的补偿系统

假设原始序列 $x[n]\xleftrightarrow{\text{DTFT}}X(e^{j\omega})$，$x_c[n]\xleftrightarrow{\text{DTFT}}X_c(e^{j\omega})$，由全通系统频响特性 $|H_{ap}(e^{j\omega})|=1$ 可知，此时输出序列幅频响应和相频响应为

$$|X_c(e^{j\omega})|=|X(e^{j\omega})||H_{ap}(e^{j\omega})|=|X(e^{j\omega})|$$

$$\angle X_c(e^{j\omega})=\angle X(e^{j\omega})+\angle H_{ap}(e^{j\omega})$$

因此，通过补偿，输出信号的频响幅度和输入一致，而相位则变化了 $\angle H_{ap}(e^{j\omega})$。

### 7.5.2　线性相位系统

理想选频滤波器在给定频段具有常数的幅频响应和零相位特性，以保证通频带内的信

号在通过滤波器时不失真。零相位特性决定了理想选频滤波器的单位冲激响应是一个非因果的无限长序列,这在实际工程中无法实现。事实上,我们只能用某些给定频段有近似常数的幅频响应和具有线性相位特性的系统来逼近它,使得通带内的信号在通过滤波器时,只是发生简单延时。

线性相位系统是指相频响应为 $\omega$ 的线性函数的一类系统,其系统频响为

$$H(e^{j\omega})=|H(e^{j\omega})|e^{-j\omega\alpha} \tag{7.5-10}$$

相频响应为 $arg[H(e^{j\omega})]=-\omega\alpha$,是 $\omega$ 的线性函数。

若系统频响满足

$$H(e^{j\omega})=A(e^{j\omega})e^{-j\alpha\omega+j\beta},\quad |\omega|<\pi \tag{7.5-11}$$

其中 $A(e^{j\omega})$ 为 $\omega$ 的实函数,称为幅度函数,且 $A(e^{j\omega})=\pm|H(e^{j\omega})|$,$\beta$ 为常数相位。显然,忽略实函数可能带来的 0 或 $\pi$ 的附加相移,系统相频响应 $arg[H(e^{j\omega})]=-a\omega+\beta$ 是 $\omega$ 的线性函数。由于该系统相频响应不是严格线性的,这类系统称为广义线性相位系统。

例 7.2-4 中输入输出关系为 $y[n]=x[n-m]$ 的理想延时器就是一个典型的线性相位系统。由推导可知,理想延时器幅频响应为 $|H_d(e^{j\omega})|=1$,相频响应为 $\angle H_d(e^{j\omega})=-\omega m, 0\leqslant|\omega|\leqslant\pi$,群延时为 $\tau(\omega)=grd[H(e^{j\omega})]=-\dfrac{d}{d\omega}\{arg[H(e^{j\omega})]\}=m$。

相频响应为 $\omega$ 的线性函数的理想延时器,其群延时为常数,对输入信号各频率分量的影响仅仅只是整体延时 $m$ 个采样间隔,不会因为不同频率延时不同影响到输出信号的波形。和理想延时器一样,其他线性相位系统对输入信号各个频率分量带来的相位改变也是线性的,这样的相位改变可以很方便地补偿,因此线性相位系统被广泛地应用在实际工程中。同样的结论也适用于广义线性相位系统。

相对于无限冲激响应(IIR)系统,有限冲激响应(FIR)系统更容易实现线性相位。一个单位冲激响应满足对称性的离散时间实系数 FIR 系统,一定是广义线性相位系统。证明如下。

**例 7.5-2**

已知 $M$ 阶离散时间实系数 FIR 系统的单位冲激响应为

$$h[n]=\begin{cases}\pm h[M-n], & 0\leqslant n\leqslant M\\ 0, & 其他\end{cases}$$

$h[n]\xleftrightarrow{ZT}H(z)$,$h[n]\xleftrightarrow{DTFT}H(e^{j\omega})$,试证明该系统是广义线性相位系统。

**解:**

系统函数为

$$H(z)=\sum_{n=0}^{M}h[n]z^{-n}=\pm\sum_{n=0}^{M}h[M-n]z^{-n}$$

令 $k=M-n$,可得

$$H(z)=\pm\sum_{k=M}^{0}h[k]z^{k}z^{-M}=\pm z^{-M}\sum_{k=0}^{M}h[k](z^{-1})^{-k}=\pm H(z^{-1})z^{-M}$$

令 $z=e^{j\omega}$,得系统频响

$$H(e^{j\omega})=H(z)\big|_{z=e^{j\omega}}=\frac{1}{2}[H(z)\pm H(z^{-1})z^{-M}]\Big|_{z=e^{j\omega}}=\frac{1}{2}[H(e^{j\omega})\pm H(e^{-j\omega})e^{-j\omega M}]$$

$$=\frac{1}{2}\left\{\sum_{n=0}^{M}h[n]\mathrm{e}^{-\mathrm{j}\omega n}\pm\mathrm{e}^{-\mathrm{j}\omega M}\sum_{n=0}^{M}h[n]\mathrm{e}^{\mathrm{j}\omega n}\right\}=\mathrm{e}^{-\mathrm{j}\frac{M}{2}\omega}\sum_{n=0}^{M}h[n]\frac{\mathrm{e}^{\mathrm{j}\left(\frac{M}{2}-n\right)\omega}\pm\mathrm{e}^{-\mathrm{j}\left(\frac{M}{2}-n\right)\omega}}{2}$$

(1)

$$h_1[n]=\begin{cases}h[M-n], & 0\leqslant n\leqslant M\\0, & 其他\end{cases}$$

$$H_1(\mathrm{e}^{\mathrm{j}\omega})=\mathrm{e}^{-\mathrm{j}\frac{M}{2}\omega}\sum_{n=0}^{M}h_1[n]\frac{\mathrm{e}^{\mathrm{j}\left(\frac{M}{2}-n\right)\omega}+\mathrm{e}^{-\mathrm{j}\left(\frac{M}{2}-n\right)\omega}}{2}=\mathrm{e}^{-\mathrm{j}\frac{M}{2}\omega}\sum_{n=0}^{M}h_1[n]\cos\left[\left(\frac{M}{2}-n\right)\omega\right]$$

$$=A_1(\mathrm{e}^{\mathrm{j}\omega})\cdot\mathrm{e}^{-\mathrm{j}\frac{M}{2}\omega}\tag{7.5-12}$$

注意到,$A_1(\mathrm{e}^{\mathrm{j}\omega})$为 $\omega$ 的实函数,根据其在 $0\leqslant\omega\leqslant\pi$ 范围内为正数或负数,会对系统相频响应带来 0 或 $\pi$ 的附加相移。对比式(7.5-11)可知,$H_1(\mathrm{e}^{\mathrm{j}\omega})$为广义线性相位系统。系统相频响应为 $\omega$ 的线性函数

$$arg[H_1(\mathrm{e}^{\mathrm{j}\omega})]=-\omega M/2\tag{7.5-13}$$

群延时为

$$\tau_1(\omega)=-\frac{\mathrm{d}}{\mathrm{d}\omega}\{arg[H_1(\mathrm{e}^{\mathrm{j}\omega})]\}=\frac{M}{2}\tag{7.5-14}$$

(2)

$$h_2[n]=\begin{cases}-h[M-n], & 0\leqslant n\leqslant M\\0, & 其他\end{cases}$$

$$H_2(\mathrm{e}^{\mathrm{j}\omega})=\mathrm{e}^{-\mathrm{j}\frac{M}{2}\omega}\sum_{n=0}^{M}h_2[n]\frac{\mathrm{e}^{\mathrm{j}\left(\frac{M}{2}-n\right)\omega}-\mathrm{e}^{-\mathrm{j}\left(\frac{M}{2}-n\right)\omega}}{2}=\mathrm{j}\mathrm{e}^{-\mathrm{j}\frac{M}{2}\omega}\sum_{n=0}^{M}h_2[n]\sin\left[\left(\frac{M}{2}-n\right)\omega\right]$$

$$=A_2(\mathrm{e}^{\mathrm{j}\omega})\mathrm{e}^{-\mathrm{j}\frac{M}{2}\omega+\mathrm{j}\frac{\pi}{2}}\tag{7.5-15}$$

同样地,$A_2(\mathrm{e}^{\mathrm{j}\omega})$为 $\omega$ 的实函数,会对系统相频响应带来 0 或 $\pi$ 的附加相移。对比式(7.5-11)可知,$H_2(\mathrm{e}^{\mathrm{j}\omega})$为广义线性相位系统。系统相频响应为 $\omega$ 的线性函数

$$arg[H_2(\mathrm{e}^{\mathrm{j}\omega})]=-\omega M/2+\pi/2\tag{7.5-16}$$

群延时为

$$\tau_1(\omega)=-\frac{\mathrm{d}}{\mathrm{d}\omega}\{arg[H_2(\mathrm{e}^{\mathrm{j}\omega})]\}=\frac{M}{2}\tag{7.5-17}$$

综上,只要离散时间实系数 FIR 系统的单位冲激响应 $h[n]$具备对称特性,无论是奇对称或者偶对称,都是广义线性相位系统。

例 7.5-2 分别讨论了 $M$ 阶离散时间实系数 FIR 系统单位冲激响应 $h[n]$奇对称和偶对称两种情况,结合 $M$ 为奇数或者偶数,可以把广义线性相位 FIR 系统分为以下 4 种类型。

Ⅰ型:$h[n]$偶对称,$M$ 为偶数,即

$$h[n]=h[M-n],\quad n=0,1,\cdots,M$$

由式(7.5-12),系统频率响应为

$$H(\mathrm{e}^{\mathrm{j}\omega})=\mathrm{e}^{-\mathrm{j}\frac{M}{2}\omega}\sum_{n=0}^{M}h[n]\frac{\mathrm{e}^{\mathrm{j}\left(\frac{M}{2}-n\right)\omega}+\mathrm{e}^{-\mathrm{j}\left(\frac{M}{2}-n\right)\omega}}{2}=\mathrm{e}^{-\mathrm{j}\frac{M}{2}\omega}\sum_{n=0}^{M}h[n]\cos\left[\left(\frac{M}{2}-n\right)\omega\right]$$

$$=A_1(\mathrm{e}^{\mathrm{j}\omega})\cdot\mathrm{e}^{-\mathrm{j}\frac{M}{2}\omega}$$

幅度函数为

$$A_1(\mathrm{e}^{\mathrm{j}\omega})=\sum_{n=0}^{M}h[n]\cos\left[\left(\frac{M}{2}-n\right)\omega\right] \tag{7.5-18}$$

注意到

$$\cos\left[\left(\frac{M}{2}-(M-n)\right)\omega\right]=\cos\left[\left(n-\frac{M}{2}\right)\omega\right]=\cos\left[\left(\frac{M}{2}-n\right)\omega\right]$$

且 $h[n]$ 偶对称。上式第 $n$ 项与第 $(M-n)$ 项相等，可两两合并，余下中间 $n=M/2$ 一项

$$A_1(\mathrm{e}^{\mathrm{j}\omega})=\sum_{n=0}^{M}h[n]\cos\left[\left(\frac{M}{2}-n\right)\omega\right]=h\left[\frac{M}{2}\right]+2\sum_{n=0}^{\frac{M}{2}-1}h[n]\cos\left[\left(\frac{M}{2}-n\right)\omega\right]$$

$$\xlongequal{\frac{M}{2}-n=m}h\left[\frac{M}{2}\right]+2\sum_{m=1}^{\frac{M}{2}}h\left[\frac{M}{2}-m\right]\cos(\omega m) \tag{7.5-19}$$

由于 $\cos(\omega n)$ 关于 $\omega=0,\pi,2\pi$ 呈偶对称，所以幅度函数 $H_0(\omega)$ 对 $\omega=0,\pi,2\pi$ 也呈偶对称。

Ⅱ型：$h[n]$ 偶对称，$M$ 为奇数，即

$$h[n]=h[M-n],\quad n=0,1,\cdots,M$$

系统幅度函数与Ⅰ型相同

$$A_2(\mathrm{e}^{\mathrm{j}\omega})=\sum_{n=0}^{M}h[n]\cos\left[\left(\frac{M}{2}-n\right)\omega\right]$$

Ⅱ型线性相位 FIR 系统和Ⅰ型的主要不同点在于 $M$ 是奇数，故上式各项均可两两合并构成 $(M+1)/2$ 项

$$A_2(\mathrm{e}^{\mathrm{j}\omega})=2\sum_{n=0}^{\frac{M+1}{2}-1}h[n]\cos\left[\left(\frac{M}{2}-n\right)\omega\right]$$

$$\xlongequal{\frac{M+1}{2}-n=m}2\sum_{m=1}^{\frac{M+1}{2}}h\left[\frac{M+1}{2}-m\right]\cos\left[\left(m-\frac{1}{2}\right)\omega\right] \tag{7.5-20}$$

① 当 $\omega=\pi$ 时，$A_2(\mathrm{e}^{\mathrm{j}\pi})=0$，也就是 $H(z)$ 在 $z=-1$ 处必有零点，对应的系统不能作为高通和带阻系统；

② 由于 $\cos[(n-1/2)\omega]$ 关于 $\omega=\pi$ 呈奇对称，所以 $A_2(\mathrm{e}^{\mathrm{j}\omega})$ 关于 $\omega=\pi$ 呈奇对称，关于 $\omega=0,2\pi$ 呈偶对称。

Ⅲ型：$h[n]$ 奇对称，$M$ 为偶数，即

$$h[n]=-h[M-n],\quad n=0,1,\cdots,M$$

由式(7.5-15)可知，系统频响为

$$H(\mathrm{e}^{\mathrm{j}\omega})=\mathrm{e}^{-\mathrm{j}\frac{M}{2}\omega}\sum_{n=0}^{M}h_2[n]\frac{\mathrm{e}^{\mathrm{j}\left(\frac{M}{2}-n\right)\omega}-\mathrm{e}^{-\mathrm{j}\left(\frac{M}{2}-n\right)\omega}}{2}=\mathrm{j}\mathrm{e}^{-\mathrm{j}\frac{M}{2}\omega}\sum_{n=0}^{M}h[n]\sin\left[\left(\frac{M}{2}-n\right)\omega\right]$$

$$=A_3(\mathrm{e}^{\mathrm{j}\omega})\mathrm{e}^{-\mathrm{j}\frac{M}{2}\omega+\mathrm{j}\frac{\pi}{2}}$$

系统幅度函数为

$$A_3(\mathrm{e}^{\mathrm{j}\omega})=\sum_{n=0}^{M}h[n]\sin\left[\left(\frac{M}{2}-n\right)\omega\right] \tag{7.5-21}$$

注意到

$$\sin\left[\left(\frac{M}{2}-(M-n)\right)\omega\right]=\sin\left[\left(n-\frac{M}{2}\right)\omega\right]=-\sin\left[\left(\frac{M}{2}-n\right)\omega\right]$$

且 $h[n]$ 奇对称。上式第 $n$ 项与 $(M-n)$ 项相等,可两两合并,余下 $n=M/2$ 一项。同时,由 $h\left[\frac{M}{2}\right]=-h\left[M-\frac{M}{2}\right]=-h\left[\frac{M}{2}\right]$ 可得 $h\left[\frac{M}{2}\right]=0$。从而,系统幅度函数为

$$A_3(e^{j\omega})=\sum_{n=0}^{M}h[n]\sin\left[\left(\frac{M}{2}-n\right)\omega\right]=2\sum_{n=0}^{\frac{M}{2}-1}h[n]\sin\left[\left(\frac{M}{2}-n\right)\omega\right]$$

$$\xlongequal{\frac{M}{2}-n=k}\sum_{k=1}^{\frac{M}{2}}2h\left[\frac{M}{2}-k\right]\sin(\omega k) \tag{7.5-22}$$

① 由于 $\sin(\omega n)$ 在 $\omega=0,\pi,2\pi$ 处均为零,因此 $A_3(e^{j\omega})$ 在 $\omega=0,\pi,2\pi$ 处必为零,也就是 $H(z)$ 在 $z=\pm1$ 处都有零点,对应的 FIR 系统不能作为低通、高通和带阻系统;

② 由于 $\sin(\omega n)$ 关于 $\omega=0,\pi,2\pi$ 呈奇对称,故 $A_3(e^{j\omega})$ 关于 $\omega=0,\pi,2\pi$ 也呈奇对称。

Ⅳ型:$h[n]$ 奇对称,$M$ 为奇数,即

$$h[n]=-h[M-n],\quad n=0,1,\cdots,M$$

系统幅度函数与Ⅲ型相同

$$A_4(e^{j\omega})=\sum_{n=0}^{M}h[n]\sin\left[\left(\frac{M}{2}-n\right)\omega\right]$$

$M$ 是奇数,故上式各项均可两两合并构成 $(M+1)/2$ 项

$$A_4(e^{j\omega})=\sum_{n=0}^{M}h[n]\sin\left[\left(\frac{M}{2}-n\right)\omega\right]=2\sum_{n=0}^{\frac{M+1}{2}-1}h[n]\sin\left[\left(\frac{M}{2}-n\right)\omega\right]$$

$$\xlongequal{\frac{M+1}{2}-n=k}\sum_{k=1}^{\frac{M+1}{2}}2h\left[\frac{M+1}{2}-k\right]\sin\left[\left(k-\frac{1}{2}\right)\omega\right] \tag{7.5-23}$$

① 由于 $\sin[(n-1/2)\omega]$ 在 $\omega=0,2\pi$ 处为零,所以 $A_4(e^{j\omega})$ 在 $\omega=0,2\pi$ 处也为零,即 $H(z)$ 在 $z=1$ 处必有零点,对应的系统不能作为低通系统和带阻系统;

② 由于 $\sin[(n-1/2)\omega]$ 关于 $\omega=0,2\pi$ 呈奇对称,对于 $\omega=\pi$ 呈偶对称,所以 $H_0(\omega)$ 在 $\omega=0,2\pi$ 处呈奇对称,关于 $\omega=\pi$ 处呈偶对称。

以上 4 种类型线性相位 FIR 系统的特性总结如表 7.5-1 所示。

**表 7.5-1 四类线性相位 FIR 系统的特性总结**

| 类型 | 单位冲激响应 | 幅度函数 $A(e^{j\omega})$ | 相位函数 $\theta(\omega)$ |
|---|---|---|---|
| Ⅰ型 | 偶对称<br>阶数为偶数 | $h\left[\frac{M}{2}\right]+2\sum_{m=1}^{\frac{M}{2}}h\left[\frac{M}{2}-m\right]\cos(m\omega)$ | $-\frac{N-1}{2}\omega+\beta$<br>($\beta$ 为 0 或 $\pi$) |
| Ⅱ型 | 偶对称<br>阶数为奇数 | $2\sum_{m=1}^{\frac{M+1}{2}}h\left[\frac{M+1}{2}-m\right]\cos\left[\left(m-\frac{1}{2}\right)\omega\right]$ | |

续表

| 类型 | 单位冲激响应 | 幅度函数 $A(e^{j\omega})$ | 相位函数 $\theta(\omega)$ |
|---|---|---|---|
| Ⅲ型 | 奇对称<br>阶数为偶数 | $\sum_{k=1}^{\frac{M}{2}} 2h\left[\frac{M}{2}-k\right]\sin(k\omega)$ | $-\frac{N-1}{2}\omega+\beta$<br>（$\beta$ 为 $\pi/2$ 或 $-\pi/2$） |
| Ⅳ型 | 奇对称<br>阶数为奇数 | $\sum_{k=1}^{\frac{M+1}{2}} 2h\left[\frac{M+1}{2}-k\right]\sin\left[\left(k-\frac{1}{2}\right)\omega\right]$ | |

**例 7.5-3**

已知某系统的系统函数为

$$H(z)=\sum_{n=0}^{5} z^{-1}$$

试根据该系统的频率响应，画出幅频响应和相频响应，并求得系统群延时。

**解：**

由频率响应与系统函数间的关系，可得系统频率响应为

$$H(e^{j\omega})=H(z)\big|_{z=e^{j\omega}}=\frac{1-e^{-j6\omega}}{1-e^{-j\omega}}=\frac{\sin 3\omega}{\sin(\omega/2)}e^{-j5\omega/2}$$

因此，幅频响应为

$$|H(e^{j\omega})|=\left|\frac{\sin 3\omega}{\sin(\omega/2)}e^{-j5\omega/2}\right|=\left|\frac{\sin 3\omega}{\sin(\omega/2)}\right|$$

相频响应为

$$\theta(\omega)=-\frac{5\omega}{2}+\pi\sum_{k=0}^{M/2}u\left(\omega-\frac{2\pi k}{3}\right)$$

绘出幅频响应和相频响应如图 7.5-4 所示。

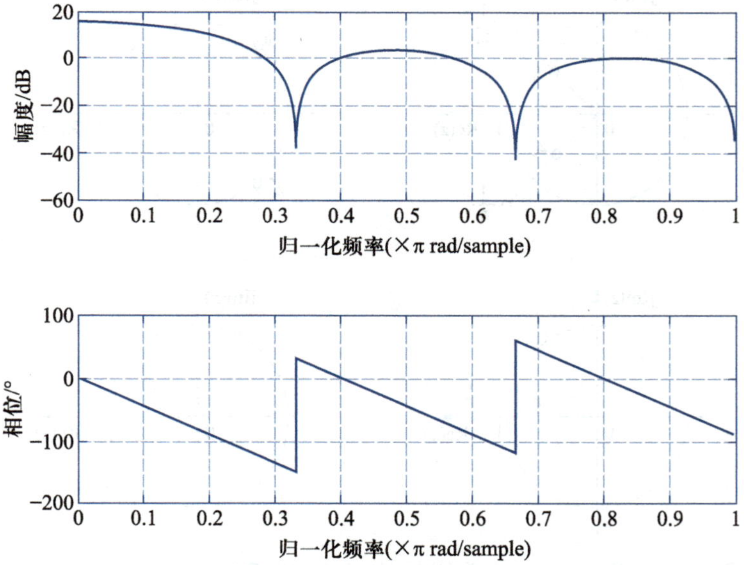


图 7.5-4　系统幅频与相频响应

注意观察本例中相频响应特性，在[0,π]范围内的 π/3 和 2π/3 处都出现了相位的180°跳变。显然，该系统为一个线性相位系统，其群延时为

$$\tau(\omega)=-\frac{\mathrm{d}}{\mathrm{d}\omega}arg[H(\mathrm{e}^{\mathrm{j}\omega})]=\frac{5}{2}$$

在实际应用中，可根据系统的零点特征来判断上述单位冲激响应具有对称特性的 4 种类型广义线性相位 FIR 系统。

由冲激响应对称性

$$h[n]=\pm h[M-n],\quad 0\leqslant n\leqslant M$$

对上式两边分别求 $z$ 变换，利用 $z$ 变换性质，可得

$$H(z)=\pm H(z^{-1})z^{-M}$$

显然，若 $z=z_0$ 为 $H(z)$ 的零点，$z=z_0^{-1}=\frac{1}{z_0}$ 也必是 $H(z)$ 的零点。

当 $h[n]$ 为实序列时，$H(z)$ 为 $z$ 的实系数方程，其复数零点将共轭成对出现。系统函数为

$$H(z)=\prod_{k=1}^{M_s}(1-z_kz^{-1})(1-z_k^*z^{-1})$$

此时，$z_0^*$ 和 $(z_0^{-1})^*=\frac{1}{z_0^*}$ 也是 $H(z)$ 的零点。即实系数线性相位 FIR 系统的零点按四个一组进行分布。

事实上，位于单位圆上的点，倒数为其本身；位于实轴上的点，其共轭也与自身相等。所以，根据 $z=z_0$ 的位置，可推断是否还有其余零点和它相对应，如图 7.5-5 所示。

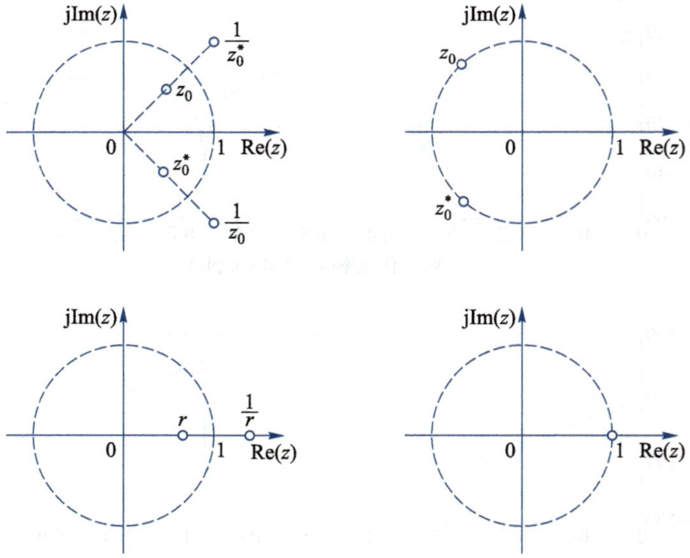


图 7.5-5 单位冲激响应具有对称特性的 FIR 系统不同位置的零点特征

利用上述零点特征，可以对前面四种类型的线性相位 FIR 系统的零点位置做进一步的分析。

四种不同的线性相位系统之间主要的区别就在于 $z=1$ 和 $z=-1$ 处的零点个数。由 $h[n]=\pm h[M-n], 0\leqslant n\leqslant M$ 及 $H(z)=\pm H(z^{-1})z^{-M}$ 可知：

若Ⅰ型线性相位 FIR 系统的系统函数有一个零点在 $z=1$ 或 $z=-1$ 处，由于其具有偶数阶和偶对称的冲激响应，则必在 $z=1$ 或 $z=-1$ 有偶数个零点。

Ⅱ型线性相位 FIR 系统由于 $M$ 是奇数，在 $z=-1$ 处有

$$H(-1)=(-1)^{-M}H(-1)=-H(-1)$$

所以 $H(-1)=0$，Ⅱ型线性相位 FIR 系统必定在 $z=-1$ 存在零点。

在Ⅲ型和Ⅳ型系统中，$h[n]$ 奇对称。$z=1$ 时，可得 $H(1)=-H(1)$，则该型滤波器必定有零点 $z=1$。进一步地，在Ⅲ型线性相位 FIR 系统中，由于 $M$ 为偶数，有

$$H(-1)=-(-1)^{-M}H(-1)=-H(-1)$$

因此，必定有一个零点在 $z=-1$ 处。

综上所述，对满足线性相位条件的 FIR 系统零点情况归纳如下。

Ⅰ型：在 $z=1$ 或 $z=-1$ 处要么没有零点，要么有偶数个零点。

Ⅱ型：在 $z=1$ 处要么没有零点，要么有偶数个零点；在 $z=-1$ 处有奇数个零点。

Ⅲ型：在 $z=1$ 和 $z=-1$ 处均有奇数个零点。

Ⅳ型：在 $z=1$ 处有奇数个零点；在 $z=-1$ 处要么没有零点，要么有偶数个零点。

正是由于不同类型的线性相位 FIR 滤波器具有在 $z=\pm1$ 处的不同零点分布情况，在设计线性相位滤波器时，就会有所限制。

**例 7.5-4**

已知一个长度为 9 的实系数因果线性相位 FIR 系统有以下零点：$z_1=0.5$，$z_2=0.4+\mathrm{j}0.5$，$z_3=0.8+\mathrm{j}0.6$。求解该系统的其余零点，并画出它的零极点图。请问这个线性相位 FIR 系统为哪一类型？

**解：**

首先由已知零点来求解系统的其他零点。对于实系数线性相位 FIR 系统，其零点具有共轭对称及镜像对称特性，因此由已知的三个零点，可以推知还有以下零点

$$z_4=z_2^*=0.4-\mathrm{j}0.5,\quad z_5=z_3^*=0.8-\mathrm{j}0.6,\quad z_6=\frac{1}{z_1}=2,$$

$$z_7=\frac{1}{z_2^*}=0.9756+\mathrm{j}1.2195,\quad z_8=z_7^*=0.9756-\mathrm{j}1.2195$$

已知 FIR 系统长度为 9，则其阶数为 8，因此系统一共应有 8 个零点。根据前面讨论已经找到 8 个零点，所以在 $z=1$ 和 $z=-1$ 处的零点个数应均为 0。从而，这个线性相位 FIR 系统为Ⅰ型。

其零极点图如图 7.5-6 所示。

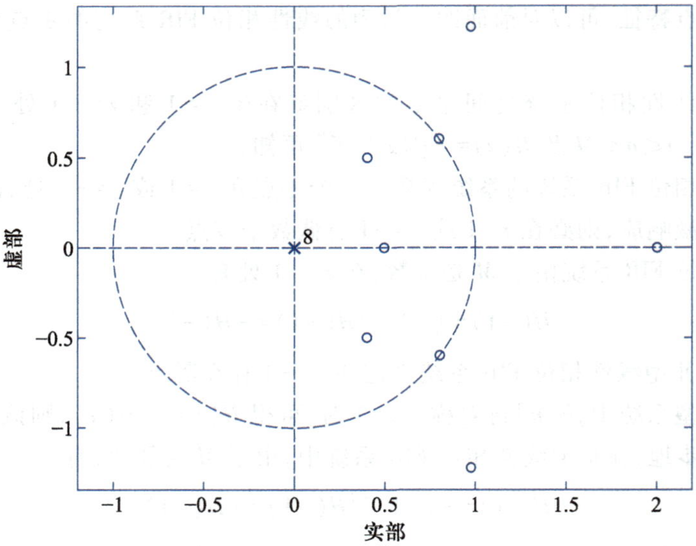


图 7.5-6 系统的零极点

## 7.6 本章小结

本章给出了离散时间系统在 $z$ 域和频域的表示形式，即系统函数和系统频率响应，研究了通过系统函数的零点和极点，以及系统幅频响应、相频响应和群延时特性分析系统特征的方法。

此外，基于对频响特性和零极点特征的分析，本章引出了全通系统、零相位系统、最小相位系统、最大相位系统和线性相位系统等系统分类，并总结了 4 种类型的广义线性相位 FIR 系统。

系统函数和系统频率响应的引入为离散时间线性时不变系统提供了分析方法，也为系统的设计提供了新的思路。

## 习 题

**P7.1** 已知一个因果的离散时间系统由以下一阶常系数线性差分方程表示

$$y[n]=ay[n-1]+bx[n],n\geqslant 0$$

在初始条件为 $y[-1]=0$ 情况下，用迭代法求解系统的冲激响应。

**P7.2** 某因果的离散时间线性时不变系统由两个子系统级联而成，如图 P7.2 所示，若描述两个子系统输入、输出的差分方程分别为

$$y_1[n]=0.4x[n]+0.6x[n-1]$$

$$y[n]-\frac{1}{3}y[n-1]=y_1[n]$$

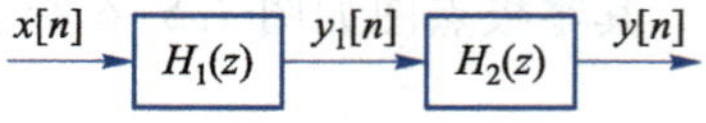


图 P7.2

(1) 求每个子系统的系统函数 $H_1(z)$ 和 $H_2(z)$；

(2) 求整个系统的单位采样响应 $h[n]$；

(3) 粗略画出子系统 $H_2(z)$ 的幅频特性曲线。

**P7.3**　已知系统差分方程为 $y[n]-y[n-1]=x[n-1]$，且 $y[n]=0,n<0$。求：

(1) 系统函数 $H(z)$；

(2) 系统单位冲激响应 $h[n]$；

(3) 当输入 $x[n]=\mathrm{e}^{-n\alpha T}$ 时的响应 $y[n]$；

(4) 当输入 $x[n]=10,n\geqslant 0$ 时的系统响应 $y[n]$。

**P7.4**　已知系统差分方程为 $y[n]-y[n-1]=\{x[n]+x[n-1]\}/2$，求：

(1) 系统函数 $H(z)$；

(2) 当输入为 $x[n]=\mathrm{e}^{-n\alpha T}$ 时的响应 $y[n]$。

**P7.5**　若有一个因果的离散时间线性时不变系统，当输入为

$$x[n]=\mathrm{u}[-n-1]+\left(\frac{1}{2}\right)^n\mathrm{u}[n]$$

时，输出信号 $y[n]$ 的 $z$ 变换是

$$Y(z)=\frac{-\frac{1}{2}z^{-1}}{\left(1-\frac{1}{2}z^{-1}\right)(1+z^{-1})}$$

(1) 求系统单位冲激响应的 $z$ 变换 $H(z)$，标明收敛域。

(2) $Y(z)$ 的收敛域是什么？

(3) 求 $y[n]$。

**P7.6**　一个因果的离散时间 LTI 系统，其系统函数是

$$H(z)=\frac{1-z^{-1}}{1+\frac{3}{4}z^{-1}}$$

当系统输入为

$$x[n]=\left(\frac{1}{3}\right)^n\mathrm{u}[n]+\mathrm{u}[-n-1]$$

(1) 求系统的单位冲激响应；

(2) 求输出 $y[n]$；

(3) 该系统是稳定的吗？（即 $h[n]$ 是绝对可和的吗？）

**P7.7**　已知线性时不变离散时间系统的系统函数为

$$H(z)=\frac{z+2}{8z^2-2z-3}$$

(1) 写出该系统的差分方程；

(2) 若该系统是因果的，求系统的冲激响应；

(3) 若该系统是因果的，分析系统的稳定性。

**P7.8**　一个因果的 LTI 系统有单位脉冲响应 $h[n]$，其 $z$ 变换是

$$H(z)=\frac{1+z^{-1}}{\left(1-\frac{1}{2}z^{-1}\right)\left(1+\frac{1}{4}z^{-1}\right)}$$

(1) $H(z)$ 的收敛域是什么？

(2) 请分析系统的稳定性。

(3) 若输入 $x[n]$，产生的输出为

$$y[n]=-\frac{1}{3}\left(-\frac{1}{4}\right)^n u[n]-\frac{4}{3}(2)^n u[-n-1]$$

求 $x[n]$ 的 $z$ 变换 $X(z)$。

(4) 求系统单位脉冲响应 $h[n]$。

**P7.9** 若某离散时间 LTI 系统的系统函数为

$$H(z)=\frac{1-\frac{1}{1024}z^{-10}}{1-\frac{1}{2}z^{-1}},\quad |z|>0$$

请分析系统的因果性。

**P7.10** 当一个离散时间 LTI 系统的输入为 $x[n]=\left(\frac{1}{3}\right)^n u[n]+(2)^n u[-n-1]$ 时，其输出为

$$y[n]=5\left(\frac{1}{3}\right)^n u[n]-5\left(\frac{2}{3}\right)^n u[n]$$

(1) 求该系统的系统函数 $H(z)$，画出 $H(z)$ 的零极点图并标注其收敛域；

(2) 求系统的单位冲激响应 $h[n]$；

(3) 写出满足给定输入和输出关系的差分方程；

(4) 试判断系统的因果性和稳定性。

**P7.11** 某离散时间 LTI 系统，其输入 $x[n]$ 和输出 $y[n]$ 满足如下差分方程

$$y[n]-\frac{5}{2}y[n-1]+y[n-2]=x[n]-x[n-1]$$

求 $n=0$ 时，该系统单位冲激响应 $h[n]$ 的所有可能值。

**P7.12** 一个因果的离散时间 LTI 系统的系统函数为

$$H(z)=\frac{1+2z^{-1}+z^{-2}}{\left(1+\frac{1}{2}z^{-1}\right)(1-z^{-1})}$$

(1) 求该系统的单位冲激响应 $h[n]$；

(2) 当输入为 $x[n]=e^{j\pi n/2}$ 时，求系统输出 $y[n]$。

**P7.13** 根据下列每小题中输入序列的 $z$ 变换 $X(z)$ 和系统函数 $H(z)$，确定输出序列的 $z$ 变换 $Y(z)$ 的收敛域。

(1) $X(z)=\frac{1}{1+\frac{1}{2}z^{-1}},\ |z|>\frac{1}{2},\quad H(z)=\frac{1}{1-\frac{1}{4}z^{-1}},\ |z|>\frac{1}{4}$

(2) $X(z)=\frac{1}{1-2z^{-1}},\ |z|<2,\quad H(z)=\frac{1}{1-\frac{1}{3}z^{-1}},\ |z|>\frac{1}{3}$

(3) $X(z)=\frac{1}{\left(1-\frac{1}{5}z^{-1}\right)(1+3z^{-1})},\ \frac{1}{5}<|z|<3,\quad H(z)=\frac{1+3z^{-1}}{1+\frac{1}{3}z^{-1}},\ |z|>\frac{1}{3}$

**P7.14** 根据下列输入和输出序列的 $z$ 变换 $X(z)$ 和 $Y(z)$，确定系统函数 $H(z)$ 的收敛域。

(1) $X(z)=\frac{1}{1-\frac{3}{4}z^{-1}},\ |z|>\frac{3}{4},\quad Y(z)=\frac{1}{1+\frac{2}{3}z^{-1}},\ |z|>\frac{2}{3}$

(2) $X(z)=\dfrac{1}{1+\dfrac{1}{3}z^{-1}}$, $|z|<\dfrac{1}{3}$,　$Y(z)=\dfrac{1}{\left(1-\dfrac{1}{6}z^{-1}\right)\left(1+\dfrac{1}{3}z^{-1}\right)}$, $\dfrac{1}{6}<|z|<\dfrac{1}{3}$

**P7.15**　图 P7.15 中,$H(z)$是一个因果 LTI 系统的系统函数,若 $x[n]\overset{ZT}{\longleftrightarrow}X(z)$,要求:

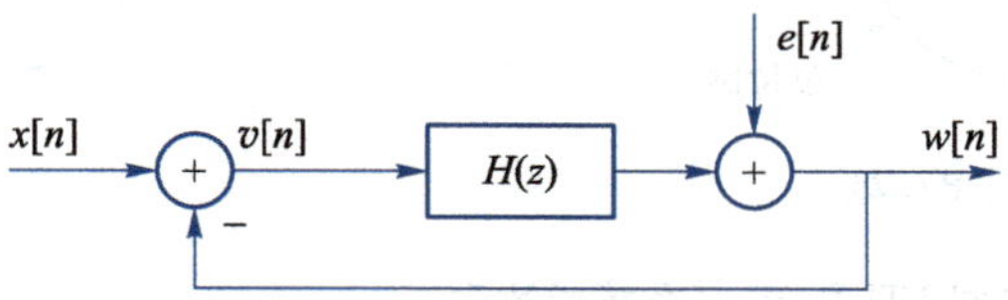


图 P7.15

(1) 利用图中各信号的 $z$ 变换,求得对 $W(z)$的如下形式的表达式

$$W(z)=H_1(z)X(z)+H_2(z)E(z)$$

其中 $H_1(z)$和 $H_2(z)$都用 $H(z)$表示;

(2) 若 $H(z)=z^{-1}/(1-z^{-1})$,确定 $H_1(z)$和 $H_2(z)$;

(3) 试判断(2)中系统 $H(z)$、$H_1(z)$和 $H_2(z)$的稳定性。

**P7.16**　已知一个离散时间 LTI 系统,其冲激响应为 $h[n]=\delta[n]-\alpha\delta[n-N]$。

(1) 设$|\alpha|<1$,请计算其频率响应 $H(e^{j\omega})$。

(2) 其幅频响应的最大值和最小值分别是多少?

(3) 在 $0\leqslant\omega<2\pi$ 范围内幅频响应会出现多少个峰值和谷值?这些峰值和谷值的位置分别在哪里?

**P7.17**　已知一个因果的 IIR LTI 离散时间系统,输入输出关系为 $y[n]=x[n]-\alpha y[n-N]$,且$|\alpha|<1$,其中 $y[n]$和 $x[n]$分别为输出和输入序列。

(1) 计算系统的频率响应;

(2) 确定系统幅频响应的最大值和最小值;

(3) 在 $0\leqslant\omega<2\pi$ 范围内幅频响应会出现多少个峰值和谷值?这些峰值和谷值的位置分别在哪里?

**P7.18**　已知一个具有实系数冲激响应,长度为 4 的 FIR 滤波器,其频率响应具有以下几个值:$H(e^{j0})=2$,$H(e^{j\pi/2})=7-j3$,$H(e^{j\pi})=0$。求其冲激响应 $h[n]$。

**P7.19**　一个具有长度为 4 的实对称冲激响应的 FIR 滤波器,其频率响应具有以下值:$H(e^{j\pi})=8$,$H(e^{j\pi/2})=-2+j2$。求其冲激响应 $h[n]$。

**P7.20**　有一个由下列差分方程描述的因果线性时不变系统

$$y[n]=\frac{3}{2}y[n-1]+y[n-2]+x[n-1]$$

(1) 求该系统的系统函数 $H(z)=Y(z)/X(z)$,画出 $H(z)$的零极点图,指出收敛域;

(2) 求系统的单位脉冲响应;

(3) 不难发现该系统是不稳定的,求一个稳定的(非因果)单位冲激响应,它满足该差分方程。

**P7.21**　一个 LTI 系统的系统函数有如图 P7.21 所示的零极点图。判断下列说法是对还是错,或者由已给出的信息无法确定。

(1) 系统是稳定的;

(2) 系统是因果的;

(3) 如果系统是因果的,那么一定是稳定的;

(4) 如果系统是稳定的,那么就一定是一个双边的单位冲激响应。

**P7.22**　某离散时间 LTI 系统的零极点分布如图 P7.22 所示,试判断其是否为全通系统,并给出理由。

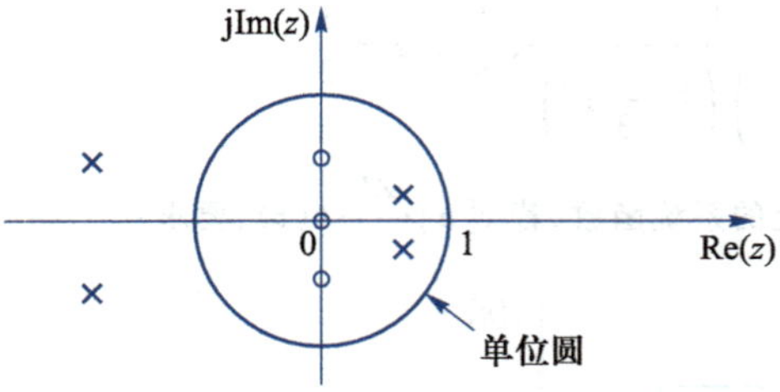


图 P7.21

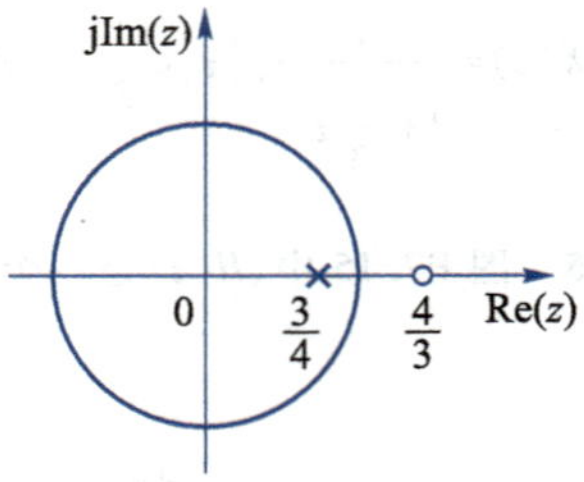


图 P7.22

**P7.23** 某因果的离散时间 LTI 系统,其系统函数为

$$H(z)=\frac{1+2.5z^{-1}+z^{-2}}{1-0.9z^{-1}}$$

(1) 试分析该系统的稳定性。

(2) 请问该系统是否存在因果的逆系统 $H_i(z)$? 如果有,给出其表达式,并分析逆系统的稳定性。

(3) 试绘制 $|H(e^{j\omega})|$。

(4) 求最小相位系统 $H_{min}(z)$ 和全通系统 $H_{ap}(z)$ 的表达式,以使 $H(z)=H_{min}(z)H_{ap}(z)$。

**P7.24** 有一个离散时间 LTI 系统,其系统函数为

$$H(z)=\frac{(1+0.2z^{-1})(1-9z^{-2})}{(1+0.81z^{-2})}$$

(1) 该系统是因果的吗?

(2) 求一个最小相位系统 $H_{min}(z)$ 和一个全通系统 $H_{ap}(z)$ 的表达式,以使 $H(z)=H_{min}(z)H_{ap}(z)$。

(3) 若将系统 $H(z)$ 和 $H_{min}^{-1}(z)$ 级联,如图 P7.24 所示,试求系统 $G(z)$ 的幅频响应 $|G(e^{j\omega})|$。

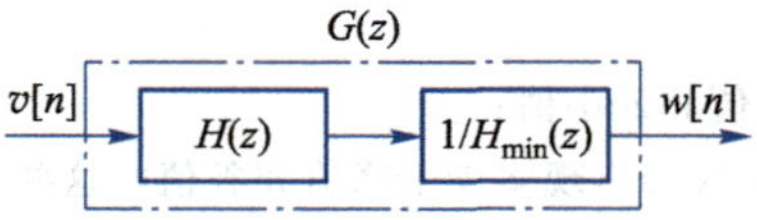


图 P7.24

**P7.25** 一个 LTI FIR 离散时间系统的频率响应给定为

$$G(e^{j\omega})=g_0+g_1e^{-j\omega}+g_2e^{-j2\omega}+g_3e^{-j3\omega}$$

请问系数 $g_0,g_1,g_2,g_3$ 为何值时,$G(e^{j\omega})$ 具有常数群延时?

**P7.26** 已知一离散时间线性时不变系统单位冲激响应为

$$h[n]=\delta[n]+2\delta[n-1]+2\delta[n-2]+\delta[n-3]$$

(1) 试推导系统传输函数 $H(z)$,并给出系统极点位置;

(2) 求解系统频响 $H(e^{j\omega})$;

(3) 分析该系统的相频响应特征,并绘制其相频响应曲线;

(4) 根据零点位置,判断该系统可能是什么类型的选频滤波器。

**P7.27** 已知二阶因果的线性时不变离散时间系统的系统函数为

$$H(z)=\frac{z^2+1.4z}{z^2-0.1z-0.2}=\frac{z^2+1.4z}{(z-0.5)(z+0.4)}$$

(1) 若采用如图 P7.27 所示结构形式实现,试求子系统 $H_2(z)$ 的系统函数的表达式;

(2) 画出 $H_1(z)$ 零极点图,写出子系统 $H_1(z)$ 的频率响应 $H_1(e^{j\omega})$ 的表达式,并画出幅频特性曲线 $|H_1(e^{j\omega})|$;

(3) 试分析系统 $H(z)$ 的稳定性。

**P7.28** 某因果的线性时不变离散时间系统的结构框图如图 P7.28 所示。

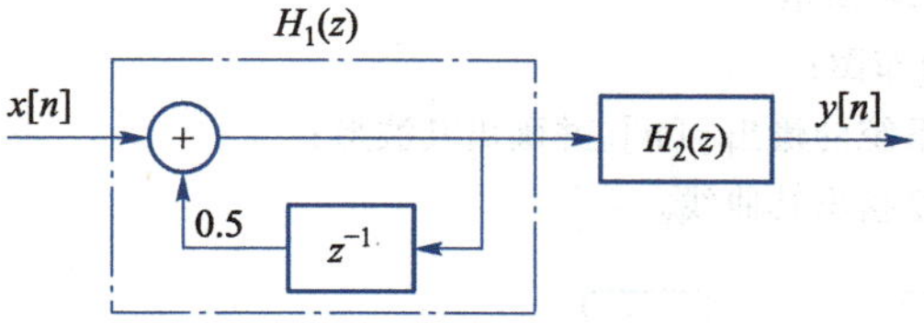

图 P7.27

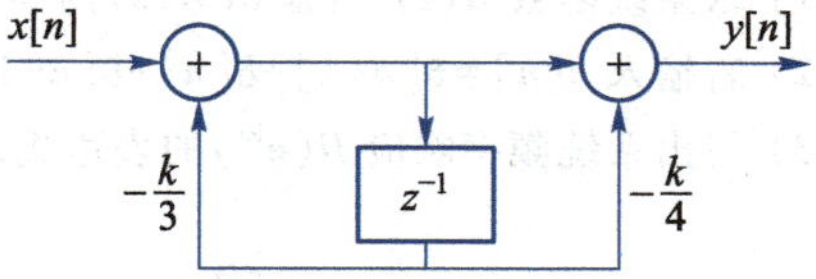

图 P7.28

(1) 写出该系统的系统函数 $H(z)$。

(2) 当 $k$ 为何值时,该系统是稳定的?

(3) 如果 $k=1, x[n]=\delta[n]-(1/4)^n u[n]$,试求 $y[n]$。

(4) 画出 $k=1$ 时系统的幅频特性曲线 $|H_1(e^{j\omega})|$。

**P7.29** 已知一因果离散时间系统,当输入

$$x[n]=\left(\frac{1}{2}\right)^n u[n]-\frac{1}{4}\left(\frac{1}{2}\right)^{n-1} u[n-1]$$

时,系统的零状态响应为 $y[n]=(1/3)^n u[n]$。

(1) 求该系统的系统函数 $H(z)$ 及单位采样响应 $h[n]$;

(2) 求该系统的差分方程。

**P7.30** 已知一因果的线性时不变离散时间系统的结构如图 P7.30 所示。

(1) 设 $a_1=0.4, a_2=0, b_0=1, b_1=0$,求系统函数 $H(z)$,画出其零极点分布图,推导幅频特性 $|H_1(e^{j\omega})|$ 的表达式,并绘制幅频响应特性曲线 $|H_1(e^{j\omega})|$;

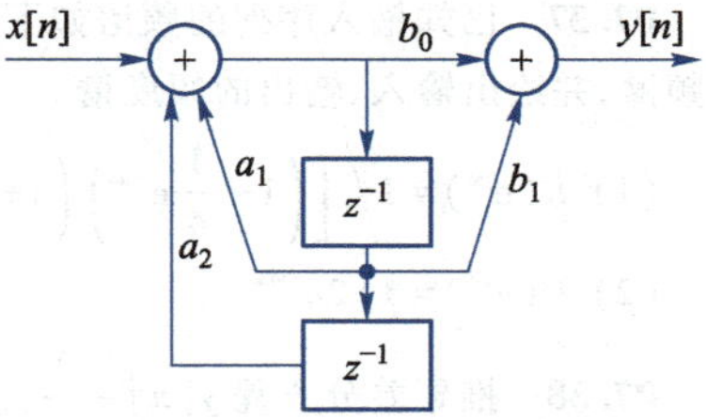

图 P7.30

(2) 设 $a_1=0.1, a_2=0.2, b_0=0, b_1=2$,讨论系统的稳定性;

(3) 试推导系统的差分方程。

**P7.31** 已知某离散时间系统如图 P7.31 所示,由两个子系统级联而成,设两个子系统的单位冲激响应分别为:$h_1[n]=a^n u[n], h_1[n]=\delta[n]-a\delta[n-1], 0<a<1$。

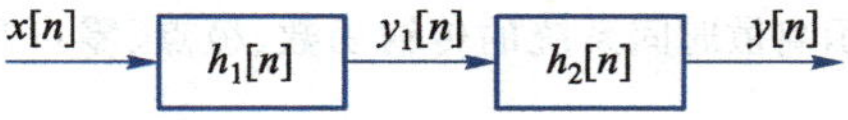

图 P7.31

(1) 分别写出两个子系统的频率特性表达式 $H_1(e^{j\omega})$ 和 $H_2(e^{j\omega})$,并绘制其幅频响应特性曲线 $|H_1(e^{j\omega})|$ 和 $|H_2(e^{j\omega})|$;

(2) 求总系统的单位冲激响应 $h[n]$。

**P7.32** 已知一因果离散时间系统的差分方程为

$$y[n]-0.1y[n-1]-0.2y[n-2]=x[n]-1.4x[n-1]$$

求该系统的系统函数 $H(z)$ 和单位采样响应 $h[n]$。

**P7.33** 已知因果的离散时间系统的差分方程为

$$y[n]+\frac{1}{5}y[n-1]-\frac{6}{25}y[n-2]=x[n]-x[n-1]$$

(1) 求出该系统的系统函数 $H(z)$,注明收敛域,讨论系统的稳定性;

（2）若已知输入 $x[n]=\mathrm{u}[n]$，求系统的输出 $y[n]$；

（3）粗略绘出该系统的幅频特性曲线。

**P7.34**　已知因果的离散时间 LTI 系统如图 P7.34 所示。

（1）求系统函数 $H(z)$，并画出 $H(z)$ 的零极点分布图；

（2）若输入 $x[n]=\delta[n+1]+\delta[n]+\delta[n-1]$，求系统的输出 $y[n]$，并画出其波形；

（3）写出系统频率响应 $H(\mathrm{e}^{\mathrm{j}\omega})$ 的表达式，并粗略描出其曲线。

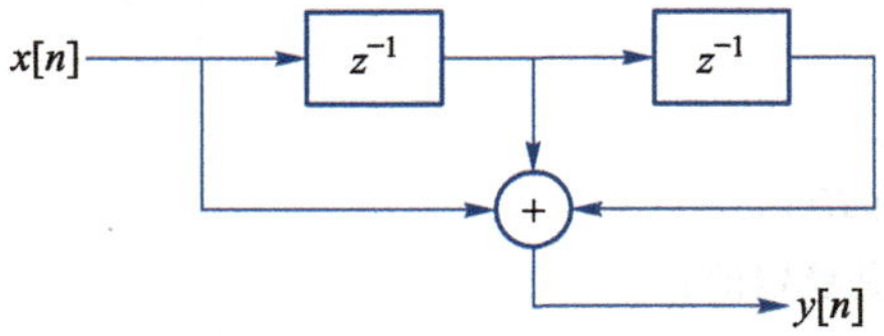


图 P7.34

**P7.35**　已知一个因果系统，其差分方程为

$$y[n]+\frac{1}{2}y[n-1]=x[n]$$

试推导其系统函数、冲激响应和频率响应。

**P7.36**　已知输入序列如下所示，试求该序列通过习题 P7.35 中的系统后对应的输出序列。

（1）$x[n]=(1/4)^n\mathrm{u}[n]$

（2）$x[n]=\delta[n]+0.5\delta[n-1]$

**P7.37**　已知输入序列的频谱如下所示，若序列通过习题 P7.35 中的系统，试推导其对应的输出序列的频谱，并绘出输入、输出的幅度谱。

（1）$U(\mathrm{e}^{\mathrm{j}\omega})=1\bigg/\left[\left(1-\frac{1}{4}\mathrm{e}^{-\mathrm{j}\omega}\right)\left(1+\frac{1}{2}\mathrm{e}^{-\mathrm{j}\omega}\right)\right]$

（2）$U(\mathrm{e}^{\mathrm{j}\omega})=1+2\mathrm{e}^{-\mathrm{j}4\omega}$

**P7.38**　推导差分方程 $y[n]-\frac{1}{2}y[n-1]+\frac{1}{4}y[n-2]=x[n]$ 所表征的系统函数，给出所有可能的系统单位冲激响应，并分析其稳定性。

**P7.39**　已知 $y[n]=u[n]-\mathrm{e}^{-8a}\mathrm{u}[n-8]$，$0<a<1$，求系统的系统函数、极点、零点和收敛域。

**P7.40**　试推导图 P7.40 所示离散时间系统的传输函数、极点、零点和收敛域。并分析系统稳定时 $k$ 的取值。

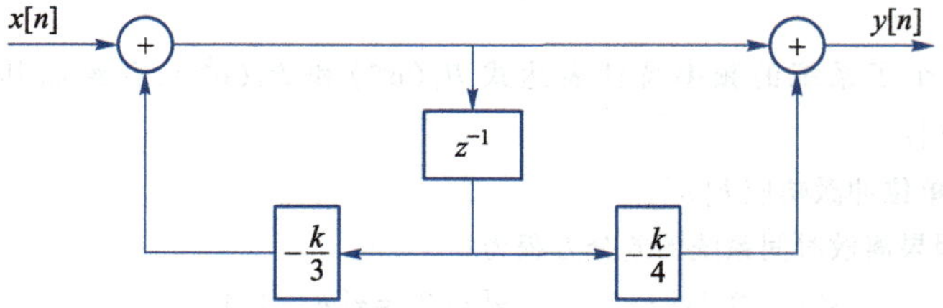


图 P7.40

**P7.41**　已知一个长度为 12 的Ⅱ型实系数 FIR 滤波器，其零点为：$z_1=3.1$，$z_2=-2+\mathrm{j}4$，$z_3=0.8+\mathrm{j}0.4$。

（1）该滤波器是否还有其他零点？若有，给出其余零点的位置。

（2）推导滤波器 $H(z)$ 的系统函数。

**P7.42** 已知下面五个 FIR 系统的系统函数

(a) $H_1(z)=2+1.4z^{-1}-0.9z^{-2}-0.158z^{-3}+0.4104z^{-4}+0.0294z^{-5}-0.0668z^{-6}$

(b) $H_2(z)=1+2.7z^{-1}-12.61z^{-2}-24.757z^{-3}+66.301z^{-4}+62.072z^{-5}-126.786z^{-6}$

(c) $H_3(z)=0.2-0.26z^{-1}+1.934z^{-2}+10.413z^{-3}+1.934z^{-4}-0.26z^{-5}+0.2z^{-6}$

(d) $H_4(z)=1.25+0.5z^{-1}-2.1z^{-2}-2.1z^{-4}+0.5z^{-5}+1.25z^{-6}$

(e) $H_5(z)=1.1+3.12z^{-1}-2.5z^{-2}+0.6z^{-3}+0.5z^{-4}+0.06z^{-5}+z^{-6}$

请用 MATLAB 函数确定每个系统的零点位置,并回答下列问题:

(1) 以上 FIR 系统谁具有线性相频响应?

(2) 以上 FIR 系统谁具有最小相频响应?

(3) 以上 FIR 系统谁具有最大相频响应?

# 第八章　数字滤波器

## 8.1　引　　言

信号通过系统后,信号的各个频率分量的幅度和相位都会发生变化,变化量由系统的频率响应决定。频率响应包括幅频响应和相频响应两部分,分别描述了系统对输入信号各个频率分量的幅度和相位的影响。从这个意义上说,一个离散线性时不变系统,就是一个数字滤波器。本章主要讨论频率选择类数字滤波器。

数字滤波器的作用是改变输入信号的频谱结构,对输入信号的某些频率成分放大或保持不变,而将另一些频率成分衰减或抑制。若某些特定频率范围内的频率成分允许通过,则这些频率范围就被定义为通带(pass band);另一些频率范围中的频率成分不允许通过,则被定义为阻带(stop band)。通带和阻带之间还可能存在过渡带。很多时候,可简单地用截止频率来粗略区分通带和阻带。与模拟滤波器的分类相似,根据通带和阻带的范围,可以将数字滤波器分为四种类型:低通(low pass filter,LPF)、高通(high pass filter,HPF)、带通(band pass filter,BPF)和带阻(band stop filter,BSF)。低通滤波器允许低于截止频率的频率成分通过,阻止高于截止频率的频率成分通过;高通滤波器正好相反。带通滤波器有两个截止频率,允许两个截止频率之间的频率成分通过,阻止其他范围的频率成分通过;带阻滤波器与之相反。

除此之外,还有其他类型的数字滤波器,如全通滤波器、数字陷波器、多通带滤波器、梳状滤波器等。全通滤波器的幅频响应在整个频带均为常数,输入信号通过全通滤波器后,所有频率分量的幅度保持不变,仅相位发生改变,因此全通滤波器又称为纯相位滤波器。数字陷波器的功能是抑制某单一频率分量,使其他频率通过。例如,可以用陷波器滤除电源产生的 50 Hz 工频干扰。多通带滤波器即为具有多个通带和阻带的滤波器。梳状滤波器可用于滤除信号中的某一频率分量和它的多个谐波频率。上述经典滤波器是本章讨论的重点。此外,本章还将简要介绍自适应滤波器的概念和应用。

需要注意的是,数字滤波器是离散系统,频率响应以 $2\pi$ 为周期,通常只考虑主值范围 $[-\pi,\pi]$;滤波器的截止频率用数字角频率 $\omega_c$ 表示,设计的数字滤波器必须结合采样频率,才能得到对应的模拟截止频率 $f_c$。

如何设计数字滤波器以实现给定的技术要求,是数字信号处理的关键问题之一。完成一个数字滤波器的设计,通常包括以下三个步骤。

(1) 确定指标:根据给定的技术要求,确定数字滤波器的设计指标;本章 8.2 节将对此进行详细讨论。

(2) 滤波器设计:用一个系统函数 $H(z)$ 或冲激响应 $h[n]$ 去逼近给出的设计指标。这一过程既可以选择无限冲激响应 IIR 系统,也可以选择有限冲激响应 FIR 系统。一般而言,要实现同样的幅频响应指标,IIR 系统比 FIR 系统的阶数低,更加节省存储资源和运算资源;但若需要线性相位则只能选 FIR 系统。

(3) 滤波器实现:用硬件或软件实现上一步得到的 $H(z)$、$h[n]$ 或等价的系统差分方程。这一过程需要考虑很多因素,包括选择合适的滤波器结构、字长和量化效应、有限精度处理方案等。此部分将在第九章讨论。

其中,第(2)步是本章讨论的重点。IIR 系统的冲激响应是无限长的,而 FIR 系统的冲激响应是有限长的,两者的系统函数分别由式(8.1-1)和式(8.1-2)表示,考虑到滤波器的工程可实现性,这里主要讨论因果系统

$$H(z)=\frac{\sum_{k=0}^{M}p_k z^{-k}}{\sum_{k=0}^{N}d_k z^{-k}} \tag{8.1-1}$$

$$H(z)=\sum_{n=0}^{N}h[n]z^{-n} \tag{8.1-2}$$

IIR 滤波器和 FIR 滤波器在设计方法和实现结构上有着明显的区别。IIR 滤波器采用递归结构,其系统函数为 $z^{-1}$ 的有理分式,分母多项式决定了滤波器的反馈网络。设计 IIR 滤波器需要求出分子和分母多项式的系数,使得 $H(z)$ 逼近给定的设计指标。FIR 滤波器为非递归结构,式(8.1-2)中的 $h[n]$ 就是 FIR 滤波器的单位冲激响应。设计 FIR 滤波器时常采用在时域或频域逼近理想滤波器的方法来求解。本章 8.3 和 8.4 节将分别讨论 IIR 和 FIR 滤波器的设计方法。

## 8.2 数字滤波器设计指标

设计一个滤波器首先需要确定其技术指标。特别地,对于数字滤波器,需要确定一组基于离散时间特性的技术指标。本章讨论频率选择类滤波器,设计时应满足滤波器的频率响应要求。滤波器的频率响应包括幅频响应和相频响应。一般而言,IIR 滤波器很难满足线性相位的要求,通常只关注滤波器的幅频响应;FIR 滤波器可以实现严格的线性相位,因此在设计 FIR 滤波器的过程中通常还会附加线性相位的要求。

在关于数字信号处理问题的理论分析中,常常采用理想滤波器以简化问题分析的难度。对理想滤波器而言,截止频率是最关键的指标,设计一个理想滤波器只需要确定其截止频率即可。遗憾的是,理想滤波器在物理上是不可能实现的,根本原因在于通带到阻带不可能突变,通带和阻带的幅频响应也不可能分别是持续恒定的 1 和 0。在实际应用中,滤波器频率响应需要在通带和阻带之间增加过渡带,通带和阻带的幅度也允许在 1 和 0 附近有一定的误差或波动。至于相频响应,一般只考虑通带内的相位是否满足线性要求。根据前面的章节可知,当滤波器通带内相位为线性,则通带内群时延为常数。

这里以数字低通滤波器为例,说明数字滤波器幅频响应的技术指标。由于数字滤波器

频率响应以 $2\pi$ 为周期，而且实系数数字滤波器的幅频响应是数字角频率 $\omega$ 的偶函数，因此在讨论滤波器指标时只考虑 $0\leqslant\omega\leqslant\pi$。

可以用两种方式描述滤波器幅频响应的技术指标，即绝对指标和相对指标，如图 8.2-1 所示。其中，图 8.2-1(a)为数字低通滤波器幅频响应的绝对指标描述；图 8.2-1(b)为归一化后的数字低通滤波器幅频响应的相对指标描述。无论哪种方式，数字角频率 $\omega$ 在 $[0,\pi]$ 范围内都分为通带、过渡带和阻带三部分，其中 $\omega_p$ 为通带截止频率，$\omega_s$ 为阻带截止频率；因此，$[0,\omega_p]$ 为通带，$[\omega_p,\omega_s]$ 为过渡带，$[\omega_s,\pi]$ 为阻带。图 8.2-1 (a)中，$\delta_p$ 为通带最大纹波，$\delta_s$ 为阻带最大纹波。于是，当 $0\leqslant\omega\leqslant\omega_p$ 时，滤波器的幅频响应 $|G(e^{j\omega})|\approx1$，误差为 $\pm\delta_p$，即 $1-\delta_p\leqslant|G(e^{j\omega})|\leqslant1+\delta_p$；当 $\omega_s\leqslant\omega\leqslant\pi$ 时，滤波器的幅频响应 $|G(e^{j\omega})|\approx0$，误差为 $\delta_s$，即 $|G(e^{j\omega})|\leqslant\delta_s$。图 8.2-1(b)中，将通带内的最大幅度值归一化为 1；$1/\sqrt{1+\varepsilon^2}$ 为通带最大误差，$1/A$ 为阻带最大幅度。

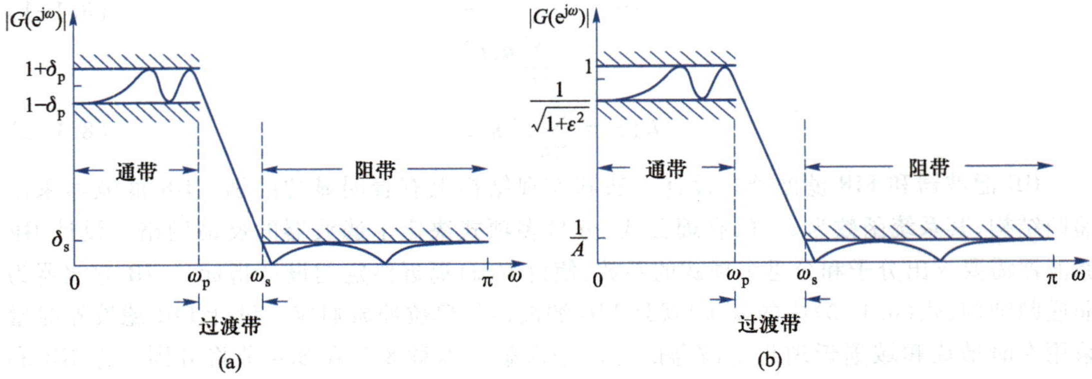


图 8.2-1 数字低通滤波器幅频响应的指标图

下面以 dB(分贝)的形式给出数字滤波器的相对指标要求。定义 $\alpha_{max}$ 为以 dB 为单位的通带最大衰减，$\alpha_s$ 为以 dB 为单位的阻带最小衰减，则 $\alpha_{max}$ 与 $1/\sqrt{1+\varepsilon^2}$ 之间的关系见式(8.2-1)，一般情况下 $\delta_p\ll1$，于是可以得到式(8.2-2)。$\alpha_s$ 与 $1/A$、$\delta_s$ 之间的关系见式(8.2-3)

$$\alpha_{max}=20\lg(\sqrt{1+\varepsilon^2}) \tag{8.2-1}$$

$$\alpha_{max}\approx-20\lg(1-2\delta_p) \tag{8.2-2}$$

$$\alpha_s=-20\lg\delta_s=20\lg A \tag{8.2-3}$$

工程中常用损耗函数(loss function)或称为衰减函数(attenuation function)来描述滤波器的幅频响应特性，衰减函数定义见式(8.2-4)

$$A(\omega)=-20\lg|G(e^{j\omega})| \tag{8.2-4}$$

实际应用中人们习惯用 dB 形式来表示两个信号的相对大小。在电子通信领域，常比较两个信号幅度和功率的相对大小，注意到用信号功率 $P$ 和用信号幅度 $A$ 求 dB 时公式不同，见式(8.2-5)

$$\text{ratio}=10\lg\left(\frac{P_1}{P_2}\right)=20\lg\left(\frac{A_1}{A_2}\right) \tag{8.2-5}$$

因此,0 dB 表示参与比较的两个数相等;负的 dB 数表示与参照量(分母)相比信号较小,例如,-3 dB 表示信号幅度为参照量的 0.707 倍,或功率为参照量的 1/2,同理,-20 dB 表示幅度为参照量的 0.1 倍,-40 dB 表示幅度为参照量的 0.01 倍,-60 dB 表示幅度为参照量的 0.001 倍,以此类推;正的 dB 数表示与参照量(分母)相比信号更大,例如,20 dB 表示信号幅度为参照量的 10 倍。

下面用图形直观地显示不同指标是如何影响滤波器性能的。基本的判断标准是,滤波器的频率响应越接近理想滤波器,性能越好。图 8.2-2 比较了过渡带宽度(下降快慢)对滤波器性能的影响。显然,过渡带越窄(从通带到阻带下降越快),滤波器性能越好,它能更清晰地区分通过的频率分量和阻止的频率分量。图 8.2-3 比较了通带的纹波大小对滤波器性能的影响。通带响应越平坦,越能保证通带内频率分量的一致性,因此性能越好。图 8.2-4 比较了阻带衰减程度对滤波器性能的影响。阻带衰减越大,不需要的频率分量将被滤除得更加干净,性能更加理想。

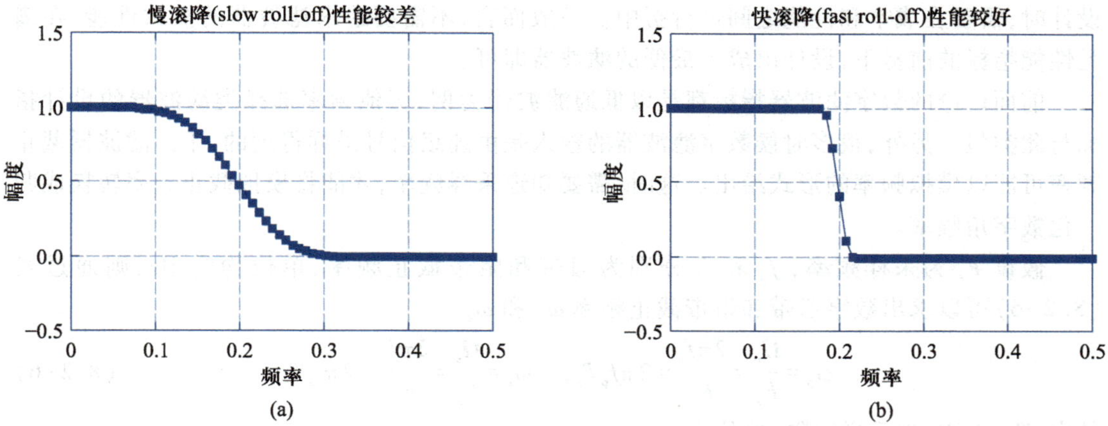


图 8.2-2 过渡带宽度对滤波器性能的影响

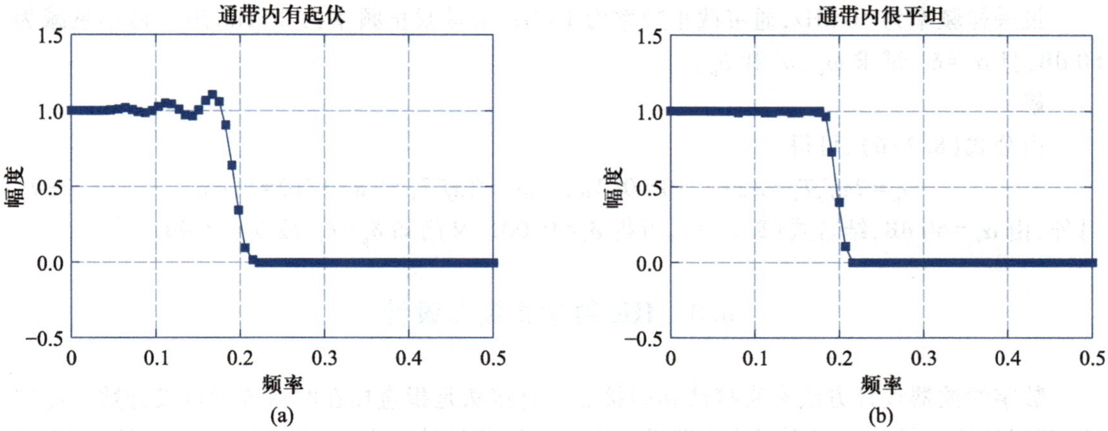


图 8.2-3 通带内幅频响应的平坦程度对滤波器性能的影响

需要说明的是,要获得更好的性能,如实现上述三幅图中右边的滤波器,往往在设计复杂度、实现成本(包括存储成本和运算成本)等方面会付出更多的代价。因此,实际滤波器

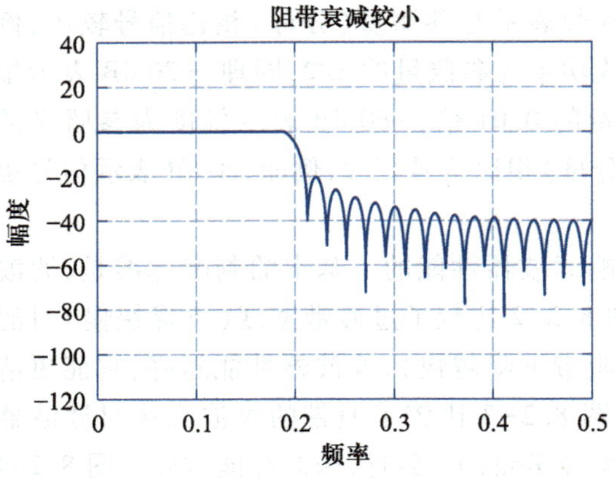

(a)

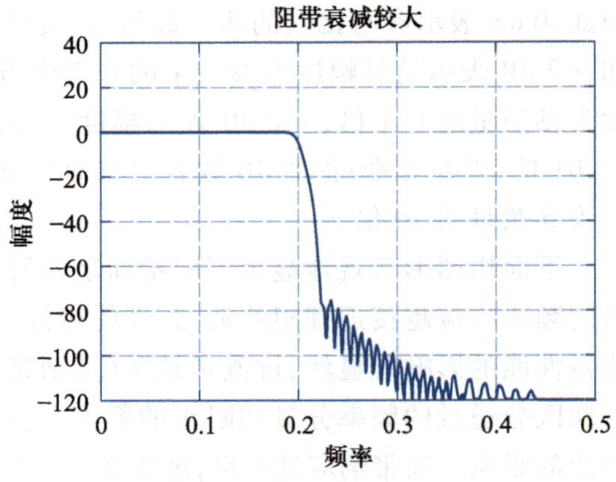

(b)

图 8.2-4 阻带衰减程度对滤波器性能的影响

设计时,需要在成本和性能之间进行折中。一般而言,不需要追求滤波器的极致性能,在满足性能指标的前提下,设计出成本最低的滤波器即可。

前面讨论的数字滤波器指标都是以低通滤波器为例,其他频率选择类滤波器的设计指标与此类似。另外,很多时候数字滤波器的输入是由连续信号采样得到的,于是滤波器截止频率可能以模拟频率的形式给出。这时,需要知道采样频率,才能将模拟截止频率转换成归一化数字角频率。

假设 $F_s$ 为采样频率,$f_p$ 和 $f_s$ 分别为通带和阻带截止频率,单位均为 Hz,则通过式(8.2-6)可以求出数字通带和阻带截止频率 $\omega_p$ 和 $\omega_s$

$$\omega_p=\frac{\Omega_p}{F_s}=\frac{2\pi f_p}{F_s}=2\pi f_p T_s,\quad \omega_s=\frac{\Omega_s}{F_s}=\frac{2\pi f_s}{F_s}=2\pi f_s T_s \tag{8.2-6}$$

其中,$T_s=1/F_s$ 为采样间隔,单位为 s。

**例 8.2-1**

设采样频率为 10 kHz,通带截止频率为 1 kHz,阻带截止频率为 2 kHz,阻带最小衰减为 60 dB,且 $\delta_p=\delta_s$,试求 $\omega_p$、$\omega_s$ 和 $\delta_p$。

**解:**

由公式(8.2-6),可得

$$\omega_p=2\pi f_p T_s=2\pi\times1/10=0.2\pi,\quad \omega_s=2\pi f_s T_s=2\pi\times1/10=0.4\pi \tag{8.2-7}$$

另外,由 $\alpha_s=60$ dB,结合式(8.2-3),可得 $\delta_s=0.001$,又已知 $\delta_p=\delta_s$,故 $\delta_p=0.001$。

## 8.3 IIR 数字滤波器设计

数字滤波器设计方法有直接法和间接法。直接法是指直接在时域或频域设计数字滤波器,而间接法是借助模拟原型滤波器进行数字滤波器设计。由前面章节的讨论可知,IIR 滤波器由于使用了输出的反馈,有可能不稳定。因此,很难通过调整零极点设计出阶数较高的 IIR 滤波器。另一方面,模拟滤波器的设计方法已经很成熟,借助模拟滤波器来设计数字滤波器将大大降低设计者的工作量,所以 IIR 数字滤波器设计常采用间接法,设计步骤为:

(1) 将给定的数字滤波器指标转换成模拟原型低通滤波器指标；

(2) 设计模拟原型低通滤波器的传输函数 $G(s)$；

(3) 按一定规则将 $G(s)$ 转换为数字低通滤波器 $H_{LP}(z)$；

(4) 若要求设计的是数字高通、带通或带阻滤波器，有两种方法将低通滤波器进行转换。一种方法是先将模拟原型低通滤波器 $G(s)$ 转换成模拟高通、带通或带阻滤波器 $H_a(s)$，再将 $H_a(s)$ 转换成 $H(z)$。另一种方法是直接在数字域进行转换，将第(3)步得到的数字低通滤波器 $H_{LP}(z)$ 转换成数字高通、带通或带阻滤波器 $H(z)$。

其中第(2)步的具体方法可参考信号与系统相关书籍中的模拟滤波器设计部分；第(1)步与第(3)步直接相关，8.3.1 节将讨论两种常用的转换方法的原理、步骤以及他们的性能。8.3.2 节将讨论第(4)步的频谱转换。8.3.3 节将以具体的工程实例说明如何用间接法设计 IIR 数字滤波器。

### 8.3.1 IIR 数字滤波器设计的基本方法

用间接法设计 IIR 数字滤波器的关键是将模拟原型低通滤波器 $G(s)$ 转换为数字低通滤波器 $H_{LP}(z)$，常用的方法有冲激响应不变法(impulse invariance method)和双线性变换法(bilinear transform method)。

将 $G(s)$ 转换为 $H_{LP}(z)$ 的基本思路是寻找一种从 $s$ 平面到 $z$ 平面的映射，使得 $H_{LP}(z)$ 保持 $G(s)$ 的本质特性。为了满足这一要求，该映射应满足以下要求：(1) 因果稳定的模拟原型低通滤波器 $G(s)$ 转换为数字低通滤波器 $H_{LP}(z)$ 仍应是因果稳定的，即 $s$ 平面的 $j\Omega$ 轴映射到 $z$ 平面的单位圆，且 $s$ 平面的负半区映射到 $z$ 平面的单位圆内部；(2) 数字低通滤波器 $H_{LP}(z)$ 的幅频响应是模拟原型低通滤波器 $G(s)$ 的幅频响应的分段近似。由本节后面的讨论可知，冲激响应不变法和双线性变换法都能满足上述要求。

#### 1. 冲激响应不变法

冲激响应不变法是直接基于采样过程来实现从 $s$ 平面到 $z$ 平面的映射。设连续信号为 $x_a(t)$，以 $T_s$ 等间隔采样后的离散信号为 $x[n]$，则两者关系如式(8.3-1)所示

$$x_d(t)=\sum_{n=-\infty}^{\infty}x_a(nT_s)\delta(t-nT_s),\quad x[n]=x_a(t)\mid_{t=nT_s}=x_a(nT_s) \tag{8.3-1}$$

对式(8.3-1)第一部分作 Laplace(拉普拉斯)变换，得到式(8.3-2)

$$\begin{aligned}G(s)&\triangleq\mathcal{L}\{x_d(t)\}=\int_{-\infty}^{\infty}\sum_{n=-\infty}^{\infty}x_a(nT_s)\delta(t-nT_s)e^{-sT_s}dt\\&=\sum_{n=-\infty}^{\infty}x_a(nT_s)\int_{-\infty}^{\infty}\delta(t-nT_s)e^{-sT_s}dt\\&=\sum_{n=-\infty}^{\infty}x[n]e^{-nsT_s}\end{aligned} \tag{8.3-2}$$

另一方面，直接求 $x[n]$ 的 $z$ 变换，可得式(8.3-3)

$$\mathcal{Z}\{x[n]\}=\sum_{n=-\infty}^{\infty}x[n]z^{-n} \tag{8.3-3}$$

比较式(8.3-2)和式(8.3-3)可知，当 $z=e^{sT_s}$ 时，有 $\mathcal{Z}\{x[n]\}=\mathcal{L}\{x_d(t)\}$。于是，得到 $s$

平面到 $z$ 平面的映射关系如图 8.3-1。

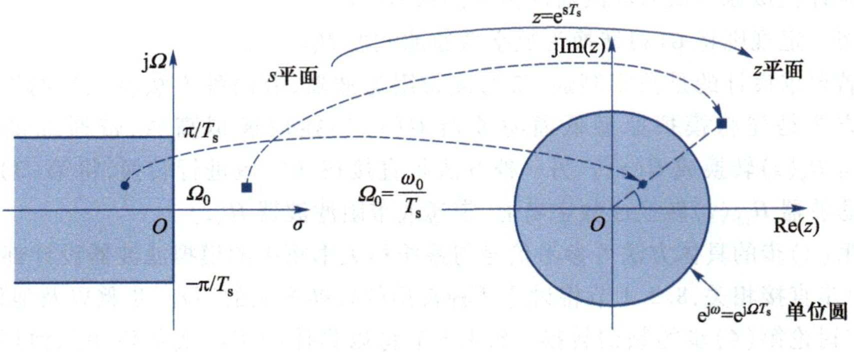


图 8.3-1 冲激响应不变法的 $s$-$z$ 映射关系

在图 8.3-1 中，$s$ 平面和 $z$ 平面都是复平面，区别在于二者采用了不同的坐标系。$s$ 平面采用直角坐标系，$z$ 平面采用极坐标系。设 $s=\sigma+j\Omega, z=re^{j\omega}$，则有 $r=e^{\sigma T_s}, \omega=\Omega T_s$。因此，$s$ 平面的 $j\Omega$ 轴映射为 $z$ 平面的单位圆，$z$ 平面的负半区映射到 $z$ 平面的单位圆内部；数字角频率 $\omega$ 与模拟角频率 $\Omega$ 是线性关系。

由映射关系 $z=e^{sT_s}$，将模拟原型低通滤波器 $G(s)$ 转换为数字低通滤波器 $H_{LP}(z)$ 最直接的方法为式(8.3-4)

$$H_{LP}(z)=G(s)\Big|_{s=\frac{1}{T_s}\ln z} \tag{8.3-4}$$

然而，这种简单代换会使得 $H_{LP}(z)$ 中出现 $z$ 的对数形式，造成 $H_{LP}(z)$ 不再是 $z$ 的有理分式，使系统 $H_{LP}(z)$ 难以分析和实现。从这个角度而言，不宜直接使用式(8.3-4)将 $G(s)$ 转换为 $H_{LP}(z)$。

冲激响应不变法的基本思想是将模拟原型低通滤波器的冲激响应 $h_a(t)$ 以 $T_s$ 等间隔采样，得到数字低通滤波器的冲激响应 $h[n]$，即 $h[n]=h_a(t)\big|_{t=nT_s}$。基于这一思想，可以从另一个角度来实现从 $s$ 平面到 $z$ 平面的映射。

设 $h[n]$ 的 $z$ 变换为 $H_{LP}(z)$，$h_a(t)$ 的 Laplace 变换为 $G(s)$，若 $G(s)$ 只有单重极点 $s_k, k=1,2,\cdots,N$，且分母的阶大于分子的阶，则 $G(s)$ 可以分解成部分分式表示，如式(8.3-5)

$$G(s)=\sum_{k=1}^{N}\frac{A_k}{s-s_k},\quad \mathrm{Re}(s_k)_{\max}<0 \tag{8.3-5}$$

对式(8.3-5)作 Laplace 反变换，得到式(8.3-6)

$$h_a(t)=\mathcal{L}^{-1}\{G(s)\}=\sum_{k=1}^{N}A_k e^{s_k t}u(t) \tag{8.3-6}$$

因 $h_a(t)$ 以 $T_s$ 等间隔采样得到 $h[n]$，于是得到式(8.3-7)

$$h[n]=h_a(nT_s)=\sum_{k=1}^{N}A_k e^{s_k nT_s}u[n] \tag{8.3-7}$$

对 $h[n]$ 求 $z$ 变换，得到

$$H_{LP}(z)=\sum_{n=-\infty}^{\infty}h[n]z^{-n}=\sum_{n=0}^{\infty}\sum_{k=1}^{N}A_k e^{s_k nT_s}z^{-n}$$

$$=\sum_{k=1}^{N}A_k\sum_{n=0}^{\infty}\mathrm{e}^{s_knT_s}z^{-n}=\sum_{k=1}^{N}\frac{A_k}{1-\mathrm{e}^{s_kT_s}z^{-1}},\quad |z|>\mathrm{e}^{\mathrm{Re}(s_k)_{\max}T_s}\tag{8.3-8}$$

因 $h[n]=h_a(t)\mid_{t=nT_s}$，于是 $h[n]$ 的频率响应 $H(\mathrm{e}^{\mathrm{j}\omega})$ 是 $h_a(t)$ 的频率响应 $G(\mathrm{j}\Omega)$ 的周期延拓，见式(8.3-9)

$$H(\mathrm{e}^{\mathrm{j}\omega})=\frac{1}{T_s}\sum_{k=-\infty}^{\infty}G\left(\mathrm{j}\Omega-\mathrm{j}k\frac{2\pi}{T_s}\right)=\frac{1}{T_s}\sum_{k=-\infty}^{\infty}G\left[\mathrm{j}\frac{\omega-2k\pi}{T_s}\right]\tag{8.3-9}$$

当模拟滤波器 $h_a(t)$ 为带限的，且采样周期 $T_s$ 满足采样定理，则数字滤波器 $h[n]$ 的频率响应无失真地模拟了模拟滤波器 $h_a(t)$ 频率响应。但一般情况下，模拟滤波器不满足带限条件（如式(8.3-10)所示）

$$|G(\mathrm{j}\Omega)|=0,\ |\Omega|\geqslant\frac{2\pi}{T_s}\tag{8.3-10}$$

于是数字滤波器 $h[n]$ 的频率响应会存在混叠失真，如图 8.3-2 所示。若混叠严重，会造成数字滤波器不满足阻带衰减指标。故用冲激响应不变法设计数字低通滤波器时，应选择尖锐截止特性的模拟原型低通滤波器，以及尽可能高的采样频率。而且，高通和带阻滤波器显然不是带限的，所以冲激响应不变法不能用于设计高通和带阻滤波器。

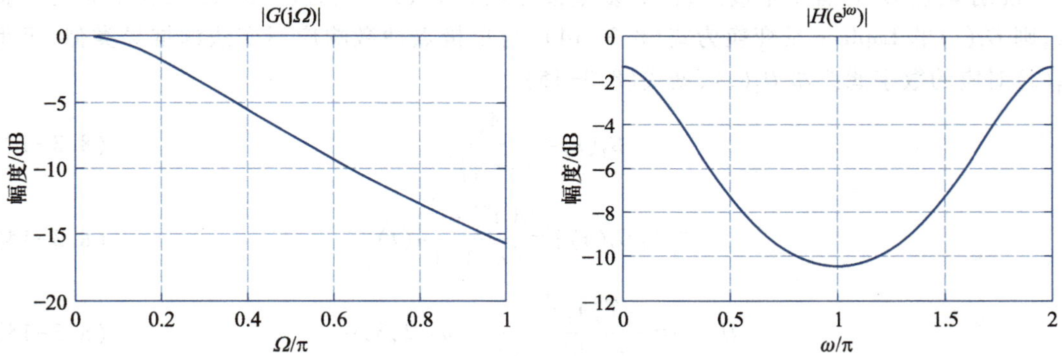


图 8.3-2　冲激响应不变法的混叠失真

对比式(8.3-5)和式(8.3-8)可知，冲激响应不变法保证了 $G(s)$ 和 $H_{\mathrm{LP}}(z)$ 极点的对应关系，$G(s)$ 的单极点 $s_k$ 映射成为 $H_{\mathrm{LP}}(z)$ 的单极点 $z_k=\mathrm{e}^{s_kT_s}$，且两者的部分分式的系数均为 $A_k$，但对于零点并没有这种对应关系。

另外，由式(8.3-9)可知，数字滤波器 $h[n]$ 的频率响应与模拟滤波器 $h_a(t)$ 频率响应相比，相差常数 $T_s$ 倍。当 $T_s$ 很小时，$1/T_s$ 很大，可能造成数字滤波器增益过大。所以工程上将模拟原型低通滤波器 $G(s)$ 转换为数字低通滤波器 $H_{\mathrm{LP}}(z)$ 时，常采用式(8.3-11)，以使得 $H_{\mathrm{LP}}(z)$ 与 $G(s)$ 的频率响应增益相同

$$H_{\mathrm{LP}}(z)=\sum_{k=1}^{N}\frac{T_sA_k}{1-\mathrm{e}^{s_kT_s}z^{-1}}\tag{8.3-11}$$

现将冲激响应不变法设计数字滤波器的步骤总结如下。

(1) 将给定的数字低通滤波器指标转换成模拟原型低通滤波器指标。如前所述，冲激

响应不变法满足映射关系 $z=e^{sT_s}$。此时，数字低通滤波器指标与模拟原型低通滤波器指标之间是线性关系，即 $\alpha_p$ 和 $\alpha_s$ 相同，且 $\Omega_p=\omega_p/T_s$，$\Omega_s=\omega_s/T_s$。

(2) 设计模拟原型低通滤波器 $G(s)$。利用模拟滤波器设计方法设计模拟原型低通滤波器 $G(s)$，一般建议尽量选择尖锐截止特性的模拟原型低通滤波器。

(3) 将 $G(s)$ 转换为数字低通滤波器 $H_{LP}(z)$。先将 $G(s)$ 分解成如式(8.3-5)的部分分式表示，再用式(8.3-11)求出 $H_{LP}(z)$。

**说明 1**：若 $h_a(t)$ 是实系数，则 $A_k$ 和 $s_k$ 必为实数或共轭复数。当 $A_k$ 和 $s_k$ 为共轭复数时，需要将共轭对的两项合并成一个二阶因式，如式(8.3-12)，以避免实现滤波器时用到复数乘法器。

$$\begin{aligned}
&\frac{T_sA_k}{1-e^{s_kT_s}z^{-1}}+\frac{T_sA_k^*}{1-e^{s_k^*T_s}z^{-1}}=\frac{b_0+b_1z^{-1}}{1+a_1z^{-1}+a_2z^{-2}}\\
&s_k=\sigma_k+\mathrm{j}\Omega_k, \qquad A_k=x_k+\mathrm{j}y_k\\
&b_0=2T_sx_k, \qquad b_1=-2T_se^{\sigma_kT_s}[x_k\cos(\Omega_kT_s)+y_k\cos(\Omega_kT_s)]\\
&a_1=-2e^{\sigma_kT_s}\cos(\Omega_kT_s), \qquad a_2=e^{2\sigma_kT_s}
\end{aligned} \tag{8.3-12}$$

**说明 2**：若 $G(s)$ 有多重极点，设其多重极点项为 $G_1(s)$，见式(8.3-13)，其中 $n$ 为正整数；则 $G_1(s)$ 的 Laplace 反变换为式(8.3-14)；与单极点冲激响应不变法的推导类似，可得 $G_1(s)$ 对应的数字滤波器 $H_1(z)$，见式(8.3-15)。

$$G_1(s)=\frac{A_1}{(s-s_1)^n} \tag{8.3-13}$$

$$\mathcal{L}^{-1}\{G_1(s)\}=\frac{A_1t^{n-1}e^{s_1t}}{(n-1)!}u(t) \tag{8.3-14}$$

$$H_1(z)=\frac{T_s^nA_1e^{s_1T_s}}{(1-e^{s_1T_s}z^{-1})^n},\quad n=2,3,\cdots \tag{8.3-15}$$

由上述讨论可知，冲激响应不变法的优点是，设计出的数字滤波器在时域对模拟原型滤波器进行了很好的逼近，并且数字角频率与模拟角频率是线性关系；其缺点是 $s$ 平面到 $z$ 平面的映射是多值映射，即 $s$ 平面上的每个 $2\pi/T_s$ 带状区域 $[m\pi/T_s,(m+2)\pi/T_s]$ 都映射到 $z$ 平面的整个区域，如图 8.3-3 所示。因此，冲激响应不变法在滤波器不满足带限条件时会产生混叠。

### 2. 双线性变换法

为了克服冲激响应不变法多值映射的缺点，需要寻找另一种从 $s$ 平面到 $z$ 平面的映射，使其形成一一对应关系。换而言之，应该避免将 $s$ 平面的多个半带状区域重复映射到 $z$ 平面的单位圆内，或者等效地，应避免将 $s$ 平面虚轴 $\mathrm{j}\Omega$ 上多个长度为 $2\pi/T_s$ 的线段重复映射为 $z$ 平面的单位圆。可以很自然地想到，如果能够将 $s$ 平面的整个虚轴 $\mathrm{j}\Omega$ 恰好映射为 $z$ 平面单位圆，就能解决混叠的问题。

微视频：双线性变换法设计IIR滤波器

按照这一想法，如图 8.3-4 所示，双线性变换法采用式(8.3-16)所示的映射关系来实现从 $s$ 平面到 $z$ 平面的映射。

$$s=\frac{2}{T_s}\frac{1-z^{-1}}{1+z^{-1}},\quad z=\frac{1+(T_s/2)s}{1-(T_s/2)s} \tag{8.3-16}$$

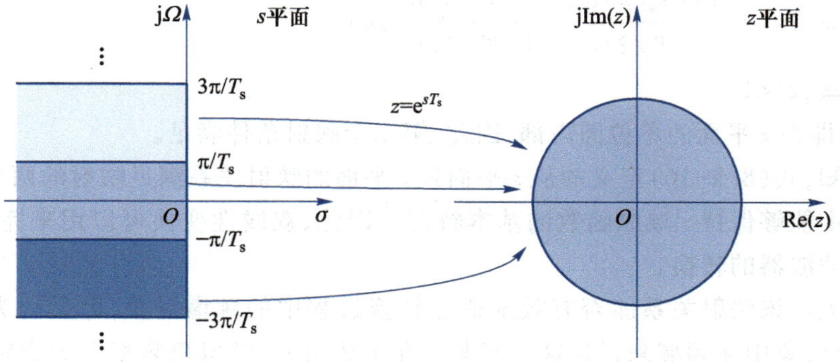


图 8.3-3 冲激响应不变法引起混叠的原因

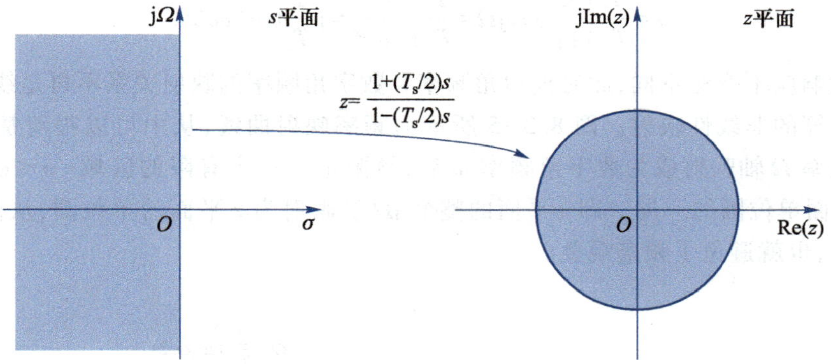


图 8.3-4 双线性变换法能避免频谱混叠

下面分析双线性变换法是否满足“使得 $H_{LP}(z)$ 保持 $G(s)$ 的本质特性”这一基本要求，这可以通过检查本节最开始提到映射应满足的两个条件来完成。

设 $s=\sigma+j\Omega,z=re^{j\omega}$，代入式(8.3-16)，可得式(8.3-17)

$$z=\frac{1+(T_s/2)(\sigma+j\Omega)}{1-(T_s/2)(\sigma+j\Omega)}=\frac{1+(T_s/2)\sigma+j(T_s/2)\Omega}{1-(T_s/2)\sigma-j(T_s/2)\Omega}$$

$$\Rightarrow|z|^2=\frac{[1+(T_s/2)\sigma]^2+[(T_s/2)\Omega]^2}{[1-(T_s/2)\sigma]^2+[(T_s/2)\Omega]^2} \tag{8.3-17}$$

首先检查第一个条件，即 $s$ 平面的 $j\Omega$ 轴是否映射到 $z$ 平面的单位圆。显然，$s$ 平面的 $j\Omega$ 轴可以表示为 $\sigma=0$。那么，式(8.3-17)变为

$$|z|^2=\frac{1+[(T_s/2)\Omega]^2}{1+[(T_s/2)\Omega]^2}=1\Rightarrow|z|=1 \tag{8.3-18}$$

由于 $|z|=1$ 即为 $z$ 平面的单位圆，因此，第一个映射条件满足。

接下来检查第二个条件，即 $s$ 平面的负半区是否映射到 $z$ 平面的单位圆内部。类似地，$s$ 平面的负半区可以表示为 $\sigma<0$。那么，式(8.3-17)中有

$$
\begin{aligned}
&[1+(T_s/2)\sigma]^2<[1-(T_s/2)\sigma]^2\\
&\Rightarrow[1+(T_s/2)\sigma]^2+[(T_s/2)\Omega]^2<[1-(T_s/2)\sigma]^2+[(T_s/2)\Omega]^2\\
&\Rightarrow|z|^2=\frac{[1+(T_s/2)\sigma]^2+[(T_s/2)\Omega]^2}{[1-(T_s/2)\sigma]^2+[(T_s/2)\Omega]^2}<1\\
&\Rightarrow|z|<1
\end{aligned}
\tag{8.3-19}
$$

由于 $|z|<1$ 即为 $z$ 平面的单位圆内部,因此,第二个映射条件满足。

由此可知,式(8.3-16)定义的从 $s$ 平面到 $z$ 平面的映射关系满足映射的两个基本条件,在映射过程中能够保持 $s$ 域原函数的基本特征。因此,双线性变换可以用来完成从模拟滤波器到数字滤波器的转换。

接下来关注该映射关系能否有效地避免转换过程中的频谱混叠,即是否为单值映射。为了简化分析,集中在频域来讨论这一问题。在 $s$ 平面上,模拟角频率即为虚轴 $\mathrm{j}\Omega$,在 $z$ 平面上,数字角频率即为单位圆 $z=\mathrm{e}^{\mathrm{j}\omega}$,由式(8.3-16)可得

$$
s=\frac{2}{T_s}\frac{1-z^{-1}}{1+z^{-1}}\Rightarrow \mathrm{j}\Omega=\frac{2}{T_s}\frac{1-\mathrm{e}^{-\mathrm{j}\omega}}{1+\mathrm{e}^{-\mathrm{j}\omega}}=\mathrm{j}\frac{2}{T_s}\tan(\omega/2) \tag{8.3-20}
$$

与冲激响应不变法不同,此时模拟角频率和数字角频率的映射关系不再是线性的,而是基于正切运算的非线性映射。图 8.3-5 所示为频率映射曲线,从中可以很清楚地发现,整个模拟角频率 $\Omega$ 轴映射成为数字角频率 $\omega$ 后,被限定在一个有限的区域 $-\pi\leqslant\omega\leqslant\pi$ 内,恰好对应 $z$ 平面单位圆的一周。即 $s$ 平面的整个 $\mathrm{j}\Omega$ 被映射为 $z$ 平面的单位圆,从而避免了多段重复映射,也就避免了频谱混叠。

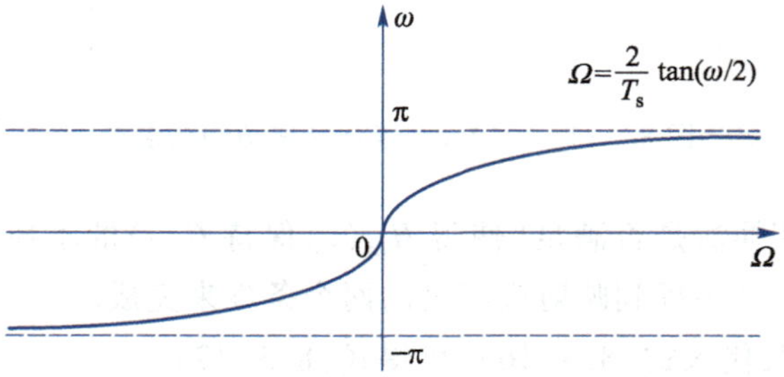


图 8.3-5 双线性变换法的非线性频率映射关系

需要注意,双线性变换法从模拟角频率到数字角频率的转换关系不再是线性的。特别地,当 $\Omega$ 很小时,模拟角频率与数字角频率可以看作是近似线性关系;当 $\Omega$ 较大时,模拟角频率与数字角频率的转换存在严重的非线性畸变。这样,经过双线性变换所得到的结果将会产生“畸变”。

如图 8.3-6 所示,对于同一个模拟滤波器 $H_a(\mathrm{j}\Omega)$,使用不同的映射会得到不同的数字滤波器。如果使用冲激响应不变法,则映射关系为 $\Omega=\omega/T_s$,最终得到数字滤波器 $H(\mathrm{e}^{\mathrm{j}\omega})$。注意,按照冲激响应不变法的映射关系,$H_a(\mathrm{j}\Omega)$ 的通带边沿频率 $\Omega_p$ 和阻带边沿频率 $\Omega_s$ 分别映射为 $\omega_p$ 和 $\omega_s$。另一方面,如果使用双线性变换法,则映射关系为 $\Omega=2\tan(\hat{\omega}/2)/T_s$,最终得到数字滤波器 $H(\mathrm{e}^{\mathrm{j}\hat{\omega}})$。同理,按照双线性变换法的映射关系,$H_a(\mathrm{j}\Omega)$ 的通带边沿频率

$\Omega_p$ 和阻带边沿频率 $\Omega_s$ 分别映射为 $\hat{\omega}_p$ 和 $\hat{\omega}_s$。显然，$\omega_p \neq \hat{\omega}_p$，$\omega_s \neq \hat{\omega}_s$，因此，$H(e^{j\omega}) \neq H(e^{j\hat{\omega}})$。

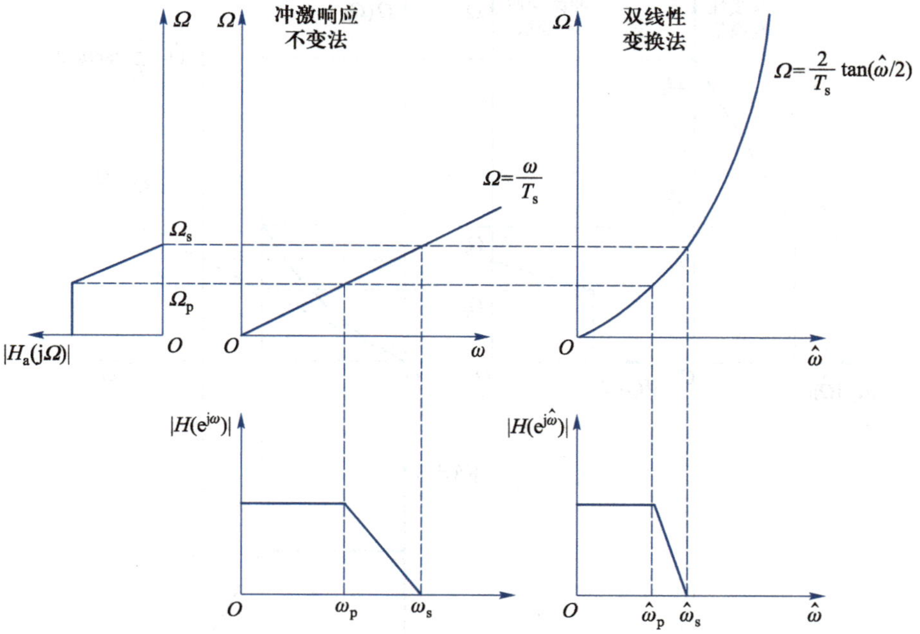


图 8.3-6　双线性变换法在映射过程中产生的非线性“畸变”

由于数字系统的一个重要作用就是以数字的形式完成模拟系统对信号的处理，而从模拟到数字的基本转换方法是采样，这和冲激响应不变法的映射关系是吻合的，因此，通过冲激响应不变法设计的数字滤波器可以正确地体现模拟滤波器的特性。反之，如果使用双线性变换法来设计数字滤波器，则必须对上面提到的“畸变”进行处理，这一过程被称为“预畸或预弯曲”。

预畸的处理过程如图 8.3-7 所示。

(1) 根据实际的信号处理要求得到滤波器的指标，通常这一指标是模拟形式的，如 $\Omega_p$ 和 $\Omega_s$ 等。

(2) 根据采样过程产生的模拟频率和数字频率的线性映射关系 $\Omega=\omega/T_s$，得到 $\Omega_p$ 和 $\Omega_s$ 对应的数字指标 $\omega_p$ 和 $\omega_s$。

(3) 利用双线性变换法的非线性映射关系 $\Omega=2\tan(\omega/2)/T_s$，得到一组新的模拟指标 $\hat{\Omega}_p$ 和 $\hat{\Omega}_s$。

(4) 基于新的模拟指标设计出模拟滤波器 $H_a(j\hat{\Omega})$。

(5) 利用双线性变换法得到数字滤波器 $H(e^{j\omega})$，它在实际应用中体现出和模拟滤波器 $H_a(j\Omega)$ 相似的性能。

注意到，在上述过程中涉及三个滤波器，它们分别是数字滤波器 $H(e^{j\omega})$ 和模拟滤波器 $H_a(j\hat{\Omega})$ 与 $H_a(j\Omega)$。这两个模拟滤波器 $H_a(j\hat{\Omega})$ 与 $H_a(j\Omega)$ 的含义和作用是不同的。其中，$H_a(j\Omega)$ 是由实际的信号处理需求确定的模拟滤波器，它与数字滤波器 $H(e^{j\omega})$ 对应，具有相近的性能,分别在模拟域与数字域完成对信号的处理。

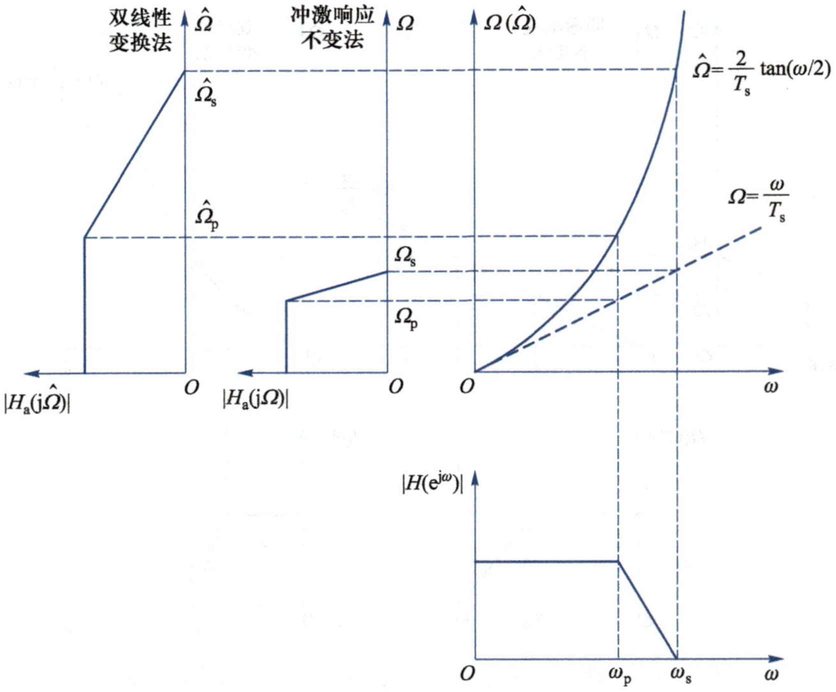


图 8.3-7 双线性变换法的"预畸"处理过程

而 $H_a(j\hat{\Omega})$ 是在基于双线性变换法的滤波器设计过程中,为了抵消非线性映射引起的畸变而产生的一个虚拟滤波器,它并不在真实的信号处理过程中起作用。对 $H_a(j\hat{\Omega})$ 进行双线性变换可以得到数字滤波器 $H(e^{j\omega})$。而在实际的信号处理过程中,是利用采样过程完成模拟信号与数字信号的转换,采样过程对应的是线性映射关系,所以,此时 $H(e^{j\omega})$ 在模拟域的对应版本应该是 $H_a(j\Omega)$。

上述非线性畸变对滤波器的性能产生了一些限制。对于典型的频率选择类滤波器,如低通、高通、带通和带阻滤波器,其幅频响应满足分段常数的特性。这样,双线性变换后得到的数字滤波器,其幅频响应仍然是分段常数,只是各段的边界频率产生了畸变。因此,只要在计算模拟滤波器指标时用式(8.3-20)对边界频率进行预畸变,则经过双线性变换得到的数字滤波器的边界频率就正好满足数字滤波器的边界频率指标;从而数字滤波器的幅频响应特性必然满足所要求的数字域幅频响应指标。

另外,如果只考虑从模拟滤波器转换成数字滤波器,采样间隔 $T_s$ 的取值对数字滤波器的频率响应就会有很大影响。但是,如果在设计滤波器时直接以数字形式给定滤波器的指标,则 $T_s$ 的取值对数字滤波器的频率响应没有任何影响。因为设计过程需要先将数字滤波器指标转换成模拟滤波器指标,再将设计好的模拟滤波器映射成数字滤波器,在这两个转换过程中 $T_s$ 恰好可以抵消(详见后面的实例)。因此,为计算简单起见,在本书后面的讨论中不做特别说明时都假设 $T_s=2$。

现将双线性变换法设计数字滤波器的步骤总结如下:

(1) 将给定的数字低通滤波器指标转换成模拟原型低通滤波器指标。对数字滤波器的边界频率 $\omega_p$ 和 $\omega_s$ 用式(8.3-20)进行预畸变,求出模拟滤波器的边界频率 $\Omega_p$ 和 $\Omega_s$,$\alpha_p$ 和 $\alpha_s$ 不变。

(2) 设计满足指标的模拟原型低通滤波器 $G(s)$。

(3) 通过双线性变换法将 $G(s)$ 转换为数字低通滤波器 $H_{LP}(z)$。

将式(8.3-16)中 $T_s$ 设为 2,得到式(8.3-21),并将其代入 $G(s)$ 即可得到 $H_{LP}(z)$

$$s=\frac{1-z^{-1}}{1+z^{-1}} \tag{8.3-21}$$

$$H_{LP}(z)=G(s)\Big|_{s=\frac{1-z^{-1}}{1+z^{-1}}} \tag{8.3-22}$$

由式(8.3-21)可知,双线性变换法中,$s$ 与 $z$ 之间是简单的代数关系,因此可以先将模拟滤波器分解成低阶子系统的并联或级联,再对每个子系统采用双线性变换,以简化计算。

小结:由上述讨论可知,双线性变换法的优点是:$s$ 平面到 $z$ 平面是单值映射,避免了滤波器频率响应的混叠现象;而且 $s$ 与 $z$ 之间是简单的代数关系,计算简单。缺点是数字角频率与模拟角频率不是线性关系,只能适用于幅频响应满足分段常数特性的滤波器的设计,比如双线性变换法不能将模拟微分器变换成数字微分器;而且双线性变换法得到的数字滤波器不能保持模拟滤波器的相频响应。

### 8.3.2 高通、带通和带阻 IIR 滤波器设计

前面介绍的 IIR 滤波器设计方法以低通滤波器为主,它提供了 IIR 滤波器设计的基本思路与方法。在实际应用中还有可能需要设计其他类型的滤波器,如高通、带通或带阻滤波器。这些滤波器都可以以低通滤波器的设计为基础,进行简单的频谱转换得到。按照进行频谱转换的域的不同,又可以分为模拟频谱转换和数字频谱转换。

#### 1. 模拟频谱转换

所谓模拟频谱转换,是指在设计数字的高通、带通或带阻滤波器时,需要首先在模拟域进行频谱转换(spectral transformation),将设计好的模拟原型低通滤波器转换成为所需要的各类滤波器,再用冲激响应不变法或双线性变换法得到对应的数字滤波器。

为了避免符号混淆,定义模拟原型低通滤波器的传输函数为 $G_{LP}(s)$,其中,$s$ 表示 Laplace 变换的变量;定义频谱转换后期望的模拟滤波器的传输函数为 $G_D(\hat{s})$,其中,$\hat{s}$ 为 Laplace 变换的变量。相应地,定义 $s$ 域与 $\hat{s}$ 域的模拟角频率变量分别为 $\Omega$ 和 $\hat{\Omega}$。

频谱转换方法的核心是设计一个从 $s$ 域到 $\hat{s}$ 域的可逆映射函数

$$s=F(\hat{s}) \tag{8.3-23}$$

并利用其完成从 $G_{LP}(s)$ 到 $G_D(\hat{s})$ 的转换

$$\begin{aligned} G_D(\hat{s})&=G_{LP}(s)\Big|_{s=F(\hat{s})}=G_{LP}(F(\hat{s})) \\ G_{LP}(s)&=G_D(\hat{s})\Big|_{\hat{s}=F^{-1}(s)}=G_D(F^{-1}(s)) \end{aligned} \tag{8.3-24}$$

注意到,需要设计的期望滤波器 $G_D(\hat{s})$ 类型不同,频谱转换使用的公式也不同,如表 8.3-1 所示。

**表 8.3-1 模拟滤波器类型转换对应的频谱转换公式**

| 序号 | 滤波器类型转换 | 频谱转换公式 | 说明 |
|---|---|---|---|
| 1 | 低通→高通<br>(LP→HP) | $s=\dfrac{\Omega_p\hat{\Omega}_p}{\hat{s}}$ | $\Omega_p$ 为 $G_{LP}(s)$的通带边沿频率<br>$\hat{\Omega}_p$ 为 $G_D(s)$的通带边沿频率 |
| 2 | 低通→带通<br>(LP→BP) | $s=\Omega_p\dfrac{\hat{s}^2+\hat{\Omega}_0^2}{\hat{s}(\hat{\Omega}_{p2}-\hat{\Omega}_{p1})}$ | $\Omega_p$ 为 $G_{LP}(s)$的通带边沿频率<br>$\hat{\Omega}_{p1}$ 和 $\hat{\Omega}_{p2}$ 分别为 $G_D(s)$的通带的上、下边沿频率<br>$\Omega_0$ 为 $G_D(s)$的通带中心频率 |
| 3 | 低通→带阻<br>(LP→BS) | $s=\Omega_s\dfrac{\hat{s}(\hat{\Omega}_{s2}-\hat{\Omega}_{s1})}{\hat{s}^2+\hat{\Omega}_0^2}$ | $\Omega_s$ 为 $G_{LP}(s)$的阻带边沿频率<br>$\hat{\Omega}_{s1}$ 和 $\hat{\Omega}_{s2}$ 分别为 $G_D(s)$的阻带的上、下边沿频率<br>$\Omega_0$ 为 $G_D(s)$的阻带中心频率 |

以双线性变换法为例，利用频谱转换设计数字高通、带通或带阻滤波器的步骤为：

(1) 将数字高通、带通或带阻滤波器 $H(z)$ 的边界频率进行预畸变，转换成同类型模拟滤波器 $G_D(s)$ 的边界频率；

(2) 用表 8.3-1 中的频谱转换公式，将模拟滤波器 $G_D(s)$ 指标转换成模拟原型低通滤波器 $G_{LP}(s)$ 指标；

(3) 设计满足指标的模拟原型低通滤波器 $G_{LP}(s)$；

(4) 先用模拟频谱转换公式，将 $G_{LP}(s)$ 转换为 $G_D(s)$，再用双线性变换法将 $G_D(s)$ 转换为所要设计的数字高通、带通或带阻滤波器 $H(z)$。

**2. 数字频谱转换**

除了上述方法外，也可以先用双线性变换法将 $G_{LP}(s)$ 转换为数字低通滤波器 $H_{LP}(z)$；再用数字频谱转换公式，将 $H_{LP}(z)$ 转换成数字高通、带通或带阻滤波器 $H(z)$。

表 8.3-2 中的数字频谱转换公式，可以将数字低通滤波器转换成数字低通、高通、带通或带阻滤波器。为了区别，用 $z$ 和 $\hat{z}$ 表示转换前后数字滤波器的变量，$\omega_c$ 为转换前的低通滤波器的截止频率，$\hat{\omega}_c$ 为转换后的低通(高通)滤波器的截止频率，$\hat{\omega}_{c1}$ 和 $\hat{\omega}_{c2}$ 为转换后的带通(带阻)滤波器的通带(阻带)低、高截止频率。这些公式的详细推导请见相关的参考文献。

**表 8.3-2 数字滤波器类型转换对应的频谱转换公式**

| 序号 | 滤波器类型转换 | 频谱转换公式 | 说明 |
|---|---|---|---|
| 1 | 低通→低通<br>(LP→LP) | $z^{-1}=\dfrac{\hat{z}^{-1}-\lambda}{1-\lambda\hat{z}^{-1}}$ | $\lambda=\dfrac{\sin[(\omega_c-\hat{\omega}_c)/2]}{\sin[(\omega_c+\hat{\omega}_c)/2]}$ |
| 2 | 低通→高通<br>(LP→HP) | $z^{-1}=-\dfrac{\hat{z}^{-1}+\lambda}{1+\lambda\hat{z}^{-1}}$ | $\lambda=-\dfrac{\cos[(\omega_c+\hat{\omega}_c)/2]}{\cos[(\omega_c-\hat{\omega}_c)/2]}$ |

续表

| 序号 | 滤波器类型转换 | 频谱转换公式 | 说明 |
| --- | --- | --- | --- |
| 3 | 低通→带通<br>(LP→BP) | $z^{-1}=-\dfrac{\hat{z}^{-2}-\frac{2\lambda\rho}{\rho+1}\hat{z}^{-1}+\frac{\rho-1}{\rho+1}}{\frac{\rho-1}{\rho+1}\hat{z}^{-2}-\frac{2\lambda\rho}{\rho+1}\hat{z}^{-1}+1}$ | $\lambda=\dfrac{\cos[(\hat{\omega}_{c2}+\hat{\omega}_{c1})/2]}{\cos[(\hat{\omega}_{c2}-\hat{\omega}_{c1})/2]}$<br>$\rho=\cot[(\hat{\omega}_{c2}-\hat{\omega}_{c1})/2]\tan(\omega_c/2)$ |
| 4 | 低通→带阻<br>(LP→BS) | $z^{-1}=\dfrac{\hat{z}^{-2}-\frac{2\lambda\rho}{\rho+1}\hat{z}^{-1}+\frac{1-\rho}{\rho+1}}{\frac{1-\rho}{\rho+1}\hat{z}^{-2}-\frac{2\lambda\rho}{\rho+1}\hat{z}^{-1}+1}$ | $\lambda=\dfrac{\cos[(\hat{\omega}_{c2}+\hat{\omega}_{c1})/2]}{\cos[(\hat{\omega}_{c2}-\hat{\omega}_{c1})/2]}$<br>$\rho=\tan[(\hat{\omega}_{c2}-\hat{\omega}_{c1})/2]\tan(\omega_c/2)$ |

### 8.3.3 IIR 数字滤波器设计实例

本节将举多个实例详细介绍 IIR 数字滤波器设计的流程，给出计算过程、MATLAB 代码以及幅频响应图。

**例 8.3-1**

用 IIR 数字滤波器实现一个 Butterworth（巴特沃斯）低通滤波器，3 dB 截止频率为 1 kHz，阻带截止频率为 2 kHz，阻带衰减为 18 dB，采样频率为 8 kHz。

**解：**

首先计算归一化数字角频率

$$\begin{aligned}\omega_p&=2\pi f_p T_s=2\pi\times10^3/(8\times10^3)=0.25\pi\\ \omega_s&=2\pi f_s T_s=2\pi\times2\times10^3/(8\times10^3)=0.5\pi\end{aligned}\tag{8.3-25}$$

下面分别使用冲激响应不变法和双线性变换法设计滤波器。

（1）冲激响应不变法

计算 Butterworth 低通滤波器的阶数 $N$。

首先需要获得模拟滤波器的 4 个性能指标参数

$$\begin{aligned}&10\lg[1/(1+\varepsilon^2)]=-3\Rightarrow\varepsilon^2=0.9953\\ &10\lg[1/A^2]=-18\quad\Rightarrow\quad A^2=63.0957\\ &\Omega_p=2\pi f_p=2000\pi\\ &\Omega_s=2\pi f_s=4000\pi\end{aligned}\tag{8.3-26}$$

接下来，有

$$N=\frac{1}{2}\frac{\lg[(A^2-1)/\varepsilon^2]}{\lg(\Omega_s/\Omega_p)}=\frac{\lg(1/k_1)}{\lg(1/k)}=2.9816\tag{8.3-27}$$

因此取 $N=3$。

采用 3 阶 Butterworth 模拟原型低通滤波器，其传输函数为

$$H_a(s)=\frac{1}{s^3+2s^2+2s+1}\tag{8.3-28}$$

那么当截止频率为 $\Omega_c$ 时,模拟低通滤波器 $G(s)$ 为

$$G(s)=H_a(s/\Omega_c)=\frac{1}{(s/\Omega_c)^3+2(s/\Omega_c)^2+2(s/\Omega_c)+1} \tag{8.3-29}$$

为了使用冲激响应不变法,先将 $G(s)$ 进行部分分式分解

$$G(s)=\frac{\Omega_c}{s+\Omega_c}+\frac{-\frac{\Omega_c}{\sqrt{3}}e^{j\pi/6}}{s+\frac{\Omega_c(1-j\sqrt{3})}{2}}+\frac{-\frac{\Omega_c}{\sqrt{3}}e^{-j\pi/6}}{s+\frac{\Omega_c(1+j\sqrt{3})}{2}} \tag{8.3-30}$$

即在式(8.3-5)中

$$\begin{aligned} &s_1=-\Omega_c, &&A_1=\Omega_c\\ &s_2=-\frac{\Omega_c(1-j\sqrt{3})}{2}, &&A_2=-\frac{\Omega_c}{\sqrt{3}}e^{j\pi/6}\\ &s_2=-\frac{\Omega_c(1+j\sqrt{3})}{2}, &&A_2=-\frac{\Omega_c}{\sqrt{3}}e^{-j\pi/6}\end{aligned} \tag{8.3-31}$$

代入式(8.3-11)中,可得 $H_{LP}(z)$ 为

$$H_{LP}(z)=\frac{\omega_c}{1-e^{-\omega_c}z^{-1}}+\frac{-\frac{\omega_c}{\sqrt{3}}e^{j\pi/6}}{1-e^{-\frac{(1-j\sqrt{3})\omega_c}{2}}z^{-1}}+\frac{-\frac{\omega_c}{\sqrt{3}}e^{-j\pi/6}}{1-e^{-\frac{(1+j\sqrt{3})\omega_c}{2}}z^{-1}} \tag{8.3-32}$$

将 $\omega_c=\omega_p=0.25\pi$ 代入式(8.3-32),先将后两项按式(8.3-12)合并成一项二阶因式,再整理得到 $z^{-1}$ 的如下有理分式

$$\begin{aligned} H_{LP}(z)&=\frac{0.7854}{1-0.4559z^{-1}}+\frac{-0.7854+0.6049z^{-1}}{1-1.0499z^{-1}+0.4559z^{-2}}\\ &=\frac{0.1384z^{-1}+0.0823z^{-2}}{1-1.5059z^{-1}+0.9346z^{-2}-0.2079z^{-3}}\end{aligned} \tag{8.3-33}$$

(2) 双线性变换法

对数字角频率 $\omega_p$ 和 $\omega_s$ 进行预畸变,求出模拟原型低通滤波器的边界频率 $\Omega_p$ 和 $\Omega_s$; $(A^2-1)/\varepsilon^2$ 不变

$$\begin{aligned} &\Omega_c=\Omega_p=\tan(\omega_p/2)=\tan(\pi/8)=0.4142\\ &\Omega_s=\tan(\omega_s/2)=\tan(\pi/4)=1\\ &N=\frac{1}{2}\frac{\lg[(A^2-1)/\varepsilon^2]}{\lg(\Omega_s/\Omega_p)}=\frac{\lg(1/k_1)}{\lg(1/k)}=2.3449\end{aligned} \tag{8.3-34}$$

故仍采用 $N=3$ 阶 Butterworth 模拟原型低通滤波器,将 $\Omega_c=0.4142$ 代入传输函数,得到

$$\begin{aligned} G(s)=H_a(s/\Omega_c)&=\frac{1}{(s/\Omega_c)^3+2(s/\Omega_c)^2+2(s/\Omega_c)+1}\\ &=\frac{0.0711}{s^3+0.8284s^2+0.3431s+0.0711}\end{aligned} \tag{8.3-35}$$

将 $G(s)$ 转换为数字低通滤波器 $H_{LP}(z)$

$$H_{LP}(z)=G(s)\Big|_{s=\frac{1-z^{-1}}{1+z^{-1}}}$$

$$=\frac{0.0317+0.0951z^{-1}+0.0951z^{-2}+0.0317z^{-3}}{1-1.459z^{-1}+0.9104z^{-2}-0.1978z^{-3}} \tag{8.3-36}$$

图 8.3-8(a)为式(8.3-29)描述的 3 阶 Butterworth 模拟低通滤波器的幅频响应；图 8.3-8(b)为式(8.3-33)和式(8.3-36)描述的两个数字滤波器的幅频响应；可以看出，两种方法设计的数字滤波器均有和模拟滤波器相似的幅频响应，二者都能满足指标，即 0.25π 时衰减 3 dB，0.5π 时衰减 18 dB。

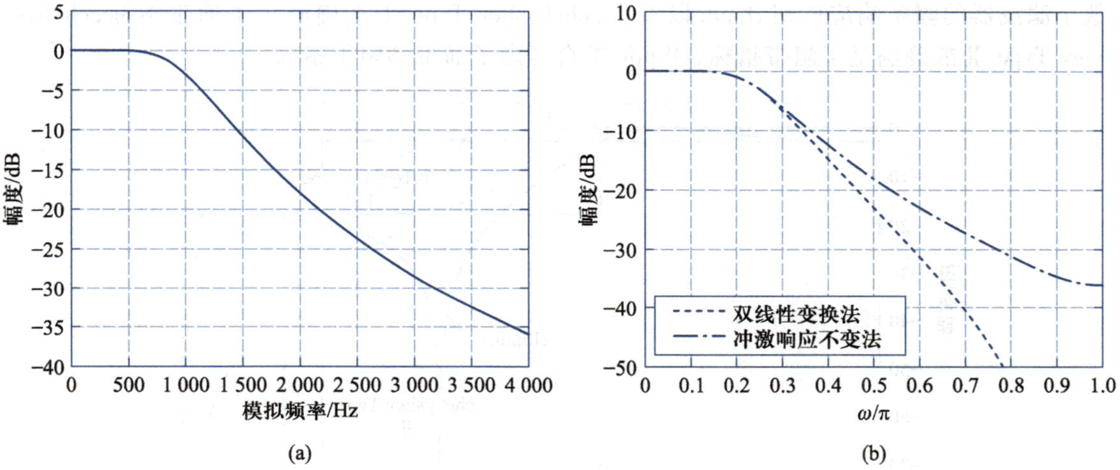


图 8.3-8 例 8.3-1 设计的模拟低通滤波器以及数字滤波器的幅频特性

双线性变换法由于消除了频谱混叠，在阻带部分的性能明显优于冲激响应不变法。例如，当 $\omega=0.8\pi$ 时，双线性不变法在该频点的幅频响应低于-50 dB，而冲激响应不变法的幅频响应仅为-32 dB。

**例 8.3-2**

例 8.3-1 的指标不变，基于 MATLAB 分别用 chebyshev Type Ⅰ，chebyshev Type Ⅱ 和 elliptic 等原型设计 IIR 数字低通滤波器。

**解：**

根据例 8.3-1 中计算的 $\omega_p$ 和 $\omega_s$，有 $\omega_p=0.25$，$\omega_s=0.5$，$R_p=3$，$R_s=18$。

(1) 直接在数字域设计 $H_{LP}(z)$

```
% chebyshev Type Ⅰ
[N,Wn]=cheb1ord(Wp,Ws,Rp,Rs);
[b,a]=cheby1(N,Rp,Wn);
% chebyshev Type Ⅱ
[N,Wn]=cheb2ord(Wp,Ws,Rp,Rs);
[b,a]=cheby1(N,Rs,Wn);
% elliptic
```

```
[N,Wn]=ellipord(Wp,Ws,Rp,Rs);
[b,a]=ellip(N,Rp,Rs,Wn);
```

(2) 用滤波器设计工具箱设计 $H_{LP}(z)$

```
d=fdesign.lowpass(Wp,Ws,Rp,Rs);
hd1=design(d,'cheby1');
hd2=design(d,'cheby2');
hd3=design(d,'ellip');
fvtool(hd1,hd2,hd3);
```

图 8.3-9 为用 chebyshev Type Ⅰ,chebyshev Type Ⅱ 和 elliptic 三种模拟原型低通设计的数字滤波器的幅频响应的对比,可以看出,chebyshev Type Ⅰ 准确满足了通带指标,chebyshev Type Ⅱ 准确满足了阻带指标,elliptic 综合考虑了通带和阻带指标。

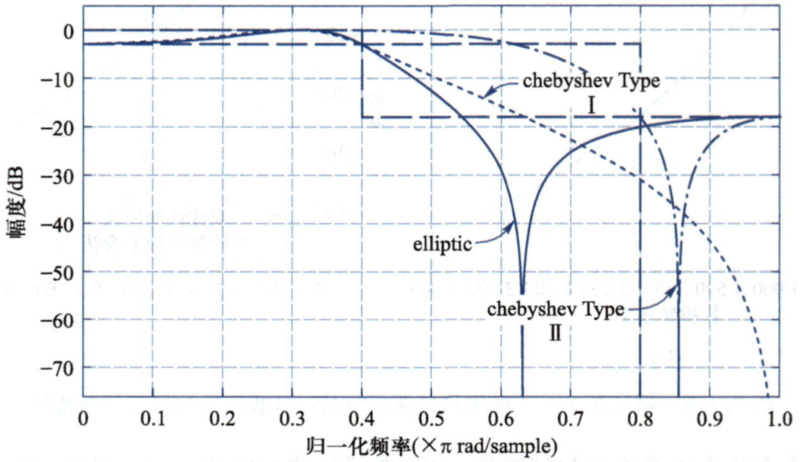


图 8.3-9 例 8.3-2 数字滤波器的幅频响应(不同的模拟原型)

**例 8.3-3**

基于 MATLAB 设计一个 IIR 数字滤波器,原型为 chebyshev Type Ⅰ,要求满足以下指标

$$\omega_p=\pi/2,\quad \omega_s=\pi/4,\quad \alpha_p=3\text{ dB},\quad \alpha_s=18\text{ dB} \tag{8.3-37}$$

**解:**

由指标可知,此 IIR 滤波器为高通滤波器。

(1) 基于模拟频谱转换,用双线性变换法设计 $H_{LP}(z)$

首先,计算模拟原型低通滤波器的指标

$$\hat{\Omega}_p=\tan(\omega_p/2)=1.0,\quad \hat{\Omega}_s=\tan(\omega_s/2)=0.4142 \tag{8.3-38}$$

因模拟原型低通滤波器 $\Omega_p=1$,由表 8.3-1 中的频谱转换公式可得

$$\Omega_s=\frac{\Omega_p\hat{\Omega}_p}{\hat{\Omega}_s}=\frac{1}{0.4142}=2.4143 \tag{8.3-39}$$

其次,将模拟原型低通滤波器的指标代入模拟滤波器设计函数

```
[N,Wn]=cheb1ord(1,2.4143,3,18,'s');
```

```
[B,A]=cheby1(N,3,Wn,'s');
```

然后,将模拟原型低通滤波器转换成模拟高通滤波器

```
[BT,AT]=lp2hp(B,A,1);
```

最后,用双线性变换法得到 IIR 数字高通滤波器

```
[num,den]=bilinear(BT,AT,0.5);
```

(2) 直接在数字域设计 $H_{LP}(z)$

```
Wp=0.5;Ws=0.25;
Rp=3;Rs=18;
[N,Wn]=cheb1ord(Wp,Ws,Rp,Rs);
[b,a]=cheby1(N,Rp,Wn,'high');
```

(3) 用滤波器工具箱设计 $H_{LP}(z)$

```
d=fdesign.highpass(Ws,Wp,Rs,Rp);
hd=design(d,'cheby1');
```

上述三种方法设计得到的 $H_{LP}(z)$是相同的,如式(8.3-40)所示。图 8.3-10 为此高通滤波器的幅频响应

$$H_{LP}(z)=\frac{0.213-0.426z^{-1}+0.213z^{-2}}{1+0.2483z^{-1}+0.4518z^{-2}} \tag{8.3-40}$$

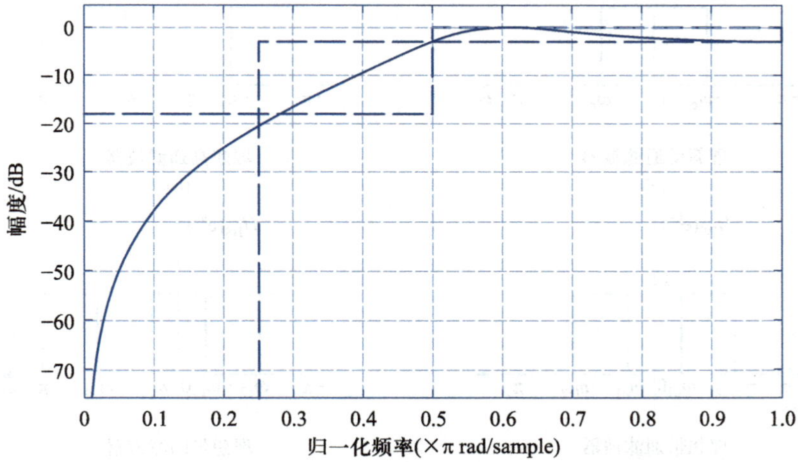


图 8.3-10 例 8.3-3 的高通数字滤波器的幅频响应

除了上述 MATLAB 提供的滤波器设计函数以外,还有专门的图形化滤波器设计和分析工具(fdatool)。应用这些函数或工具可以方便地直接设计数字高通、带通或带阻滤波器。fdatool 的使用方法可观看微视频。

微视频:fdatool 工具使用介绍

## 8.4 FIR 数字滤波器设计

与 IIR 数字滤波器不同,FIR 数字滤波器最大的优点是可以实现严格的线性相位,还可以实现任意的幅频特性,如数字微分器和希尔伯特变换器。另外,FIR 数字滤波器是全零点

滤波器，总是稳定的，实现结构简单。

FIR 数字滤波器的系统函数是 $z^{-1}$ 的多项式，没有与之对应的模拟滤波器，因此，FIR 数字滤波器一般采用直接设计方法，主要有：在时域逼近理想滤波器——窗函数法，在频域逼近理想滤波器——频率采样法，以及等纹波最佳逼近法等。

8.4.1 节将讨论这些设计方法的原理、步骤以及他们的性能，8.4.2 节将以具体的工程实例说明设计 FIR 数字滤波器的详细流程，8.4.3 节将讨论用 FIR 数字滤波器实现数字微分器和希尔伯特变换器。

### 8.4.1 FIR 数字滤波器设计的基本方法

对于非线性相位的 FIR 数字滤波器，一般可以用 IIR 滤波器来代替，因为要实现同样的幅频特性，IIR 滤波器所需要的阶数比 FIR 滤波器少得多，在计算成本和存储成本上更具优势。因此，本节重点讨论具有线性相位的 FIR 滤波器的设计方法。

**1. 理想滤波器的频率响应和冲激响应**

常见的理想滤波器包括理想低通滤波器、理想高通滤波器、理想带通滤波器和理想带阻滤波器，如图 8.4-1 所示。

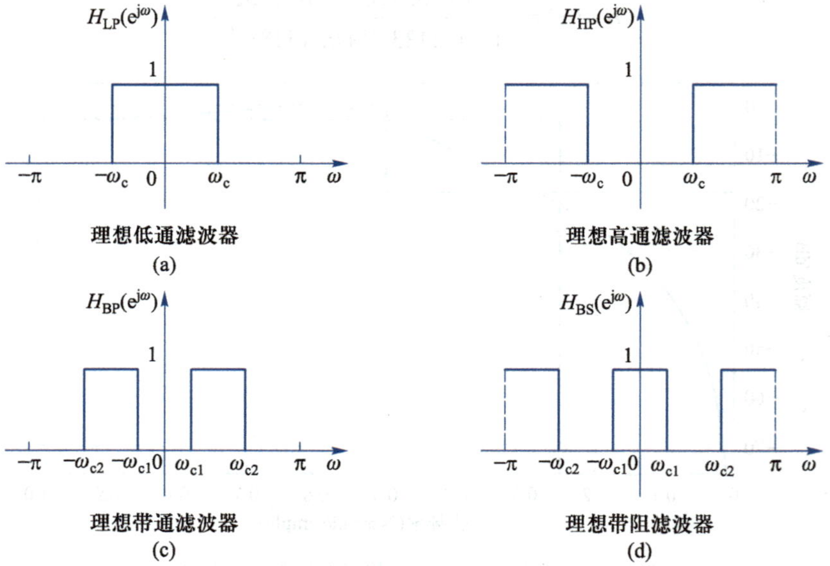


图 8.4-1 理想滤波器的频率响应

理想低通滤波器的频率响应 $H_{LP}(e^{j\omega})$ 和单位冲激响应 $h_{LP}[n]$ 如式(8.4-1)所示

$$
\begin{aligned}
&H_{LP}(e^{j\omega})=\begin{cases}1, & |\omega|\leqslant\omega_c\\ 0, & \omega_c<|\omega|\leqslant\pi\end{cases}\\
&h_{LP}[n]=\frac{\sin\omega_c n}{\pi n},\quad -\infty\leqslant n\leqslant\infty
\end{aligned}
\tag{8.4-1}
$$

其中，$\omega_c$ 为截止频率。

理想高通滤波器的频率响应 $H_{HP}(e^{j\omega})$ 和单位冲激响应 $h_{HP}[n]$ 如式(8.4-2)所示

$$H_{HP}(e^{j\omega})=\begin{cases}0, & |\omega|\leqslant\omega_c \\ 1, & \omega_c<|\omega|\leqslant\pi\end{cases}$$
$$h_{HP}[n]=\delta[n]-\frac{\sin\omega_c n}{\pi n},\quad -\infty\leqslant n\leqslant\infty \tag{8.4-2}$$

其中，$\omega_c$ 为截止频率。

理想带通滤波器的频率响应 $H_{BP}(e^{j\omega})$ 和单位冲激响应 $h_{BP}[n]$ 如式(8.4-3)所示

$$H_{BP}(e^{j\omega})=\begin{cases}0, & |\omega|\leqslant\omega_{c1} \\ 1, & \omega_{c1}<|\omega|\leqslant\omega_{c2} \\ 0, & \omega_{c2}<|\omega|\leqslant\pi\end{cases}$$
$$h_{BP}[n]=\frac{\sin\omega_{c2}n}{\pi n}-\frac{\sin\omega_{c1}n}{\pi n},\quad -\infty\leqslant n\leqslant\infty \tag{8.4-3}$$

其中，$\omega_{c1}$ 和 $\omega_{c2}$ 为带通滤波器的低和高截止频率。

理想带阻滤波器的频率响应 $H_{BS}(e^{j\omega})$ 和单位冲激响应 $h_{BS}[n]$ 如式(8.4-4)所示

$$H_{BS}(e^{j\omega})=\begin{cases}1, & |\omega|\leqslant\omega_{c1} \\ 0, & \omega_{c1}<|\omega|\leqslant\omega_{c2} \\ 1, & \omega_{c2}<|\omega|\leqslant\pi\end{cases}$$
$$h_{BS}[n]=\delta[n]-\left(\frac{\sin\omega_{c2}n}{\pi n}-\frac{\sin\omega_{c1}n}{\pi n}\right),\quad -\infty\leqslant n\leqslant\infty \tag{8.4-4}$$

### 2. 窗函数法

(1) 窗函数法的基本原理

微视频：窗函数法设计 FIR 滤波器

从形式上看，窗函数法是一种在时域对理想滤波器进行逼近的方法。

由上一节的讨论可知，理想滤波器的单位冲激响应是无限长的，最简单的时域逼近方法就是把理想滤波器的单位冲激响应直接截断，得到 $h_t[n]$。该操作相当于对理想滤波器的冲激响应进行了“加窗(windowing)”的处理，这也正是窗函数法得名的由来。

由前面章节已知，有 4 种类型的 FIR 线性相位滤波器，由于Ⅰ型的限制最少，在实际应用中最为通用，本节主要讨论Ⅰ型 FIR 线性相位滤波器的窗函数设计方法。关于其他类型(特别是Ⅱ型和Ⅳ型)滤波器的设计方法，读者可以参考相关书籍。

窗函数法的核心思想是使所设计的滤波器在时域逼近理想滤波器，即令所设计滤波器的单位冲激响应 $h[n]$ 在某种准则下逼近给定指标的理想滤波器的单位冲激响应 $h_d[n]$。

显然，这里的某种准则是指评价所设计的滤波器性能好坏的标准，同一种方法在不同的准则下可能有不同的评价结果。可以证明，在最小积分均方误差准则(least integral-squared error criterion)下，采用直接截断策略得到的 $h_t[n]$ 是 $h_d[n]$ 的最佳逼近。

设理想滤波器的频率响应为 $H_d(e^{j\omega})$，则有

$$\begin{cases} H_d(e^{j\omega}) = \sum_{n=-\infty}^{\infty} h_d[n]e^{-j\omega n} \\ h_d[n] = \dfrac{1}{2\pi}\int_{-\pi}^{\pi} H_d(e^{j\omega})e^{j\omega n}d\omega \end{cases} \tag{8.4-5}$$

假设使用一个长度为 $N=2M+1$ 的窗(这里的 $N$ 和 $M$ 均为整数)对 $h_d[n]$ 进行截取,得到

$$h_t[n] = \begin{cases} h_d[n], & -M \leqslant n \leqslant M \\ 0, & \text{其他} \end{cases} \tag{8.4-6}$$

则有

$$H_t(e^{j\omega}) = \sum_{n=-M}^{M} h_d[n]e^{-j\omega n} \tag{8.4-7}$$

定义理想滤波器 $H_d(e^{j\omega})$ 和设计滤波器 $H_t(e^{j\omega})$ 的积分均方误差为

$$\Phi_R = \frac{1}{2\pi}\int_{-\pi}^{\pi} |H_d(e^{j\omega}) - H_t(e^{j\omega})|^2 d\omega \tag{8.4-8}$$

直接计算式(8.4-8)较为困难,利用 Parseval 公式,可得

$$\begin{aligned} \Phi_R &= \sum_{n=-\infty}^{\infty} |h_d[n] - h_t[n]|^2 \\ &= \sum_{n=-\infty}^{-M-1} |h_d[n]|^2 + \sum_{n=-M}^{M} |h_d[n] - h_t[n]|^2 + \sum_{n=M+1}^{\infty} |h_d[n]|^2 \end{aligned} \tag{8.4-9}$$

显然,当 $h_t[n]=h_d[n]$,$-M \leqslant n \leqslant M$ 时,$\Phi_R$ 为最小值,即在最小积分均方误差准则下,$h_t[n]$ 是 $h_d[n]$ 的最佳逼近。

进一步地,定义窗函数 $w_R[n]$ 如下

$$w_R[n] = \begin{cases} 1, & -M \leqslant n \leqslant M \\ 0, & \text{其他} \end{cases} \tag{8.4-10}$$

则

$$h_t[n] = h_d[n]w_R[n] \tag{8.4-11}$$

该式形象地诠释了"加窗"操作。同时,由于 $w_R[n]$ 的形状是一个矩形,它又被称为矩形窗函数。

因此,用窗函数法设计 FIR 数字滤波器的方法,就是将理想滤波器的单位冲激响应乘以窗函数。需要注意的是,$h_t[n]$ 不是因果序列,还需右移 $M$ 个样本点才能得到因果的 FIR 滤波器,即 $h[n]=h_t[n-M]$。以低通滤波器为例,采用矩形窗截断并右移,得到长度为 $2M+1$ 的因果 FIR 滤波器的冲激响应为

$$h[n] = \begin{cases} \dfrac{\sin[\omega_c(n-M)]}{\pi(n-M)}, & 0 \leqslant n \leqslant 2M \\ 0, & \text{其他} \end{cases} \tag{8.4-12}$$

注意,加窗时之所以选取 $-M \leqslant n \leqslant M$ 区间内的 $h_d[n]$,而非直接取 $0 \leqslant n \leqslant 2M+1$ 区间内的 $h_d[n]$,其原因是为了保证 $h_t[n]$ 的对称性,从而确保 FIR 滤波具有线性相位。

(2) 窗函数法的性能分析

前面已经提到,同一种滤波器设计方法,在不同的准则下,会得到不同的性能评价。基

于矩形窗 $w_R[n]$ 的窗函数法，在最小积分均方误差准则下，性能是最佳的，但在其他准则下却可能并非如此。

基于“时域相乘、频域相卷”这一特性，由式(8.4-11)可知用窗函数法设计的滤波器 $h_t[n]$ 的频率响应 $H_t(e^{j\omega})$ 为

$$H_t(e^{j\omega})=\frac{1}{2\pi}\int_{-\pi}^{\pi}H_d(e^{j\varphi})\Psi(e^{j(\omega-\varphi)})d\varphi \tag{8.4-13}$$

其中，$\Psi(e^{j\omega})$ 为窗函数 $w_R[n]$ 的频谱，由式(8.4-10)容易得到

$$\Psi(e^{j\omega})=\sum_{n=-M}^{M}e^{-j\omega n}=\frac{\sin[(2M+1)\omega/2]}{\sin(\omega/2)} \tag{8.4-14}$$

换而言之，$H_t(e^{j\omega})$ 是理想滤波器与矩形窗在频域卷积得到的，如图 8.4-2 所示。和理想滤波器相比，由该卷积过程得到的滤波器存在两点不同。首先，在通带和阻带的响应不再是恒定的 1 和 0，而是在 1 和 0 附近波动(ripple)。并且，由卷积的过程容易发现，时域加窗设计的 FIR 滤波器通带和阻带的波动幅度总是相等的，即 $\delta_p=\delta_s$。其次，通带和阻带之间存在过渡带。在过渡带内的频率分量不能简单地认为是“能通过滤波器”或者“被滤波器阻止”，其响应存在某种模糊。

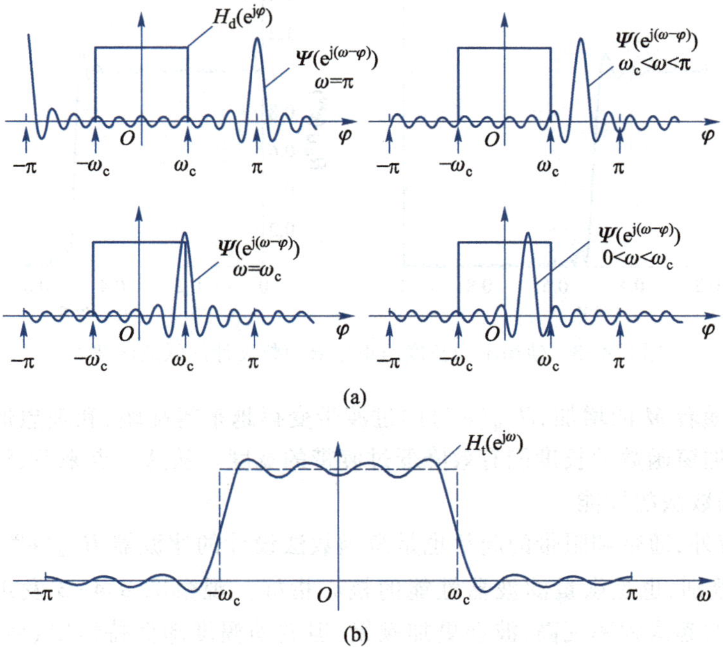


图 8.4-2 时域加窗对频域的影响

对于窗函数法，引起这种差异的原因显然就是“加窗”操作。为了提升窗函数法的性能，需要降低这种差异，使设计滤波器的性能更加接近理想滤波器。这就必须降低频率响应曲线在通带和阻带的波动，并且减小过渡带的宽度，或使过渡带更加陡峭。

由于加窗过程实际上是对理想滤波器的单位冲激响应 $h_d[n]$ 进行了截断，以 $h_d[n]$ 的一个长度为 $N=2M+1$ 的“片段”来逼近 $h_d[n]$，因此，容易想到的提升窗函数法性能的方法

就是增加窗的长度 $N$ 或 $M$。

这种想法是有道理的。窗函数的长度越长，$h_t[n]$ 中包含 $h_d[n]$ 的信息越多，二者的频率响应也更加接近。特别地，当 $M\to\infty$ 时，有 $h_t[n]\to h_d[n]$，以及 $H_t(e^{j\omega})\to H_d(e^{j\omega})$。

为了验证这种方法是否可行，下面使用不同长度 $N=2M+1$ 的矩形窗设计截止频率为 $\omega_c=0.5\pi$ 的低通滤波器，表示为 $H_{t,M}(e^{j\omega})$。仿真结果如图 8.4-3 所示。

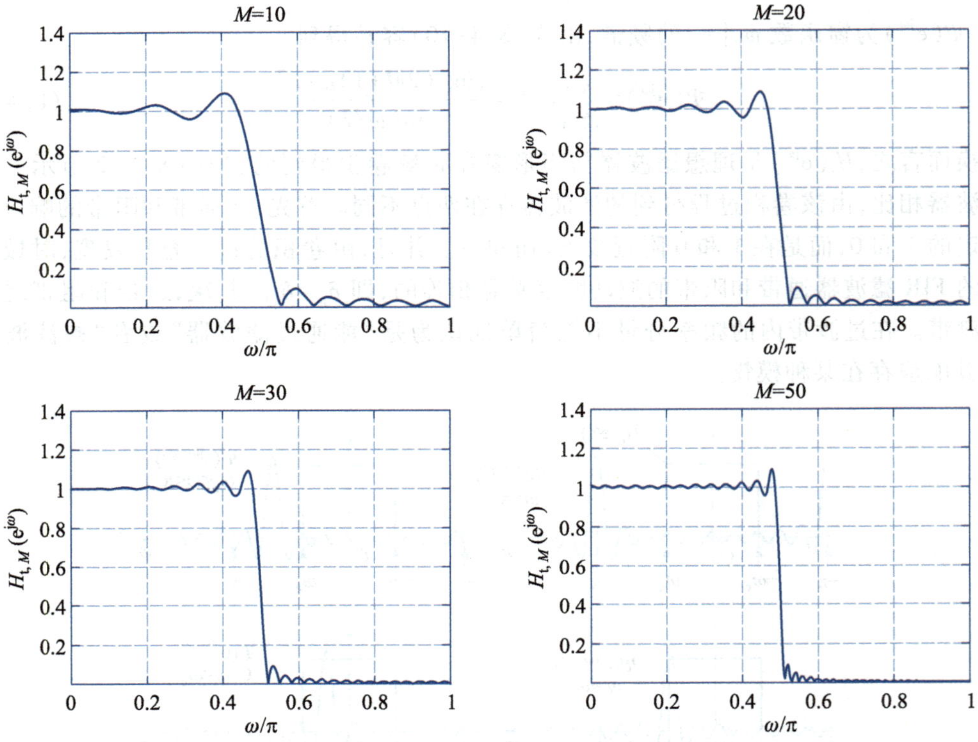


图 8.4-3 使用不同长度的矩形窗函数设计的低通滤波器

由图可知，随着 $M$ 的增加，$H_{t,M}(e^{j\omega})$ 的过渡带变得越来越陡峭，和理想低通滤波器更加接近。因此，增加窗函数的长度能有效降低过渡带的宽度。从这一点来看，增加窗函数的长度能够提升窗函数法的性能。

除了过渡带外，通带和阻带的起伏也是窗函数法设计的滤波器 $H_{t,M}(e^{j\omega})$ 和理想滤波器 $H_d(e^{j\omega})$ 的重要差别，也是衡量滤波器性能的核心指标。观察图 8.4-3 发现，随着 $M$ 的增大，通带和阻带的起伏频率变高，波动更加频繁，但波动幅度却保持恒定（约为 0.0895），并且不会随着 $M$ 的继续增大而改变。

通过上述仿真发现，在基于矩形窗的窗函数法中，增加窗函数的长度只能改善滤波器在过渡带方面的性能，但无法提升滤波器在通带和阻带起伏方面的性能。下面分析产生这一现象的原因。

时域的加窗对应于频域的卷积。由于理想低通滤波器的频谱 $H_d(e^{j\omega})$ 是恒定的，因此最终设计滤波器的频谱 $H_t(e^{j\omega})$ 取决于窗函数的频谱 $\Psi(e^{j\omega})$。由式(8.4-14)可知，$\Psi(e^{j\omega})$ 是窗函数长度 $M$ 的函数，因此改变 $M$ 可以改变滤波器的频谱。由图 8.4-2 所示，窗函数法设

计的滤波器 $H_t(e^{j\omega})$ 的过渡带，是在 $\Psi(e^{j\omega})$ 的主瓣移入或移出 $H_d(e^{j\omega})$ 通带的过程中产生的；而 $H_t(e^{j\omega})$ 在通带和阻带的起伏，是由于 $\Psi(e^{j\omega})$ 在 $H_d(e^{j\omega})$ 通带内的旁瓣不对称引起的。因此，$H_t(e^{j\omega})$ 过渡带的宽度与 $\Psi(e^{j\omega})$ 主瓣的宽度相关，而 $H_t(e^{j\omega})$ 的起伏则和 $\Psi(e^{j\omega})$ 旁瓣的面积有关。

图 8.4-4 的左图也说明了这一点，而右图给出了 $M=4$ 和 $M=10$ 时的 $\Psi(e^{j\omega})$。由于 $\Psi(e^{j\omega})$ 相邻过零点的间距为 $\pi/(2M+1)=2/N$，其主瓣宽度为 $2\pi/(2M+1)=2\pi/N$，当 $M$ 增大时，主瓣变窄，因此 $H_t(e^{j\omega})$ 的过渡带也相应地变窄。另一方面，当 $M$ 增大时，尽管 $\Psi(e^{j\omega})$ 主瓣和旁瓣的宽度都变窄了，但其高度却相应增加了，这导致其各个主瓣和旁瓣的面积保持不变。那么，增大 $M$ 只能提高其起伏的频率，无法降低起伏的高度。

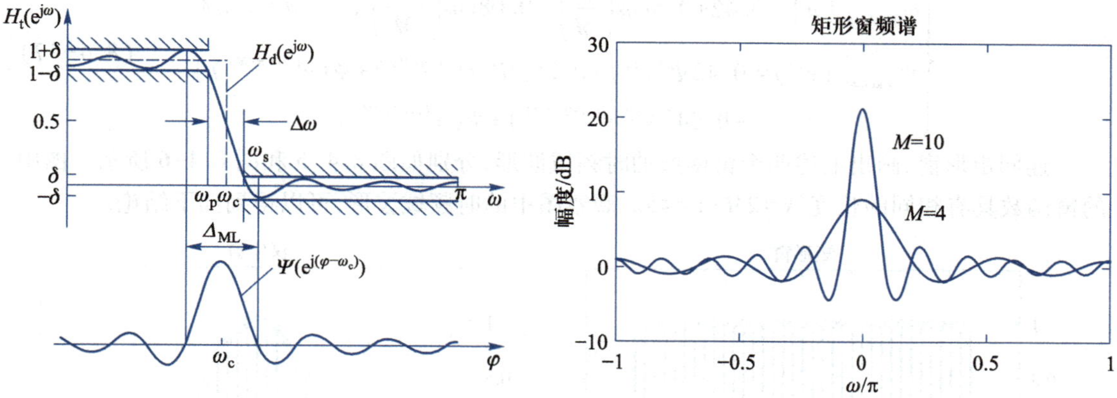


图 8.4-4 窗函数频谱与滤波器频谱的关系

事实上，只要 $M$ 为有限值，使用矩形窗函数设计的滤波器在通带和阻带起伏的幅度将保持恒定，增大 $M$ 只会改变起伏的频率，这被称为 Gibbs（吉布斯）现象，即在时域对信号进行的截断操作在频域将导致信号的频谱在不连续处产生振荡。

当 $M$ 逼近无穷大时，$H_t(e^{j\omega})$ 逼近或收敛到 $H_d(e^{j\omega})$，由前面的分析可知这种收敛并非一致收敛，而是均方收敛。均方收敛允许 $H_t(e^{j\omega})$ 和 $H_d(e^{j\omega})$ 在个别的频点上存在差异。

（3）窗函数的选取

前面的分析表明，要想改善 $H_t(e^{j\omega})$ 在幅度起伏方面的性能，需要降低窗函数频谱的旁瓣面积，而这是无法通过增大矩形窗的长度来实现的。

根据前面对 Gibbs 现象的分析，$\Psi(e^{j\omega})$ 的旁瓣是由于时域矩形窗的“截断”操作引起的，因此，要想影响 $\Psi(e^{j\omega})$ 的旁瓣，可以考虑从改变时域“截断”操作的形式来实现，即改变窗函数的形状。

这一思路的基本策略是，将时域对理想滤波器 $h_d[n]$ 的直接“截断”变成一种更加平滑、逐步过渡的处理方式。

基于这一想法，除了矩形窗，实际应用中常用的窗函数还包括 Hanning 窗（汉宁窗，又称为升余弦窗）、Hamming 窗（汉明窗，又称为改进的升余弦窗）和 Blackman 窗（布莱克曼窗，又称为二阶升余弦窗）等。它们时频域的定义式如下。

汉宁窗

$$\begin{cases} w_{\text{Hann}}[n]=\dfrac{1}{2}\left[1+\cos\left(\dfrac{\pi n}{M}\right)\right], & -M\leqslant n\leqslant M \\ \Psi_{\text{Hann}}(e^{j\omega})=\dfrac{1}{2}\Psi(e^{j\omega})+\dfrac{1}{4}\left[\Psi(e^{j(\omega-\pi/M)})+\Psi(e^{j(\omega+\pi/M)})\right] \end{cases} \tag{8.4-15}$$

汉明窗

$$\begin{cases} w_{\text{Hamming}}[n]=0.54+0.46\cos\left(\dfrac{\pi n}{M}\right), & -M\leqslant n\leqslant M \\ \Psi_{\text{Hamming}}(e^{j\omega})=0.54\Psi(e^{j\omega})+0.23\left[\Psi(e^{j(\omega-\pi/M)})+\Psi(e^{j(\omega+\pi/M)})\right] \end{cases} \tag{8.4-16}$$

布莱克曼窗

$$\begin{cases} w_{\text{Blackman}}[n]=0.42+0.5\cos\left(\dfrac{\pi n}{M}\right)+0.08\cos\left(\dfrac{2\pi n}{M}\right), & -M\leqslant n\leqslant M \\ \Psi_{\text{Blackman}}(e^{j\omega})=0.42\Psi(e^{j\omega})+0.25\left[\Psi(e^{j(\omega-\pi/M)})+\Psi(e^{j(\omega+\pi/M)})\right] \\ \qquad +0.04\left[\Psi(e^{j(\omega-2\pi/M)})+\Psi(e^{j(\omega+2\pi/M)})\right] \end{cases} \tag{8.4-17}$$

连同矩形窗，画出上述四个窗函数的时频域波形，分别如图 8.4-5 和图 8.4-6 所示。图中的窗函数具有相同的长度 $N=2M+1=45$。观察图中的时频域波形，可以得到如下结论。

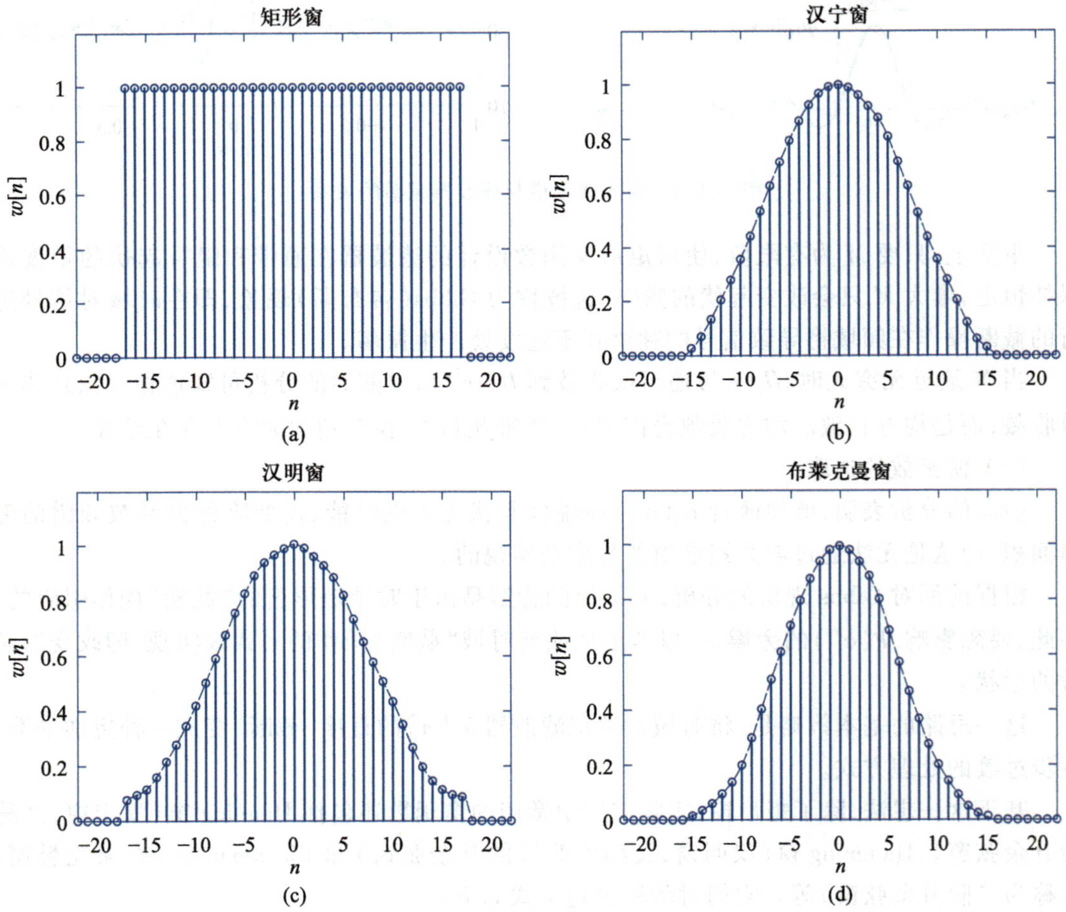


图 8.4-5　常用窗函数的时域波形

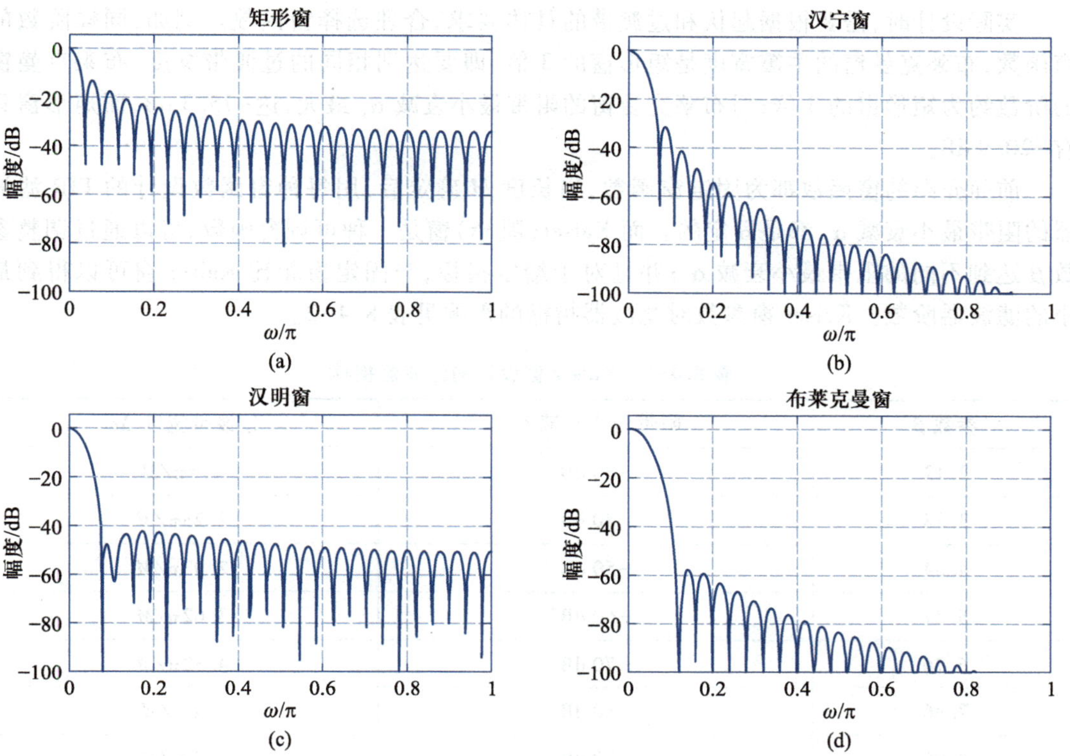


图 8.4-6　常用窗函数的频谱

首先，除了矩形窗，其他的三个窗函数都采用了平滑的滚降方式实现从 1 到 0 的变化，它们变化的细节略有不同。

其次，这种时域上平滑的过渡方式导致频谱具有更低的旁瓣。如在图 8.4-6 中，矩形窗的旁瓣衰减不到-40 dB，而其他三个窗函数的旁瓣衰减都超过了-40 dB，其中汉宁窗和布莱克曼窗的最小旁瓣更是达到了-100 dB。更低的旁瓣可以有效降低窗函数法设计的滤波器在通带和阻带的起伏。

第三，上述窗函数在旁瓣方面的性能提升是以增加主瓣宽度为代价的，即对于相同长度的窗函数而言，旁瓣越低则主瓣越宽，或者说，滤波器的纹波越小则过渡带越宽。

表 8.4-1 对上述窗函数的最小阻带衰减和过渡带宽度进行了小结。其中，阻带最小衰减 $\alpha_s$ 与窗函数的长度无关，由窗函数的类型确定，而过渡带宽度 $\Delta\omega$ 则与 $M$ 成反比，即可以通过改变窗函数的长度调整滤波器的过渡带宽度。

**表 8.4-1　四种固定窗设计的滤波器指标**

| 窗函数 | 阻带最小衰减 $\alpha_s$ | 过渡带宽度 $\Delta\omega$ |
|---|---|---|
| 矩形窗 | -20.9 dB | $0.92\pi/M$ |
| 汉宁窗 | -43.9 dB | $3.11\pi/M$ |
| 汉明窗 | -54.5 dB | $3.32\pi/M$ |
| 布莱克曼窗 | -75.3 dB | $5.56\pi/M$ |

实际设计时，需要根据起伏和过渡带的具体要求，合理选择窗函数。例如，同样阶数的窗函数，布莱克曼窗的主瓣宽度是矩形窗的 3 倍，即要达到相同的过渡带宽度，布莱克曼窗的阶数约为矩形窗的 3 倍；但布莱克曼窗的阻带最小衰减 $\alpha_s$ 最大，达−75.3 dB，而矩形窗只有−20.9 dB。

前面介绍的窗函数都为固定窗函数，当长度 $M$ 确定后，用每种窗函数设计的 FIR 滤波器的阻带最小衰减 $\alpha_s$ 都是固定的。而 Kaiser（凯泽）窗是一种可调窗函数，可以通过调整参数 $\beta$ 达到不同的阻带最小衰减 $\alpha_s$；并且对于给定指标，与固定窗相比 Kaiser 窗可以得到最小的滤波器阶数。Kaiser 窗参数对滤波器指标的影响见表 8.4−2。

**表 8.4−2 Kaiser 窗设计的滤波器指标**

| 参数 $\beta$ | 阻带最小衰减 $\alpha_s$ | 过渡带宽度 $\Delta\omega$ |
|---|---|---|
| 2.12 | −30 dB | $1.5\pi/M$ |
| 3.38 | −40 dB | $2.23\pi/M$ |
| 4.54 | −50 dB | $2.93\pi/M$ |
| 5.57 | −60 dB | $3.62\pi/M$ |
| 6.76 | −70 dB | $4.32\pi/M$ |
| 7.86 | −80 dB | $5.0\pi/M$ |
| 8.96 | −90 dB | $5.7\pi/M$ |

Kaiser 窗的冲激响应如式（8.4−18）所示，其中调整参数 $\beta$ 可以控制滤波器的阻带最小衰减 $\alpha_s$，$I_0(\cdot)$ 为零阶第一类修正贝塞尔函数。实际计算时取前 20 项即可满足精度，式（8.4−19）为估算 $\beta$ 和滤波器阶数 $N$ 的公式

$$w_{\text{Kaiser}}[n]=\frac{I_0\left[\beta\sqrt{1-\left(1-\dfrac{2n}{N-1}\right)^2}\,\right]}{I_0(\beta)}w_R[n] \tag{8.4-18}$$

$$I_0(x)=\frac{1}{2\pi}\int_{-\pi}^{\pi}e^{jx\sin y}\mathrm{d}y\approx 1+\sum_{k=1}^{\infty}\left[\frac{1}{k!}\left(\frac{x}{2}\right)^k\right]^2$$

$$\beta=\begin{cases}0.112(\alpha_s-8.7), & \alpha_s>50\text{ dB}\\ 0.5842(\alpha_s-21)^{0.4}+0.07886(\alpha_s-21), & 21\leqslant\alpha_s\leqslant 50\text{ dB}\\ 0, & \alpha_s<21\text{ dB}\end{cases} \tag{8.4-19}$$

$$N=\frac{\alpha_s-8}{2.285\cdot\Delta\omega}$$

（4）窗函数法设计滤波器的步骤

使用窗函数法设计线性相位 FIR 滤波器的步骤归纳如下。

① 根据事先给定的滤波器设计指标，计算 $\delta_p$ 和 $\delta_s$ 的值，取其中较小的作为最终的 $\delta_s$，并以此计算 $\alpha_s$；

② 根据 $\alpha_s$ 选择窗函数类型，再通过 $\Delta\omega$ 计算窗函数的长度 $N=2M+1$，在此基础上写出

窗函数 $w[n],-M\leqslant n\leqslant M$；

③ 计算过渡带的中心频率 $\omega_c=(\omega_p+\omega_s)/2$，据此写出理想滤波器的单位冲激响应 $h_d[n]$；

④ 加窗得到 $h_t[n]=h_d[n]w[n]$，再将 $h_t[n]$ 右移 $M$ 个点，得到最终设计的滤波器 $h[n]=h_t[n-M],0\leqslant n\leqslant 2M$。

### 3. 频率采样法

如前所述，窗函数法是在时域逼近理想滤波器。下面将讨论在频域逼近理想滤波器的 FIR 设计方法——频率采样法。

设理想滤波器的频率响应为 $H_d(e^{j\omega})$，对其在 $[0,2\pi]$ 上等间隔采样 $L$ 个点，得到 $H[k]$，对 $H[k]$ 求 IDFT，即可得到 FIR 滤波器的单位冲激响应 $h[n]$，如式(8.4-20)所示。显然，按照这种方法设计的滤波器，其频率响应 $H(e^{j\omega})$ 在 $\omega_k=2\pi k/L$ 处与 $H_d(e^{j\omega})$ 相同，即 $H(e^{j\omega k})=H_d(e^{j\omega k}),k=0,1,\cdots,L-1$，从而实现了在频域逼近理想滤波器。

$$\begin{cases} H[k]=H_d(e^{j\omega})\big|_{\omega=2\pi k/L}, & k=0,1,2,\cdots,L-1 \\ h[n]=\dfrac{1}{L}\displaystyle\sum_{k=0}^{L-1}H[k]e^{j2\pi kn/N}, & n=0,1,2,\cdots,L-1 \end{cases} \tag{8.4-20}$$

为得到满足线性相位条件的实序列 $h[n]$，$H[k]$ 的采样点设置需要满足一定的准则。首先，为保证 $h[n]$ 为实序列，由 DFT 的对称性质可知 $H[k]$ 应满足式(8.4-21)的对称关系

$$H^*[k]=H[L-k],\quad k=0,1,2,\cdots,L-1 \tag{8.4-21}$$

其次，基于在第五章中关于 DFT 与 DTFT 的相互转换问题的讨论，$H(e^{j\omega})$ 可由 $H[k]$ 进行内插运算求出，如式(8.4-22)所示。

$$\begin{aligned} H(e^{j\omega}) &= \sum_{n=0}^{L-1}h[n]e^{-j\omega n}=\sum_{n=0}^{L-1}\left(\frac{1}{L}\sum_{k=0}^{L-1}H[k]e^{j2\pi kn/L}\right)e^{-j\omega n} \\ &= \sum_{k=0}^{L-1}H[k]\Phi\left(\omega-\frac{2\pi k}{L}\right) \end{aligned} \tag{8.4-22}$$

$$\Phi(\omega)=\frac{1-e^{-jL\omega}}{L(1-e^{-j\omega})}=\frac{1}{L}\frac{\sin(L\omega/2)}{\sin(\omega/2)}e^{-j\frac{L-1}{2}\omega}$$

显然，只有当 $H[k]e^{j(L-1)k\pi/L}$ 为实数时，式(8.4-22)确定的 $H(e^{j\omega})$ 具有线性相位 $-(L-1)\omega/2$。若令 $H[k]=e^{-j(L-1)k\pi/L}$，则得到式(8.4-23)

$$H[L-k]=e^{-j(L-1)(L-k)\pi/L}=e^{-j(L-1)\pi}H^*[k] \tag{8.4-23}$$

当滤波器长度 $L$ 为奇数时，$e^{-j(L-1)\pi}=1$，式(8.4-23)能满足式(8.4-21)的对称关系；而 $L$ 为偶数时，$e^{-j(L-1)\pi}=-1$，式(8.4-23)不能满足式(8.4-21)的要求。

根据第七章的讨论，线性相位 FIR 滤波器的冲激响应有以下四种形式。

Ⅰ型：奇数点长度，偶对称的冲激响应；

Ⅱ型：偶数点长度，偶对称的冲激响应；

Ⅲ型：奇数点长度，奇对称的冲激响应；

Ⅳ型：偶数点长度，奇对称的冲激响应。

滤波器设计时，首先要根据所设计的滤波器种类选择合适的线性相位滤波器型：低通滤波器可以使用Ⅰ型或Ⅱ型，高通滤波器可以使用Ⅰ型或Ⅳ型，带通滤波器四种都可以使用，

带阻滤波器只能使用Ⅰ型。可见，四种滤波器都可以使用Ⅰ型，该型滤波器长度为奇数，故对 $H_d(e^{j\omega})$ 采样时，从 $\omega=0$ 开始采样第一个点，然后在 $[0,2\pi]$ 区间等间隔采样 $L$ 个点，即通带内可设 $H[k]=e^{-j(L-1)k\pi/L}$，阻带内设 $H[k]=0$。

由于理想滤波器的频率响应 $H_d(e^{j\omega})$ 没有过渡带，即从通带到阻带是陡变的。按照上述方法设计的 FIR 滤波器，过渡带没有采样点，故过渡带两侧的过冲较大，阻带最小衰减指标往往难以实现。为了改善幅频特性，可以在过渡带中设置一个或多个采样点，以加宽过渡带为代价使得通带和阻带的纹波减小。另一方面，为了使过渡带宽度满足指标要求，需要适当增加采样的点数 $L$。

一般而言，选择过渡带中的采样点个数需要采用优化算法，在此只给出常用的经验值，见表 8.4-3。

**表 8.4-3 过渡带采样点个数与阻带最小衰减的关系**

| 过渡带采样点数 $m$ | 1 | 2 | 3 |
|---|---|---|---|
| 阻带最小衰减 $\alpha_s$ | 40～55 dB | 65～75 dB | 85～95 dB |

当过渡带采样点数 $m$ 确定后，可根据式(8.4-24)计算滤波器的长度。过渡带中的采样点的取值也需要用优化算法反复调整，若过渡带只采样一个点，可简单设幅度为 0.5

$$L\geqslant\frac{(m+1)\cdot 2\pi}{\Delta\omega} \tag{8.4-24}$$

使用频率采样法设计线性相位 FIR 滤波器的步骤归纳如下：

① 根据阻带最小衰减 $\alpha_s$ 确定过渡带采样点个数 $m$；

② 根据过渡带宽度 $\Delta\omega$ 估算滤波器长度 $L$；

③ 按照Ⅰ型对理想滤波器的频率响应 $H_d(e^{j\omega})$ 进行采样，加入过渡带的采样点，确定所有样本点的幅度和相位值，得到 $H[k]$；

④ 对 $H[k]$ 进行 $L$ 点 IDFT，求出线性相位 FIR 滤波器的冲激响应 $h[n]$；

⑤ 根据 $h[n]$ 计算其幅频响应 $|H(e^{j\omega})|$，验证是否满足指标。

### 4. 等纹波最佳逼近法

上述两种 FIR 滤波器的设计方法原理简单，实现容易，但存在一些缺点。

窗函数法设计的滤波器通带和阻带纹波幅度总是相等的，无法分别控制；而频率采样法设计的滤波器只能控制阻带纹波幅度，无法控制通带纹波幅度。而且，两种方法设计的滤波器均是使得阻带边界频率附近的衰减达到指标要求，而离阻带边界频率越远，衰减越大，往往会远远超出指标的要求，从而造成滤波器的性价比低。

等纹波最佳逼近法设计的滤波器克服了窗函数法和频率采样法的缺点，使得滤波器的幅频响应在通带和阻带都是等纹波的，而且可以分别控制通带和阻带的纹波幅度。当指标相同时，等纹波最佳逼近法设计的滤波器的阶数最低。

如前所述，用窗函数法设计 FIR 滤波器时，实际滤波器逼近理想滤波器采用的是最小积分均方误差准则；而等纹波最佳逼近法设计 FIR 滤波器则采用最大误差最小准则，又称为最佳一致逼近。

式(8.4-25)定义了误差函数 $E(x)$

$$E(x)=|p(x)-f(x)| \tag{8.4-25}$$

Chebyshev(契比雪夫)逼近定理指出,对于给定区间$[a,b]$上的连续函数$f(x)$,在所有 $n$ 次多项式的集合中,存在唯一的$p(x)$,使得在区间$[a,b]$上$p(x)$对$f(x)$逼近的误差的最大值最小化。

基于 Chebyshev 逼近定理,多位学者提出了具体的设计算法,其中 MATLAB 工具箱采用的是著名的 Remez(雷米兹)算法。下面只给出等纹波最佳逼近法的基本思想和用 Remez 算法设计滤波器的思路,详细的数学推导过于复杂,感兴趣的读者可以查阅相关文献。

设$H_d(\omega)$为拟逼近的滤波器的幅度函数,$H(\omega)$为实际设计的滤波器的幅度函数。定义加权误差函数如下

$$E(\omega)=W(\omega)[H_d(\omega)-H(\omega)] \tag{8.4-26}$$

其中$W(\omega)$为加权函数,用于控制不同频段的逼近精度。Remez 算法以$|E(\omega)|$的最大值最小化准则,采用多重交替迭代,求解$h[n]$。需要注意的是,用等纹波最佳逼近法设计滤波器时,只考虑对$H_d(\omega)$的通带和阻带进行最佳逼近,但$H_d(\omega)$过渡带的宽度不能设为零。

在 MATLAB 中使用等纹波最佳逼近法设计线性相位 FIR 滤波器的步骤为:

① 写出希望逼近的滤波器的通带数字角频率的范围$[\omega_{p1},\omega_{p2}]$和阻带数字角频率的范围$[\omega_{s1},\omega_{s2}]$;注意四个角频率均不能相等,若存在多通带或多阻带,需全部写出。

② 求出希望逼近的滤波器的通带纹波幅度$\delta_p$和阻带纹波幅度$\delta_s$;若存在多通带或多阻带,将相应纹波幅度全部求出,注意各纹波幅度要与第①步的频率范围一一对应。

③ 根据给定的指标,用 remezord 估算滤波器阶数和加权函数$W(\omega)$,$W(\omega)$较大则逼近精度较高,反之逼近精度较低。

④ 调用 remez 求出$h[n]$;再计算其幅频响应,验证是否满足指标。

### 8.4.2 FIR 数字滤波器设计实例

本节将利用多个实例阐述 FIR 数字滤波器设计的流程,包括计算过程、MATLAB 代码以及频率响应图等。

**例 8.4-1**

用窗函数法设计一个线性相位的 FIR 数字滤波器,满足以下指标:通带截止频率 $0.3\pi$,阻带截止频率 $0.5\pi$,最小阻带衰减 40 dB,最大通带纹波 1 dB。

**解:**

根据指标,此 FIR 滤波器为低通滤波器。首先计算指标

$$\alpha_p=1\text{ dB}\Rightarrow\delta_p\approx0.054,\quad \alpha_s=40\text{ dB}\Rightarrow\delta_s=0.01 \tag{8.4-27}$$

因此选择如下参数

$$\delta=\delta_s=0.01,\quad \alpha_s=40\text{ dB},\quad \omega_c=(\omega_p+\omega_s)/2=0.4\pi,\quad \Delta\omega=\omega_s+\omega_p=0.2\pi \tag{8.4-28}$$

根据表 8.4-1 中的信息,选 Hanning 窗、Hamming 窗或 Blackman 窗均可满足指标,下面分别计算。

(1) 选择 Hanning 窗,则利用过渡带宽度与窗函数长度的关系,有

$$\Delta\omega=\frac{3.11\pi}{M}\Rightarrow M=16,\quad N=2M+1=33 \tag{8.4-29}$$

那么，对应 FIR 滤波器的冲激响应为

$$h[n]=\frac{\sin[0.4\pi(n-16)]}{\pi(n-16)}w_{\text{Hanning}}[n-16],\quad 0<n<32 \tag{8.4-30}$$

（2）选择 Hamming 窗，则利用过渡带宽度与窗函数长度的关系，有

$$\Delta\omega=\frac{3.32\pi}{M}\Rightarrow M=17,\quad N=2M+1=35 \tag{8.4-31}$$

对应的 FIR 滤波器冲激响应为

$$h[n]=\frac{\sin[0.4\pi(n-17)]}{\pi(n-17)}w_{\text{Hamming}}[n-17],\quad 0<n<34 \tag{8.4-32}$$

（3）选择 Blackman 窗，则利用过渡带宽度与窗函数长度的关系，有

$$\Delta\omega=\frac{5.56\pi}{M}\Rightarrow M=28,\quad N=2M+1=57 \tag{8.4-33}$$

对应的 FIR 滤波器冲激响应为

$$h[n]=\frac{\sin[0.4\pi(n-28)]}{\pi(n-28)}w_{\text{Blackman}}[n-28],\quad 0<n<56 \tag{8.4-34}$$

可见，用固定窗设计本例 FIR 滤波器时，汉宁窗的阶数最低。因此，从实现难度和成本考虑，当有多个窗函数同时满足 FIR 滤波器设计的性能指标时，往往选择阶数最低的窗函数。

（4）考虑可变的 Kaiser 窗，其参数计算如下，可见 Kaiser 窗阶数更低。

$$N=\frac{\alpha_s-8}{2.285\times\Delta\omega}\cong 23$$

$$\beta=0.5842\times(\alpha_s-21)^{0.4}+0.07886\times(\alpha_s-21)=3.3953 \tag{8.4-35}$$

对应的 FIR 滤波器冲激响应为

$$h[n]=\frac{\sin[0.4\pi(n-11)]}{\pi(n-11)}w_{\text{Kaiser}}[n-11],\quad 0<n<23 \tag{8.4-36}$$

Kaiser 窗的 MATLAB 代码如下，得到滤波器的幅频响应如图 8.4-7。

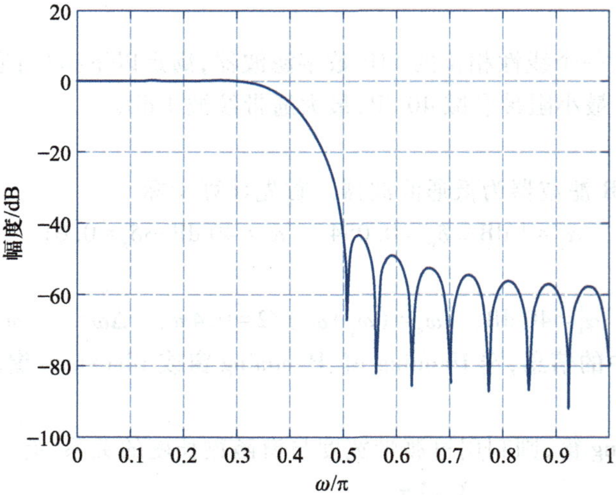


图 8.4-7 使用 Kaiser 窗设计的 FIR 滤波器的幅频响应

```
fpts=[0.3 0.5];
mag=[1 0];
dev=[0.01 0.01];
[N,Wc,beta,ftype]=kaiserord(fpts,mag,dev);
kw=kaiser(N+1,beta);
b=fir1(N,Wc,kw);
[h,omega]=freqz(b,1,512);
plot(omega/pi,20 * log10(abs(h)));
xlabel('\omega/\pi');
ylabel('Gain,dB');
```

**例 8.4-2**

用窗函数法设计一个线性相位的 FIR 数字滤波器,满足以下指标:通带截止频率 1650 Hz,阻带截止频率 400 Hz,最小阻带衰减 50 dB,采样频率 11.025 kHz。

**解:**

根据指标,此 FIR 滤波器为高通滤波器。首先计算指标

$$\begin{aligned}\Delta\omega&=2\pi\times\Delta f/F_s=\frac{2\pi\times(1650-400)}{11025}=0.22676\pi\\ \omega_c&=2\pi\times f_c/F_s=\frac{2\pi\times(1625+400)/2}{11025}=0.185941\pi\end{aligned}\tag{8.4-37}$$

由于 $\alpha_s=50$ dB,选择汉明窗,其窗函数长度为

$$\Delta\omega=\frac{3.32\pi}{M}\Rightarrow M=15,\quad N=2M+1=31\tag{8.4-38}$$

理想高通滤波器的单位冲激响应为

$$h_{HP}[n]=\delta[n]-\frac{\sin\omega_c n}{\pi n}=\begin{cases}1-\dfrac{\omega_c}{\pi}, & n=0\\ -\dfrac{\sin\omega_c n}{\pi n}, & n\neq 0\end{cases}\tag{8.4-39}$$

对应 FIR 滤波器的冲激响应为

$$h[n]=h_{HP}[n-15]\cdot w_{Hamming}[n-15],\quad 0<n<30\tag{8.4-40}$$

MATLAB 代码如下,得到的滤波器的频率响应如图 8.4-8 所示。

```
% All frequency values are in Hz.
Fs=11025;            % Sampling Frequency
Fstop=400;           % Stopband Frequency
Fpass=1650;          % Passband Frequency
% normalized digital angular edge frequencies:
Wp=2 * Fstop/Fs;
Ws=2 * Fpass/Fs;
Wc=(Wp+Ws)/2;
```

```
delta_w=Ws-Wp;
M=ceil(3.32/delta_w);
N=2*M+1;
W=hamming(N);
h=fir1(N,Wc,'high');          % fir1 默认采用 hamming 窗
freqz(h);
```

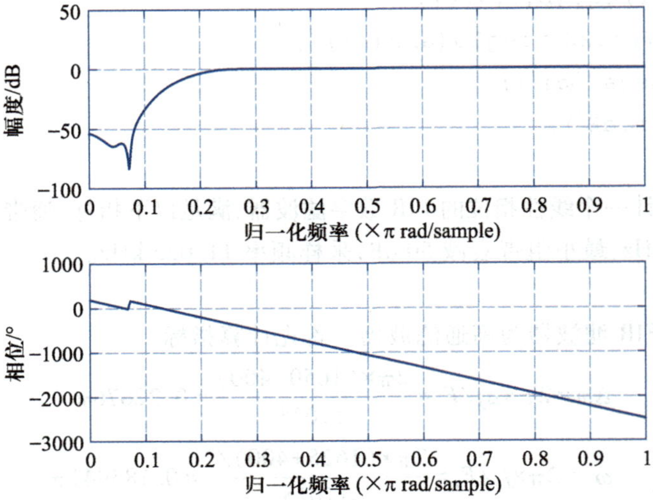


图 8.4-8 使用汉明窗设计的 FIR 滤波器的幅频响应

**例 8.4-3**

用频率采样法设计一个线性相位的 FIR 数字滤波器，满足以下指标：通带截止频率 $\omega_p=0.3\pi$，阻带截止频率 $\omega_s=0.5\pi$，最小阻带衰减 40 dB。

**解：**

根据指标，此 FIR 滤波器为低通滤波器。查表 8.4-3，可知过渡带取一个点即可满足阻带衰减 40 dB 的要求，故 $m=1$。

根据式(8.4-24)计算滤波器的长度

$$L \geqslant \frac{(m+1)\times 2\pi}{\Delta\omega}=20 \Rightarrow L=21 \tag{8.4-41}$$

计算通带的采样点数

$$N_p=L\times\omega_p/2\pi=3.15 \Rightarrow N_p=4 \tag{8.4-42}$$

由 $N_p=4$，以及 I 型 FIR 幅频响应 $|H[k]|=|H[L-k]|$，得到

$$H[k]=|H[k]|e^{-j(L-1)\pi/L},\quad k=0,1,\cdots,L-1 \tag{8.4-43}$$

$$|H[k]|=\begin{cases}1, & k=0,1,2,3,18,19,20\\ t, & k=4,17\\ 0, & k=5,6,\cdots,16\end{cases} \tag{8.4-44}$$

因此

$$h[n]=\frac{1}{L}\sum_{k=0}^{L-1}H[k]W_L^{-kn},\quad k=0,1,\cdots,L-1 \tag{8.4-45}$$

上述计算的 MATLAB 代码如下，得到的滤波器的频率响应如图 8.4-9 所示，冲激响应如图 8.4-10 所示。

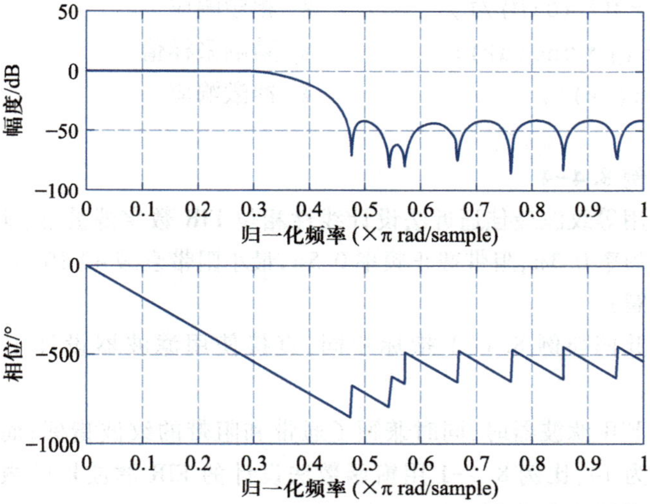


图 8.4-9 频率采样法设计 FIR 滤波器的频率响应，过渡带幅度取值为 0.5

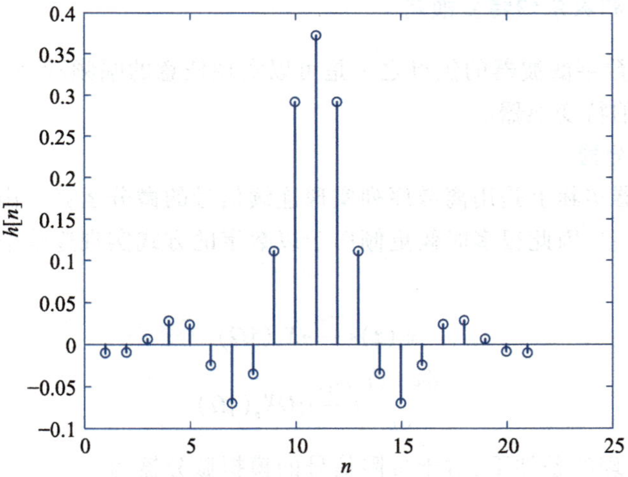


图 8.4-10 频率采样法设计 FIR 滤波器的冲激响应，过渡带幅度取值为 0.5

```
Wp=0.3;
Ws=0.5;
Wc=(Wp+Ws)/2;
delta_w=Ws-Wp;
L=21;
N=L-1;
Np=ceil(Wp*L/2);                         % 通带采样点数
```

```
Ns=L-2*Np+1;                          % 阻带采样点数
Mk=[ones(1,Np),zeros(1,Ns),ones(1,Np-1)];% 理想滤波器幅频响应
t=0.5;                                % 过渡带幅度值
Mk(Np+1)=t;Mk(L-Np+1)=t;              % 增加过渡带
thetak=-pi*N*(0:N)/L;                 % 相频响应
Hk=Mk.*exp(j*thetak);                 % 频响采样值
h=real(ifft(Hk));                     % 冲激响应
freqz(h);
```

**例 8.4-4**

微视频：
例 8.4-4 讲解

用等纹波最佳逼近法设计线性相位 FIR 数字滤波器，满足以下指标：通带截止频率 $0.3\pi$，阻带截止频率 $0.5\pi$，最小阻带衰减 40 dB，最大通带纹波 1 dB。

**解：**

此例与例 8.4-1 指标相同，直接使用滤波器设计工具 fdatool，见视频讲解。

等纹波法设计 FIR 滤波器时，同时兼顾了通带和阻带的纹波指标；而且，等纹波法设计的 FIR 滤波器阶数为 14，比例 8.4-1 用窗函数法设计的 FIR 滤波器阶数低。可见，等纹波法设计 FIR 滤波器更经济和准确。

### 8.4.3 数字微分器和希尔伯特变换器

如前所述，FIR 数字滤波器的优点之一是可以实现任意的幅频特性，下面讨论 FIR 数字微分器和 FIR 希尔伯特变换器。

#### 1. FIR 数字微分器

所谓数字微分器实际上是用离散序列实现连续信号的微分运算。由于模拟微分器对噪声极为敏感，性能很差，因此很多时候更倾向于以数字的方式实现连续信号的微分运算。根据 CTFT 的性质，有

$$x_a(t)\xleftrightarrow{\text{CTFT}}X_a(\mathrm{j}\Omega)$$

$$\frac{\mathrm{d}x_a(t)}{\mathrm{d}t}\xleftrightarrow{\text{CTFT}}\mathrm{j}\Omega X_a(\mathrm{j}\Omega) \tag{8.4-46}$$

因此，在满足采样定理的条件下，对于带限信号的模拟微分器为

$$G_a(\mathrm{j}\Omega)=\mathrm{j}\Omega,\quad |\Omega|\leqslant\frac{\Omega_s}{2} \tag{8.4-47}$$

利用冲激响应不变法，根据 $\Omega=\omega/T_s$，得到数字微分器及其冲激响应为

$$H_{\text{DIF}}(\mathrm{e}^{\mathrm{j}\omega})=\mathrm{j}\omega,\quad -\pi\leqslant\omega\leqslant\pi$$

$$h_{\text{DIF}}[n]=\begin{cases}0, & n=0\\ \dfrac{(-1)^n}{n}=\dfrac{\cos(\pi n)}{n}-\dfrac{\sin(\pi n)}{\pi n^2}, & n\neq 0\end{cases} \tag{8.4-48}$$

注意这里忽略了常数 $T_s$。显然，$h_{\text{DIF}}[n]$ 是一个无限长的非因果奇对称序列。工程实现时，

同样可以用加窗并右移的方法，得到长度为 $L$ 的因果序列，对理想微分器进行近似。

需要注意的是，数字微分器幅频响应近似高通，且冲激响应必须满足奇对称，故只能采用Ⅳ型的 FIR 滤波器。即 $L$ 为偶数，且 $h[n]=-h[N-n]$，$N=L-1$。

### 2. FIR 希尔伯特变换器

通信系统中常用到希尔伯特变换器，将一个调制信号的各频谱分量的相位在 $\omega>0$ 时延迟 $-\pi/2$，$\omega<0$ 时延迟 $\pi/2$，从而得到原信号的希尔伯特变换

$$H_{\mathrm{HT}}(\mathrm{e}^{\mathrm{j}\omega})=\begin{cases}\mathrm{j}, & -\pi<\omega<0\\ -\mathrm{j}, & 0<\omega<\pi\end{cases},\quad h_{\mathrm{HT}}[n]=\begin{cases}0, & n\text{ 为偶数}\\ \dfrac{2}{\pi n}, & n\text{ 为奇数}\end{cases}\tag{8.4-49}$$

由式(8.4-49)可知，$h_{\mathrm{HT}}[n]$是一个无限长的非因果奇对称序列。故用 FIR 滤波器来实现希尔伯特变换器时需满足 $h[n]=-h[N-n]$，$N=L-1$。

MATLAB 函数 firls 为最小均方误差 FIR 滤波器，实际是采用矩形窗进行截断。常用于设计数字微分器和希尔伯特变换器。

```
h=firls(N,f,a,'ftype');
```

其中，N 为滤波器的阶数；f 为数字角频率，归一化为 0~1；a 定义希望的幅频响应。

**例 8.4-5**

用 firls 设计 30 阶的数字微分器，截止频率 $\omega_p=0.8\pi$。

**解：**

实现代码如下

```
b=firls(30,[0 0.8],[0 0.8*pi],'differentiator');
% 注意参数'differentiator'不能少
[h,omega]=freqz(b,1,512);
plot(omega/pi,abs(h));
xlabel('\omega/\pi');
ylabel('magnitude');
```

运行结果如图 8.4-11 所示。

**例 8.4-6**

用 firls 设计 24 阶反对称 FIR 滤波器，满足以下幅频响应

$$H(\mathrm{e}^{\mathrm{j}\omega})=\begin{cases}\omega/\pi, & 0\leqslant\omega\leqslant0.3\pi\\ 0, & 0.4\pi\leqslant\omega\leqslant0.6\pi\\ 0.5, & 0.7\pi\leqslant\omega\leqslant0.9\pi\end{cases}\tag{8.4-50}$$

**解：**

实现代码如下

```
F=[0 0.3 0.4 0.6 0.7 0.9];
A=[0 1 0 0 0.5 0.5];
b=firls(24,F,A,'hilbert');
[H,f]=freqz(b,1,512,2);
plot(f,abs(H))
```

运行结果如图 8.4-12 所示。

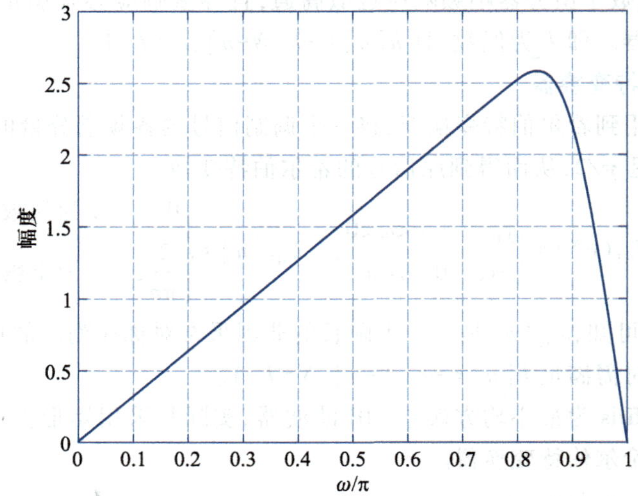


图 8.4-11 例 8.4-5 中设计的数字微分器的幅频特性

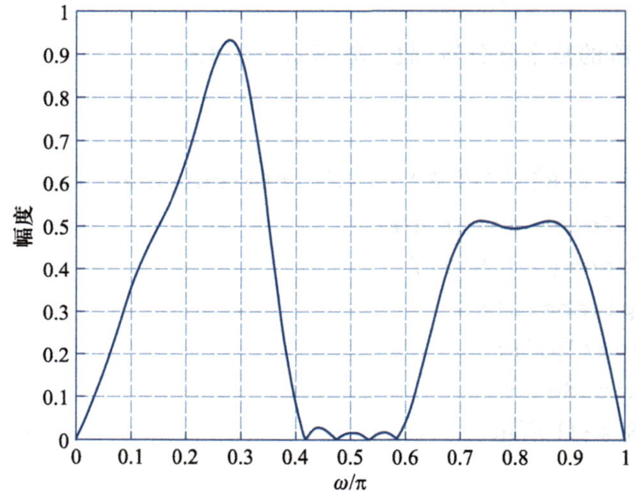


图 8.4-12 例 8.4-6 中设计的滤波器的幅频特性

## 8.5 扩展阅读:自适应滤波器

本书讨论的数字滤波器假定输入信号中的有用成分和希望滤除的成分(噪声)具有不同的频率分量,占用不同的频带,这样当输入信号通过一个具有频率选择性的线性离散系统后,就可以将噪声去除或降低到指标要求的范围内。然而,如果有用信号和噪声的频谱相互重叠,这样传统滤波器就无能为力。

常规滤波器或固定滤波器具有固定的特性,作用于输入信号,产生相应的输出。也就是,先有了滤波器构成的权系数,然后决定相应的输出值。但是,有的实际应用,对滤波器输出的要求是明确的，而滤波器特性却无法预先知道。例如，在长话系统中，回波抵消器的理想输出是无回波信号，这个要求是明确的，而系统本身却不能一开始就确定下来，因为它取决于长话系统话路传输条件的变化。像这样的应用，就必须依赖自适应滤波技术（adaptive filtering），或者说依赖自适应滤波器。

所谓自适应滤波器，就是其权系数可以根据一种自适应算法来不断修改，使系统的冲激响应满足给定的性能判断。由于自适应滤波器在未知或时变系统中的明显优势，它在众多领域中得到了广泛的应用。例如，用于语音编码的自适应预测器，用于求解逆系统的信道均衡器，用于噪声控制系统的回波抵消器、噪声消除器等。这些应用很多需要实时处理，并且，绝大多数的应用是基于最新发展的 DSP 处理器来设计的。基于 DSP 处理器的自适应滤波器，比用硬件实现的自适应滤波器有很多优点，其功耗及体积更小，更容易实现。特别重要的是，可以修改程序来升级系统。

自适应滤波器的一般形式如图 8.5-1 所示。该自适应滤波器的输入信号是 $x[n]$，经过滤波以后产生输出信号 $y[n]$，$w[n]$ 是滤波器的系数向量，$e[n]$ 是期望信号和滤波器输出信号之间的误差。自适应算法通过调整 $w[n]$ 使误差信号 $e[n]$ 最小。因此，自适应滤波器的自动调整功能，是基于期望响应 $d[n]$ 和滤波器输入信号 $x[n]$ 的统计特性的。也就是说，自适应滤波器是自动调节自己，以适应由这些信号所表征的“信号环境”。一旦环境发生变化，滤波器就可以产生一系列新的系数，来适应新环境的特性。需要注意的是，在有的应用中，如信道均衡，自适应滤波器的期望响应 $d[n]$ 有可能是未知的。另外，在噪声控制这一类应用中，误差信号 $e[n]$ 是通过传感器测量得到的，而不是通过计算 $d[n]$ 和 $y[n]$ 的差值求得的。

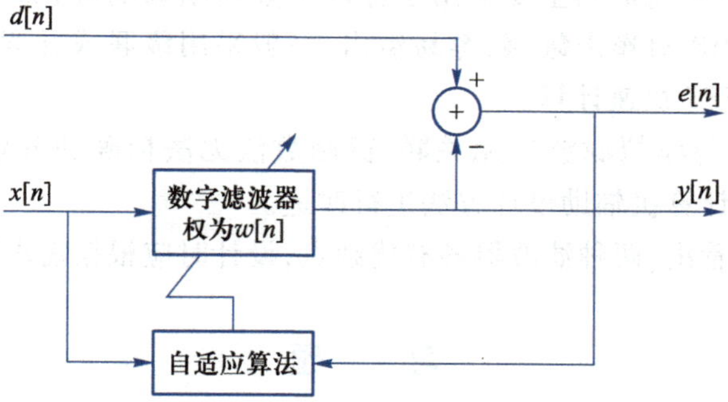


图 8.5-1 自适应滤波器的一般形式

图 8.5-1 所示的自适应滤波器的结构，可能是 FIR、对称结构的 FIR、IIR 或者其他结构。其系数不再是常数，而是时间的函数；自适应算法可以通过单点处理或者块处理的方式来连续地更新。设计自适应滤波器，首先要正确地选择滤波器结构。对于一个选定结构的滤波器，有许多自适应算法可以用来对其进行系数更新。一个自适应滤波的复杂度，通常从乘法运算量和存储要求方面来考虑。

## 8.6 本章小结

本章讨论了 IIR 和 FIR 两种数字滤波器的设计方法。

关于 IIR 滤波器的设计，其核心思想是，首先设计对应的模拟滤波器，然后，再设计恰当的从 $s$ 域到 $z$ 域的映射方法，将模拟滤波器转换成等价的数字滤波器。本章介绍了冲激响应不变法和双线性变换法，它们的区别主要体现为映射方法的不同。冲激响应不变法以采样过程为基础，映射过程简单直接，但由于采样引起的频谱混叠，所设计滤波器的阻带性能容易受到影响。双线性变换法通过调整映射关系，有效防止了频谱混叠，滤波器的阻带性能得到了保障。但是，由于映射过程中存在的非线性频谱畸变，过渡带和相频特性受到影响，一般只能适用于幅频响应满足分段常数特性的滤波器设计。

关于 FIR 滤波器的设计，其核心思想是直接在数字域以 FIR 的形式对理想滤波器进行逼近。本章介绍了时域逼近的窗函数法和频域逼近的频域采样法。在设计 FIR 滤波器的过程中需要注意过渡带和阻带衰减两个指标。窗函数法通过选择窗函数类型和长度来确保上述指标，频域采样法则通过增加过渡带的采样点在过渡带宽度和阻带衰减之间实现平衡。

关于滤波器的类型，即 FIR 和 IIR，在实际应用时应如何选择呢？下面进行一个简单对比。

(1) 稳定性：FIR 滤波器总是稳定的；IIR 滤波器需要注意极点是否在单位圆内以及系数量化后带来的极点位置改变。

(2) 线性相位：FIR 滤波器很容易实现线性相位；IIR 滤波器很难实现线性相位。若必须要求线性相位，一般只能选 FIR 滤波器。

(3) 阶数：若不考虑线性相位，对于相同幅频响应的指标要求，IIR 滤波器比 FIR 滤波器的阶数要低得多；这意味着 FIR 滤波器的运算量和存储需求都远高于 IIR 滤波器。

(4) IIR 局限性：IIR 滤波器主要适用于分段常数的幅频响应；而 FIR 滤波器容易实现任意幅频响应曲线。IIR 对噪声敏感，容易溢出，一般采用级联或并联结构实现；而 FIR 对噪声不敏感，可以用 FFT 快速计算。

(5) FIR 局限性：与模拟滤波器无关联，窗函数法无法精确和分别控制通带和阻带纹波。可以采用其他的计算机辅助设计方法进行改进。

从上述比较可以看出，两种滤波器各有优缺点，设计时应根据需求进行选择。

## 习 题

**P8.1** 已知下列滤波器参数，求 $\delta_p$ 和 $\delta_s$。

(1) $\alpha_p = 0.21$ dB，$\alpha_s = 53$ dB

(2) $\alpha_p = 0.17$ dB，$\alpha_s = 78$ dB

**P8.2** 已知下列滤波器参数，求 $\alpha_p$ 和 $\alpha_s$。

(1) $\delta_p = 0.02$，$\delta_s = 0.03$

(2) $\delta_p = 0.055$，$\delta_s = 0.033$

**P8.3** 设 $H_{LP}(z)$ 是一个低通数字滤波器的传输函数，它的通带截止频率和阻带截止频率分别为 $\omega_p$ 和 $\omega_s$，通带纹波和阻带纹波分别为 $\delta_p$ 和 $\delta_s$。

(1) 若将两个相同的 $H_{LP}(z)$ 级联，则级联后的滤波器在 $\omega_p$ 和 $\omega_s$ 处的通带纹波和阻带纹波分别是多少？$M$ 个 $H_{LP}(z)$ 级联呢？

(2) 画出高通滤波器 $H_{HP}(z) = H_{LP}(-z)$ 的幅频响应，并通过 $\omega_p$ 和 $\omega_s$ 确定 $H_{HP}(z)$ 的通带和阻带截止

频率。

**P8.4** 用冲激响应不变法对下面的因果模拟系统函数进行变换，求出数字系统函数，设 $T=0.3$ s。

(1) $H(s)=\dfrac{4(3s+7)}{(s+2)(s^2+4s+5)}$　　(2) $H(s)=\dfrac{8s^2+37s+56}{(s+4)(s^2+2s+10)}$

**P8.5** 设 $T=0.5$，利用双线性变换法得到下面的因果 IIR 数字系统函数，求出它们各自的模拟原型系统函数。

(1) $G(z)=\dfrac{4(z^2+3z+4)}{10z^2+4z+6}$　　(2) $G(z)=\dfrac{54z^3+62z^2+26z+18}{(3z+1)(12z^2-4z+8)}$

**P8.6** 一个离散系统的系统函数为

$$H(z)=\frac{2}{1-\mathrm{e}^{-0.2}z^{-1}}-\frac{1}{1-\mathrm{e}^{-0.4}z^{-1}}$$

(1) 设这个离散时间滤波器用冲激响应不变法设计而成，其中 $T_{\mathrm{d}}=2$，求连续时间滤波器的系统函数 $H_{\mathrm{c}}(s)$。答案是否唯一？若不是，求出另一个系统函数 $H_{\mathrm{c}}(s)$。

(2) 设 $H(z)$ 是通过双线性变换法得到的，其中 $T_{\mathrm{d}}=2$。求作为此设计基础的系统函数 $H_{\mathrm{c}}(s)$。答案是否唯一？若不是，求另一个 $H_{\mathrm{c}}(s)$。

**P8.7** 设 $T=0.3$ ms，通过对通带截止频率 $f_{\mathrm{p}}=0.45$ kHz 的模拟低通滤波器进行变换设计 IIR 数字滤波器。

(1) 利用冲激响应不变法，若没有混叠，求数字滤波器的归一化通带截止角频率 $\omega_{\mathrm{p}}$；

(2) 利用双线性变换法，求数字滤波器的归一化通带截止角频率 $\omega_{\mathrm{p}}$。

**P8.8** 一个理想离散时间高通滤波器截止频率 $\omega_{\mathrm{c}}=\pi/2$，用双线性变换法设计而成，$T=1$ ms。问原型连续时间理想高通滤波器的截止频率 $\Omega_{\mathrm{c}}$ 是多少？

**P8.9** 一个理想因果模拟低通滤波器 $h_{\mathrm{a}}(t)$ 的频率响应如下

$$H_{\mathrm{a}}(\mathrm{j}\Omega)=\begin{cases}1, & |\Omega|<\Omega_{\mathrm{c}}\\ 0, & \text{其他}\end{cases}$$

设 $H_1(\mathrm{e}^{\mathrm{j}\omega})$ 和 $H_2(\mathrm{e}^{\mathrm{j}\omega})$ 是 $t=nT$ 时，通过对 $h_{\mathrm{a}}(t)$ 抽样得到数字滤波器的频率响应，其中 $T$ 分别为 $3\pi/2\Omega_{\mathrm{c}}$ 和 $\pi/\Omega_{\mathrm{c}}$。设系统函数已归一化，即 $H_1(\mathrm{e}^{\mathrm{j}0})=H_2(\mathrm{e}^{\mathrm{j}0})=1$。

(1) 画出图 P8.9 中的两个数字滤波器的频率响应 $G_1(\mathrm{e}^{\mathrm{j}\omega})$ 和 $G_2(\mathrm{e}^{\mathrm{j}\omega})$；

(2) $G_1(z)$ 和 $G_2(z)$ 分别是哪种类型的滤波器(低通、高通、带通等)？

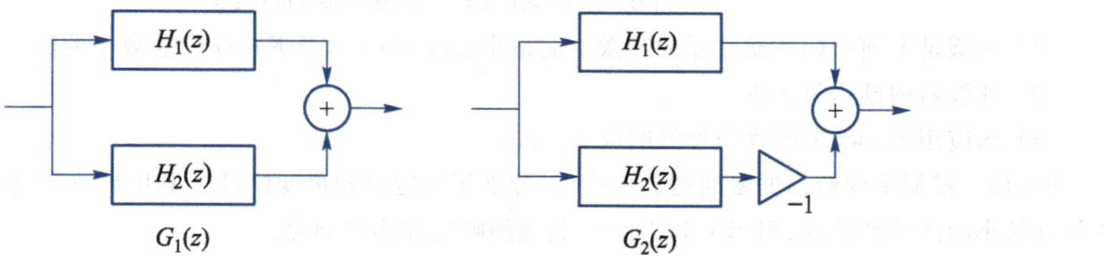


图 P8.9

**P8.10** 一个低通 IIR 数字滤波器的 3 dB 截止频率为 $\omega_{\mathrm{c}}=0.55\pi$，其系统函数为

$$G_{\mathrm{LP}}(z)=\frac{0.3404(1+z^{-1})^2}{1+0.1842z^{-1}+0.1776z^{-2}}$$

用低通到高通的谱变换设计一个高通滤波器 $H_{\mathrm{HP}}(z)$，3 dB 截止频率为 $\hat{\omega}_{\mathrm{c}}=0.47\pi$，并用 MATLAB 在同一幅图中画出 $G_{\mathrm{LP}}(z)$ 和 $H_{\mathrm{HP}}(z)$ 的幅频响应。

**P8.11** 用冲激响应不变法和双线性变换法设计一个数字 Butterworth 低通滤波器，3 dB 截止频率为

1 kHz,2 kHz 处的最小阻带衰减为 18 dB,采样频率为 5 kHz。求模拟原型滤波器的阶数,用 MATLAB 设计模拟原型滤波器,再用 bilinear 指令将模拟滤波器转换成数字滤波器。画出频率响应,给出具体设计步骤的代码。

**P8.12** 习题 P8.11 的指标不变,分别用 chebyshev Type Ⅰ,chebyshev Type Ⅱ和 elliptic 等原型设计 IIR 数字低通滤波器。

**P8.13** 用双线性变换法设计一个数字 Butterworth 高通滤波器,采样频率为 1.5 MHz,通带截止频率为 600 kHz,阻带截止频率为 210 kHz,峰值通带纹波为 0.4 dB,最小阻带衰减为 45 dB。

(1) 模拟高通滤波器的指标是什么?

(2) 模拟原型低通滤波器的指标是什么?

(3) 给出全部相关的系统函数。画出模拟原型低通滤波器、模拟高通滤波器和数字滤波器的幅频响应,给出全部的设计步骤及 MATLAB 代码。

**P8.14** 用双线性变换法设计一个数字椭圆带阻滤波器,采样频率为 8 kHz,通带截止频率为 0.9 Hz 和 2.1 kHz,阻带截止频率为 0.6 Hz 和 3 kHz,峰值通带纹波为 1.5 dB,最小阻带衰减为 30 dB。

(1) 模拟带阻滤波器的指标是什么?

(2) 模拟原型低通滤波器的指标是什么?

(3) 求出全部相关的系统函数。画出模拟原型低通滤波器和数字滤波器的幅频响应,给出全部的设计步骤及 MATLAB 代码。

**P8.15** 若 $h_{LP}[n]$表示一个截止频率 $\omega_c=\pi/2$ 的理想低通滤波器的冲激响应,证明一个理想希尔伯特变换器的冲激响应为 $h_{HT}[n]=(-1)^n 2h_{LP}[2n]$。

若 $h_{LP}[n]$为一个因果Ⅰ型 FIR 低通滤波器的冲激响应,其阶数为 $N$,且 $M=N/2$ 为奇数,请证明上述希尔伯特变换器是一个 $M$ 阶的因果Ⅲ型 FIR 滤波器。

**P8.16** 根据下面给出的低通滤波器指标,分别用固定窗和可变窗设计 FIR 滤波器,使其能满足指标,并具有最小的滤波器长度,用 MATLAB 画出其幅频响应和相频响应。

(1) $\omega_p=0.47\pi,\omega_s=0.59\pi,\delta_p=0.001,\delta_s=0.007$

(2) $\omega_p=0.61\pi,\omega_s=0.78\pi,\delta_p=0.001,\delta_s=0.002$

**P8.17** 设用 Kaiser 窗法设计具有广义线性相位的离散时间滤波器,其满足以下指标

$$|H(e^{j\omega})|\leqslant 0.01,\quad 0\leqslant|\omega|\leqslant 0.25\pi$$

$$0.95\leqslant|H(e^{j\omega})|\leqslant 1.05,\quad 0.35\pi\leqslant|\omega|\leqslant 0.6\pi$$

$$|H(e^{j\omega})|\leqslant 0.01,\quad 0.65\pi\leqslant|\omega|\leqslant\pi$$

(1) 求满足上面指标的滤波器的冲激响应最小长度 $M+1$ 以及 Kaiser 窗参数 $\beta$ 的值。

(2) 滤波器的延迟是多少?

(3) 求应用 Kaiser 窗的理想冲激响应 $h_d[n]$。

**P8.18** 根据下面给出的带通滤波器指标,分别用固定窗和可变窗设计 FIR 滤波器,使其能满足指标,并具有最小的滤波器长度,用 MATLAB 画出其幅频响应和相频响应。

$$\omega_{p1}=0.45\pi,\quad \omega_{p2}=0.65\pi,\quad \omega_{s1}=0.3\pi,\quad \omega_{s2}=0.8\pi,\quad \delta_p=0.01,\quad \delta_{s1}=0.008,\quad \delta_{s2}=0.05$$

**P8.19** 根据下面给出的带阻滤波器指标,用窗函数法设计 FIR 滤波器,使其能满足指标,并具有最小的滤波器长度,用 MATLAB 画出其幅频响应和相频响应。

$$\omega_{p1}=0.3\pi,\quad \omega_{p2}=0.8\pi,\quad \omega_{s1}=0.45\pi,\quad \omega_{s2}=0.65\pi,\quad \delta_{p1}=0.05,\quad \delta_{p2}=0.009,\quad \delta_s=0.02$$

**P8.20** 分别用 Hanning 窗、Hamming 窗、Blackman 窗和 Kaiser 窗设计线性相位 FIR 低通滤波器,满足下列指标:通带截止频率为 0.4π,阻带截止频率为 0.6π,最小阻带衰减为 42 dB。给出单位冲激响应,画出滤波器的频响。

**P8.21** 用 MATLAB 的函数 fir1 重新做习题 P8.20,将结果与习题 P8.20 比较。

**P8.22** 用 fir2 设计一个 70 阶 FIR 滤波器，具有三个不同的常数幅度：归一化频率 0~0.35 时，幅度为 0.2；归一化频率 0.4~0.7 时，幅度为 1.0；归一化频率 0.72~1.0 时，幅度为 0.6。给出滤波器的单位冲激响应，画出滤波器的幅频响应。

**P8.23** 设 $|H_d(e^{j\omega})|$ 表示长度为 $M$ 的实系数线性相位 FIR 滤波器的幅频响应。频率抽样是指在 $M$ 个等间隔点上对理想滤波器的频率响应进行均匀抽样，得到 $M$ 个样本 $H[k]$；对这 $M$ 个样本进行 $M$ 点IDFT 即可得到长度为 $M$ 的 FIR 滤波器的冲激响应。

(1) 当 $M$ 是奇数时（Ⅰ型 FIR 滤波器），证明基于频率抽样法设计的 $H[k]$ 为

$$H[k]=\begin{cases}|H_d(e^{j2\pi k/M})|\,e^{-j2\pi k(M-1)/2M}, & k=0,1,\cdots,\dfrac{M-1}{2}\\ |H_d(e^{j2\pi k/M})|\,e^{j2\pi k(M-k)(M-1)/2M}, & k=\dfrac{M+1}{2},\cdots,M-1\end{cases}$$

(2) 当 $M$ 是偶数时（Ⅱ型 FIR 滤波器），证明基于频率抽样法设计的 $H[k]$ 为

$$H[k]=\begin{cases}|H_d(e^{j2\pi k/M})|\,e^{-j2\pi k(M-1)/2M}, & k=0,1,\cdots,\dfrac{M}{2}-1\\ 0, & k=\dfrac{M}{2}\\ |H_d(e^{j2\pi k/M})|\,e^{j2\pi k(M-k)(M-1)/2M}, & k=\dfrac{M}{2}+1,\cdots,M-1\end{cases}$$

**P8.24** 设一个连续时间低通滤波器 $H_c(s)$ 的通带和阻带指标为

$$1-\delta_1\leqslant|H_c(j\Omega)|\leqslant 1+\delta_1,\quad |\Omega|\leqslant\Omega_p$$
$$|H_c(j\Omega)|\leqslant\delta_2,\quad \Omega_s\leqslant|\Omega|$$

这个滤波器通过以下变换

$$H_1(z)=H_c(s)\big|_{s=(1-z^{-1})/(1+z^{-1})}$$

转换为一个离散时间低通滤波器 $H_1(z)$。

同样这个连续时间滤波器通过变换

$$H_2(z)=H_c(s)\big|_{s=(1+z^{-1})/(1-z^{-1})}$$

转换为另一个离散时间高通滤波器 $H_2(z)$。

(1) 求连续时间低通滤波器的通带截止频率 $\Omega_p$ 与离散时间低通滤波器通带截止频率 $\omega_{p1}$ 间的关系。

(2) 求连续时间低通滤波器的通带截止频率 $\Omega_p$ 与离散时间高通滤波器通带截止频率 $\omega_{p2}$ 间的关系。

(3) 求离散时间低通滤波器通带截止频率 $\omega_{p1}$ 与离散时间高通滤波器通带截止频率 $\omega_{p2}$ 间的关系。

**P8.25** 一个"理想离散时间 Hilbert 变换器"是一种在 $0<\omega<\pi$ 间引入相移 $-90°$ 或 $-\pi/2$ 弧度，在 $-\pi<\omega<0$ 间引入相移 $90°$ 或 $\pi/2$ 弧度的系统。频率响应幅度在 $0<\omega<\pi$ 和 $-\pi<\omega<0$ 中都是常数（单位 1）。

(1) 给出一个包含了常数（非零）群延迟的理想离散 Hilbert 变换器的理想频率响应 $H_d(e^{j\omega})$ 表达式。绘出这个系统在 $-\pi<\omega<\pi$ 间的相频响应。

(2) 可用哪类 FIR 线性相位系统（Ⅰ，Ⅱ，Ⅲ或Ⅳ）来近似(1)中的理想 Hilbert 变换器？

(3) 用窗函数法设计理想 Hilbert 变换器的线性相位近似。若此 FIR 系统是当 $n<0$ 和 $n>M$ 时 $h[n]=0$，请用(1)中给出的 $H_d(e^{j\omega})$ 来求解理想冲激响应 $h_d[n]$。

(4) 当 $M=21$ 时该系统的延迟是多少？若采用矩形窗，请绘出这种情况下 FIR 近似的频率响应幅度曲线。

(5) 当 $M=20$ 时该系统的延迟是多少？若采用矩形窗，请绘出这种情况下 FIR 近似的频率响应幅度曲线。

**P8.26** 设有如下多通带滤波器的理想频率响应

$$H_d(e^{j\omega})=\begin{cases}e^{-j\omega M/2}, & 0\leqslant|\omega|<0.3\pi\\0, & 0.3\pi<|\omega|<0.6\pi\\0.5e^{-j\omega M/2}, & 0.6\pi<|\omega|\leqslant\pi\end{cases}$$

其冲激响应为 $h_d[n]$，若 $h_d[n]$ 乘以 $M=48$ 和 $\beta=3.68$ 的 Kaiser 窗，得到一个冲激响应为 $h[n]$ 的线性相位 FIR 系统。

(1) 此滤波器($h[n]$)的延迟为多少？

(2) 求理想冲激响应 $h_d[n]$。

**P8.27** 有一声音处理系统，采样频率 16 kHz，在编码传输前，通过数字滤波器将 300~3 400 Hz 之外的信号滤除，要求阻带衰减至少达到 60 dB。请计算此滤波器的指标，再分别用 IIR 和 FIR 设计滤波器满足指标。用 MATLAB 验证你的设计。

# 第九章　数字滤波器的结构及实现

## 9.1　引　　言

第八章讨论了 FIR 滤波器和 IIR 滤波器的设计过程,即设计数字滤波器的系统函数 $H(z)$ 或单位冲激响应 $h[n]$,使其满足事先设定的性能指标。

滤波器设计的最终目的,是用它来完成实际应用中的各种信号处理任务。为此,本章将讨论滤波器的结构及实现方法,即如何选择合适的滤波器结构,并在有限精度条件下对前一章设计好的滤波器进行实现。

显而易见,FIR 滤波器的 $h[n]$ 具有有限的长度,实现起来较为容易。相比之下,IIR 滤波器的 $h[n]$ 无限长,往往难以实现。为了避免直接实现无限长的 $h[n]$,本章采用线性常系数差分方程来描述滤波器的输入、输出关系。由前面章节的讨论可知,任一线性时不变(LTI)系统都可以用如下的线性常系数差分方程来表示

$$\sum_{k=0}^{N} d_k y[n-k] = \sum_{m=0}^{M} p_m x[n-m], \quad H(z) = \frac{Y(z)}{X(z)} = \frac{\sum_{m=0}^{M} p_m z^{-m}}{\sum_{k=0}^{N} d_k z^{-k}} \tag{9.1-1}$$

其中,$x[n]$ 和 $y[n]$ 分别为滤波器的输入和输出,$H(z)$ 为对应的系统传输函数;$d_k$ 和 $p_m$ 为常系数,它们的取值决定了滤波器的性能。特别地,如果 $d_0=1$ 且 $d_k=0, k=1,2,\cdots,N$,式(9.1-1)就等效为 FIR 滤波器。这里 $M$ 和 $N$ 中的较大值被称为滤波器的阶数。

因此,实现 FIR 或 IIR 滤波器,实际上就是实现由式(9.1-1)描述的线性常系数差分方程,它通过调整有限个系数的取值来最终确定滤波器的输入、输出关系。

基于各种等价的数学运算,同一个线性常系数差分方程可以有不同的实现方式,对应着不同的滤波器实现结构。这里的滤波器实现结构,是指用基本运算单元如延迟器、加法器、乘法器等,按一定方式组成具体的计算过程,最终实现差分方程所描述的输入、输出关系。

理论上,这些等价的实现结构应该得到相同的计算结果,即无论选用哪种结构来实现滤波器,其性能都是一样的。然而,在基于数字平台的实现过程中,有限字长效应导致系数的表示以及计算环节存在误差,不同的实现结构往往难以得到相同的计算结果。而且,不同的实现结构需要消耗的运算单元的种类和数目也不尽相同,对存储资源和运算资源的需求也存在差异,因此,很有必要从实现性能、计算复杂度和存储资源的消耗等多方面对各种不同的实现结构进行综合分析和比较,为滤波器选择合适的实现结构。

本章的内容组织如下。

9.2 节对数字滤波器的常见结构进行介绍。本节首先介绍如何用框图来表示各种滤波器的运算结构,并介绍等价结构(equivalent structure)和典范结构(canonic structure)等相关概念;其次,分别介绍常用的 FIR 滤波器和 IIR 滤波器的基本结构。

9.3 节讨论有限字长效应对滤波器实现性能和稳定性的影响,以及不同的精度和计算复杂度要求对实现方案选择的限制,包括计算机的字长要求、定点或浮点格式、软件或硬件实现方式等。

## 9.2 数字滤波器的结构

### 9.2.1 滤波器结构的框图表示法

数字滤波器既可以通过软件在计算机或数字信号处理器上编程实现,也可以通过硬件数字逻辑电路或专用可编程器件实现。无论何种实现方法,都需要首先将描述系统的差分方程或系统函数转换成只包括基本运算单元的框图。

基本运算单元如图 9.2-1 所示,包括单位延迟器、单位超前器、加法器、分流器、调制器、衰减器六种。通过对这六种基本运算单元进行组合,就可以实现各种 LTI 数字滤波器。

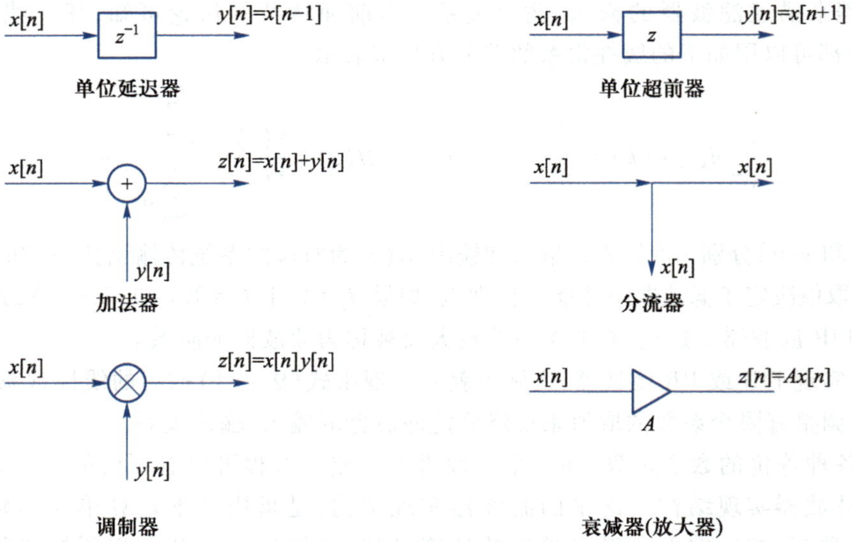


图 9.2-1 数字系统的基本运算单元

利用框图对系统进行分析,最重要的一步就是由框图得到系统的输入、输出关系。当系统的框图较为复杂时,这并不容易办到。一般而言,可以以加法器为突破口,采用如下的方法得到系统的输入、输出关系。

(1) 在每个加法器的输出设置一个中间变量,并写出加法器的输入、输出表达式;

(2) 将所有表达式联立方程组,用消元法消除中间变量,最终可得到系统的输入、输出关系。

**例 9.2-1**

求图 9.2-2 所示系统的系统函数 $H(z)$。

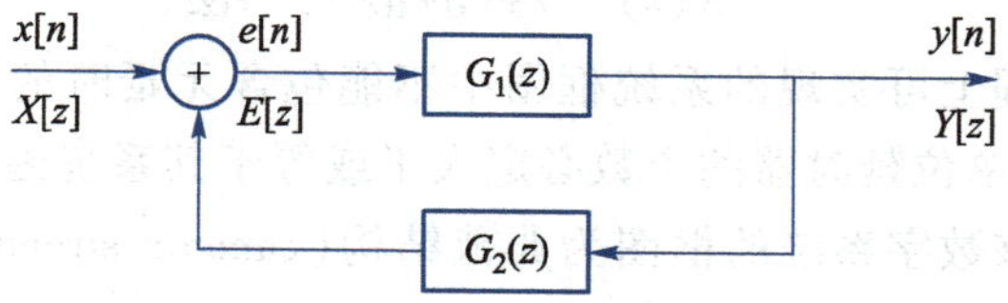


图 9.2-2 例 9.2-1 系统框图

**解:**

设加法器的输出为 $E(z)$,则加法器的输入、输出关系为

$$E(z)=X(z)+G_2(z)Y(z) \tag{9.2-1}$$

同时,系统整体的输入、输出关系为

$$Y(z)=G_1(z)E(z) \tag{9.2-2}$$

联立式(9.2-1)和式(9.2-2),消去 $E(z)$ 后得到

$$H(z)=\frac{Y(z)}{X(z)}=\frac{G_1(z)}{1-G_1(z)G_2(z)} \tag{9.2-3}$$

**例 9.2-2**

求图 9.2-3 所示系统的系统函数 $H(z)$,注:图中 $X$ 表示 $X(z)$,$Y$ 表示 $Y(z)$,以此类推。

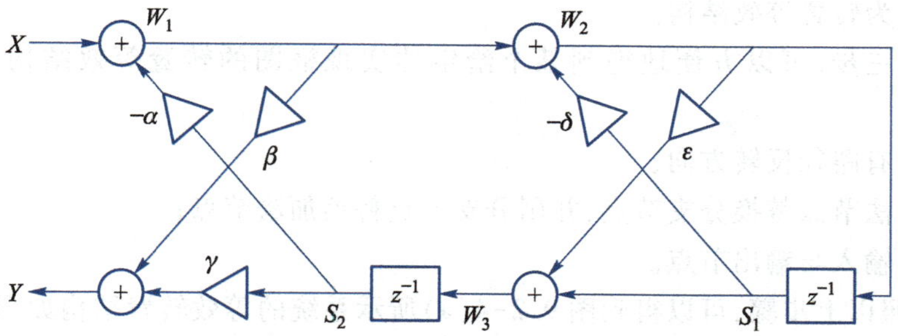


图 9.2-3 例 9.2-2 系统框图

**解:**

图中有四个加法器,其输出分别为 $W_1(z)$、$W_2(z)$、$W_3(z)$ 和 $Y(z)$,可以得到它们的输入、输出关系如下

$$\begin{cases}W_1(z)=X(z)-\alpha S_2(z)\\W_2(z)=W_1(z)-\delta S_1(z)\\W_3(z)=S_1(z)+\varepsilon W_2(z)\\Y(z)=\beta W_1(z)+\gamma S_2(z)\end{cases} \tag{9.2-4}$$

同时,系统中有两个单位延迟器,其输入、输出关系分别为

$$\begin{cases}S_1(z)=z^{-1}W_2(z)\\S_2(z)=z^{-1}W_3(z)\end{cases} \tag{9.2-5}$$

联立式(9.2-4)和式(9.2-5)中的6个方程,消去中间变量后,得到

$$H(z)=\frac{Y(z)}{X(z)}=\frac{\beta+(\beta\delta+\gamma\varepsilon)z^{-1}+\gamma z^{-2}}{1+(\delta+\alpha\varepsilon)z^{-1}+\alpha z^{-2}} \tag{9.2-6}$$

需要注意,一个物理上可实现的系统框图中不能包含无延时的回路(delay-free loop)。因此,数字系统框图中,单位延时器的个数必定大于或等于其系统函数的阶数。若单位延时器的个数等于阶数,则该数字系统的框图为典范结构(canonic structure);反之,则称为非典范结构(non-canonic structure)。

基于各种等价的数学变换,同一个系统函数或差分方程可以有不同的表达形式,也对应着不同的实现框图和结构。这些实现结构互为彼此的"等效"结构。每一种等效结构实际对应了一种计算算法及实现方案。

尽管实现方式不同,这些等效结构在数学上对应着相同的系统函数。在数据具有无限精度的理想条件下,它们具有相同的计算结果,实现的滤波器具有完全相同的性能。但是,在实际的实现过程中,它们之间却存在差异。除了在实现难易程度和资源消耗上的差异外,有限字长效应在系数表示和计算过程中引入的误差,将导致不同的等效结构产生完全不同的计算结果,甚至影响系统的重要特性,如稳定性等。因此,有必要对滤波器的各种等效结构进行研究,分析这些等效结构在不同的有限字长条件下的计算精度、计算复杂度和资源消耗量,以便针对具体的应用选取最合适的实现方案。

在此之前,先介绍一种方便获取某个系统的等效结构的方法。该方法称为转置法,对应的等效结构称为转置等效结构。

通过如下三步,可以方便地得到某个给定的实现框图的转置等效结构,具体实现步骤为:

(1) 将所有路径反转方向;

(2) 用加法节点替换分支节点,并用分支节点替换加法节点;

(3) 交换输入与输出节点。

例如,按照以上步骤,可以得到图9.2-4(a)所示系统的等效转置结构如图9.2-4(b)所示。注意到转置操作是可逆的,对图9.2-4(b)所示系统进行转置操作,同样可以得到图9.2-4(a),即它们互为转置结构。

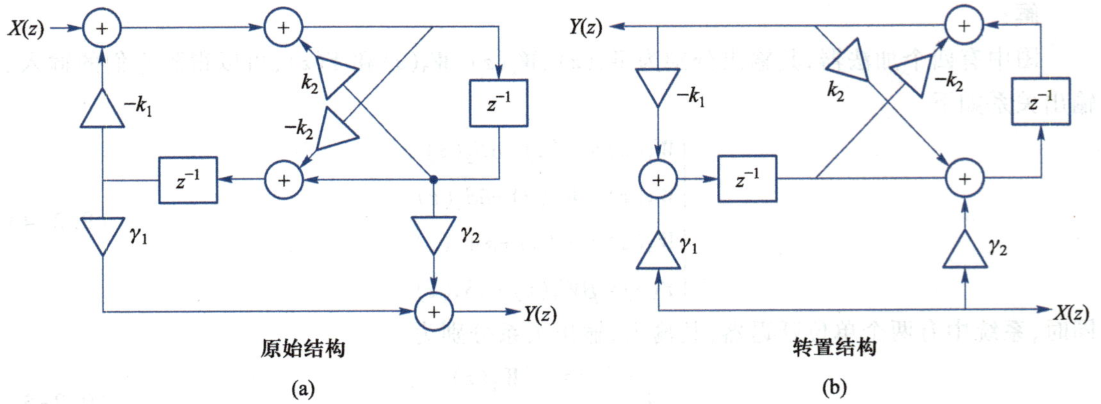


图9.2-4 系统的转置等效结构

事实上，等效转置结构在前面的章节中已经出现过。例如，在第五章讨论 DFT 的快速算法时，分别介绍了基于时域抽取的 FFT 算法和基于频域抽取的 FFT 算法，它们所对应的系统就互为转置结构。

以 8 点 FFT 为例，基 2 时域抽取算法的信号处理流程图如图 9.2-5(a)所示。不妨将该 FFT 处理过程看作是一个系统，时域信号 $x[n]$ 和它的离散频谱 $X[k]$ 分别为系统的输入和输出。对其进行转置操作，可得它的等效转置结构，如图 9.2-5(b)所示。不难发现，图 9.2-5(b)实际上就是基于频域抽取的 8 点 FFT 的信号处理流程图。由第五章的讨论可知，时域抽取和频域抽取是一组时频域的对偶操作，它们同时又互为转置。这一现象暗示了在转置操作和对偶操作之间似乎存在着某种联系。

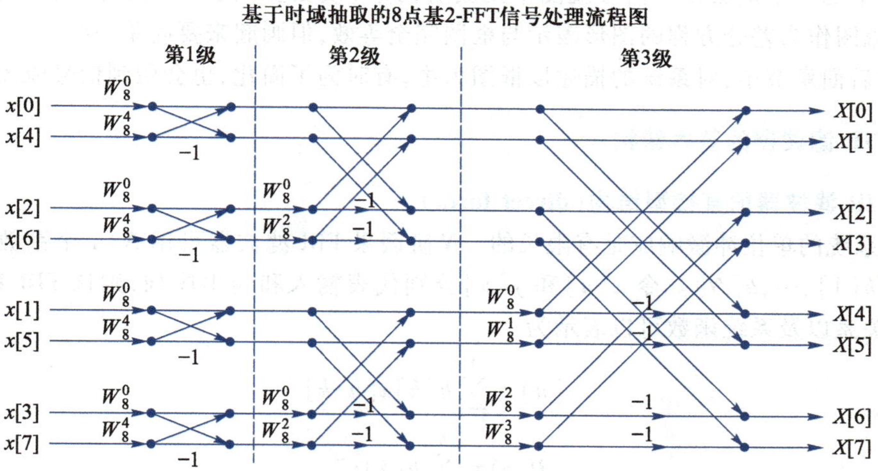


(a)

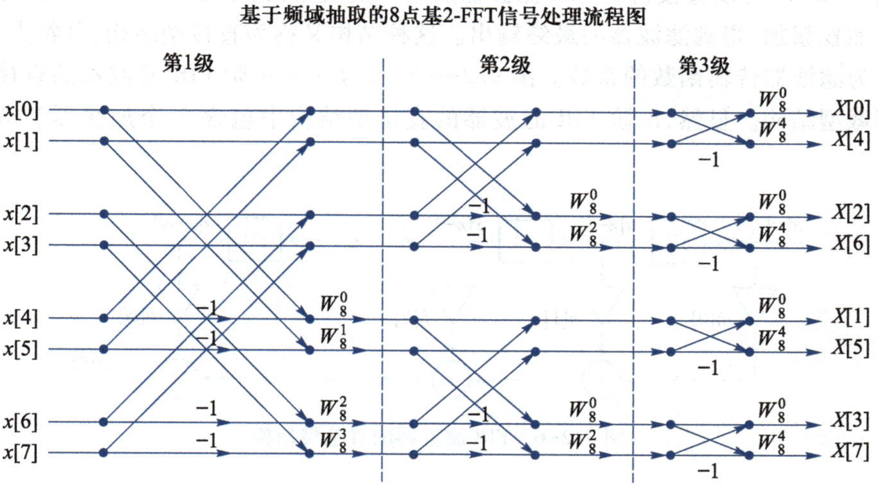


(b)

图 9.2-5 时域抽取和频域抽取的 FFT 算法处理流程互为转置结构

在上例中，使用了信号流图来表示数字滤波器，它是框图的简化版本。在形式上，一个信号流图就是由在节点处相连接的有向支路构成的网络。与每个节点相关的是一个变量或节点值。每个支路都有一个输入信号和一个输出信号，在支路上用箭头表明信号的方向。在线性信号流图中，某个支路的输出就是该支路输入的线性变换。最简单的例子是常数增益，即支路输出是支路输入乘以常数增益，此时在箭头上标出该常数即可，如图中的 $W_8^0$，$W_8^1$ 等。如果支路的运算没有明确标注，就说明这是一条简单的传输支路，或恒等变换。图中每个节点处的输出值就是进入该节点的全部输入支路之和。

框图中的支路和信号流图中的支路之间有着直接的对应关系。它们的差别在于，信号流图中的节点既代表分支点，又是加法器；而框图中，对加法器则采用了一种专用符号。框图中的一个分支点在信号流图中用具有一条流入支路和一条或多条流出支路的节点来表示。框图中的一个加法器在信号流图中用具有两条（或更多）流入支路的节点来表示。因此，信号流图作为差分方程的图形表示与框图完全等效，但画起来要简单一些。

本章后面章节中，对系统的描述以框图为主，有时为了简化，也会用到信号流图。

### 9.2.2 FIR 滤波器的基本结构

#### 1. FIR 滤波器的直接型结构（direct form）

FIR 系统的单位冲激响应是有限长的。$N$ 阶因果 FIR 滤波器可用 $N+1$ 个系数描述，设为 $h[0]$，$h[1]$，…，$h[N]$。令 $x[n]$ 和 $y[n]$ 分别代表输入和输出序列，则该 FIR 系统的输入、输出关系以及系统函数可以表示为

$$y[n]=\sum_{k=0}^{N}h[k]x[n-k] \tag{9.2-7}$$

$$H(z)=\sum_{k=0}^{N}h[k]z^{-k} \tag{9.2-8}$$

由式（9.2-7）可以直接得到 FIR 滤波器的基本实现结构，它是一个分节的延时线，每一节的输出加权累加，得到滤波器的最终输出。这种结构又称为直接型结构，其特点是乘法器的系数均为滤波器传输函数的系数。图 9.2-6 所示为一个 $N$ 阶 FIR 滤波器的直接型结构，又称为横截型结构。显然，$N$ 阶 FIR 滤波器的直接型结构中包含 $N$ 个加法器和 $N+1$ 个乘法器。

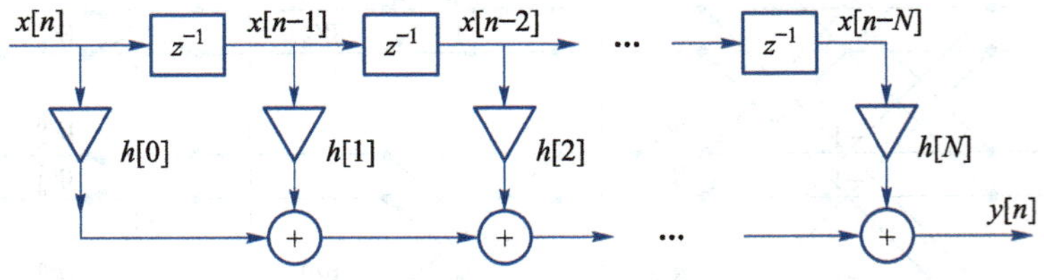


图 9.2-6 FIR 滤波器的直接型结构

对图 9.2-6 进行转置操作，可得其转置等效结构，如图 9.2-7 所示。它同样可以实现式（9.2-7）的输入、输出关系。这两种结构都包含 $N$ 个单位延时器，故都是典范结构。但是，实现图 9.2-7 的转置结构的计算步骤与图 9.2-6 的直接型结构不一样。在转置结构中，每一节是先相乘和相加，然后再延迟；而在直接型结构中，每一个节点都是先延迟，再相

乘和相加。因此,和直接型结构相比,转置结构对于舍入噪声更加敏感。在 TI 公司的定点数字信号处理芯片上分别实现这两种结构的滤波器并进行比较,结果表明,直接型结构的效果更好,而且受量化噪声的影响更小。事实上,图 9.2-6 的直接型结构非常适合数字信号处理器的体系结构,因此,在数字信号处理器上实现 FIR 滤波器时,直接型结构是首选。

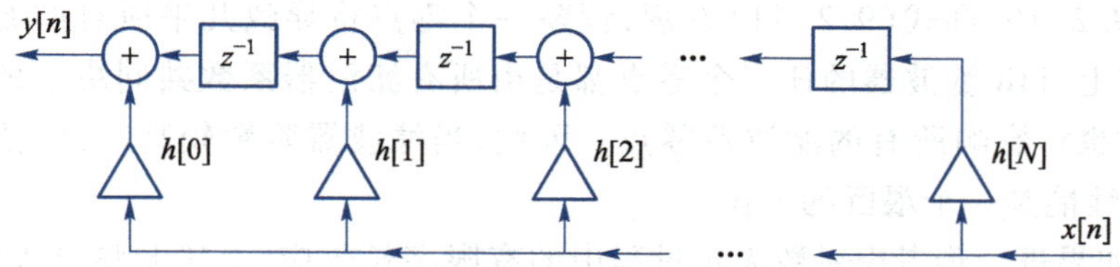


图 9.2-7　FIR 滤波器的直接转置结构

另一方面,当 FIR 滤波器的阶数较低时,用直接型结构或者其转置结构来实现滤波器非常方便。但是,如果阶数较高,这种直接实现滤波器的方式会给滤波器性能的调试带来困难,因而不再适用。这时,可以采用级联或并联的方式来实现,其中,级联或并联的每一级,都是一个采用直接型结构的低阶(一阶或二阶)FIR 滤波器。

**2. FIR 滤波器的级联型结构**

将 $N$ 阶 FIR 滤波器的传输函数式 $H(z)$ 进行因式分解,得到

$$H(z)=h[0]\prod_{k=1}^{K}(1+\beta_{1k}z^{-1}+\beta_{2k}z^{-2}) \tag{9.2-9}$$

若 $N$ 是偶数,则 $K=N/2$;若 $N$ 是奇数,则 $K=(N+1)/2$,且 $\beta_{2k}=0$。图 9.2-8 为 6 阶 FIR 滤波器,用 3 个 2 阶节级联实现。

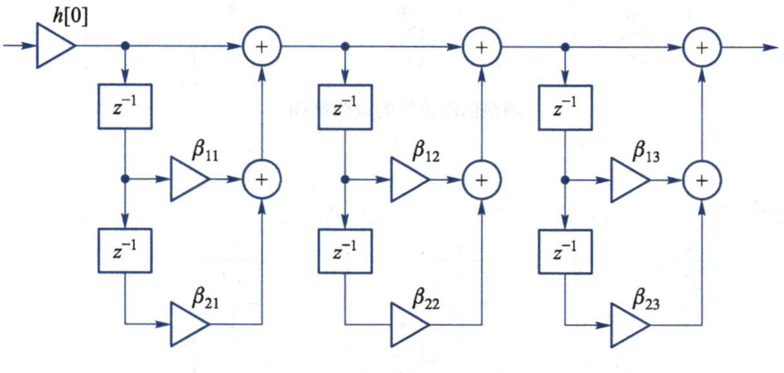


图 9.2-8　FIR 滤波器的级联实现结构

和直接型结构相比,级联型结构的主要优点在于调试方便。

由第七章的分析可知,滤波器零极点的位置实际上决定了滤波器的性能,因此,调节滤波器的性能也是通过调节零极点的位置来完成的。以一个 3 阶的 FIR 滤波为例,其零点分别为 $z_1=a$,$z_2=b$ 和 $z_3=c$,则其系统函数可以写为

$$\begin{aligned}H(z)&=(1-az^{-1})(1-bz^{-1})(1-cz^{-1})\\&=1-(a+b+c)z^{-1}+(ab+ac+bc)z^{-2}-abcz^{-3}\end{aligned} \tag{9.2-10}$$

即该滤波器的系数为 $h[0]=1, h[1]=-(a+b+c), h[2]=(ab+ac+bc), h[3]=-abc$。

如果需要将零点 $z_1$ 由 $a$ 调整为 $\bar{a}$，则滤波器的系统函数变为

$$\begin{aligned}\bar{H}(z)&=(1-\bar{a}z^{-1})(1-bz^{-1})(1-cz^{-1})\\&=1-(\bar{a}+b+c)z^{-1}+(\bar{a}b+\bar{a}c+bc)z^{-2}-\bar{a}bcz^{-3}\end{aligned}\tag{9.2-11}$$

其对应的滤波器系数为 $\bar{h}[0]=1, \bar{h}[1]=-(\bar{a}+b+c), \bar{h}[2]=(\bar{a}b+\bar{a}c+bc), \bar{h}[3]=-\bar{a}bc$。

对比式(9.2-10)和式(9.2-11)发现，调整一个零点将导致几乎所有的滤波器系数发生改变。事实上，FIR 滤波器的任一个零点都是由所有滤波器系数共同决定的，同时，每一个滤波器系数也将影响所有的滤波器零点。因此，当滤波器阶数较高时，调整直接型结构 FIR 滤波器的性能是一个艰巨的工作。

特别地，如果进一步考虑系数表示过程中的有限字长效应，上述调整过程将更加复杂。在系数调整过程中，如果有限字长效应导致某一个系数的表示存在误差，则非但无法将零点 $z_1$ 由 $a$ 调整为 $\bar{a}$，其他的两个零点 $z_2$ 和 $z_3$ 还会受到影响，从而导致整个 FIR 滤波的性能变得难以控制。

与之相对，如果采用级联型结构来实现该滤波器，如图 9.2-9(a)所示。那么，调整滤波器的零点 $z_1$ 时，只需要第一级的系数由 $-a$ 变为 $-\bar{a}$ 即可，其他级不做任何改变，如图 9.2-9(b)所示。显然，与直接型结构相比，级联型结构的调整过程大大简化。同时，即使在调整第一级的过程中，有限字长效应等因素使得调整过程发生了偏差，该偏差也局限在第一级内部，其他级不会受到影响。

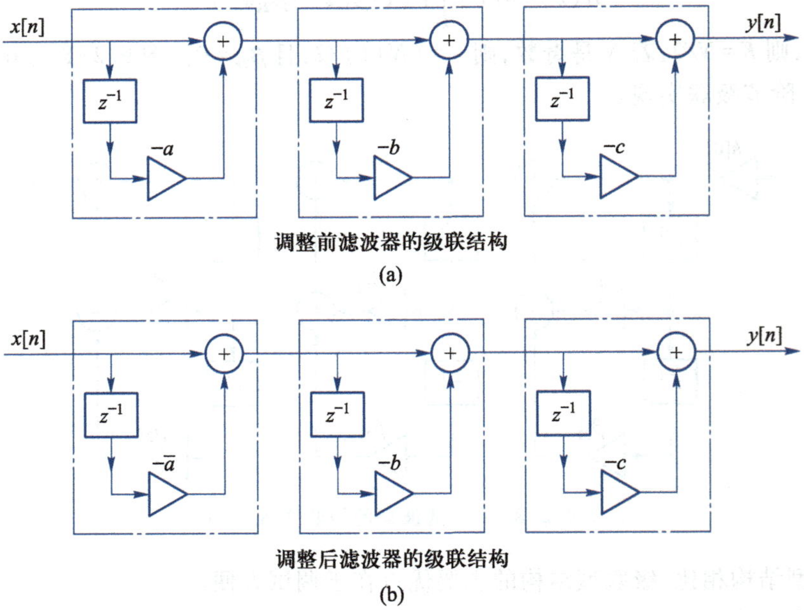


图 9.2-9　基于级联结构的 FIR 滤波器性能调整

### 3. FIR 滤波器的并联型结构

相对于级联型结构，FIR 的并联型结构用得不多。这里简单介绍一种对 $H(z)$ 进行并行分解的方法——多相分解。简便起见，假设滤波器阶数为 $N=LM$，则

$$H(z)=\sum_{n=0}^{N}h[n]z^{-n}=\sum_{m=0}^{M-1}\sum_{l=0}^{L-1}h[Ml+m]z^{-Ml-m}=\sum_{m=0}^{M-1}z^{-m}H_m(z^M) \tag{9.2-12}$$

其中

$$H_m(z^M)=\sum_{l=0}^{L-1}h[Ml+m]z^{-Ml} \tag{9.2-13}$$

式(9.2-12)被称为滤波器的多相分解式，即一个 $N=LM$ 阶的 FIR 滤波器的滤波过程可以分解为 $M$ 个 $L$ 阶的子滤波器来并行实现，如图 9.2-10 所示。FIR 的多相分解常用于多速率信号处理系统中，以降低处理频率，提高计算效率。

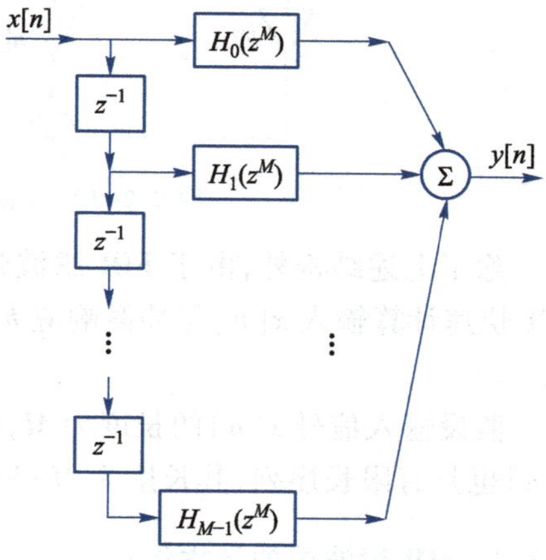


图 9.2-10 基于多相分解的 FIR 滤波器并联型结构

### 4. 线性相位 FIR 滤波器的实现结构

FIR 滤波器的一个重要优点，是可以实现线性相位。一般而言，实系数 FIR 系统的单位冲激响应具有对称或反对称特性时，系统的相频特性将呈现线性形式。因此，在实现线性相位 FIR 滤波器时，可以利用其单位冲激响应的对称或反对称性，减少近一半的乘法器。

例如，对于一个 6 阶 Ⅰ 型的线性相位 FIR 滤波器，其系数正对称，对应的系统函数为

$$\begin{aligned}H(z)&=h[0]+h[1]z^{-1}+h[2]z^{-2}+h[3]z^{-3}+h[2]z^{-4}+h[1]z^{-5}+h[0]z^{-6}\\&=(1+z^{-6})h[0]+(z^{-1}+z^{-5})h[1]+(z^{-2}+z^{-4})h[2]+z^{-3}h[3]\end{aligned} \tag{9.2-14}$$

其实现框图如图 9.2-11 所示。显然，和直接型结构相比，它所需的乘法器大约减少了一半，仅为 4 个。

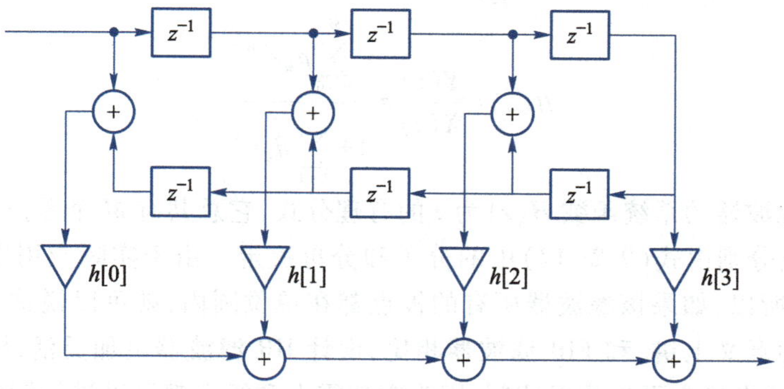


图 9.2-11 6 阶 Ⅰ 型 FIR 滤波器的线性相位结构

又如，对于一个 7 阶 Ⅱ 型的线性相位 FIR 滤波器，其系数正对称，对应的系统传输函数为

$$\begin{aligned}H(z)&=h[0]+h[1]z^{-1}+h[2]z^{-2}+h[3]z^{-3}+h[3]z^{-4}+h[2]z^{-5}+h[1]z^{-6}+h[0]z^{-7}\\&=(1+z^{-7})h[0]+(z^{-1}+z^{-6})h[1]+(z^{-2}+z^{-5})h[2]+(z^{-3}+z^{-4})h[3]\end{aligned} \tag{9.2-15}$$

其实现框图如图 9.2-12 所示。和直接型结构相比，它所需的乘法器大约减少一半，仅为 4 个。

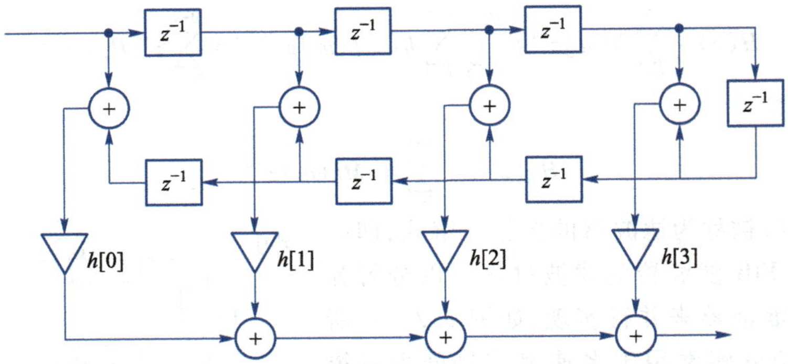


图 9.2-12　7 阶Ⅱ型 FIR 滤波器的线性相位结构

除了上述结构外，由于 FIR 滤波器的单位冲激响应 $h[n]$ 是有限长的，因此还可以用 FFT 快速计算输入 $x[n]$ 与冲激响应 $h[n]$ 的卷积得到输出 $y[n]$，这也是 FIR 滤波器的优点之一。

假设输入信号 $x[n]$ 的长度为 $M$，FIR 滤波器的单位冲激响应 $h[n]$ 的长度为 $N$，则输出 $y[n]$ 也是有限长序列，其长度为 $M+N-1$ 点。

### 9.2.3　IIR 滤波器的基本结构

IIR 滤波器的单位冲激响应是无限长的，在系统结构上则反映为增加了反馈环路。

令 $x[n]$ 和 $y[n]$ 分别代表输入和输出序列，式(9.2-16)表示了一个有 $M$ 阶前馈和 $N$ 阶反馈的 IIR 滤波器的时域输入、输出关系，其系统函数为式(9.2-17)

$$\begin{aligned} y[n] &= p_0x[n]+p_1x[n-1]+p_2x[n-2]+\cdots+p_Mx[n-M] \\ &\quad -d_1y[n-1]-d_2y[n-2]-\cdots-d_Ny[n-N] \\ &= \sum_{m=0}^{M} p_m x[n-m]-\sum_{k=1}^{N} d_k y[n-k] \end{aligned} \tag{9.2-16}$$

$$H(z)=\frac{Y(z)}{X(z)}=\frac{\sum\limits_{m=0}^{M} p_m z^{-m}}{1+\sum\limits_{k=1}^{N} d_k z^{-k}} \tag{9.2-17}$$

因此，IIR 滤波器的系统函数 $H(z)$ 为 $z$ 的有理分式，它总共有 $M$ 个零点以及 $N$ 个极点。这些零点和极点分别由式(9.2-17)中的分子和分母决定。由于实际应用中所设计的滤波器都是因果的，所以，如果该滤波器所有的极点都在单位圆内，就可以说这个 IIR 滤波器是稳定的。从某种意义上讲，和 FIR 滤波器相比，设计 IIR 滤波器更加灵活，因为除了零点还可以调整极点；或者说它更加难以控制，因为它的零点和极点都可以进行调整。

和 FIR 滤波器相同，一个 IIR 滤波器可以用不同的等效结构来实现。在不考虑量化效应和有限精度的影响时，这些不同的结构是等效的。但是，不同的结构会影响到系数的量化，以及 DSP 处理器有限精度带来的误差、运算量、存储器开销，甚至程序的编写难度等。这都是实现 IIR 滤波器时必须要考虑的。下面给出几种常用的 IIR 滤波器实现结构。

**1. IIR 滤波器的直接型结构**

由式(9.2-17)可知，IIR 滤波器的传输函数可以看成两个系统的级联，如图 9.2-13 所示,其中 $H_1(z)$ 和 $H_2(z)$ 见式(9.2-18)。

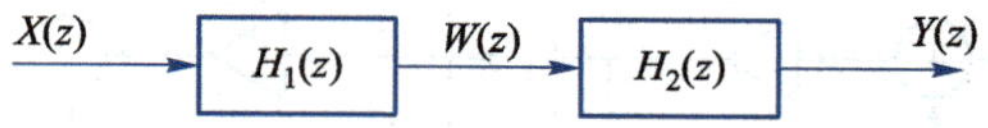


图 9.2-13 IIR 滤波器等效为两个系统的级联

$$H(z)=\frac{\sum_{m=0}^{M}p_m z^{-m}}{1+\sum_{k=1}^{N}d_k z^{-k}}=H_1(z)\cdot H_2(z)$$

$$H_1(z)=\frac{W(z)}{X(z)}=\sum_{m=0}^{M}p_m z^{-m},\quad H_2(z)=\frac{Y(z)}{W(z)}=\frac{1}{1+\sum_{k=1}^{N}d_k z^{-k}} \tag{9.2-18}$$

分别用直接型结构实现 $H_1(z)$ 和 $H_2(z)$,再将它们级联即可得到一种 IIR 系统的实现框图,如图 9.2-14 所示。

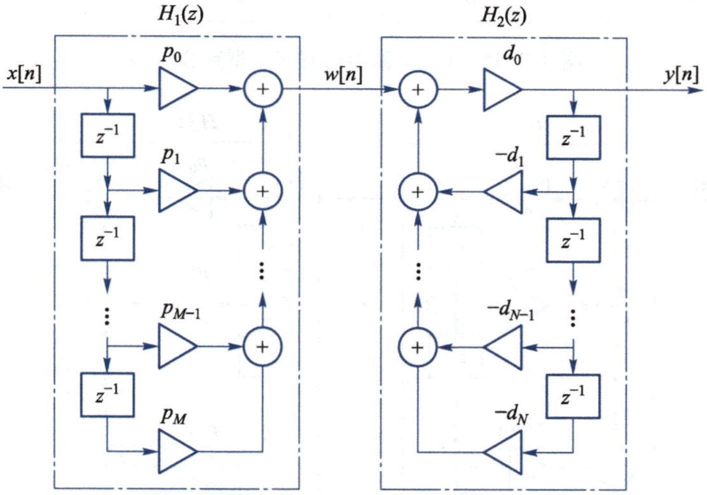


图 9.2-14 IIR 滤波器的直接 I 型结构

这种结构称为 IIR 滤波器的直接 I 型结构(direct-I form)。它需要 $M+N$ 个单位延时器,因而不是典范结构;同时还包括 $M+N+1$ 个乘法器,对应 $M+N+1$ 个滤波器系数。由图中的运算关系不难发现,每得到一个输出值 $y[n]$ 需要进行 $M+N+1$ 次乘法运算和 $M+N$ 次加法运算。

对直接 I 型结构进行转置操作,可得到其转置结构,如图 9.2-15 所示。显然,直接 I 型结构的转置结构也不是典范结构,在滤波器的实现过程中需要较多的存储资源。因此,有必要考虑以典范结构来实现 IIR 滤波器。

由卷积的交换律可知,IIR 系统的性能与 $H_1(z)$ 和 $H_2(z)$ 的顺序无关。因此,可以交换 $H_1(z)$ 和 $H_2(z)$ 的顺序,得到图 9.2-16。观察该图不难发现,在 $H_1(z)$ 和 $H_2(z)$ 的延迟线上,各点的信号是对应相等的,如(1)点和(1′)点处的信号相同,(2)点和(2′)点处的信号也相同。

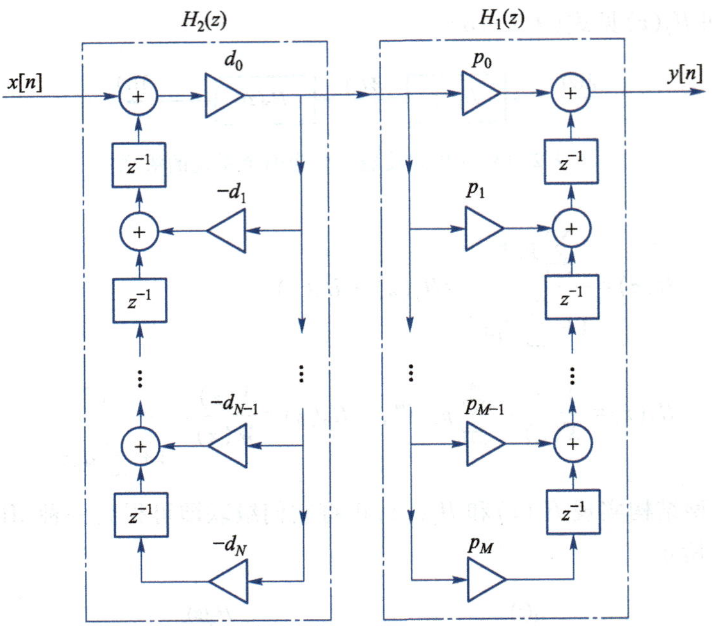


图 9.2-15 IIR 滤波器的直接 I 型转置结构

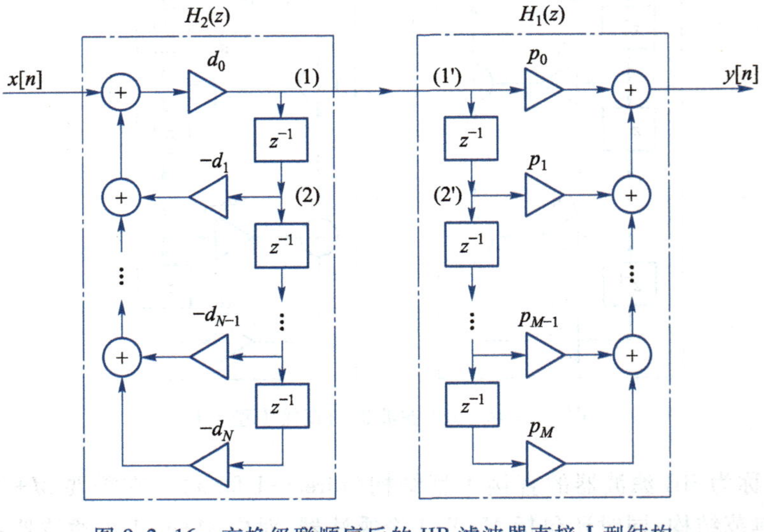


图 9.2-16 交换级联顺序后的 IIR 滤波器直接 I 型结构

因此，可以合并信号相同的点，得到图 9.2-17(a)所示的结构，图中假设 $N>M$。该结构称为直接Ⅱ型结构(direct-Ⅱ form)。该结构只使用了 $N$ 个存储单元，与滤波器的阶数相同，因而是典范结构。注意到直接Ⅱ型中加法器和乘法器的个数与直接Ⅰ型相同，因而二者具有相同的运算量。

图 9.2-17(b)所示为直接Ⅱ型的转置结构，它也是典范结构。

由于典范结构能够最大限度地节约存储空间，因此，在实际应用中，多采用直接Ⅱ型或其转置结构来实现 IIR 滤波器。

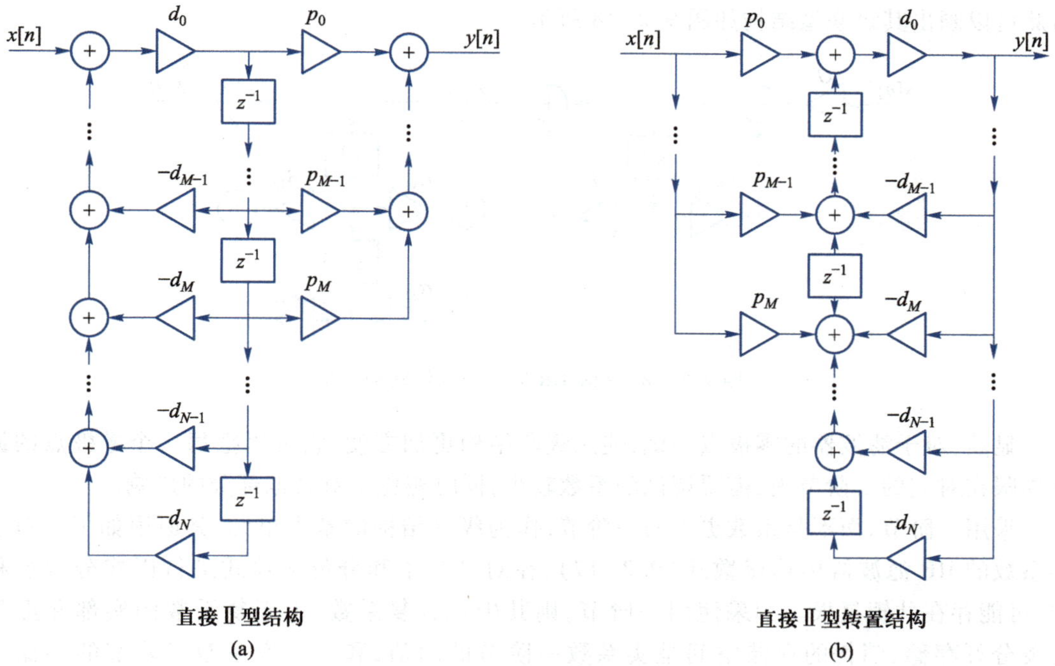


图 9.2-17 IIR 滤波器的直接Ⅱ型结构

同样,对于高阶的 IIR 滤波器,如果使用直接型结构来实现,其性能的调整也极为不方便。有限字长效应引起的系数量化误差和计算误差使得情况更加恶化。特别地,由于 IIR 滤波器具有反馈环路,反馈部分的量化和计算误差将会积累到后续计算中,会使滤波器的性能发生很大的变化,甚至可能导致极点移到单位圆上,造成系统不稳定。因此,一般只有在滤波器阶数较小的时候,才使用直接结构;对于高阶的 IIR 滤波器,常用分解成一阶和二阶子系统的级联或并联结构。

**2. IIR 滤波器的级联型结构**

对 IIR 滤波器的传输函数 $H(z)$ 进行部分分式分解,可以将 $H(z)$ 写成实系数的二阶因子连乘的形式,如式(9.2-19)所示

$$H(z)=G\prod_{k=1}^{K}H_k(z)=G\prod_{k=1}^{K}\frac{1+\beta_{k1}z^{-1}+\beta_{k2}z^{-2}}{1+\alpha_{k1}z^{-1}+\alpha_{k2}z^{-2}} \tag{9.2-19}$$

其中 $\alpha$ 和 $\beta$ 都是实数。

式(9.2-19)中的 $H_k(z)$, $k=1,2,\cdots,K$,称为基本二阶节(second-order section),$G$ 是整个系统的增益。如果 $H(z)$ 的阶数为奇数,则它将被分解成为 $K-1$ 个二阶节和 1 个一阶节的级联,即第 $K$ 个二阶节的二阶项系数 $\alpha_{K2}$ 和 $\beta_{K2}$ 均为 0。将所有二阶节和一阶节按直接Ⅱ型结构画出框图,再级联即可得到 IIR 滤波器的级联实现结构。

对一个 3 阶的 IIR 滤波器,通过部分分式分解,可以分解为一个一阶节和一个二阶节的级联,即

$$H(z)=G\left(\frac{1+\beta_{11}z^{-1}}{1+\alpha_{11}z^{-1}}\right)\left(\frac{1+\beta_{21}z^{-1}+\beta_{22}z^{-2}}{1+\alpha_{21}z^{-1}+\alpha_{22}z^{-2}}\right) \tag{9.2-20}$$

由此可以画出其级联型结构如图 9.2-18 所示。

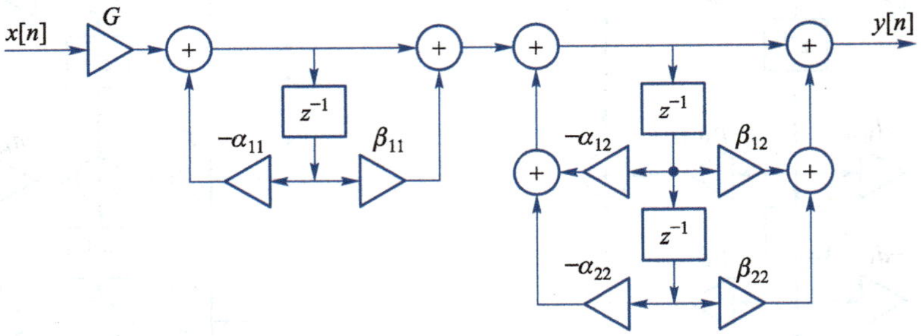


图 9.2-18 3 阶 IIR 滤波器的级联型结构

显然,对于滤波器的零极点调试,使用级联结构更加方便,它可以把每一个零极点的调试局限在对应的二阶节内,需要调试的系数较少,同时避免了对其他部分的影响。

采用二阶节,而不是系数更少的一阶节,作为级联结构的基本单元,其原因如下。对于实系数的 IIR 滤波器传输函数式(9.2-17),在对其分子和分母多项式进行因式分解过程中,可能存在共轭复根。如果使用一阶节,则其中包含复系数,由于复系数的实部和虚部需要分开存储,消耗的存储空间是实系数一阶节的两倍,和一个实系数二阶节的存储空间相同。另一方面,总可以通过将共轭复根进行组合,得到实系数的二阶节,从而节约存储空间。

同时,由于每个二阶节的结构都相同,在实现时可以只用一个二阶节进行时分复用,从而进一步降低硬件开销。

级联型结构的零极点在配对时有很大的灵活性,可以通过调整不同的零极点在配对方式和子系统的级联顺序,得到大量的等效结构。但由于有限字长的影响,对于这些等效结构的二阶节级联实现方案,实际误差可能完全不同。因此,在选择方案时还需要进一步分析。

在 MATLAB 的信号处理工具箱中,给出了将高阶的 IIR 滤波器系数转换成二阶节级联型结构的函数 tf2sos,其用法如下

```
[sos,G]=tf2sos(B,A);
```

其中,参数 B 和 A 分别为 $H(z)$ 分子和分母多项式系数组成的向量;G 为整个系统的增益,sos 是一个 $K\times 6$ 的矩阵,包含了所有二阶节的系数,如式(9.2-21)所示,其中的每一行对应了一个二阶节分子和分母的系数

$$\text{sos}=\begin{bmatrix} b_{10} & b_{11} & b_{12} & a_{10} & a_{11} & a_{12} \\ b_{20} & b_{21} & b_{22} & a_{20} & a_{21} & a_{22} \\ \vdots & \vdots & \vdots & \vdots & \vdots & \vdots \\ b_{K0} & b_{K1} & b_{K2} & a_{K0} & a_{K1} & a_{K2} \end{bmatrix} \tag{9.2-21}$$

MATLAB 还提供了直接由高阶 IIR 的零极点来生成二阶节系数的函数 zp2sos,用法如下

```
[sos,G]=zp2sos(z,p,k);
```

其中,G 和 sos 的定义与前面相同;参数 z 和 p 分别为 $H(z)$ 的零点和极点组成的向量;k 为

增益，z、p、k 的定义如下式①

$$H(z)=k\frac{\prod_{i=1}^{N}(z-z_i)}{\prod_{j=1}^{M}(z-p_j)} \tag{9.2-22}$$

### 3. IIR 滤波器的并联型结构

除了 2 阶节级联的形式，IIR 滤波器还可以分解成为 2 阶节或 1 阶节的并联形式。一般而言，一个 $2K$ 阶的 IIR 滤波器可以分解成为 $K$ 个 2 阶节的并联，其表达式如下

$$H(z)=G+\sum_{k=1}^{K}H_k(z)=G+\sum_{k=1}^{K}\frac{b_{k0}+b_{k1}z^{-1}}{1-a_{k1}z^{-1}-a_{k2}z^{-2}} \tag{9.2-23}$$

如果滤波器为奇数阶，则在并联型结构中会出现 1 阶节；将每个 2 阶节和 1 阶节按直接Ⅱ型结构画出框图，再把所有的子系统并联，即可得到 IIR 滤波器的并联实现结构。

需要说明的是，对系统函数 $H(z)$ 进行部分分式展开时，既可以把它看成 $z^{-1}$ 的多项式来分解，也可以看成 $z$ 的多项式来分解。前者称为并联Ⅰ型结构，后者称为并联Ⅱ型结构。

以 3 阶单极点系统函数 $H(z)$ 为例，以 $z^{-1}$ 的多项式分解为式（9.2-24），对应的并联Ⅰ型实现结构为图 9.2-19(a) 所示；以 $z$ 的多项式分解为式（9.2-25），对应的并联Ⅱ型实现结构为图 9.2-19(b) 所示。

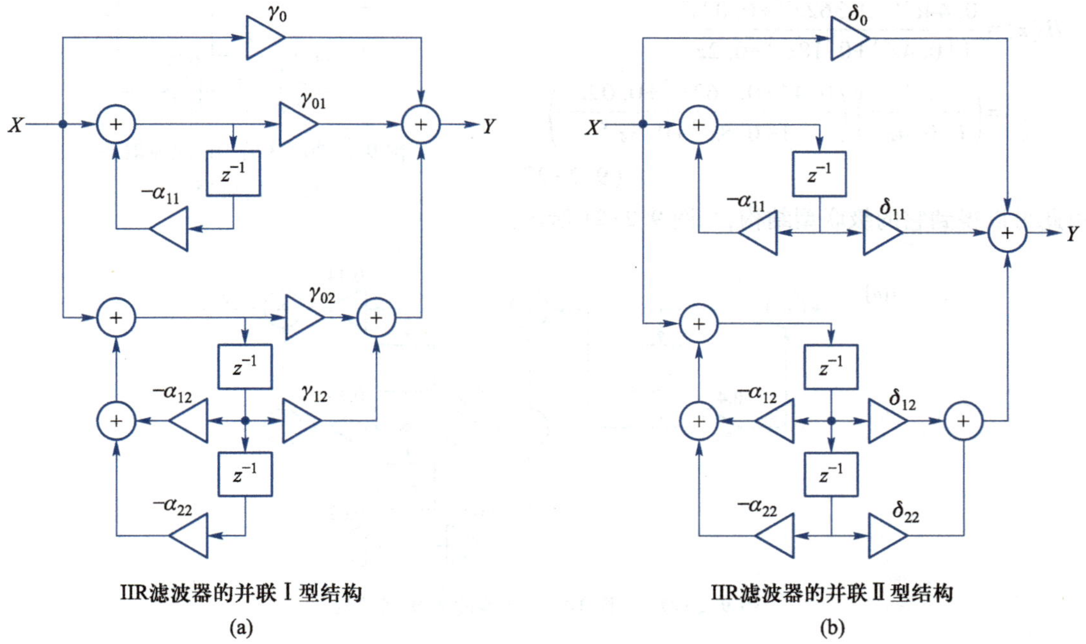


图 9.2-19　3 阶 IIR 滤波器的并联型结构

① z、p、k 在程序中为正体，在公式中为斜体。

$$H(z)=\gamma_0+\sum_k\left(\frac{\gamma_{0k}+\gamma_{1k}z^{-1}}{1+\alpha_{1k}z^{-1}+\alpha_{2k}z^{-2}}\right) \tag{9.2-24}$$

$$H(z)=\delta_0+\sum_k\left(\frac{\delta_{0k}z^{-1}+\delta_{1k}z^{-2}}{1+\alpha_{1k}z^{-1}+\alpha_{2k}z^{-2}}\right) \tag{9.2-25}$$

IIR 并联实现结构的优点是，各个子系统之间的误差不会相互影响，其总误差较级联型的低。而且并联型结构中，一阶节对应一个实数极点，二阶节对应一对共轭极点；改变相应的系数，就可以改变极点的位置，可见调整极点位置较容易。另外，如果实现时资源充足，各并联子系统可以并行运算，从而提高整个系统的运算速度。

**例 9.2-3**

已知 IIR 滤波器的传输函数如式(9.2-26)所示，画出其直接Ⅱ型、级联型和并联型实现结构

$$H(z)=\frac{0.44z^{-1}+0.362z^{-2}+0.02z^{-3}}{1+0.4z^{-1}+0.18z^{-2}-0.2z^{-3}} \tag{9.2-26}$$

**解：**

(1) 根据式(9.2-26)可以画出其直接Ⅱ型结构如图 9.2-20 所示。

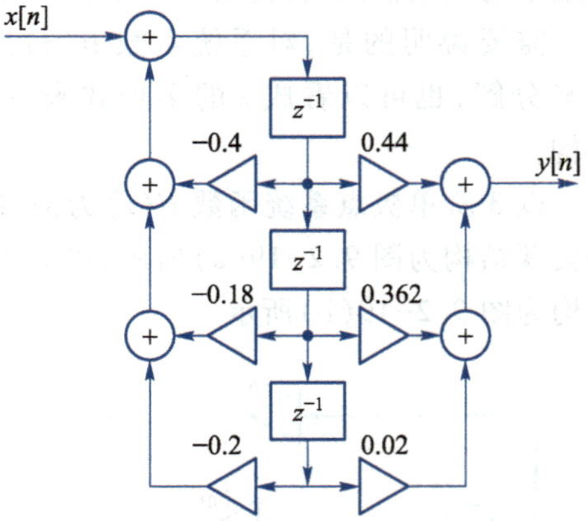


图 9.2-20 3 阶 IIR 滤波器的直接Ⅱ型结构

(2) 对 $H(z)$ 进行因式分解，得到

$$\begin{aligned}H(z)&=\frac{0.44z^{-1}+0.362z^{-2}+0.02z^{-3}}{1+0.4z^{-1}+0.18z^{-2}-0.2z^{-3}}\\&=\left(\frac{z^{-1}}{1-0.4z^{-1}}\right)\left(\frac{0.44+0.362z^{-1}+0.02z^{-2}}{1+0.8z^{-1}+0.5z^{-2}}\right)\end{aligned} \tag{9.2-27}$$

由此可以得到它的级联型结构，如图 9.2-21 所示。

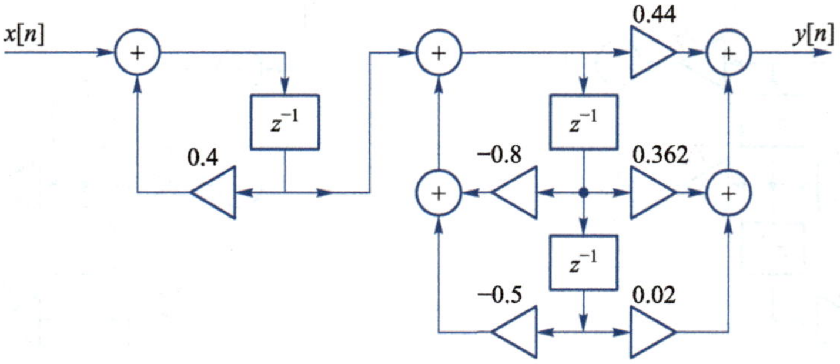


图 9.2-21 3 阶 IIR 滤波器的级联型结构

(3) 对 $H(z)$ 按 $z^{-1}$ 进行部分分式展开，得到

$$H(z)=-0.1+\frac{0.6}{1-0.4z^{-1}}+\frac{-0.5-0.2z^{-1}}{1+0.8z^{-1}+0.5z^{-2}} \tag{9.2-28}$$

按 $z$ 进行部分分式展开，得到

$$H(z)=\frac{0.44z^2+0.362z+0.02}{z^3+0.4z^2+0.18z-0.2}=\frac{0.24}{z-0.4}+\frac{0.2z+0.25}{z^2+0.8z+0.5}$$
$$=\frac{0.24z^{-1}}{1-0.4z^{-1}}+\frac{0.2z^{-1}+0.25z^{-2}}{1+0.8z^{-1}+0.5z^{-2}} \tag{9.2-29}$$

由式(9.2-28)和式(9.2-29)可以分别得到该滤波器的并联Ⅰ型和并联Ⅱ型结构,如图9.2-22所示。

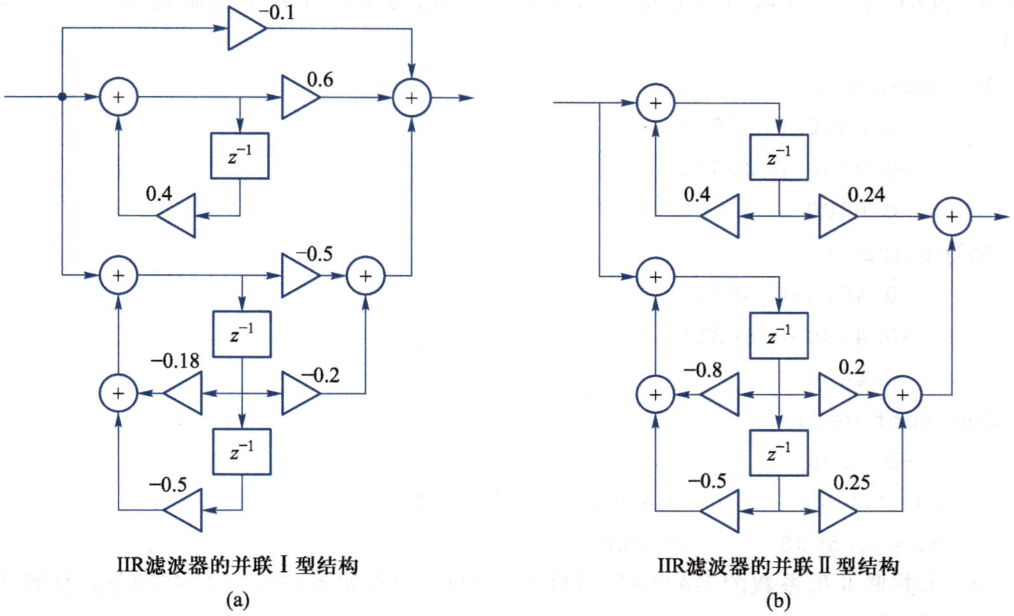


图9.2-22 3阶IIR滤波器的并联结构

**例9.2-4**

对于例9.2-3中的3阶IIR滤波器,用MATLAB求级联型和并联型结构的系数。

**解:**

(1)求级联2阶节系数的MATLAB代码如下

```
num=[0 0.44 0.362 0.02];
den=[1 0.4 0.18-0.2];
[sos,g]=tf2sos(num,den);
```

运行后得到

```
g=0.4400;
sos=[0        1.0000    0         1.0000    -0.4000    0
     1.0000   0.8227    0.0455    1.0000    0.8000     0.5000];
```

由此可写出

$$H(z)=0.44\cdot\frac{(1+0.8227z^{-1}+0.0455z^{-2})}{(1+0.8z^{-1}+0.5z^{-2})}\cdot\frac{z^{-1}}{(1-0.4z^{-1})} \tag{9.2-30}$$

(2)求并联Ⅰ型系数的MATLAB函数为residuez,代码如下,先将$z^{-1}$的有理分式分解为部分分式，再把共轭极点合并成 2 阶节。

```
[r1,p1,k1]=residuez(num,den);
R1=[r1(1) r1(2)];
P1=[p1(1) p1(2)];
[b1,a1]=residuez(R1,P1,0);
```

运行结果如下。首先得到了三个 1 阶节和常数-0.1，保留实数系数的 1 阶节；下一步的结果 $a1$ 和 $b1$ 为两个 1 阶节合并得到的 2 阶节系数；写出的并联 Ⅰ 型结构与式(9.2-28)相同。

```
Residues are
      -0.2500-0.0000i
      -0.2500+0.0000i
       0.6000
Poles are at
      -0.4000+0.5831i
      -0.4000-0.5831i
       0.4000
Constant value
      -0.1000
    a1=1.0000       0.8000       0.5000
    b1=-0.5000     -0.2000       0
```

(3) 求并联 Ⅱ 型系数的 MATLAB 函数为 residue，代码如下，先将 $z$ 的有理分式分解为部分分式，再把共轭极点合并成 2 阶节。

```
[r2,p2,k2]=residue(num,den);
R2=[r2(1) r2(2)];
P2=[p2(1) p2(2)];
[b2,a2]=residuez(R2,P2,0);
```

运行结果如下。首先得到了三个 1 阶节（常数项为 0），保留实数系数的 1 阶节；下面的结果 $a2$ 和 $b2$ 为两个 1 阶节合并得到的 2 阶节系数；写出并联 Ⅱ 型结构与式(9.2-29)相同。

```
Residues are
    0.1000-0.1458i
    0.1000+0.1458i
    0.2400
Poles are at
    -0.4000+0.5831i
    -0.4000-0.5831i
    0.4000
a2=1.0000    0.8000    0.5000
```

```
b2 = 0.2000    0.2500    0
```

注意：residuez 和 residue 分别是按 $z^{-1}$ 和 $z$ 进行部分分式分解和合并，两个函数的详细用法请参考 MATLAB 的说明。

## 9.3 数字滤波器中的有限字长效应分析

一个数字滤波器，无论是用专用硬件，还是用计算机软件实现，所采用的各种系数、输入信号以及每次运算的中间结果总是存储在有限字长的存储单元中，以有限长度的二进制数来表示，此过程称为量化（quantization）。量化过程会引起误差，称为量化误差，它会导致系统的性能发生偏差。例如，滤波器系数的量化误差使得系统的零、极点偏离理想位置，从而改变系统的频响特性。特别地，对于 IIR 滤波器，如果极点偏离到 $z$ 平面的单位圆上或其外，还会使系统不稳定。另外，IIR 滤波器的反馈结构使得量化误差有累积倾向，可能引起极限环振荡，使滤波器无法工作。即使系数中的量化误差影响有限，系统仍然稳定，被改变的系统频率特性也还在可接受的范围内，各种计算过程中的量化误差也必将在系统输出端产生量化噪声，影响滤波性能。

因此，有必要分析数字滤波器中由有限字长效应引起的量化误差，以及该误差在各个滤波环节中对系统性能带来的影响，这是数字滤波器走向实用的重要一步。

在二进制数的表示中，小数点位置固定不变称为定点数；反之，小数点位置变化称为浮点数。一般而言，定点运算时间的复杂度低于浮点运算，但是浮点运算能提供更大的动态范围。在字长相同的情况下，浮点数的动态范围和表示精度要远远超过定点数。很多时候，浮点数的有限字长效应可以忽略不计。因此，本章主要分析基于定点格式的数字滤波器中的有限字长效应，包括输入信号表示、滤波系数表示，滤波运算过程中有限字长效应产生的影响。

总的来说，上述三种量化效应很复杂，它们既与运算方式、字长有关，又与系统结构密切相关，要同时进行综合分析是很困难的。而且，量化过程使离散系统的差分方程变成了非线性，使得这些差分方程不可能精确地分析。一种简单的处理方法是，如果与信号和滤波器系数相比，量化步长很小，则可以采用基于统计模型的简单近似理论来进行分析。同时，往往假设这些不同的量化误差之间是相互独立的，因而可以单独进行分析。

其中，关于有限字长效应在滤波器输入信号中引起的量化误差，已在第二章中介绍 A/D 转换的量化效应时进行了讨论。关于这一部分，最重要的结论就是，A/D 转换的量化过程相当于在理想输入信号上增加了一个加性噪声，因而可以用信噪比来描述有限字长效应的影响。具体地，每增加一位字长（1 bit），输入端的信噪比大约增加 6 dB。

### 9.3.1 滤波器的系数量化及其对滤波器性能的影响

#### 1. FIR 滤波器的系数量化及其对滤波器性能的影响

对于一个 $N$ 阶的 FIR 滤波器，假设其系数为 $h[n]$，$n=0,1,2,\cdots,N$，对它们进行量化后，系数的值变为 $h_q[n]$，即

$$h_q[n]=h[n]+e_h[n],\quad n=0,1,2,\cdots,N \tag{9.3-1}$$

其中,$e_h[n]$为$h[n]$的量化误差,由字长决定。

式(9.3-1)表明,FIR 滤波器的系数量化过程,相当于在原系统上并联了一个系统,其单位冲激响应为$e[n]$,$n=0,1,2,\cdots,N$。那么,系统对输入信号$x[n]$的响应变为

$$\begin{aligned}y_q[n]&=x[n]*h_q[n]=x[n]*(h[n]+e_h[n])\\&=\sum_{m=0}^{N}h[m]x[n-m]+\sum_{m=0}^{N}e_h[m]x[n-m]\\&=y[n]+y_e[n]\end{aligned}\tag{9.3-2}$$

其中,$y[n]=x[n]*h[n]$为滤波器的理想响应,$y_e[n]=x[n]*e_h[n]$为系数量化误差引起的响应误差。

根据上述讨论,如果采用直接型结构,此时滤波器将变为如图 9.3-1 所示的滤波器。

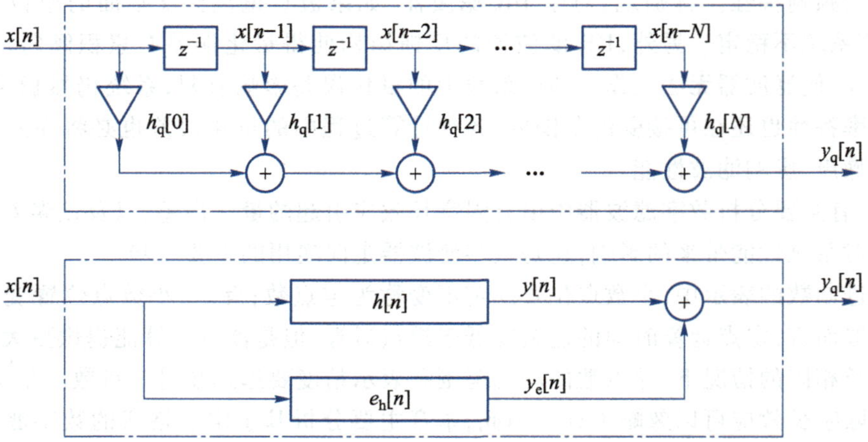


图 9.3-1 系数量化后的直接型 FIR 滤波器

量化后的滤波器相当于原始滤波器$h[n]$和误差滤波器$e_h[n]$的并联,量化误差对滤波器性能的影响体现为在输出端加入了噪声信号$y_e[n]$。

系数量化后,FIR 滤波器的频率响应变为

$$\begin{aligned}H_q(e^{j\omega})&=\sum_{n=0}^{N}h_q[n]e^{-j\omega n}=\sum_{n=0}^{N}(h[n]+e[n])e^{-j\omega n}\\&=\sum_{n=0}^{N}h[n]e^{-j\omega n}+\sum_{n=0}^{N}e[n]e^{-j\omega n}\\&=H(e^{j\omega})+E(e^{j\omega})\end{aligned}\tag{9.3-3}$$

其中,$E(e^{j\omega})$为误差系统的频率响应,可以对误差系统的幅频响应进行定量的分析,假设量化字长为$b$位,则$q=2^{-b}$,由$E(e^{j\omega})$的计算式可得

$$\begin{aligned}|E(e^{j\omega})|&=\left|\sum_{n=0}^{N}e[n]e^{-j\omega n}\right|\leqslant\sum_{n=0}^{N}|e[n]|\cdot|e^{-j\omega n}|=\sum_{n=0}^{N}|e[n]|\\&\leqslant(N+1)q=(N+1)2^{-b}\end{aligned}\tag{9.3-4}$$

上式中第一个不等式使用了 Cauchy-Schwarz 不等式,第二个不等式使用了$|e[n]|\leqslant q$。因此,系数量化误差给系统幅频响应引入的峰值误差为$(N+1)2^{-b}$,它和滤波器的阶数$N$以及

系数量化字长 $b$ 有关。

如果采用级联型结构，则需要考虑系统函数的因式分解问题。对原始 FIR 滤波器的传输函数 $H(z)$ 进行因式分解，得到

$$H(z)=\sum_{n=0}^{N}h[n]z^{-n}=h[0]\prod_{k=1}^{K}(1+\beta_{1k}z^{-1}+\beta_{2k}z^{-2}) \tag{9.3-5}$$

在对系数进行量化后的系统函数 $H_q(z)$ 进行因式分解，得到

$$H_q(z)=\sum_{n=0}^{N}h_q[n]z^{-n}=h_q[0]\prod_{k=1}^{K}(1+\tilde{\beta}_{1k}z^{-1}+\tilde{\beta}_{2k}z^{-2}) \tag{9.3-6}$$

此时，滤波器的级联型结构框图如图 9.3-2 所示。系数量化误差导致滤波器级联型结构中每一级的系数都发生了改变，即由 $\beta$ 变为 $\tilde{\beta}$。

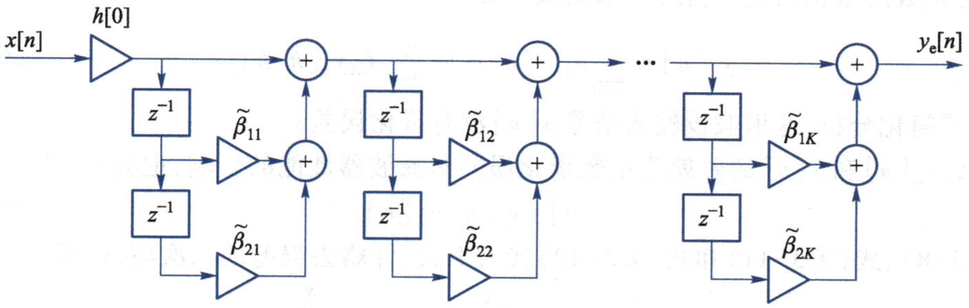


图 9.3-2 系数量化后的级联型 FIR 滤波器

系数的量化误差实际上改变了滤波器零点的位置，但具体的改变量分析起来较为复杂，这里不做具体的推导，其基本结论是：原始系统零点之间的距离越大，零点位置对量化误差越不敏感；反之，系统零点之间的距离越小，零点位置对量化误差越敏感。

和直接型结构相比，级联型结构将 FIR 滤波器的各个零点分散到不同的子系统中，因而对量化误差的敏感度较差，性能更为稳定。具体而言，对于相同的系数量化误差，使用级联型结构实现的滤波器，其零点位置的改变量更小。

**2. IIR 滤波器的系数量化及其对滤波器性能的影响**

和 FIR 滤波器相比，IIR 滤波器的系数量化误差对滤波性能的影响更为复杂，难以获得简单的闭合解。本小节通过近似的方法加以分析。

参考式(9.2-17)，一个 IIR 滤波器可以写成如下形式

$$H(z)=\frac{\sum_{m=0}^{M}p_m z^{-m}}{1+\sum_{k=1}^{N}d_k z^{-k}}=\frac{P(z)}{D(z)} \tag{9.3-7}$$

其中，$p_m$ 和 $d_k$ 是滤波器系数。

在对滤波器系数进行量化后，有

$$p_{qm}=p_m+\Delta p_m,\quad d_{qk}=d_k+\Delta d_k,\quad m=0,1,\cdots,M,k=1,2,\cdots,N \tag{9.3-8}$$

式中，$p_{qm}$ 和 $d_{qk}$ 分别是量化后的系数，$\Delta p_m$ 和 $\Delta d_k$ 为对应的量化误差，特别地，$\Delta d_0=0$。

此时，系统函数变为

$$H_q(z)=\frac{\sum_{m=0}^{M}p_{qm}z^{-m}}{1+\sum_{k=1}^{N}d_{qk}z^{-k}}=\frac{P_q(z)}{D_q(z)}=\frac{P(z)+\Delta P(z)}{D(z)+\Delta D(z)} \tag{9.3-9}$$

其中,$\Delta P(z)$和$\Delta D(z)$分别为系数量化误差序列$\Delta p_m$和$\Delta d_k$的$z$变换,即

$$\Delta P(z)=\sum_{m=0}^{M}\Delta p_m z^{-k},\quad \Delta D(z)=\sum_{k=0}^{N}\Delta d_k z^{-k} \tag{9.3-10}$$

已知理想滤波器的输入、输出关系为

$$y[n]=\sum_{m=0}^{M}p_m x[n-m]-\sum_{k=1}^{N}d_k y[n-k] \tag{9.3-11}$$

如果考虑系数的量化误差,则输入、输出关系变为

$$y_q[n]=\sum_{m=0}^{M}p_{qm}x[n-m]-\sum_{k=1}^{N}d_{qk}y_q[n-k] \tag{9.3-12}$$

注意,为了简化分析,这里假设输入信号$x[n]$没有量化误差。

那么,$y_q[n]$和$y[n]$的差就是系数量化误差对滤波器性能的影响,记为$e[n]$

$$e[n]=y_q[n]-y[n] \tag{9.3-13}$$

将式(9.3-8)、式(9.3-11)和式(9.3-12)代入上式,并略去误差的二次项,可得

$$e[n]\approx\sum_{m=0}^{M}\Delta p_m x[n-m]-\sum_{k=1}^{N}d_k e[n-i]-\sum_{k=1}^{N}\Delta d_k y[n-k] \tag{9.3-14}$$

关于上式的详细推导,参见第十章的对应部分。

对式(9.3-14)进行$z$变换,可得

$$E(z)=\sum_{n=0}^{N}e[n]z^{-n}=\left[\frac{\Delta P(z)-\Delta D(z)H(z)}{D(z)}\right]X(z)\triangleq H_E(z)X(z) \tag{9.3-15}$$

因此

$$Y_q(z)=Y(z)+E(z)=[H(z)+H_E(z)]X(z) \tag{9.3-16}$$

上式表明,对 IIR 滤波器而言,系数量化同样相当于在原来的理想滤波器上,并联了另一个误差滤波器(如图 9.3-3 所示),其传输函数为$H_E(z)$。由(9.3-15)可知,$H_E(z)$与$\Delta P(z)$、$\Delta D(z)$、$H(z)$和$D(z)$有关,即误差系统的响应与原始系统和量化误差(或量化字长)有关。这一点与 FIR 滤波类似。但是,由于 IIR 滤波器的计算过程较为复杂且带有反馈运算,因而难以得到类似式(9.3-4)的定量封闭表达式。

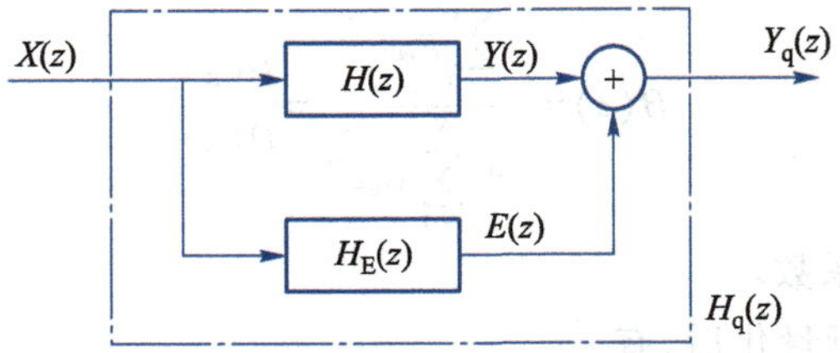


图 9.3-3 系数量化误差对 IIR 滤波器性能的影响

对 IIR 滤波器的系数进行量化,同样会影响系统零极点的位置。关于这一点的基本结论如下:

(1) 原始系统零点之间的距离越大,零点位置对量化误差越不敏感;反之,系统零点之间的距离越小,零点位置对量化误差越敏感。

(2) 原始系统极点之间的距离越大,极点位置对量化误差越不敏感;反之,系统极点之间的距离越小,极点位置对量化误差越敏感。

关于上述结论的详细推导,参见第十章的对应部分。

利用这一结论可知,和直接型结构相比,级联型和并联型结构将 IIR 滤波器的各个零点分散到不同的子系统中,因而对量化误差的敏感度较差,性能更为稳定。具体而言,对于相同的系数量化误差,使用级联型或并联型结构实现的滤波器,其零极点位置的改变量更小。

对于 IIR 滤波器而言,系数的量化误差有可能使极点移到单位圆上,或移出单位圆,从而导致系统不稳定。因此,必须确保系数量化后,极点仍然位于单位圆内。这可以通过判断量化后的系数是否位于稳定区域来实现。

对于如下二阶节而言

$$H(z)=\frac{b_0+b_1z^{-1}+b_2z^{-2}}{1+a_1z^{-1}+a_2z^{-2}} \tag{9.3-17}$$

其系数的稳定区域为

$$\begin{cases}|a_2|<1\\|a_1|<1+a_2\end{cases} \tag{9.3-18}$$

因此,二阶节的稳定区在$(a_1,a_2)$平面上为一个三角形区域,如图 9.3-4 所示,它也被称为稳定三角。

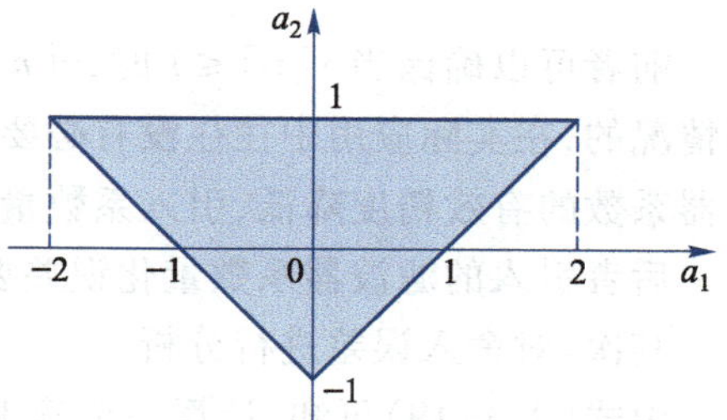

图 9.3-4 二阶节系数的稳定区域

在实际应用中,应该首先逐步增大系数的字长,判断对量化后的滤波器系数是否位于稳定区域内。如果满足稳定性,再进一步判断对应的滤波器在通带和阻带内是否满足性能要求,否则需要继续增大字长,直到满足要求为止。

### 9.3.2 滤波计算过程中的量化误差及其对滤波器性能的影响

一般而言,滤波过程的计算主要分为乘法运算和加法运算。

对于乘法运算,量化误差主要体现为舍入误差。两个或多个数相乘后字长增加,如果仍希望用相同的字长来存储结果,则需要去掉多余的比特位,从而引入舍入误差。

对于加法运算,量化误差主要体现为溢出误差。两个或多个数相加后,结果可能超出有限字长能够表示的范围,从而发生溢出,导致输出结果出现误差,甚至改变正负符号。

本节将对滤波运算过程中这两类误差的影响及其对滤波性能的影响分别进行介绍和讨论。

#### 1. FIR 滤波器计算过程中的量化误差及其影响

这里以直接型结构为例进行讨论。

仍使用前面的 $N$ 阶 FIR 滤波器,输入信号 $x[n]$ 经过该滤波器后,输出为 $y[n]$,由卷积公式可知

$$y[n]=x[n]*h[n]=\sum_{m=0}^{N}h[m]x[n-m] \tag{9.3-19}$$

即 $y[n]$ 是通过一系列乘法和加法运算得到的。

首先,对溢出误差进行处理。

对于溢出误差的处理主要着眼于避免发生溢出。一种常用的方法是,对输入数据或滤波器系数进行缩放,确保所有计算结果都在规定格式的定点数表示范围内,从根本上消除溢出发生的可能。

以对系数 $h[n]$ 进行缩放为例,缩放过程为

$$h[n]=s\times h[n],\quad n=0,1,2,\cdots,N \tag{9.3-20}$$

其中,$s$ 为缩放系数,其取值与具体的溢出误差避免策略有关,常用的取值包括

$$s=\frac{1}{\sum_{m=0}^{N}|h[m]|}$$

$$s=\frac{1}{\left(\sum_{m=0}^{N}|h[m]|^2\right)^{1/2}} \tag{9.3-21}$$

前者可以确保当 $x[n]\leqslant 1$ 时,$y[n]\leqslant 1$,即严格避免发生溢出。其缺点在于它是基于最坏情况的,在实际应用中往往没有必要进行这么大尺度的缩放。过大尺度的缩放将导致滤波器系数的有效精度降低,引入系数量化误差,降低滤波器的性能。

后者引入的滤波器系数量化误差要小得多,代价是偶尔会发生结果溢出。

其次,对舍入误差进行分析。

由式(9.3-19)可知,计算一个输出结果 $y[n]$,系统需要完成 $N+1$ 次乘法,因此要产生 $N+1$ 个舍入误差:$e_i[n],i=0,1,\cdots,N$。当 $n$ 变化时,它们就成为 $N+1$ 个随机序列。同样,它们可以被看作是相互独立的白噪声序列。这样,反映在输出端,有

$$y_R[n]=y[n]+\sum_{i=0}^{N}e_i[n]=y[n]+v[n] \tag{9.3-22}$$

于是,输出噪声的方差为

$$\sigma_v^2=(N+1)\frac{q^2}{12}=(N+1)\frac{2^{-2b}}{12} \tag{9.3-23}$$

由这一结果可以看出,FIR 系统中乘法运算的舍入误差直接出现在输出端,和滤波器的系数 $h[n]$ 无关。另一方面,误差序列的方差和滤波器的阶数及字长有关。阶数越高,所需的乘法次数越多,误差越大,而字长越长,舍入误差越小。

在直接型结构和并联型结构中,舍入误差的分析较为简单。在级联型结构中,舍入误差 $v[n]$ 将参与后续的各项运算,即前一级的舍入误差将进入后续各级。因此,最终的舍入误差还取决于各级的前后顺序,可以通过调整各级的级联顺序使得舍入误差的最终影响最小。

**2. IIR 滤波器计算过程中的量化误差及其影响**

这里以直接Ⅱ型结构的二阶节为例进行分析。

首先,是对溢出误差的分析。

对直接Ⅱ型结构的二阶节进行缩放的方案如图 9.3-5 所示。和 FIR 滤波缩放因子的选取方法类似,有两种常用的确定 $s$ 的方法。第一种方法

$$s=\sum_{n=0}^{\infty}|h[n]| \tag{9.3-24}$$

其中,$h[n]$ 为 IIR 滤波器的单位冲激响应。

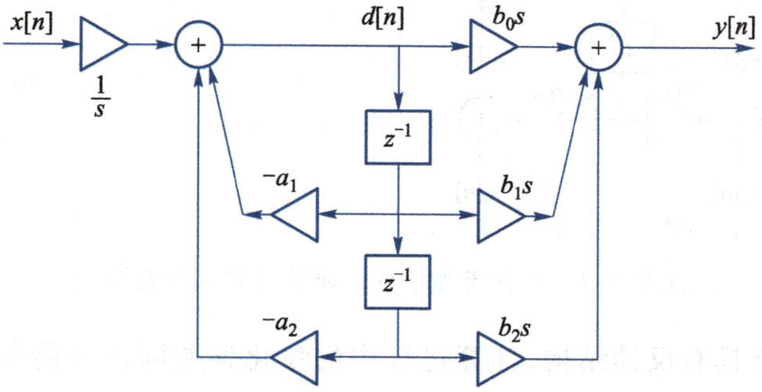


图 9.3-5 直接Ⅱ型结构的 IIR 二阶节缩放方案

式(9.3-24)所决定的缩放因子可以保证,只要输入 $|x[n]|<1$,那么在任何情况下都不会发生溢出。但是,由于式(9.3-24)基于最坏情况进行考虑,而实际中发生的概率很小,所以往往发生过度缩放,损失了数据的有效精度位。

另一种常用的计算缩放因子的方法是

$$s=\left(\sum_{n=0}^{\infty}h^2[n]\right)^{1/2} \tag{9.3-25}$$

式(9.3-25)的缩放因子引入的滤波器系数量化误差要小得多,避免了过度缩放,但代价是偶尔会发生结果溢出。第二种方法的另一好处是在很多情况下可以得到缩放因子的封闭解。

其次,对舍入误差进行分析。

直接Ⅱ型结构二阶节的舍入误差模型如图 9.3-6(a)所示,图中每一次加法运算都引入了舍入误差。观察该图不难发现,$e_1[n]$、$e_2[n]$和 $e_3[n]$,以及 $e_4[n]$、$e_5[n]$和 $e_6[n]$可以分别进行合并,从而得到舍入误差的简化模型,如图 9.3-6(b)所示。在简化模型中,$e_1[n]$和 $e_2[n]$分别由三个方差为 $q^2/12$ 的独立分量相加而成,因此其方差均为 $3q^2/12$,而最终在输出端,总的舍入误差方差为

$$\sigma_{or-Ⅱ}^2=\frac{3q^2}{12}\left(1+s^2\sum_{n=0}^{\infty}|h[n]|^2\right) \tag{9.3-26}$$

其中,$h[n]$为整个 IIR 二阶节 $H(z)$的单位冲激响应,即

$$H(z)=\frac{b_0+b_1z^{-1}+b_2z^{-2}}{1+a_1z^{-1}+a_2z^{-2}}=\sum_{n=0}^{\infty}h[n]z^{-n} \tag{9.3-27}$$

将本节的结果和 FIR 滤波器的相关结果进行对比,IIR 滤波器的舍入误差与原始滤波器的传输函数 $H(z)$有关,而 FIR 滤波器的舍入误差与原始滤波器的系统函数无关,因为后者没有反馈结构。

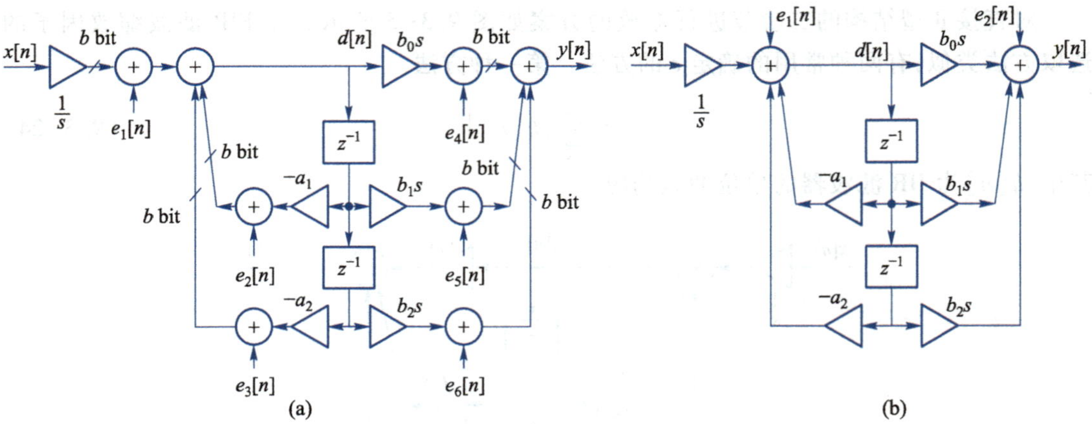


图 9.3-6 直接Ⅱ型结构二阶节的舍入误差模型

由于 IIR 滤波器具有反馈结构,计算过程中的量化误差同样可能导致系统不稳定。一个典型的例子就是极限环效应(limit cycle effect)。具体而言,在无限精度前提下,IIR 滤波器是一个稳定的负反馈系统。但是,在对中间计算结果进行舍入量化时,IIR 系统就变成了一个非线性系统,而舍入量化所得的结果可能大于原始中间结果(差值为量化阶的一半),构成正反馈。这将导致系统发生振荡,即将输入信号去掉后,输出端不会衰减到零,而是维持在某一个幅度。

以一阶 IIR 滤波器为例进行说明。假设系统函数为

$$H(z)=\frac{1}{1-az^{-1}} \tag{9.3-28}$$

在无限精度运算下,差分方程可写为

$$y[n]=ay[n-1]+x[n] \tag{9.3-29}$$

其中的乘法运算将引入舍入误差,因此实际结果为

$$\hat{y}[n]=Q_{\mathrm{R}}[ay[n-1]]+x[n] \tag{9.3-30}$$

这是一个非线性差分方程,其运算过程可以用图 9.3-7 所示的非线性流程图表示。

在图 9.3-7 中,设系数 $a=0.8125=(0.1101)_2$,即系统的极点为 $z=0.8125<1$,它落在单位圆内。因此,在无限精度的前提下,该系统是稳定的。

如果输入序列为

$$x[n]=\begin{cases}0.6875=(0.1011)_2, & n=0\\ 0, & n>0\end{cases} \tag{9.3-31}$$

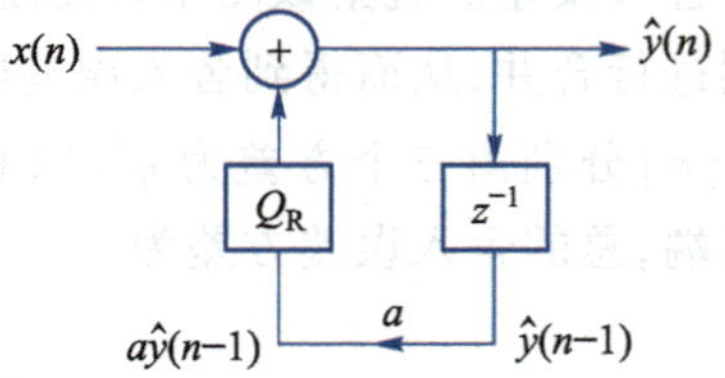


图 9.3-7 一阶 IIR 系统的非线性流图

则输出 $y[n]$ 会随着 $n$ 的逐渐增大而衰减到零,即

$$y[n]=0.6875\times a^n=0.6875\times(0.8125)^n \xrightarrow{n\to\infty} 0 \tag{9.3-32}$$

若 $a$ 为负数,上述结论同样成立。对于 $a=-0.8125$,用原码表示有 $a=-0.8125=(1.1101)_2$,则系统的极点为 $z=-0.8125<1$,在单位圆内。因此,该系统同样是稳定的。此时,输出 $y[n]$ 也是会正负交替地逐渐衰减到零,即

$$y[n]=0.6875\times a^{n}=0.6875\times(-0.8125)^{n}\xrightarrow{n\to\infty}0 \tag{9.3-33}$$

以上两种情况如图 9.3-8 所示。

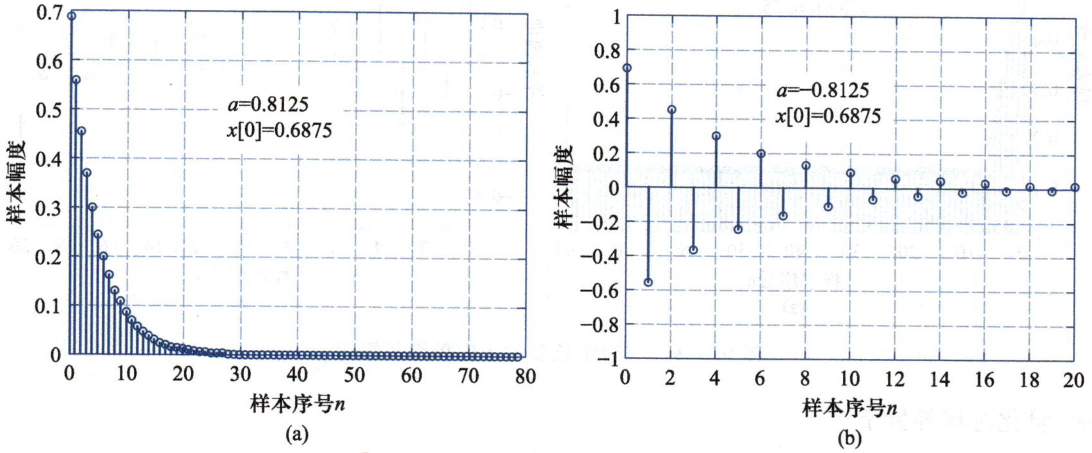


图 9.3-8 衰减到零的输出序列

在有限字长情况下，系统响应将发生变化。不妨选字长 $b=4$ bit（不包括符号位）并采用舍入量化，则 $a=0.8125$ 时，上述一阶 IIR 系统的运算过程将如表 9.3-1 所示，其中△表示小数点的位置。

**表 9.3-1 一阶系统运算过程**

| $n$ | $a\hat{y}[n-1]$ | $\hat{y}[n]$ | $n$ | $a\hat{y}[n-1]$ | $\hat{y}[n]$ |
|---|---|---|---|---|---|
| 0 | $0_{\triangle}00000000$ | $0_{\triangle}1011$ | 5 | $0_{\triangle}01000001$ | $0_{\triangle}0100$ |
| 1 | $0_{\triangle}10001111$ | $0_{\triangle}1001$ | 6 | $0_{\triangle}00110100$ | $0_{\triangle}0011$ |
| 2 | $0_{\triangle}01110101$ | $0_{\triangle}0111$ | 7 | $0_{\triangle}00100111$ | $0_{\triangle}0010$ |
| 3 | $0_{\triangle}01011011$ | $0_{\triangle}0110$ | 8 | $0_{\triangle}00011010$ | $0_{\triangle}0010$ |
| 4 | $0_{\triangle}01001110$ | $0_{\triangle}0101$ | ⋮ | ⋮ | ⋮ |

设起始条件为 $y[-1]=0$。按照式(9.3-32)，当 $n=0$ 时，$x[0]=0.6875$，输出信号 $\hat{y}[0]=x[0]$。此后，当 $n>0$ 时，$x[0]=0$。因字长为 4，故需要对 $a\hat{y}[n-1]$ 进行舍入：该数的小数点后第 5 位为 1 时，向左进位；否则，被舍去。从表 9.3-1 可以看出，$n=7$ 时，$\hat{y}[n]=(0.0010)_2=0.125$。当 $n>7$ 后，$\hat{y}[n]$ 的符号和大小维持不变，如图 9.3-9(a)所示。这种现象就是零输入极限环振荡。

当 $a$ 为负值时，同样可能出现零输入极限环振荡。选 $a=-0.8125=(1.1101)_2$，用上述方法进行分析，结果如图 9.3-9(b)所示，$\hat{y}[n]$ 的大小维持不变，但符号交替变化。

当出现极限环振荡时，在零输入情况下，系统的输出无法衰减为零，该幅度称为“死带”。这时，图 9.3-7 系统的等效极点已不在 $z=a$，而是移到了单位圆上。具体而言，当 $0<a<1$ 时，极点移到 $z=1$ 处，当 $-1<a<0$ 时，极点移到 $z=-1$ 处。这很好理解，出现极限环振荡

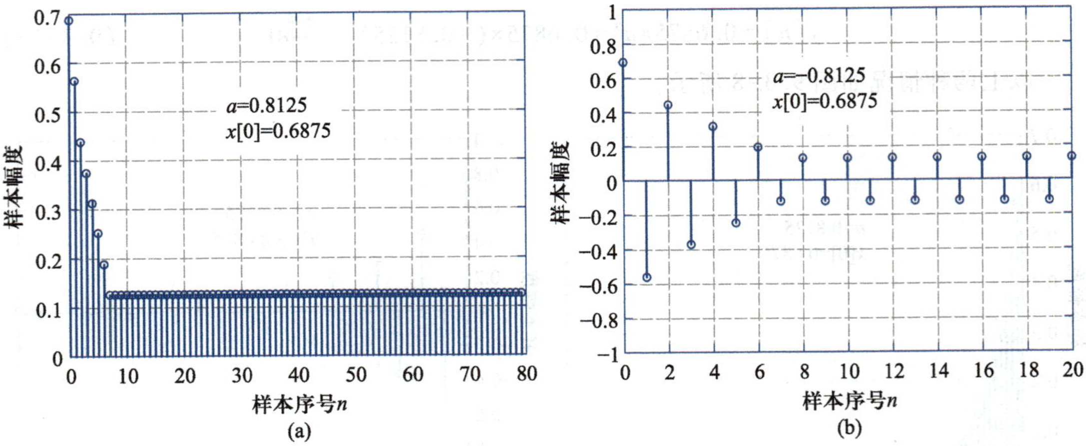


图 9.3-9 有限字长条件下的极限环振荡

时，量化过程等价于

$$Q_R(a\hat{y}[n-1])=\begin{cases}\hat{y}[n-1], & a>0\\ -\hat{y}[n-1], & a<0\end{cases} \tag{9.3-34}$$

那么，IIR 滤波器的差分方程变为

$$\begin{cases}\hat{y}[n]=\hat{y}[n-1]+x[n], & a>0\\ \hat{y}[n]=-\hat{y}[n-1]+x[n], & a<0\end{cases} \tag{9.3-35}$$

对应的极点变为 $z=\pm1$。

极限环振荡出现的时刻和振荡的幅度都与字长密切相关。事实上，当字长为 $b$ 时，发生极限环振荡的条件为

$$|Q_R[a\hat{y}[n-1]]-a\hat{y}[n-1]|\leqslant\frac{q}{2}=2^{-(b+1)} \tag{9.3-36}$$

利用 Cauchy-Schwarz 不等式，有

$$|\hat{y}[n-1]|-|a||\hat{y}[n-1]|\leqslant2^{-(b+1)}\Rightarrow|\hat{y}[n-1]|\leqslant\frac{2^{-(b+1)}}{1-|a|} \tag{9.3-37}$$

因此，对于一阶 IIR 滤波器 $y[n]=\pm ay[n-1]+x[n]$，$|a|<1$，如果字长为 $b$，则当 $|\hat{y}[n-1]|$ 的值满足式(9.3-37)的条件时，将发生极限环振荡，且振荡幅度由参数 $a$ 和字长 $b$ 决定。

高阶 IIR 网络也同样有极限环振荡，且振荡的形式更多、更复杂，这里不再进行分析。一般而言，可以通过增加字长来缓解或消除极限环振荡。

## 9.4 本章小结

本章首先讨论了数字滤波器的结构。采用框图和信号流图作为差分方程的图形表示法，本章分别介绍了 IIR 和 FIR 滤波器的几种基本结构。对于 FIR 滤波器，基本的结构包括直接型结构、级联型结构、并联型结构、线性相位结构以及上述结构的转置等效结构。对于

IIR 滤波器,基本结构包括直接Ⅰ型结构、直接Ⅱ型结构、级联型结构、并联型结构及上述结构的转置等效结构,其中,直接Ⅱ型为典范结构,能最大限度地节省存储空间,在实际应用中被广泛使用。

对于同一个滤波器,往往有多种等效结构。在无限精度的假设条件下,这些等效结构的计算结果是完全相同的,实现的滤波器具有相同的性能,只是在资源消耗量和计算复杂度上存在差异。另一方面,如果数据表示的精度有限,则采用不同的等效结构实现的滤波器在性能上存在较大的差别——这称为有限字长效应。本章分析了有效字长效应在滤波器实现过程中的影响,包括系数量化误差的影响、计算过程中舍入误差和溢出误差的影响等。

关于有限字长效应对滤波器性能影响的分析,部分重要的结论如下:

(1) 对于 FIR 滤波器和 IIR 滤波器而言,系数量化的结果都相当于在原始系统上并联了一个误差系统。不同之处在于,FIR 滤波器没有反馈支路,系数量化误差没有累积效应,分析较为简单,可以得到误差系统幅频响应上限值的闭合表达式,该上限值与 FIR 滤波器的阶数及系数量化字长有关;对于 IIR 滤波器,分析过程较为复杂,难以得到类似的闭合表达式。

(2) 同时,系数的量化误差会影响系统零极点的位置。一般而言,原始系统零极点之间的距离越大,零极点位置对量化误差越不敏感;反之,系统零极点之间的距离越小,零极点位置对量化误差越敏感。因此,在采用级联型结构实现滤波器时,要特别注意零极点的配对问题。

(3) 有限字长效应滤波计算过程中主要体现为溢出误差和舍入误差。对于溢出误差,主要通过对滤波器系数进行缩放的方法进行避免。

(4) 对于舍入误差,FIR 滤波器由于没有反馈结构,舍入误差与原始滤波器的传输函数无关,只取决于滤波器的阶数和字长;IIR 滤波器的舍入误差除了与字长有关外,还取决于滤波器的传输函数。

(5) 对于 IIR 滤波器,舍入误差还可能导致系统的极点移到单位圆上,导致系统不稳定,产生极限环振荡。

## 习 题

**P9.1** 分析图 P9.1 所示的滤波器结构,求它的系统函数 $H(z)$,并回答以下问题。

(1) 这是一个典范结构吗? 为什么?

(2) 若使 $H(z)$ 在 $\omega=0$ 处有单位增益,乘法器系数 $K$ 的值是多少?

(3) 若使 $H(z)$ 在 $\omega=\pi$ 处有单位增益,乘法器系数 $K$ 的值是多少?

(4) 前两问的 $K$ 值有区别吗? 为什么?

**P9.2** 分析图 P9.2 所示的滤波器结构,其中所有乘法器的系数均是实数,求它的系统函数 $H(z)$。若滤波器是 BIBO 稳定的,乘法器的系数值的范围是什么?

**P9.3** 分析图 P9.3 所示的滤波器结构,求它的系统函数 $H(z)$。

**P9.4** 已知 FIR 系统的系统函数如下,画出以下形式的实现框图。

$$H(z)=(1-0.65z^{-1})^6$$

(1) 两种不同的直接型;

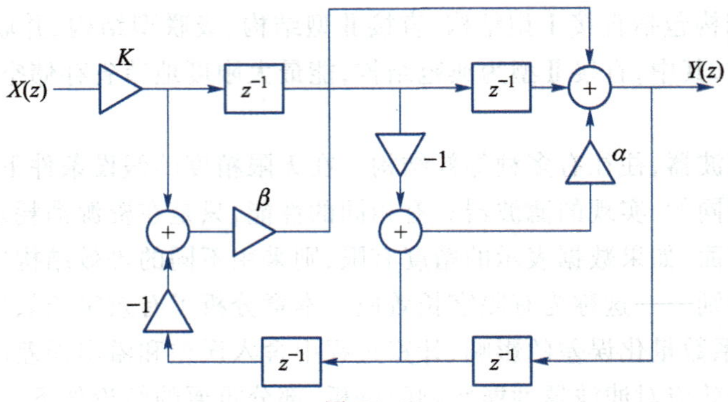


图 P9.1

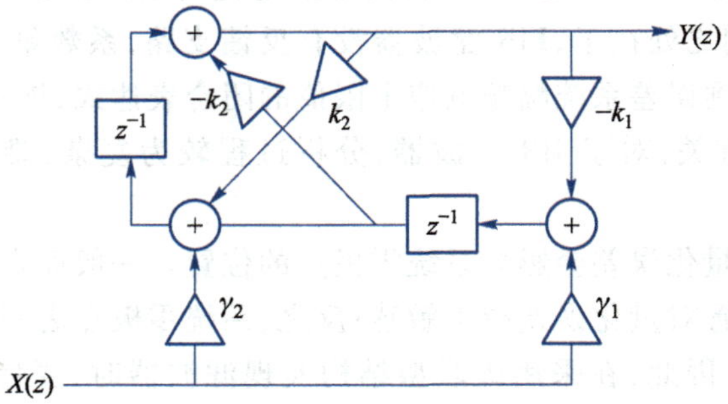


图 P9.2

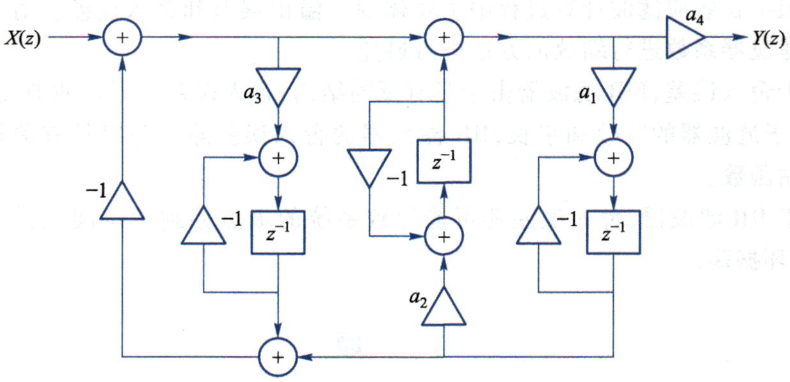


图 P9.3

(2) 六个 1 阶系统的级联；

(3) 三个 2 阶系统的级联；

(4) 两个 3 阶系统的级联；

(5) 两个 1 阶和两个 2 阶的级联。

**P9.5** 已知 FIR 的系统函数为

$$H(z)=h[0]+h[1]z^{-1}+h[2]z^{-2}+h[3]z^{-3}+h[4]z^{-4}+h[5]z^{-5}$$
$$+h[6]z^{-6}+h[7]z^{-7}+h[8]z^{-8}+h[9]z^{-9}$$

(1) 求出四分支的多相实现的表达式，并画出典范四分支多相实现结构；

(2) 求出三分支的多相实现的表达式，并画出典范三分支多相实现结构；

(3) 求出两分支的多相实现的表达式，并画出典范两分支多相实现结构。

**P9.6** 设计一个长度为 7 的Ⅲ型线性相位 FIR 的最少乘法器实现结构。

**P9.7** 设计一个长度为 8 的Ⅳ型线性相位 FIR 的最少乘法器实现结构。

**P9.8** 证明分子和分母均为三阶实系数多项式的 IIR 滤波器有 36 种不同的级联实现方案。

**P9.9** 已知 IIR 系统的系统函数如下，画出直接型典范结构以及其转置结构的实现框图。

$$H(z)=\frac{2-5z^{-2}+3z^{-3}}{1-4z^{-1}+3z^{-2}+6z^{-4}}$$

**P9.10** 已知下列因果 IIR 系统的系统函数，求两种不同的级联典范实现结构。

(1) $H(z)=\dfrac{(0.2z^{-1}+0.6z^{-2})(3-2.4z^{-1})}{(2-3.2z^{-1}+4.2z^{-2})(1-0.75z^{-1})}$

(2) $H(z)=\dfrac{(1.7+6.2z)(z-4.5)(3z^2-0.5)}{(2z-0.3)(z+0.2)(z^2+0.5z+0.1)}$

**P9.11** 求 P9.10 题系统的并联Ⅰ型和并联Ⅱ型的典范实现结构。

**P9.12** 一个因果 LTI 系统是下面三个系统的级联

$$H_1(z)=\frac{2-0.3z^{-1}}{1+0.5z^{-1}},\quad H_2(z)=\frac{0.4+z^{-1}}{1+0.4z^{-1}},\quad H_3(z)=\frac{3}{1+0.5z^{-1}}$$

(1) 以 $z^{-1}$ 的有理分式的形式来确定整个系统的系统函数；

(2) 确定整个系统的差分方程；

(3) 若每部分用直接Ⅱ型，给出整个系统的实现结构；

(4) 给出整个系统的并联Ⅰ型实现结构；

(5) 给出整个系统冲激响应闭合解。

**P9.13** 已知一个因果 LTI 离散系统对输入 $x[n]=(0.2)^n u[n]$ 的输出为

$$y[n]=(0.4)^n u[n]-0.3(0.4)^{n-1}u[n-1]$$

回答以下问题。

(1) 确定系统的系统函数；

(2) 确定系统的差分方程；

(3) 用不多于三个乘法器来给出这个系统的一个典范直接型实现结构；

(4) 给出系统的并联Ⅰ型实现结构；

(5) 给出整个系统冲激响应闭合解；

(6) 求输入为 $x[n]=(0.3)^n u[n]-0.4(0.3)^{n-1}u[n-1]$ 时的输出。

**P9.14** 图 P9.14 为如下因果 IIR 系统函数的一个不完整实现，确定乘法器系数 $A$ 和 $B$ 的值。

$$H(z)=\frac{4z^2-5.6z}{z^2+0.2z-0.08}$$

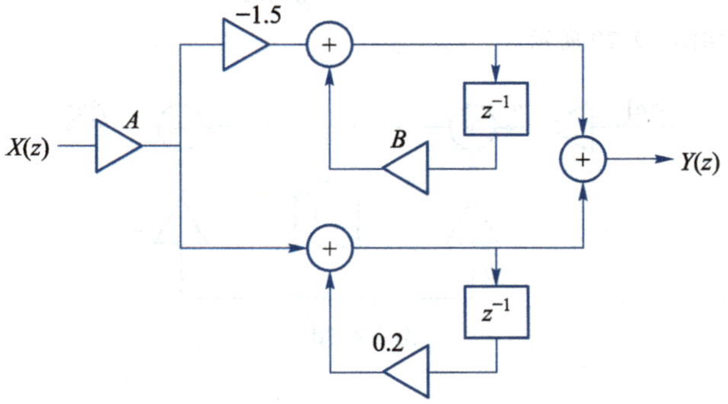


图 P9.14

**P9.15** 设 $x[n]$ 和 $y[n]$ 为满足以下差分方程的序列

$$y[n]-\frac{1}{4}y[n-2]=x[n-2]-\frac{1}{4}x[n]$$

画出相应于此差分方程的一个因果系统的直接Ⅱ型系统框图。

**P9.16** 一个因果 LTI 系统具有如下形式的系统函数

$$H(z)=\frac{1}{1-z^{-1}}+\frac{1-z^{-1}}{1-z^{-1}+0.8z^{-2}}$$

(1) 系统是稳定的吗？简要解释。

(2) 绘出此系统的并联型实现系统框图。

(3) 绘出此系统一阶和二阶级联实现结构系统框图。对其中二阶系统采用转置直接Ⅱ型结构。

**P9.17** 一个 LTI 系统的冲激响应为

$$h[n]=\begin{cases}a^n, & 0\leqslant n\leqslant 7\\0, & \text{其他}\end{cases}$$

(1) 绘出一个系统的直接型非递归实现的框图。

(2) 证明相应系统函数可以表示为

$$H(z)=\frac{1-a^8z^{-8}}{1-az^{-1}},\quad |z|>|a|$$

(3) 绘出如(2)中表达式的 $H(z)$ 的实现框图，对应了一个 FIR 系统（分子）和一个 IIR 系统（分母）的级联。

(4) (3)的实现结构是递归还是非递归的？整个系统是 FIR 还是 IIR？

**P9.18** 用 MATLAB 设计下面每个线性相位 FIR 系统函数的级联实现

(1) $H_1(z)=-0.24+0.184z^{-1}+0.4448z^{-2}+1.296z^{-3}+0.4448z^{-4}+0.184z^{-5}-0.24z^{-6}$

(2) $H_2(z)=-0.24+0.184z^{-1}+0.4448z^{-2}-0.4448z^{-4}-0.184z^{-5}+0.24z^{-6}$

**P9.19** 已知 4 阶 IIR 的系统函数如下，用 MATLAB 完成以下问题。

$$H(z)=\frac{0.3549+0.2002z^{-1}+0.7031z^{-2}+0.2002z^{-3}+0.3549z^{-4}}{1+1.2522z^{-1}+1.9448z^{-2}+0.9774z^{-3}+0.5595z^{-4}}$$

(1) 以因式形式表示 $H(z)$；

(2) 两种典范级联型结构；

(3) 实现并联Ⅰ型和并联Ⅱ型典范结构。

**P9.20** 设一个全通系统具有系统函数

$$H(z)=-0.54\frac{1-\left(\frac{1}{0.54}\right)z^{-1}}{1-0.54z^{-1}}$$

此系统的一种实现流图如图 P9.20 所示。

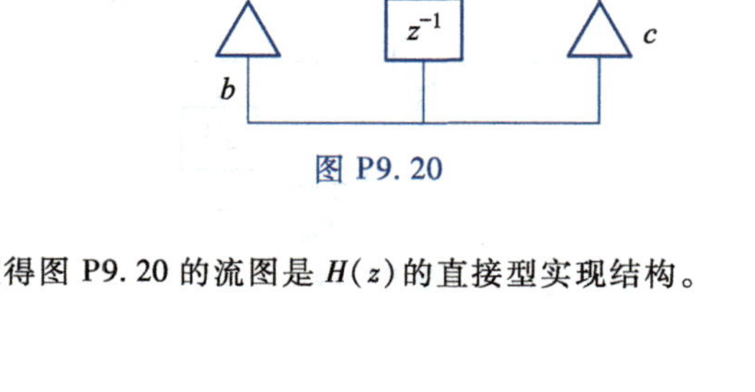


图 P9.20

(1) 求系数 $b$、$c$ 和 $d$ 使得图 P9.20 的流图是 $H(z)$ 的直接型实现结构。

（2）在图 P9.20 网络的实际实现里，系数 $b$、$c$ 和 $d$ 可能被舍入量化到最接近的十分位（例如 0.54 将被量化为 0.5，而 1/0.54 = 1.8518……将被量化为 1.9）。所得系统还是一个全通系统吗？

（3）证明满足此系统函数为 $H(z)$ 的全通系统的输入、输出关系的差分方程可表示为

$$y[n]=0.54(y[n-1]-x[n])+x[n-1]$$

绘出用于实现这个差分方程的框图，要求具有两个延迟单元，只有一个非±1 的常数乘法器。

（4）系数量化之后，(3) 中的框图还是全通系统吗？

**P9.21**　一个因果 LTI 系统具有系统函数

$$H(z)=\frac{1}{1-1.04z^{-1}+0.98z^{-2}}$$

（1）系统是稳定的吗？

（2）若系数舍入到最接近的十分位，所得系统是稳定的吗？

**P9.22**　已知系统 $H(z)$ 为下面两个系统的级联

$$H_1(z)=\frac{1}{1-0.5z^{-1}},\quad H_2(z)=\frac{1}{1-0.25z^{-1}}$$

有两种不同的级联方式

$$H(z)=H_1(z)H_2(z),\quad H(z)=H_2(z)H_1(z)$$

计算这两种不同的级联方式输出端的乘法舍入量化噪声。用 MATLAB 对同一输入信号的输出进行对比分析，设采用 8 位量化。

**P9.23**　设计一个 IIR 低通滤波器，指标为：通带截止频率为 2 kHz，阻带衰减>80 dB，采样率为 10 kHz，通带起伏<0.5 dB。

（1）求阶数 $N$ 和浮点系数，分别用直接Ⅱ型和级联型实现，用 MATLAB 画出幅频响应；

（2）若要求幅度响应误差不超过 0.0001，求系数的量化字长 $b$；

（3）用量化后的系数，画出滤波器的幅频响应，并与（1）对比，判断字长 $b$ 是否满足（2）的误差要求。

# 第十章 数字信号处理的应用

本章以现实生活中的工程实例为背景，介绍数字信号处理在不同领域中的应用。这里涉及的问题包括：信号的时频域分析，信号的检测，自适应信号处理，语音/图像信号的处理等。本章既介绍解决这些实际问题所用到的数字信号处理的基本理论和方法，又讨论这些理论和方法的具体实现问题，通过介绍这些方法在实现过程中所需要考虑的各种因素和注意事项，使这些抽象的理论和方法变得切实可行。

在此基础上，本章从这些具体的工程应用中提取出一系列的课程设计问题。学生需要以具体应用为背景，对相应的实际问题进行分析，选取和运用相应的数字信号处理的理论和方法来解决这些问题，先完成基本算法设计，同时再结合算法在实现过程中所需要考虑的因素，最终完成算法的实现并对相应的结果进行分析和讨论。

## 10.1 双音多频信号的产生与检测

双音多频(DTMF，dual-tone multi-frequency)信号的产生与检测最早运用于电话信号处理，用来完成拨号与自动重拨等功能。

双音多频 DTMF 得名的由来，在于电话键盘上的每一个按键都用两个单频正弦波的和来对应

$$x[n]=\cos(2\pi f_{\mathrm{L}} nT_{s})+\cos(2\pi f_{\mathrm{H}} nT_{s}) \tag{10.1-1}$$

其中，$T_s$ 为采样间隔。因此，一对频率 $f_{\mathrm{L}}$ 和 $f_{\mathrm{H}}$ 唯一确定了键盘上哪一个键被按下。

图 10.1-1 所示为 4×4 电话键盘上的各个按键和频率对应的关系。DTMF 总共使用 8 个频率来表示这 16 个按键。这些频率分为低频(697 Hz，770 Hz，852 Hz 和 941 Hz)和高频(1209 Hz，1336 Hz，1477 Hz 和 1633 Hz)两组，低频组对应键盘上的 4 行，高频组对应键盘上的 4 列。当键盘上的某一个按键被按下后，根据其所处的行列位置，产生对应的低频频率 $f_{\mathrm{L}}$ 和高频频率 $f_{\mathrm{H}}$。例如，如果按键“3”被按下，$f_{\mathrm{L}}=697$ Hz，$f_{\mathrm{H}}=1477$ Hz。

在接收端，通过检测 $f_{\mathrm{L}}$ 和 $f_{\mathrm{H}}$ 就可以知道对方按的是哪一个键，从而可以完成一系列控制和处理。因此，目前 DTMF 已经广泛运用于电话与其他通信网络系统的交互控制与处理。

图 10.1-2 所示为 DTMF 在电话银行自助语音服务系统中的应用。在该系统中，客户根据事先设定好的语音提示通过键盘输入选项和指令，如银行账户号码、身份确认信息、需要查询的内容等。客户输入的数字信息被转换成一系列 DTMF 信号，接收端通过检测和处理这些 DTMF 信号，还原客户输入的数字信息，并转换成用户指令，完成相应的数据访问和控制，并通过语音通道将客户需要的信息反馈给客户。

完成以上交互控制功能的关键在于，准确地检测出 DTMF 信号的频率，并映射成对应的

按键。因此，本节将讨论 DTMF 信号的产生与检测。

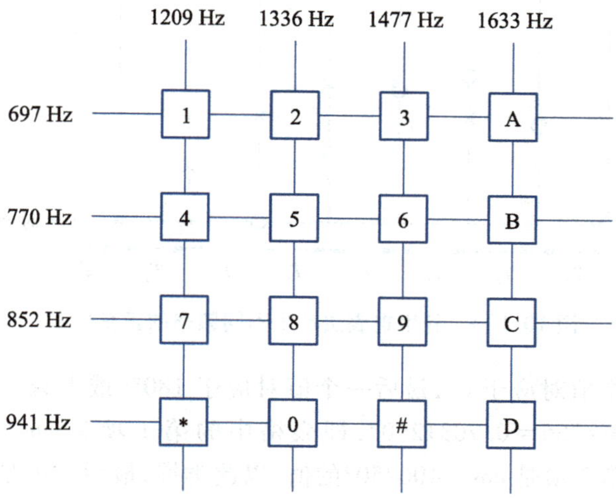


图 10.1-1 键盘的双音多频方案

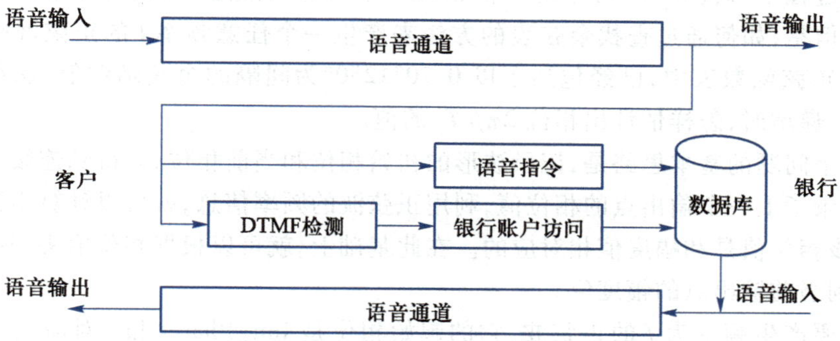


图 10.1-2 基于 DTMF 检测的电话银行自助语音服务系统

### 10.1.1 DTMF 信号的产生

**1. 直接计算法**

最直接的 DTMF 信号产生方法就是利用定义式(10.1-1)，在每一个采样间隔直接计算 $x[n]$ 的值。但是，由于正弦、余弦等三角函数的计算过程一般较为复杂，直接计算法的运算量和实现成本较高。

**2. 查表法**

另一种产生 DTMF 信号的方法是查表。该方法的基本思想是，构造一个正/余弦函数查找表，表中所列为正/余弦函数的值，通过将表项中的值以不同的幅度和不同的采样间隔输出，就可以得到对应幅度、对应频率的正弦或余弦波，如图 10.1-3 所示。查表法运算量很低，代价是要想获得高精度的正弦信号，必须构造一个很大的查找表，对存储量的要求较高。

下面介绍利用查表法产生任意频率和初相的正弦信号的方法。

考虑到不可能把正弦或余弦函数的所有值都放在查找表内，不妨将表的大小初设为 512 项。又考虑到正弦函数和余弦函数之间只有一个 90°的相移，可以将表的大小缩减为

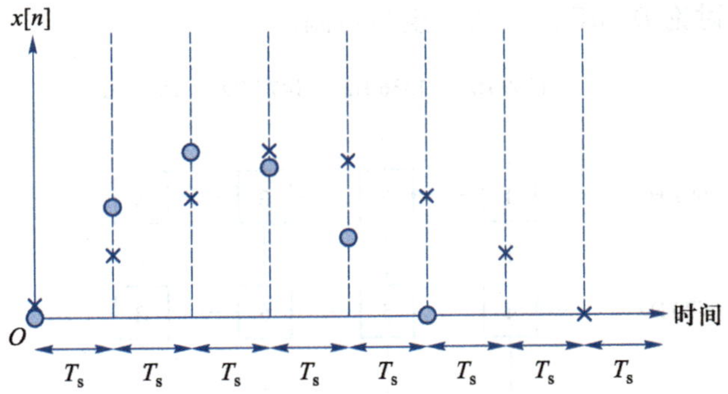


图 10.1-3 利用查表法产生不同频率的正弦信号

257 项。表中的第一个值对应于 0°,最后一个值对应于 180°,或者说 π。这样,表中相邻两点之间的间隔为 180°/256 = 0.7031250°,即表格中的第 1 项是 cos(0°)的值,第 2 项是 cos0.7031250°的值,第 3 项是 cos1.406250°的值,以此类推,最后一项是 cos(180°)的值。利用该表所能构造的波形的相位步进通常是 0.703125°的整数倍。

在采样过程中,式(10.1-1)中的 $n$ 值在每一个采样间隔递增,从而得到模拟正弦波的采样版本。但是,如何通过查找余弦表的方法来产生一个任意频率 $f$ 的正弦波呢?由于在前面构造的正弦函数表中,已经包括了以 0.7031250°为间隔的余弦函数值,现在的问题就变成了,当 $n$ 递增时,怎样估计出相位 $2\pi fnT_s$ 的值。

解决这个问题的基本思路是,记录波形的初始相位和当前相位,以得到连续相位的正弦波。如果记录了上一个输出点的相位值,利用正弦波的频率信息,就可以计算出当前输出点的相位值,该相位值是和幅度值相对应的。在此基础上,就可以根据相位值去查找表中相应的位置,得到当前输出点的幅度值。

假设需要产生频率为 $f$ 的正弦波,它的起始相位是 Init_Phase,和 $f$ 对应的相位步进为 Phase_Step。相位步进的计算式为

$$\text{Phase\_Step} = 2\pi f T_s = \frac{f}{f_s}\times 2\pi \tag{10.1-2}$$

例如,如果需要产生的正弦波的频率为 10 kHz,采样频率为 44.1 kHz,那么对应的相位步进为

$$\text{Phase\_Step} = \frac{10}{44.1}\times 2\pi \text{ rad} = 0.4535\pi \text{ rad} = 81.6° \tag{10.1-3}$$

其中,rad 为弧度。于是,采样间隔输出信号的幅度为 $\sin(0.4535\pi n)$,$n=0,1,2,\cdots$。

利用式(10.1-3)计算的相位步进和上一个输出点的相位信息,就可以计算出当前输出点的相位值。具体而言,当前输出点的相位值等于上一个输出点的相位值加上相位步进。例如,如果输出信号的初始相位为 0°,那么,下一个输出点的相位就为 81.6°,再下一个输出点的相位为 163.2°,以此类推。得到这些相位值后,就可以从查找表中的对应位置去读取当前输出点的幅度。

为了便于以常用的 Q15 格式来表示,将相位值按 π 进行归一化计算。表 10.1-1 所示为按 Q15 格式表示的一些常见相位的十六进制值。

**表 10.1-1 一些常见相位的十六进制值**

| 相位/rad | 归一化值/π | Q15 格式(十六进制) |
|---|---|---|
| π/4 | 1/4 | 0x2000 |
| π/2 | 1/2 | 0x4000 |
| 3π/4 | 3/4 | 0x6000 |
| -π | -1 | 0x8000 |
| -3π/4 | -3/4 | 0xA000 |
| -π/2 | -1/2 | 0xC000 |

如果前面建立的查找表是以 cos 函数为基础的,那么在产生正弦波时,需要将归一化的相位值减去 π/2,即 0x4000,然后,才能利用得到的相位值去查找表中读取对应的幅度值。

令 COSOFF 指向查找表的表头,那么 cos0、cos(π/2)和 cosπ 在表中对应的地址分别为 COSOFF、(COSOFF+128)和(COSOFF+256)。如果输出信号的初始相位为-119.53°,那么,该初始相位在查找表中对应的地址为-119.53/0.703125=-170,即初始点的幅度值对应的地址为(COSOFF+170)。这里没有使用-170,是因为余弦函数具有偶对称性,即 cos(-119.53°)=cos119.53°。正是基于这一原因,在查表法中通常都是构造 cos 余弦函数表,而不是正弦函数表。将该初始相位的地址按照查找表的大小进行归一化处理,得到其 Q15 格式表示:-170/256=0xAB00。其中,归一化的初始相位地址的范围为[-1,+1],-1 对应-180°,+1 对应+180°。

仍然使用刚才的例子,需要产生一个 10 kHz 的正弦波,采样频率为 44.1 kHz,其按 π 归一化后的相位步进的 Q15 格式表示为

$$\text{Phase\_Step}=\frac{F}{F_s}\times2\times32768=\frac{10}{44.1}\times2\times32768=\text{0x3A0C} \tag{10.1-4}$$

在输出了初始相位对应的幅度值后,第一个输出点的相位为 Current_Phase 的计算过程如下

$$\begin{aligned}\text{Current\_Phase}&=\text{Init\_Phase}+\text{Phase\_Step}\\&=\text{0xAB00}+\text{0x3A0C}\\&=\text{0xE50C}\end{aligned} \tag{10.1-5}$$

$$\text{Init\_Phase}=\text{Current\_Phase}$$

由于是产生正弦波,还需要减去 π/2,即 4000H

$$\text{Sine\_Phase}=\text{0xE50C}-\text{0x4000}=\text{0xA50C} \tag{10.1-6}$$

注意式(10.1-6)得到的结果 0xA50C 为负,再次利用余弦函数的偶对称性质,使用该值的绝对值 0x5AF4 进行查表即可。

利用上面的结果查表,实际上就是计算距离余弦表头的偏移量。余弦表头地址加上该偏移量,就得到当前输出点幅度值的地址。使用上面的绝对相位值计算偏移量为:0x5AF4/0x80=0xB5=181(十进制)。因此,余弦表中存储的第 181 个数据就是当前输出的幅度值,即 cos[(181/256)×π]=-0.6055。

由于只有简单的加、减操作,查表法的速度非常快,这是它最重要的优点。另一方面,由

于需要存储查找表，查表法需要消耗一定的存储空间，特别是当表格比较大时，这种开销是惊人的，往往令系统难以承受。

为了节省存储空间，可以进一步将查找表的长度压缩为 128，即仅包含相位 $0\sim\pi/2$ 的函数值，通过利用正弦/余弦函数的对称特性来恢复出整个正弦/余弦周期的值。显然，这样做的代价是增加了查表计算的复杂度。

**3. 数字振荡器法**

为了避免消耗大量的存储空间来存放函数查找表，可以使用数字振荡器法来产生正/余弦波。

数字振荡器的本质是，使用一个 IIR 滤波器，通过把它的极点放在单位圆的上面来产生振荡。利用正弦波 $\sin(x)$ 的指数形式

$$\sin(x)=\frac{1}{2\mathrm{j}}(\mathrm{e}^{\mathrm{j}x}-\mathrm{e}^{-\mathrm{j}x}) \tag{10.1-7}$$

可以得到正弦序列 $x[n]$ 的 $z$ 变换为

$$x[n]=\sin(\Omega T_s n)=\frac{1}{2\mathrm{j}}(\mathrm{e}^{\mathrm{j}n\Omega T_s}-\mathrm{e}^{-\mathrm{j}n\Omega T_s})$$

$$\begin{aligned}X(z)&=\frac{1}{2\mathrm{j}}\left[\sum_{n=0}^{\infty}(\mathrm{e}^{\mathrm{j}n\Omega T_s}-\mathrm{e}^{-\mathrm{j}n\Omega T_s})z^{-n}\right]=\frac{1}{2\mathrm{j}}\sum_{n=0}^{\infty}\left[(\mathrm{e}^{\mathrm{j}\Omega T_s}z^{-1})^n-(\mathrm{e}^{-\mathrm{j}\Omega T_s}z^{-1})^n\right]\\&=\frac{1}{2\mathrm{j}}\left[\frac{z}{z-\mathrm{e}^{\mathrm{j}\Omega T_s}}-\frac{z}{z-\mathrm{e}^{-\mathrm{j}\Omega T_s}}\right]=\frac{1}{2\mathrm{j}}\left[\frac{z^2-z\mathrm{e}^{-\mathrm{j}\Omega T_s}-z^2+z\mathrm{e}^{\mathrm{j}\Omega T_s}}{z^2-2z\cos(\Omega T_s)+1}\right]\\&=\frac{z\sin(\Omega T_s)}{z^2-2z\cos(\Omega T_s)+1}=\frac{Cz}{z^2-Az-B}=\frac{Cz^{-1}}{1-Az^{-1}-Bz^{-2}}\end{aligned} \tag{10.1-8}$$

式(10.1-8)在 $|z|>1$ 时成立，且 $A=2\cos(\Omega T_s)$，$B=-1$，$C=\sin(\Omega T_s)$，其中 $\Omega=2\pi f$ 为信号的模拟角频率。

根据 $z$ 变换的基本原理和性质，序列 $x[n]$ 及其 $z$ 变换 $X(z)$ 之间存在一一对应的关系，即对于给定的 $X(z)$，可以通过反 $z$ 变换，唯一地确定 $x[n]$。

因此，产生一个正弦波就等价于利用式(10.1-8)设计一个二阶 IIR 滤波器，使得其系统传递函数就是正弦序列的 $z$ 变换。该 IIR 系统的系统函数为

$$H(z)=\frac{Cz^{-1}}{1-Az^{-1}-Bz^{-2}} \tag{10.1-9}$$

即如图 10.1-4 所示的系统。

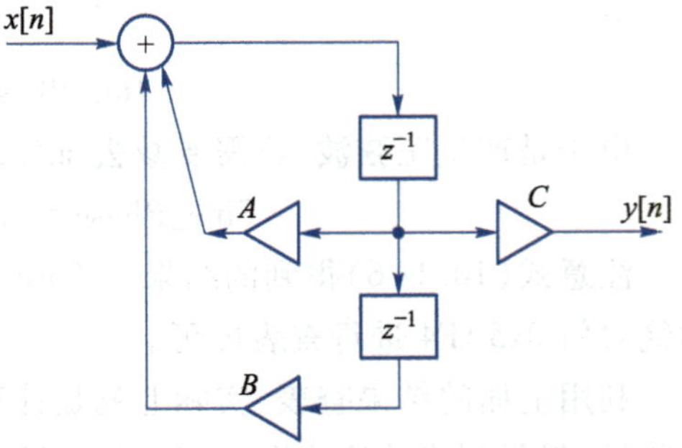

图 10.1-4 二阶数字振荡器

滤波器的极点就是分母 $z^2-Az-B=0$ 的根

$$\begin{aligned}P_{1,2}&=\frac{A\pm\sqrt{A^2+4B}}{2}=\frac{2\cos(\Omega T_s)\pm\sqrt{4\cos^2(\Omega T_s)-4}}{2}\\&=\cos(\Omega T_s)\pm\mathrm{j}\sin(\Omega T_s)\end{aligned} \tag{10.1-10}$$

由式(10.1-10)可以看出，$P_{1,2}$ 是一对复根，其幅值为 1，相角为 $\Omega T_s$。幅值为 1 的极点在单位圆上，对应一个数字振荡器，其振荡频率由系数 $A$、$B$ 和 $C$ 决定。因此，设计数字振荡器主

要就是设计这些系数。

由式(10.1-9)得振荡器的输入、输出关系为

$$
\begin{aligned}
&Y(z)-Az^{-1}Y(z)-Bz^{-2}Y(z)=Cz^{-1}X(z)\\
&y[n]=Ay[n-1]+By[n-2]+Cx[n-1]
\end{aligned}
\tag{10.1-11}
$$

这是一个二阶差分方程，其单位冲激响应就是 $\sin(\Omega T_s n)$。假设系统的输入为单位冲激函数 $x[n-1]=\delta[n-1]$，即仅当 $n=1$ 时，$x[n-1]=1$，代入式(10.1-11)得

$$
\begin{aligned}
&n=0,\quad y[0]=Ay[-1]+By[-2]+0=0\\
&n=1,\quad y[1]=Ay[0]+By[-1]+C=C\\
&n=2,\quad y[2]=Ay[1]+By[0]+0=Ay[1]\\
&n=3,\quad y[3]=Ay[2]+By[1]\\
&\quad\vdots\\
&n=k,\quad y[k]=Ay[k-1]+By[k-2]\\
&\quad\vdots
\end{aligned}
\tag{10.1-12}
$$

在 $n\geqslant 2$ 以后，$y[n]$ 可以用 $y[n-1]$ 和 $y[n-2]$ 算出，这是一个递归的差分方程。

由此出发，就可以完成数字振荡器的设计。例如，设该振荡器的频率为 $f=1$ kHz，采样频率为 $f_s=10$ kHz，则 $\Omega T_s=2\pi f/f_s=0.628$ rad，系数

$$A=2\cos(\Omega T_s)=1.618033989,\quad B=-1,\quad C=\sin(\Omega T_s)=0.587785252 \tag{10.1-13}$$

在此基础上，利用式(10.1-12)就可以产生相应的正弦波。

和查表法相比，使用数字振荡器产生正弦波的优点是，各个输出数据实时计算，节约了系统的存储资源。但是，其计算过程涉及乘法等操作，需要消耗相应的系统资源。在实际应用中，可以根据具体情况灵活选择这两种方法。

对于 DTMF 信号而言，由于一次需要产生两个频率 $f_L$ 和 $f_H$，因此需要使用两个数字振荡器，如图 10.1-5 所示。每个振荡器根据需要产生的低频频率和高频频率，选择对应的滤波器系数。最终两个振荡器的信号进行相加，然后通过 DAC 变成模拟信号并在低通滤波后传输。

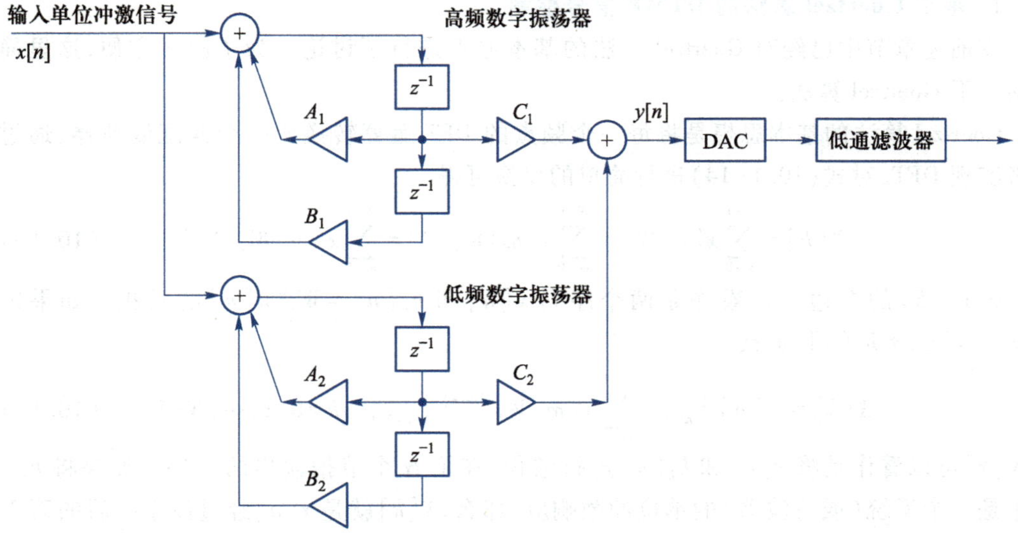


图 10.1-5　基于数字振荡器的 DTMF 信号产生框图

### 10.1.2 DTMF 信号的检测

DTMF 信号检测的目的是判断被检测信号中是否含有相应的 DTMF 频率对。因此，完成 DTMF 检测的基本方法就是对信号进行频谱分析，看对应的频率分量上是否出现幅度或能量峰值。

Fourier 变换是最基本的时频域转换工具。FFT 算法由于其高效性，常被用来完成信号的频谱分析。但具体到电话交互系统的 DTMF 信号检测，FFT 算法却不是最优的。其原因在于，FFT 需要计算出信号的整个频谱，即如果时域序列 $x[n]$ 的长度为 $N$，则 FFT 一次性计算所有的 $X[0],X[1],\cdots,X[N-1]$，计算复杂度为 $(N/2)\log_2 N$ 次复数乘法和 $N\log_2 N$ 次复数加法。

但对于电话 DTMF 信号的检测而言，人们往往只关心有限的几个频点，即 DTMF 频率对（有时还包含其二次谐波），而对其他频率成分不感兴趣。所以用 FFT 来计算整个信号频谱存在大量的资源浪费。在这种情况下，使用单点 DFT 效率更高。因为完成 $M$ 次单点 DFT 的计算复杂度为 $MN$ 次复数乘法和 $M(N-1)$ 次复数加法，如果 $M$ 的值不大（如 DTMF 信号检测的情况），则单点 DFT 更为高效。

DFT 的计算式如下所示

$$X[k]=\sum_{n=0}^{N-1}x[n]W_N^{kn}=\sum_{n=0}^{N-1}x[n]\mathrm{e}^{-\mathrm{j}\frac{2\pi kn}{N}},\quad k=0,1,\cdots,N-1 \tag{10.1-14}$$

在计算某一个 $X[k]$ 时，除了需要存储输入序列 $x[n]$ 外，还需要存储旋转因子 $W_N^{kn}$，$n=0,1,\cdots,N-1$。当 $N$ 的值较大时，这需要消耗大量的存储空间。

例如，电话语音信号的采样频率通常为 $f_s=8$ kHz，DTMF 检测标准要求检测频点与 DTMF 频率的偏差不超过 1.5%，$N$ 点 DFT 的频率分辨率为 $f_s/N$，由此容易推出 $N\geqslant 256$。因此，即使在单点 DFT 计算中，旋转因子的存储仍然是一个较大的问题。为此，实际应用中常采用 Goertzel 算法来完成单点 DFT 的计算和 DTMF 信号的检测。

#### 1. 基于 Goertzel 算法的 DTMF 信号检测

在前述章节中已经对 Goertzel 算法的基本原理进行了讨论。为了叙述方便，这里简单概括一下 Goertzel 算法。

Goertzel 算法的基本思想是将每一个频点的 DFT 运算转换成一个匹配滤波器，通过滤波来实现 DFT，对式（10.1-14）进行简单的变换可得

$$X[k]=\sum_{n=0}^{N-1}x[n]W_N^{kn}=\sum_{m=0}^{N-1}x[m]W_N^{-k(-m)}=\sum_{m=0}^{N-1}x[m]W_N^{-k(N-m)} \tag{10.1-15}$$

式（10.1-15）的右边可以看作是两个序列 $x[n]$ 和 $h_k[n]=W_N^{-kn}\mathrm{u}[n]$ 的卷积。如果定义 $y_k[n]=x[n]*h_k[n]$，那么

$$X[k]=y_k[n]\big|_{n=N}=\sum_{m=0}^{N-1}x[m]W_N^{-k(n-m)}\big|_{n=N},\quad k=0,1,\cdots,N-1 \tag{10.1-16}$$

即 $X[k]$ 可以看作是将 $x[n]$ 和 $h_k[n]$ 进行卷积，在第 $N$ 个节拍输出的结果。如果将 $h_k[n]$ 看作是一个系统（或滤波器）的单位冲激响应，那么，$X[k]$ 就是 $x[n]$ 经过该系统后的第 $N$ 个输出点。改变 $k$ 值，可以计算不同的频域采样点 $X[k]$，$k=0,1,\cdots,N-1$。

所以，$N$ 点 DFT 可以通过如图 10.1-6 所示的方式实现：将时域序列 $x[n]$ 输入到 $N$ 个系统中，这些系统的冲激响应分别为 $h_0[n]=W_N^{-0n}\mathrm{u}[n]$，$h_1[n]=W_N^{-1n}\mathrm{u}[n]$，…，$h_k[n]=W_N^{-kn}\mathrm{u}[n]$，…，$h_{N-1}[n]=W_N^{-(N-1)n}\mathrm{u}[n]$，将所有输出序列的第 $N$ 个输出点收集起来，就得到 $x[n]$ 的 $N$ 点 DFT。图中的 $N$ 个滤波器构成了一组并行滤波器组，因此，Goertzel 算法特别适合 DFT 的并行实现和模块化实现。

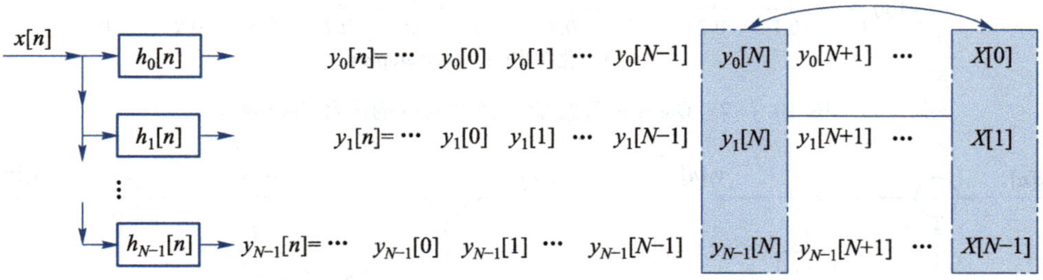


图 10.1-6 Goertzel 算法原理

如果只需要计算某一个单点 DFT，如 $X[k]$，那么将 $x[n]$ 输入第 $k$ 个滤波器 $h_k[n]$ 并输出第 $N$ 个时刻的响应即可。

对第 $k$ 个滤波器的冲激响应 $h_k[n]=W_N^{-kn}\mathrm{u}[n]$ 进行 $z$ 变换，可以得到该滤波器的系统函数 $H_k(z)$ 为

$$H_k(z)=\sum_{n=-\infty}^{\infty}h_k[n]z^{-n}=\sum_{n=0}^{\infty}W_N^{-kn}z^{-n}=\frac{1}{1-W_N^{-k}z^{-1}},\quad |z|>1 \tag{10.1-17}$$

由上式可知，该滤波器有一个极点在 $z=W_N^{-k}$ 处，对应频率为 $\omega_k=2\pi k/N$，因此滤波器在频率 $\omega_k$ 附近的响应较大。

画出该滤波器的幅频响应和相频响应，如图 10.1-7 所示。由图可知 $H_k(z)$ 实际上可以看作是一个带通滤波器，通带中心为 $\omega_k=2\pi k/N$。因此，只有当输入信号的频率在 $\omega_k$ 附近时，系统才有较大的输出，从而检测到该频率成分。

同理，图 10.1-6 中的每一个滤波器都是一个带通滤波器，通带中心分别为 $0,2\pi/N,4\pi/N,\cdots,2\pi k/N,\cdots,2\pi(N-1)/N$。

基于式(10.1-17)画出滤波器 $H_k(z)$ 的系统框图，如图 10.1-8(a)所示。由式(10.1-17)可得系统输入、输出差分方程为

$$y_k[n]=x[n]+W_N^{-k}y_k[n-1],\quad k=0,1,\cdots,N-1 \tag{10.1-18}$$

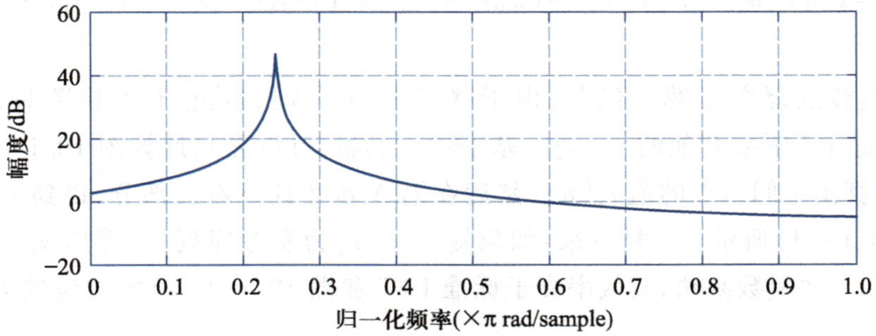

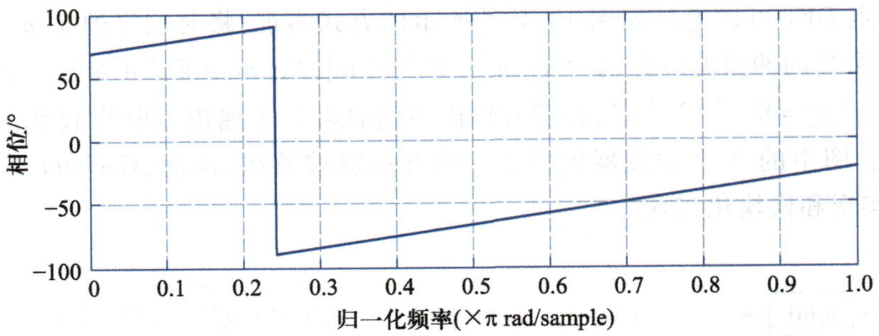


图 10.1-7　Goertzel 算法滤波器的幅频响应和相频响应

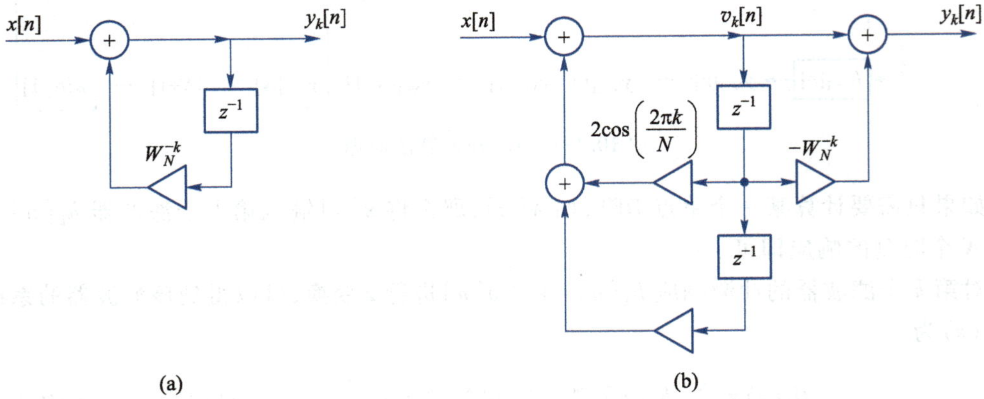


图 10.1-8　Goertzel 算法滤波器的系统框图

容易发现,式(10.1-18)的运算量与标准 DFT 运算量相同,计算单点 DFT 仍需要 $N$ 次复数乘法。但是,Goertzel 算法不再需要存储旋转因子,节省了大量的存储空间。

另外,由于式(10.1-18)中仍然存在复数乘法和加法运算,而复数运算对运算量消耗较大,因此,在实际应用中,常对式(10.1-18)做如下变形

$$
\begin{aligned}
H_k(z)&=\frac{1}{1-W_N^{-k}z^{-1}}=\frac{1-W_N^{k}z^{-1}}{(1-W_N^{-k}z^{-1})(1-W_N^{k}z^{-1})}\\
&=\frac{1-W_N^{k}z^{-1}}{1-2\cos(2\pi k/N)z^{-1}+z^{-2}},\quad |z|>1
\end{aligned}
\tag{10.1-19}
$$

其对应的系统框图如图 10.1-8(b)所示。由此可得系统输入、输出差分方程为

$$
y_k[n]=x[n]-W_N^{-k}x[n-1]+2\cos(2\pi k/N)y_k[n-1]-y_k[n-2],\quad k=0,1,\cdots,N-1 \tag{10.1-20}
$$

上式仍然涉及复数运算。但是,由于 $X[k]=y_k[N]$,因此计算 DFT 只需要计算出 $y_k[N]$ 即可,而并不需要其他的 $y_k[n]$。基于这一思想,可以先只计算图 10.1-8(b)中的左边部分,即计算出中间节点的值 $v_k[n]$,然后在第 $N$ 步才计算右边部分,得到 $y_k[N]$。计算过程如式(10.1-21)所示。这样一来,如果输入 $x[n]$ 为实数序列,计算出 $y_k[N]$ 只需要 $N$ 次实数乘法和 1 次复数乘法,其效率高于标准 DFT 和图 10.1-8(a)所对应的 Goertzel 算法实现方式。

$$\begin{aligned} v_k[n] &= x[n]+2\cos(2\pi k/N)v_k[n-1]-v_k[n-2], \quad n=0,1,\cdots,N \\ y_k[N] &= v_k[N]-W_N^{-k}v_k[N-1] \end{aligned} \tag{10.1-21}$$

由于实际应用中，只需要检测对应频率成分的有无，因此只需要得到幅度 $|y_k[N]|^2=|X[k]|^2$ 即可，而不关心相位。因此，式(10.1-21)的最后一步可以简化为

$$|X[k]|^2=|y_k[N]|^2=v_k^2[N]-2\cos(2\pi k/N)v_k[N]v_k[N-1]+v_k^2[N-1] \tag{10.1-22}$$

即完全消除了复数运算，并且整个系统只需要一个实系数 $\cos(2\pi k/N)$。

除了以上优点外，和 FFT 算法相比，Goertzel 算法还可以实时在线执行。FFT 算法需要等 $N$ 个输入信号 $x[n]$ 都就绪后才能开始运算，而 Goertzel 算法并不要求这一点，第 0 个节拍只需要 $x[0]$，第 1 个节拍只需要 $x[0]$ 和 $x[1]$，以此类推。从理论上讲，Goertzel 算法只需要 $N+1$ 个节拍就能完成一个 $N$ 点的 DFT。

另外，FFT 算法对序列长度 $N$ 有要求，如基 2-FFT 要求 $N$ 必须为 2 的幂。而 Goertzel 算法可以根据实际检测要求自行决定 $N$ 的取值，甚至可以使用不同的 $N$ 来检测不同的 DTMF 频率。

当然，需要指出的是，Goertzel 算法各个滤波器的极点在单位圆上，因此并不是一个稳定的 IIR 系统，同时它对有限字长效应也更加敏感。这些在实际应用中都应该特别加以注意。

基于 Goertzel 算法的 DTMF 信号检测框图如图 10.1-9 所示，它由 8 个并行的检测器构成，每个对应一个 DTMF 频率。每一个检测器检测两个频率，分别为 DTMF 频率和它的二次谐波。检测二次谐波是为了区分一般语音信号和 DTMF 频率，这一点后面还将详细讨论。

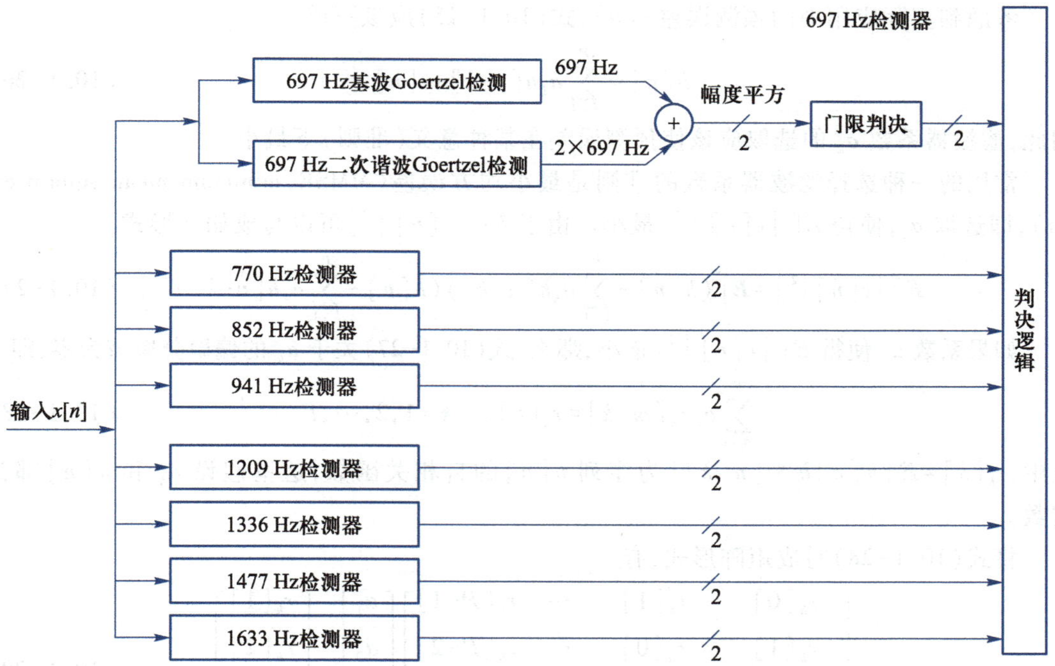


图 10.1-9　基于 Goertzel 算法的 DTMF 信号检测框图

### 2. 基于线性预测编码的 DTMF 信号检测

除了 Goertzel 算法外，全极点线性预测编码(LPC, linear prediction coding)滤波器也能用

来检测 DTMF 信号。

一个 $P$ 阶的全极点 LPC 滤波器的系统函数为

$$H(z)=\frac{1}{1-\sum_{k=1}^{P}a_k z^{-k}} \tag{10.1-23}$$

基于前面的讨论，如果 $H(z)$ 是一个包含两个通带的带通滤波器，通带中心分别为某个 DTMF 信号的低频频率 $f_L$ 和高频频率 $f_H$，且带宽足够窄，那么，将输入信号 $x[n]$ 通过 $H(z)$ 就能完成对该 DTMF 信号的检测。

显然，如果 $H(z)$ 的单位冲激响应 $h[n]$ 为

$$h[n]=\cos(2\pi f_L nT_s)+\cos(2\pi f_H nT_s) \tag{10.1-24}$$

对应的 $H(z)$ 就能满足上述要求。因此，DTMF 信号检测的关键就在于确定各个 DTMF 信号对应的滤波器系数 $a_k, k=1,2,\cdots,P$。这可以通过 LPC 来完成。

式(10.1-24)等价于当 $H(z)$ 的输入为 $x[n]=\delta[n]$ 时，输出 $h[n]$ 为两个正弦信号之和。由式(10.1-23)可知，当 $n\geqslant 1$，有

$$h[n]=\sum_{k=1}^{P}a_k h[n-k] \tag{10.1-25}$$

即当前时刻的输出 $h[n]$ 可以由过去的 $P$ 个时刻的输出 $h[n-1], h[n-2],\cdots,h[n-P]$ 进行线性计算来预测，这就是 $P$ 阶线性预测的由来。现在 $h[n]$ 已知，如式(10.1-24)所示，那么就可以通过式(10.1-25)训练出滤波器系数 $a_k$ 的值，$k=1,2,\cdots,P$。

考虑到实际应用中的预测误差 $e[n]$，式(10.1-25)应该写成

$$h[n]=\sum_{k=1}^{P}a_k h[n-k]+e[n] \tag{10.1-26}$$

因此，滤波器系数 $a_k$ 的选取应该使预测误差在某种意义(准则)下最小。

常用的一种选择滤波器系数的准则是最小均方误差(MMSE，minimum mean square error)，即选取 $a_k$，使得 $\boldsymbol{E}[|e[n]|^2]$ 最小。由于 $\boldsymbol{E}[|e[n]|^2]$ 可以写成如下形式

$$\boldsymbol{E}[|e[n]|^2]=\boldsymbol{E}\left[\left(h[n]-\sum_{k=1}^{P}a_k h[n-k]\right)\left(h[n]-\sum_{k=1}^{P}a_k h[n-k]\right)^*\right] \tag{10.1-27}$$

如果系数 $a_k$ 使得 $\boldsymbol{E}\{|e[n]|^2\}$ 最小，那么，式(10.1-27)关于 $a_k$ 的偏微分应该为零，即

$$\sum_{m=1}^{P}a_m r_h[m-k]=r_h[k],\quad k=1,2,\cdots,P \tag{10.1-28}$$

其中，$r_h[k]=\boldsymbol{E}\{h[n]h*[n-k]\}$ 为序列 $h[n]$ 的自相关函数，这里假设 $a_k$ 和 $h[n]$ 都为实数。

将式(10.1-28)写成矩阵形式，有

$$\begin{bmatrix} r_h[0] & r_h[1] & \cdots & r_h[P-1] \\ r_h[1] & r_h[0] & \cdots & r_h[P-2] \\ \vdots & \vdots & \ddots & \vdots \\ r_h[P-1] & r_h[P-2] & \cdots & r_h[0] \end{bmatrix}\begin{bmatrix} a_1 \\ a_2 \\ \vdots \\ a_P \end{bmatrix}=\begin{bmatrix} r_h[1] \\ r_h[2] \\ \vdots \\ r_h[P] \end{bmatrix} \tag{10.1-29}$$

由该式可以很容易地求解最优预测系数 $a_k, k=1,2,\cdots,P$。

例如，需要设计一个 10 阶的线性预测滤波器来检测按键“5”，其低频 $f_L = 770$ Hz，高频 $f_H = 1\ 336$ Hz，那么以 8 000 Hz 的采样频率产生训练信号 $h[n]$ 后，利用式(10.1-29)计算滤波器的系数为：$a_1 = -1.579\ 7$，$a_2 = 1.457\ 0$，$a_3 = -0.002\ 1$，$a_4 = -0.180\ 5$，$a_5 = 0.119\ 5$，$a_6 = 0.308\ 2$，$a_7 = 0.214\ 5$，$a_8 = 0.023\ 0$，$a_9 = -0.055\ 6$，$a_{10} = 0.179\ 7$。

图 10.1-10 所示为该 LPC 滤波器的幅频响应，图中同时画出了训练信号 $h[n]$ 的 FFT 频谱，二者十分接近，表明了预测滤波器系数的有效性。该图表明，该预测滤波器为带通滤波器，有两个通带，通带中心分别为 765.625 Hz 和 1335.9375 Hz。该中心频率与 770 Hz 和 1336 Hz 的相对误差分别为−5.682%和−0.0047%，满足 DTMF 检测 1.5%的要求。

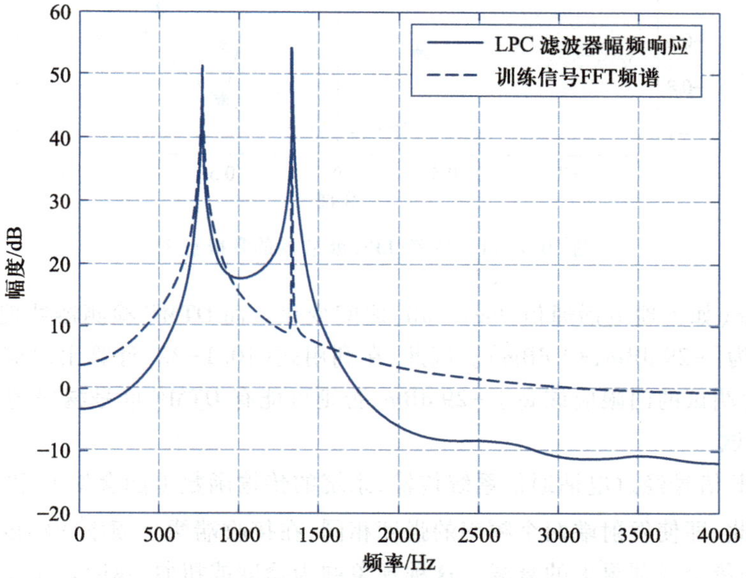


图 10.1-10　10 阶 LPC 滤波器幅频响应

图 10.1-11 所示为该滤波器的零极点图。图中的两对极点位于单位圆上，分别对应频率 765.625 Hz 和 1335.9375 Hz，表明系统在这两个频率附近的响应较大，这和幅频响应曲线一致。

因此，如果输入信号 $x[n]$ 中含有 770 Hz 和 1336 Hz 频率分量，则 $x[n]$ 通过 LPC 滤波器后，能够产生较大的输出，完成信号的检测。

同理，可以设计出其他按键的 LPC 滤波器，完成按键对应的 DTMF 信号检测。

### 10.1.3　DTMF 信号检测的其他问题

本节讨论在实际应用中，DTMF 信号检测需要注意的其他问题。

**1. 幅度测试**

幅度测试即对检测器输出信号的幅度或能量进行判决，以确定被测信号中是否含有相应的频率成分。因此，了解实际应用中 DTMF 信号的幅度对正确设置判决门限至关重要。

根据 ITU Q.24 标准，公共网络中传输信号的最大强度应不超过−9 dBm(1 mW 对应 0 dBm)。这使得语音信号的平均强度一般在−35 dBm(如远距离电话通信，long-distance

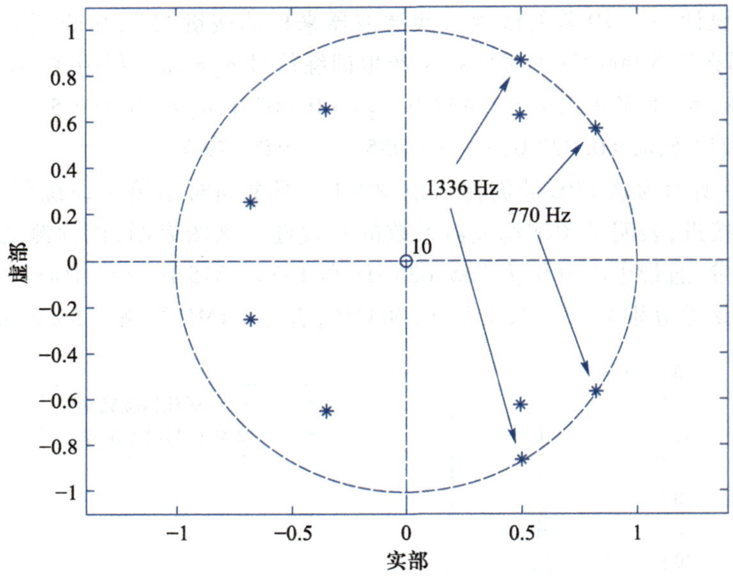


图 10.1-11　10 阶 LPC 滤波器的零极点图

call）和-10 dBm（如本地电话通信，local call）之间变化。而 DTMF 检测器处理信号的平均强度的变化范围为[-29 dBm，+1 dBm]。因此，在利用式（10.1-22）计算出对应频率成分的幅度信息后，幅度测试的门限应该高于-29 dBm，否则可能有 DTMF 信号漏报的情况。

**2. 捻度测试**

由于 DTMF 信号经过电话通信系统传输，系统的传输函数可能会使$f_L$ 和$f_H$ 受到不同程度的衰减。因此，即使发射端两个频率的强度相同，在接收端两个频率的幅度也可能存在差异，通常高频分量会受到更大的衰减。这种现象称为捻度或扭曲（twist），定义为 DTMF 低频分量和高频分量的强度差，通常以 dB 来表示。

实际应用中，在产生 DTMF 信号时，就进行了前向扭曲（forward twist）来补偿远距离传输过程中高频分量可能受到的衰减。不同国家和地区前向扭曲的标准不同。例如，澳大利亚的前向扭曲为 10 dB，日本仅为 5 dB，而北美和中国标准为 8 dB。

**3. 频率偏移测试**

频率偏移测试的目的是防止某些宽带信号被误判为 DTMF 信号。

实际应用中，如果 DTMF 的低频和高频分量存在，那么这两个频率分量的强度应该远远高于其他频率分量的强度。因此，为了防止误判，在检测 DTMF 信号分量的同时，还需要检测相近的几个频率分量。如果 DTMF 频率分量的强度与其他频率分量的强度差超过了事先设定的门限，则认为检测成功。

**4. 二次谐波测试**

二次谐波测试的目的是防止语音信号被误判为 DTMF 信号。

语音信号的高级谐波可能与 DTMF 信号的高频分量和低频分量重合，从而造成误判。考虑到 DTMF 信号为纯正弦波，其高次谐波分量很小，因此可以通过二次谐波测试来区分语音信号和 DTMF 信号。DTMF 信号的二次谐波分量为：1394 Hz，1540 Hz，1704 Hz，1882 Hz，

2418 Hz,2672 Hz,2954 Hz 和 3266 Hz。对这些频率分量的检测也可以使用 Goertzel 算法或基于全极点 LPC 滤波器的检测器。

### 10.1.4　课程设计

表 10.1-2 所示为实际应用中 DTMF 信号检测的部分主要指标。根据表中的各项参数并结合 10.1.3 节中的讨论,设计 DTMF 信号的产生和检测方案,完成 4×4 电话键盘上的 16 个按键对应的 DTMF 信号的产生和检测。

**表 10.1-2　实际应用中 DTMF 信号检测的部分主要指标**

| 名称 | 指标 |
| --- | --- |
| 信号频率 | 低频组:697,770,852,941 Hz<br>高频组:1209,1336,1477,1633 Hz |
| 检测频率偏差 | ≤1.5% |
| 信号持续时间 | ≥40 ms |
| 信号强度 | -25~0 dBm |
| 前向扭曲 | ≤8 dB |
| 采样频率 | 8000 Hz |

要求:

(1) 分别基于直接计算法、查表法和数字振荡器法,产生各个按键对应的 DTMF 信号,完成相应的 MATLAB 仿真,并从计算复杂度、需要的存储空间、实现难易程度以及对有限字长效应的敏感程度几个方面比较以上方法的优缺点。

(2) 分别基于 FFT 算法、Goertzel 算法和 LPC 滤波器法设计 DTMF 信号的检测方案,完成相应的 MATLAB 仿真,并从计算复杂度,需要的存储空间、实现难易程度以及对有限字长效应的敏感程度几个方面比较以上方法的优缺点。

## 10.2　自适应回声抵消

在电话通信系统中,回声抵消(echo cancellation)是一个重要而基本的任务,它主要是通过自适应滤波器(adaptive filtering)来完成的。

图 10.2-1 所示为电话通信系统中回声的产生过程。图中假设用户 A 和 B 进行电话通话。以用户 A 为例,电话的扬声器输出用户 B 的语音,用 $y_1(t)$ 表示,用户 A 接听 B 的信息,同时通过传声器对 B 讲话,用户 A 的语音用 $x_1(t)$ 表示。由于传声器能够接收其拾音范围内的所有声音信息,用户 B 的语音 $y_1(t)$ 也能被传声器采集到。因此,传声器实际采集的信息为 $x_1(t)+z_1(t)+n_1(t)$,其中,$n_1(t)$ 为房间噪声,$z_1(t)=y_1(t)*h_1(t)$,$h_1(t)$ 为声音从扬声器到传声器的传输系统函数,即 $z_1(t)$ 相当于 $y_1(t)$ 经过该传输系统的输出。该信号最终通过通信网络传输到电话的另一端,通过扬声器输出,即图中的 $y_2(t)$。所以,用户 B 除了听到用户 A 的声音外(这是有用信息),还会听到自己刚才的讲话(即自己的回声)。显然,回

声会对正常通信造成干扰，因此必须予以消除。

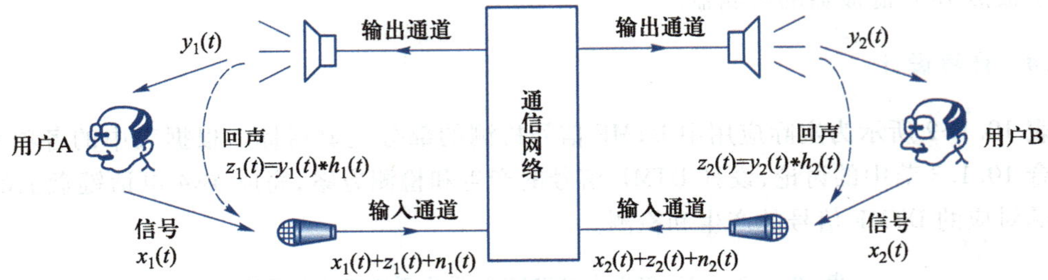


图 10.2-1　电话通信系统中回声的产生

由于电话通信的环境（如室内、室外，房间大小等）和系统话路传输条件都在不停变化，图 10.2-1 中的 $h_1(t)$ 和 $h_2(t)$ 并不是固定的函数。因此，回声抵消的算法也需要随着 $h_1(t)$ 和 $h_2(t)$ 的变化而变化。或者说，一个固定的滤波器（或系统）无法有效处理回声，滤波器的系数或特性需要随着环境的变化而改变，这种滤波器称为自适应滤波器。

## 10.2.1　自适应滤波器的基础知识

常规滤波器或固定滤波器具有固定的特性，作用于输入信号，产生相应的输出。也就是，先有了滤波器的系数，然后决定相应的输出值。但是，有的实际应用，对滤波器输出的要求是明确的，而滤波器特性却无法预先知道。例如，在长话系统中，回波抵消器的理想输出是无回波信号，这个要求是明确的，而系统本身却不能一开始就确定下来，因为它取决于长话系统话路传输条件的变化。像这样的应用，就必须依赖自适应滤波技术，或者说依赖自适应滤波器。

所谓自适应滤波器，就是其权系数可以根据一种自适应算法来不断修改，使系统的冲激响应满足给定的性能判断。由于自适应滤波器在未知或时变系统中的明显优势，它在电子，通信、雷达、自动控制等众多领域中得到了广泛的应用。例如，用于语音编码的自适应预测器，用于求解逆系统的信道均衡器，用于噪声控制系统的回波抵消器、噪声消除器等。

### 1. 自适应滤波器的一般形式

前面已经提到，在输入信号的统计特性未知时，或者输入过程的统计特性变化时，自适应滤波器能够调整自己的参数，以满足某种最佳准则的要求。因此，自适应滤波器有两个独立的部分：一个按理想模式设计的数字滤波器，它具有随时间变化的系数；一套自适应算法，用来调节滤波器权系数，使得在某种准则下滤波器性能达到最优。

自适应滤波器的一般形式如图 10.2-2 所示。该自适应滤波器的输入信号是 $x[n]$，经过滤波以后产生输出信号 $y[n]$，而 $\boldsymbol{w}[n]$ 是随时间变化的滤波器系数向量，$e[n]$ 是期望信号和滤波器输出信号之间差。自适应算法通过调整 $\boldsymbol{w}[n]$ 使误差信号 $e[n]$ 在某种准则下最小。因此，自适应滤波器的自动调整功能，是基于期望响应 $d[n]$ 和滤波器输入信号 $x[n]$ 的统计特性的。也就是自动调节自己，以适应由这些信号所表征的“信号环境”。一旦环境发生变化，滤波器就可以产生一系列新的系数，来适应新环境的特性。

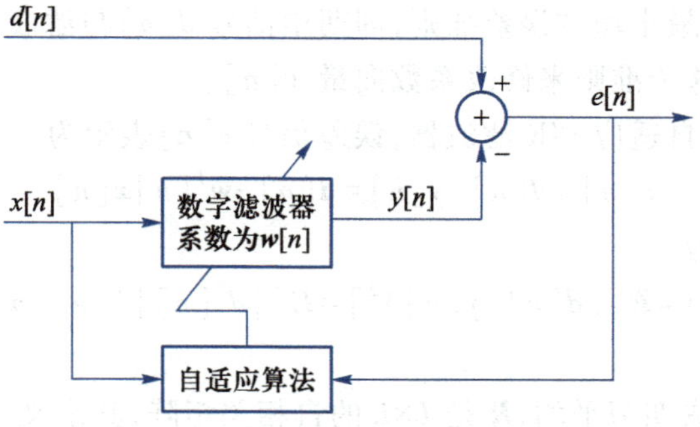


图 10.2-2 自适应滤波器的一般形式

图 10.2-2 中数字滤波器的结构可以是 IIR 结构,也可以是 FIR 结构。尽管 IIR 结构的滤波器能够以很小的复杂度实现和 FIR 滤波器相同的功能,但在实际应用中一般都采用 FIR 结构。其主要原因是,FIR 结构的自适应技术实现更容易,其权系数的修正就是滤波器性能的调整。同时,FIR 结构滤波器是绝对稳定的,因而对系数量化误差具有更好的容错能力,也更适合实时嵌入式应用。对于 IIR 滤波器,在自适应处理过程中,由于有限字长效应或其他因素的影响,系统的极点有可能移到单位圆上或移出单位圆外,使滤波器不稳定。使用 FIR 作为自适应滤波器的结构,并不会影响它的应用范围。因为一个稳定的 IIR 滤波器总可以用足够多阶的 FIR 滤波器来近似代替。

横截型结构是在大多数应用情况下所采用的最主要的自适应滤波器结构,如图 10.2-3 所示。为了简单起见,假设图中输入信号向量 $\boldsymbol{x}[n]$ 和滤波器系数向量 $\boldsymbol{w}[n]$ 都是实数信号,滤波器的长度为 $L$。

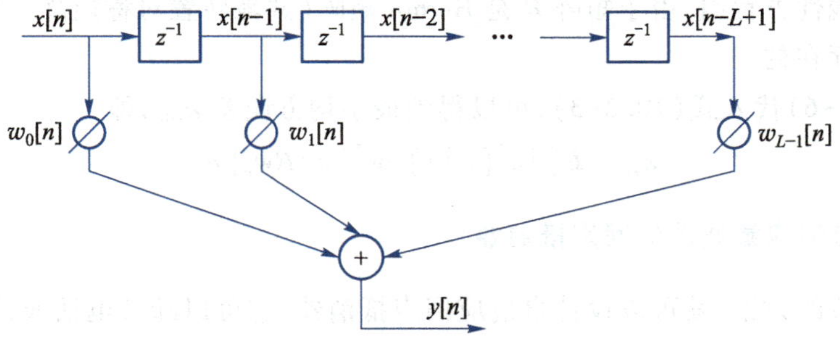


图 10.2-3 横截型自适应 FIR 滤波器

滤波器的输出 $y[n]$ 表示为

$$y[n]=\sum_{i=0}^{L-1}w_i[n]x[n-i]=\boldsymbol{w}^{\mathrm{T}}[n]\boldsymbol{x}[n] \tag{10.2-1}$$

其中,滤波器系数向量 $\boldsymbol{w}[n]=[w_0[n],w_1[n],\cdots,w_{L-1}[n]]^{\mathrm{T}}$,信号向量 $\boldsymbol{x}[n]=[x[n],x[n-1],\cdots,x[n-L+1]]^{\mathrm{T}}$。由表达式可知,$y[n]$ 是两个向量的内积运算,即把 $\boldsymbol{x}[n]$ 和 $\boldsymbol{w}[n]$ 相卷积。

### 2. 自适应滤波器的算法

自适应滤波器的另一个关键组成部分是自适应算法。自适应算法是根据某种准则来设计的。最常用的准则是最小均方误差准则，即期望信号 $d[n]$ 与滤波器输出 $y[n]$ 之差 $e[n]$ 的平方值最小，并根据这个准则来修改系数向量 $\boldsymbol{w}[n]$。

对于横截型结构的自适应 FIR 滤波器，误差信号 $e[n]$ 表示为

$$e[n]=d[n]-y[n]=d[n]-\boldsymbol{w}^{\mathrm{T}}[n]\boldsymbol{x}[n] \tag{10.2-2}$$

对应的均方误差 $\varepsilon[n]$ 为

$$\varepsilon[n]=\boldsymbol{E}[\,|e^2[n]|\,]=\boldsymbol{E}[(d[n]-y[n])^2]=\boldsymbol{E}[\,|d^2[n]|\,]+\boldsymbol{w}^{\mathrm{T}}[n]\boldsymbol{R}\boldsymbol{w}[n]-2\boldsymbol{w}^{\mathrm{T}}[n]\boldsymbol{p} \tag{10.2-3}$$

其中，符号 $\boldsymbol{E}[\cdot]$ 代表取期望平均，$\boldsymbol{R}$ 是 $L\times L$ 的自相关矩阵，其定义式如下

$$\boldsymbol{R}=\boldsymbol{E}[\boldsymbol{x}[n]\boldsymbol{x}^{\mathrm{T}}[n]]=\begin{bmatrix} r_x[0] & r_x[1] & \cdots & r_x[L-1] \\ r_x[1] & r_x[0] & \cdots & r_x[L-2] \\ \vdots & \vdots & & \vdots \\ r_x[L-1] & r_x[L-2] & \cdots & r_x[0] \end{bmatrix} \tag{10.2-4}$$

其中，矩阵 $\boldsymbol{R}$ 的元素 $r_x[k], k=0,1,\cdots,L-1$，是由 $r_x[k]=\boldsymbol{E}[x[n]x[n-k]]$ 定义的自相关函数。另外，$\boldsymbol{p}$ 是 $L\times 1$ 的向量，代表期望信号 $d[n]$ 和输入信号向量 $\boldsymbol{x}[n]$ 之间的相关性，其定义为

$$\boldsymbol{p}=\boldsymbol{E}[d[n]\boldsymbol{x}[n]]=[r_{dx}[0]\quad r_{dx}[1]\quad\cdots\quad r_{dx}[L-1]]^{\mathrm{T}} \tag{10.2-5}$$

同样地，$r_{dx}[k], k=0,1,\cdots,L-1$，是由 $r_{dx}[k]=\boldsymbol{E}[d[n]x[n-k]]$ 定义的互相关函数。

在均方误差 $\varepsilon$ 达到最小时，得到的最佳权向量 $\boldsymbol{w}_{\mathrm{o}}[n]$ 应该满足如下的偏微分方程

$$\left.\frac{\partial\varepsilon}{\partial\boldsymbol{w}[n]}\right|_{\boldsymbol{w}_{\mathrm{o}}[n]}=0\Rightarrow\boldsymbol{w}_{\mathrm{o}}[n]=\boldsymbol{R}^{-1}\boldsymbol{p} \tag{10.2-6}$$

这是一个线性方程组，由于矩阵 $\boldsymbol{R}$ 是 Hermit 矩阵（共轭转置对称矩阵），因此，其逆矩阵一般情况下是存在的。

把式(10.2-6)代入式(10.2-3)，可以得到最小均方误差 $\varepsilon_{\min}$，即

$$\varepsilon_{\min}=\boldsymbol{E}[\,|d^2[n]|\,]-\boldsymbol{w}_{\mathrm{o}}^{\mathrm{T}}[n]\boldsymbol{R}\boldsymbol{w}_{\mathrm{o}}[n] \tag{10.2-7}$$

### 10.2.2 基于自适应滤波器的回声抵消器

基于上一节的讨论，就可以设计自适应回声抵消器，它可以随着电话通信环境和系统话路传输条件的变化而自适应地调整滤波器系数，完成回声抵消的任务。

图 10.2-4 所示为自适应回声抵消器的框图，它相当于一个自适应系统识别器。图中回声传输系统 $h[n]$ 会随时间和环境改变，自适应滤波器的目的是与 $h[n]$ 同步，使滤波器的输出 $\hat{d}[n]$ 和 $d[n]$ 的差 $e[n]$ 在某种准则下最小。这里的 $d[n]$ 为目标信号，它由训练信号 $x[n]$ 经过 $h[n]$ 而得，即 $d[n]=x[n]*h[n]$，相当于传声器采集到的回声。当自适应滤波器与回声传输系统 $h[n]$ 同步后，其输出 $\hat{d}[n]$ 将非常接近回声 $d[n]$。那么，正常通话时，自适应滤波器能够在本地模拟出回声信号 $\hat{d}[n]$，从传声器采集的信号中减去 $\hat{d}[n]$ 就达到了回声抵消的目的（等价于减去回声 $d[n]$）。

当外部环境发生变化后，重复以上训练过程，图中的自适应滤波器的系数就能进行相应的调整，重新和回声传输系统同步。若训练信号 $x[n]$ 的频率成分比较丰富，如白噪声等，自

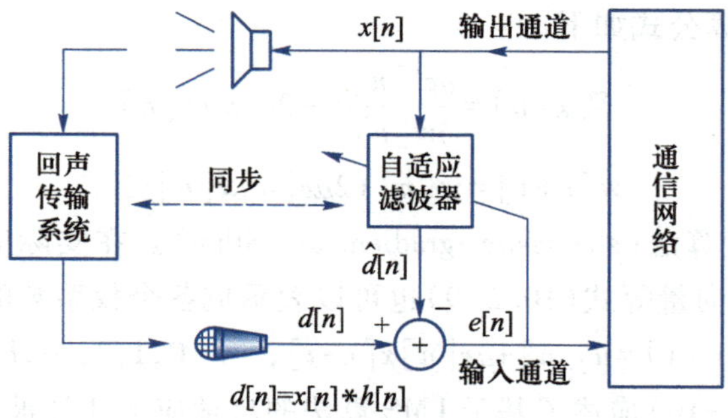


图 10.2-4 自适应回声抵消器框图

适应滤波器就可以很好地收敛到回声传输系统。

滤波器系数向量 $\boldsymbol{w}[n]$ 的计算方法如式(10.2-6)所示。容易想到的实现方法是,把输入信号的采样值分成长度相同的段,每段称为一帧,再求出 $\boldsymbol{R}$ 和 $\boldsymbol{p}$ 的估计值,根据式(10.2-6)采用直接矩阵求逆(DMI,direct matrix inversion)算法得到 $\boldsymbol{w}_o[n]$。这种方法的缺点是,矩阵操作需要的运算量很大,对于一些在线或者实时应用的场合,无法满足其时间要求,以得到每帧的最佳系数向量。

更为高效的算法是采用逐点迭代调整滤波系数的方法,只要有新的采样数据到来,算法就会进行新一轮的迭代,更新权向量。下面主要介绍这种权向量更新方法中最简单的 LMS (least mean square)算法,它是一种基于最陡下降法的迭代方法,能够对时变的信号特性进行跟踪。

### 10.2.3 LMS 算法

#### 1. 标准 LMS 算法

一般来说,在由滤波器系数构成的一个 $L+1$ 维的坐标系中,由式(10.2-3)定义的均方误差曲面是一个碗状的曲面,它有一个唯一的最低点,对应最小均方误差 $\varepsilon_{\min}$。此点仅在滤波器具有最佳的系数向量时获得。这个性能曲面始终是正的,并且开口向上。递归自适应算法,就是在该性能曲面上寻找最低点的过程。因为均方误差 $\varepsilon$ 的梯度方向是其增长最快的方向,反过来,负的梯度方向即是 $\varepsilon$ 减小最快的方向。这就是最陡下降法的基本原理。

最陡下降法,就是通过在 $n$ 时刻的系数向量 $\boldsymbol{w}[n]$ 上,叠加一个均方误差 $\varepsilon$ 在 $n$ 时刻的加权负梯度值,来更新 $n+1$ 时刻的滤波器权向量 $\boldsymbol{w}[n+1]$,即

$$\boldsymbol{w}[n+1]=\boldsymbol{w}[n]-\mu\nabla_{\boldsymbol{w}}\varepsilon[n] \tag{10.2-8}$$

其中,$\mu$ 为步长因子或收敛因子,决定算法的稳定性和收敛速度;$\nabla_{\boldsymbol{w}}\varepsilon[n]$ 为均方误差的梯度。

梯度 $\nabla_{\boldsymbol{w}}\varepsilon[n]$ 的计算,需要由式(10.2-3)定义的均方误差的精确估计值,并且要求输入信号是平稳的。这一过程需要进行大量的计算和消耗大量的存储空间,而得到的结构却仍然可能是不准确的。其原因在于,实际应用中只能得到有限的输入数据。Widrow(维德罗)提出了一种改进的方法,即 LMS 算法,使用误差信号的瞬时平均值 $\varepsilon_I=e^2[n]$,作为均方误差的估计值,从而简化了求梯度的过程。

因此,LMS 算法是对最陡下降法的一种近似,利用单个输入样本值在性能面上寻求最

佳的权向量,算法的计算公式如下

$$\begin{aligned}\nabla_{w}\varepsilon[n]&=\frac{\partial e^{2}[n]}{\partial \boldsymbol{w}[n]}=-2e[n]\boldsymbol{x}[n]\\ \boldsymbol{w}[n+1]&=\boldsymbol{w}[n]+2\mu e[n]\boldsymbol{x}[n]\end{aligned} \tag{10.2-9}$$

该算法也称为随机梯度算法(stochastic-gradient algorithm)。在实际应用中,通常用$\mu$来代替常数因子$2\mu$。并且,向量等式(10.2-9)也可以表示成各个权系数的标量等式,即

$$w_{i}[n+1]=w_{i}[n]+\mu e[n]x[n-i],\quad i=0,1,2,\cdots,L-1 \tag{10.2-10}$$

式(10.2-9)和式(10.2-10)描述了基于LMS算法的自适应FIR滤波器的工作过程。

无论从运算复杂度方面还是从存储量方面来说,LMS算法都是非常高效的自适应算法。以运算复杂度为例,LMS算法仅需要$2L$次乘法和加法,其复杂度比其他自适应算法(如卡尔曼滤波算法(kalman)、递归最小二乘算法(RLS)等)要小得多。并且,LMS算法的另一个优点是它没有计算稳定性问题,而这是其他两种高级算法无法回避的问题。因此,LMS算法是目前应用最广泛的自适应算法,这一点在与定点硬件平台相关的工程实例中体现得尤为突出。

在标准LMS算法的基础上,研究人员提出了一系列改进的LMS算法,要么收敛速度更快,要么实现更为简单,要么具有更好的鲁棒性。下面简单进行介绍。

**2. 归一化 LMS 算法**

自适应滤波器的稳定性、收敛速度及自适应处理过程的抖动,都是由步长因子$\mu$和输入信号的功率来控制的。在很多实际应用中,需要对LMS算法的输入信号设置自动增益控制(AGC,automatic gain control)功能,来控制输入信号功率变化对算法收敛性的影响。在此基础上,研究人员提出了归一化LMS算法,即NLMS算法(normalized least mean square algorithm)。

LMS算法是否稳定,是由其最大步长因子决定的。应确保LMS算法稳定的最大步长因子,与滤波器的长度$L$和输入信号$x[n]$的功率成反比。NLMS算法可以在使收敛速度最优化的同时,保证输入信号功率的独立性。NLMS算法用公式可以表示为

$$\boldsymbol{w}[n+1]=\boldsymbol{w}[n]+\mu[n]e[n]\boldsymbol{x}[n] \tag{10.2-11}$$

其中,$\mu[n]$是时变步长因子,被滤波器的长度$L$和输入信号$x[n]$的功率归一化。动态的步长因子的计算公式如下

$$\mu[n]=\frac{\alpha}{L\hat{P}_{x}[n]} \tag{10.2-12}$$

其中,$\alpha$是常数,$\hat{P}_{x}[n]$是输入信号在$n$时刻的功率估计值,可以使用简单的递归算法来逐点更新,即

$$\hat{P}_{x}[n]=(1-\beta)\hat{P}_{x}[n-1]+\beta x^{2}[n] \tag{10.2-13}$$

其中,$\beta$是小于1的平滑因子。一般情况下,取$\beta=1/L$,即滑动平均滤波器阶数的倒数。

当输入信号的功率过小甚至为零时,$\hat{P}_{x}[n]$会很小,导致归一化的步长因子$\mu[n]$非常大,甚至无穷大。因此,在实际应用中,经常采用软件的方法加以限制,这将在下面的章节中介绍。

### 3. 泄漏 LMS 算法

如果 LMS 算法训练信号的频谱成分比较单一，可能造成自适应算法不收敛。除此之外，有限字长效应也可能导致不受约束的滤波器系数无限制地增长，从而在系数更新过程中造成溢出。对于实时的信号处理来说，这些潜在的稳定性问题也是有害的。

在滤波器系数更新的过程中，使用泄漏机制(leaky mechanism)可以避免这种不收敛问题，相关的 LMS 算法，就称为泄漏 LMS 算法，即 LLMS 算法(leaky least mean square algorithm)。

LLMS 算法可以表示为

$$\boldsymbol{w}[n+1]=v\boldsymbol{w}[n]+\mu e[n]\boldsymbol{x}[n] \tag{10.2-14}$$

其中，$v$ 是泄漏因子，又叫遗忘因子，$0\ll v<1$。

可以证明，泄漏操作相当于在滤波器系数中加入很小的白噪声。这种方法会导致自适应滤波器性能的轻微下降。

一般情况下，泄漏因子的值由设计者根据实验分析的结果决定，需要设计者在自适应算法的鲁棒性和性能之间进行折中。如果是在定点硬件平台上实现，滤波器系数和泄漏因子 $v$ 之间的乘法，可能引入额外的舍入误差。因此，在实际的设计过程中，必须综合考虑泄漏的影响，以决定滤波器系数和内部数据所需要的字长。

### 4. 符号 LMS 算法

在某些应用中，可以对标准的 LMS 算法进行简化，进一步减少算法所需要的乘法次数。这些简化的算法，统称为符号 LMS 算法，即 SLMS 算法(signed least mean square algorithm)。它们比标准 LMS 算法简单，代价是收敛速度较慢。

在前面的章节中，使用瞬时误差的平方 $e^2[n]$ 来代替式(10.2-3)定义的均方误差。类似地，在 SLMS 算法中，使用瞬时误差的绝对值来代替均方误差，得到符号-误差 LMS 算法，即 SELMS 算法(sign error least mean square algorithm)。

SELMS 算法定义

$$\hat{\varepsilon}=|e(n)| \tag{10.2-15}$$

采用前面介绍的、类似于 LMS 算法的迭代方法，可以推得 SELMS 算法迭代公式如下

$$\boldsymbol{w}[n+1]=\boldsymbol{w}[n]+\mu\boldsymbol{x}[n]\operatorname{sgn}\{e[n]\} \tag{10.2-16}$$

其中，符号函数 $\operatorname{sgn}\{e[n]\}$ 定义为

$$\operatorname{sgn}\{e[n]\}=\begin{cases}1, & e[n]>0\\ 0, & e[n]=0\\ -1, & e[n]<0\end{cases} \tag{10.2-17}$$

这种简单的符号操作，相当于对误差信号 $e[n]$ 进行非常粗略的量化。

注意，如果 $\mu$ 为 2 的负幂，则 $\mu\boldsymbol{x}[n]$ 可以通过简单的右移操作来实现。因此，在算法的实现中就完全不需要乘法运算，取而代之的是在每次迭代过程中的 if-else 判决。对于常数步长因子 $\mu$，SELMS 运算量降低的代价是收敛速度更慢。

类似地，除了对误差信号 $e[n]$ 进行符号操作外，也可以对式(10.2-9)中的 $\boldsymbol{x}[n]$ 进行符号操作，因此就产生了符号-数据 LMS 算法，即 SDLMS 算法(sign data least mean square algorithm)。其迭代公式如下

$$\boldsymbol{w}[n+1]=\boldsymbol{w}[n]+\mu e[n]\operatorname{sgn}\{\boldsymbol{x}[n]\} \tag{10.2-18}$$

同样,$\mu e[n]$的计算可以通过右移 $e[n]$的二进制形式来实现。

在基于定点硬件平台(如 DSP 处理器)的实现过程中,LMS 算法的条件判断操作比乘法运算需要更多的指令周期。在自适应调整系数的过程中,为了确定 $x[n-i],i=0,1,\cdots,L-1$ 的符号,需要 $L$ 条条件转移指令,因此,SDLMS 算法的数据吞吐率比 SELMS 要小,其收敛速度也比标准的 LMS 算法慢。

最后,可以同时对 $e[n]$和 $\boldsymbol{x}[n]$进行符号操作,从而产生了符号-符号 LMS 算法,即 SS-LMS 算法(sign sign least mean square algorithm)。其迭代公式可以表示为

$$\boldsymbol{w}[n+1]=\boldsymbol{w}[n]+\mu\operatorname{sgn}\{e[n]\}\operatorname{sgn}\{\boldsymbol{x}[n]\} \tag{10.2-19}$$

从上面的等式中可以看出,SSLMS 算法不需要任何乘法操作。这种简单的 LMS 算法,常用于基于 VLSI 和 ASIC 的实现中以减少乘法运算量。

另一方面,如果 DSP 处理器具有流水线结构和并行硬件乘法器,当 SSLMS 算法在这类 DSP 处理器上实现时,其符号判决的过程中断了指令流水线,严重地降低了算法的实现速度,从而导致了 SSLMS 算法在 DSP 处理器上的实现速度比标准的 LMS 算法更慢,数据吞吐率也更小。

**5. 延迟 LMS 算法**

LMS 算法通常应用于自适应 FIR 滤波中。正如式(10.2-2)和式(10.2-9)所描述的那样,滤波器输出 $y[n]$与期望信号 $d[n]$相减,得到误差信号 $e[n]$,用作下一次迭代时更新滤波器的系数。然而,在一些实际的应用中,期望信号和误差信号需要几个样本点间隔之后才能得到。另外,利用流水线结构实现自适应滤波时,计算的延迟是无法避免的问题。因此,在这些应用中,LMS 算法就有一定的延迟。

延迟的 LMS 算法,即 DLMS 算法(delayed least mean square algorithm)的迭代公式如下

$$\begin{aligned}
y[n-\Delta]&=\boldsymbol{w}^{\mathrm{T}}[n-\Delta]\boldsymbol{x}[n-\Delta]\\
e[n-\Delta]&=d[n-\Delta]-y[n-\Delta]\\
\boldsymbol{w}[n+1]&=\boldsymbol{w}[n]+\mu e[n-\Delta]\boldsymbol{x}[n-\Delta]
\end{aligned} \tag{10.2-20}$$

在 DLMS 算法中,尽管系数的更新过程被延迟了,但对 LMS 算法稳定性的影响很小。在具有流水线结构的 DSP 处理器上实现自适应 FIR 滤波器时,延迟量为 $\Delta=1$ 的 DLMS 算法得到广泛应用。

### 10.2.4 LMS 算法的性质

当 LMS 算法达到它的最小均方误差时,自适应过程就完成了。此时滤波器的系数已经收敛到式(10.2-6)定义的最佳解。因此,自适应滤波器的输出,非常接近于期望信号。当输入信号的特性随着时变的外部环境变化时,自适应滤波器通过产生一系列新的系数,来跟踪变化的新环境。下面讨论 LMS 算法的一些重要性质。

在具体的应用中,为了设计和实现自适应滤波器,必须首先确定一些参数的值。例如,步长因子 $\mu$、滤波器的阶数 $L$ 及初始的系数向量 $\boldsymbol{w}[0]$。为了正确选择这些参数,必须了解 LMS 算法的一些重要性质。

### 1. 稳定条件

正如前面所讨论的,自适应 FIR 滤波器仅有一个可调整的梯度零点,但是,却不能就此认为,自适应 FIR 滤波器始终和固定系数的 FIR 滤波器一样稳定。实际上,自适应滤波器的稳定性,取决于调整其自身系数的自适应算法。当且仅当步长因子 $\mu$ 满足稳定条件时,才能保证从任意的初始向量 $\boldsymbol{w}[0]$ 开始,权向量 $\boldsymbol{w}[n]$ 都能收敛于由式(10.2-6)定义的最佳解。所谓稳定条件,就是

$$0<\mu<\frac{1}{\lambda_{\max}} \tag{10.2-21}$$

其中,$\lambda_{\max}$ 是信号相关矩阵 $\boldsymbol{R}$ 的最大特征值。

在算法的设计阶段,由于没有真实的输入数据,难以确定最大特征值 $\lambda_{\max}$ 的具体数值。这一问题可以通过寻求 $\lambda_{\max}$ 上界来解决。因为 $\boldsymbol{R}$ 是一个自相关矩阵,且具有 Hermit 性质,所以,其特征值都是非负的。在此基础上,可以认为 $\lambda_{\max}$ 的上界就是相关矩阵 $\boldsymbol{R}$ 的迹(trace,即所有特征值之和),即 $LP_x$。其中,$P_x$ 是输入信号 $x[n]$ 的功率,$L$ 是滤波器的阶数。因此,对于 LMS 算法的一种简单易行的稳定条件是

$$0<\mu<\frac{1}{LP_x} \tag{10.2-22}$$

从上面的等式可以看出,步长因子 $\mu$ 的大小与滤波器的阶数 $L$ 和输入信号的功率 $P_x$ 成反比。其中,$P_x$ 可以利用式(10.2-13)递归地估计得到。因此,利用功率估计得到的归一化的步长因子 $\mu$,可以使由式(10.2-12)定义的 NLMS 算法具有更好的稳健性。

### 2. 收敛速度

自适应算法要求在输入信号统计特性发生变化时,及时地进行调整以跟踪这种变化。所谓自适应,就是不断地跟踪信号和环境的过程。因此,对于许多自适应信号处理的工程应用来说,最重要的考虑因素就是其收敛速度。

当均方误差 MSE 达到它的最小值时,才可以说算法是收敛的。算法的平均收敛时间可以由下式估计得到,即

$$T_{\mathrm{MSE}}=\frac{1}{\mu\lambda_{\min}} \tag{10.2-23}$$

其中,$\lambda_{\min}$ 是信号相关矩阵 $\boldsymbol{R}$ 的最小特征值。式(10.2-23)表明,算法收敛过程所需要的时间与步长因子 $\mu$ 成反比。同时,从式(10.2-21)中也可以看到,由于算法稳定性条件的限制,不能为了提高收敛速度而取任意大的步长因子。

把式(10.2-21)定义的步长因子的上限,代入式(10.2-23)中,可以得到

$$T_{\mathrm{MSE}}>\frac{\lambda_{\max}}{\lambda_{\min}} \tag{10.2-24}$$

其中,$\lambda_{\max}/\lambda_{\min}$ 称为矩阵 $\boldsymbol{R}$ 的特征值的分散程度。

因此,LMS 算法的收敛速度,实际上主要取决于输入信号的特性;而特征值的分散程度,可以通过输入信号的最大和最小谱幅度的比率来估计。对于具有相对平坦的幅频特性的信号来说,如白噪声,它们可以得到很快的收敛速度。然而,对于其他一些信号,如语音信号等,由于它们含有一些功率差异比较大的信号成分,使得其特征值比较分散,从而导致算

法的收敛速度比较慢。

LMS 算法可以跟踪特性随时间变化较慢的信号。在这种情况下，LMS 算法始终朝着最小的均方误差的方向移动。但是，因为收敛速度较慢，它的跟踪过程可能会滞后。随着步长因子 $\mu$ 的增大，收敛速度开始提高，这种滞后误差会相应减小。

### 3. 稳态性能

在理想情况下，即没有噪声并且均方误差函数的准确梯度值可知，自适应算法可以收敛到最小的均方误差点，并且一直保持在那里，因为该点对应的梯度值为零，即滤波器系数向量迭代公式中的校正值为零。但是，在实际应用中，LMS 算法利用梯度的估计值即式(10.2-9)来代替真实的梯度值。由于梯度的估计值是一随机量，其在最小均方误差处不一定为零，从而导致权向量在最佳值附近随机起伏。这一由算法引入的误差，就会使自适应滤波器在稳定状态(steady state)产生额外的噪声。因此，需要引入剩余均方误差，记为 excess MSE，来描述 LMS 算法稳定状态的性能。它定义为算法收敛后，其均方误差相对于最小均方误差的平均增加量。

剩余均方误差可由下式估计得到，即

$$\text{excess MSE} = \mu L P_x \varepsilon_{\min} \tag{10.2-25}$$

其中，$\varepsilon_{\min}$ 为 LMS 算法稳定状态最优解对应的最小均方误差。

剩余均方误差对最小均方误差的归一化值称为失调。式(10.2-25)表明，算法噪声与步长因子 $\mu$ 及滤波器的长度 $L$ 成正比。同时，式(10.2-22)和(10.2-25)也清楚地指出，步长因子 $\mu$ 必随着自适应滤波器长度 $L$ 的增加而成比例地减小。因此，若设计的滤波器的长度比实际需要的长度大，不仅会造成更高的成本，同时，由于 $L$ 的增加使得原来选定的 $\mu$ 不再满足式(10.2-22)，这还会导致算法不收敛和引入更大的失调噪声。

如果外部环境不随时间改变，自适应滤波器的目标就是收敛到最佳权系数向量，从而使滤波器具有最佳的性能。为了得到更高的稳态性能，需要 $\mu$ 值越小越好。然而遗憾的是，如式(10.2-23)所示，小的 $\mu$ 值会导致较慢的收敛速度。如果外部环境是时变的，自适应滤波器更应该利用大的 $\mu$ 值来不断地调整它的系数，以跟踪外部环境的变化。

### 4. 有限字长效应的影响

对于自适应滤波器，输出的动态范围由时变的滤波器系数决定，在设计阶段无法预知。另外，误差信号 $e[n]$ 的反馈，也使得为防止溢出而进行的信号缩放方案更加复杂。

一般情况下，减小期望信号 $d[n]$ 的幅度，可以降低滤波器对增益的要求，因而也就减小了滤波器系数的值。对期望信号 $d[n]$ 进行缩放，等效于缩放滤波器的输出和系数。注意，在通常情况下，小于 1 的缩放因子 $\alpha$ 不能太小。由于缩放操作只对期望信号 $d[n]$ 进行，所以此操作不会影响算法的收敛速度，后者取决于输入信号 $x[n]$ 的特性。另一种避免系数溢出的方法是泄漏 LMS 算法 LLMS。

在定点运算中，有些操作会引起数据位数的增加。例如，一个 16 位×16 位的定点乘法运算将产生一个 32 位的结果。为了保证结果的正确性，需要保存这个 32 位的结果。但是，为了数据格式的统一，往往需要对其进行截断，只保留高 16 位，这就引入了舍入误差，产生了精度损失。考虑有限精度效应的 LMS 算法用公式表示为

$$
\begin{aligned}
&y[n]=Q\left[\sum_{i=0}^{L-1} w_i[n]x[n-i]\right] \\
&e[n]=Q[\alpha d[n]]-y[n] \\
&w_i[n+1]=w_i[n]+Q[\mu e[n]x[n-i]],\quad i=0,1,2,\cdots,L-1
\end{aligned}
\tag{10.2-26}
$$

其中，函数 $Q[x]$ 代表对 $x$ 进行量化或舍入操作。

当使用式(10.2-26)计算滤波器的输出 $y[n]$ 时，可以利用一个带双精度累加器的乘-累加单元，从而避免中间舍入误差。在这种情况下，舍入误差仅在最后一步产生，即把最后的累加结果截断成单精度的数据并存储到存储器中的过程。在根据式(10.2-26)更新滤波器的权系数 $w_i[n+1]$ 时，更新校正值 $\mu e[n]x[n-i]$ 的计算结果，同样是一个双精度数，因而也需要把它截断成单精度数，并累加到上一时刻的权系数值 $w_i[n]$ 上。

最后输出的总的均方误差可写成

$$
\varepsilon=\varepsilon_{\min}+\mu LP_x\varepsilon_{\min}+\frac{1}{\alpha^2}[\|w_o\|^2+k]\sigma_e^2+\frac{L\sigma_e^2}{\alpha^2\mu}
\tag{10.2-27}
$$

其中，$\sigma_e^2$ 是量化噪声的方差。式(10.2-27)中的第 2 项是剩余均方误差，它与步长因子 $\mu$ 成正比。式中第 3 项是由量化噪声引起的，它包括两部分：对输入矢量的量化误差和对滤波器输出的量化误差。其中，$k$ 代表式(10.2-26)进行舍入操作的次数，对于大多数的定点 DSP 芯片处理器，由于其内部有双精度的累加器，所以通常 $k=1$。

对于定点计算来说，式(10.2-27)定义的有限精度误差，主要由最后一项决定，它反映了系数向量量化过程中产生的误差，且与步长因子 $\mu$ 成反比。因此，尽管剩余均方误差与步长因子成正比，但整个舍入误差的功率与步长因子成反比。虽然一个小的 $\mu$ 值可以减小剩余均方误差，但是却有可能导致大的量化误差。因此，在选取步长因子 $\mu$ 的过程中，必须在两个相矛盾的目标之间做出一个折中的选择。

在选取步长因子 $\mu$ 时，还需要考虑一个重要的因素。从式(10.2-27)中可以看出，LMS 算法通过加上一个校正值，即 $Q[\mu e[n]x[n-i]]$，来更新当前时刻系数向量。正如前面的章节所讨论的，自适应算法的最终目标就是使误差 $e[n]$ 最小。也就是说，在算法收敛过程中，误差信号需要逐渐地减小。但是，更新过程中的某些点，随着误差信号变得越来越小，校正量 $Q[\mu e[n]x[n-i]]$ 可能被舍入到零。由算法迭代公式可以看出，在这些点上，滤波器的自适应调整过程实际上是停止的。因此，对校正值的舍入有可能阻止权向量达到它的最佳解。这种现象称为“停转(stalling)”或者“死锁(lock up)”。解决这一问题的一种有效方法，就是增大步长因子。

为了稳定地实现 LMS 算法，可以考虑使用泄漏 LMS 算法 LLMS，以减小在滤波器权系数中累积的数字误差。LLMS 算法在最小化均方误差和限制自适应滤波器的系数值之间进行折中，可以有效地防止溢出。并且，LLMS 算法通过在系数向量上加入一个很小的随机噪声，使得算法的死锁效应大大减小。

### 10.2.5 课程设计

课程设计一：

在室内通话环境中，图 10.2-4 所示的回声传输系统函数就是房间冲激响应。图 10.2-5

为一个典型的房间冲激响应的例子（文件 Imp. dat），将传声器输出信号与该冲激响应进行卷积即产生了回声。试针对该房间冲激响应，设计一个自适应回声抵消器，以消除通话过程中产生的回声，完成 MATLAB 仿真并对结果进行比较分析。

源代码：
文件 Imp. dat

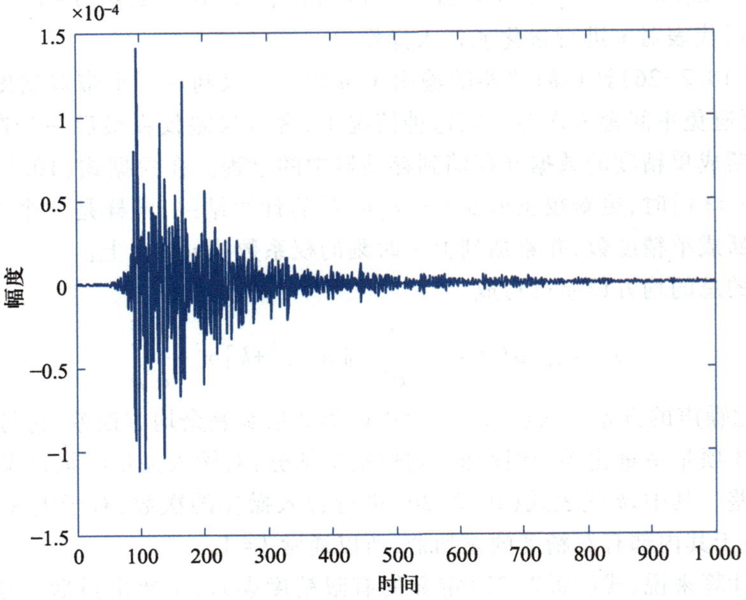


图 10.2-5 房间冲激响应的例子

要求：

（1）产生训练信号，模拟回声产生的过程；

（2）设计 $L=1000$ 阶的自适应滤波器并利用标准 LMS 算法求解，使自适应滤波器的传输函数与房间冲激响应同步；

（3）对该自适应滤波器进行测试，看是否能消除回声；

（4）改变滤波器的阶数 $L$，重复以上过程，比较滤波器阶数对回声抵消性能的影响，并分析其中的原因；

（5）使用 10.2.3 节中介绍的其他 LMS 算法来实现自适应回声抵消器，从计算复杂度、实现难易程度、收敛速度、稳态性能等方面来比较各种算法的性能，看与前面的分析是否一致，如果不一致，试分析原因；

（6）考虑自适应回声抵消过程中的有限字长效应，分别使用 Q15 和 Q7 格式对滤波器系数、步长因子、中间结果和输入信号进行量化，比较不同字长对自适应回声抵消器性能的影响；

（7）选择不同类型的训练信号，如白噪声、音乐、话音和单频正弦信号等，分析不同训练信号对自适应回声抵消器性能的影响，并分析其中的原因。

课程设计二：

自行设计一个需要使用自适应滤波技术的场景，选择合适的最优准则并设计相应的自适应滤波算法，完成滤波器设计和系数更新，并进行仿真测试和结果分析。

## 10.3 数字音频均衡器

音频均衡器(audio signals equalizer)由一系列可调节的滤波器组成,用来改变音频信号的频谱形状,从而实现各种音频输出效果。音频均衡器的应用十分广泛,如录音棚的音乐制作、公共演讲时的声音增强、电台广播、各种音效模拟等。

早期的音频均衡是通过模拟滤波器来实现的。由于数字信号处理在灵活性、稳定性、实现难易程度等方面的优势,音频均衡器也呈现出数字化的趋势,即以数字滤波器来代替传统的模拟滤波器,实现数字音频信号的均衡。数字均衡器的应用已经相当普遍,例如,目前主流的音频播放软件中都自带数字音频均衡器,在音乐播放时模拟诸多场景下的效果,如演唱会现场、舞会、俱乐部、酒吧、音乐大厅、摇滚等。

### 10.3.1 数字音频均衡器的滤波器类型

一个标准的数字音频均衡器由一系列数字滤波器组成,这些数字滤波器应该覆盖整个音频频段(20 Hz~20 kHz),并且能够调节各个频段的响应。音频均衡器通过结合这些滤波器的作用,完成各种均衡任务。根据在音频均衡过程中所起的作用不同,这些滤波器主要分为 3 类:bell filter(钟形滤波器),shelf filter(搁架式滤波器)和 pass filter(通滤波器)。下面分别进行介绍。

**1. bell filter**

bell filter 主要用来对某些特定的频率成分进行放大或衰减。bell filter 是一个带通滤波器,通常其增益、品质因数 $Q$ 和中心频率可调节,其中,品质因数 $Q$ 定义为中心频率和滤波器带宽的比值,$Q$ 值越小可调整的带宽越大。

图 10.3-1 所示为一组 bell filter 的幅频响应特性曲线。一般而言,bell filter 的中心频率在语音频率范围内,即 20 Hz~20 kHz;品质因数 $Q$ 值在 0.5~3 之间变化;增益在 -15 dB~+15 dB 之间变化。

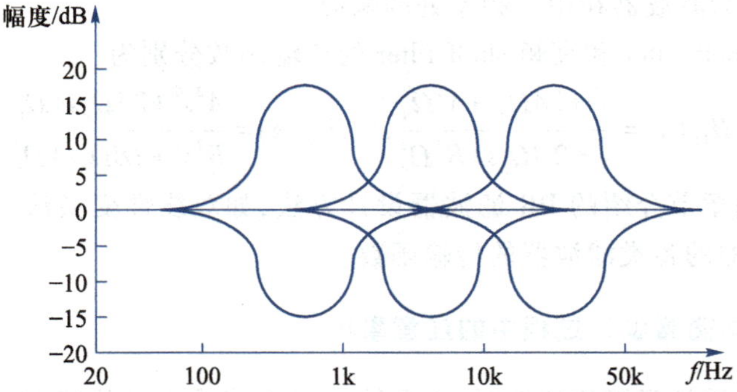


图 10.3-1 一组 bell filter 的幅频响应特性曲线

**2. shelf filter**

shelf filter 主要用来对某一个频段的频率成分进行放大或衰减。常用的 shelf filter 主要分为低频 shelf filter 和高频 shelf filter。低频 shelf filter 对低频频段(如 20~500 Hz)的频率成分进行放大或衰减，高频 shelf filter 对高频频段(如 1.6~16 kHz)的频率成分进行放大或衰减。

**3. pass filter**

pass filter 就是具有固定截止频率的低通滤波器或高通滤波器，用来滤除音频频段之外的噪声。

三种滤波器的综合效果如图 10.3-2 所示。

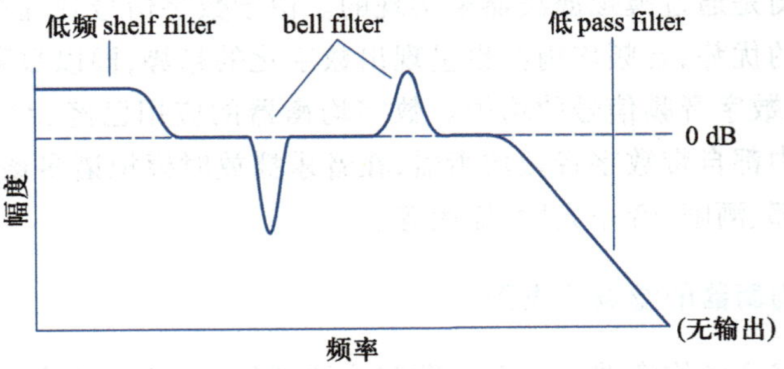


图 10.3-2 音频均衡中常用的三种滤波器

### 10.3.2 数字音频均衡器的实现

按照具体的均衡要求设计和调节音频均衡器中三类滤波器的特性，就可以实现均衡任务。在传统的模拟均衡器中，滤波器参数(如增益、中心频率、$Q$ 值等)的调整是通过可变电阻/电容来实现的。在数字均衡器中，滤波器参数可以通过调整系数来控制。

研究人员通过分析得知，前面提到的 3 类基本滤波器都可以看作是 Butterworth 滤波器。例如，bell filter 的传输函数可以表示为

$$H_{\mathrm{B}}(s)=\frac{s^2+A\Omega_n s+\Omega_n^2}{s^2+B\Omega_n s+\Omega_n^2} \tag{10.3-1}$$

其中，$\Omega_n$ 是滤波器的中心频率。容易发现 $H_{\mathrm{B}}(0)=1$，$H_{\mathrm{B}}(\mathrm{j}\infty)=1$，$H_{\mathrm{B}}(\mathrm{j}\Omega_n)=A/B$，一般取 $A=C/Q$，$B=1/Q$，$C$ 为滤波器在中心频率处的响应。

类似地，低频 shelf filter 和高频 shelf filter 的传输函数分别为

$$H_{\mathrm{LS}}(s)=\frac{s^2+2A\Omega_n s+A^2\Omega_n^2}{s^2+2B\Omega_n s+B^2\Omega_n^2},\quad H_{\mathrm{HS}}(s)=\frac{A^2s^2+2A\Omega_n s+\Omega_n^2}{B^2s^2+2B\Omega_n s+\Omega_n^2} \tag{10.3-2}$$

因此，利用前面章节介绍的 IIR 滤波器设计方法，如双线性变换法，就能很容易地得到用于数字音频均衡器的各类滤波器的传输函数。

### 10.3.3 数字音频均衡器设计过程中的注意事项

在实际应用中，设计音频均衡器时，需要结合声音信号本身的特点和人耳的听觉特性，来调整各类滤波器的性能特性。下面是一些常见的注意事项。

(1) 20~60 Hz，这一段提升能给音乐强有力的感觉，给人很响的感觉，如雷声。但过分提升会使音乐混浊不清，造成清晰度不佳，特别是低频响应差和低频过重的音响。

(2) 60~250 Hz，这段是音乐的低频结构，它们包含了节奏部分的基础音，提升这一段可

使声音丰满，过度提升会发出隆隆声。而衰减这两段会使声音单薄。

（3）250 Hz~2 kHz，这段包含了大多数乐器的低频谐波，如果提升过多会使声音像电话里的声音。如把 600 Hz 和 1 kHz 过度提升会使声音像喇叭的声音。如把 3 kHz 提升过多会掩蔽说话的识别音，即口齿不清，并使唇音“m、b、v”难以分辨。如把 1 kHz 和 3 kHz 过分提升会使声音具有金属感。由于人耳对这一频段比较敏感，通常不调节这一段，过分提升这一段会使听觉疲劳。

（4）4~5 kHz，这段是调节临场感的主要频段。提升这一频段，使人感觉声源与听者的距离显得稍近了一些；衰减 5 kHz 就会使声音的距离感变远。如果在 5 kHz 左右提升 6 dB，则会使整个混合声音的功率提升 3 dB。将 6 kHz 提升 6~7 dB 就像音量提高 3 dB，并且觉得和声源更近，反之音量降低便感觉离声源远。

（5）6~20 kHz，主要影响声音的清晰度和洪亮度。一般来说提升这几段使声音洪亮，但不清晰，同时会引起齿音过重，衰减时声音变得清晰，但声音不洪亮。

### 10.3.4 课程设计

利用前面介绍的数字音频均衡器的知识，自行设计各种效果的均衡器，完成对声音或音乐信号的均衡。

要求：

（1）设计好三类滤波器的参数后，对式（10.3-1）和式（10.3-2）使用双线性变换法，得到对应的数字滤波器，然后对声音或音乐进行均衡，并比较均衡前后的效果；

（2）试使用其他形式的数字均衡滤波器，如基于窗函数法或频率采样法的 FIR 滤波器来完成均衡，分析不同类型的滤波器在均衡应用中的优缺点。

## 10.4 自适应啸叫抑制器

啸叫是使用功放对声音信号进行放大过程中产生的“自激”现象。啸叫的存在严重影响了语音通信的质量。但是，由于啸叫的频率成分相对单一，在实际应用中，可以通过实时检测啸叫，设计相应的陷波器（notch filter）来对其进行抑制。

### 10.4.1 啸叫的产生过程

图 10.4-1 所示为使用功放对声音信号进行放大的应用场景。讲话者的正常声音被传声器采集，输入功放进行放大，放大后的声音通过扬声器输出。但是，由于传声器能够采集其拾音范围内的所有声音，因此，由扬声器输出的放大后的声音也可能被传声器采集到，从而被重新输入到功放中，进一步放大。此时，整个系统相当于进行正反馈，很容易发生“自激”，产生啸叫。

啸叫会给语音通信质量带来严重的影响。但是，只要了解其产生的过程和特性，就可以很容易地对其抑制。一般来说，啸叫信号的频率成分相对单一，主要由一个或几个单频正弦信号组成。基于这一特性，可以通过陷波器来对其进行抑制。

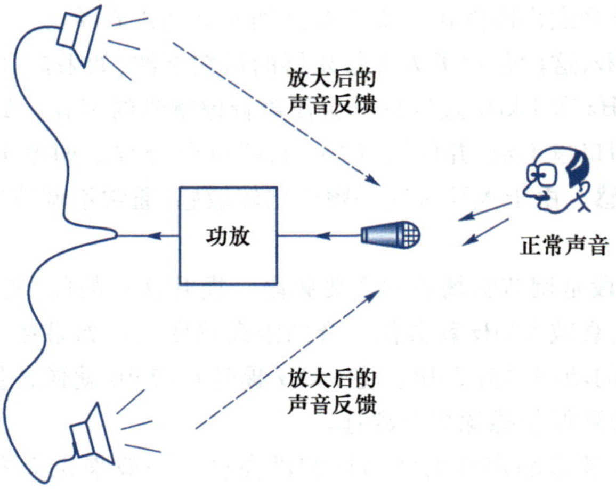


图 10.4-1 啸叫产生的过程

### 10.4.2 陷波器

陷波器又称为陷波滤波器(notch filter),这是一种通带非常窄的带阻滤波器,其基本特性是抑制输入信号的某一个频率分量,同时保持信号的其他频率分量的响应不变。

由于陷波器要求过渡带十分陡峭,通常用 IIR 滤波器来实现。一种常见的 IIR 陷波器如下

$$H_a(s)=\frac{s^2+\Omega_0^2}{s^2+Bs+\Omega_0^2} \tag{10.4-1}$$

容易验证,该滤波器在直流部分的响应为 $|H_a(\mathrm{j}0)|=1$,在高频部分的响应为 $|H_a(\mathrm{j}\infty)|=1$,同时,在频率 $\Omega=\Omega_0$ 处的响应为 $|H_a(\mathrm{j}\Omega_0)|=0$。因此,该滤波器幅频响应的基本特性就是抑制 $\Omega_0$ 附近的频率分量,同时保持其他频率分量的幅频响应不变。

具有这种频率响应特性的滤波器就被形象地称为陷波器。其中,$B$ 为陷波器的陷波带宽,即如果 $|H_a(\mathrm{j}\Omega_1)|^2=|H_a(\mathrm{j}\Omega_2)|^2=1/2$,则

$$B=|\Omega_1-\Omega_2| \tag{10.4-2}$$

显然,式(10.4-1)所对应的陷波器能够用来抑制 $\Omega_0$ 处的啸叫信号,同时保持其他频率成分的语音信号不受影响。

在数字系统中应用该陷波器时,需要将其转换成数字滤波器,使用常用的双线性变换法,可得

$$\begin{aligned}G(z)=H_a(s)\Big|_{s=\frac{1-z^{-1}}{1+z^{-1}}}&=\frac{(1+\Omega_0^2)-2(1-\Omega_0^2)z^{-1}+(1+\Omega_0^2)z^{-2}}{(1+\Omega_0^2+B)-2(1-\Omega_0^2)z^{-1}+(1+\Omega_0^2-B)z^{-2}}\\&=\frac{1+\alpha}{2}\cdot\frac{1-2\beta z^{-1}+z^{-2}}{1-2\beta(1+\alpha)z^{-1}+\alpha z^{-2}}\end{aligned} \tag{10.4-3}$$

式中的参数 $\alpha$ 和 $\beta$ 如下

$$\alpha=\frac{1+\Omega_0^2-B}{1+\Omega_0^2+B}=\frac{1-\tan(B_w/2)}{1+\tan(B_w/2)},\quad \beta=\frac{1-\Omega_0^2}{1+\Omega_0^2}=\cos\omega_0 \tag{10.4-4}$$

其中，$B_w$ 为数字陷波器 $G(z)$ 的陷波带宽，$\omega_0$ 为 $G(z)$ 的陷波频率。

例如，如果需要设计一个二阶的数字陷波器，要求陷波频率为 60 Hz，陷波带宽为 6 Hz，采样频率为 400 Hz，根据式(10.4-4)有

$$B_w=\frac{2\pi\times6}{400}=0.03\pi,\quad \alpha=\frac{1-\tan(B_w/2)}{1+\tan(B_w/2)}=0.90993$$
$$\omega_0=\frac{2\pi\times60}{400}=0.3\pi,\quad \beta=\cos\omega_0=0.587785 \tag{10.4-5}$$

于是，最终的数字陷波器为

$$G(z)=\frac{0.954965-1.1226287z^{-1}+0.954965z^{-2}}{1-1.1226287z^{-1}+0.90993z^{-2}} \tag{10.4-6}$$

画出该陷波器的幅频响应和相频响应曲线，如图 10.4-2 所示。显然，该陷波器满足设计要求。

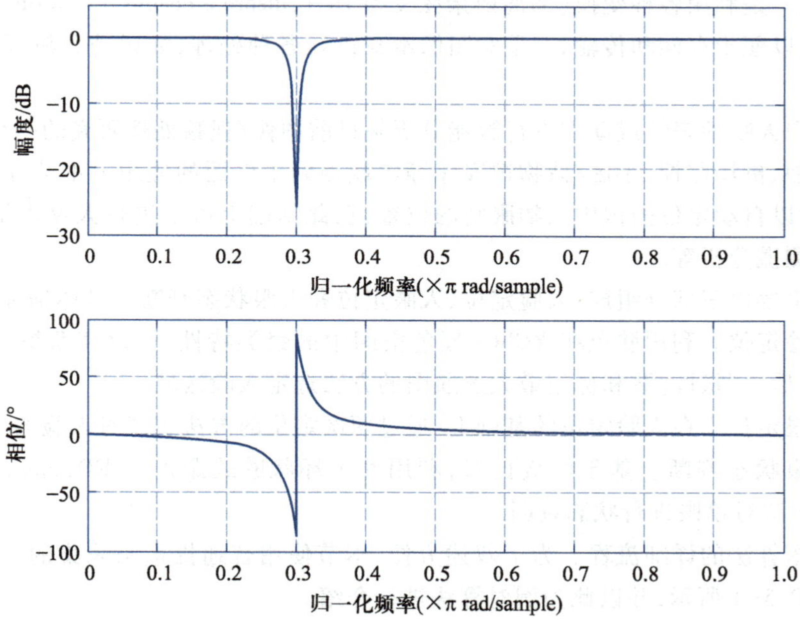


图 10.4-2 陷波器的频率响应

### 10.4.3 基于陷波器的自适应啸叫抑制器

在自适应啸叫抑制器工作的过程中，有两点至关重要：一是及时检测到啸叫信号并定位啸叫发生的频率；二是根据啸叫发生的频率自适应地设计一个陷波器，抑制该频率的啸叫信号。

上一小节已经对如何设计抑制某一特定频率的陷波器进行了介绍。至于如何及时检测到啸叫信号，由于啸叫信号可以看作是频率成分相对单一的正弦信号，因此对它的检测可以参考 10.1.3 节中 DTMF 信号检测的方法，结合能量检测、幅度检测、频偏检测、谐波检测等方法综合进行检测。需要注意的是，啸叫信号在对应频率上的能量应该远远高于声音信号的其他频率成分。

### 10.4.4 课程设计

(1) 利用本节介绍的方法,设计一个基于 IIR 陷波器的自适应啸叫抑制器,进行啸叫信号检测和自适应抑制,并完成基于 MATLAB 的仿真和测试。

(2) 使用其他方法设计陷波器(如基于窗函数法和频率采样法的 FIR 陷波器),进行啸叫信号检测和自适应抑制,完成基于 MATLAB 的仿真和测试。

(3) 比较以上各种自适应啸叫抑制器,分析它们在运算量、实现难易程度和啸叫抑制性能上的差异。

## 10.5 人眼定位

图像信号处理也是数字信号处理的一个重要应用。数字信号处理在图像中的应用主要有两个方面:一是利用各种变换(如离散余弦变换 DCT,discrete cosine transform)对图像进行编码和压缩,以便于存储和传输;二是对图像本身进行各种处理,如运动分析、场景分析、表情分析等。

对图像中人物的表情或动作进行智能分析是目前图像/视频处理研究的一个重要方向,在生产线管理、机场监控、小区/博物馆安保等领域得到了广泛的应用。本节介绍一种人眼定位算法,用以自动定位图像中人物眼睛的位置,在此基础上可以进行人物表情分析、疲劳状态分析和测谎分析等。

该算法主要由三部分组成:人脸定位、人眼定位和人眼状态判断。具体描述如下:

(1) 人脸定位。利用肤色在 YCbCr 颜色空间中的聚类特性,通过高斯拟合肤色,得到肤色区域,然后再通过滤波和标记最大连通图的方法选定人脸区域。

(2) 人眼定位。在人脸定位的基础上,通过两次定位的方法实现对人脸的单眼定位。

(3) 人眼状态判断。基于模板比对,利用基于环状欧式距离(AED,annulus euclidean distance)的方法对单眼进行状态判断。

下面介绍算法的详细流程。为了叙述方便,本节使用普通摄像头采集的一帧 720×480 图像,如图 10.5-1 所示,并以此为例对算法进行介绍。

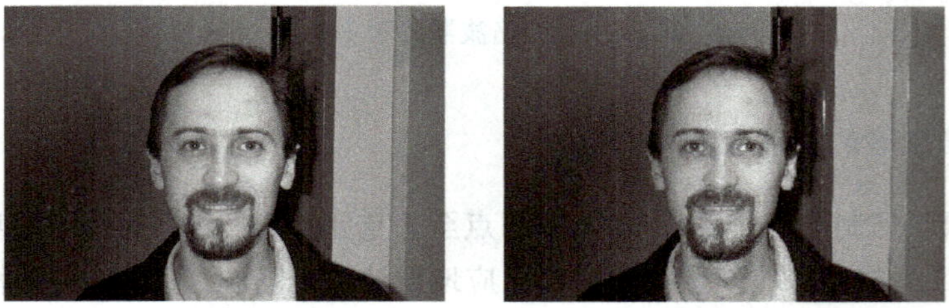

原始图像　　下采样后的图像

图 10.5-1 摄像头采集的原始图像和下采样后的图像①

① 本文使用的图片来自公开的人脸数据库,由 Markus Weber(马库斯·韦伯)在加州理工(California Institute of Technology)收集。

### 10.5.1 人脸定位

所谓人脸定位，是指在包含人脸的图像中标记出人脸的区域，它是整个算法的重要步骤。准确地标记人脸的区域可以降低人眼定位的难度，这主要表现在两个方面：首先，它可以限定人眼的区域，降低定位的运算量；其次，它可以排除其他背景的干扰。

**1. 图像下采样**

考虑到人脸定位的运算量较大，不利于算法的实时实现，因此，在进行定位之前，通常需要对输入图像进行下采样，以降低它的像素。设输入的数字图像为 $f(x,y)$，图像大小为 $m\times n$，下采样的公式如下

$$g(x,y)=f\left(\frac{x}{s},\frac{y}{s}\right) \tag{10.5-1}$$

其中，$s$ 为采样尺度。例如，以 $s=9$ 的尺度采样进行下采样后，原始图像与下采样后的图像如图 10.5-1 所示。

注意，下采样后的图像仅用于人脸定位，标记出人脸的大致区域。原始的输入图像仍需保留，这是因为后续的人脸定位和眼睛状态检测仍然需要较高质量的图像。

**2. YCbCr 肤色模型**

肤色是人脸表面最为显著的特征之一。对于彩色图像，肤色是指图像中相对集中、稳定的区域。肤色信息可以将人脸和背景区域很好地区分开来。研究表明，尽管不同种族、年龄、性别的人脸肤色看上去不同，但这种不同主要集中在亮度上，在除去亮度后的色度空间中，不同人脸肤色分布具有聚类性。基于以上事实，采用肤色分割图像是可行的。

（1）色彩空间的选取

根据计算机色彩理论，一种颜色在计算机中可以有不同的表达方式，这样就形成了各种不同的色彩空间。目前应用较广的色彩空间主要有以下三种：RGB 格式（红、绿、蓝三基色模型）、HIS 格式（色度、饱和度、亮度模型）和 YCbCr/YUV 格式。

综合考虑 RGB 格式、HIS 格式以及 YCbCr 格式的色彩空间的不同特点，在肤色检测算法中选用了 YCbCr 色彩空间来建立肤色模型。其主要原因在于：通过大量肤色聚类实验发现，在 YCbCr 色彩空间下，肤色的亮度分量 Y 与 Cb、Cr 分量相对无关，通过对 CbCr 的二维子空间的操作，就可以得到实用的肤色聚类模型，并以此为依据来判断各个像素点是否为肤色像素。相对于传统的肤色模型，此方法适合各种不同的肤色特征，受光照影响更小，具有更强的鲁棒性。

（2）肤色相似度建模

首先，采集多个人的头像，以人脸眼睛以下、嘴唇以上的狭长区域作为人脸肤色统计区域，如图 10.5-2 所示。在这些区域中，选取脸部肤色的像素点作为训练样本，通过算法训练出 Cb 和 Cr 在高斯模型中的分布中心。然后，再根据待检测图像中的像素点偏离该中心的远近程度，得到该像素点的肤色相似度，进而得到待检测图像的肤色相似度分布图。

在这个过程中，需要确定的是 Cb 和 Cr 的均值 $\boldsymbol{M}$ 和方差 $\boldsymbol{C}$，其计算式如下

$$\boldsymbol{M}=\boldsymbol{E}\{\boldsymbol{z}\},\quad \boldsymbol{C}=\boldsymbol{E}\{[\boldsymbol{z}-\boldsymbol{M}][\boldsymbol{z}-\boldsymbol{M}]^{\mathrm{T}}\},\quad \boldsymbol{z}=[\mathrm{Cb}\quad \mathrm{Cr}]^{\mathrm{T}} \tag{10.5-2}$$

其中，$\boldsymbol{z}$ 表示 CbCr 空间中的一个像素点，$\boldsymbol{E}\{\cdot\}$ 表示统计平均。

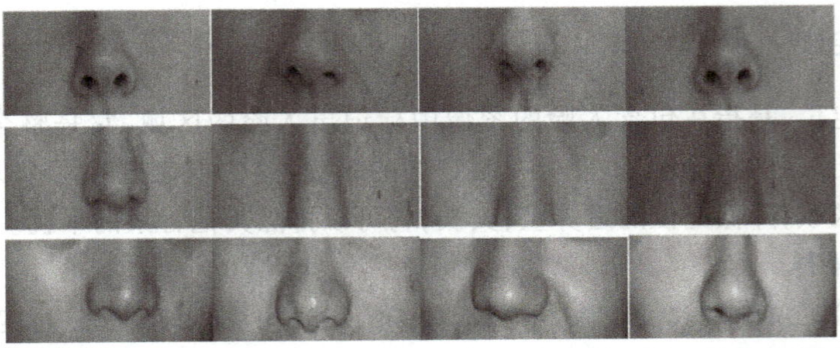

图 10.5-2 人脸肤色统计

利用二维高斯联合正态分布函数，得到各像素点为肤色的概率为

$$p(\mathrm{Cb},\mathrm{Cr})=\exp[-0.5(\boldsymbol{z}-\boldsymbol{M})^{\mathrm{T}}\boldsymbol{C}^{-1}(\boldsymbol{z}-\boldsymbol{M})],\boldsymbol{z}=[\mathrm{Cb}\quad \mathrm{Cr}]^{\mathrm{T}} \tag{10.5-3}$$

在此基础上，得到肤色的相似度分布图，实验结果如图 10.5-3 所示。图中颜色越接近白色的区域为肤色区域的可能性越大。

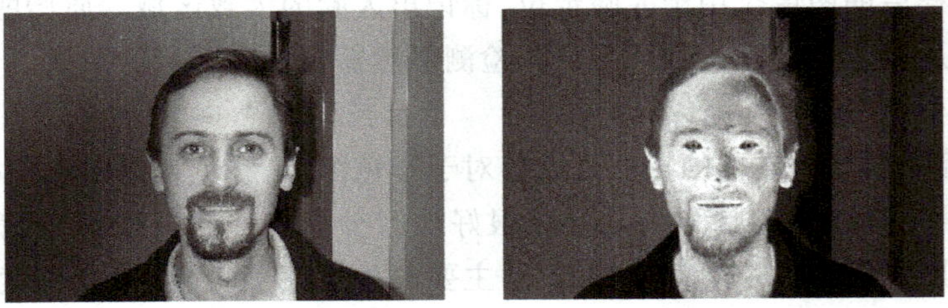

原图　　相似度图

图 10.5-3 肤色相似度分布图

### 3. 图像二值化和降噪

为了得到更精确的肤色区域，还需要对相似度图进行二值化处理，这一步的关键是阈值选取。这里采用基于区域增长算法的自适应阈值处理。

在二值化图中有很多明显不是人脸区域的噪声点，可以通过简单的平滑滤波的方法去除这些奇异点。在二值化图像中，假设肤色点为 1，其余点为 0。以图中每一点为中心，统计对应的区域中肤色像素点的个数，记为 g_num，当 g_num>13 时，该点保留为肤色点，否则视为噪声点去除。

进行二值化和降噪处理的结果如图 10.5-4 所示，人脸区域已经被基本确定。

二值化图　　降噪(滤波)后图

图 10.5-4 相似度图的二值化和降噪处理

#### 4. 人脸区域标记

使用经典的深度优先搜索算法 DFS( depth-first traversal),标记图像中的最大连通区为人脸区域。用符号 $G$ 和 $v$ 分别表示图和其中的顶点,深度优先搜索定义如下。假设图 $G$ 的所有顶点均未访问过,在 $G$ 中任选一个顶点 $v_i$ 为出发点,将其标记为已访问过。然后,依次从 $v_i$ 出发搜索 $v_i$ 的每一个邻接点 $v_j$。若 $v_j$ 未访问过,则以 $v_j$ 为新的出发点继续搜索。显然,这种搜索法是递归定义的,其特点是尽可能对纵深方向搜索,故称为深度优先搜索。

基于深度优先搜索标记的人脸区域如图 10.5-5 所示,图中黄色的最大连通区即为人脸区域。

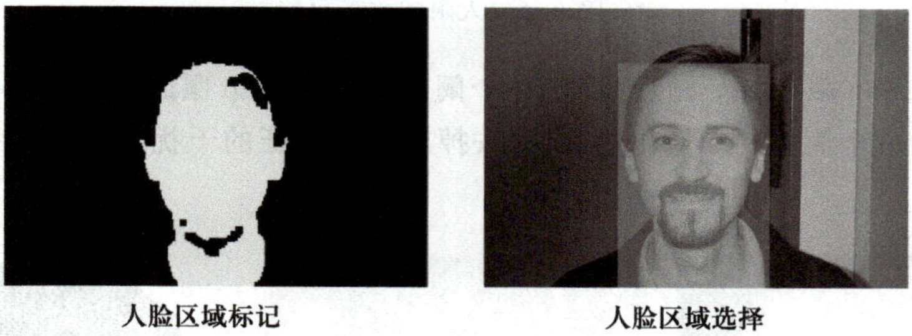


图 10.5-5 基于深度优先搜索标记的人脸区域

### 10.5.2 人眼定位

这里采用由粗到精的定位方法,先定位包含人眼的大概区域,然后缩小范围,准确地定位人眼。

#### 1. 人眼粗略定位

考虑到人眼在脸部的上半部分,因此,人眼定位只需要对上半部分进行搜索。进一步观察人脸图片,发现眼部在水平方向经过皮肤、左眼眼白、左眼瞳孔、左眼眼白、皮肤、右眼眼白、右眼瞳孔、右眼眼白、皮肤等区域,和其他水平线相比,灰度变化明显较大。在灰度变化突变处进行微分,将产生高值,将其绝对值累加,则灰度变化越大的那一行,累积值也越大。

在数学上可用差分代替导数运算,计算公式如下

$$\Delta_h d(x,y)=d(x,y)-d(x-1,y),\quad D_h=\sum_{x_1}^{x_2}\left|\Delta_h d(x,y)\right| \tag{10.5-4}$$

其中,$d(x,y)$为人脸区域的灰度图像。

将原始图像和图 10.5-5 中的人脸区域标记图相叠加,在原图中得到人脸区域,对人脸上半部的各水平线进行灰度梯度累加运算,就可以得到人眼所在的水平位置,如图 10.5-6 所示。

#### 2. 人眼精确定位

通过观察发现,在眼睛周围 Cb 的值总是较高,而 Cr 的值较低。因此,由以下公式计算得到眼睛特征图,以突出眼部特征

$$\text{EyeMap}=\frac{1}{3}\left[\text{Cb}^2+\text{Cr}_m^2+(\text{Cb}/\text{Cr})\right] \tag{10.5-5}$$

其中,EyeMap 是眼睛特征图,$Cb^2$,$Cr_m^2$,(Cb/Cr)归一化到[0,255],$Cr_m=255-Cr$。

人脸区域　　人眼位置初定位曲线　　人脸区域差分和的变化

图 10.5-6 人眼的水平定位

在得到 EyeMap 眼睛特征图后,设定一个阈值,将 EyeMap 眼睛特征图小于阈值的点设为 0。这可视为一个简单的二值化滤波,以去掉非眼部特征的干扰。处理结果如图 10.5-7 所示。

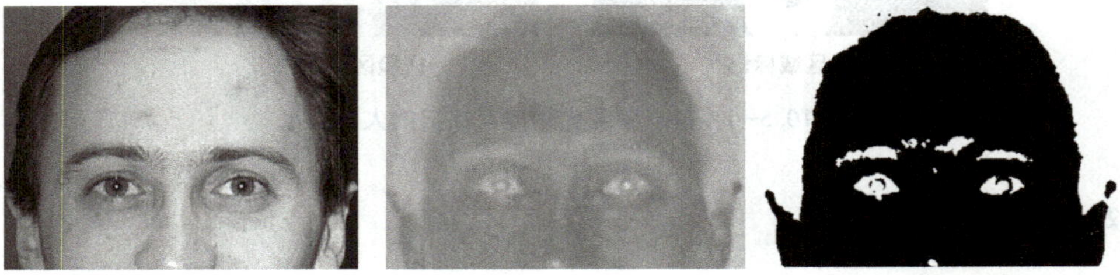

人脸区域　　EyeMap图　　EyeMap二值化图

图 10.5-7 EyeMap 眼睛特征图

得到 EyeMap 二值化滤波图后,结合人眼粗略定位的结果,在线上从左到右进行搜索,对人眼进行精确定位。具体方法是,按比例定义一个相当于人眼区域大小的框,当框内的 EyeMap 二值化滤波图的值的和最大时,即为人眼。处理结果如图 10.5-8 所示。

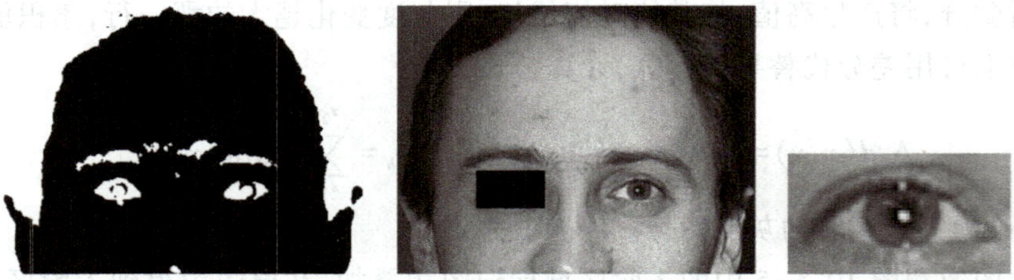

EyeMap二值化图　　搜索的人眼在人脸的位置　　人眼

图 10.5-8 人眼精确定位

### 10.5.3 人眼状态识别

人眼状态识别是将检测到的人眼图和状态模板图(如常见的睁眼和闭眼模板图)进行比较,从而判断人眼的状态。存在的主要困难是,比较的过程受仿射变换(affine transformation)所带来的线性扭曲影响较大,容易产生的误判,即所谓的平移、旋转、缩放的扭曲问题。

通过引入环状欧式距离 AED,较好地解决了因仿射变换带来的误判。具体计算方法如下。

(1) 归一化:每个像素点的值除以整幅图像素点的总合,并重新赋值给每个像素点。

(2) 求重心:计算整幅图的重心($G_x$,$G_y$)。计算公式如下

$$G_x = \sum_{i=1}^{M}\sum_{j=1}^{N} i \cdot d(i,j) / \sum_{i=1}^{M}\sum_{j=1}^{N} d(i,j), \quad G_y = \sum_{i=1}^{M}\sum_{j=1}^{N} j \cdot d(i,j) / \sum_{i=1}^{M}\sum_{j=1}^{N} d(i,j) \tag{10.5-6}$$

其中,$d(i,j)$为点$(i,j)$的灰度值,参与比较的图像的大小为 $M\times N$。

(3) 以整幅图的重心($G_x$,$G_y$)为中心,向外投圈,每圈宽度设为 width。

(4) 计算环状值:以重心为中心,分别计算两图像中各圈的像素点数,存入向量 vring1 和 vring2 之中。

(5) 计算 AED 距离:求出两幅图各自的环状值 vring1 和 vring2 后,计算 vring1 和 vring2 的欧式距离,即为这两幅图的 AED 距离。

基本的计算步骤如图 10.5-9 所示。

显然,对于得到的人眼图像,通过计算其与各种眼睛状态模板图的 AED 距离,可以判断出人眼的状态,为表情分析、疲劳状态分析或者测谎分析提供参考。

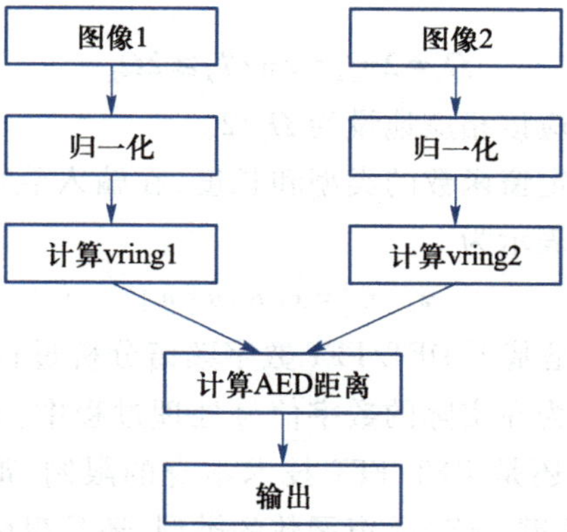


图 10.5-9 计算 AED 距离的流程图

### 10.5.4 课程设计

根据本节介绍的方法,任选几张人物照片,对其中的人眼进行定位,并通过与睁眼和闭眼模板图进行对比,判断人眼的开闭状态。

## 10.6 基于 DFT/FFT 的数字频谱分析

作为信号分析中最核心的问题之一,频谱分析有着广泛的应用,是获取信号物理特性的有效手段。在频谱分析的众多技术和方法中,Fourier 变换具有重要的地位。基于 Fourier 变换建立的频谱概念,描述了信号中各个频率分量的强度,具有明确的物理概念,因而成为频谱分析的基础。与此同时,随着 DFT(特别是 FFT)计算技术的发展,基于 DFT/FFT 的数字

频谱分析成为应用最广泛的工具。

本章介绍基于 DFT/FFT 的数字频谱分析技术。一方面,利于 DFT 及其快速算法 FFT 有效地计算信号频谱,获取信号物理特性。另一方面,基于有限采样点通过 DFT 进行频谱分析也带来许多问题,需要在频谱分辨率和计算复杂度等众多指标间进行折中,其中关键的问题是确定窗函数类型,窗函数长度以及 DFT/FFT 的长度等。

### 10.6.1 基于 DFT/FFT 的数字频谱分析流程

利用 DFT/FFT 进行数字频谱分析的通用流程如图 10.6-1 所示。

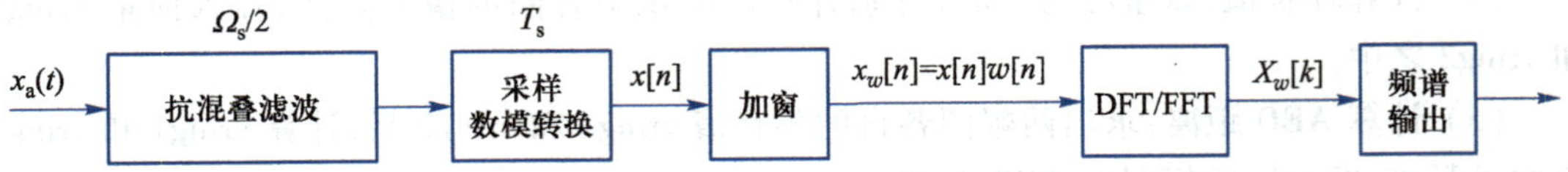


图 10.6-1 基于 DFT/FFT 的数字频谱分析流程

在设定好需要分析的频带范围后,首先需要对模拟信号 $x_a(t)$ 进行抗混叠滤波和采样,得到数字信号 $x[n]$。例如,如果需要分析的频带为 $[-\Omega_H, \Omega_H]$,则采样角频率应该满足 Nyquist 定理,即

$$\Omega_s = 2\pi f_s = 2\pi/T_s \geqslant 2\Omega_H \tag{10.6-1}$$

而抗混叠滤波器的截止频率应该相应地设为 $\Omega_s/2$。

接下来是加窗。通过设定窗函数的类型和长度,在输入数字信号中选取有限长的一部分进行后续处理。加窗操作表示为

$$x_w[n] = x[n]w[n] \tag{10.6-2}$$

其中,$w[n]$ 为窗函数。加窗是基于 DFT/FFT 数字频谱分析过程中必不可少和关键的一步。首先,加窗操作是必需的,因为在实际的数字信号处理过程中,无论是系统的存储和计算能力,频谱分析的实时性要求,还是 DFT/FFT 技术本身的限制,都决定只能处理有限长的数据。其次,加窗操作也非常关键,无论是窗函数的类型,还是窗函数的长度,都对数字频谱分析的性能有着重要的影响。

随后是对加窗后的数据进行 DFT/FFT 计算,获得离散的数字频谱 $X[k]$,作为对原始信号频谱的近似。除了 DFT/FFT 计算过程本身之外,关键的一步是确定变换的长度,即确定是否需要对数据进行补零,以达到更好的频谱分析效果。

在上述处理过程中,如果参数选取不当,很容易产生频谱估计偏差。这些问题,在频谱分析中称为频谱泄漏和栅栏效应。下面以正弦信号为例,详细讨论利用 DFT/FFT 进行频谱分析过程中涉及的实际问题及解决方法。

### 10.6.2 加窗对信号频谱分析的影响

由前面章节的分析可知,离散正弦信号的频谱为"冲激",它通过对 $x[n]=\cos(\omega_0 n)$ 进行 DTFT 计算而得,如式(10.6-3)所示

$$\cos(\omega_0 n) \overset{\text{DTFT}}{\longleftrightarrow} \pi\delta(\omega+\omega_0)+\pi\delta(\omega-\omega_0), \quad |\omega| \leqslant \pi \tag{10.6-3}$$

由 DTFT 和 CTFT 的关系可知，$x[n]$的频谱 $X(e^{j\omega})$是对模拟正弦信号频谱 $X_a(j\Omega)$的周期化（式(10.6-3)只考虑一个周期），周期为 $2\pi$，对应采样频率 $f_s$ 和 $\Omega_s$。如果采样过程没有发生频谱混叠（引入抗混叠滤波器可以确保这一条件），那么可以用 $X(e^{j\omega})$在一个周期$(-\pi,\pi]$内的值来代替 $X_a(j\Omega)$。除了对频域的定义（分别为数字角频率 $\omega$ 和模拟角频率 $\Omega$）不同外，它们之间只差一个幅度因子 $T_s$。

利用 DFT/FFT 进行频谱分析，实际上得到的是加窗样本 DTFT 频谱的离散样本值。事实上，加窗样本 $x_w[n]$的频谱 $X_w(e^{j\omega})$与 $x[n]$的频谱 $X(e^{j\omega})$是不同的，因此，有必要讨论以 $X_w(e^{j\omega})$的离散样本 $X_w[k]$作为频谱分析的结果会带来哪些问题。

### 1. 窗函数长度对信号频谱分析的影响

利用 DTFT“时域相乘，频域相卷”的特性，$X_w(e^{j\omega})$为 $x[n]$的频谱 $X(e^{j\omega})$和窗函数 $w[n]$的频谱 $W(e^{j\omega})$相卷的结果，即

$$X_w(e^{j\omega})=\frac{1}{2\pi}\int_{-\pi}^{\pi}X(e^{j\theta})W(e^{j(\omega-\theta)})e^{j\theta}d\theta \tag{10.6-4}$$

因此，窗函数 $w[n]$的类型和长度对 $X_w(e^{j\omega})$有着重要的影响。简单起见，先以一个长度为 $M$ 的矩形窗（rectangular window）

$$w_R[n]=\begin{cases}1, & 0\leqslant n\leqslant M-1\\ 0, & 其他\end{cases} \tag{10.6-5}$$

为例，其 DTFT 频谱 $W_R(e^{j\omega})$为

$$W_R(e^{j\omega})=\sum_{n=0}^{M-1}e^{-j\omega n}=\frac{\sin(M\omega/2)}{\sin(\omega/2)}e^{-j\frac{(M-1)\omega}{2}} \tag{10.6-6}$$

其幅度谱和相位谱如图 10.6-2 所示。

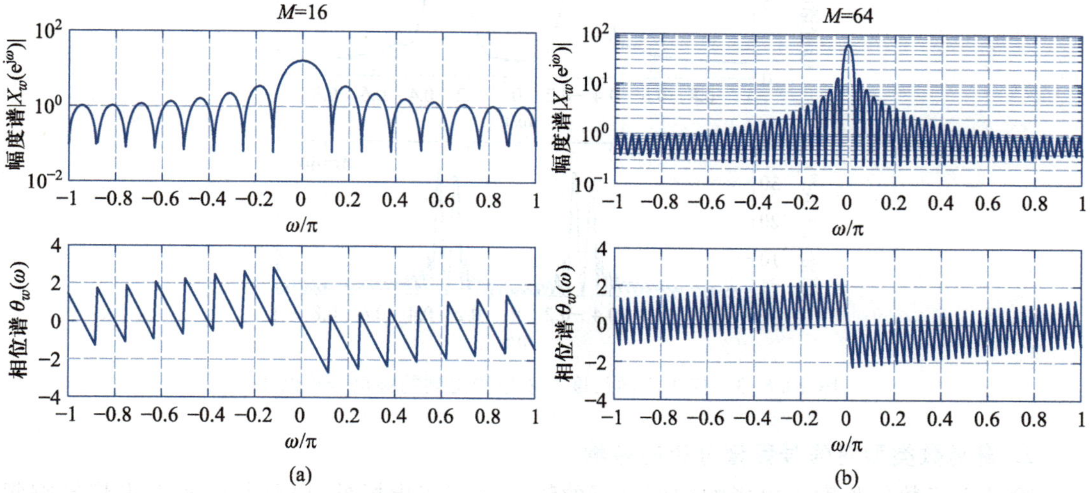


图 10.6-2　不同长度的矩形窗幅度谱和相位谱

由于频谱分析主要对各个频率分量的强度感兴趣，在下面的讨论中集中分析幅度谱。$W_R(e^{j\omega})$的幅度谱最大值为 $M$，过零点的位置为 $2\pi m/M$，$m=\pm1,\pm2,\cdots$。因此，幅度谱的主瓣宽度为 $4\pi/M$，与长度 $M$ 成反比。特别地，当 $M\to\infty$ 时，$W_R(e^{j\omega})$趋向于冲激。

那么,对于离散正弦信号 $x[n]=\cos(\omega_0 n)$,加窗后的频谱变为

$$X_w(e^{j\omega})=\pi W_R(e^{j(\omega+\omega_0)})+\pi W_R(e^{j(\omega-\omega_0)}),\quad |\omega|\leqslant\pi \tag{10.6-7}$$

即频谱中位于 $\pm\omega_0$ 的两个冲激变为了矩形窗的频谱函数。

对于更一般的情况,由于任意离散信号都可以表示成不同频率、不同强度的频率分量的组合,其频谱也就成了多组不同位置、不同高度的矩形窗频谱的累加,即

$$\begin{aligned}x_w[n]&=\sum_{l=1}^{L}a_l\cos(\omega_l n)w_R[n]\\X_w(e^{j\omega})&=\pi\sum_{l=1}^{L}a_l[W_R(e^{j(\omega+\omega_l)})+W_R(e^{j(\omega-\omega_l)})],\quad|\omega|\leqslant\pi\end{aligned}\tag{10.6-8}$$

由于矩形窗的频谱主瓣具有一定的宽度。如果两个频率分量靠得太近,则它们对应的主瓣有可能重叠,从而无法分辨出两个频率分量。例如,假设信号 $x[n]$ 中含有两个频率分量,$\omega_1=\pi/4$ 和 $\omega_2=5\pi/16$,即

$$x[n]=\cos\left(\frac{\pi n}{4}\right)+\cos\left(\frac{5\pi n}{16}\right) \tag{10.6-9}$$

则分别使用长度为 16 和 64 的矩形窗,得到信号的 DTFT 频谱如图 10.6-3 所示。显然,当 $M=16$ 时,矩形窗频谱的主瓣宽度为 $4\pi/M=\pi/4$,但是,位于 $\omega_1=\pi/4$ 和 $\omega_2=5\pi/16$ 处的两个主瓣之间间距仅为 $\pi/16$,相互重叠,无法分辨出两个频率分量。与之相对,当 $M=64$ 时,矩形窗频谱的主瓣宽度降低为 $4\pi/M=\pi/16$,因而能有效分辨出两个频率。由该例可知,窗函数的长度是影响频率分辨率的关键因素。

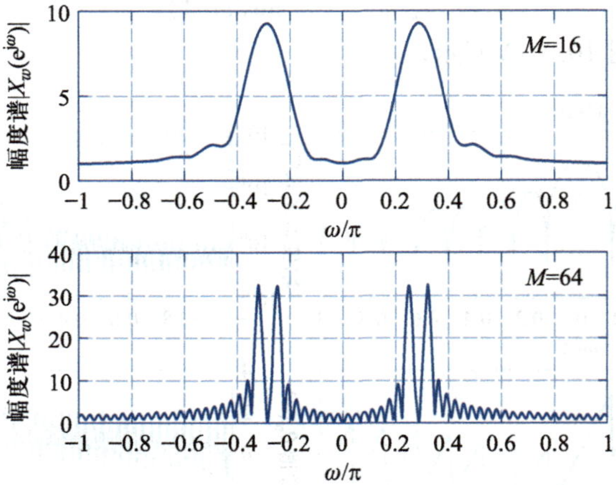


图 10.6-3 使用不同长度的矩形窗得到的频谱分析结果

### 2. 窗函数类型对信号频谱分析的影响

除了窗函数的长度可以影响频谱分析的频率分辨率指标外,窗函数的类型也将影响频谱分析的性能。事实上,窗函数的类型将影响分辨信号中弱频率分量的能力。如果信号中还有较弱的频率分量,位于该处的窗函数频谱主瓣就有可能被其他位置的窗函数频谱的旁瓣覆盖,从而无法分辨出该频率分量。

仍以含有两个频率分量 $\omega_1=\pi/4$ 和 $\omega_2=5\pi/16$ 的正弦信号为例,不过此时 $\omega_2$ 分量的幅

度仅为 $\omega_1$ 分量的二十分之一，即

$$x[n]=\cos\left(\frac{\pi n}{4}\right)+0.05\times\cos\left(\frac{5\pi n}{16}\right) \tag{10.6-10}$$

分别使用长度为 $M=128$ 的矩形窗和汉明（Hamming）窗进行频谱分析，加窗后信号的 DTFT 频谱如图 10.6-4 所示。由第八章的讨论可知，矩形窗由于旁瓣较高（最大旁瓣电平为 $-13$ dB），无法分辨出 $\omega_2$ 频率分量，而汉明窗旁瓣较低（最大旁瓣电平为 $-41$ dB），因而能够分辨出 $\omega_2$ 频率分量。但是，汉明窗的主瓣较矩形窗宽（为 $8\pi/M$），这实际上降低了频率分辨率。因此，为了达到 $\pi/16$ 的频率分辨率，使用汉明窗的代价是窗函数长度需要由 64 增大到了 128，即频谱分析过程要求更多的数据。

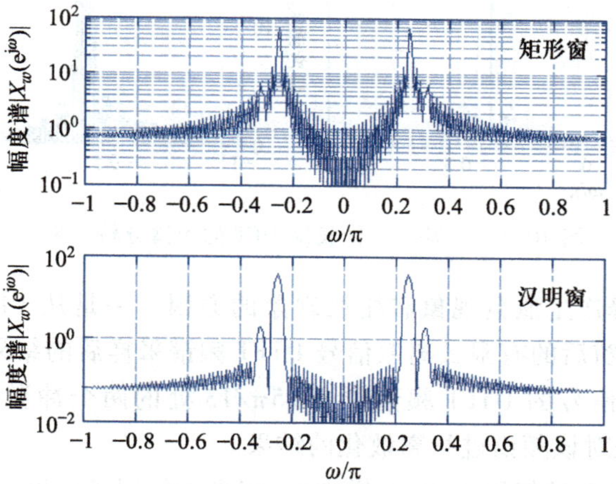


图 10.6-4　利用不同类型的窗函数分辨弱频率分量

### 10.6.3　DFT 长度对信号频谱分析的影响

对加窗后的数据进行 DFT/FFT 运算的长度 $N$ 也将影响频谱分析的性能，$N$ 的值并非越大越好。简单起见，考虑一个含有频率 $\omega_0=5\pi/13$ 的单频正弦信号，同时使用一个长度为 32 的矩形窗获得 32 点采样值，即

$$x_w[n]=\cos\left(\frac{5\pi n}{13}\right)w_R[n] \tag{10.6-11}$$

然后对 $x_w[n]$ 分别进行 DTFT、26 点 DFT、32 点 DFT 以及 128 点 DFT（需要补 96 个零点）计算，得到它的 DTFT 频谱 $X_w(e^{j\omega})$，离散频谱 $X_{26}[k]$、$X_{32}[k]$ 和 $X_{128}[k]$，其幅度值如图 10.6-5 所示。

图 10.6-5 中的结果非常有趣，使用最少数据的 26 点 DFT 的频谱分析效果最为理想，其 DFT 结果为两条位于 $\pm5\pi/13$ 处"干净"的谱线，和理想单频正弦信号的频谱一致。基于 32 点和 128 点 DFT 频谱分析结果均有多根非零谱线，意味着信号中含有多个频率分量，与单频正弦信号的事实明显不符，这种现象称为"频谱泄露"。此外，在基于 32 点和 128 点 DFT 频谱分析结果中，最大谱线位置分别位于 $\pm6\pi/16$ 处和 $\pm25\pi/64$ 处，均偏离了真实频率 $\pm5\pi/13$ 处，即频谱分析漏掉了关键的信息，这种现象称为"栅栏效应"。

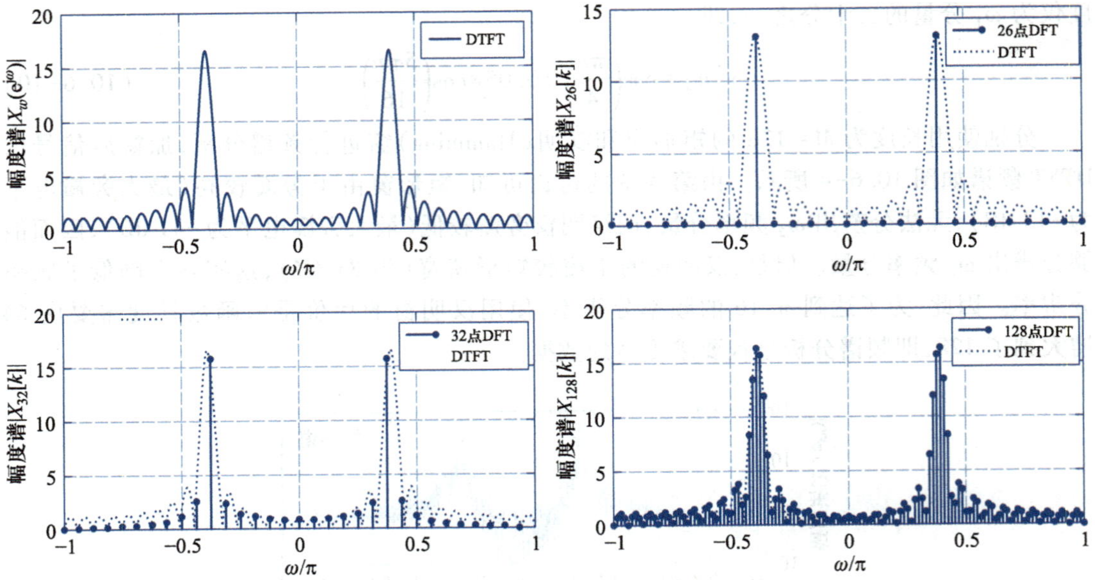


图 10.6-5 基于不同长度 DFT 的频谱分析结果

可以从两方面解释产生泄漏现象和栅栏现象的原因。一是从 DFT 的定义来分析。按照定义,DFT 就是对加窗后的有限长离散信号 DTFT 频谱采样后的结果,采样间隔为 $2\pi/N$。以矩形窗为例,加窗后信号的 DTFT 频谱位于$\pm5\pi/13$ 处的两个冲激变成了矩形窗的频谱 $W_R(e^{j\omega})$。而 DFT 就是对该频谱进行离散化的结果。

对于 26 点 DFT,由于只使用了 26 的样本点,相当于使用了长度为 26 的矩形窗,那么其 DTFT 频谱为

$$X_{w-26}(e^{j\omega})=\pi W_{R-26}(e^{j(\omega+5\pi/13)})+\pi W_{R-26}(e^{j(\omega-5\pi/13)})$$
$$W_{R-26}(e^{j\omega})=\frac{\sin(13\omega)}{\sin(\omega/2)}e^{-j25\omega/2} \tag{10.6-12}$$

因此,$X_{w-26}(e^{j\omega})$的两个主瓣位于$\pm5\pi/13$ 处,过零点位于$\pm(5+m)\pi/13$ 处,$m=\pm1,\pm2,\cdots$。而 26 点 DFT 计算结果就是对 DTFT 频谱 $X_{w-26}(e^{j\omega})$按 $\pi/13$ 的间隔进行采样,刚好采到 $X_{w-26}(e^{j\omega})$的主峰与过零点,得到的离散频谱能准确反映单频正弦信号的频谱特征。这是一种非常理想的情况。

对于 32 点和 128 点的 DFT,由于加窗后可用数据只有 32 点,因此它们都是对 32 点数据的 DTFT 频谱进行采样的结果,区别在于采样间隔分别为 $\pi/16$ 和 $\pi/64$。

$$X_{w-32}(e^{j\omega})=\pi W_{R-32}(e^{j(\omega+5\pi/13)})+\pi W_{R-32}(e^{j(\omega-5\pi/13)})$$
$$W_{R-32}(e^{j\omega})=\frac{\sin(16\omega)}{\sin(\omega/2)}e^{-j31\omega/2} \tag{10.6-13}$$

由式(10.6-13)可知,$X_{w-32}(e^{j\omega})$的两个主瓣位于$\pm5\pi/13$ 处,过零点位于$(\pm5\pi/13)+(m\pi/16)$处,$m=\pm1,\pm2,\cdots$。那么,以 $\pi/16$ 和 $\pi/64$ 的间隔采样,不仅无法采到主峰,还会采到旁瓣的非零区域,因此产生了频谱泄漏和栅栏效应。注意到,当进行 128 点 DFT 时,由于采样更加密集,能比 32 点 DFT 得到更多频谱细节,采样点也更接近 DTFT 频谱的主峰,从而缓解了

栅栏效应。即增加 DFT 的长度有助于缓解栅栏效应。

二是从 DFT 和 DFS 的关系来分析。由第五章的讨论可知，对离散信号 $x[n]$ 进行 $N$ 点 DFT 时，等效于计算另一个周期序列 $\tilde{x}[n]$ 的 DFS，$\tilde{x}[n]$ 的周期为 $N$，并且 $x[n]$ 就是它的一个周期，即

$$\tilde{x}[n]=x[n],\quad n=0,1,\cdots,N-1 \tag{10.6-14}$$

在进行 26 点 DFT 时，通过对 $x_{w-26}[n]=x[n]w_{R-26}[n]$ 按周期 26 进行周期延拓，可以得到周期信号 $\tilde{x}_{p-26}[n]$。对于频率为 $\omega_0=5\pi/13$ 的单频正弦信号，由于 $2\pi/\omega_0=26/5$，即其周期恰好为 26，如图 10.6-6 所示。那么对其进行周期延拓得到的周期序列是各个周期的拼接，相位连续，即 $\tilde{x}_{p-26}[n]=x[n]=\cos(5\pi n/13)$ 实际上为标准的单频正弦信号。因此，$\tilde{x}_{p-26}[n]$ 的 DFS 在一个周期内就是两根干净的谱线。

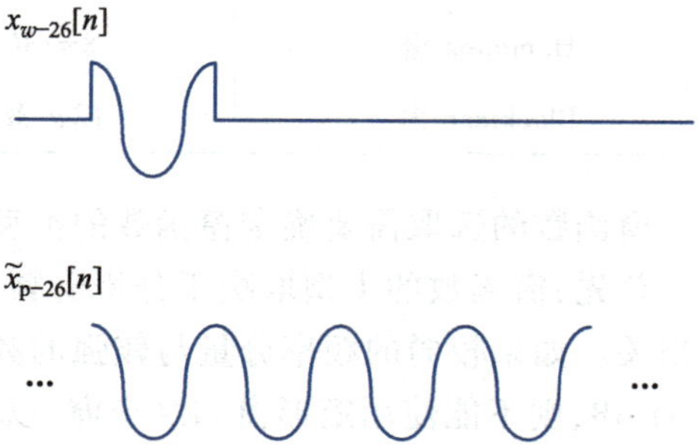

图 10.6-6　进行 26 点 DFT 时的信号周期延拓

在进行 32 点 DFT 时，通过对 $x_{w-32}[n]=x[n]w_{R-32}[n]$ 按周期 32 进行周期延拓，可以得到周期信号 $\tilde{x}_{p-32}[n]$，如图 10.6-7 所示。由于 $x_{w-32}[n]$ 并非包含完整的正弦信号周期，在进行周期延拓的过程中，一个周期结尾与下一个周期起始的地方就会产生相位跳变。类似地，在进行 128 点 DFT 时，需要对 $x_{w-32}[n]$ 进行补零，这也会在周期延拓时引入相位跳变，导致信号不连续。相位跳变意味着引入高频分量，会反映在其 DFS 计算结果上，即发生了频谱泄漏。

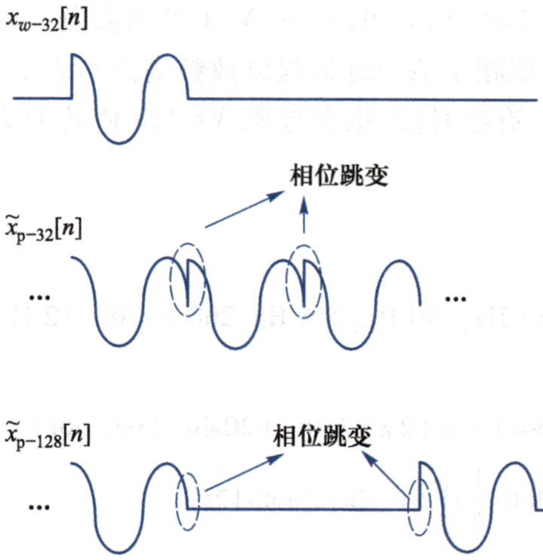

图 10.6-7　进行 32 点和 128 点 DFT 时的信号周期延拓

### 10.6.4　数字频谱分析过程中的参数选择准则

根据上述分析，在进行基于 DFT/FFT 的数字频谱分析时，需要考虑的关键因素包括窗

函数的选取和 DFT 的长度等。

**1. 窗函数的选取**

目前常用的窗函数包括 Rectangular 窗、Hanning 窗、Hamming 窗和 Blackman 窗等。它们的主要参数如表 10.6-1 所示。

**表 10.6-1　常用窗函数及其参数（主瓣峰值归一化，长度为 $M$）**

| 窗函数 | 主瓣宽度 | 3 dB 带宽 | 最大旁瓣电平 |
|---|---|---|---|
| Rectangular 窗 | $4\pi/M$ | $0.89\times2\pi/M$ | −13 dB |
| Hanning 窗 | $8\pi/M$ | $1.44\times2\pi/M$ | −31 dB |
| Hamming 窗 | $8\pi/M$ | $1.30\times2\pi/M$ | −41 dB |
| Blackman 窗 | $12\pi/M$ | $1.68\times2\pi/M$ | −57 dB |

窗函数的选取需要确定窗函数的类型和长度。

首先，窗函数的类型取决于分辨弱频率分量的要求，这和各个窗函数的最大旁瓣电平直接相关。如果较弱的频率分量与较强的频率分量幅度差超过 13 dB，则不能使用矩形窗；超过 31 dB，则不能使用矩形窗和汉宁窗；以此类推。

其次，窗函数的长度由频率分辨率决定。频率分辨率取决于各个窗函数的主瓣宽度。例如，要达到 $\pi/16$ 的频率分辨率，如果使用矩形窗，则窗的长度 $M$ 至少为 64；如果使用汉明窗，则窗的长度 $M$ 至少为 128；以此类推。

**2. DFT/FFT 的长度**

DFT/FFT 的长度 $N$ 实际上代表了对 DTFT 频谱的采样间隔。尽管增加 $N$ 的值无法提高频率分辨率（这主要由窗函数的长度决定），但却可以获得更多的频谱细节，有效缓解栅栏效应。由于 $N$ 点的 DFT 只能获得 $2\pi k/N, k=0,1,\cdots,N-1$ 处的离散频谱，故其与真实谱线的最大距离为 $\pi/N$。例如，如果希望频率估计时最强离散频谱点与真实谱线位置偏差不超过 $0.01\pi$，则 DFT 的长度 $N\geqslant100$。有些时候，也会选取 $N=128$ 使其为 2 的幂次方，以便利用 FFT 完成 DFT 的快速运算。

### 10.6.5　课程设计

假设输入的模拟信号中包含有 64 Hz，250 Hz，256 Hz，260 Hz 和 512 Hz 的频率分量，其幅度分别为 10，1，20，3 和 10，即

$$x(t)=10\sin(2\pi\times64t)+\sin(2\pi\times250t)+20\sin(2\pi\times256t)+3\sin\left(2\pi\times260\frac{1}{3}t\right)+10\sin(2\pi\times512t) \tag{10.6-15}$$

需要利用 DFT/FFT 技术按照图 10.6-1 中的流程对该信号进行频谱分析，以便有效分辨出信号中的各个频率分量。试设计采样频率、窗函数、DFT/FFT 长度等参数，使用尽量少的数据完成频谱分析。

## 10.7 数字信号处理与人工智能

随着社会的数字化和信息化进程,数字信号处理(DSP)技术已经深入到各个领域,并成为各行业中非常重要的基础支撑技术。目前,我们正迈入智能时代,数字信号处理与人工智能(AI)的结合在各个领域开辟了新的应用前景。DSP 技术能够有效地分析和处理各种类型的信号,如声音、图像、视觉以及各种传感器数据;而 AI 算法,特别是机器学习和深度学习技术,则能够基于这些处理过的信号和信息,实现更贴近实际需求的各种应用。这种结合在许多行业中显示出了巨大的潜力,推动了技术创新和行业发展。

目前两者结合的主要应用包括以下几点。

**1. 数据预处理**

在人工智能模型的训练和推理过程中,数据预处理是至关重要的一步。数字信号处理(DSP)技术在这一过程中扮演了关键角色,通过对原始数据进行过滤、去噪和特征提取,显著提高了数据质量。例如,在图像识别中,DSP 技术能够去除图像中的噪声,增强边缘特征,使后续的 AI 模型能够更准确地识别图像内容。在语音识别中,DSP 技术用于消除背景噪声,提取语音特征(如梅尔频率倒谱系数,MFCC),从而提高识别的准确性和效率。在自然语言处理(NLP)领域,信号处理技术用于提取文本特征,简化后续的文本分类和分析任务。这些方法有效支撑了 AI 的训练和推理,提升了模型的准确性和效率。

**2. 增强算法性能**

在频域分析和滤波方面,DSP 技术可以显著增强 AI 算法的性能。通过将频域分析技术与 AI 算法相结合,可以更有效地处理周期性信号和频率特征显著的数据。滤波器在这一过程中起到了关键作用,通过滤波器可以消除噪声、提取特征频率成分,使信号更能符合应用需求,也有助于提升性能。

在音频分析中,滤波器可以用于分离不同频率的成分,从而帮助 AI 更准确地识别和分类音频信号。高通滤波器可以消除低频噪声,而带通滤波器可以提取特定频率范围内的有用信息。在图像处理领域,频域分析技术可以用于图像的频率成分分解,通过滤波器增强重要的图像特征,例如边缘和纹理,从而提升图像识别和分类的效果。在实时监控系统中,通过对信号的频域分析,选用合适的滤波器可以实时消除噪声,确保信号的清晰度和准确性,从而使 AI 算法能够快速而准确地做出反应。

总体而言,DSP 技术通过频域分析和滤波器的应用,在提高 AI 算法处理复杂数据的能力方面,发挥了至关重要的作用,尤其在实时处理和大规模数据分析的应用中表现尤为突出。

**3. 音频和语音处理**

在音频和语音处理领域,DSP 与 AI 的结合十分紧密。DSP 技术主要用于对音频信号进行初步处理,包括降噪、回声消除和语音增强,确保信号的质量和清晰度。AI 技术则应用于更复杂的任务,如语音识别、语音合成和语音情感分析。例如,在智能助理和语音控制系统中,DSP 技术首先对声音信号进行处理,提取出关键特征,如频率、幅度和时间特性等。接着,AI 模型利用这些提取的特征进行语音识别,将声音信号转化为文本或指令,并理解和执行用户的命令，实现自然语言处理和响应。

通过这种结合，DSP 技术有效地提升了信号的质量和处理效率，而 AI 技术则大大增强了系统的智能性和功能性。这使得智能助理和语音控制系统能够更准确地理解用户意图，提供更加自然和流畅的交互体验。

总体而言，DSP 与 AI 的结合在音频和语音处理领域显著提升了系统性能，推动了相关技术的发展和应用。

**4. 图像处理**

在图像处理领域中，DSP 技术也有着广泛的应用，包括图像增强、图像压缩和图像识别等。通过图像增强技术，如去噪、锐化和色彩校正，DSP 技术可以显著提高图像的视觉质量，为后续的 AI 处理奠定坚实基础。去噪技术能够有效去除图像中的噪声，使图像更加清晰；锐化技术可以增强图像的细节和边缘，使得图像更加锐利和有层次；色彩校正技术则通过调整图像的色调和饱和度，提升图像的整体视觉效果。在图像压缩方面，DSP 技术能够有效减少图像数据量，方便存储和传输，同时保持较高的图像质量。通过高效的压缩算法，DSP 技术在减少数据冗余的同时，最大限度地保留了图像的细节和重要信息，确保图像在压缩后仍具有良好的视觉效果。

结合 AI 技术，DSP 可以用于实现更高级的图像识别和分类任务。例如，在自动驾驶领域，DSP 技术用于处理摄像头捕捉到的图像，通过去噪和增强等预处理步骤，提高图像的清晰度和质量，随后 AI 模型进行物体检测和识别，确保车辆能够准确识别道路上的障碍物和交通标志。在人脸识别系统中，DSP 技术用于面部特征提取，通过增强图像中的面部细节，AI 模型可以更加准确地识别和验证身份。

总体而言，DSP 技术在图像处理领域的应用，不仅提升了图像的质量和处理效率，还为 AI 技术在图像识别和分类等高级任务中的应用提供了强有力的支持。

**5. 硬件设计**

随着人工智能应用需求的快速增长，数字信号处理器（DSP）与 AI 技术的深度集成变得越加普遍。现代 DSP 硬件专门优化了 AI 运算，支持并行处理和低功耗运算，从而显著加速了深度学习模型的训练和推理过程。

专用集成电路（ASIC）和现场可编程门阵列（FPGA）等硬件加速器已经广泛应用于数字信号处理与 AI 的结合中。这些加速器通过针对特定 AI 任务的优化，提供了比通用处理器更高的计算性能。FPGA 能够根据应用需求动态重新配置电路，实现最优的计算效率和能耗比；ASIC 则为特定 AI 模型量身定制，提供卓越的性能表现。利用 DSP 加速 AI 训练和推理已成为一个重要的研究方向。

这些硬件加速技术将在 AI 的发展中发挥至关重要的作用，不仅提升了 AI 系统的整体性能和效率，也为边缘计算和实时智能系统的进步提供了强有力的支持。

为了更好地理解数字信号处理与人工智能的结合，以下将提供两个实际的案例，通过学习这些应用，既可以深入了解 DSP 在具体 AI 应用中的应用方式，也同时加强对 AI 使用方法的理解。

案例 1：YOLO 目标检测

以目标识别为例，YOLO 是一种实时目标检测模型，它的工作原理紧密结合了数字信号处理技术，在图像作为输入信号的预处理阶段，数字信号处理技术可以用于对输入图像进行滤波、缩放、颜色空间转换、畸变矫正等数字图像处理操作，有助于提高输入图像的质量，以适应 YOLO 目标检测模型对输入图片的要求，提高检测准确性。

本案例基于国产 CPU 飞腾平台，可支持 Tensorflow、PaddlePaddle、Caffe、Pytorch、Tengine 等主流深度学习框架。其中 Tengine 深度学习框架针对飞腾处理器进行了深度优化，能够充分利用飞腾处理器的硬件特性，提高模型的推理速度和效率。该案例基于 Tengine 框架和 YOLO 模型实现目标检测，在飞腾腾云 S5000C 平台、飞腾腾锐 D2000 平台、飞腾腾珑 E2000 平台、飞腾 FT-2000/4 平台、飞腾派等硬件平台均可运行。相关案例的具体实现方法和资源等内容可扫描二维码获取。

源代码：YOLO 目标检测模型

案例 2：RetinaFace 人脸检测

本案例以 RetinaFace 人脸检测模型为例，在图像识别的预处理过程中，数字信号处理技术可用于图像的缩放、灰度化、去噪等步骤，能够提高人脸识别的准确性和效率。此外，RetinaFace 人脸检测模型采用图像金字塔或多尺度处理方法来检测不同大小的人脸，数字信号技术能够高效地处理不同分辨率的图像数据，加速图像的重采样和尺度变换，确保模型在各种尺度下都能迅速准确地检测人脸。

案例基于 Tengine 框架和 RetinaFace 人脸检测模型，充分利用了飞腾处理器对于 Tengine 框架的支持能力，在飞腾平台上运行 RetinaFace 人脸检测模型，能够高效和准确地完成人脸识别任务。在飞腾腾云 S5000C 平台、飞腾腾锐 D2000 平台、飞腾腾珑 E2000 平台、飞腾 FT-2000/4 平台、飞腾派等硬件平台均可运行。相关案例的具体实现方法和资源等内容可扫描二维码获取。

源代码：RetinaFace 人脸检测模型

# 参考文献


[1] Sanjit K. Mitra. Digital Signal Processing: A Computer-Based Approach[M]. 3rd ed. 北京:清华大学出版社,2006.

[2] Alan V. Oppenheim, Ronald W. Schafer, John R. Buck. Discrete-Time Signal Processing[M]. 2nd ed. London: Prentice Hall, 1999.

[3] Alan V. Oppenheim, Alan S. Willsky, S. Hamid Nawab. Signals and Systems[M]. 刘树棠,译. 2nd ed. 西安:西安交通大学出版社,2010.

[4] Sanjit K, Mitra, J. F. Kaiser. Handbook for Digital Signal Processing[M]. New Jersey: Wiley, 1993.

[5] B. A. Shenoi. Introduction to digital signal processing and filter design[M]. New Jersey: Wiley, 2006.

[6] Li Tan. Digital Signal Processing: Fundamentals and Applications[M]. Boston : Elsevier, 2008.

[7] Sen M. Kuo, Bob HLee, Wenshun Tian. Real-Time Digital Signal Processing: Implementations and Applications[M]. 2nd ed. New Jersey: Wiley, 2006.

[8] Emmanuel C, Ifeachor, Barrie W, Jervis. Digital Signal Processing-APractical Approachl[M]. 2nd ed. New York: Prentice Hall, 2002.

[9] 张旭东,崔晓伟,王希勤. 数字信号分析和处理[M]. 北京:清华大学出版社,2014.

[10] 汪学刚,张明友. 现代信号理论[M]. 北京:电子工业出版社,2005.

[11] 吴镇扬. 数字信号处理[M]. 4 版. 北京:高等教育出版社,2024.

[12] 陈后金. 数字信号处理[M]. 3 版. 北京:高等教育出版社,2018.

[13] 高西全,等. 数字信号处理——原理、实现及应用[M]. 北京:电子工业出版社,2006.

[14] Chi-Tsong Chen. 数字信号处理频谱计算与滤波器设计[M]. 北京:电子工业出版社,2002.

[15] 程佩青. 数字信号处理[M]. 2 版. 北京:清华大学出版社,2006.

[16] 应启珩,冯一云,窦维蓓. 离散时间信号分析和处理[M]. 北京:清华大学出版社,2001.

[17] 郑南宁. 数字信号处理[M]. 西安:西安交通大学出版社,1995.

[18] 丁玉美,高西全,彭学愚. 数字信号处理[M]. 西安:西安电子科技大学出版社,1994.

[19] Roberto Cristi. 现代数字信号处理[M]. 徐盛,等,译. 北京:机械工业出版社,2005.

[20] Joyce Van de Vegte. 数字信号处理基础[M]. 侯正信,王国安,等,译. 北京:电子工业出版社,2003.

[21] 彭启琮,李玉柏,管庆. DSP 技术的发展与应用[M]. 3 版. 北京:高等教育出版社,2002.
[22] 林静然. 基于 TIDSP 的通用算法实现[M]. 北京:电子工业出版社,2008.
[23] 宗孔德. 多抽样率信号处理[M]. 北京:清华大学出版社,1996.
[24] Dimitris G. Manolakis, Vinay k. Ingle, Stephen M. Kogon . 统计与自适应信号处理[M]. 周正,译. 北京:电子工业出版社,2003.
[25] Andreas Antoniou. Digital filters, designanalysis, and applications[M]. 2nd ed, New York McGraw-Hill, 2001.
[26] 王永良,丁前军,李荣峰. 自适应阵列处理[M]. 北京:清华大学出版社,2009.
[27] 张贤达. 现代信号处理[M]. 2 版. 北京:清华大学出版社,2002.
[28] Rein-Lien, Hsu, Abdel-Mottaleb, et al. Face Detection in Color Images. [J]. IEEE Transactions on Pattern Analysis & Machine Intelligence, 2002.
[29] 于晓含,朱哈 · 伊垒 · 叶斯基,欧堤 · 斯佩拉,等. 基于区域增长及边缘检测的一种图象分割方法[J]. 北京交通大学学报,1997,21(1):6.
[30] 赵丽红,孙晓琳,王宇飞,等. 基于肤色的人脸检测[J]. 工程图学学报,2005,26(3):5. DOI:10.
[31] 周敬利,王志强,陈加忠,等. 基于肤色分割,区域分析和模板分布的人脸检测研究[J]. 计算机工程与应用,2004,040(016):61-64,155.
[32] 雷明,张军英,董济扬. 一种可变光照条件下的肤色检测算法[J]. 计算机工程与应用,2002.
[33] 殷人昆. 数据结构:用面向对象方法与 C++语言描述[M]. 北京:清华大学出版社,2007.
[34] Tang Y Y , Li B F , Ma H , et al. Ring-projection-wavelet-fractal signatures: a novel approach to feature extraction[J]. IEEE Transactions on Circuits & Systems II Analog & Digital Signal Processing, 1998, 45(8).
[35] 郭宝龙,闫允一,朱娟娟,等. 工程信号与系统[M]. 北京:高等教育出版社,2014.
[36] 邹理和. 数字信号处理[M]. 北京:国防工业出版社,1985.
[37] 吴兆熊,黄振兴,黄顺吉. 数字信号处理[M]. 北京:国防工业出版社,1988.

**读者意见反馈**

为收集对教材的意见建议，进一步完善教材编写并做好服务工作，读者可将对本教材的意见建议通过如下渠道反馈至我社。

**咨询电话**　400-810-0598

**反馈邮箱**　gjdzfwb@pub.hep.cn

**通信地址**　北京市朝阳区惠新东街4号富盛大厦1座

高等教育出版社总编辑办公室

**邮政编码**　100029